U0525956

中华当代学术著作辑要

三个平面的语法观

（增订本）

范晓 著

商务印书馆
The Commercial Press

图书在版编目（CIP）数据

三个平面的语法观 / 范晓著. -- 增订本 . -- 北京：商务印书馆，2025. --（中华当代学术著作辑要）.
ISBN 978-7-100-25111-2

Ⅰ. H146
中国国家版本馆CIP数据核字第2025C66B47号

权利保留，侵权必究。

中华当代学术著作辑要
三个平面的语法观
（增订本）

范晓 著

商务印书馆出版
（北京王府井大街36号 邮政编码100710）
商务印书馆发行
北京市十月印刷有限公司印刷
ISBN 978-7-100-25111-2

2025年7月第1版　　开本710×1000　1/16
2025年7月北京第1次印刷　印张55¼
定价：248.00元

中华当代学术著作辑要
出 版 说 明

学术升降,代有沉浮。中华学术,继近现代大量吸纳西学、涤荡本土体系以来,至上世纪八十年代,因重开国门,迎来了学术发展的又一个高峰期。在中西文化的相互激荡之下,中华大地集中迸发出学术创新、思想创新、文化创新的强大力量,产生了一大批卓有影响的学术成果。这些出自新一代学人的著作,充分体现了当代学术精神,不仅与中国近现代学术成就先后辉映,也成为激荡未来社会发展的文化力量。

为展现改革开放以来中国学术所取得的标志性成就,我馆组织出版"中华当代学术著作辑要",旨在系统整理当代学人的学术成果,展现当代中国学术的演进与突破,更立足于向世界展示中华学人立足本土、独立思考的思想结晶与学术智慧,使其不仅并立于世界学术之林,更成为滋养中国乃至人类文明的宝贵资源。

"中华当代学术著作辑要"主要收录改革开放以来中国大陆学者、兼及港澳台地区和海外华人学者的原创名著,涵盖语言、文学、历史、哲学、政治、经济、法律、社会学和文艺理论等众多学科。丛书选目遵循优中选精的原则,所收须为立意高远、见解独到,在相关学科领域具有重要影响的专著或论文集;须经历时间的积淀,具有定评,且侧重于首次出版十年以上的著作;须在当时具有广泛的学术影响,并至今仍富于生命力。

自1897年始创起,本馆以"昌明教育、开启民智"为己任,近年又确立了"服务教育,引领学术,担当文化,激动潮流"的出版宗旨,继上世纪八十年代以来系统出版"汉译世界学术名著丛书"后,近期又有"中华现代学术名著丛书"等大型学术经典丛书陆续推出,"中华当代学术著作辑要"为又一重要接续,冀彼此间相互辉映,促成域外经典、中华现代与当代经典的聚首,全景式展示世界学术发展的整体脉络。尤其寄望于这套丛书的出版,不仅仅服务于当下学术,更成为引领未来学术的基础,并让经典激发思想,激荡社会,推动文明滚滚向前。

商务印书馆编辑部
2016 年 1 月

目 录

初版序言 .... 胡裕树 1

第一部分　理论与方法

试论语法研究的三个平面 11
有关语法研究三个平面的几个问题 29
三个平面的语法理论概说 43
论语法研究中意义和形式相结合的原则 79
论语法研究中静态和动态相结合的原则 94
论语法研究中结构和功能相结合的原则 105
论语法研究中描写和解释相结合的原则 123
语法研究中的十大关系 144
语言、言语和话语 165

第二部分　语法里的词类问题

汉语的词类研究 179
词的功能分类 200
动词研究中的几个问题 214
动词及其下位分类 223
及物动词与不及物动词 243

动词的"价"分类 263
形容词和动词的区别 279
名词及其下位分类 293
汉语虚词问题的思考 308

第三部分 "三个平面"的有关问题

说"句法成分" 329
说"语义成分" 362
句法结构的核心成分 385
说"主述结构" 398
语用成分中的插语 418
关于宾语问题 436
定语后置问题 457
V得句的"得"后成分 468
关于语序问题 476

第四部分 短语和句子的有关问题

词和短语的区别 523
关于结构和短语问题 538
静态短语和动态短语 549
重叠短语探索 562
关于析句问题 580
句型、句模和句类 604
"句式"研究 625
论句子的合格度 652

"小句中枢"问题讨论的思考 670

第五部分　汉语句子的专题研究

VP 主语句 691
复动 "V 得" 句 709
"V 上" 及其构成的句式 730
关系动词及其构成的句式 754
交接动词及其构成的句式 775
"兼语句" 评述 798
受事主语句 823
主事后现句 841
试论补充复句 862

初版后记 879
增订本后记 880

初 版 序 言

胡裕树

《三个平面的语法观》是范晓同志近年来的一部力作。作者运用"三个平面"的新理论和新方法,对汉语语法作了多角度、多层面的分析,重视句法、语义、语用的区别和联系,重视形式和意义的结合、静态和动态的结合,颇多创意,读后令人耳目一新。

语法科学的研究,有着种种不同的学术流派,就其要者而言,有传统语法、结构主义语法和转换生成语法。它们都有自己独特的理论和方法,在不同方面丰富了语法这门科学。但是随着语法理论的不断深入发展,可以看出不同学派各有自己的长处和短处。如果取长补短,作出更高的综合,那就有可能使语法研究出现新的面貌。"三个平面"的理论,就是在这种情况下提出来的。它不是模仿哪家学说,而是汲取各家的合理的内核作更高综合的一种新的理论和方法。《世界汉语教学》和《语言教学与研究》编辑部联合主办的语法座谈会的《纪要》说:"三个平面的理论,不仅拓宽了语法研究的领域,而且为深化语法研究指出了一条新路,可能给整个语法研究带来新的突破。"(《语言教学与研究》1993年第1期)这反映了语言学界对"三个平面"理论的评价。

本书作者对"三个平面"的理论有比较深入的研究,并取得了可贵的成绩。这本学术著作就是运用"三个平面"的理论结合汉语事实写作出来的。在这本书里,不仅有对"三个平面"的理论的阐发,而且有运用理论于语法研究实践的描写和解释。例如:在动词分类方面,传统语法只讲词的句法功能类,本书不仅在句法平面根据功能给动词分出及物动词、不及物动词等类别,而且,在语义平面,根据动词所联系的动元的数目给动词分出一价动词、二价动词、三价动词等类别;在语用平面,根据动词在句中的表达特点分出叙述动词、描写动词、措置动词、关系动词等类别。在短语研究中,作者不仅分析了句法结构及语义结构所构成的备用的静态短语,而且还分析了语用中的动态短语。并指出词和词组合成短语时在三个平面上表现出的选择性:(1)句法上的选择(即功能上的选择),这是指"词语之间组合必须合乎词类在配置中的分布规律";(2)语义上的选择,这是指"词语之间组合必须合乎语义上的搭配规律";(3)语用上的选择,这是指"词语之间的组合必须合乎表达的需要"。作者认为,"组成静态短语,句法上、语义上的选择是基本条件,运用于动态句子,语用上的选择是根本目的"。由于运用了"三个平面"的理论,使汉语短语的研究前进了一步。在析句问题上,作者指出"句子有句法的、语义的、语用的三个平面",因此句子成分也是多平面的,"在不同的平面可分析出不同的句子成分:句子的句法平面可分析出句法成分,句子的语义平面可分析出语义成分,句子的语用平面可分析出语用成分",并认为主谓宾定状补之类是属于句法平面的句法成分,施事、受事、与事之类是属于语义平面的语义成分,主题、述题、插语之类是属于语用平面的语用成分。在书中还对句法成分、语义成分中的主事、语用成分中的插语进行了深入的讨论。关于句子的合格度,长期以来国内外语法学界都有争议。本书作者主张,评判句子的合语法(合格)要做到"合法"(合句法规则)、"合理"(合语义规则)、"合用"(合语用规则);并区别了"孤立句"和"语境句",提出评判孤立句是否合格主要看句法和语义,评判语境句是否合格主要看语用。在对句子划分类型问题上,本书作者也从三个平面进行分析,指出"在语法上,句子客观地存在着三个平面",因此研究者不仅可能而且应该"从三个不同的平面(或角度)给句子进行语法分类,根据句子的句法平面的特征分出来的类别,可称为句型;根据句子的语义平面的特征分出来的类别,可称为句模;根据句子的语用平面的特征分出来的类别,可称为句类"。并对句型、句模、句类的区别和联系进行了深入的论述。在对一些句式进行分析时也运用了"三个平面"的理论和方法,如在论述交接动词构成的句式时,不但指出了句法上能带双宾语的特点;而且指出在语义平面交接动词是三价动词,组成句子有三个强制性的语义成分(施事、受事和与事);动作行为有一定的指向(外向或内向)等。此外,对VP主语句、复动V得句、施事宾语句等等,也都从三个不同的平面进行了分析。所有这些,都为"三个平面"的理论如何运用于分析汉语语法事实作出了有益的探索。

形式和意义间的关系如何理解、如何处理,一直是语法学界关心的一个问题。传统语法偏重于意义,结构主义偏重于形式。我国语言学界通过词类区分问题等几次重大的讨论,普遍认为语法研究不仅要讲形式、讲意义,而且要把二者结合起来。这在方法上是前进了一步。但是,对于什么是形式,什么是意义,怎样贯彻形式和意义相结合的原则等问题上,仍存在着一些不同的看法。作者对这个原则作了全面系统的论述,提出了自己的见解。作者指出:"意义"不是指概念意义或逻辑意义,而是指语法意义;"形式"是指语法形式,它不只是指词的狭义的形态变化,还包括词的结合、词与词的相互关系、词的次序排列、虚词添加、层次分合、语音节律等等。语法研究的一个重要任务,就是要寻找语法形式和语法意义的对应关系。作者说:"研究语法意义和语法形式的对应关系,不是孤立地研究一种语法意义和一种语法形式的对应,而是要放在同一平面或同一层级的环境中研究意义和形式的对应,特别要研究一种语法意义可能有的各种表现形式。……一个语法结构体或语法范畴的语法意义的表现形式是它所有的(可能有的)语法形式的总和。"所以语法意义和语法形式的对应是指一种语法意义和它的一种语法形式"系统的对应"。作者认为语法研究所追求的,就是要寻找这种对应关系。这个观点颇有启发性。

在贯彻形式和意义相结合的原则研究语法时,是从形式出发,还是从意义出发,语言学界也有不同的意见。本书作者说:"一种语言的语法体系的建立,就是要对语言事实从语法形式出发去发现其语法意义;然后通过综合,使语法意义和语法形式统一起来和对应起来,从而确立各种语法范畴;最后再集合各种语法范畴进行系统的描写,就形成一种语法体系。"根据这个观点,作者在研究汉语语法事实总结规律时,处处注意从形式出发去发现意义,并使二者结合起来说明某个语法范畴或语法格式。比如在词类区分上,作者强调应根据词的功能的表现形式(广义形态或分布)来辨认词类;在区分及物和不及物动词时,提出在典型格式里能否带宾语的标准;在给短语和词的划界问题上,提出以句法结构特征为标准。在确定和辨别句法结构的核心成分和非核成分时,提出的形式标准是:结构体跟它的直接成分在扩展了的句法结构里的替换能力,能替换的是核心成分,不能替换的是非核成分,还指出对汉语句法中的主从结构也可用"虚词鉴定法"。

对于语义平面的意义,语法学界常有人自觉不自觉地从概念上或词汇意义上孤立地理解,作者明确指出:语义"是在结构中表现出来的意义,比如'猫'和'狗',孤立地看,很难说哪个是施事哪个是受事;在'狗咬猫'中'狗'是施事,'猫'是受事,在'猫咬狗'中,情形就完全相反。又如'刀',在'这把刀我切肉'里,'刀'是动作的工具,在'我买了把刀'里,'刀'是受事,在'刀锈了'里,'刀'是系事。再如处所词、时间词常用来表示动作发生的处所和时间,但在'台上很暗'里,'台上'是系事,……在'今年是龙年'里,'今年'是起事"。动词的"价"分类,是属于语义平面的,但作者也不是就语义论语义,主张应从形式上替动词定价,并提出了从形式上给动词进行"价"分类的四条形式:(1)静态的最小的主谓结构,(2)动词所联系的强制性的名词性成分,(3)介词标记,(4)提问形式。其他如在谈到名词的"格"以及词的语义特征、语义指向等问题上,都主张从形式上加以辨别和说明。这些从形式出发来研究汉语语法、说明语法规律的论述和解释,说服力是比较强的。

传统语法、结构主义语法都偏重于语法的静态研究,它们把建立或描写一种语言的语法的静态的抽象体系当作语法研究的根本目的。对语法进行静态研究是完全应该的,必需的。但是语言是在使用中不断发展的,一个语言的静态的抽象的规则或规律在言语中不可能一成不变,语法格式在具体句子中呈现出复杂多样的形式。一个静态的句型在使用中常有变化:或为表达的需要而有各种语气和口气,或为烘托、映带某种意义而增添一些表示说话者主观感情或态度的词语(如插语),或为言语的简练而省略一些句法成分,或为强调突出某事而将成分移位或倒装,等等。所有这些在具体句中的动态变化的语法事实,单是进行静态分析是无法说清楚的,因此语法研究必须在静态研究的基础上上升到动态的研究,并使二者结合起来,这样的语法研究才比较完善。本书作者提出语法研究要以静态为基础,要用规范的观点描写一种语言的共时语法;同时又强调了动态研究,指出在描写一种语言的语法时,要用发展的观点、语用的观点来研究语法,要善于发现有生命力的新生的语法现象,要提倡语法格式的丰富多样性,要分清正式和变式,等等,为如何在语法研究中贯彻静态和动态相结合的原则提出了一些很好的意见。

在具体问题的研究中,作者贯彻了静态分析和动态分析相结合的原则,比如对V-R这种结构进行分析时,把"结构中心"和"表达重心"区别开来。指出结构中心是指静态句法结构的中心,"它决定于内部成分间的相互关系","是相对固定的",而表达重心"是动态的,常因句而异"。据此,V-R 这种动补结构体,其结构中心当在 V 上,而表达重心则要对具体句子进行具体分析:例如在"我们认为这个命令下错了,而且错得厉害"句里,"下错"这个 V-R 中,表达重心在 R(错)上;在"王振华律师是被汽车撞伤的"句里,"撞伤"这个 V-R 中,表达重心在 V(撞)上。作者还注意到词类、词和短语、静态短语和动态短语以及句子格式等在演变发展中有互相转化的现象,有从个别转化为一般或从一般转化为个别的情形,并认为在转化过程中存在着中间状态。他说:短语和词"相互转化的过程,也就是量变到质变的过程,在未达到根本质变时,组合便既不是标准的词,也不是标准的短语,它是处在一种中间状态的组合"。这是符合汉语事实的。关于词的功能分类,认为"要分清经常功能和临时功能",一个词的临时功能只是一种特殊的使用,还未转类,只有从一个经常功能转变到另一种经常功能时才算转类。在词的归类上有时会发现难以确定的情形,其中有一些就是因为经常功能和临时功能不好确定,也就是处在中间状态,当然就不能断然归类了。

在本书中还可以看到作者比较重视研究理论和方法论,特别注意运用辩证唯物主义来分析问题,无论在阐发理论或是描写和解释语法事实。例如在理解和处理语法研究中的形式和意义、静态和动态、合成和分析、结构和功能、组合和类聚、规律和例外、特点和共性、事实和理论、继承和创造等问题上,以及在对待中心词分析法和层次分析法、直接成分和间接成分、核心成分和非核成分、主语和谓语、名词和动词、实词和虚词、动元和状元、主事和客事、动核结构和名核结构、内向和外向、句样和句例、孤立句和语境句、主谓句和非主谓句、正式句和变式句、主题和述题等等问题上,都体现了辩证法中对立统一的思想。

作者不仅注重理论,也重视语言事实,注意从事实出发总结规律、理论。本书中许多文章都是在调查了大量语料的基础上写作出来的。有些语法现象是作者首次发现并给以科学的解释,例如重叠短语、补心复句等。

从事科学研究工作,既要注意学习和继承前人的研究成果,又要不囿于成说,敢于探索创新。作者是做到了这点的。本书中颇多新颖的说法,除了上面提到的以外,还可以举一些例子。在词类区分上,把量词看作虚词,把方位词一分为二(一部分仍是实词,一部分转化为虚词)。在短语研究中,提出了"复合短语"和"派生短语"一对概念,使短语的分类更系统化。在句子类型的分别上,提出了"句型""句模""句类"的三分法,还提出"句样(句位)"这个术语,使之与"句例"配对,又提出"孤立句"和"语境句"的概念,使句子的研究更深入更系统。其他还有一些,这里不再一一说明了。

范晓同志与我相交多年,研究志趣相同,学术观点相近。平日相互切磋,深受启迪。他好学深思,勤奋刻苦,锲而不舍,持之以恒。在他的专著出版前夕,丏序于余。我以为此书内容丰富,观点新颖,材料翔实,具有较强的学术性和可读性,对今后的语法研究和语法教学颇多参考价值。同时,也应该提出,人类对客观事物现象的认识是一个不断深化和逐步逼近真理的漫长过程,真理不是一次就能认识清楚的,任何人的科研活动,都有一定的局限性,书中某些观点和结论,并非都是不可辩驳的定论,但是提出关键问题,发表自己的看法,供同志们评论或者进一步研究,这在学术上无疑也是一种贡献。为此,本书的出版,不论从哪个方面看,都是很有意义的。

是为序。

一九九三年八月于复旦大学

第一部分　理论与方法

试论语法研究的三个平面

近年来,国内外有些语言学家在语法研究中注意到区别三个不同的平面,即句法平面、语义平面和语用平面,这是语法研究方法上的新进展,有助于语法学科的精密化、系统化和实用化。但这样研究语法还仅仅是开始。如何在语法分析中,特别是在汉语的语法分析中全面地、系统地把句法分析、语义分析和语用分析既界限分明地区别开来,又互相兼顾地结合起来,这是摆在语法研究工作者面前的新课题,是值得进行深入探索的。

一、语法研究中的句法平面

语法研究中的句法平面,是指对句子进行句法分析。句中词语与词语(即符号与符号)之间有一定的关系,这种关系是属于句法的(syntactic)。词语与词语按照一定的方式组合起来,构成一定的句结构,对句法结构进行分析,就是句法分析。对句子进行句法分析,主要从两方面进行。

一方面,对句法结构内部的词语与词语之间的关系进行成分分析,也就是着眼于句子成分的确定和结构方式的判别。传统语法学进行语法分析时,总要把句子分为若干成分,如主语、谓语、宾语、定语、状语、补语等等,这些都是句法分析的术语。传统语法学分析一个句子,就是要分析句子里各类实词(包括名词、动词、形容词、数词、代词、副词等)

充当什么句子成分。比如"张三批评了李四",就得分析成主谓句,其中"张三"是主语,"批评了李四"是谓语,"批评"是谓语动词,"李四"是宾语。假如说成"李四被张三批评了",也得分析成主谓句,但这句里"李四"是主语,"被张三批评了"是谓语,"被张三"是介词短语作状语,"张三"是介词"被"的宾语,"批评"是谓语动词。这样的成分分析,讲什么词充当什么句子成分,都是着眼于句子结构分析出来的。与确定句子成分有联系的,就是句法结构类型的判别。结构类型决定于结构成分之间的关系,也就是决定于结构方式。比如:"鸟飞""身体健康",是由主语和谓语两个句法成分组成的,通常称为主谓结构;"飞鸟""健康的身体"是由定语和它的中心语两个句法成分组成的,通常称为偏正结构;"读书""建设祖国",是由动词和它的宾语两个句法成分组成的,通常称为动宾结构。研究一个组合体是什么句法结构,也是句法分析的重要内容。

另一方面,对句法结构内部的词语与词语之间的层次关系进行分析,也就是着眼于句法结构的层次切分。这种层次分析,要求把句法结构中词语之间的关系分为直接关系和间接关系、内部关系和外部关系,也就是要把句法结构体里的直接成分和间接成分以及内部成分和外部成分区别开来。如"干大事的人",这个句法结构里"干大事"和"人"之间是直接关系,"干"和"大事"之间也是直接关系,但"干"和"人"之间以及"大事"和"人"之间都是间接关系。又如"张三的哥哥批评了李四的弟弟"这个句子,进行层次分析,词语间的直接关系可图示如下:

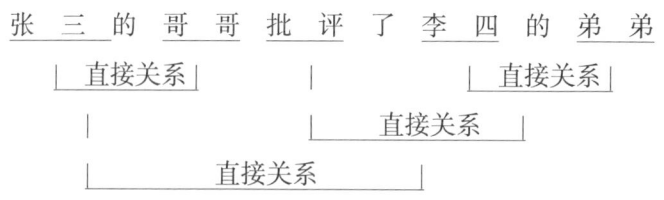

```
张  三  的  哥  哥  批  评  了  李  四  的  弟  弟
   |直接关系|              |直接关系|
   |           |直接关系|
   |        直接关系        |
```

这个句子里"张三"与"批评"之间、"李四"与"批评"之间、"哥哥"与"李四"之间、"弟弟"与"张三"之间,都是间接关系。具有直接关系的组成成分，叫作直接成分；具有间接关系的成分，叫作间接成分。凡直接成分之间的关系，是一个句法结构体里的内部关系，所以直接成分也就是内部成分；凡间接成分之间的关系，是这个句法结构体里的某一成分与另一句法结构里的某一成分之间的关系，是一种外部关系，所以间接成分也就是外部成分。

传统语法学比较重视句子的成分分析，而忽视句子的层次分析，它析句时采用的是句子成分分析法，即中心词分析法，它规定组成句子的单位是词（不是短语），词和句子成分相对应，原则上是一个词充当一个句子成分。在分析时，遇到偏正短语和动宾短语都要找中心词；找到了中心词，才算找到了句子成分。析句时把各种不同层次的句子成分放在同一线性平面之上，因此这种方法不能反映结构的层次，往往也就难以说明词与词的组合关系。比如"打破了茶杯"，"茶杯"应是"打破"的宾语，而不是"打"的宾语，说成"打茶杯"不成话；又如"走痛了脚"里，"脚"应是"走痛"的宾语，而不是"走"的宾语，说成"走脚"也不成话。这就说明一个事实，句法分析单进行成分分析而不进行层次分析是不行的。反之，如果句法分析中只讲层次分析而不讲成分分析也有问题，因为句法分析不仅要找出句法结构的直接成分，还要确定两个直接成分之间的结构关系或结构方式；如果是句子，还得确定句子的格局（即句型）；在这方面，单纯进行层次分析也无能为力。所以，当前语法学界比较一致的意见是：在进行句法分析时，既要进行成分分析，也要进行层次分析，并且把二者结合起来。这就是要采取"成分层次分析法"。① 这种分析法的特点是：兼顾句子的成分和层次，以成分确定句法关系，用层次统摄句子分析。

无论是研究句法结构的构成方式还是层次切分，都是从结构关系

---

① 关于"成分层次分析法"，可参看范晓《谈谈析句问题》，《安徽师范大学学报》1980年第4期。

出发的，也就是偏重于形式的。所谓"凭形态而建立范畴,集范畴而构成体系"①,就是句法平面进行语法分析的基本特点。

二、语法研究中的语义平面

语法研究中的语义平面,是指对句子进行语义分析。句中词语与客观事物(符号与内容)之间也有一定的关系,这种关系是属于语义的(semantical)。人们分析一个句子,通过句法分析,可以找出句子中词语在句法结构中分别充当什么句子成分,可以了解句子的层次构造,也可以得出句子的句型,等等;但析句并不到此为止。如果不根据句法分析的结果,进一步了解句子中的语义关系,即通过句法平面深入到语义平面对句子进行语义分析,那么,还不能算完成了任务。比如仍以"张三批评了李四"和"李四被张三批评了"为例,这两句意思差不多,为什么一句主语是"张三",另一句主语是"李四"呢?这是因为一个句子不仅在表层(也说"显层")有着句法关系,而且在里层(也说"隐层、深层")有着语义关系。上边两个句子里名词"张三"是施事(动作行为发出者),"李四"是受事(动作行为接受者)。正因为这两句里名词与动词之间的施受关系没变,尽管它们在句法上有了若干变化,但两句的基本意思没变。相反,如果说成"张三批评了李四"和"李四批评了张三",虽然一句也是"张三"作主语,另一句也是"李四"作主语,但意思却完全不同,这是因为这两句语义结构不同:前句"张三"是施事,"李四"是受事;后句"李四"是施事,"张三"是受事。可见,句子的意思是由句中词语间的语义关系决定的;而要了解一个句子的意思,单靠句法分析还不够,还必须弄清句子内部各词语间的语义关

---

① 方光焘《体系和方法》,《中国文法革新论丛》第 52 页,中华书局,1958 年。

系,即要进行语义分析。比如要了解"我派小王去请老李来吃饭"这个句子的意思,必须懂得"我"是"派"的施事,"小王"是"派"的受事、又是"去""请"的施事,"老李"是"吃"的施事,"饭"是"吃"的受事。对这样的句子,在进行句法分析时,不同的语法体系可能会作不同的分析,但不管用什么方法、用什么术语来进行句法分析,如果语义关系没分析清楚,也就不可能理解这个句子。

语义平面所说的语义,不同于词的词汇意义。词的词汇意义是词所具有的个别意义,是可以在词典里说明的,比如"张三"就是人名,"批评"是指出优缺点或专指对缺点错误提出意见。这里所说的语义是指词在句法结构中获得的意义,离开了句法结构,一个词孤立起来也就不存在这种语义。孤立的一个"张三"或"李四",究竟是施事还是受事是没法知道的,只有当它们与动词发生一定的关系、处在一定的句法结构中才能知道。

语义关系是多种多样的。就名词与动词之间的语义关系而言,处于主语位置上的名词与谓语动词语义关系,除了上面所说的施事、受事之外,还有起事、工具、处所、时间等等。试以下列句子中各句首名词分别与各句谓语动词所表示的语义作一比较:

① 小王关好了大门。("小王"是施事)
② 衣服被他撕破了。("衣服"是受事)
③ 鲸鱼是哺乳动物。("鲸鱼"是起事)
④ 毛笔写大字,钢笔写小字。("毛笔""钢笔"是工具)
⑤ 图书馆里藏有三百万册书。("图书馆"是处所)
⑥ 昨天下了一场暴雨。("昨天"是时间)

名词性词语"有定""无定"的分别,也属于语义平面的,如"那个人也过来了"里,"那个人"是有定的;"前边来了一个人"里,"一个人"是无定的。以名词性词语为核心构成的偏正结构（定心结构）来说，对充当定语的词语也可进行语义解释，通常认为，它们与后边的名词性词语之间的语义关系表现为修饰性的或限定性的，或者可具体分为三种：一是领属性的，如"祖国的山河""鲁迅的作品"；二是描写性的，如"蓝蓝的天""年轻的姑娘"；三是复指性（也称"同位性"）的，如"人民教师的光荣称号""雷锋的好榜样"。这种"领属性""描写性""复指性"的意义，也是从句法结构中获得的，这样的分析也属于语义平面的分析。

　　句法结构里直接成分间都有一定的语义关系。比如"猫捉老鼠"，"猫"是施事，"老鼠"是受事。间接成分之间有没有语义关系，就要具体情况具体分析：有的没有语义关系，如"她很聪明"里，"她"与"很"是间接关系，语义上也没法分析。有的却有一定的语义联系，如"写小说的作家"，"作家"与"写"在句法上是间接关系，它们在层次结构中是间接成分；但在语义上，名词"作家"与动词"写"有联系："作家"是"写"的施事。这种间接成分之间的语义关系，有学者称之为"隐性的语法关系"[①]。有些多义的句法结构，在表层句法上无法辨别，但在里层语义上可以辨别，往往表现在间接成分间语义关系不一样，如："我喝醉了酒"和"我吃完了饭"，在句法上结构关系相同，层次切分相同，句型相同；但从语义上看，"醉"是说明"我醉"，"完"是说明"饭完"。又如，同一个定心型偏正结构，也有语义关系不一样的情形，试比较下列三组：

　　　　① 教数学的老师/写剧本的作家
　　　　② 赠小王的礼物/给妹妹的书
　　　　③ 削苹果的刀子/买青菜的篮子

[①] 朱德熙《汉语句法中的歧义现象》，《中国语文》1980年第2期。

这三组的表层形式都是"(动+名₁+的)+名₂"的定心型偏正结构,但作中心语的名₂与动词之间的语义关系却不一致:①组的名₂是施事,②组的名₂是受事,③组的名₂是工具。对间接成分之间语义关系的分析,有助于辨析多义的句法结构。

任何一个语法结构都有句法结构和语义结构。句法结构和语义结构表里相依,如果说作为表层的句法是形式,那么作为里层的语义就是意义。研究语法,应该从形式出发,即"由表及里"去发现意义,也就是通过句法结构的分析去深入了解句子内部的句法关系和语义关系;并通过语义结构的分析进一步了解句法关系的同异,从而替句法结构作更精密的描写。语义关系的发现,不应当从词的词汇意义上去寻找,也不能从逻辑的概念上去寻找,而应当从形式上,即从结构上去寻找,"只有依靠结构分析,我们才能从相同的结构中概括出共同的语法意义,也只有依靠结构的分析,我们才能在不同的结构中找寻出不同的语法意义"[①]。从形式上或结构上寻找语义,具体地可以从以下四个方面来进行:

一是,从语言材料的类别(词类及其次范畴)上加以说明。比方说,动作动词有及物动词和不及物动词的区别,及物动词所涉及的有施事和受事,当有生名词与及物动词发生关系时,就有可能是施事或受事。相反,不及物动词只有施事而无受事,当有生名词跟不及物动词发生关系时,只能是施事。"潘金莲害死了丈夫",由于"害死"是及物动词,"丈夫"就得看作受事;"潘金莲死了丈夫",由于"死"是不及物动词,"丈夫"就得看作施事。又如,处所名词、时间名词跟动词发生关系时,一般不能看作施事或受事,而是表示动作行为发生的处所或时间。

二是,从句法关系上加以说明。比如在"我找他"里,"我"是施

---

① 方光焘《关于上古汉语被动句基本形式的几个问题》,《中国语文》1961年第10、11期。

事,"他"是受事;在"他找我"里,"他"是施事,"我"是受事;这表明同一个代名词在不同句法结构中充当不同句法成分,又决定了不同的语义。又如"袭击了敌人的侦察兵",若要了解"侦察兵"与动词"袭击"之间的语义关系,可以通过层次切分来分析。如果这个句法结构的层次切分是"袭击了|敌人的侦察兵",则"侦察兵"是受事;如果层次切分是"袭击了敌人的|侦察兵",则"侦察兵"是施事。

三是,从词语的选择上加以说明。比如动词的"向"(也称"价"),实质上是讲动词与名词间语义上的选择关系的。所谓"单向动词"(也称"一价动词"),就是要求在语义上有一个强制性或支配性的名词性成分与它联系的动词,如"醒""休息"之类;所谓"双向动词"(也称"二价动词"),就是要求在语义上有两个强制性或支配性的名词性成分与它联系的动词,如"吃""批评"之类;所谓"三向动词"(也称"三价动词"),就是要求在语义上有三个强制性或支配性成分与它联系的动词,如"给""告诉"之类[①]。又如,名词与动词之间的语义关系,也可以从名词跟介词的选择上看出来,"施事"能选择介词"被"组成介宾短语,受事常可选择介词"把"组成介宾短语,处所、时间常可选择介词"在""从"组成介宾短语,等等。

四是,从语序和虚词上加以说明。[②] 语序作为一种语法手段和形式,可借以从三个不同的平面进行分析:比如"好天气"与"天气好",意思一样,但句法结构不一样,前者是偏正结构,后者是主谓结构;这种语序的变化是属于句法上的。又比如"狗咬猫"与"猫咬狗",句法结构相同,但语义不一样:前者"狗"是施事,"猫"是受事;后者"猫"是施事,

---

[①] 参看文炼《词语之间的搭配关系》,《中国语文》1982年第1期;廖秋忠《现代汉语中动词的支配成分的省略》,《中国语文》1984年第4期。

[②] 语序和虚词"有语义的、有句法的、还有语用的",参看胡附、文炼《句子分析漫谈》,《中国语文》1982年第3期。

"狗"是受事；这种语序的变化是属于语义上的。再比如："你的书找到了没有"与"找到了没有,你的书?"这两句基本意思一样,句法结构也一样,都是主谓句,但主语和谓语的位置不一样；这种位置的颠倒,反映着说话者心情不一样。前者表示一般的发问；后者表示急迫的发问,这是说话者对客观事物的态度引起的,因为他非常关心并急于想知道"这本书"的情形；这种语序的变化是属于语用上的。虚词也是一种语法手段和形式,可借以从三个不同的平面进行分析:有些虚词的运用关涉到句法,如助词"的"常作为偏正结构的标记:"读书"动宾结构,"读的书"便是偏正结构；"狐狸狡猾"是主谓结构,"狐狸的狡猾"便成了偏正结构；又如"和"常作为并列结构的标记,"学生的家长"是偏正结构,"学生和家长"就是并列结构。有些虚词的运用关涉到语义,如介词"被"后边出现的名词性词语是施事,"老虎被武松打死了","武松"就是施事；介词"把"后边出现的名词性词语一般是受事,"武松把老虎打死了","老虎"就是受事；介词"在"后边出现的名词性词语是处所或时间,"他在北京工作","北京"是处所,"他喜欢在晚上工作","晚上"是时间。有些虚词的运用关涉到语用,如"关于""至于"是点明主题的,都是主题的标记,在"关于这个问题,我们要研究研究"里,"这个问题"是主题,在"至于那件事,我是不放在心上的"里,"那件事"也是主题。

三、语法研究中的语用平面

语法研究中的语用平面,是指对句子进行语用分析。句中词语与使用者(符号与人)之间也有一定的关系,这种关系是属于语用的(pragmatical)。研究语用,也就是研究人怎样运用词语组成句子相互间进行交际。语法分析中讲词类,讲句子成分,讲句型,讲施事、受事、工具等等,都还只是停留在对语法进行静态的分析或描写。而语用偏

重于讲表达,所以是一种动态的分析。比如下面几个句子:

① 我读过《红楼梦》了。
② 我《红楼梦》读过了。
③《红楼梦》我读过了。

对于例①,按照句法分析,可分析为主谓句中的动宾谓语句,即"我"是主语,"读"是谓语,"《红楼梦》"是宾语;按照语义分析,"我"是"读"的施事,"《红楼梦》"是"读"的受事。对于例②,按照句法分析,可分析为主谓句中宾语前置于动词前的动宾谓语句,即"我"是主语,"读"是谓语,"《红楼梦》"是宾语;按照语义分析,与例① 相同,即"我"是"读"的施事,"《红楼梦》"是"读"的受事。对于例③,按照句法分析,现行的一般语法书分析为主谓句中的主谓谓语句,即认为"《红楼梦》"是大主语,"我读过"是谓语,"读"是谓语动词;按照语义分析,也与例① 相同,即"我"是施事,"《红楼梦》"是受事。本文不采取"主谓谓语句"的观点,而是分析为宾语置于句首(宾语主题化)的动宾谓语句,即"《红楼梦》"是宾语,"我"是主语,"读"是谓语;按照语义分析,与例① 相同,即"我"是"读"的施事,"《红楼梦》"是"读"的受事。那么为什么同样的语义结构却用不同的句法结构呢?或者说同样的意思要用不同的形式表达呢? 如果不研究语用,就无法说明这个问题。从语用上分析,一个句子通常有主题(topic,也译作"话题")和述题(comment,也译作"评论")两部分。例① 中的"我"是主题,"读过《红楼梦》"是述题;例② 中的"我"是主题,"《红楼梦》读过"是述题;例③ 中的"《红楼梦》"是主题,"我读过"是述题。作为主题,它是述题述说的对象,是表示和强调旧信息的。例① 和例② 的主题目的都是强调旧信息"我";例③ 的主题目的是强调旧信息"《红楼梦》"。虽然两句用的是同一些词语,语义结构也相同,表达的基本意思也相同,但是从表达上看是不等价的。由此可见,语法分析如果单讲句法分析和语义分析,也还是不完善的,也还没有完成分析句子的任务;只有在句法分析、语义分析的同时,同步地进行语用分析,才算最后达到了语法分析的目的。

主题是语用分析中的重要概念。它跟主语、施事属于不同平面。主题、主语与施事"是可以独立并存的概念"[①]。主语是属于句法关系的概念,它是与谓语相对而言的,是一种句法成分;施事属于语义关系的概念,它是动作行为的发生者,在与及物动作动词相联系时,是与受事相对而言的,是一种语义成分;主题是交谈功用上的概念,是交谈双方共同的话题,是句子叙述的起点,常代表旧的已知的信息,它是与述题(对主题的说明,即传递新的信息的部分)相对而言的,是一种语用成分。施事常用来作主语,但主语不一定都是施事(受事、客体、工具、处所、时间等也可作主语),施事也不一定都作主语(也可作宾语、定语等),把主语与施事完全对等起来显然是不对的。施事可以作主题,但主题也不一定都是施事,受事、起事、工具、时间等也可以作主题,所以施事与主题也不是对等的。主语与主题常有重合的情形,例如:

① 武松打死了老虎。(施事主语"武松"是主题)
② 老虎被武松打死了。(受事主语"老虎"是主题)
③《红楼梦》的作者是曹雪芹。(起事主语"《红楼梦》的作者"是主题)
④ 小楷笔不能写大字。(工具主语"小楷笔"是主题)
⑤ 苏州城里有个玄妙观。(处所主语"苏州城里"是主题)
⑥ 三月八日放假半天。(时间主语"三月八日"是主题)

[①] 汤廷池《主语与主题的划分》,《国语语法研究论集》第76页,台湾学生书局,1979年。

但是，作为语用概念的主题与句法概念的主语也不是完全重合或对应的，主语不一定是主题，主题也不一定是主语，比如"昨天晚上我做了个梦"，这个句子里主语是"我"，主题是"昨天晚上"。主题和主语的区别主要表现在：

一是，主语与作谓语的动词或形容词之间在语义上有选择关系，而主题除兼作主语者外，则没有这种关系；动词形容词可以决定主语，而不能决定主题。如"暑假里我病了二十多天"，这句里与谓语动词发生关系的是"我"，而不是"暑假里"，能说"我病了"而不能说"暑假里病了"，所以这句里"我"是主语，"暑假里"是主题。

二是，主题出现于句首，而主语不一定出现于句首。如"昨天三个客人来拜访我"，如果在句法平面分析为主谓句，就得把"昨天"看作主题，"三个客人"看作主语；因为和动词"来"发生语义上强制性的选择关系的是"三个客人"而不是"昨天"。

三是，主语前边不能加介词，因此介词结构组成的短语不可能是主语；而主题前边有时可以加上特定的介词。如"这个问题我还没有研究过""津浦路上他遇见了一位多年不见的朋友"，这两句里"这个问题""津浦路上"是主题，"我""他"是主语。如果需要，主题前可加上介词作为标记，如说"关于这个问题……""在津浦路上……"。

四是，主题和主语不重合时，主题处在主谓结构的外层（也就是处在主谓句外层）。下面句子里主谓结构前句首的那个名词性词语就是全句的主题：

① <u>上午</u>我开了一个会。
② <u>自行车</u>他骑出去了。
③ <u>这个人</u>我不认识他。
④ <u>鱼</u>，鲫鱼最好吃。

⑤ 这个问题，我们有不同看法。
⑥ 青春，这是多么美好的时光啊！
⑦ 他们兄弟俩，哥哥是工人，弟弟是农民。

语法的语用平面要研究的，除主题和述题以外，还有语气、口气、行为类型、表达重点、焦点、增添、变化等等。

语气属于语用方面的，是指句子的交际目的或用途，任何句子都必有语气，或表"陈述语气"，或表"疑问语气"，或表"祈使语气"，或表"感叹语气"等。汉语中表示语气的主要手段是语调（句调）以及语气词。

口气也属语用范围，它表示说话人的主观态度或情感。句子可以有种种口气，如肯定、否定、强调、委婉等等。比如问"他去不去北京？"如果回答"他去的"，便是肯定；回答"他不去"，便是否定。比如同样表示否定，用"决不""毫不""从不"之类词语，就有强调的口气；用"不大""不太""不怎么"就有委婉的口气。口气通常通过一定的副词性词语来表示。句子需要特别强调的地方，口语里一般用强调重音表示；书面语常用副词"是"（重读）来显示，如"是你不好"，强调的是"你"，"你是不好"，强调的是"不好"，有时也可用"是……的"这样的格式来表示强调，如"花是红的，草是绿的"，强调的是"红""绿"。

行为类型是指句子的言谈类型，它跟句子的语气和口气密切相关。从语用上看，任何句子都是具有一定交际功能的，如陈述、提问、请求、命令、致谢、道歉、祝贺、惊叹等等。句子的行为类型跟句子的句法结构类型没有必然的联系，跟语义的结构类型也没有必然的关系。比如"他去北京了？"和"他去北京了。"这两个句子从句法上看都是主谓句，从语义上看"他"都是施事，"北京"都是处所。这两句的句法关系和语义关系都相同，所不同的是语气有异：前句表示提问，是属于"疑问"的行为类型；后句表示陈述，是属于"陈述"的行为类型。所以这两句从语用上说是不等价的。又如"你应该告诉我。"和"你不应该不告诉我。"这两个句子从句法上看都是主谓句,从语义上看"你"都是施事,"我"都是受事,从语气上看都是陈述句。这两句的句法关系和语义关系以及语气功能都相同,所不同的是口气有别:前句表示"坦率或直率"口气的陈述,后句表示"委婉或婉转"的陈述;所以这两句从语用上说也是不完全等价的。

表达重点是指句法结构中着重说明的部分,它决定于句子的表达要求。它可以在谓语上,如"他是走了"中的"走";也可以在主语上,如"谁来了"中的"谁"。在偏正结构中,表达重点不等于结构中心(结构的核心成分)。它有时在结构中心上;但往往不在结构中心上,如"她是一个美丽的姑娘"中,"美丽的姑娘"是一个偏正结构,结构中心是"姑娘",但句中表达重点却在"美丽"上。

焦点是指述题中的重点,也就是新信息里的着重说明之点,实质上也是表达重点的一种。如"我终于把这本书找到了"中,"这本书找到了"是述题,述题中的焦点是"找到"。如果说"我找到了老张,却找不到老李",这句的焦点就不在"找到"上,而是在"老张"和"老李"上。表达重点、焦点跟语句重音有密切关系,往往通过语句重音显现出来。

由于表达的需要,句子有时还有增添或变化。所谓增添,是指在某个句法结构的前面、中间或后面增添一些词语,或表对情况的推测和估计,或引起对方注意,或表示对某一问题的意见和看法,等等。这就是句中的插说,通常称为"独立成分"或"插语",如"这事情办不成了"这个句子,是客观叙述;但如果插加"照我看来""依我看"之类词语,就表示自己的主观看法。又如"你看,你看,天上有五架飞机",这"你看,你看",也是插说,目的是引起对方注意。所谓变化,是指变一般的句型为特殊的句型,如倒装句"写得多好啊,这篇文章!"这是为了表示强烈的感情而变动语序的。也有为了想急切地需要知道新信息而倒装的,如"来了吗,他?"这都是语用的需要而有此变化的。

语用分析与语境（包括题旨情境）有密切的关系，因为说话的形式总是根据交际表达的需要并受一定的说话环境制约的。比如"你好"，在"你好，他不好"中是一种意思；在表示问候时礼貌地说一声"你好！"又是一种意思；在《红楼梦》里说到黛玉快气绝时叫道："宝玉！宝玉！你好……"，这又是另一种用法了。又如受事让它处在宾语的地位还是处在主语的地位，说话用强调的口气还是委婉的口气，主题是用施事、受事还是处所，等等，都要根据交际表达的需要，随情应境地处置一切词语，选择相宜句式，使用适当的语气和口气。

四、三个平面既有区别也有联系

句法、语义和语用三个平面既有区别也有联系。对句子进行语法分析必须严格区分这三个平面，又应看到它们之间的密切联系。不加区别混在一起，就失之于笼统；不看到它们之间的联系而孤立起来，就失之于片面。但三者之中，句法是基础，因为语义和语用都要通过或借助句法结构才能表现，而要了解语义或语用，也往往离不开句法结构。人们常用变换的方法来了解语义和语用，但变换也离不开句法的。如单独一个"母亲的回忆"，是一个歧义短语结构，因为有两种可能的变换：假如变换成动宾结构"回忆母亲"，则"母亲"是受事；假如变换成主谓结构"母亲回忆"，则"母亲"是施事。又如语用上的倒装句"怎么啦，你？"可通过变换得出正式句"你怎么啦？"可见语义和语用的分析都离不开句法分析。但语义分析和语用分析终究是跟句法分析属于不同平面的，只有抽象的句法结构而无语义结构以及语用结构、语用功能，不可能成句；只进行句法分析而不进行语义和语用的分析，也不是缜密的句子分析。打个比方，如果把句法平面比作句子的躯干，不妨把语义和语用比作两翼。一个句子既有躯干又有两翼，才能"起飞"，才能交际。因此,句子分析必须以句法为基础,同时又兼顾到语义分析和语用分析,并尽可能使三者既区别开来又结合起来。

传统语法学主要讲句法,有时也讲一点语义(如施事、受事等),有时也讲一点语用(如陈述、插说、语气、口气等);但总的来说,对语义、语用的分析还是比较零散的,更没有有意识地区别三个平面。要使语法学有新的突破,在语法研究中必须自觉地把三个平面区别开来;在具体分析一个句子时,又要使三者结合起来,使语法分析做到形式与意义相结合、静态与动态相结合、描写与解释相结合;这样,语法分析也就更丰富、更全面、更系统、更科学。究竟怎样才能使三个平面既分开来又结合起来,是需要花大力深入研究的。本文想就此谈几点原则性的想法。

一是,要注意三个平面的互相制约、互相影响。这表现在:首先,句法和语义是互相制约的。如"我想他"里,"我"是施事,"他"是受事;而"他想我"里,"他"是施事,"我"是受事,"我"与"他"在这两句里语义的不同是由它们在句法结构里的地位不同决定的。又如能说"喝水""吃饭"这样的动宾结构,但不能说"喝电灯""吃思想",这是因为"电灯""思想"不能作"喝""吃"的受事;可见动词和名词能否构成动宾结构,取决于它们语义搭配的可能性。其次,句法和语用也是互相制约的。语用离不开句法,任何语用上的东西,都是附丽在一定的句法结构上的,比如述题,一般总是以谓语的形式出现,焦点一般在谓语之中,主题或者与主语重合,或者是某种特殊的句子成分。反之,句法形式有时也可能由于语用的需要而改变常规,如变式句便是明证。又如名词在动谓句中不能作谓语,但由于语用的需要也有临时转用作动词用法的,如"春风风人"中的后一个"风"便是。再次,语义和语用也是互相制约的。比如"胖的人很瘦",从语义上看是有问题的,但若说成"胖的人很瘦是一句矛盾的话",这句子就能成立,这是语用决定的。又如"你真坏",原来字面意义是讲"你"是"坏"的人;但若是恋人之间交谈,女的撒娇地对男的说一声"你真坏",这话并不是真的讲男的"坏"。这都是受语用的影响而引起的。相反语用也受语义的制约。比如,如果要说小张的身体比小李的身体健康,交际上为了省力简洁,有时可省略为"小张的身体比小李健康"。但如果要说小张的妈妈比小李的妈妈漂亮,就不能说成"小张的妈妈比小李漂亮",这是由于语义的关系。

二是,具体句的分析要分清三个平面。对具体句进行分析时,可以同时从三个平面进行分析。例如"鸡,我不吃了",从句法上分析,这是一个主谓句,主语是"我",谓语是"不吃","鸡"是宾踞句首;从语义上分析,"我"是"吃"的施事,"鸡"是"吃"的受事;从语用上分析,"鸡"是主题(宾语"主题化"),"我不吃了"是述题,"不吃"是焦点。又如"张三批评了李四",从句法上看,"张三"是主语,"批评了李四"是谓语,"李四"是宾语;从语义上看,"张三"是"批评"的施事,"李四"是"批评"的受事;从语用上看,"张三"是主题,"批评了李四"是述题。

三是,句子的合格度也要从三个平面分析。分析一个句子的合格不合格或者说是不是病句,也应该从三个不同的平面进行综合分析。一个句子合格不合格,在交际中管用不管用,不但要看句法上词语间结合得妥当不妥当,还要看语义上词语间搭配得合理不合理,再要看语用上词语安排得适切不适切。凡符合句法结合上妥当、语义搭配上合理、语用表达上适切这三个条件的句子,可以说是一个合语法的比较好的句子;反之,可能是一个不合语法的句子或是一个有语病的句子。

有的句子有问题,毛病出在句法上。如"我参加这次会议,感到非常荣誉和高兴",这里"荣誉"一词在句法上有问题:一则,它是名词,不能作动词"感到"的宾语("感到"后边应带谓词性宾语);二则,名词不能跟副词相结合,但"荣誉"却和副词"非常"结合,这就不妥当。有的句子有问题,毛病出在语义上,如"自行车和体操、田径、游泳住在一幢楼里",这句里的动词"住"要求指人名词(施事)作主语,但"自行车、体操、田径、游泳"都不是指人名词,都不是施事,它们作主语当然不合理。有的句子有问题,毛病出在语用上,如"你马上给我回来!"这句话本身在句法上、语义上都没有什么问题的,如果用在长辈对小辈,也还是可用的;但如果小辈对长辈说这样的话,就显得极不礼貌,语用上就不适切。在这里,说一个小故事作为本节的结束语:某人请甲乙丙丁吃饭,甲乙丙三人都来了,只有丁还没有来。某人等得不耐烦,自言自语地说:"该来的还没来。"甲听到这话,以为某人讲他不该来,就悄悄地从后门走了。某人见甲走了,又自言自语地说:"不该走的走了。"乙听到这话,以为某人讲他,也偷偷地从后门走了。某人见乙走了,对着丙说:"我又不是说他们两个。"丙一听,以为某人是针对他讲的,一气之下也走了。结果客人都走光了。某人一共讲了三句话:"该来的还没来""不该走的走了""我又不是说他们两个"。这三句话从句法、语义而言,本无可指摘,但在那样的语境中,只顾自己说话,不顾听者会怎样理解,结果三句话气走了三位客人,这就是某人不讲究语用而引起的后果。

有关语法研究三个平面的几个问题

近来读了施关淦《关于语法研究的三个平面》[①]一文，很感兴趣。此文比较全面地综述了我国语法研究中三个平面理论的研究情况，肯定了研究的成绩，指出了存在的一些问题，还提出了自己的一些见解，富于建设性和启发性。这里仅就施文文末提出的几个问题谈一点不成熟的看法。

一、关于"语义"

在句法跟语义的关系的问题上，施文提出：句法中有没有语义？如有，这个语义跟三个平面之一的"语义"之间是个什么关系呢？如没有，又有没有没有语义的句法呢？

这的确是个十分重要的问题。这涉及整个"语法意义"问题。只有在理解"语法意义"含义的前提下，才能准确了解句法和语义之间的关系。

句法跟语义的关系比较复杂。一般认为，它们之间的关系是表里关系即形式和意义之间的关系。如果着眼于语义结构要通过一定的句法结构才能显示这一点，无疑是正确的。但是，如果由此而认为句法平面中只存在形式而没有意义、语义平面中只存在意义而没有形式，那就值得商榷了。要弄清句法跟语义间乃至句法跟语用间的关系，我们认

[①] 施关淦《关于语法研究的三个平面》，《中国语文》1991年第6期。

为首先要弄清语法意义和语法形式在语法三个平面上的体现,要对语义这个概念加以必要的限定,要澄清语义跟语法意义的关系。

语法意义是指语法单位(或结构体)由一定的语法形式表示的内部结构意义和外部功能意义,而语法形式则是语法意义的表现形式,即表示语法意义的方式或手段。语法意义和语法形式紧密相连,是对立的统一,没有无语法形式的语法意义,也没有无语法意义的语法形式。既然语法有三个平面,语法意义和语法形式当然也可以从三个平面进行分析。就语法意义而言,存在着三种语法意义:

(一)句法平面的语法意义

句法平面的语法意义称为句法意义,表示句法意义的语法形式可称作句法形式。句法意义是指词语与词语相结合组成句法结构后所产生或形成的显层的关系意义,句法形式就是表示这显层关系意义的语法形式。比如主谓结构有"陈述-被陈述"的意义,动宾结构有"支配-被支配"的意义,定心结构有"修饰-被修饰"的意义,这些都是句法意义。词类的句法功能,也是句法意义。表示句法意义的句法形式是多种多样的:有用语序表示的,如"大大的眼睛"是定心结构,有"修饰-被修饰"的句法意义,而"眼睛大大的"是主谓结构,有"陈述-被陈述"的句法意义。有用虚词表示的,如结构助词"的、地、得"和连词"和、并、而"等,都是某种句法结构的标志,从而可显示出某种句法意义。有用语音节律形式表示的,如:"出租汽车","出租"重读是定心结构,有"修饰-被修饰"的意义;"汽车"重读为动宾结构,有"支配-被支配"的句法意义。有用词类形式表示的,如"新衣服"是"形+名"形式,"形"在"名"前一般构成定心结构,就有"修饰-被修饰"的句法意义。有分布形式表示的,词类的句法功能就是通过词在句法结构中的分布显示出来的。此外,还有其他一些形式。

(二)语义平面的语法意义

语义平面的语法意义称为语义意义,简称"语义"。表示语义的形式可称为语义形式。语义这个术语现在有不同的理解,概括起来,主要有两种:一种是广义的语义,另一种是狭义的语义,前者包括词汇意义、逻辑意义、语法意义、语境意义、社会文化意义等,有的甚至把一个句子所表示的思想内容或者言外之意也看作语义;后者则专指语法领域中语义平面的意义。狭义的语义是语法意义的一种。这种语义是指词语和词语相互配合组成语义结构后所产生或形成的隐层的关系意义。比如名词跟动词搭配组成的隐层的语义结构里,名词跟动词就有一定的语义关系。以"昨天我在图书馆里用电脑给小陆写信"这个句子为例,从语义平面分析,"写"是动作,其他名词分别是"写"这个动作的施事(我)、受事(信)、与事(小陆)、工具(电脑)、时间(昨天)、处所(图书馆里)。也可分析为这是一个动核结构,"写"具有"述谓"义,是这个动核结构的核心;"昨天""我""图书馆里""电脑""小陆""信"具有"论元"(包括"行动元"和"状态元")义,是动词"写"所联系着的语义成分。

语义与词汇意义、逻辑意义既有联系也有区别。词汇意义、逻辑意义是语义平面语义的基础,因此往往相合,例如"毛笔""刀"之类,从词汇意义或概念意义上归类,可归入工具类;而在"他用毛笔写字""我用刀切肉"这样的句子里,从语义平面分析,"毛笔"是"写"的工具,"刀"是"切"的工具。但是语义跟词汇意义或概念意义也有不一致的时候,例如在"他送我一支毛笔""我买了一把刀"这样的句子里,"毛笔"和"刀"都成了受事;在"这支毛笔很好""那把刀很钝"这样的句子里,"毛笔""刀"都成了系事。产生不相合或不一致的原因,是因为某个词的词汇意义或概念意义可从离开语义结构的词典里获得；而某个词所表达的语义只能在一定的语义结构中才能产生。

表示语义的语义形式也是多种多样的。有用语序表示的，"狗咬猫"中，"狗"是施事，"猫"是受事；而在"猫咬狗"中，则"猫"是施事，"狗"是受事。有用虚词表示的，如介词"被"后边的名词一般是施事，介词"把"后边的名词一般是受事，介词"用"后边的名词一般是工具，介词"在"后边的名词一般是时间或处所。有用语音节律表示的，如"他说我干得不好"，如果"说"后可以有停顿（他说，我干得不好），"他""我"就是同一个人，都是"干"的施事；如果"说"后不能停顿，"他""我"就不是同一个人，只有"我"是"干"的施事。一个语义结构总是要由一定的句法结构表示，总有一定的形式标志，从这个意义上说，既包含着句法形式也包含着句法意义的句法结构，也是表示语义的一种形式，所以句法结构是显层结构，语义结构是隐层结构。一个语义结构往往可用多种句法结构表示，如"张三批评了李四""李四被张三批评了"这两个句子，语义结构相同："批评"是动作，"张三"是施事，"李四"是受事；但句法结构并不相同。

（三）语用平面的语法意义

语用平面的语法意义称为语用意义。表示语用意义的形式可称为语用形式。语用意义是指词语或句法结构体在实际使用中所产生或形成的语用价值或信息，这种意义往往体现着说话者的主观表达意向。比如"主题－述题"结构具有"对象－说明"的语用意义。又如语气方面的陈述（也称"直陈"）、询问、祈使、感叹和口气方面的强调、委婉等，也是一种语用意义。表示语用意义的语用形式也是多种多样的。语序可表示语用意义，如"你干什么？"和"干什么，你？"这两句语义关系一样，句法关系也一样；但主语和谓语的语序不一样。语序的不同显示出两句有着不同的语用价值：前句发问比较舒缓；后句发问比较急迫，是把想要知道的先说出来。虚词也可表示语用意义,如"关于""至于"等介词可表示主题,语气词"了"可表示陈述语气,"吗"表示询问语气等。语音节律形式也可表示语用意义,如升调可表示询问,降调可表示陈述;重音落在某个成分上,那个成分就有强调的信息。还有一些其他的表现语用意义的形式,这里不一一列举了。

总之,三个平面各有其形式和意义:句法、语义和语用的形式都是语法形式,句法、语义、语用的意义都是语法意义。过去一般所说的语法意义是专指句法意义,跟本文所说不同。

二、跟句法有关的语义因素和语用因素

跟句法有关的语义因素和语用因素究竟有哪些?这是施文提出的第二个问题。这个问题很值得讨论,因为它涉及语法研究的内容。三个平面的理论扩大了语法研究的范围,语法分析指句法分析、语义分析和语用分析,但语法中的语义并不包括一般所说的语义学分析中的所有语义因素,语法中的语用也不包括通常所说的语用学中谈到的所有语用因素;只有跟句法有关的语义因素和语用因素才属于语法范围。至于哪些语义因素和语用因素跟句法有关,现在大家正在探索之中。这里,根据目前研究的情况,概述如下。

(一)跟句法有关的语义

跟句法有关的语义,主要有以下一些:
1、动核结构
动核结构也可称"谓核结构",它是由动词(广义动词)[①]和它相联系着的某些语义成分组成,动词是动核结构的核心。动核结构是语义平面

---

① 如果把广义动词(包括动词和形容词)称作谓词,则动核结构也可称为"谓核结构"。

的基本结构,是生成句子的基底。动核结构是隐层的,必须通过一定的句法结构形式才能显示。同一个动核结构如果用不同的句法形式表示,就会构成不同的句子,比如动词"革新"跟它联系着的语义成分"张三""技术"所构成的一个动核结构,其显层的句法形式可以有"张三革新技术""张三把技术革新""技术被张三革新"等;这些不同的句法形式加上相应的语态(时、体、主动、被动等)和语气,就成了不同的句子。研究动核结构的模式,研究动核结构模式跟句型、句式之间的关系和联系,研究句中动核结构和动核结构间的相互关系,是语法研究的一个重要任务。

2、动词的"价"

动词的"价"也称"向",动词的"价"分类,是动词在语义平面上的重要分类。根据动词在动核结构中所联系的动元(强制性的语义成分)的数目,动词可分为一价动词("跌""病""休息"之类)、二价动词("吃""读""保卫"之类)、三价动词("给""借"之类)。这样的分类有助于说明不同动词构成不同动核结构的规则,从而也有助于描写各种句法结构和确定基本句型,并且还有助于解释句子中的省略和隐含问题。

3、名词的"格"

"格"指名词跟动词组成语义结构时所担当的语义角色,如施事、受事、与事、工具、处所、时间等。把名词跟动词之间的语义关系(格关系)研究清楚,有助于说明动核结构的下位区分和句型或句式的区分,也有助于分析句法结构在实际使用中的变化和复杂化。

4、语义指向

语义指向是指词语出现在句子里时在语义平面上支配或说明的方向。动词有个动作方向的问题,例如在"我找不着东西吃"里,动词"吃"指向受事"东西"(吃东西);在"我找不着老师学"里,动词"学"指向施事"我"(我学);在"我找不着老师教"里,动词"教"指向施事"老师"

(老师教)。状语、补语等也都有语义指向问题,例如:在"这些电影我都看过了"里,状语"都"指向受事;在"这个电影我们都看过了"里,状语"都"指向施事。在"我们打败了敌人"里,补语"败"指向受事,在"我们打胜了敌人"里,补语"胜"指向施事。研究语义指向,有助于分析句子中几个语义结构间错综复杂的关系,从而也有利于理解句子的内容。

5、歧义

有些孤立的句法结构体(短语或句子)在语义平面是多义的,如果没有语境的帮助,或者使用不当,就会引起歧义,从而产生误解。例如"母亲的回忆"这个短语,"母亲"既可理解为施事,也可理解为受事;"这个人连我都不认识"这个句子,"我"既可理解为施事,也可理解为受事。研究句法结构中反映出的语义平面的歧义,有助于了解某种语义结构的表达式可能有的各种变换方式。

6、词的语义特征

词的语义特征既反映着一类词和一类客观事物间的关系,也反映着一类词和另一类词的语义上的搭配关系。比如,动词"交""送""卖"跟"接""受""买"比较,语义特征就不一样:"交"类动词是外向的,"接"类动词是内向的,"我送他一件礼物"可说成"我送给他一件礼物","我收受他一件礼物"却不能说成"我收受给他一件礼物"。动词"放""摆""挂"和"唱""演""吃"比较,语义特征也不一样:"挂"类有[＋附着]的语义特征,而"唱"类则具有[－附着]的语义特征,所以"台上放着鲜花"和"台上唱着京戏"有不同的变换形式。研究词的语义特征,有助于在语义平面给词进行次范畴分类,有助于说明词语搭配的选择限制,也有助于分化句法同一而语义不同一的句子。

7、语义的选择限制

词与词搭配时在语义上有选择性,句法上能结合的不见得在语义上都能搭配。如"动＋名"在句法上可构成动宾结构,"名＋动"在句法上可构成主谓结构；但当具体的动词和名词进入上述句法框架时，有的能相配，如"喝水""牛死"；有的不能相配，如"喝饭""石头死"。语义搭配的选择限制跟词的语义特征有关，如动词"喝""死"都跟有生命的事物发生关系，如果无生命事物作施事（如"石头死"之类），就违反了语义上的选择规则；又如动词"喝"的受事要求是液体食物，如果非液体食物作受事（如"喝饭"之类），也违反了语义上的选择规则。研究语义搭配的选择限制，有助于说明词语的组合规律，有利于语法研究的精密化。

（二）跟句法有关的语用

跟句法平面有关的语用，主要有以下一些：

1、主题和述题

"主题+述题"结构是一般句子的语用结构。主题是说明的对象，一般是已知信息；述题是对主题进行说明的部分，对主题或作叙述，或作描记，或作解释，或作评议，一般是未知信息。说话时，根据表达的需要，可选择需要说明的某个特定对象作主题。同一语义结构如果在显层的句子里主题不一样，句式也不一样，其语用价值也会不一样，如"台上坐着主席团"和"主席团在台上坐着"，两句的主题不同（前句"台上"是主题，后句"主席团"是主题），语用价值就有差别。研究主题和述题有助于了解句子所表示的旧信息和新信息，知道说话者关心的是什么。

2、表达重心和焦点

表达重心（也称表达"重点"）是指句法结构中由于表达需要而着重说明的成分。表达重心跟句法结构中心有区别：抽象的句法结构中心是相对固定的，如定心结构和状心结构的结构中心都在中心语上，动宾结构和动补结构的结构中心都在动词上；表达重心则属于语用平面，一个句子里哪个句法成分属表达重心决定于句子的表达意图。一般地说,句法结构的非结构中心在具体句子里常是表达重心,即定语、状语、宾语、补语常是表达重心。但结构中心有时也可成为表达重心。例如:如果问"他怎么受伤的?"回答说"他是跌伤的",表达重心就在动词上。

焦点是句子所传递的信息的核心、重点,一般的或常规的焦点通常位于句末的实词语上。这种焦点一般称为"尾焦点",也称"自然焦点"。如"他们打败了敌人"这句里"敌人"是焦点,"他们把敌人打败了"这句里,"打败"是焦点。但在具体句子里,人们可以根据表达的需要着意强调某个词语或成分,使其成为表达重心,比如在问答句或对比句里,焦点就不一定都在句末词语上,如问:"谁打败了敌人?"答:"他们打败了敌人",这句里焦点在"句首"的"他们"上;又如"这是我的电脑,不是他的电脑"里,焦点也不在句末的"电脑"上,而是在"电脑"前作定语的词语"我的、他的"上。这种焦点,一般称为"对比焦点"。研究表达重心和焦点有助于了解说话者的表达意图。

3、语气

句子都有一定的语气。语气能反映句子的表达用途,可以表示陈述、疑问、祈使、感叹等。按语气对句子进行分类,分出来的类叫作句类。句类和句型是有区别的:句型指句子的格局,是句子的句法结构类型,属于句法平面的概念;句类是句子的语气分类,也就是表达用途的分类,是句子的交际功能类型,属于语用平面的概念。不同的句型可以属于同一句类,不同的句类也可以属于同一句型。研究语气有助于了解句子的表达用途和说话者言语行为的意图。

4、口气

句子可以有种种口气,如肯定与否定,强调与委婉等。表示肯定口气的句子一般不必附加上表肯定的副词,加上了肯定副词便带有强调口气。表示否定口气的句子通常要附加上表示否定的副词"不""没

（没有）""别"等。句子的强调口气在口语里可用强调重音表示,例如"我在写信"里是强调"信","我在写信"里是强调"我","我在写信"里是强调"写"。在书面语里,副词"是"后的词语通常是被强调的,用"决不""毫不"之类词语可表示加强的口气。句子的委婉语气可用"不大""不太""不怎么样""不能不"等词语表示。研究句子的口气,有助于了解说话者对所述内容的主观情态。

5、评议

句子中的"句法-语义"结构反映客观事实,插加或添加在该结构上的词语一般带有评议性,或表推测（如"看起来""看样子"）,或表确定（如"说真的""老实说"）,或表估计（如"也许""恐怕"）,或表说话者的主观态度、意见（如"依我看""依我想"）。助动词"可能""应该"等也是表示某种评议的。研究句子中评议性的词语,有助于了解说话者对客观事实的主观评估和态度。

6、句型或句式的变化

静态的句型或句式有一定的规则:内部有一定的句法成分,成分间有一定的结构关系,成分的排列有一定的次序,比如"主语+谓语"构成的主谓句句型,主语在谓语之前就是一条基本规则。在动态的具体句子里,借助于一定的语境,句型或句式会起某种变化,或省略某个成分而成为省略句,或移动某成分的次序而成为移位句,这就是所谓变式句。对变式句的研究,有助于了解具体句的说话语境,也有助于分析句型或句式的语用价值。

以上有关语义和语用平面的一些问题,有些只是开了个头。也还有些问题,它们究竟属于语义平面还是语用平面的,大家还有不同的看法,比如"有定""无定"问题,"指代""照应"问题,"预设""蕴涵"问题,"时""体"特征问题等。这些问题尚有待于深入研究讨论,以便取得共识。

三、"句法、语义、语用"之间的关系

施文提出的第三个问题,就是句法、语义和语用三者之间错综复杂的关系是怎样的?

这个问题人们有不同理解。对于三个平面之间的关系,有用修辞的比喻来加以说明的,有用各种图式来说明的。用比喻或图式可以通俗地、形象地让人们理解三者的关系,但不能准确地说清楚,所以还得用文字加以准确地解释。对于三者关系,可以作如下的说明。

(一)三个平面在句子里错综地共处一体

三个平面既有区别,又有联系。一个具体的句子,它总是句法、语义、语用的结合体,也就是包含着句法、语义、语用这三个侧面、三个角度或三个方面,也就是现在说的三个平面。三个平面不能简单地看作像一条马路的三股车道那样的三条平行线,三股车道如果去掉一股,还剩下的两股车道照样有通车的功能,而语法的三个平面若去掉一个平面,就显得不完整,也就影响了表达或交际的功能。三个平面不是互不交错的平行线,它们之间的确具有错综复杂的关系。句子是一个"句法+语义+语用功能"的综合体,所以在研究或分析句子时,应该使三者既区别开来又结合起来。

(二)"句法、语义、语用"相互依存

1、句法和语义是表里关系,或者说是显层和隐层的关系

实词和实词组合成的不包含语用因素短语,就是一个"句法-语义"结构体。这种结构体从句法平面可分析出句法结构,从语义平面可分析出语义结构。比如"买菜的老王"这个结构体,从句法平面分析

是定心结构；从语义平面分析，"买"是动作，"老王"是"买"的施事，"菜"是"买"的受事；又如"老王买菜"这个结构体，从句法平面分析是"主动宾"结构，从语义平面分析跟"买菜的老王"相同。语义平面的语义结构若没有一定的句法结构来表示，是无法显现的；同样，句法结构若不表示一定的语义结构，也就空洞无物，成为不可知的东西。

2、"句法-语义"结构体加上"语用"成为句子

实词和实词组合成的结构体未入句时是静态的、备用的，一旦进入言语进行表达思想传递信息时，就得附加上某些语用因素或语用成分，才能成为具有交际功能的包含着句法、语义、语用的动态的短语和句子。静态的、备用的句法和语义的结构规则是一般的、普遍的，比如"你看电影""你喝水""小王买苹果"等结构体，在句法平面都是"主动宾"结构，其语序形式是主在动前，宾在动后，在语义平面都是"施动受"结构，其语序形式是施在动前，受在动后。当这类"句法-语义"结构体进入具体句子时，有时可能仍保持这种结构形式，如"你看电影，我看京戏""我喝了两大碗水了"之类便是；有时会有变化，如"这个电影你看过了，不必看了""你这个电影看过了吗？""看电影，你？"等。静态的、备用的"句法-语义"结构体入句时要不要变？怎样变？都要根据表达的需要，即受制于语用。

（三）具体句里三个平面体现为三种关系

在具体句子里，句法和语义结构中的成分跟语用因素或语用成分间的关系，大体上可概括为三种关系：

1、信息和载体的关系

传达信息得有一定的载体，语用平面传达的信息是由某些句法成分或语义成分承载的。无论是主题和述题还是表达重心和焦点都得落在某个句法成分或语义成分上。

2、内层和外层的关系

句法和语义结构是句子的内层框架,它表达句子的基本意义,它决定句子的基本句型和句式。而语用因素、语用成分是根据表达的需要附加上去的,它决定句子的句类和其他行为类型。

3、客观和主观的关系

句法和语义结构表示客观的某个事实或事件。而语用因素或语用成分带有主观性,即表示说话者对客观事实或事件的态度和看法、表达或交际的意图以及言语的感情色彩等。

（四）三个平面有三种成分

三个平面有三种结构,即句法结构、语义结构、语用结构。而结构总有一定的结构成分组成,即句法结构里有句法成分,语义结构里有语义成分,语用结构里有语用成分。这三种成分既有区别又有联系,句法成分可以当作语义成分和语用成分的载体,语义成分通过句法成分跟语用成分挂钩。就以主语、施事、主题来说,它们是不同平面的语法术语：主语属句法平面,施事属语义平面,主题属语用平面。有些句子里主语、施事、主题三者重合,例如"武松打死了老虎""主席团在台上坐着",这两句中的"武松""主席团"是主语,也是施事,还是主题。但主语、施事、主题并不完全对应,这表现在另一些句子里三者不一定重合,例如在"乙队被甲队打败了"句中,"乙队"在句法上可分析为主语,从语义上分析是受事,从语用上分析是主题。也还有句中作主题的不是主语、施事的情形。

（五）**语法的三个平面互相影响、互相制约**

一个合语法的句子,在通常情况下,要求做到"三合",即合句法规则、合语义规则、合语用规则。一般地说,不合句法规则或不合语义规则的句子,如果没有语境的帮助,往往是不合用的,因而是不通的,即所谓病句。如"他不茶""饭吃人"在语法上都是不通的。前句是违反句法规则,副词一般不能修饰名词;后句是违反语义规则,动词"吃"的施事应当是有生名词。但是,为了特定的需要,借助于一定的语境,有些不合句法规则的,或不合语义规则的,甚至既不合句法规则也不合语义规则的,也可能合语用。例如"他不茶不烟,一言不发""这锅饭吃了十个人"就能成立。前面说"喝"的只能是液体,"喝饭"就不行。但是我们可以说"喝西北风",这也是语用的力量。这种句子的成立都是有条件的。

(六)研究角度和方法

三个平面都很重要,缺一不可,但由于着眼点不同,会有所侧重。从说话人角度说,句法是关键,因为心中有了意思,要找表达形式,这是属于编码过程;从听话人的角度说,语义是关键,因为要通过形式去了解所表达的意义,这是属于解码过程;从双方交际的角度说,语用是关键,因为说话的根本目的是要致用,那些不合句法或语义规则,但能起交际作用的句子仍属合格句,也由此可得到解释。从研究的角度说,句法是核心,是个轴,也可说是个纲。在分析时,应以句法分析为基础,又兼顾到语义分析和语用分析。这是因为句法结构是句子的基本结构、内层结构;语义要通过句法表现,语用要在句法基础上才能示现;语义和语用发生关系也要通过句法才能实现。既然句法是语法的核心,那么在研究一个句子时,就要紧紧扣住句法,以句法为基础,向隐层挖掘语义,向外层探求语用,力求做到形式和意义相结合,内层和外层相结合,静态和动态相结合。

三个平面的语法理论概说

引言

（一）三维语法理论的形成

三个平面的理论最早由美国哲学家莫里斯（C.W. Morris）在1938年出版的《符号理论基础》（*Foundations of Theory of Signs*）一书中提出来的。他把符号学（semiotics）分为三个相对独立的部分，即句法学（syntactics）、语义学（semantics）、语用学（pragmatics）。学界通常把这三者称之为"三个平面"（three dimensions）。国外的功能语言学派里有的语言学家也谈到过语法里的句法、语义和语用，如荷兰语言学家迪克（Simon C. Dik）的《功能语法》（1978）区分了词语的句法功能（主语、宾语之类）、语义功能（施动者、接受者之类）和语用功能（主位、主题之类）。但国外语言学界还没有形成系统的完整的"三个平面"的理论体系。

20世纪80年代，中国的语言学家借鉴"符号学"的理论，吸取了国内外各种语法学说的精华，结合汉语的语法事实加以发展，逐渐形成了中国特色的、自成体系的、自主创新的、比较系统的、完整的"三个平面"语法理论体系。三维语法认为语法有三个平面、三个方面、三个角度或三个侧面，也就是语法系统有三个子系统：句法系统、语义系统、语用系统。三个平面不是并排的三条线，文炼指出：三个平面"应该理解为'三维',好比一个立体的长、宽、高"。①这个说法比较准确。用三个平面的理论构建起来的语法学说,笔者称它为"三维语法"。②把三个平面理论的语法称为三维语法有个好处,就是好说好记,而且跟其他语法学说的称呼比较协调,如可有传统语法、结构主义语法、转换生成语法、功能语法、三维语法等等。三维语法是从句法(syntactic)、语义(semantical)、语用(pragmatical)三个平面来研究语法,也就是多角度、全方位地研究语法。

中国的三个平面理论的兴起、形成和蓬勃发展进而构建成系统的学说,是语法学界共同努力的结果。共同努力的学者,不仅包括明确倡导"三个平面"理论(句法、语义、语用既要区分又应结合研究)的学者,也包括一些虽然没明确提及句法、语义、语用"三个平面",但实际上也有"三个平面"思想的学者。如朱德熙《语法答问》(1985)一书在谈到汉语的主宾语问题时说:"进行语法分析一定要分清结构、语义和表达三个不同的平面。结构平面研究句子里各部分之间形式上的关系。语义平面研究这些部分意义上的联系。表达平面研究同一种语义关系的各种不同表达形式之间的区别。这三方面既有联系,又有区别,不能混为一谈。"③这段话的基本思想与本文所说的"三个平面"是一致的,只是用的术语略有差别。实际上,他所说的结构相当于句法,他所说的表达相当于语用。又如邢福义(1990)提出"语表、语里、语值"的"小三角"④理论,尽管他用的术语以及某些论述跟"三个平面"不完全一样,但从本质上看都是"三维",只是大同而小异。还有其他许多学

---

① 文炼《与语言符号有关的问题》,《中国语文》1991年第2期。
② 笔者在20世纪90年代给学生讲课时已经把"三个平面"称为"三维语法"。在《语法理论纲要》(上海译文出版社,2003年)一书中正式把"三个平面"的语法学命名为"三维语法"(参看陈昌来《现代汉语三维语法论》,上海学林出版社,2005年)。
③ 朱德熙《语法答问》第37页,商务印书馆,1985年。
④ 邢福义《现代汉语语法研究的两个"三角"》,《云梦学刊》1990年第1期。

者也写过论述三个平面的有关文章。①

(二)语法为什么要讲"三维"

三维语法认为:语法有"三个平面",即句法平面、语义平面、语用平面。这就决定了研究语法不能单纯从某一平面研究语法,如果只研究一个平面,就不可能看到语法的全貌。这是因为语法事实本身客观上存在着"三个平面"。例如:

① 我们打败了敌人。/ 老王喝光了酒。
② 我们打胜了敌人。/ 老王喝醉了酒。

这两组句子的词类序列句式都是:"N_1+Vt+Vi+N_2"(即"名词$_1$+及物动作动词+不及物状态动词+名词$_2$")。以往研究语法主要是着眼于句法平面;但语法研究和语法教学的实践证明,单纯从句法平面来分析语法是有局限性的。就以上面两组句式来看,只讲句法平面是不够的;这是因为①和②里的句子的句法结构虽然相同(都是"主语+谓语〈动词〉+补语+宾语"句型);但语义平面的语义结构不完全相同:①里的"我们打败敌人"是"我们打敌人+敌人败";②里"我们打胜敌人"是"我们打敌人+我们胜"。正因为这两个句式语义结构不完全相同,所以它们的变换形式也就不同:①可作如下变换:a.我们打败了敌人。→b.我们把敌人打败了。→c.敌人被我们打败了。②则不可变换成b和c。

即使讲了语义平面,也还不够;这是因为不同句式在语用平面的语用意义不同。如"我们打败敌人""我们把敌人打败""敌人被我们打败"这三句所代表的a、b、c三个句式的基本意义相同,语义结构都是"我们打敌人+敌人败"(属于"施动受+系动"句模);但句式的语用

---

① 参看袁晖、戴耀晶编《三个平面:汉语语法研究的多维视野》,语文出版社,1998年。

意义却是不同的:a 是"N+Vt+Vi+N"句式,语用意义为"施事发出动作施加于受事致使受事产生某种结果态";b 是"把"字句式,语用意义为"施事处置受事以某种动作致使受事产生某种结果态";c 是"被"字句式,语用意义为"受事被动地承受某种动作致使自身产生某种结果态"。可见,只是单从某一平面研究句子或句式都是片面的、不完善的。我国宋代著名诗人苏轼的《题西林壁》诗曰:

  横看成岭侧成峰,远近高低各不同。
  不识庐山真面目,只缘身在此山中。

此诗形象地说明:你要看到庐山的真面目就得横看、侧看、远看、近看,即多角度、多侧面去观察,才能知其全貌;如果只立足于山当中的某一地方观察,那犹如瞎子摸象,只能知道某一面,就难免片面。语法研究也是如此,语法客观上存在着"三个平面",就不应片面地看,不能单研究某一平面;如果只是从句法平面研究语法,或者仅从句法、语义平面研究语法,都不可能认识语法的真谛。句法、语义和语用是语法本体的三个侧面或三个要素,研究语法应该把三个平面既分开来又结合、综合起来加以研究,才能得其真实的全貌。所以,"三个平面"的理论既是语法的本体论,也是语法研究的方法论。

(三)"三维语法"突破了以往的一些语法学说

  由于"三维语法"系统全面地讲语法的三个平面,这就改变了传统语法、结构主义语法的框框,跟转换生成语法、功能语法、认知语法以及其他各种语法学说的框框也不同。很多语法书说到语法,常跟句法混为一谈(即"语法=句法"),如一般所说的"语法结构、语法成分、语法结构的中心、语法意义、语法结构的类型、语法分析的方法"等,实际上是在讲"句法结构、句法成分、句法结构的中心、句法意义、句法结构的类型、句法分析的方法"。而"三维语法"认定语法有三个平面，就认为"语法结构"内含"句法结构、语义结构、语用结构"，"语法成分"内含"句法成分、语义成分、语用成分"，"语法结构的中心"内含"句法结构中心、语义结构中心、语用结构中心"，"语法意义"内含"句法意义、语义意义、语用意义"，"语法结构的类型"内含"句型"（句法格局类型）、"句模"（语义模式类型）、"句类"（语用功能类型），"语法分析的方法"内含"句法分析法、语义分析法、语用分析法"。

值得指出的是：有的学者把"三个平面"说成"语法、语义、语用"，这种提法把"语义、语用"和"语法"并列，就把"语义和语用"排除在语法之外。而细察他们的研究，实际上他们所说的语法还是指句法。这种提法逻辑上显然有问题。三维语法是一个具有包容性的语法理论，能够吸收各种有影响的学说的精华而熔为一炉，从而使这种学说得到不断发展和完善。

（四）"三维语法"理论的基本框架

三维语法把句子分为两个部分，即"句干"和"语气"。没有句干，表述交际行为功能的语气无从依托；没有语气，表述思维或思想内容的句干就无法交际；二者缺一都不成为句子，所以句干和语气是句子不可或缺的部分。例如：

① <u>他走了</u>。/<u>他喝酒</u>了。
② <u>他走</u>吗？/<u>他喝酒</u>吗？
③ <u>你走</u>吧！/<u>你喝了这杯酒</u>吧！
④ <u>这杯酒真香</u>啊！/<u>祖国的山河好美</u>啊！

上面句子画线的部分是句干，句干后面的语气词表示语气。句干是表述句子基本思想内容的部分，一般是由两个或两个以上的实词结合配置成一个词类序列体,可分析出句法结构、语义结构和语用结构;语气是附着在句干上的部分,是表述交际目的("交际用途")的部分,是属于语用平面的范畴。

　　基于"三维语法"理论既是本体论,也是方法论,由此可概括为八个字:三个维度,四条原则。三个维度是指"句法平面、语义平面、语用平面";四条原则是指"形式和意义相结合的原则""静态和动态相结合的原则""结构和功能相结合的原则""描写和解释相结合的原则"。由于篇幅有限,不能详细展开论述,下面概述三维语法学说的"三个维度,四条原则"的要点。

一、句法平面(句法维)

(一)句法平面的性质

　　语法结构中词语与词语之间的表层(显层)的结合关系属于句法平面。词语和词语结合可构成一定句法结构的短语或句子。词语之间按照一定的结合方式形成的具有句法关系的结构就是句法结构。句法结构是语法结构的一种。句法结构内部的成分称为句法成分。语法研究需要对短语和句子的句法结构及其构成的句法成分进行研究。

　　三维语法所说的句法,跟传统所说的句法不完全一样。它们之间既有相同的一面,如在进行语法分析时都要判别短语的句法结构及其句法成分,都要分析句子里各类实词(包括名词、动词、形容词、数词、代词、副词等)充当的句法成分以及由句法格局形成的句型。但又有不同的一面。传统语法一般把语法分为两部分,即词法和句法。但三维语法认为,词法是从属于句法并为句法服务的,传统所说的词法所研究的有关内容都可纳入句法里,譬如实词分为名词、动词、形容词、副词等词类,就是根据实词的句法功能分出来的,实词的这种分类是为了说明句法;词的形态变化一般也跟句法有关,在形态变化比较丰富的语言里,如果同一个词在句法上有不同的句法功能,形态上也往往作相应的变化。就这点而言,三维语法比传统语法所说的句法范围大。可是传统语法所说的句法里也还提到"施事、受事",还涉及语气、口气以及句子变化(省略、倒装等)的分析;[1] 三维语法把"施事、受事"分析放在语义平面研究,把"语气""口气""句子变化"等放在语用平面研究。就这点而言,三维语法的句法又比传统语法所说句法涉及的内容范围小。

(二)三维语法里句法平面的主要内容

三维语法所说的句法平面研究的主要内容扼要说明如下:

1、句法结构及句法成分

语法里句法平面的句法成分按照一定方式组成的语法结构称为句法结构。句法成分是由实词性词语充当的。句法结构都有相应句法成分。例如:

① 张三笑/雪花飞舞　　(由"主语+谓语"组成"主谓"结构)
② 喝酒/打扫庭院　　　(由"谓语+宾语"组成"谓宾"结构)
③ 吃饱/玩得很好　　　(由"谓语+补语"组成"谓补"结构)
④ 新衣服/木头桌子　　(由"定语+中心语"组成"定心"结构)
⑤ 马上去/非常美丽　　(由"状语+中心语"组成"状心"结构)

上面5种句法结构分别由实词互相结合充当某种句法成分(主语、谓

---

[1] 传统语法学在分析语法现象时也或多或少涉及语义和语用,但那是不自觉、不系统的。三维语法则自觉地、系统地区分语法的三个平面,并对三者进行结合和综合分析。

语、宾语、补语、定语、状语、中心语等)。有些短语虽然词语相同,但如果句法成分语序不同,句法结构就有差别,如"好天气"与"天气好"比较,句法语序不一样,句法结构也不一样:前者是定心结构,后者是主谓结构。有些虚词能作为某种句法结构的标志词,如助词"的"是定心结构的标志词("伟大的祖国、高高的白杨树"之类),助词"地"在谓语动词前是状心结构的标志词("轻轻地说、开心地笑"之类),"得"在谓语动词后是谓补结构的标志词(如"说得很快、打扫得很干净"之类)。

在两个或两个以上实词性词语组成的短语或句子的句干里都存在着句法结构和句法成分。通过对具体短语和句干里的句法成分进行抽象分析,可以构建起一种语言的句法结构和句法成分的体系。

2、句法意义

句法结构相对于语义结构是形式,但其本身也是形义结合体。句法结构的形式一般由词类序列和某些虚词显示,句法结构的句法意义是指句法平面的句法结构里体现出来的语法意义,如主谓结构有"陈述-被陈述"的关系意义,谓宾结构有"支配-被支配"的关系意义,定心结构和状心结构有"限饰-被限饰"的关系意义。

3、词和短语的句法功能及其分类

句法功能是指实词或短语在句法结构体(包括短语和句干)里充当某种句法成分的能力。以"张三的弟弟买了三本书"为例来分析:"张三的弟弟""三本书"分别有作主语、宾语的句法功能,"买"有作谓语的句法功能,"张三"有作定语的句法功能,"弟弟"有作中心语的句法功能。

根据词的句法功能,就有了词的句法分类。汉语里能作句法成分的,称为实词,如"名词、动词、形容词、数词、区别词、副词"等;不能作句法成分的,称为虚词,如"介词、连词、助词、语气词"等。短语也可根据句法功能分类，如分为"名词性短语、动词性短语、形容词性短语、副词性短语"等。

4、语型和句型

无论是短语还是句子的句干，都要分析它们内部句法成分与句法成分之间的匹配关系和构成方式（结构方式）。通过分析短语或基本句干的句法成分及其匹配关系和构成方式，可构建起句法结构类型。汉语的句法结构类型主要有：主谓型（"他休息"之类），主谓宾型（"他喝酒"之类），主谓宾宾型（"我给他礼物"之类），谓宾型（"割草"之类），谓补型（"说清楚"之类），定心型（"新鲜蔬菜"之类），状心型（"快速前进"之类），并列型（"东南西北、学习并研究"之类），顺递结构（"开门出去迎接客人"之类），"复指短语"（"他们父子俩"之类）等。短语的句法结构类型可称为"语型"，句子的基本句干的句法结构类型可称为"句型"。对一种语言进行句法研究的主要目的，是要确定并构建起该语言的基本的语型系统和句型系统。

5、句法结构的中心

句法结构的中心也称"中心成分、主要成分"。不同学派对句法中心有不同解释。三维语法根据句法结构体与组成它的直接成分的句法功能类的同异把句法结构分为三种：（1）单中心结构，这是双成分的封闭性结构。这种句法结构体的句法功能类跟内部的一个直接成分句法功能类相同，相同者为句法中心，不同者是非中心。这种句法结构有定心结构、状心结构、谓宾结构、谓补结构。单中心句法结构里的定语、状语、宾语、补语是非句法中心，跟定语和状语相对待的中心语以及跟宾语、补语相对待的谓语则是句法中心。（2）双中心结构（也有人称它为"离心结构""对心结构"），这也是双成分封闭性结构。这种句法结构体的句法功能类和组成它的两个直接成分的句法功能类都不同，如主谓结构，它既不是名词性的也不是动词性的，它有两个互相对待的中心。(3)多中心结构,这是由两个或两个以上的核心成分互相联合组成的非封闭性的句法结构。这种结构体跟它内部的每个直接成分句法功能类都相同,如并列结构、顺递结构(也称"连谓结构")、复指结构等。

6、句法分析的方法

结构主义语法学的句法分析采用直接成分分析法,也称层次分析法(也叫"二分法")。这是根据句法结构具有层次性的特点提出来的。如"小王的弟弟已经回来了"这个句子的句干"小王的弟弟已经回来"可作这样的分析:

```
  小  王  的  弟弟        已  经    回来
|      主语        |        谓语         |
| 定语  |  中心语  |  |状语|  中心语   |
```

传统语法学的句法分析采用成分分析法,也称成分划定法。这是根据句法结构具有线条性而且每个实词都有句法功能的特点提出来的。这种分析法原则上要替句干里句法结构中的每一个实词划定它的句法身份,即拿来一个句子就得分析线性句子里每个实词各自充当何种句法成分而不分析成分之间的层次关系(不认为短语也能充当句法成分)。如同样以"小王的弟弟已经回来"为例,便可作如下分析:

```
  小王  的  弟弟      已经    回来
  (定)       (主)     (状)    (谓)
```

上述两派的句法分析方法各有优缺点。直接成分分析法的长处是认为短语也能充当句法成分,析句的结果层次清楚;缺点是如果单讲层次而不分析成分,就不能说明句法成分之间的对待关系,对某些结构关系不同引起的歧义结构(如"母亲的回忆")会无法解释;更何况有的句法结构不是二分的(如"笔墨纸砚"),无法采取层次分析。传统语法的长处是:重视中心词分析,有利于说明句法结构的性质及组成方式。缺点是:对于某些层次不同引起的歧义结构(如"咬死了猎人的狗")无法辨清。不承认短语可充当句子成分,就看不清句法结构的层次,以致不利于准确理解句子的意义。

三维语法认为:这两种方法各自从不同的角度或不同的侧面对句子进行分析,都能从一个侧面说明句子的句法结构,可把成分分析和层次分析融合和统一起来,取长补短,成为一种合理的句法结构分析法,即"成分层次分析法"。成分层次分析法有两条原则:

第一条是要把句子的分析(严格地说是"句干的句法分析")跟短语的句法分析区别开来。句子的句干和短语的句法成分分析用的是一套名称,如主语、谓语、宾语、定语、状语、中心语等。具体到某个句法结构,有时指的是句子成分(句子里句干的直接成分),有时指的是短语成分(短语的直接成分)。比如"他来"是由句法成分主语和谓语构成的主谓结构,在"小李来了"和"我知道小李来了"两个句子里,前者的"小李来"分析为"主谓句型"是属于句子分析,后者的"小李来"分析为"主谓语型"属于短语分析。

第二条是要把成分的对待关系和层次关系结合起来。成分层次分析法重视句法结构的两种关系:一是句法成分之间的对待关系,如"身体好"里是主语和谓语互相对待,表示陈述和被陈述关系;"好身体"是定语和中心语互相对待,表示修饰和被修饰关系。二是句法成分之间的层次关系,这种关系有直接、间接之别,如"身体很好"里各成分之间的层次关系是:"身体"和"很好"、"很"和"好"是直接关系,"身体"和"很"是间接关系。只有把对待关系和层次关系配合起来进行分析,才能对句法结构有准确的理解。

二、语义平面(语义维)

(一)语义平面的性质

句子里去掉了语气的句干,它内部词语与词语之间深层(隐层)的搭配关系属于语义平面。词语和词语结合可构成一定句法结构的短语或句子。词语之间按照一定的搭配方式形成的具有语义关系的结构就是语义结构。语义结构也是语法结构的一种。语义结构内部的组成成分称为语义成分。在语法结构里,语义结构和句法结构紧密结合、表里相依。所以语法学不仅要对短语和句子句干中的句法结构及其构成的句法成分进行研究,也还要对短语和句干的语义结构及其构成的语义成分进行研究。

词语的随意堆砌不能组成语义结构,词语和词语搭配成语义结构是有选择性的。如果词语在语义上不能搭配,即使符合句法上的结合规则,也不可能组成合理的语义结构,如"吃电影"这个组合,从词语的句法结合上说完全符合"动词+名词"组成谓宾结构的规则;但从词语的语义搭配上说则违反了语义搭配的选择规则,因为动词"吃"要求能吃的食物作受事与之搭配,而"电影"并不是"吃"的食物。

三维语法所说的语义,跟词汇意义(词的概念意义)既有联系也有区别。词语的词汇意义是词典里的词义,它是语义结构里的语义的基础;因此语义与词汇意义往往相合,比如"刀"这个词,从词汇意义说,"刀"是"切、割、削、砍、铡的工具"。"刀"放到语义结构里分析,有时跟词汇意义相符(如"我用刀切肉"里"刀"是动作的工具)。但"刀"在语义结构里,有时跟词汇意义不相符(如在"我买了一把刀"里"刀"是动作的受事,在"那把刀很钝"里"刀"是性状的系事)。产生不相符或不一致的原因,是具体的概念意义可从离开语义结构的词典里获得,而语义只能在一定的语义结构中产生。

三维语法所说的语义与句子表达的意思或思想也是既有联系也有区别。联系是:语义或语义结构是形成句子意思或思想的基础,如"他睡了"这个句子所表达的意思是在"他睡"这个"施事+动作"构成的语义结构基础上形成的。区别是:句子的意思是具体的思想,不同的句子有不同的意思,例如"他睡了""鸟儿飞了""小王笑了"三句的意思完全不同;但句子语义平面所说的语义是概括和抽象的,上述不同意思的句子其语义结构却是相同的,都是"施动"("施事+动作")结构。

(二)三维语法里语义平面的主要内容

1、语义结构及语义成分

由语义成分按照一定方式组成的语法结构称为语义结构。语义结构都是由两个或两个以上的相应的语义成分组成。语义成分很多,也由实词性词语充当。语法中最基本的语义结构有两种:一种是"动核结构",另一种是"名核结构"。

(1)动核结构及其语义成分

动核结构是指以"广义动词"[①](也称"谓词",包括动词和形容词)为核心构成的语义结构,它由广义动词和它们联系着的某些语义成分构成。在动核结构里,表示动作、行为、变化、性状、关系等作为核心的语义成分称为"动核",它是动核结构的核心;动核所联系的语义成分概括起来可称为"论元",下分两种:动元(行动元)和状元(状态元)。[②] 动

---

① "广义动词"是赵元任(1968)提出的,参看赵元任《汉语口语语法》(吕叔湘译本)第292—293页,商务印书馆,1979年。

② 如果把广义动词(动词和形容词)称为"谓词",也可把"动核"称作"谓核",把"动元"称作"谓元",把"动核结构"称作"谓核结构"。谓核结构可分为两类:一类是"动核结构"(动词作谓核),另一类是"形核结构"(形容词作谓核)。

元是动核内围的语义成分,是紧密地依存于动核的、强制性的语义成分;状元是动核外围的语义成分,是松散地联系着动核的、非强制性语义成分。动核联系和吸引着动元和状元;动元和状元依附于、从属于动核。动元表示动核所联系的主体、客体、与体等,状元说明动作发生的时间、处所或使用的工具、方式等。没有动核当然形不成动核结构,但没有动元,同样也形不成动核结构,所以动核和动元是动核结构的"必有成分"(必有的语义成分),是构成动核结构的基本成员。至于状元,去掉它动核结构仍能成立,所以它是"非必有成分"。动核结构里的动元主要有主事(动核所联系的主体,包括"施事、系事、起事"等)、客事(动核所联系的客体,包括"受事、成事、位事、止事"等)、与事(配合主事的动核所联系的参与体)等;状元主要有时间、处所、工具等。如"昨天张三在会上批评李四"这个动核结构里,"批评"是动核,它联系着四个语义成分:主事中的施事(张三)、客事中的受事(李四)、时间(昨天)、处所(会上)。其中动核"批评"和动元"张三""李四"是构成此动核结构的必有成分,状元"昨天""会上"是此动核结构的非必有成分。

动核结构有两种:一种是基干的动核结构,它是基本的或最小的动核结构,它由动核和动元构成。根据动核的性质和动核联系的动元所担当的语义成分的角色,基干动核结构还可下位分类。[①] 例如:

① 张三休息/鸟儿飞翔(由语义成分"施事+动核"组成"施动"结构)

② 我看书/他喝茶(由语义成分"施事+动核+受事"组成"施动受"结构)

[①] 动词的语义性质和动词的"价"类决定着、制约着动核结构的类型。参看范晓《论"动核结构"》,《语言研究集刊》第八辑,上海辞书出版社,2011年。

③ 他是学生/我属马（由语义成分"起事+动核+止事"组成"起动止"结构）

④ 墙壁雪白/房子倒塌（由语义成分"系事+动核"组成"系动"结构）

另一种是扩展的动核结构，扩展的动核结构是由基干动核结构扩展而成的，它由"动核+动元+状元"组成。如"昨天在宴会上我送她礼物"里，除了基干动核结构"我送她礼物"（包含动核、主事、受事、与事）外，还在这基干动核结构基础上增加状元（时间和处所），便成为扩展的动核结构。

动核结构是句子在语义平面的基础结构，它是句子生成的基底。一个动核结构体现着一个事件或一个命题。没有动核结构也就不可能有句子的句干。任何句子的句干都是通过一定的语法手段让体现事件或命题的动核结构与显层的句法结构相结合，并根据表达需要给以某种语用布局生成的。一个具体的句子既可由基干动核结构组成（如"她在看书"），也可由扩展的动核结构组成（如"她上午在图书馆看书"）；既可由一个动核结构组成（如"他喝酒"），也可由两个或两个以上的动核结构组成（如"他喝醉了酒"由"他喝酒"和"他醉"两个动核结构组成）。

（2）名核结构及其语义成分

名核结构是指以名核为核心构成的语义结构。在名核结构里，表示名物的、作为核心的语义成分称为"名核"，名核所联系着的强制性语义成分称为"名元"，名核联系着的非强制性语义成分称为"定元"（也可称为"属性元"）。名核和名元是名核结构的必有成分，定元是非必有成分。如在"大象的鼻子"这个名核结构里，"鼻子"是名核，"大象"是名元。在"晴朗的天气"这个名核结构里，"天气"是名核，"晴朗"是定元。名核是名核结构中的核心成分,名元和定元都是名核所联系的围绕名核的成分。

名核结构也有两种:一种是基干的名核结构,它是基本的或最小的名核结构,它由名核和名元构成,如"大象的鼻子、张三的弟弟";另一种是扩展的名核结构,是由基干名核结构扩展而成的,它由"名核+名元+定元"组成,比如"可爱的大象的鼻子"。

虽然一个句子必须有动核结构,而不一定有名核结构,但名核结构在生成句子时也不是无关紧要的。名核结构在句子里常作动核所联系的动元,如"王冕的父亲死了"里,名核结构"王冕的父亲"是动核"死"联系的动元,如果说成"父亲死了"或"死了父亲",句义都不完整。带有名元的领属性的名核结构充当动元时,由于其中的名元是强制性地依存于名核的语义成分,所以一般不能省去,如"于福的老婆是小芹的娘"这个句子里,作为动元的名核结构"于福的老婆"和"小芹的娘"中的名元"于福"和"小芹"是不能省略的,如果省去,就成"老婆是娘",语意显然不合理,句子也就不能成立。

2、语义意义

语义意义是指语义平面的语义结构里体现出来的语法意义,这是一种隐层的关系意义。比如名词跟动词搭配组成的语义结构里,名词跟动词就有一定的语义关系意义,以"张三批评了李四"为例,它属于"施动受"语义结构("批评"表示动作,"张三"是动作的施事,"李四"是动作的受事)。动核结构里的"施动"结构有"施事"和"动核"的关系意义,"施动与受"结构有"动核"联系着"施事、与事、受事"的关系意义,"系动"结构有"系事"和"动核"的关系意义。又如名核结构里"名核"和"名元"之间的关系意义等。

3、词和短语的语义功能及其分类

语义功能是指词语(实词或短语)在语义结构里充当某种语义成

分("动核、动元、名核、名元"等)的能力。以"张三的弟弟买了三本书"为例来分析:"张三的弟弟""三本书"这两个名词性短语有作动元(前者为施事动元,后者为受事动元)的能力,动词"买"有作动核的能力,名词"张三"有作名元的能力,名词"弟弟"有作名核的能力。

根据动词和名词在动核结构里的语义功能,可给实词或短语进行语义分类。比如句法上的名词性词语在语义上为"动元性词语",动词性词语为"动核性词语"。动词的语义"配价"分类也是一种语义分类:能联系一个动元的动词是一价动词,能联系两个动元的是二价动词,能联系三个动元的是三价动词。

4、语模和句模

无论是短语还是句子,都可分析它们内部语义成分与语义成分之间的匹配关系和构成方式(结构方式)。通过分析短语或句子基本句干的语义成分及其匹配关系和构成方式,就能构建起一种语言的语义结构模式。

汉语短语的语义结构模式称为"语模",主要有:"施动"语模(由"施事+动核"构成,如"他睡觉"之类),"系动"语模(由"系事+动核"构成,如"天气晴朗"之类),"施动受"语模(由"施事+动核+受事"构成,如"他喝茶"之类),"施动与受"语模(由"施事+动核+与事+受事"构成,如"我给他礼物"之类),"动受"语模(由"动核+受事"构成,如"割草"之类),"领属"语模(由"领事+属事"构成,如"她的妹妹"之类)。

句子的句干语义结构模式称为"句模"。由基干的动核结构组成的句模称为基干句模(如"他在喝酒"这个句子为"施动受"基干句模),由扩展的动核结构组成的句模称为扩展句模(如"他昨天在杏花楼喝酒"为"施时处动受"扩展句模)。还可根据句中动核结构的数量分为简单句模和复杂句模。简单句模也可称为"单动核句模",即是由一个动核结构组成的句模（如"他在喝酒"由"施动受"一个动核结构组成）。复杂句模也可称为"多动核句模"，即是由两个或两个以上的动核结构组成的句模（如"他喝酒喝醉了"是由"他喝酒+他醉"两个动核结构组成）。对一种语言进行语义研究的主要目的是确定并构建起该语言的基本的句模系统。

5、语义结构的中心

动核结构的"动核"和名核结构的"名核"都是"核心成分"，都是语义结构的中心。围绕动核和名核的语义成分都是"非核成分"。确定核心成分很重要，单独一个动词或名词还看不出它是语义结构的核心成分还是非核成分，必须在与其他词语的组合中才能判定。如单独一个动词"学习"，很难说它是动核还是非动核，只有进入语义结构才能显示出来，如在"她学习数学"这个动核结构里，"学习"显然是动核；在"她喜爱学习"这个动核结构里，"喜爱"是动核，"学习"则是非核成分。又如单独一个名词"弟弟"，也很难说它是名核还是非名核，只有进入语义结构才能显示出来，如在"她的弟弟"这个名核结构里，"弟弟"是名核，"她"是非核成分；在"弟弟的朋友"这个名核结构里，"朋友"是名核，"弟弟"是非核成分。核心成分和非核成分要通过一定的句法成分才能表示出来，在"定心"型句法结构中，定语所表示的语义成分都是非核成分，而被它们限饰（限定或修饰）的中心语所表示的语义成分是核心成分；在谓宾结构中，谓语动词所表示的语义成分是核心成分，宾语所表示的语义成分则是非核成分。

6、语义分析的方法

三维语法的语义分析法主要采取核心成分分析法，此外还有变换分析法、语义指向分析法、语义特征分析法等。

（1）核心成分分析法。三维语法对语义结构及其语义成分主要采取核心成分分析法。这种分析法好像剥洋葱，采取由核心到内围再到外围逐层剥离的方法。以动核结构分析法来说,就是先找出作为核心的语义成分动核,然后找围绕动核的内围语义成分动元("施事、系事、受事、与事"等),最后再找围绕动核的外围语义成分状元("时间、处所、工具"等),就能分析出该语义结构的性质。如"他昨晚在大剧院用望远镜观看芭蕾舞"这个句子,分析它时就得先抓住动核"观看",再找出动核"观看"联系的动元("他"和"芭蕾舞"),就能分析出组成动核结构的内围成分施事动元"他"和受事动元"芭蕾舞";然后再分析出外围成分时间状元"昨晚"和处所"大剧院"以及工具状元"望远镜"。名核结构分析法也是如此。如分析"她的白白的嫩嫩的手"这个名核结构时,就得先抓住名核"手",再找出名核结构的内围成分领事名元"她",再分析出外围成分性状定元"白白的"和"嫩嫩的"。

(2)变换分析法。变换分析法是指利用某句式同相关句式之间可能存在的变换关系对该句式进行语义分析的一种方法。表示客观事件的真值意义相同、语义平面的语义结构相同的不同句子,一般称为"同义句"。同义句句式变换分析有助于理解同一事件或意思表达的多样性。比如以"他踢皮球"致使"皮球破"这样一个事件(由"施动受+系动"构成)为代表,它在不同的语境里,可用三种不同的句式表达:

① 他踢破皮球了。　　(N_1+Vt+Vi+N_2 句式)
② 他把皮球踢破了。　("把字句"句式)
③ 皮球被他踢破了。　("被字句"句式)

这三个句式存在着变换关系,可互相变换:

他踢破皮球⟷他把皮球踢破⟷皮球被他踢破

这些可互相变换的句干句式表示的基本意思相同,语义结构相同,但由于句式不同,它们的句式义(句式整体的语用意义)也就有差别:句式

①的句式义是"施事发出某种动作施加于受事,致使受事产生某种结果态";句式②的句式义是"施事处置受事以某种动作,致使受事产生某种结果态";句式③的句式义是"受事被动地承受施事施加以的某种动作,致使受事自身产生某种结果态"。可见这种所谓"同义句"严格地说不是完全同义。

(3)语义指向分析法。语义指向指某个词或成分在语义上直接说明另一个词语或成分之间内蕴的语义关系。研究语义指向的方法就是语义指向分析法。运用这种方法有助于揭示隐藏在显层句法结构后面的隐层语义结构关系,有助于区别一个句子内部词语之间的直接的语义关系和间接的语义关系,弄清一个句子里边词语关系的语义网络,从而有利于加深语义平面语义结构的分析,有利于使人们正确理解一个句子或句式的意义。汉语中谓语动词以及出现在状语、定语、补语位置上的某些词语都可进行语义指向分析。例如:

① 他七岁时死了母亲。
② 他在纸上圆圆的画了一个圈。
③ a. 这些故事我都听过三遍了。b. 我们都听过这个故事了。
④ a. 甲队打败了乙队。b. 甲队打胜了乙队。

①里动词"死"在语义上是指向"母亲"(不是"他死",而是"母亲死")。②里状语位置上的"圆圆的"在语义上是指向"圈"(不是"圆圆的画",而是"圆圆的圈")。③a里状语位置上的"都"在语义上直接指向受事"这些故事";③b里状语位置上的"都"在语义上直接指向施事"我们"。④a里补语位置上的"败"在语义上直接指向受事"乙队"(是说明"乙队败");④b里补语位置上的"胜"在语义上直接指向施事"甲队"(是说明"甲队胜")。

(4)语义特征分析法。语义特征分析指对词语组合关系中发生语义联系的词语进行个性分析,在类聚和对比分析的基础上,找出不同类词语的区别性语义特征,从而有助于说明词语搭配的选择限制,有助于揭示不同句式得以成立的原因,有助于解释多义或歧义的原因。以动词为例,动词的配价特征分析就是动词的语义特征分析法之一,根据动词联系的动元的数量,可把动词分为一价动词、二价动词、三价动词。这三类动词的语义特征差别决定了它们各自组成的句子在语义结构和句法结构上的差别。根据动词的情状类型还可分为动作动词、性状动词、关系动词、评议动词等,动词这种语义特征的差别,决定了它们会构成不同性质的动核结构。比如二价动作动词可构成带两个动元(施事和受事)的动核结构和构成"主谓宾"句法结构(如"他看书、我写文章"之类);又如形容词,可根据它是否蕴含"程度"分为性质形容词(-程度)和状态形容词(+程度)。这种语义特征的差别决定了它们的句法功能,性质形容词可接受程度副词修饰,如"很大、很高"等,而状态形容词则不可,不能说"很雪白、很绿油油"。

三、语用平面(语用维)

(一)语用平面的性质

语法研究中词语、句子与使用者之间的关系属于语用平面。语用平面重要特点有两个:

一是句子具有"表述性"语用功能。表述性功能不仅存在于语气里,即表现为句子有传达交际目的的功能(如"询问、祈使"等);同时也存在于句干里,即表现为句子有表达思维和认知的功能(具体句里的思想和抽象句里"句式义")。词语的表述性功能是通过与现实发生联系的动态的句子表现出来的。

二是句子具有使用者个人所表现出的一种"主观意图"。"主观意图"就是使用者在表达思想和传达交际目的时具有个人主观性的表现，也就是使用某个词语或句子时都要随使用者自我立场、自我意识、自我情绪的支配，所以在表述时必然会伴随出现使用者自我表现的成分，从而留下自我表现的印记。主观意图在句干和语气里都会出现，这表现在：说话者说出一句话总有一定的交际目的，选择何种语气是由主观的自我的"传达意图"决定的；主观意图在句干里不能归属于语义平面的动核结构或句模，也不能归属于命题或思想内容，而是决定于表达者对该事件或思想所赋予的自我的主观情态（包括视点、态度、意愿、情感、口气等）。表达主观意图的形式或方式多种多样，主要有句式的选择、词语的选择、词序或语序的选择、语音节律的选择等等。

（二）三维语法里语用平面的主要内容

1、句子的语气所表达的语用功能

句子有传递交际目的（"交际用途"）的功能：或向对方陈述一件事，或询问对方一个问题，或祈使对方做某件事，或对某事抒发某种感情，等等。这都体现在句子的语气部分；所以，句子的语气功能是句子整体的对外的传达交际或传递信息的语用功能。

2、句干里的语用结构及语用成分

句干里由语用成分按照一定方式组成的语法结构称为语用结构。句干里的语用结构有好几种，这里着重说"主述结构"。"主述结构"由语用成分"主题"（也称"话题"）和"述题"（也称"说明"）构成。"主题+述题"是构成句干的基本语用结构。主述结构中的"主题"是被述说的对象，体现旧信息；述题是对主题进行述说的部分，体现新信息。主题指称某种事物（包括"人、物、事"），通常由名词性词语充当，非名词性词语作主题时带有"名物化"的倾向。汉语句子的句干大部

分由主述结构组成。由主述结构组成的句子称为"主述句"。

旧信息在前、新信息在后是话语传递信息的基本原则,这个原则决定了"主述结构"的常规语序规则:主题位于述题之前,述题位于主题之后,如"他办事|我很放心""做生意|他很有经验"里,符号"|"左边部分是主题,右边部分是述题。主题和述题的选择会影响句式和句型的描写以及句式义的解释。主题的选择决定于主观的表达意图。如同一基本事实,如果用不同句式并选择不同的词语作主题,就会形成不同的主述句,句式表达的语用意义也就会有一定的差别。比较:

① 酒店门口|放着两只石狮子。(属于"$N_{处}$+V 着+$N_{物}$"句式)
② 两只石狮子|放在酒店门口。(属于"$N_{物}$+V 在+$N_{处}$"句式)

① 里"酒店门口"为主题,"放着两只石狮子"为述题,表达"某处以何种方式存在着某物"(属于"存在句");② 里"两只石狮子"为主题,"放在酒店门口"为述题,表达"某物以某种方式定位于某处"(属于"定位句")。

主题与主语二者既有联系也有区别。联系表现在:句法平面的主语通常同时也是语用平面的主题,如"他们爱祖国、小李是大学生"中的"他们、小李"句法上是主语,语用上是主题。区别表现在:它们分属于不同的平面,虽然主语一定是主题,但主题不一定都是主语,二者并不完全重合。如"鱼,河豚鱼的味道最鲜美"里,"鱼"是主题,不是主语;又如"关于经商,他很有经验"里,"经商"是主题,不是主语。

3、语用意义

语用意义是指语用平面的语法意义。语用意义主要表现在四个方面:一是句子的语气意义,指句子的交际目的或用途的意义(如"询问、陈述、祈使、感叹"等);二是句干句式的句式义,指句干的词类序列所形成的语法格式所表达的整体意义（如"我们把敌人打得落花流水"所代表的句式的句式义是"施事施加动作于受事，使得受事产生某种情状"）；三是"主述结构"里述题对主题的述说的语用意义，如"叙述义、描述义、记述义、释述义、评述义"等；四是情态意义，指句子里通过一定的词语（特别是虚词）或其他语法手段表现出来的主观情态，包括："句态"（也称"语态"，如"被动态、使动态"等），口气的强弱（强调、委婉等），态度的取舍和评价，感情的好恶、褒贬、尊卑（尊重、赞叹、轻慢、不满、厌恶等）等。比如同样对别人提出"不要吸烟"要求，如果感情和态度不同，口气也会相应不同，试比较："不准吸烟！""请别吸烟！""可不吸烟吗？"

4、词语的语用功能

词或短语在句子语用结构里的功能称为语用功能。汉语里的虚词大部分用来表示语用功能（即表现"添显"的语用功能），如语气词"的、了、吗、呢"等标志语气功能，介词"被"标志"被动"态功能，"把"标志处置态功能等；句干里的插语（也称话语标记，如"看样子、依我看、总之"之类）具有表示主观态度或看法的语用功能，或表示前言后语互相照应的关联性的语用功能；实词性词语有在主述结构中充当主题或述题的功能；实词里的代词具有"替代"的语用功能，某些副词（如"大概、也许"之类）和动词（"应该、可能"之类）具有表示评议或估量的语用功能，等等。

5、句类

语用功能的类别可称为句类，主要有两种：一是根据句子的语气功能分类，一般分为4种句类：陈述句（也称"直陈句"，陈述某事，如"他去北京了。"）、疑问句（也称"询问句"，询问某事，如"他去北京了吗？"）、祈使句（提出要求，如"你别去北京！"）、感叹句（抒发感情，如"这里山水太美了！"）。二是根据句干里述题对主题的表述功能给主述句进行分类,主述句可分为5种句类:叙述句(也称"叙事句",如"工人们在造桥")、描述句(也称"描写句",如"大桥很雄伟")、记述句(如"门口站着许多人")、释述句(也称"解释句、判断句",如"他是大学生")、评述句(也称"评议句",如"他应该参加这个会议")。文章体裁里的记叙文常用叙述句、描述句,议论文常用释述句、评述句,说明文常用释述句。

6、语用表达重心

语用结构的中心也可称为"表达重心"。动态句中的表达重心一般由语法重音来表示。应把表达重心与句法结构和语义结构里的中心(即句法中心和语义核心)区别开来。句法结构的中心和语义结构的核心相对固定。表达重心在动态句里常因句而异。表达重心在动态句里常因句而异,这表现在动态句的表达重心跟静态短语的结构中心有时不一致,有时一致。比如静态的动补短语"撞伤",它的结构中心是"撞"("伤"作为补充说明"撞"的成分,就是非结构中心)。"撞伤"运用于动态的句子,表达重心跟结构中心有时不一致,如"汽车撞上了行人,把行人撞伤了",此句着重说明"撞"的结果,表达重心显然落在补语"伤"上;表达重心有时跟结构中心一致,如"王振华律师是被汽车撞伤的",此句着重说明"伤"的原因,表达重心显然落在谓语动词"撞"上。

7、语用分析的方法

三维语法的语用分析法主要有以下几种:语气分析法、主述分析法、焦点分析法、语境分析法、虚词分析法、插加分析法、添补分析法、时体分析法等。这里略说以下几种:

(1)语气分析法。语气是一种非常重要的语用意义,它体现言语交际的交际用途(或目的)。分析语气,要分析出各种语气的语用功能类别(陈述、疑问、祈使、感叹等),还要描写出表示各种语气的形式,并结合形式分析语气意义。语气的形式多种多样,通常由句调和句末语气词表示,有的语气也可利用句干内某类词或某种形式表示,如表达询问语气时有时可用疑问代词("谁、什么、怎么样"之类)或句干里作谓语动词构成的"V不/没V"形式表示("去不去、研究没研究"之类)。表语气的形式不同,语用意义会有差别。例如:

① 你去北京吗？　　　　　　("吗"字句形式)
② 你去哪里/哪儿？　　　　（特指疑问代词句形式）
③ 你去不去北京？　　　　　("V不（没）V"句式)
④ 你是去北京还是去天津？("是A还是B"句式)

上述句子都表示疑问语气,但形式不同,语用意义就有细微差别。①是"是非问",语用意义是要求对命题作出"是"或"否"的回答；②是"特指问",语用意义是要求针对疑问代词所提出的疑问点(即未知部分)作出回答；③是"正反问"(是对动词的肯定和否定正反相叠形式构成的疑问句),语用意义是要求对动作作出肯定或否定；④是"选择问"(提出两个或两个以上可供选择的疑问点),语用意义是要求对可供选择的疑问点选择其中一个作出回答。

在语气分析时,还要分析传递语气时所表现的口气,如同样表示"祈使",命令或禁止的祈使句通常用直率的口气(如"起来！""别乱动！")；建议或劝阻的祈使句通常用温和舒缓的口气(如"咱们一起走吧！""不要乱动啊！")；请求或乞免的祈使句通常用恭敬(谦卑)委婉的口气(如"请您让一下！""别生气啊！")。

（2）主述分析法。主述分析法是指主述结构分析法。可把句子分为两种,一种是句干为"显性主述结构"(包括上下文或对话里承上省略主题主述结构),如"这本书我很喜欢""这里的山水真美"之类；

另一种是句干为"隐性主述结构"(主题或述题隐含着[①]),如"放学啦!""立正!""蛇!""一个春天的晚上。"之类。

对于"显性主述句"采用二分法,即分为主题和述题两个部分。根据述题对主题的语用表述功能分类,可分为 5 种主述结构类:叙述类(对事物的动作、变化等作出叙事性表述)、描述类(对事物的性状作出描写性表述)、记述类(对事物、处所、时间等作出记载性表述)、释述类(对事物作出解释性表述)、评述类(对事件进行评议性表述)。

隐含主题的"隐性主述句"一般由动词性词语构成,表面上缺少主题而只有述题,但它并不是省略了主题,而是汉语习惯上就这么说的。这种句子里隐含的主题或是泛指(主题很难确定以致无法补出,如"随手关门!""禁止吸烟!"之类),或是隐指对方(主题无须补出,如"滚!""立正!"之类)。隐含述题的"隐性主述句"(也可称为"特表句",犹如电影里的一个特写镜头)一般由名词性词语构成,它的述题可意会但无须也无法补出(如"蛇!""一个春天的晚上。"之类)。

(3)语境分析法。语用跟语境有密切的关系。语境对分析词语的意义、省略和替代、主题的隐含、歧义结构、用句时词语和句式的选择、词语在动态使用中的语用意义等都会产生影响和制约作用。因此语境分析法是语用平面的一种十分重要的分析法。下面作扼要说明。

"省略"必出现于一定的语境。有对话语境里的省略,如甲问:"你看什么书?"乙答:"[ ]看《三国演义》"(省略主语);有上下文语境的省略,如"老栓看看灯笼,[ ]已经熄了"(承上省略主语"灯笼");有自述语境省略,日记(自述语体)语境是记录第一人称之所为,一般省略第一人称"我",如"三十日晴。上午访友。下午大睡。"等等。

[①] 隐含不等于省略:省略指可在显层句法结构里添补出来的,而隐含的主题或述题在显层不能添补(不可能出现),即使补出某个词语也不能说。参看吕叔湘《汉语语法分析问题》第 68 页,商务印书馆,1979 年。

"替代"现象也需要语境。如"小王刚来,他还没有吃饭呢"里的人称代词"他"就是承上替代"小王"的。"的"字短语在一定的语境里也有语用替代功能,如"千佛山盛开着朵朵鲜花,红的火红,白的雪白,黄的金黄,煞是好看"里的"红的、白的、黄的"是承上替代各种颜色的"鲜花"。

某些隐含现象要看语境。隐含某种成分的句子大都出现在特定的语境里,离开具体的语境无法充分地传递完整的信息。如"严禁吸烟!"(语境:仓库门口告示牌上的警示句);"一杯咖啡,两块蛋糕"(语境:在咖啡店,顾客对营业员说的话)。

歧义结构实际上表现着两种不同的意义,消除歧义也需要借助于语境,如"鸡不吃了"在不同的语境里有着不同意义:"鸡"既可作动作"吃"的施事,也可作"吃"的受事。如果在吃饭的语境里,"鸡"显然为受事(是"我不吃鸡了"之意);如果在养鸡场喂鸡玉米时,"鸡"显然是施事(是"鸡不吃玉米了")。

句式的选择也要适应上下文语境。如有些句式所含意义基本相同,却可运用不同句法布局的句式表达。例如下面三种句干句式:

① "($N_{施}$+Vt+Vi+$N_{受}$)"句式
　(如"男人打伤她的腿了。")
② "($N_{施}$+把+$N_{受}$+Vt+Vi)"句式
　(即"把字句",如"男人把她的腿打伤了。")
③ "($N_{受}$+被+$N_{施}$+Vt+Vi)"句式
　(即"被字句",如"她的腿被男人打伤了。")

这三例"句干句式"形式不一样,因此句式语用意义也不一样,孤立地、静态地观察,三式都能成立。但在上下文语境里三式不可随意采用。比较:

④ a.她男人追打她,打伤了她的头,打伤了她的手,还打伤了她的腿。

　b.她男人追打她,打伤了她的头,打伤了她的手,*还把她的腿打伤了。

　c.她男人追打她,打伤了她的头,打伤了她的手,*她的腿被她男人打伤了。

⑤ a.她男人按着她狠狠地打,把她的头打伤了,还把她的腿打伤了。

　b.她男人按着她狠狠地打,把她的头打伤了,*打伤了她的腿。

　c.她男人按着她狠狠地打,把她的头打伤了,*她的腿被她男人打伤了。

⑥ a.她的腿被她男人打伤了,伤得很厉害,站也站不起来。

　b.*男人打伤了她的腿,伤得很厉害,站也站不起来。

　c.*男人把她的腿打伤了,伤得很厉害,站也站不起来。

从上下文语境来看,④a 宜选用"N$_施$+Vt+Vi+N$_受$"句式,⑤a 宜选用"把字句"式,⑥a 宜选用"被字句"式。相反,各例的 b 式在上下文里不连贯、不照应、不通顺,违反了句式在语境里的适应性原则,因此是不得体、不切当、不适用的。

　　语境分析也有助于理解词语在动态使用中的语用意义,如"走"的古本义指"跑",今基本意义指"在路上走"的"走"(行走);但在"应当走群众路线"里表示"遵循、实行"义,在悼词中称"某某抢救无效,昨晚走了"里表示"死"义。词语运用中的感情色彩也是通过语境体现的,有褒义词语贬用的,例如"这个女人三角眼、塌鼻梁、歪嘴巴,实在漂亮极了",这个话语语境里用褒义词"漂亮"带有嘲讽的口气,就成贬义。也有贬义词语褒用的,例如"女人日夜牵挂着在外的男人,心里骂着自己的狠心贼",这个话语语境里贬义词语"狠心贼"是对丈夫的昵称,带有爱恨交加的口气,就成褒义。

四、三维综合或结合研究

(一)析句

析句可同时从三个不同的平面进行综合分析。析句过程是从形式到意义的语法解码过程。析句的基本方法是:抓住各种语法形式(如虚词和语序等)来分析句型,并透过句型发掘动核结构构成的句模、句干句式义以及句子表达的语气意义等,就能理解一个句子的意义。综合分析具体句或句式(句式是形式和意义的结合体,也是三维的结合体)时,一方面要对句干部分的句法结构、语义结构、语用结构(特别是主述结构)、句干的语用意义(包括句式义、句干中所表现出的主观情态义)进行分析,另一方面要对语气部分的语用意义(包括语气和口气)进行分析。以"他不是吃过螃蟹吗?"和"他也许吃过螃蟹了。"这两个句子为例:它们的句干在句法上属于"主谓宾"句型;在语义上属于"施动受"句模;在语用上,句干的语用结构属于"主述"句("他"是主题,"吃过螃蟹"是述题,述题的表述属于"叙述"类;述题里的"过"表达动作的经历义),句干句式义是"叙述施事曾经发出动作施加于受事";它们在语气上分别属于"疑问"句和"陈述"句;在口气上"也许"表推测口气,"不是……吗"表示"反诘"口气。

(二)造句

造句也就是如何运用词语来构造或生成一个句子。造句过程是从意义到形式的语法编码过程,即从意义入手选择相应的表达格式的过程。三维语法认为只有结合和综合三个平面才能造出一个句子。造句的基本路线是:根据语用需要使语义结构选择适当的句型、句类,从而形成某种句式的句子。比如:"武松打死了老虎",这个事实映射为互相关联的两个动核结构"施动受"(武松打虎)和"系动"(老虎死);若语用上选择"施事"为主题,可造出句干"武松打死老虎";若选择"受事"为主题,可造出句干"老虎被武松打死"。语气如果选择"询问",可造成"武松打死老虎了吗?"或"老虎被武松打死了吗?"这样的句子;若选择陈述,可造成"武松打死老虎了"或"老虎被武松打死了"这样的句子。

(三)评判句子合语法还是不合语法

评判一个句子合语法或不合语法(合格不合格),也可从三个平面进行结合和综合分析。有的句子有问题,毛病出在句法上,如"我参加这次会议,感到非常荣誉和高兴"这个句子里,"感到荣誉"和"非常荣誉"不合句法结合规则,因为"非常荣誉"违反了副词一般不能限饰名词的句法规则,"感到荣誉"违反了"感到"不能带名词宾语的句法规则。有的句子有问题,毛病出在语义上,如"人们尽情地呼吸着海水、阳光和新鲜空气"这个句子里,"呼吸海水阳光"不合语义搭配规则,因为"呼吸"这个动词需要与表气体的名词搭配,而"海水""阳光"都不是气体名词,语义上也就不能构成"动-受"结构。有的句子有问题,毛病出在语用上,如"王老师对学生进行了尖刻的批评"这个句子里的"尖刻的批评"孤立地看句法结合、语义搭配都没问题,但"尖刻"是说话尖酸刻薄之意,老师对学生批评帮助说话可尖锐,使用"尖刻"一词就不准确、不妥当,也就是不符合语用规则。

(四)解决某些难题

可运用"三个平面"既分开又结合的理论来分析汉语语法中的某些难题。比如汉语里的"VP主语句"(动词性词语作句子的主语),句首的VP该如何看待?有的认为"名词化"(已变成名词)了,有的认为词性未变仍是动词。运用"三维"理论,可作这样的分析:VP主语句中的VP在句法平面充当主语,在语义平面充当动元,在语用平面充当主题;作主语时仍是动词,在语义结构里是"名物化"(即"动元化")了,应该把名词化和名物化看作既有区别又有联系的两个概念。① 又如关于汉语的主语,可说是个老大难的问题,也可采取三个平面既分开又结合的理论来解决:主语是句法成分;在语义上它是动词所联系的动元;在语用上可作主题,所以主语是既表动元又表陈述对象的句法成分;汉语主语的形式主要有:由表动元的词语充当,在谓语动词之前,前边不能有介词;若动词前有多个动元词语,则表主事的词语优先作主语。

五、四条方法论原则

"三个平面"的理论主张,把三个平面既分开来又结合和综合起来加以研究是语法研究的根本方法论;在这个认识的基础上或前提下,还有四条基本的方法论原则。

---

① 讨论VP主语必然会涉及动名兼类问题。主语位置上VP有两种情形:一种是VP主语,另一种是NP主语,如"翻译很重要"这个句子中的翻译有歧义:既可把"翻译"理解为一种动作行为,也可把"翻译"理解为"翻译者"。如果在语境里指的是动作行为,则"翻译"仍是动词,不是名词化,只是名物化;如果语境里指的是"翻译者",则"翻译"已经"名词化"了,可看作名词。这涉及动名兼类问题(甚至也可看作为不同的词)。因此,对于这类词出现在主语位置上时,主语究竟是VP类还是NP类,就要作具体的分析。参看范晓《VP主语句》,《语法研究和探索》(六),语文出版社,1992年。

(一)形式和意义相结合的原则

研究语法要贯彻形式和意义相结合的原则,这是因为任何语法范畴都是形式和意义的结合体。从解析、编码角度着眼,语法研究是从形式出发去发现意义的过程,整个分析过程是"形式→意义→形式→意义……";从生成、编码角度着眼,语法研究是从意义出发去寻找形式的过程,整个研究过程是"意义→形式→意义→形式……"。实际操作时,要尽可能做到形式和意义互相验证。比如,从形式上看,汉语的形容词有的能和程度副词结合,有的不能(可说"很红",却不能说"很血红、很红彤彤");从意义上看,"红"的语义特征是[+性质],"血红、红彤彤"的语义特征是[+状态]。据此可把形容词分为两类:性质形容词("红、白"之类)和状态形容词("血红、雪白、红彤彤"之类)。又如研究句式,句式是形式和意义的结合体,首先看到的是"句式形",从此出发进而理解和说明它所表达的"句式义"。例如:①"他喝干了酒",②"他喝醉了酒",③"他喝坏了身体"。这三例表面的词类序列形式都是"N_1+Vt+Vi+N_2",句法上为"主-谓补-宾"句型,语义上为"施动受+系动"句模,但句式义不一样:①的句式义是"施事施加动作于受事致使受事产生某种结果状态",②的句式义是"施事施加动作于受事致使施事自身产生某种结果状态",③的句式义是"施事施加动作于受事致使施事的某部分产生某种结果状态"。反之,也可从"句式义"出发去寻找相应的"句式形",如表示"存在"的句式义,在汉语里就有好几种句式形式(如"有字句"式、"是字句"式、"V着"句式等)。当然,从如何表述研究的结果或成果角度来说,既可从形式到意义,也可从意义到形式,那是根据作者的表达思路决定的。不管怎样表述,都要注意讲形式的时候能够得到语义方面的验证,讲意义的时候能够得到形式方面的验证。

(二)静态和动态相结合的原则

研究语法要贯彻静态和动态相结合的原则,这是因为世界上无论什么事物的运动都采取两种状态,即静态(相对静止的状态)和动态(绝对变动的状态),语法也不例外。共时的语法规则总是由正在使用着该族语的社会成员约定俗成的,体现着在一定时期的稳定性和相对静止状态,所以要用静态的、规范的观点来研究或描写一种族语的语法,人们才能有效地使用它来进行交际。但语法在使用中会不断变化着、发展着,所以又应用动态发展的观点来研究语法。研究现代汉语语法的正确态度应当是:既不要混淆古今,也应注意古今之间的联系(注意语法现象的演变和转化);既要讲究规范,又应善于发现有生命力的新生语法现象,不要轻易判为病句;既要讲静态语法的规律性,又应提倡语法格式在动态使用中的灵活性和丰富多样性;既要讲静态的孤立句,又应讲动态的语境句。如汉语句法的静态规则是"主在谓前""状在动前",但由于语用的需要,在语境里可出现"谓在主前"(如"多美啊,黄山的雪景!")、"状在动后"("她走过来了,轻轻地、轻轻地。")的现象。

(三)结构和功能相结合的原则

研究语法要贯彻结构和功能相结合的原则,这是因为结构和功能是互相联系、互相制约的。研究一种族语的语法,必须以结构和功能为中心、为纲,紧紧抓住结构和功能,才能纲举目张,构建起一个族语的科学的语法体系。研究语法必须不忘结构和功能并把两者结合起来。如在对词语和它组成的结构进行"结构-功能"分析时,要注意词语的功能和词语组成的结构间具有互相依赖、互相制约的关系:没有词语的语法功能就不可能有语法;反之,没有语法结构也谈不上词语的语法功能。

又如对"句干+语气"进行"结构-功能"分析时,既要分析语气传达的交际功能("陈述、疑问、祈使、感叹"等),又要分析句干内部"主题+述题"里述题的表述功能("叙述、描述、记述、释述、评述"等)和词类序列结构(句式)所表达的句式义功能。句干语义结构相同而词类序列结构不同的句子,其句式义功能不同,如"墙上贴着许多标语"和"许多标语贴在墙上"的语义结构相同:"贴"表动作,"标语"是"贴"的受事,"墙上"是"贴"的处所。但句式所表的语用功能不同:前者是"存在句",描述某处所存在着某事物;后者是"定位句",叙述某事物定位于某处所。此外,还应研究句式在篇章里的组篇功能,不同的句式在篇章中有不同的组篇功能,也就是有不同的适用价值或应用价值。

(四)描写和解释相结合的原则

研究语法要贯彻描写和解释相结合的原则,这是因为描写和解释是互相联系的。描写是解释的基础和前提,解释必须在描写的基础上进行,没有描写也就谈不上解释;但如果只有描写而没有解释,那只是知其然而不知其所以然,有效的解释反过来也有助于规律的描写。所以研究语法现象首先要作充分的描写,要描写句法结构、语义结构、语用结构的形式及它们构成的基本规则。

语法教科书比较重视断代的规范语法,偏重于描写,所以常被称为描写语法。但实际上也有有限的、适当的解释,如对于省略和倒装现象,通常把省略的原因解释为在对话或上下文语境里表达说话"简洁";把倒装的原因解释为是为了"强调"某个成分。对某种语法现象进行专题研究,首先是描写,然后在描写基础上对一般规则或特殊现象进行解释。某些理论语法(如认知语法)则偏重于从心理角度进行解释。

语法的解释既有共性也有个性,既有外因也有内因。制约或影响语法现象的成因具有多样性,表现在:有些可从句法上找原因,有些可从语义上找原因,有些可从语用上找原因,有些可从客观事理上找原因,有些可从认知上找原因,有些可从逻辑上找原因,有些可从历史上找原因,有些可从语言接触上找原因,有些可从社会或文化方面找原因,有些可从词汇、语音上找原因,等等。

论语法研究中意义和形式相结合的原则

语法研究中应贯彻意义和形式相结合的原则(或说"形式和意义相结合的原则"),这是我国语言学界比较一致的意见。20世纪50年代关于词类问题的讨论和关于主宾语问题的讨论中,许多文章都谈到要兼顾意义和形式。1959年,语言研究所现代汉语小组经过集体讨论,明确提出"研究语法的主要精神是遵守意义和形式相结合这个原则"[①]。但是如何理解并在研究中如何贯彻这个原则,语法学界的看法并不完全一致,联系到具体的语法事实,更是意见分歧。意义和形式相结合的原则,是语法研究方法论中最重要的问题之一。如果能将这个原则讨论清楚,并在实践中全面地加以贯彻,那么,汉语的语法研究必将前进一大步。

一、意义和形式的含义

要贯彻意义和形式相结合的原则,一个大前提是必须确定语法研究中所说的意义和形式究竟是指什么。意义和形式这两个概念,它们的含义都是十分宽泛的,有各种各样的理解。如果对意义和形式的看法不一致,讨论起来也就说不到一块儿;如果对意义和形式理解不正确,贯彻"相结合"也必将是南辕而北辙。

[①] 语言研究所现代汉语小组《语法研究上要求加强协作》,《中国语文》1959年3月号。

(一)关于"意义"

1、广义的意义

广义的意义就是笼统地讲意义。即一个语法单位(或结构体)在一个具体的话语里可能有多方面的意义。概括起来,主要有:(1)词汇意义,包括词典上的意义(一般意义)和在具体句子中所表现出来的跟现实发生联系的个别意义;(2)逻辑意义,指跟概念、判断、推理等相联系的意义,还包括某种事理的(或情理的)意义;(3)修辞意义,指在一定的语境中反映出的某种特殊的或临时的意义;(4)语法意义。当然,也还有其他意义。①

要正确地了解词语或句子的具体意义(即在话语中所表达的真实含义),上述几种意义都应研究。但语法不是研究具体词语或具体句子的具体意义,而是研究词语和句子的一般构造规律的。跟具体意义相对待而言,人们常说语法的任务是说明语言的形式,语法学是研究语言形式的。然而,作为形式的语法本身也是意义和形式的统一体,所以语法也要研究意义,只不过语法研究中所说的意义不是词汇意义、逻辑意义和修辞意义,更不是具体词语或句子的具体意义,而是语言的语法平面上的意义——"语法意义"。

2、"语法意义"

相对于上面的广义的意义,语法意义是狭义的。这是指语法单位(或结构体)在组合和聚合中由一定语法形式所表现出来的关系意义,通常称之为结构意义或功能意义。结构意义或功能意义都是关系意义,只是着眼点不同。从结构体内部成分和成分之间的关系着眼,可称之为结构意义;从结构体在更大的结构里与其他结构体之间的关系着眼,即从外部功能着眼,可称之为功能意义。语法意义可从三个平面进

---

① 参看:F. R. Palmer《语义学》,《国外语言学》1984年第1、2、3期。

行分析：

（1）表层意义。这是语法句法平面的句法意义，即词语之间表现的句法成分之间的关系意义。句法结构都是由一定的结构成分构成并表示一定的意义的。比如：主语和谓语搭配在一起，就有陈述和被陈述的意义；谓语和宾语搭配在一起，就有支配和被支配的意义；定语和中心语搭配在一起，就有限饰被限饰的意义，等等。成分所表示的意义，也是词语在句法结构中所表现出的位置意义；一类词在句法结构里的位置意义的总和，构成一类词的"类义"（词类意义），例如名词表示"名物"的意义，动词表示"动作行为"的意义，数词表示"数量"的意义，等等。

（2）深层意义。这是语法语义平面的语义意义，即词语之间表现的语义成分之间的语义关系意义。比如名词和动词发生关系时，在名词方面有所谓"格"范畴（施事、受事、工具、结果、处所等等）方面的意义，在动词方面有所谓"价"范畴（动词和它所联系的强制性语义成分的关系：一价、二价、三价等）方面的意义和"向"范畴（动作的指向：内向、外向、互向等）方面的意义。又如副词与动词发生关系时有程度、范围、时间等意义。

（3）语用意义，即词语或结构体在使用中所具有的关系意义，这是语法语用平面的语用功能意义。如句子的语气所表示的"行为类型"意义（陈述、祈使、询问、感叹等），又如句子句干里的主题、述题所表示的意义和语态（主动、被动），再如在语气和句干里表示主观态度或情感的口气，等等。

应该把语法意义跟词汇意义区别开来，它们之间虽有联系，但本质上是不相同的。以一个词来说，它的词汇意义的表现形式是语音（或文字），而词的语法意义的表现形式是语法形式，这种意义只能在结构中、在词与词的结合中才能获得。比如"猫""狗"这两个词，它们的词汇意义查一下词典就知道了，但它们的语法意义单看一个孤立的"猫"

或"狗"是无法确定的。假如要知道它们是施事还是受事,就得看结构形式:在"狗咬猫"里,"狗"是施事,"猫"是受事;在"猫咬狗"里,"猫"是施事,"狗"是受事。假如要知道它们的词类意义,也需要综合它们的所有语法形式作为类义的切实的根据。

(二)关于"形式"

1、广义的形式

广义的形式就是笼统地讲形式。即一个语法单位(或结构体)在一个具体的话语里也有多种形式,主要有:(1)语音形式(口语里);(2)文字形式(书面语里);(3)逻辑形式(如判断、推理等形式);(4)修辞形式(如比喻、借代、对偶、排比等形式);(5)语法形式。

要理解一个句子的具体思想和感情色彩等,上述各种形式都不能忽视。但语法研究所关心的,不是一般的语音形式(音素、音节、声母、韵母等)或文字形式(笔画、偏旁、字体等),也不是逻辑形式和修辞形式,而是语言的"语法形式"。

2、"语法形式"

相对于上面的广义的形式,语法形式是狭义的。这是指表示语法意义的方式或手段,也就是语法意义的表现形式。就汉语而言,语法形式主要有以下几种:

(1)次序排列形式。词语的排列次序不同,往往会表示不同的语法意义。例如:"好天气"表示限饰被限饰的意义,而"天气好"表示陈述被陈述的意义。"他笑"表示陈述被陈述的意义,"笑他"表示支配被支配的意义。"客人来了","客人"表示有定的意义;"来了客人","客人"表示无定的意义。

(2)虚词添加形式。在词语或句子上添加一定的虚词,也能表示一定的语法意义。比如词语间添加助词"的"能表示限饰被限饰的意义,如"买菜"表示支配被支配的意义,而"买的菜"却表示限饰被限饰的意义。又如介词"把"能表示句子的主动和处置的意义,介词"被"能表示被动意义,介词"使"能表示使动意义;语气词"的""了""吗""呢""啊"之类添加在句子末尾能表示不同的语气或口气意义。

（3）层次分合形式。语法结构的不同层次,也能表示不同的语法意义。比如:"消灭了一队敌人的侦察兵",如果层次形式是"消灭了／一队敌人的侦察兵"则是表示支配被支配的意义,"侦察兵"是动词"消灭"的受事;如果层次形式是"消灭了一队敌人的／侦察兵",则表示限饰和被限饰的意义,"侦察兵"是动词"消灭"的施事。又如"派他来"和"知道他来",虽然词类性质相同,排列次序相同,都是"动+名+动"的形式,但是层次分合不一样:"派他来"的形式是"(动+名)+动","知道他来"的形式是"动+(名+动)"。因此这两个组合的语法意义也不一样。

（4）语音节律形式。包括重音、轻音、停顿、语调等,它们在一定范围内也能表示语法意义。如"出租汽车","出租"重读,是定心结构,表示限饰被限饰意义;"汽车"重读,是谓宾结构,表示支配被支配意义。"他想起来了"的"起来"若是轻声,是助词,表示动作开始的意义;若不是轻声,则是动词,表示动作的趋向。又如"他说我爱上你了",如果"说"后边有停顿(他说：我爱上你了),"他""我"是同一个人,都是动词"爱上"的施事;如果"说"后边没有停顿(他说我爱上你了),"他""我"是不同的人,就只有"我"能作"爱上"的施事。语调(也称"句调")在汉语里可表示句类意义:一般降调表示陈述意义,升调表示询问意义,加速降调表示祈使意义,夸张降调表示感叹意义。[①]

（5）结构中的词类形式。词类作为一个语法范畴(语法意义和语

[①] 书面上,某些标点符号也可以视为形式,例如:？表示疑问语气意义;！表示祈使或感叹语气意义等。

法形式的统一),在句结构里本身又可作为语法形式而存在。① 比如"吃饭",由于知道"吃"是动词,"饭"是名词,也就知道它是个谓宾结构,具有支配被支配的意义。又比如"有生名词+动作动词"可表示"施事+动作"的意义(如"乌龟爬"之类),而"无生名词+非动作动词"(如"石头爬")一般不可能构成"施事+动作"的语义结构的。

(6)词的分布形式。即词与词相结合的能力,或词在句法结构里所占据的位置。词的语法功能便是由分布形式表现出来的。比如名词的语法形式,一般表现为:前面加数量短语能构成"数+量+名"结构,不能出现在副词的后面,能出现在介词后边构成介词短语,经常作主语或宾语,一般不能作谓语。综合这些分布形式,就表示了名词的类意义(事物)。

除以上一些语法形式外,词的形态变化(即所谓狭义形态)也是语法形式。在有些语言里,词的形态变化相当丰富;但在汉语里却很少,能够看作形态变化的,如动词后加上"了""着""过"能分别表示动作的"完成""进行""经历"之类的语法意义,动词重叠能表示短时(尝试)的语法意义,等等。

二、语法意义和语法形式的关系

(一)语法意义和语法形式互相依存

语法意义和语法形式是紧密地联系在一起的,它们互相依存,是对立的统一。一定的语法意义需要一定的语法形式来表现,而一定的语法形式也总是表示着一定的语法意义。所以,语法中没有无语法形式

---

① 形式和意义都具有相对性,包含意义和形式的句法平面的语法范畴(如词类范畴)对语义平面的语法范畴而言也可看作形式。

的语法意义,也没有无语法意义的语法形式。语法意义和语法形式的统一,形成一定的语法单位或语法结构体,也形成一定的语法范畴。

语法意义和语法形式原则上是对应的。一种语言的语法就是由语法意义和表示语法意义的语法形式构成的。语法研究最重要的任务,就是要寻找语法形式与语法意义之间的对应关系。但这种对应关系不能简单地理解为"一对一"的关系。即不能认为:一种语法意义只能有一种具体的语法形式;一种语法形式只能表示一种具体的语法意义;一种语法意义在各种语言里所具有的语法形式都是一样的。

(二)语法意义和语法形式的"一对多""多对一"的问题

语法意义和语法形式之间的关系很复杂。就具体的语法意义或语法形式而言,常常表现为"一对多"或"多对一"的关系。

1、一种语法意义常可用多种语法形式表示

(1)某种语言内某种语法单位(结构体)的语法意义可用多种语法形式表示,比如动作动词,语法意义可概括为"动作",而表示这种语法意义的形式有:① 可出现在"来"或"去"之后,② 可出现在副词"不""没""正"之后,③ 可带"了、着、过"或用重叠的方式表示"态",④ 可出现在谓语位置上,⑤ 可带动量补语、趋向补语和结果补语,⑥ 可用于肯定或否定的祈使句,等等。又如一个名词作动词的"施事"或"受事",也有多种形式,在"张三批评了李四"里,"张三"是施事,"李四"是受事;在"李四被张三批评了""张三把李四批评了"里,虽然语序形式不同了,但"张三"仍是施事,"李四"仍是受事,这种"一义多形"的情形,显示了语言形式的丰富多彩,使得语言表达的多样性成为可能。

(2)在不同的语言里某种带有共性的语法意义可用不同的语法形式表示,比如各种语言都有词类、句类、成分等表示的意义,名词有施事、受事、工具、时间、处所等意义,句法结构有支配被支配、限饰被限饰等意义。但是，表示这些语法意义的语法形式，各种语言常常表现得很不相同。例如名词作主语或宾语所表示的意义，在印欧语言里通常有主格、宾格的狭义形态标志，而在汉语里却没有这种标志，汉语主要是靠词类形式和词语的排列次序来表现。即使同样讲语序，不同的语言也可能不一样，例如名词作宾语，汉语里通常放在动词之后，日语里却放在动词之前。正因为某种共同的语法意义在不同的语言里有着不同的语法形式，说明语法意义没有固定的语法形式，也说明了语言之间的翻译不只是语音、词汇问题，还有个语法形式的问题。

2、一种语法形式也可表示多种语法意义

（1）用上位等级的语法形式来分析下位等级的语法意义，就表现为"一形多义"，例如"给N+V"（介词"给"构成的介词短语在动词之前）这样的语法形式里，"给N"的语法意义是对动词限饰作状语，这是"一对一"。但由于V的不同，或N的不同，或语境的差异，"给N"与动词之间就有多种多样的语义关系，主要有六种：① 指明动作给予的对象，例如"给我寄来一封信"；② 指明动作服务的对象，例如"给我办件事"；③ 指明动作的指向对象，例如"给他道谢"；④ 指明动作的施事，例如"给他们包围了"；⑤ 指明动作的服从对象，例如"给我滚"；⑥ 指明动作的致使对象，例如"给工作造成了极大的困难"。"给N"表示那么多语法意义，这从现象上看是"一对多"。这种"多"，实是上位意义的再分类。上位意义与下位意义处于不同的平面或不同的层面。形式也是如此。一切大类形式对次类的意义关系，都是属于上下位的关系。如果把不同层面的东西当作相同层面来分析，严格地说，这很难说是"一形多义"。

（2）"歧义结构"实质也是"一形多义"。这表现在同一些词语排列次序相同，却表示有不同的意义，如"帮助我的学生"，这个组合体层次划分不同，就有不同的意义：若划分为"帮助我的｜学生"，句法上为定心结构（限饰被限饰的意义），语义上"学生"是施事；若划分为"帮助｜我的学生"，则句法上为谓宾结构（支配被支配的意义），语义上"学生"是受事。又如"给我打个电话"可表示两种意义：一种是"给我"指明动作给予的对象，另一种是指明动作的服务对象。作为孤立的结构形式，而且仅仅从词类形式和排列次序形式着眼，当然会看成为歧义或"一形多义"。但如果注意到有些所谓歧义结构内部的层次形式、词的兼类、语音节律等方面的差异，并且放到一定的语境或上下文里进行考察，那么就会发现它们的形式并不完全相同，大多数歧义现象也就可以消除。歧义结构实质上是不同语法意义的语法形式在某一方面的巧合，它掩盖了形式和意义的对应关系。

（三）语法意义和语法形式的系统对应

研究语法意义和语法形式的对应关系，不是孤立地研究一种语法意义和一种语法形式的对应，而是要放在同一平面或同一层级的环境中研究意义和形式的对应，特别要研究一种语法意义可能有的各种表现形式。严格地说，一个语法结构体或语法范畴的语法意义的表现形式是它的所有的（可能有的）语法形式的总和。所以语法意义和语法形式的对应是指一种语法意义和它的一种语法形式系统的对应。从这个意义上来说，语法意义和语法形式也可以说是"一对一"的。语法研究所要努力追求的，就是要寻找这种"一对一"的关系。

三、怎样贯彻意义和形式相结合的原则

（一）要有一个正确的指导思想

应当正确地理解意义和形式，如果把意义理解为词汇意义或逻辑

意义或句子的总体意义,如果把形式理解为仅仅是狭义的形态标志或语音形式,那都不可能在实践上正确地贯彻这个原则。

还应当正确地理解语法意义和语法形式之间对立统一的辩证关系和互相对应的性质,要避免忽视形式或忽视意义这两种倾向,如果在语法研究中只执一端,或只重视意义,或只重视形式,那同样不可能正确地有效地贯彻这个原则。传统语法学有只顾及意义而忽视形式的倾向,如马建忠(1898)在区分词类时,就是只根据词的意义而忽视了词的形式。该书说"字各有字,……义不同而其类亦别焉。故字类者,亦类其义焉耳"。[1] 又如黎锦熙(1924)在分析句法时也只根据意义而忽视形式。该书认为凡是施事都是主语,凡是受事都是宾语。在分析"刮风了""下雨了"时,说"风""雨"是主语倒装在后;在分析"这本书我已经读完了""现洋我可没有"时,说"书""现洋"是"宾语提到句首"(《新著国语文法》第四章)。[2] 结构主义语法学有只顾及形式而忽视意义的倾向,如威尔斯曾说:"在我们的分析说明里可以不考虑意义的因素……在整个的分析过程中尽可能地只在形式的基础上进行分析。"[3] 由于受结构主义的影响,我国有的语法学家在分析词类时,只讲语法形式,而不去概括形式所表示的意义。有的甚至只想凭词的形态变化这样一种狭义的语法形式来区分汉语的词类,以致得出汉语没有词类的结论来。有些学者在分析句法时也只讲形式,而不管语法意义,如说"主语就是一句话里在前头的体词或体词结构""宾语是谓语中的体词或体词结构"[4]。如果按照这个定义来确定主语和宾语,"干脆倒是干脆,只是有一个缺点:'主语'和'宾语'成了两个毫无意义的名称。稍微给点意义

---

[1] 马建忠《马氏文通》(1898),商务印书馆,1983年版第13页。
[2] 黎锦熙《新著国语文法》(1924),商务印书馆,1992年版第34—40页。
[3] Rulon S. Wells: Immediate Constituents. *Language* Vol. 23, No. 2 (Apr–Jun, 1947), Published by: Linguistic Society of America.
[4] 邢公畹《论汉语造句法上的主语和宾语》,《语文学习》1955年9月号。

就要出问题"[①]。在实际的研究中,传统语法也不是完全不讲形式,结构主义语法也不是完全不顾意义。它们的毛病是出在指导思想各有偏颇,因此在进行语法分析时难免顾此失彼,而不能做到互相兼顾。

要做到在语法研究中兼顾意义和形式,在进行语法分析时就应该既要重视意义,又要重视形式;既要研究一个语法事实的形式,又要研究该形式所表示的意义。在阐释一个语法范畴的时候,既要讲清形式,也要阐明意义。比如汉语的形容词,它的主要形式特点是:能出现在副词"很"或"不"的后面作中心语,能出现在名词前面作定语,能出现在名词后面作谓语。它的意义可称为"性状"。又如"小王被小李说服了"这个句子,形式特点是:"名$_1$+(被+名$_2$)+动"序列形式,有介词"被","说服"是及物动词。它的意义是:在语义平面,名$_1$是受事,名$_2$是施事;在语用平面,表达"被动"句式义。

(二)要从形式出发去发现意义

从发生学角度看,是"意义→形式"。但从发现程序上说,是"形式→意义"。现象是进入本质大门的向导,形式是辨别意义的标志。人们认识和辨别事物都是从现象上、形式上入手的,如看到乌云密布,就知道将要下大雨了,地震的发生,也会有种种征象预兆。语法意义,也需透过语法形式才能发现。如"端正"这个词,是个兼类词,它有时能表示动词的意义,有时能表示形容词的意义,怎么知道呢?是凭形式。比较:

端正$_1$①能带宾语,②能出现在副词"没""正在"的后边,③能出现在"能够""应该"的后边,④能带动量补语,⑤能重叠构成ABAB式……

[①] 吕叔湘《汉语语法分析问题》第71页,商务印书馆,1979年。

端正₂①不能带宾语,②能出现在副词"很""非常"的后边,③能重叠构成AABB式……

从上述不同的形式对比可以看出,端正₁具有动作动词的形式特点,端正₂具有形容词的形式特点。这样,它们的意义也就相应地有区别了。在句法分析上,首先看到的也是形式。比如"新的书""木头的房子""吃的东西",这三个短语有一个共同的形式特征,即都有结构助词"的",这个"的"是定心结构的标志,由此就可证明这三个短语都是"定语+中心语",具有限饰被限饰的意义。有些定心结构虽然无"的"(如"新书""木头房子"),但也可通过加"的"来判定。

可见,要认识或辨别一个语法范畴,应以形式作为依据,而意义不能作为依据,更不能作为主要的或唯一的依据。有的语法学家认为在实际工作中(比如区分词类)可以求助于意义,即利用词的意义来分类,并且觉得很方便。对于某些实体词(如"人、鸟、吃、飞"之类)的词性辨别上,似乎有一定道理,这是因为实体词的词汇意义是实体词词类意义的底层基础。但是对于整个词类来说,根据意义来区分词类或辨别词性是似是而非的,说到底是非科学的。这是因为:一则,词的词类意义不是体现在孤立的单词上,而是体现在它的分布形式上。假如离开了词的分布形式来谈词的意义,就很难说是语法意义;二则,求助于"意义"得出的词类结论,往往经不起形式上的验证。比如"突然"和"忽然",从意义上看,似乎都表示一种"在短促的时间里发生,出乎意外"的意义,好像是同一类的;但从语法形式上看,"忽然"不能出现在名词之前,不能作谓语;而"突然"却能出现在名词之前,能出现在副词"很、非常"之后,并能作谓语。这表明"忽然"具有副词的形式,"突然"具有形容词的形式。相应地,它们的语法意义也是不一样的;三则,退一步说,即使所利用的"意义"跟词类意义一致,也还得用分布形式来加以验证和说明。所以,作为词类的研究方法,立足于分类或定性,要探索表现意义的形式系统,都应从形式出发,并以形式作为依据。

一种语言的语法体系的建立,就是要对语言事实从语法形式出发去发现其语法意义;然后通过综合,使语法意义和语法形式统一和对应起来,从而确立各种语法范畴;最后再集合各种语法范畴进行系统的描写,就形成了一种语法体系。所谓"凭形态而建立范畴,集范畴而构成体系",[1]也就是这个意思。

(三)验证意义和形式对应的方法

由于一种意义常由多种具体形式表现,而一种具体形式也可能表示多种意义,要验证意义和形式的对应情况,就得运用一些具体方法。在汉语中,比如在分析表面结构似乎相同但实质上语法意义不一定相同的句式时,变换的方法显得特别重要。句式变换时会涉及各种语法意义,有词类意义和成分意义的差别,有词的语法意义和句的语法意义的差别,还有"高层次语义关系和低层次语义关系"[2]的差别,等等。各种语法意义错综地交织在一起,情形是很复杂的。但不管怎样复杂,变换仍是验证意义和形式是否对应的有效方法。例如:"墙上挂着画儿"和"台上唱着戏",表面上都是:"处所名词+(动词+着)+事物名词";但它们的变换式不一样。比较:

① 墙上挂着画儿→画儿挂在墙上
② 台上唱着戏→*戏唱在台上

①和②的变换情况不同,语法意义也不一样:①的"动词+着"表示"存在",说明事物存在的位置,着眼点是空间处所,句式义是表示"某

---

[1] 方光焘《体系和方法》,《语文周刊》1939年第29期。
[2] 朱德熙《变换分析中的平行性原则》,《中国语文》1986年第2期。

处以某种方式存在着某种事物";②的"动词+着"表示动作或行为的"持续",着眼点是时间,句式义是"某处某施事发出的动作行为正持续着"。可见,"墙上挂着画儿"和"台上唱着戏"实际上是不同的结构格式,它们是属于不同的语法形式系统的。又例如:"她哭得非常伤心""她哭得眼睛都红了""她哭得我睡不着觉""她哭得很厉害",这些句子表面上都是所谓"得"字句。但通过变换,可以发现它们的语义结构也是不一样的。比较:

① 她哭得非常伤心→她哭+她非常伤心
② 她哭得眼睛都红了→她哭+她的眼睛都红了
③ 她哭得我睡不着觉→她哭+我睡不着觉
④ 她哭得很厉害→她哭+哭很厉害

上面四个"得"字句,都可变换分析成两个主谓结构。前一个主谓结构里,主语都是"她";后一个主谓结构里,主语就不一样了:① 里主语是"她",② 里主语是"她的眼睛",③ 里主语是"我",④ 里主语是"哭"。这就表明"得"字句的意义并不完全一样。如果要把意义和形式结合起来,"得"字句这个结构形式似可再分析为若干更小的形式。

再有所谓歧义结构,其中许多也可以通过变换发现不同意义的,就以"咬死了猎人的狗"为例,它就有下面两种变换式:

① 咬死了猎人的狗→狗咬死了猎人→狗把猎人咬死了
② 咬死了猎人的狗→猎人的狗被咬死了→把猎人的狗咬死了

通过变换,可以知道:① 里的"狗"是"咬"的施事,"猎人"是"咬"的受事;② 里的"狗"是"咬"的受事,"猎人"是"狗"的领有者。① 和② 的意义显然是不同的,可以验证出① 和② 实际上是两个层次分合形式不一样的定心短语：① 为"咬死了猎人的｜狗"，② 为"咬死了｜猎人的狗"。

句式变换时会涉及各种语法意义，有词类意义和成分意义的差别，有词的语法意义和句的语法意义的差别，还有"高层次语义关系"（实质上是语用平面的意义）和"低层次语义关系"（实质上是语义平面的意义）的差别，等等。各种语法意义错综地交织在一起，情形是很复杂的。但不管怎样复杂，变换仍是验证句式的意义和形式是否对应的有效方法。

论语法研究中静态和动态相结合的原则

语法研究中，人们经常谈到"静态"和"动态"这两个术语。有的主张语法研究应严格区别静态研究和动态研究，要区分静态语言学和动态语言学；有的认为语法研究中应把静态研究和动态研究结合起来，或者说把静态的语法分析和动态的语法分析结合起来；有的提出语法单位应该分为静态单位和动态单位，等等。如何正确理解和处理语法研究中静态和动态的关系，是语法学方法论中一个重要的、原则性的问题。

一、要正确理解动态和静态

运动是一切事物永恒的存在形式。世界上无论什么事物的运动都采取两种状态，即静态（相对静止的状态）和动态（绝对变动的状态）。语言及其语法也不例外。就以汉语来说，从汉语产生的第一天起，就开始了自己的运动。它的运动也是采取两种状态。对上古汉语、中古汉语、近代汉语、现代汉语这些不同时代的静态的汉语体系进行比较，就会发现它们之间在语音、词汇、语法上虽有继承性、共同性的一面，但又有互相背离、显著差别的一面，这证明汉语在历史长河中确是不断变动着的。总而言之，语言及其语法既是不断发展的，发展过程又是分阶段的。

现在有一种流行的看法,认为语言是静态的,言语是动态的。这种看法不够准确。语言它作为一种符号系统,作为人类的交际工具,表面上看静而不动,可以说是静态的。但语言作为客观存在的一种事物,它无时无刻不处在运动之中,不能设想它只有静态而无动态。如果语言没有动态,也就没有人类社会的交际活动,也就不可能有语言发展的历史。言语是人类使用语言进行交际的一种活动,语言的运动通过言语来实现。语言和言语紧密相联,语言存在于言语之中,言语是语言的存在方式,没有言语的语言和没有语言的言语都是不可想象的。言语是语言的运动形式;言语活动的结果,是相对静止状态的言语作品——话语,即用言语说出的话和写出的文章,它是言语的静态图像。从这个意义上说,言语也不能说只有动态的行为而无静态的结果。准确地说,语言的静态或动态都要通过言语来实现,某个族语的一定时期的静态面貌或不同时期的动态变化,都得研究使用该族语的人们的言语才能发现和说明。可见,语言或言语是静中有动、动中有静。

　　现在还有一种看法,认为语法中的词、短语是静态单位,句子是动态单位。也有的说静态单位是语言单位,动态单位是言语单位。这种看法跟所谓"语言是静态的,言语是动态的"观点是完全一致的。这种看法也还可以讨论。先说词和短语,它们都是语言单位或语法单位,这没有疑问。问题是只看作静态的单位行不行?既然语言及其语法都处在不断运动之中,既然言语是语言存在的形式,那么词和短语不可能不运动,不可能不在言语中出现;既然言语有静态和动态,也就很难说语言中的词和短语只是一种静态单位。事实上,词和短语可以进行静态描写,可以从言语中抽象出来进行静态研究;但也应看到,词和短语都要在言语中使用,词和短语也是不断运动着、变化着的,它们也可以以动态的面貌出现。词和短语在言语里可以跟静态体系中的一样,也可以不完全一样;古代语法演变为现代语法,在词和短语方面也有很多变化；这些都是动态的明证。再说句子，认为句子是言语单位而不是语言单位恐怕也有问题。句子是表达思想的最基本的或最小的单位，从这个意义上说，它是言语的单位，也是话语的单位。但语法的一个重要内容是要讲句子的构成规则，要讲句型、句类等等，所以句子又是语法单位或语言单位。在言语活动里，句子以动态的面貌出现；在族语体系里，抽象的句子（或句型）以及谚语、格言、歇后语中的句子都以静态的面貌显示。这样看来，句子既是语言单位，也是言语单位；既可看作动态的单位，也可看作静态的单位。

总之，对语言（或语法）及其单位，在认识上都应该看作运动着的事物，它们都存在于人们的言语之中，它们都有静态和动态。研究语法时，就不能不同时考虑到这两种状态，而且辩证地对待这两种状态。

二、要严格区别共时的研究和历时的研究

语言及其语法既然有静态和动态之别，当然也可以对它们进行分别研究。以语言的静态现象为研究对象的，就是共时的研究，就是共时语言学或静态语言学；以语言的动态现象为研究对象的，就是历时研究，就是历时语言学或动态语言学（也称演化语言学）。

语言的共时态和历时态有相对的独立性。这真像一段树干既可横面切断，在横断面上可观察到一个横面态的图形，又可垂直剖开，在纵切面上可观察到一个纵面态的图形。语言的共时态与历时态又是互相联系的，这真像树干的纵切面上可看出纤维的纵向排列状态，而横断面上可看出在特定平面上的纤维的横向集结状态。研究语法的共时态，就是假设某种族语在横向的某一特定历史阶段里是不变的、处于静止状态的，因此可称作静态研究。研究语法的历时态，就是确认某种族语在纵向的历史发展中是不断变动着的，因此可称作动态研究。

作为语法科学,从时间角度来说,既应进行共时研究,也应进行历时研究。从两者的关系来看,共时研究显得更重要,应该放在第一位。这是因为:第一,语言(包括族语、方言等)作为一种交际工具,共时的、静态的语言系统"是真正的、唯一的现实性",[①] 所以对使用语言进行交际的人来说,共时的、静态的语言系统显得特别重要。对共时语法进行研究而获得的任何历史演变的规律或语源上的知识,在一般的言语交际中是无关紧要的,没有人把几个不同时期的语法体系混在一起使用。第二,对某个族语进行共时的静态的描写和规范必须也集中于历史的某一时期的相对静止的状态,而并不必须依赖于该族语的历史演变的研究。第三,历时的研究必须以共时研究为基础,这正如一个国家的通史以若干个断代史为基础一样。所以要研究汉语语法史,就应当首先研究清楚先秦、西汉、隋唐以及近代和现代等各个共时面的汉语语法,才能比较系统地说清楚。"这个认识对于汉语研究工作者特别重要,因为不少人以为研究的对象只有两个,一个是现代汉语,一个是古代汉语。他们忘了古代汉语包括若干个断面,就资料来说是大概经历了二千多年,从甲骨文时期到晚唐五代,这期间又要分成若干个分期,然后进入近代汉语时期,而现代汉语又是近代汉语的最后一个分期。所以会产生那样的误解……是不把汉语作为一个有它的生命史的事物看待,而把它看成是有其间的关系说不清、道不明的两个板块合成。这个看法对汉语研究非常不利。"[②] 正因为共时研究是历时研究的基础,所以不仅应把对现代或当代正在使用着的语法进行研究看作共时研究,而且对已经过去了的特定时代(比如先秦语法、唐代语法)或特定的古代巨著的语法(比如《左传》语法、《史记》语法)进行研究,也应看作是共时研究。

---

① 索绪尔《普通语言学教程》第 130 页,商务印书馆,1980 年。
② 吕叔湘《漫谈语言研究》,《中国语文天地》1986 年第 1 期。

三、要用规范的观点来研究语法

用规范的观点来研究或描写一种族语的语法，就是要把一定时代的共时语法看作规范语法。这是因为，共时语法的静态性体现在它具有规范性；有了规范性的语法，人们才能有效地使用它来进行交际。共时的族语语法规则总是由正在使用着该族语的社会成员约定俗成的。语法一经约定俗成，就意味着具有自然的规范性，体现着共时语法在一定时期的稳定性和相对静止状态。人们在言语（说话或作文）时，就是使用这种约定俗成的自然规范的语法规则进行的。因此，用规范的观点来研究或描写共时语法，有助于看清一种族语的静态面貌，有助于指导人们正确地使用语言。

规范的共时语法，它不像国家机关人为地制定一个法律或一个社团人为地制定一个公约那样简单、纯净而且带有强制性，它的约定俗成带有相当程度的随意性，因此在一定时期的语言社团的言语里，会出现一些违反约定俗成的现象，即非规范的语法现象。这种非规范的语法现象主要表现在以下几个方面：（1）有些人的言语里夹杂着一些一般人已经不用的古代语法的成分或格式；（2）有些人的言语里使用了某些不合共时语规范标准的方言语法的成分或格式；（3）有些人的言语里掺入了某些与本族语语法格格不入的其他族语语法的成分或格式；（4）有些人的言语里用上了一些违反现存语法规则的成分或格式；（5）有些人的言语里混杂着某些明显错误的成分或格式，即所谓"病句"。用规范的观点来研究语法，就得扬弃出现在个别人或少数人言语中的那些不合共时规范的语法现象。虽然为了表达的需要有时可以突破某种规范，但作为语法学家在描写共时语法时，不应把不合规范的语法规则纳入共时语法体系之内。

用规范的观点来研究语法,要解决一个规范的标准问题。以现代汉语语法来说,这个问题在1955年现代汉语规范化问题学术会议上曾经讨论过,当时大家认为应以运用普通话写作的典范的现代白话文著作作为语法规范的标准。最近有的语言学家对现代汉语语法学的对象是普通话语法提出了怀疑的观点,认为普通话语法是个混合的东西,不容易找出规律,因此提倡研究北京话的语法。这实质上是把北京话的语法当作现代汉语语法的规范标准。这种想法可以理解,因为有些研究现代汉语语法的论著中有不讲规范的现象,他们不管哪个作家的作品中出现的语法例句,都当作了现代普通话的语法用例。但也不能因噎废食,不能因此而认为没法从普通话中找出语法规律。研究口语语法特别是北京口语语法是很必要的,它是普通话语法的基础,但北京话不等于普通话,因此北京话语法不能完全代表普通话语法。所以研究现代汉语语法,仍应以普通话的语法作为对象,仍应坚持以典范的现代白话文著作作为语法规范的标准;关键是典型的白话文著作要选择得好,而且在描写时应当区别"一般的用例"和"特殊的用例",一般的用例可作为语法规范的用例,特殊的用例则不应作为规范的用例。当然,什么是一般用例,什么是特殊用例,什么是合于规范,什么不合规范,在一些具体问题上可能会有争议;然而这不应该成为语法学家描写现代汉语语法从而建立共时的、静态的语法体系的严重障碍。

语法学家在描写共时语法时,主要是去发现自然形成的、客观存在的语法静态系统,而不是去创造这个系统。语法学家在客观语法事实面前也不是无能为力的,对于语法使用中的某些不规范的或混乱的现象,不应听其自然,而是有责任发表自己的意见,指明规范的途径,从而引导人们正确地使用语法,比如评论病句就能起到匡谬正俗的作用。

四、要用动态发展的观点来研究语法

历时语法本身就是讲族语的历史发展的,毫无疑问要用动态发展的观点来研究。即使研究或描写共时语法,也要用动态发展的观点来分别不同时代的语法,即使研究某个时代的共时语法,也得用动态发展的观点来分析、解释某些语法现象。语法学史上曾经有一些传统语法学家不注意语言的动态发展,不重视现实生活中活着的语言。他们认为根据经典作家著作所描写出的一些语法书,是永远不变的"范本",他们要人们永远根据这种"范本"规定的语法规则来说话作文,所以传统语法常被结构主义学派贬之为"保守主义""规定主义"。其实传统语法把一种族语体系进行共时描写,把族语看成一个自足的系统,强调语法规则的规范,这本身并没有错;错是错在没有用动态发展的观点来看待和处理这种共时体系。语言是不断发展的,动态亦可转化为静态,某些旧的规范让位于新的规范是历史的必然。因此正确的态度应当是:既要描写共时语法的静态体系,但又不应当把它当作永恒不变的僵死的东西,在共时研究中运用动态发展的观点,必须着重注意以下三点:

(一)描写共时语法时,不要混淆古今

古今语法有同亦有异,在描写共时语法时要注意它们之间的差异处。有的语法学家不明白这个道理,研究共时语法时,就有混淆古今的情形。这种情形在20世纪三四十年代相当普遍。50年代以后大部分语法著作都分清了古今,古代汉语举古代的例,现代汉语举现代的例;但有的语法论著中也还仍然有混用古今例的现象。古今语法系统采取"同一间架",古今用例混杂,往往会把古代汉语语法的规则当作现代汉语语法的规则,这就不能反映语法的历史发展,不能准确地描写出现代汉语的语法体系。

(二)描写共时语法时,应采取历史主义态度

语法研究中要严格区别共时的和历时的,这是必须的。但是在描写或研究共时语法时,不应割断历史。古今语法密切联系,一脉相承,自然有相同的一面。因此熟悉某个族语的语法史,有助于更好地描写该族语的共时语法。一般地说,描写某个族语的共时语法,没有对那个族语的历时研究,大体上也可描写出来,因此结构主义学派强调在描写共时语法时"根本不需要什么历史知识"①。但也不能绝对化。假如一个语法学家对某种民族语的历史知识有充分的了解,就会更好地对它进行共时的研究。比如研究现代汉语的构词法,如果没有古代汉语的知识,在语素的分合上和在结构方式的分析上,有时会遇到困难。"将军"一词,一个不懂古代汉语的人,绝不会分析为动宾结构的。对某些成语的结构分析也是如此。另外,懂得一些历史知识,对言语中出现的一些与古代语法有联系的成分或格式如何处理、如何解释,也将有所帮助。

(三)描写共时语法时,要善于发现有生命力的新生语法现象

语法不断发展,新的语法规范的出现不可避免。新生的有生命力的语法现象在刚开始出现的时候往往不被语法学家重视。由于"新生",它总是只在个别人或少数人的言语里存在;唯其因为是"个别""少数",甚至会被视为不规范,看作"病句"。但是,新生格式只要有生命力,有表达思想的优越性,它就会悄悄地、潜移默化地传播开来,从而被大多数人接受,成为新的规范。这样的例子非常之多,比如"转变"这个词,在50年代有些语法学家认为它是不及物动词,不能带宾语,说"转变了……作风"是误作为及物动词;但现在"转变"已转变成可以带宾语的动词了。又如"加以……""举行……"这样的语法

---

① 布龙菲尔德《语言论》第21页,商务印书馆,1980年。

格式,有人曾指责是"文章官气",说"加以"这个词的用法"像鱼骨头插在喉咙上",因此反对使用,但现在也使用开来了。所以语法学家在进行语法分析时,要善于以敏锐的洞察力预见有生命力的新生语法现象,而且要加以保护和支持,不要看到新出现的语法现象都一概斥之为"病句"。

与此相联系的,还有一个如何对待方言和外来语影响的问题。如果说现代语与古代语之间是纵向继承关系,那么,族语与外来语以及共同语与方言之间不妨说有着横向吸收关系。例如在现代人的言语(包括口头语和书面语)中,有时会发现有外来语或方言的语法成分或语法格式的渗透现象。对这样的现象也要具体分析,区别对待,既不能全盘吸收引进共时语法体系,也不能一律排斥。

五、要用语用的观点来研究语法

语言的生命力表现在语言的使用之中,也就是表现在言语之中。语言通过言语显现它的发展变化,因此,用"语用"的观点来研究语法,就是要求联系着言语来研究,也就是要把共时的静态的族语语法体系跟言语中的动态的、活的具体的语言(言语的表达形式)联系起来进行研究。用语用的观点来研究语法,要着重注意以下几点:

(一)在语法分析中应自觉地区别句法的、语义的和语用的三个平面

句法平面是指对句子内部的词语与词语之间的句法关系进行分析,着眼于词类、句法成分的分类和结构方式的定型。如:词类分成名、动、形、数、副、介、连、助等,句法成分分成主、谓、宾、定、状、补等,以及语型和句型的确定,都属句法平面。语义平面是指对句子内部

的词语与词语之间的语义关系进行分析,着眼于句法成分和结构形式所表示的语义意义的判别,如把名词语和动词语搭配发生关系后分析为施事、受事、与事、工具、处所、时间等。语用平面是指一种族语的句法、语义体系在言语中的实际运用,如句子的主题、述题、焦点(表达重点)、语气(行为类型)、口气、增添、省略、倒装等。如果说句法平面、语义平面是对语法进行静态的分析或描写,那么语用平面则偏重于动态的分析,因为它要讲如何灵活地运用族语语法进行表达。语法分析如果只讲句法的、语义的静态分析,那还不完善;只有同步地进行语用上的动态分析,才算最终达到语法分析的目的。

传统语法主要讲句法,有时也讲点语义(如施事、受事等),有时也讲点语用(如语气、口气、插说等),但总的来说,对语义和语用分析还是比较零散的,更没有有意识地区别三个平面的理论。要使语法学有新的突破,在语法研究中必须自觉地把三个平面既区别开来又结合起来,这样,语法分析才会更全面、更系统、更科学。

(二)要提倡语法格式的丰富多样性

在不同的动态言语环境里,一个意义往往可以用多种不同的语法格式来表达,所以语法格式是丰富多样的。比如"武松打死了老虎"这样一个具体句子,从语义上看,"武松"是施事,"老虎"是受事,"打"是动作行为,"死"是动作的结果。这样的意义至少可以用以下几个句子结构格式表示:(1)武松打死了老虎。(2)武松把老虎打死了。(3)老虎被武松打死了。这些语法结构格式都是正确的、通行的,很难说哪个结构格式最好。但不同的句子结构格式语用价值不一样,因此在具体言语中使用时就要根据表达的需要而随宜采用。提倡语法格式的多样性,语法学家就得把不同格式的语用价值研究清楚,那样建立起来的语法实用性更大。遗憾的是,现今的语法著作大都重在各种各样句型或句式的分类,而对表示同一意义的不同句型或句式的语用价值却缺乏必要的、应有的分析。

(三)要分清正式和变式,但不要硬分正变

同一意义往往可用不同的格式表示,有些不同的格式都是通行的,然而有的语法学家却硬是把它们分为"正式"和"变式"。例如说"茶棚里坐着许多的工人"是"变式",若改为"正式",便是"许多的工人在茶棚里坐着"[①]。这种硬分正变实在不妥。这两种句式虽然基本意义相同,表示着同一个客观事实,但语用价值不一样:前句的主题是"茶棚里",述题带有描记性;而后句的主题是"许多的工人",述题带有叙述性。那么是否绝对不可讲"正式"和"变式"呢? 也不是。言语表达中正式句和变式句还是存在着的。这主要表现在:

一是静态共时语法要求成分排列有一定的次序,比如主语在谓语之前,定语和状语在中心语之前,倘若在言语中由于语用的需要而改变了这个次序,便成了倒装句,就是变式句,例如"你怎么啦"是正式句,"怎么啦,你?"便是变式句。

二是静态共时语法体系中的句型都包含着一定的成分,但在言语中由于语用需要有时会省略某个必要的成分,便成了省略句,这也是变式句。例如,甲问:"你是学生吗?"乙回答:"我是学生。"这是正式句;但若回答"我是。"这是变式句。

总之,共时语法的结构规则,总包含着一定的成分,成分排列总有一定次序,如果在言语中缺少了某个必要的成分或违反了一定的规范次序,那就是变式。语法的规范性跟表达格式的丰富多样性并不是矛盾的,而是统一的。所以研究语法不要一概地反对正式和变式的区分,要反对的是硬分正变,即把本来就是正式的不适当地看作变式。

[①] 黎锦熙《新著国语文法》(1924),商务印书馆,1992年版第45页。

论语法研究中结构和功能相结合的原则

在语法学的文献中,结构和功能是常提到的两个术语,但是人们对这两个术语的理解不完全一样,对于结构和功能之间的关系也有不同的认识,在语法研究中对二者的重视程度也有差别,有的强调研究结构,有的强调研究功能。

本文认为,语法中的结构和功能是两个非常重要的术语,它们指称着语法中两个最基本的范畴。结构和功能既有区别也有联系,在语法研究中应当贯彻结构和功能相结合的原则。这个原则跟"形式和意义相结合的原则""静态和动态相结合的原则""描写和解释相结合的原则"一样,都是语法学方法论中最基本的原则。

一、语法研究必须重视结构和功能

(一)语法研究中的两种倾向

在语法史上,无论是国外还是国内,历来有两种倾向:一种是重视结构的倾向,另一种是重视功能的倾向。近二十年来,这两种倾向尤为明显,这表现在"形式主义"和"功能主义"两种研究方向或研究路线的对立上。

这里所说的"形式主义"的"形式",并不是一般人们理解的相对于意义的、听得到或看得见的外形,而是指用公式化、数学化、符号化等形式手段来说明语法结构。"形式主义"本质上还是一种"结构主义",不妨称之为"新结构主义"(或称"后结构主义");因为它脱胎于旧结构主义(指传统所说的源于索绪尔的结构主义),它们都把语言看作一个自主自足的结构系统,都着重于语法结构的静态研究而不重视语用功能的动态研究。新结构主义派别很多,可以以乔姆斯基的转换生成语法为代表,其他如扩展短语语法、词汇功能语法、关系语法、蒙塔鸠语法等也属此派。

这里所说的"功能主义"的"功能",主要是指语言的语用功能(表达功能、交际功能和认知功能等)。功能主义把语言看作是一种交际工具,即一种传递信息的系统,着重于语用功能的动态解释,注意透过语境、篇章、心理等来说明各种语法现象。功能主义的派别也很多,可以以韩礼德的系统功能语法和迪克的功能语法为代表,其他如角色与指称语法、篇章语法、认知语法等也属此派。

(二)结构和功能的关系

语法学研究的主要对象是句子,[①] 其任务是揭示句子内部的结构(包括句法结构和语义结构)规律和外部的功能(包括语用表达的功能、信息传递的功能等)规律。从这个意义上说,语法学可以说是研究句子的结构和功能的一门学科。可见,结构和功能是语法研究的核心问题,研究语法时应当并重而不可偏废。

结构和功能是紧密联系的,在语法结构体里,二者共处一体,缺一不可。就句子而言,不可能只有结构而没有功能,也不可能只有功能而

[①] 语法学中研究词或短语,目的是说明句子,有时研究句群或篇章,目的也是说明句子。

没有结构。比如:"那幅画已被他卖了"这个句子,从句法平面分析,可分析为"主状心"结构;从语义平面分析,可分析为"受施动"结构;从语用平面分析,此句具有表"陈述"的功能、表"被动"的功能以及传达旧信息(主题)和新信息(述题)的功能。这个句子缺少任何一方(结构和功能),都不成其为句子,所以研究句子的结构离不开功能,研究句子的功能也离不开结构;如果偏重于一方面忽略了另一方面,就难免得出不全面的结论。这好比研究人体器官,如果只研究人体某个器官内部的结构而不研究它的功能,或者只研究它的功能而不研究它的内部结构,同样也是有问题的。

结构和功能又是互相依赖、互相制约着的。任何语法结构体都承载着一定的功能,而任何功能也都得由一定的结构体来承载。从历史的或发生学的角度看,一种语言的语法的发展变化受制于语用表达功能,功能对结构的形成和发展起着决定性的作用。这从汉语语法的发展史中可以得到证明。比如汉语里的"把"字句,它的主要语用功能是表示"处置",这种句子结构在上古汉语里是没有的,大约产生在第七世纪到第八世纪之间,到晚唐以后才逐渐多起来。[①]为什么会产生这种句子格式,这决定于功能,即决定于语用表达的需要。经过反复使用,人们觉得这种表示"处置"功能的句子格式对表达思想传达信息很有用,才使得这种句子格式逐渐普及起来,发展到现代汉语就成了一种很常见的句式了。"把"字句如此,其他的各种语法结构或语法格式的形成和发展也是如此。现代汉语的一些基本的、常用的语法结构及其规律,都是受语用功能的制约而历史地形成并逐渐固定下来的。当某种结构一旦形成并相对固定化,它又反过来对功能起制约作用,比如要表达"处置"这种语用功能,就得使用"把"字句。

[①] 参看王力《汉语史稿》(中册)第413页,科学出版社,1958年。

(三)语法研究要贯彻结构和功能相结合的原则

既然结构和功能共处于语法中,既然它们之间互相联系、互相制约;那么,在语法中对结构和功能都要研究也是理所当然的。近年来,我国语法研究中流行着"三个平面"的理论。这种理论认为,语法有三个平面,即句法平面、语义平面和语用平面。以"三个平面"的理论作为指导思想的语法学,可称之为"三维语法"。三维语法认为:研究一种族语的语法就必须以结构和功能为中心、为纲,紧紧抓住结构和功能,才能纲举目张,构建起一个族语的科学的语法体系。分析语法现象,必须把结构和功能结合起来,结构分析时不要忘了进行功能解释,功能分析时也不要离开结构或忘了结构的描写。当然,为了特定目的,把结构和功能当作相对独立的课题进行研究,或者由于过去侧重于结构研究,今天要加强功能的研究,这都是可以的,但指导思想上别把功能和结构对立起来或割裂开来。

新结构主义和功能主义两个流派在各自的研究领域中都有相当的成就,都为语法学的发展作出了贡献。在他们的语法学里,实际上都涉及结构和功能;但是新结构主义过分强调结构的自主性而忽视功能对结构所起的制约作用,功能主义过分强调功能解释的无所不能,而忽视结构的相对独立性及结构对功能的反制约。他们各执一端,互相对立,实在没有必要。不少有识之士指出:这两种研究方向或方法"不应该有什么冲突","不应该互相排斥","结构描写和功能解释通常是密切联系的","在本质上是互补的"。[①] 所以,在语言研究中,"如何把这两种研究方法结合在一个统一的语言理论中,这在相当长一段时间内

---

① 参看戴浩一《〈功能主义与汉语语法〉·导言》,《功能主义与汉语语法》,北京语言学院出版社,1994年;廖秋忠《也谈形式主义与功能主义》,《国外语言学》1991年第2期;文炼《谈谈汉语语法结构的功能解释》,《中国语文》1996年第6期。

大概是最紧迫的任务"①。这是很有见地的。事实是,"结构主义"(包括旧的结构主义和新的结构主义)语法和"功能主义"语法各有其长处和短处。如果能取长补短,作更高的综合,那就能使语法研究出现新的面貌。提出在语法研究中贯彻结构和功能相结合的原则,就是为了作更高的综合,以完善语法的研究。

二、结构(语法结构)

(一)研究结构的重要性

这里所说的结构是指"语法结构"。一般认为:"对语言进行语法分析,就是分析各种语言片段的结构。"②许多语法书都把语法定义为"语言的结构规律"或"语言结构的规律"。传统语法学和结构主义语法都倾全力于结构的研究。对某种族语的语法结构进行深入研究后,可以抽象概括出该族语的静态的语法体系。可以这样说:没有语法结构的研究,不可能构建某种语言的断代语法,没有对语法结构的分析和描写,语法学也不可能成为一门科学。当然,从今天的眼光来看,语法学只研究结构还不够,要构建完善的语法学,还得研究功能。但是,功能的研究也离不开结构;结构描写是功能分析或功能解释的基础或前提;离开了结构讲功能,那功能就成了无源之水、无本之木。可见,语法结构的研究不但是非常重要的,而且是不可缺少的。

---

① 陆孝栋《形式主义、功能主义与汉语句法》,《功能主义与汉语语法》,北京语言学院出版社,1994年。
② 吕叔湘《汉语语法分析问题》第14页,商务印书馆,1979年。

（二）语法结构体

要讲结构，就得讲"结构体"。结构体是指其内部具有两个或两个以上的成素（或成分）按照一定的结构方式组合起来的实体。任何事物，只要有内部结构，就是结构体。在语法中，作为语法单位的句子、短语、合成词都是语法结构体，这是因为：句子是由两个或两个以上的词或短语按照一定的结构方式组成的，短语是由两个或两个以上的词按照一定的结构方式组成的，合成词是由两个或两个以上的语素按照一定的结构方式组成的。但语法单位中的语素和单纯词不是语法结构体，它们是组成某种语法结构体的成素或成员，所以语法单位不等于语法结构体。研究语法结构，就是研究语法结构体的结构，比如："他走了""我睡了"这两个句子，在句法上可分析为"主谓"结构，在语义上可分析为"施动"结构；"吃饭""看书"这两个短语，在句法上可分析为"动宾"结构，在语义上可分析为"动受"结构；"干事""将军"这两个合成词，在句法上可分析为"动宾"结构，在语义上可分析为"动受"结构。单纯词和语素虽然不是语法结构体，但它们是语法结构体的组成成员，所以研究语法结构时必然会涉及。

（三）语法结构的含义

什么是结构？《现代汉语词典》释为：结构是指"各个组成部分的搭配和排列"。[①] 按照这个释义类推，语法结构应当是指语法结构体内部各个组成部分的搭配和排列。语法学要研究结构，就是要研究各种语法结构体中内部成分的配列（搭配和排列）方式，也就是要研究由较小的语法单位组成较大的语法单位的方式。这种由成分组成结构的配

---

① 中国社会科学院语言研究所词典编辑室编《现代汉语词典》第568页，商务印书馆，1980年。

列方式,称为结构方式。

三维语法扩大了语法研究的范围,认为语法分析不只是句法分析,还包括语义分析和语用分析;认为三个平面有三种结构,即句法结构(如主谓结构、动宾结构、动补结构、定心结构等)、语义结构(如施动结构、动受结构、系动结构)和语用结构(如"主述结构",即"主题+述题"结构等);所以研究语法结构也就不只是研究句法结构,还包括语义结构和语用结构。传统语法和旧结构主义语法偏重于研究句法结构;新结构主义语法以句法结构为基础,但已开始重视研究语义结构;功能主义语法比较重视语用结构,但也涉及语义结构。三维语法把句法结构、语义结构和语用结构都看作为语法结构,所以在研究中对这三种结构都很重视,而且注意把三者结合起来进行研究。

(四)语法结构的成分

语法结构的成分,简称为"语法成分"或"结构成分"。从语法成分的性质来看,语法的不同平面有不同性质的成分:句法平面的句法结构中,可分析出句法成分,如主语、谓语、宾语、定语、状语、补语、中心语等;语义平面的语义结构中,可分析出语义成分,如施事、受事、系事、与事、工具、处所、时间等;语用平面的语用结构中,可分析出语用成分,如主题、述题、焦点、语气、口气等。可见,句法成分、语义成分、语用成分都是语法成分。对语法结构进行研究,就要分析出不同性质结构的各种语法成分,并寻找出相应的语法成分之间的配列关系、配列方式和配列规则。

语法结构的成分,都是由一定的语法单位来充当的。就以句子的结构来说,句子的语法结构中的语法成分,通常是由词语(包括词和短语)充当的,词语类别跟语法成分有一定的对应关系,因此有规律可循。如汉语句法成分中,主语一般由名词性词语充当,谓语一般由动词性词语或形容词性词语充当;汉语词类中,区别词用来作定语,副词用来作状语。汉语语义成分"动核"(也称"谓核"),都由动词性词语或形容词性词语充当,动核所联系的强制性的语义成分"动元"(也称"谓元",包括施事、受事、与事等),[①]一般由名词性词语充当;汉语语用成分主题,通常由名词性词语充当,述题通常由动词性词语或形容词性词语充当。

(五)语法结构的特点

语法结构主要有四个特点:层次性、扩展性、选择性、变换性。

(1)层次性。指语法结构内部各成分是按层次组合起来的。表面上结构相同(词语相同,词语的线性联结形式相同),如果内部层次关系不一样,所表达的意思也不一样。试比较:

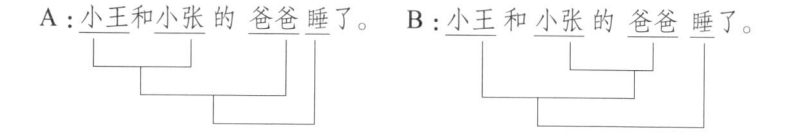

A:小王和小张 的 爸爸 睡了。　　B:小王 和 小张 的 爸爸 睡了。

A 句的"爸爸"是"小王和小张"的,"睡"这个动作是"小王的爸爸"和"小张的爸爸"发出的;B 句的"爸爸"是"小张"的,"睡"这个动作是"小张的爸爸"和"小王"发出的,这两句无论是句法结构还是语义结构都是有层次性的。

(2)扩展性(也称"递归性")。指语法结构中的词在语义和句法上可以以它为核心与别的词组合,组合后的短语还可以继续以自己为核心与别的词组合,生成更大的语法结构。比如"叔叔的钢笔"可以扩展为"叔叔的叔叔的钢笔",还可扩展为"叔叔的叔叔的叔叔的钢笔",

---

[①] 关于"动核"和"动元",参看范晓《动词的"价"分类》,《语法研究和探索》(五),语文出版社,1991年。

如果需要,还可以继续扩展。除这种偏正结构能扩展外,并列结构也可扩展,比如"小王和小李"→"小王、小李和小张"→"小王、小李、小张和小赵"→……。理论上,语法结构的扩展延伸可以是无限的,但在实际运用时总是有限的。

(3)选择性。指词语和词语组配成语法结构时并不是任意的,而是有所选择的。这种选择性表现在句法上、语义上和语用上。如能说"不去""不大"但不能说"不桌子""不电灯",这是句法上的选择。又如"大桌子""长头发"能说,但不能说"甜桌子""矮头发",这是语义上的选择。又如可以说"杀猪""杀牛",但不可说"杀虱子""杀苍蝇",这是语用上的选择。[①]

(4)变换性。指具有相同语义结构的句子和句子或短语和短语之间可以互相变换。例如:

> ① 他关上了大门⟷他把大门关上了⟷大门被他关上了(变换成不同的句子结构)
> ② 王冕死了父亲⟷王冕的父亲死了(变换成不同的句子结构)
> ③ 好天气⟷天气好(变换成不同的短语结构)

具有变换关系的句子结构或短语结构,深层的语义结构相同,但表层的句法结构不同,因此在动态使用中它们的语用价值也不同。

(六)研究语法结构的目的

研究一种语言的语法结构,要有一个明确的目的,这就是要在具体的感性的语法事实的基础上,通过理性的抽象和概括,构建起一种语言的语法结构的网络系统,其中包括语言的句法结构子系统、语义结构子

[①] 参看范晓《词语组合的选择性》,《汉语学习》,1985年第3期。

系统和语用结构子系统。更明确地说,研究句法结构的最终目的,是建立一种语言的句型系统;研究语义结构的最终目的,是建立一种语言的句模系统;研究语用结构的最终目的,是建立一种语言的句类系统;然后将这三种系统结合起来和综合起来,构建出一种语言的句位(也称"句样")系统,即该语言的语法结构的完整的网络系统,这就是研究语法结构的总目标。[①] 研究一些具体的或个别的语法结构,都是为着这个总目标服务的。在分析或说明语法结构时,理想的方法是描写和解释相结合,即不仅描写其结构格式和规则,还应进行功能解释,即解释为什么有这样的格式和规则。只有这样,才能做到不仅知其然,而且知其所以然。这样的结构研究就会有更大的实用价值。

三、功能(语法功能)

(一)研究功能的重要性

这里所说的功能是指"语法功能"。语法学一定要研究结构,但单研究结构还不够,还得研究语法单位或语法结构体的语法功能。这是因为结构和功能是互相联系、互相制约的,结构中的构成成素也有一定的功能,才能构成结构,而由构成成素构成的结构体本身又有自己的功能。所以只有研究功能,才能有效地说明结构或结构体。这好比研究汽车,仅仅分析汽车内部的结构还不够,还得研究汽车的功能。从功能方面来看,汽车有运货(货车)和载客(客车)的分别,功能不同的汽车在载体的结构上总会有些差别:客车要载客,载体内就得有供人坐的座位;货车要运货,载体内要留有较大的空间,就不必有座位。语法也是

[①] 参看范晓《略说句系学》,《汉语学习》,1999年第6期。

如此,不能为研究结构而研究结构,研究结构应跟功能联系起来、结合起来研究;如果不研究功能,不但遗漏了语法研究的重要内容,而且难以解释某种结构产生的原因及其存在的合理性。总之,功能和结构息息相关,研究功能是为了更好地描写和解释语法的结构系统。

(二)语法功能的含义

功能,是指事物发挥的功用或效能。世界上各种事物都有自己的功能,语言和语法也不例外。语法中所说的功能,是指语法单位(或结构体)的功能。对语法功能的含义语言学界有不同的认识。概括起来有两种功能论:一种是微观功能论,另一种是宏观功能论。

微观功能论者主要研究语法结构内部的成素的组配功能,即语法结构内部成员组合搭配成语法结构的功能,也就是较小语法单位构成较大语法单位的功能。这是语法结构内部成素或成员所具有的功能。如名词在主谓型句法结构里有作主语和宾语的功能,在动核结构(语义结构)里有作动元的功能;动词在主谓型句法结构里有作谓语的功能,在动核结构(语义结构)里有作动核的功能。拿"鸟飞了"这个句子为例,句中的名词"鸟"有担任主语和施事的功能,动词"飞"有担任谓语和动核的功能。由于"鸟"和"飞"有这样的组配功能,所以"鸟飞"在句法上是"主谓"结构,在语义上是"施动"结构。

宏观功能论者主要研究语法单位的表达功能、交际功能、信息传递功能。这是语法单位外部的与语言运用有关的功能。例如:"这本书我看过了。"这个句子,在表达功能方面有表示思想、命题的功能;在交际功能方面,是表示陈述语气的功能;在传递信息功能方面,"这本书"表示主题(旧信息)的功能,"我看过了"表示述题(新信息)的功能,"看过"表示焦点的功能。这里所说的"思想""命题""陈述""主题""述题""焦点"等都属于宏观的语用功能。

一般地说,传统语法和结构主义语法(包括新的和旧的)所说的功能,主要是指微观功能,即词语的组配功能,而且比较多的是指词语的句法功能,我国语法书中经常谈到词的语法功能是词类区分的根据(或标准),这个语法功能实质上是指词的句法功能。功能主义语法学所说的功能,主要是指宏观功能,即词语或句子的表达功能、交际功能或认知功能。[①]

三维语法区分语法的三个平面,认为研究语法功能时要讲三种功能:即句法功能(指语法单位组配成句法结构的功能,如词语担任主语、宾语、谓语之类的功能)、语义功能(指语法单位组配成语义结构的功能,如词语担任动核、施事、受事之类的功能)、语用功能(指语法单位在言语使用中的功能,如词语作主题、述题、焦点之类的功能和句子表陈述、疑问之类的功能)。概言之,词语的句法功能、语义功能,属于语法的微观功能;句子的语用功能(包括语气、述题、焦点等),属于语法的宏观功能。既然句法功能、语义功能和语用功能都是语法功能,语法学当然都应该研究。

(三)词语(包括词和短语)的功能

词和短语是造句的语法单位,所以它们有造句的功能。用在一个句子里,它们可能有句法功能、语义功能和语用功能。比如,名词在句子的句法平面,有跟数量词语结合的功能,有作主语、宾语的功能;在句子的语义平面,有作施事、受事、与事等的功能;在句子的语用平面,有作主题的功能;等等。名词性短语的基本功能跟名词大体相当。至于虚词,那是一种语法手段或形式:有的虚词有表示句法关系的功能,

---

[①] 也不绝对。结构主义语法学也有人谈到表达功能和交际功能,如布拉格学派;功能主义语法学也有人谈到组配功能、句法功能,如迪克《功能语法概要》。只是不同的学说侧重点不同而已。

如汉语中的连词"和、跟、并"等用来标示并列结构,结构助词"的、地、得"有分别用来标示定心结构、状心结构和动补结构的功能;有的虚词有表示语义关系的功能,如介词"在、到"有引出处所或时间的功能,"把"有引出受事的功能,"向"有引出与事的功能;有的虚词有表示语用的功能,如介词"关于、至于"有引出主题的功能,句末语气词"的、了、吗、呢、啊"等,有标示句子语气(交际用途)的功能。

(四)句子的功能

句子是最大的语法单位,也是言语表达和交际的最小的、最基本的单位。研究句子的功能,主要着眼于句子的外部的语用功能,即它的表达功能、交际功能、传达信息的功能。句子的语用功能是多种多样的。如句子有表示疑问、陈述、祈使、感叹等表达句子行为用途的功能;句子的主题和述题有传达旧信息和新信息的功能,述题还有对主题表示叙述、描记、解释、评议等功能;句子有表示某种口气(强调或委婉)的功能;句子有反映思维结构和感知机制的功能(如句子的空间表达式、时间表达式、因果表达式);等等。句子的语用功能跟词语的语用功能是有联系的,因为句子是由词语与词语按照一定方式组配起来的,句子的某些语用功能往往通过某些词语或词语的某些特定配列方式表现出来。

(五)研究功能的目的

研究语法单位的功能,目的是更好地分析和描写语法结构、句子的语用类型以及解释各种具体结构或语法现象产生、发展和变化的原因。

研究微观功能,偏重于对词语的组配功能进行研究。要根据句法功能和语义功能对词语进行句法分类和语义分类,以便能更好地说明词语组成句子的句法规则、语义规则和构建一种语言的句法结构系统、语义结构系统。

研究宏观功能,偏重于对句子的语用功能进行研究。要根据句子的语用功能来描写句子的行为类型,要对各种句型或句式的语用意义或语用价值作出说明,要对各种句子结构内部成分配列方式的心理机制以及一些特殊句式或超常句式的"特殊"和"超常"作出解释。

四、怎样贯彻结构和功能相结合的原则

语法研究中贯彻结构和功能相结合的原则,要做到以下几点:

(一)要有一个正确的指导思想

这就要正确地理解结构和功能的本质,理解二者既有区别又有联系,理解二者共存于句子之中,理解二者是语法研究的中心问题之一。有了这样的认识,在语法研究中就会既重视结构也重视功能,并注意把二者结合起来研究,就不会产生片面地强调结构或片面地强调功能的倾向。当然,人们在研究语法时,由于旨趣不同或方法不同,可以有所侧重,即或侧重在研究结构,或侧重在研究功能。有了正确的指导思想,研究语法时就会重视结构和功能间相互依赖和相互制约的关系,研究结构时就会注意功能对结构的作用,研究功能时也不会忽略结构对功能的影响,偏重于研究结构的学者和偏重于研究功能的学者之间也就不会互相对立或互相排斥,而可互相学习,相得益彰。

微观功能和结构之间互相依赖互相制约的关系比较明显:没有词语的句法功能和语义功能,就不可能有句法结构和语义结构;反之,没有句法结构和语义结构,也就不会有词语的句法功能和语义功能。所以人们一般都能把微观功能和结构结合起来研究,当研究词语的组配

功能时，就会把词语放到结构里识别；当研究句法结构和语义结构时，就会分别借助词语的句法功能类别和语义功能类别来分析或描写。句子的结构类型有自身的语用价值，一旦定型化，它反过来又制约着语用功能。宏观功能和结构的关系，人们认识上还不一致，至于宏观功能和结构的结合研究，则更不明确，所以下面讲贯彻结构和功能相结合的原则，重点要讲宏观功能和句子结构相结合。

（二）要以功能为主导，以结构为基础

在研究结构时，要以功能为主导，即把结构看作是语用功能决定的。语用功能引导结构的产生发展和变化，断代语法里句子的常规结构是历史上句子语用功能固定化的结果，历史语法里结构的变化是语言发展过程中句子语用功能演变的结果。所以在描写句子结构时，应给予功能上的解释：或是从交际功能来解释，或是从信息传递功能来解释，如语气（疑问、陈述等）、主题、述题、焦点、主动、被动、处置……；或是从认知功能来解释结构，如从认知心理角度来解释句子表达中的时间程序、空间位置、句法成分或语义成分的语法等级等等便是。

在研究语用功能时，应以结构为基础。由于任何语用功能都是附丽于一定的句子结构上的，所以研究语用功能离不开句子结构，即使是解释某个词语的语用功能，那也是句子结构中的动态词语，而不是孤立的、离开句子结构的静态词语（专表语用功能的词语例外）。所以当研究一个句子的语用功能时，应分析它的句法结构和语义结构，并在此基础上分析它的语用功能。

（三）要着重对具体句子进行"结构-功能"分析

（1）对一般常规句进行"结构-功能"分析。对一般的常规句分析时，特别要注意对一些语义结构相同而句法结构不同的句子进行功能

解释。例如:

① 台上坐着主席团。
② 主席团在台上坐着。
③ 主席团坐在台上。

这三句语义结构相同:"坐"表动作,"主席团"是"坐"的施事,"台上"是"坐"的处所。但这三句的句法结构不同,所以语用功能也就有差异:例①的主题是"台上",述题描记"台上"情状,焦点落在"主席团"上;例②的主题是"主席团",述题描记"主席团"的情状,焦点落在"坐着"上;例③的主题是"主席团",述题叙述"主席团"发出动作及其定位的处所,焦点落在"台上"。

(2)对特殊句进行"结构-功能"分析。特殊句是指常规句里的一些用得较少的特殊句子。例如:

① 这锅饭吃了十个人。
② 这一件衣服穿了三代人。
③ 一匹马骑了两个人。

一个句子如果既有施事又有受事,一般的规则是施事在动词之前,受事在动词之后(有时也可在动词之前)。但上面两例受事在动词之前,施事在动词之后,所以显得很特殊。这种"饭吃人""衣服穿人"结构的出现,应从功能上去解释:具有"供使"的语用意义(受事物供施事物使用),如例①有"这锅饭供十个人吃了"的意思。当然,这种句子在结构上也是有条件限制的:动词前面通常是"指量名"或"数量名"短语,动词后通常是"数量名"短语。

(3)对变式句进行"结构-功能"分析。变式句是指省略句和倒装句。例如:

① 苏小姐，你真用功！［你］学问那么好，［你］还成天看书。
② 问：你们的生肖属什么？答：他是［属］猪，我是［属］狗。
③ 怎么了，你？
④ 如果我能够，我要写下我的悔恨和悲哀，为子君，为自己。

例①②从结构上看是省略句，其中例①省略主语或主题，是承上省略；例②省略谓语中心语，是对话语境省略。省略句省略的都是旧信息。造成省略的原因是语用需求，即为求言语精练。例③④从结构上看是倒装句，其中例③主语和谓语倒装，在语用上表示急于要知道新信息；例④状语和中心语倒装，在语用上是急于说出主要信息，然后追补附加信息。

（四）要对句子的合格度进行"结构-功能"分析

分析一个句子在语法上合格不合格，也要把结构和功能结合起来。语法病句究竟"病"在结构上还是"病"在功能上，要具体情况作具体分析。有的句子不合格是出在结构上，例如：

① 参加这次会议，我感到非常荣誉和高兴。
② 我愿望我们之间能成为知心朋友。
③ 在海滩上，人们尽情地呼吸着海水、阳光和新鲜空气。

例①②的病根是在句法结构上，其中例①中的"非常荣誉"不能成立，是因为违反了副词不能修饰名词的句法规则；例②中的"愿望"是个名词，后边带上了宾语，违反了名词不能带宾语的句法规则。例③的病根是在语义结构上："海水"和"阳光"不是气体，"呼吸海水、阳光"这样的语义结构不能成立，这是违反了语义搭配规则。有的句子语法上不合格不是出在句法结构或语义结构上，而是出在语用功

能上。例如:

① 北方能大量种水稻吗?
② 严禁养鸡鸭,养者即杀掉。

① 是一篇文章的标题句。文章以具体事实说明北方能大量种水稻,驳斥了某些人认为北方不能大量种水稻的观点;② 是一个标语句(贴在墙上的标语。意思是"严禁养鸡鸭,已养的鸡鸭要马上杀掉")。例 ①② 孤立地看,句法结构和语义结构都没问题,但在上面的语境里,从语用上分析则都是病句。其中例① 如果改成反问句"北方不能大量种水稻吗"就没问题了,例② 本意是要求"杀掉鸡鸭",但这句里的"养者"是施事,那就表示要立即杀掉养鸡鸭的人,是语用上主题安排不当。总之,评判一个具体的、动态的句子在语法上合格不合格,要既看句法结构、语义结构,还要看语用功能。

论语法研究中描写和解释相结合的原则

一、描写和解释

(一)语法研究的目的

就语法研究的目的(或目标,或任务)而言,有的语法学旨在对语法进行描写,有的语法学旨在对语法进行解释。前者被称为"描写语法学",后者被称为"解释语法学"。描写语法学侧重对某种语言的语法现象进行客观的记录,描述其语法单位或结构的类别、格式以及规则,目的是构建体系(某个族语特定时代的语法系统)以服务于语言教学;解释语法学的志趣不是构建某种语言的共时性语法体系,而侧重通过跨语言的观察比较来阐释语法现象存在或变异的普遍性理据。一般认为,结构主义语法和传统语法属于描写语法学,生成语法(也称"形式主义语法")和功能主义语法属于解释语法学。[①]本文认为:从语法学的整体上说,语法研究既应重视描写,也应重视解释;但从语法学的局部研究上说,语法研究可根据不同的目的而有所侧重:有的(如描写语法、教学语法)以描写为主要目的,有的(如某些强调"解释"的理论

---

① 结构主义语法比较强调"描写",特别是美国的"描写语言学"学派,更明确宣称对语法进行描写是其目标。以描写为主的传统教学语法虽不是严格意义的描写语法,但本质上也可归入描写语法。生成语法和功能主义语法都宣称自己是语言学中的"解释派"。

语法)以解释为主要目的；有的二者并重,既有细致充分的描写,也有合理和充足的解释。很难说哪种语法研究是"最高目标"或"最终目标",不同目的或目标的语法研究都是重要的,没有什么高低之别。

当前语法学界有一些似是而非的说法,有说"语法研究的最高目标"是解释,有说"语法研究的最终目标"是解释,有说"语法研究的最高境界"是解释,有说"语法研究的最高层次"是解释。这些说法显然是拔高解释贬低描写。语法研究中的描写和解释各有自己的目的(或目标、任务),从语法研究整体上说,二者都需要、都重要,所以在语法研究中很难说哪种研究是"最高目标"或"最终目标",很难说哪个层次高哪个层次低;如果厚此薄彼,会起误导的作用。其实无论是描写还是解释,从根本上说都是为了语法的"理解"和"应用"。笔者认为语法研究中描写和解释是相辅相成的,不应该把所有语法研究都归属于非此即彼(要么是"描写",要么是"解释")的两大类或两大派,笔者认为除了这两大类研究外,也可有既是描写性的又是解释性的、分不清倾向性的语法研究。

(二)描写和解释的关系

因研究的目的不同,语法研究有偏重于描写的,也有偏重于解释的,这本来无非议;但实际上没有也不大可能离开彼此,完全做到单纯的描写或单纯的解释,这是因为描写和解释关系紧密、互相依赖。这表现在:

1、描写须以解释为前提

语法学家要描写语言事实,总是要有一种解释语言的理论指导,比如汉语语法教材,都是在描写汉语语法具体事实所获得成果的基础上综合而成的汉语语法体系,但不同的语法教材所描写的语法体系并不完全一样:有的是在传统语法理论指导下编写的汉语语法,有的是在结构主义理论指导下编写出的汉语语法。前者偏重于句法结构的成分分析的描写,后者偏重于句法结构的层次分析。可见在语法研究中,语法学家以何种方法来描写语法,总是有某种语法理论指导的。而指导描写的理论,本质上都是一种解释语法事实的理论。可见描写须以解释为前提。

2、解释须以描写为基础

任何对语法现象或语法规律的解释,总是在描写的基础上进行的。这是因为:第一,没有描写,哪来解释? 如果不对语法事实或现象先进行描写,解释就没有了对象,也就成为空中楼阁;第二,如果没有或缺乏对语言事实广泛的、深入的、充分的描写,也就不可能有广泛的、深入的、充分的解释,这样的解释也就没有说服力。事实是,那些强调解释的语法学家所提出的解释理论,也是在描写的基础上进行的,他们一方面有自己的对一些语法事实的挖掘和描写,另一方面也有很多是在对传统语法和结构主义语法已有的描写的成果基础上拓展开来的。

(三)描写和解释相结合,是语法研究的方法论原则

描写和解释相结合,是语法研究的方法论原则。所谓"描写",是指从具体的语法现象里抽象概括出语法的规律或规则;所谓"解释"是指对已找出的语法规律作出合理的解释,使人不仅知其然,还要知其所以然。一般地说,描写是解释的基础,任何对语法范畴或语法现象的解释都得在描写的基础上进行,解释是否充分合理也依赖于描写是否充分细致;理论也能指导描写,有效的、合理的解释也有助于规律的描写。可见描写和解释是互相依赖和交互促进的。因此,在语法研究中既要重视描写,也要重视解释,要坚持描写和解释相结合的方法论原则。

描写和解释相结合这条原则可涵盖三个方面:一是从语法学的整体上说,既要重视以描写为主的描写语法学,也要重视以解释为主的解释语法学；二是描写语法学不能以单纯描写为满足，应对描写的内容作出适当的解释；解释语法学不应从理论到理论、为解释而解释，应在描写的基础上进行解释；三是在专门研究某个语法范畴或某种语法现象时，主张贯彻描写和解释相结合的原则，即既要在发掘大量事实的基础上充分地、细密地描写其类别、格式、规则，又应对描写出的类别、格式、规则等进行充足的、合理的解释（这种解释可以是共性的，也可以是个性的）。传统语法和结构主义语法理论指导下的教学语法研究和一般的语法教科书大多着重于描写，某些理论语法（如"生成语法"和"认知语法"）着重于解释。对于描写，学界已有共识，但对于解释则有些争议。下面着重探讨语法研究中的解释问题。

二、语法学中"解释"的含义

（一）语法研究中的两类"解释"

语法研究中的"解释"可分为两类："狭义解释"和"广义解释"。

1."狭义解释"

狭义解释是指狭义理解的解释。这种解释目的是探索语法现象成因的共性（或"普遍性"），以建立一种在理论上能最大限度地解释语法现象的解释模型。其基本方法是采用演绎法，或用理论假设来解释语法事实，或用语法事实来验证和完善理论。这种语法研究称为"解释语法（学）"，从事于解释语法研究的学派称之为"解释（学）派"。生成语法和功能主义语法（包括认知语法）在当代语法研究中是狭义解释的代表，两派的区别是：生成语法主张通过解释来寻求人类利用有限的内部规则生成无限句子的语言能力，以建立一个关于人类语言知识或能力的普遍性的解释理论，认为语言是自主自足的结构系统，强调从语法结构内部去寻找解释,通常称为"内部解释派"。功能主义语法主张通过解释来寻求各种语法现象赖以存在的共同的外部功能(包括表达功能、交际功能、认知功能等[①]),以建立一个一切语法现象成因都决定于功能的普遍性的解释理论,认为语法结构不是自主自足的,要受外部功能的影响或制约,强调从语言外部去寻找解释,通常称为"外部解释派"。

2、"广义解释"

广义解释是指广义理解的解释,也就是"狭义解释+其他解释"。语法研究中的"其他解释"内容很多,如对语法"合格度"理由的说明,对影响语法现象的特殊原因的阐明,对歧义结构产生的原因和消除歧义的方法的说明,对违背正规的语序格式或超常的词语搭配的"偏离理由"的说明,对常见语法错误(包括非母语学习者的语法偏误)原因的分析阐明,甚至对各种语法范畴或概念含义的说明,以及对语法单位或语法结构的分类体系和各种语法格式或语法规则等的分析阐明,都可看作解释。由此看来,只要在语法研究中回答"为什么""为什么是这样的"等问题的都可以看作解释性的;即使是回答"是什么"的问题的,其中有些说明也可以广义地看作解释。尽管有些解释不是当今解释派所提倡的解释,但从广义解释角度看,也不能说不是解释。

"狭义解释"和狭义解释之外的"其他解释"都是需要的,前者偏重于建立语法背后动因的共性解释理论,后者偏重于对描写出的一些语法现象作出就事论事的个性解释;但两者有时"你中有我我中有你"。有些语法现象可能从这一理论或这一角度去解释比较合适,而某些语法现象可能从另一理论或另一角度更合适,没有哪种狭义的解释理论能解释所有语法现象,所以需要提倡对语法现象进行广义解释。

---

① 认知语法和类型学通常归入功能主义语法,也属于解释派。

窄化"解释"并拔高狭义解释必然会忽略其他解释,并削弱描写语法和教学语法。

(二)描写语法里的解释

语法描写要说明"是这样的"(即所谓"知其然"),语法解释要说明"为什么是这样的"(即所谓"知其所以然"),可见解释是描写的升华,只有进行解释,才能更深刻地理解所描写的语法现象。因此描写语法学、描写性的教学语法也需要有一定的解释。

事实上,以描写为主要目标的传统语法或结构主义语法在描写语法现象时,也常伴随有对语法现象的解释:有从句法上解释的,如:为什么"大房子"可以说而"很房子"不可以说,可解释为由词语间句法上的选择性(能否结合)决定的;为什么"他一个字都不认识、我什么都不知道"的宾语置于动词之前?可解释为由汉语句法的强制性决定的。有从事理、逻辑或语义上解释的,如为什么"他吃饭"可以说,而"饭吃他"不可以说,原因可解释为是事理、逻辑和语义决定的。有从语用上解释的,如为什么有的成分在句子里可以"省略"和"移位",原因可解释为:"省略"旨在语用表达的"简洁""省力","移位"旨在语用表达的强调或突出;再如有一些动态的具体句(如:"他是一个年轻的老人""这孩子是一个父母双全的孤儿""我比你尖"[①]等)孤立地看似乎不合事理或不合逻辑的,为什么能成立?原因可解释为适合于一定语境里语用表达的需要。有的解释还涉及"心理""信息"等因素,如吕叔湘《从主语、宾语的分别谈国语句子的分析》在描写主宾语和主谓结构时说:"拿施事做主语,受事做宾语,是有很强的心理根据的……";又说:"汉语中的主谓结构反映着人们说话的由'熟'而

[①] 意思是"我的铅笔比你的尖"。引自赵元任《汉语口语语法》(吕叔湘译本)第45页,商务印书馆,1979年。

及'生'……已知的先浮现,新知的跟着来",并指出这是"遵从某一种语言心理的指示"。①这是从语义、心理、信息的制约角度进行解释的。朱德熙《语法讲义》(这是一本用结构主义理论对现代汉语语法进行描写的著作)在说到"受事主语、与事主语和工具主语"时,指出主语为与事或工具时,施事有的可省略,有的不能省略(省略了与原义不符);他解释其原因是:与事往往指人,省略施事会产生歧义;工具多半指物,省略施事一般不至于引起歧义。②这是从语义方面解释句法结构产生歧义的原因。在传统语法和结构主义语法理论指导下编写的语法教材里,有一些对描写出的语法现象或规则所作的伴随性的说明实际上都是就事论事的解释,而并不是为了寻找语法现象成因解释的共性理据。

(三)汉语语法需要加强解释性研究

我国语法学以往比较重视描写性研究,现在要加强解释性研究是完全必要的。这个"加强"包括两个方面:一是要加强狭义解释,建立和发展以研究语法现象成因的共性理据为目标的"解释语法学";二是要加强描写性语法研究中的广义解释。近年来语法学界已加强了狭义解释,做了大量的工作,取得了很大的成绩。但现在有些学者一谈到解释,往往和狭义解释挂钩,似乎除了生成语法、功能主义语法的解释外就没有其他的解释。学界对"描写语法学"里有没有或要不要解释以及有没有狭义解释之外的其他解释等问题缺乏讨论。本文认为描写性语法研究中也需要加强解释,特别是广义解释。

20世纪80年代以前,我国的描写性语法虽在描写的同时也有一些

---

① 吕叔湘《从主语、宾语的分别谈国语句子的分析》,《开明书店二十周年纪念文集》,开明书店,1946年。

② 参看朱德熙《语法讲义》第99—100页,商务印书馆,1982年。

解释；但总的来说，解释还是不够的。这种不够表现在：一是某些伴随性的解释还是零星的、不自觉的、不充分的；二是个性解释较多，缺乏共性解释；三是对句法现象作出解释的多，忽视对语义和语用的描写作出解释。近十几年来描写性研究中的解释虽已有所改善，但也还需要在继续深挖事实和完善描写（包括句法、语义、语用的描写）的基础上加强解释。

描写语法、教学语法要加强解释性，应当根据教学的需要自觉地、深入地在描写的基础上多问几个"为什么"。在描写基础上加强解释性，会有助于描写出来的各种语法格式、规则，更好地为语言教学服务。用狭义解释的理论来编写教学语法教材和构建某种族语的语法体系显然是不可取的；但在教学语法里对某些语法现象的解释可以适当吸收"狭义解释"里的有些合理的理论；更应该注意和重视语法现象解释的多样性，即有意识地加强广义解释，特别是狭义解释之外的一些解释。

三、语法学中解释的多样性

从广义解释角度看，语法的解释既有共性也有个性，既有外因也有内因，因此要加强描写语法的解释性，就要探讨制约或影响语法现象成因的多样性。下面谈谈多样性的解释（对各种语法现象的成因简单列举，有些原因是交叉的，也还有遗漏的，这里只提供概要的说明）。

（一）有些可从句法上找原因

有些语法现象由句法原因造成，就得从句法上作出解释。[1] 如语法

---

[1] 结构主义语法多从句法上找原因。生成语法的解释也多是从句法上找原因，如反身代词句法位置的变异用句法管辖论解释；不过生成语法所说的"句法"范围很广，有些语义的和语用的问题也被说成是句法。

中名词、动词、形容词等词类的区分,是由词在句法结构里的句法功能决定的,就是一种句法解释。[①]句法格式引起词的语义变化也是一种句法解释,如汉语形容词在句中有时会产生"使动"意义,在"文化活动丰富了大家的业余生活"(使大家的业余生活丰富了)、"泪水模糊了她的眼睛"(使她的眼睛模糊了)中的形容词"丰富""模糊"等有使动意义,显然是由句法格式决定的,原因在于:第一,形容词一般不能带宾语,而这些形容词在句法上带上了宾语;第二,上述句式都可变换成表"致使"意义的"使"字句。这两个句法条件决定形容词产生使动意义。又如"阳台上放着几盆花""墙上挂着一幅画"里,为什么其中的动作动词"放""挂"等有"状态"义?显然也是由句法格式决定的:在"V着"式存在句里,句法格式决定了动作动词必然状态化(动作转变为状态)。

(二)有些可从语义上找原因

有些语法现象由语义原因造成,就得从语义上作出解释。如为什么"昨天他从太原来"句的主语是"他"而不是"昨天"?这是语义决定的:汉语句法里的主语在语义上必是谓词所联系的强制性语义成分(动元),[②]"他"是谓语动词"来"所联系的动元,而"昨天"则是"来"的非强制性语义成分(状元)。又如汉语中为什么能说"很白",却不能说"很雪白"?这是因为"白"跟"雪白"虽句法性质相同(都是形容词),但语义特征不同:"白"的语义特征是[+性质],"雪白"的语义特征是[-状态],这表明形容词前能否加程度副词取决于该形容词

[①] 尽管这种词类区分背后有概念或语义作为基础,但区分词类的直接根据或标准是词的句法功能。

[②] 参看范晓《汉语句法结构中的主语》,《语言研究的新思路》,上海教育出版社,1998年。

的语义特征。再如"我们打败了敌人""我们打胜了敌人"这两句句法结构相同,但变换式不同,前者可变换成把字句(我们把敌人打败了)和被字句(敌人被我们打败了),后者却不能变换成把字句(*我们把敌人打胜了)和被字句(*敌人被我们打胜了)。为什么?原因就在于动词后的补语语义指向不同,前者动词后补语"败"在语义上指向宾语"敌人"(敌人败),后者动词后补语"胜"在语义上指向主语"我们"(我们胜)。

(三)有些可从语用上找原因

有些语法现象由语用原因造成,就得从语用上作出解释。比如汉语句法的静态规则是主语在谓语之前、定语和状语在中心语之前,但动态句子存在着"主在谓后""状在心后""定在心后"这样一些违背句法基本规则的现象(即倒装的变式句)。为什么?这是因为在动态的句子里颠倒句法的基本语序,是语用表达的需要,是为了着意强调或突显倒装句里在前的成分。又如"我们打败了敌人""我们把敌人打败了""敌人被我们打败了"这三个句子,语义结构(动核结构)和基本意思都是一样的,为什么却要用三种不同的句式?又在什么情况下该用什么句式?要回答这个问题,也要从语用角度进行解释,因为同一动核结构所表示的不同的句式各有特定的语用价值,它们适用于一定的表达需求和语境。也就是说,语用表达的需求控制着动核结构、名核结构的组织和安排以及句式的选择。[1] 语法分析中的主题、述题、焦点、语气、口气等的意义,也是需从语用角度解释的。通常所说的"功能解释"[2],实际上也是一种语用解释。

---

[1] 参看范晓《动词的配价与句子的生成》,《汉语学习》1996年第1期。
[2] 关于功能解释,可参看张伯江、方梅《汉语功能语法研究》,江西教育出版社,1996年。

(四) 有些可从客观事实上找原因

有些语法现象由客观事实原因造成,[①]就得从事实上作出解释。客观上不存在的事实,语法中一般不可能得到显映,如为什么"母亲的回忆"有歧义,而"故乡的回忆"没有歧义？这是因为客观事实是："回忆"是一种人的心理行为,在"母亲"发出"回忆某人或某事"的心理行为下,"母亲的回忆"是主谓结构；在"孩子"发出"回忆母亲"的心理行为下,"母亲的回忆"是动宾结构。而"故乡"本身不能发出"回忆"的心理行为,而只能"被回忆"。又如"名+动"和"形+名"在句法上分别能构成动宾短语和定心短语,但符合句法结合功能条件的"名+动"和"形+名"并不都能分别构成动宾短语和定心短语:可说"牛死、鸟死"和"甜的糕、咸的饼",却不能说"电灯死、石头死"和"甜的星、咸的月亮"。为什么？这是因为构成句法结构体还要看词语间语义搭配的可能性,而语义搭配的可能性又取决于是否合乎客观事实。

(五) 有些可从认知上找原因

有些语法现象由认知上的原因造成,就得从认知上作出解释。[②]如很多空间词语("前、后、上、下"之类)常用来表示时间,可用认知隐喻来解释,因为心理认知可联想,使空间域向时间域转移,在语言里就用空间词隐喻并引申到表示时间。汉语语法中单句的连谓(顺递)式和复句的连贯式,反映了认知上的时间顺序。不同语言在认知上有共性也有个性,不同族语语法上的差异往往是操不同族语的民族认知方

[①] 这里所说的"客观事实",也可称作"事理",指客观事物或事件的本相。参看范晓《关于句子合语法和不合语法问题》,《中国语文》1993 年第 5 期。

[②] 参看戴浩一《时间顺序和汉语的语序》,《国外语言学》1988 年第 1 期；《以认知为基础的汉语功能语法刍议》(上、下),《国外语言学》1990 年第 4 期—1991 年第 1 期；戴浩一、薛凤生主编《功能主义与汉语语法》,北京语言学院出版社,1994 年。

式差别的反映,如句法结构语序的差异(动宾结构有的语言是"宾+动",而有的是"动+宾";定语的位置有的前置,有的后置,有的两种位置并存),句子主语省略的差异(有的语言很少省略,有的语言在上下文里主语多省略),表示语法意义的语法形式的差异(有的由丰富的形态变化表示,有的则主要用语序、虚词表示),时间、处所的编码顺序差异(有的从小到大,有的从大到小)等,这些也可从民族的心理认知特点去进行解释。

(六)有些可从逻辑上找原因

有些语法现象由思维逻辑原因造成,就得从逻辑上作出解释。[①] 亚里士多德认为句子的结构规则和逻辑判断相对应,根据逻辑判断中的主词(subject)和它的宾词(predicate)建立了语法上的主谓结构:主词反映语法的主语(subject),宾词反映语法的谓语(predicate)。这也从一个侧面表明语法结构与逻辑有关。语法中的词语、句子和概念、判断、推理跟思维逻辑有联系。如名词、动词等的分类是根据词的句法功能,而词的概念意义是词的句法分类的基础,如"牛、鸟、人"等概念的基础是实实在在的事物,影响到这些词的句法功能是名词性的。又如"他喝水"可说,"他喝石头"不可说。为什么?可从语义上解释说,"语义上不能搭配"。如果要再追问:为什么语义上不能搭配?也可用逻辑进行解释,大前提:凡"液体"人可喝;小前提:石头不是液体;结论:所以人不可喝石头。又如汉语里的连贯复句、因果复句、假设复句等,都跟逻辑中的判断、推理有密切的关系。语法上的很多病句是违反思维逻辑造成的。

[①] 这里的逻辑特指思维中的形式逻辑。这种逻辑和客观事实有联系:事实是逻辑思维的基础,因此尽管逻辑和客观事实属于不同的领域,但逻辑解释一般情况下也适用于用更深层次的客观事实来解释。

(七)有些可从历史上找原因

有些语法现象由历史原因造成,就得从历时的角度作出解释。语法现象的产生和变化是有个历史发展过程的,所以很多共时的语法现象只有从历时演变才能得到解释。历史语法的目标就是要揭示语法演变的规律。研究"语法化"虽涉及语用功能,也须从历史角度去解释。[①]如现代汉语的介词是如何从古代汉语动词演化过来的?为什么有的("以、自、从、于、把、被"等)虚化程度高,有的("在、到、用、跟、比"等)虚化程度低?又如汉语的"把"字句、"被"字句是怎样产生的?何时产生的?在各个历史阶段是怎样逐步发展演变的?这都需要从历史角度来解释。再如现代汉语里的定心结构一般用结构助词"的",为什么有的用"之"(如"光荣之家、有识之士、所到之处、鱼米之乡"等)?这也只能从历史角度解释:这是古代汉语的遗留格式。另外,历史比较语言学通过亲属语言比较所作的解释,一般认为是从历史角度进行解释的。

(八)有些可从语言接触上找原因

有些语法现象由语言接触造成,就得从语言接触上作出解释。汉语语法受到外族语影响和共同语语法受到方言影响,就是语言接触的结果。如现代汉语语法里受印欧语语法的影响而产生的一些所谓"欧化语法"现象(后缀或类后缀的大量涌现,谓词名物化的增多,"被"字句表义的某些变化,定语长度和复杂度增加,"虽然、假如、既然、因为"等构成的连词分句的倒置),[②]还如元明时期阿尔泰语对汉语语法的

[①] 参看石毓智、李讷《汉语语法化的历程——形态句法发展的动因和机制》,北京大学出版社,2001年;吴福祥主编《汉语语法化研究》,商务印书馆,2005年。

[②] 参看王力《中国现代语法》第六章《欧化的语法》,商务印书馆,1985年;谢耀基《汉语语法欧化综述》,《语文研究》2001年第1期;顾百里《白话文欧化语法之研究》,台湾学生书局,2005年;薛才德《语言接触与语言比较》,学林出版社,2007年。

影响（如特殊判断句句式的出现），[①]都可从语言接触方面得到解释。方言接触也会对共同语或另一方言的语法产生影响，如吴语里的"拨"字句、"V脱勒"句对普通话"给"字句和"V掉了"句的影响；北方方言与南方少数民族语言接触交融而形成客家话语法；广东话和闽南话的语法对海外华语共同语的影响等，也都可从语言接触角度作出解释的。

（九）有些可从社会文化方面找原因

有些语法现象由社会文化方面的原因造成，就得从社会文化方面作出解释。如语言里的招呼、问候、致谢、致歉、告别、称呼、询问、请求、邀请等的用语和语法格式一般都受民族文化中的习俗和礼仪的影响（日语语法中有大量的敬语标记，反映了日语重视尊卑关系的社会文化传统就是一例）。佛教文化对汉语语法也有一定影响，如我国魏晋时佛经译文里的语法格式对汉语书面语的句式有相当的影响：判断句普遍使用系词"是"来连接主宾语，逐渐取代了上古的"……者……也"的句式；句末语气词"也""矣""耳""焉"等逐渐消失；被字句结构趋于复杂化；"把"字句的出现和普及等。[②]

（十）有些可从词汇上找原因

有些语法现象由词汇造成，就得从词汇上作出解释。如为什么吴语能说"吃饭、吃水、吃茶、吃烟"等，而以北方方言为基础的普通话却只能说"吃饭"，不能说"吃水、吃茶、吃烟"？这是因为在吴语和普通话的词汇里，"吃"这个词的词汇意义的内涵和外延不一样，就导致动

[①] 参看江蓝生《语言接触与元明时期的特殊判断句》，《语言学论丛》第28辑，商务印书馆，2003年。

[②] 参看萧国政《文化对语法的影响》，《黄冈师范学院学报》1999年第2期；沈锡伦《从魏晋以后汉语句式的变化看佛教文化的影响》，《中国传统文化和语言》，上海教育出版社，2004年。

宾搭配上的差异。词汇意义会影响词的语义分类，像动词的"价"分类就受到动词词汇意义义项的制约（如"吹"在"合拢嘴唇用力出气"这个义项里具有动作性、二价性，在"［事情、交情］破裂、不成功"这个义项里具有状态性、一价性），一个动词的不同的义项规定了一个词可能有的不同的语义特征，并决定了与之搭配的动元数量、语义角色，甚至影响到它能组成何种句式。

（十一）有些可从语音、文字上找原因

有些语法现象跟语音有关，就得从语音上作出解释。如古汉语遗留在现代汉语里的定心结构"X之N"格式一般不能任意代替"X的N"格式（如"光荣之家、鱼米之乡"不能说成"光荣的家、鱼米的乡"），为什么？这一方面可从历史角度解释（古代汉语的遗留格式），另一方面也可从词的音节上找原因："X之N"中的N一般是单音节的，而"X的N"中的N一般是多音节的。又如汉语里可说"开垦荒地""开垦土地"，但不能说"开垦土""开垦地"，既然句法结合和语义搭配都不成问题，为什么不可说？这也要从语音上作出解释，因为汉语的词语搭配往往受语音节律的制约；另外语音的轻重、语调、声调、停顿都可以影响语法，这些都是从语音上解释语法现象。[①]

有些语法现象跟文字有关，就得从文字上作出解释。汉字与音节对应（一字一音节），所以可说是音节字；汉字是音义结合体，大体上对应于语法里的语素，所以也可说是语素字。作为音节词、语素字的汉字影响到语法（特别是书面语语法）里的词语搭配乃至句法格式、语用形式等诸多方面。如短语的缩略，表句法关系的"的"和"地"的分工，词语搭配的韵律节奏，成语的"四字格"化，对偶句、回文句等格式的运

---

① 参看吕叔湘《现代汉语单双音节问题初探》，《中国语文》1963年第1期；叶军《汉语语句韵律的语法功能》，华东师范大学出版社，2001年。

用,文言语法的长期存在与当今书面语里文言词语和句式仍有使用等,这些都和汉语方块汉字有密切关系。近年来有些学者提倡汉语的"字本位"语法,尽管这个理论有问题,但就他们论及字(语素)在汉语语法中的作用来看,也多少说明了汉字作为语素字对汉语语法的影响。

(十二)有些可从多方面找原因

有些语法现象由多种原因造成,就得从多方面作出解释。如歧义结构产生的原因涉及多方面的因素:有的是词的多义引起的,如"那商店已经关门了";有的是词语之间的句法关系不同引起的,如"学生家长都到齐了";有的是句中词语之间的语义关系差异引起的,如"母亲的回忆";有的是结构切分的层次关系不同引起的,如"咬死了猎人的狗";有的是句中词语的语音节律差别引起的,如"我想起来了";有的是同一词语或同一串词语所处的语境不同引起的,如"给我打个电话",等等。上述歧义结构都是从孤立的多义结构体分析出来的,一旦进入语境,歧义或多义都可消除。

四、语法现象成因的哲学解释

探讨语法现象成因的共性理论,当前不外乎两种观点:一种是生成语法的"管辖论",强调句法内部成分的互相制约是语法现象成因的共性;一种是功能语法的"功能论",强调外部功能是语法现象成因的共性。本文试图在句子的生成、理解以及影响语法的外因和内因等方面从哲学角度来讨论语法现象成因的共性解释。

(一)从生成角度解释语法

句子的生成可从"静态生成"和"动态生成"两个方面来解释。

1、静态生成

静态生成是离开客观现实的一种生成，生成的句子是脱离语境的孤立句。这种生成是语义制约句法，是语义映射到句法，即利用已有的静态语法知识从隐层（深层）的语义结构生成为显层（表层）的句法结构。生成过程是由动核结构映射为句法结构的过程：动核结构生成句子时，要抓住动核，确定动元，就能组成一个"句型-句模"结合体（句干），[1] 再加上某种语用成分并作出语用选择就可生成一定的"句法-语义"格式（如动核结构"动核+施事+受事"在汉语里根据现成的静态语法规则可生成"名施+动+名受""名施+把名受+动""名受+被+名施+动"句式）和表达类（如"陈述句""疑问句""祈使句"等等）。[2]

2、动态生成

动态生成是为表达现实中某个事件的一种生成，生成的句子是具体语境句。[3] 这种生成是客观事件通过认知和思维[4]折射到语法。表达的某个事实（一个事件或多个事件）是客观的；人们反映和认识客观事实的认知和思维是主观的；主观的认知和思维映射到语法时，是根据"表达需求和语境"（也可说"题旨情境"）[5] 并运用静态语法知识（"句法、语义、语用"的静态规则）来选择并生成一定的句式和表达类型的。

---

[1] 关于"句干"，参看范晓《句型、句模和句类》，《语法研究和探索》（七），商务印书馆，1995年；《略说句系学》，《汉语学习》1999年第6期。

[2] 参看范晓《动词的配价与句子的生成》，《汉语学习》1996年第1期。

[3] 关于孤立句和语境句，参看范晓《语境句和孤立句》，《语言文字学研究》，中国社会科学出版社，2005年。

[4] 认知和思维（包括抽象思维和形象思维）的关系是彼此交叉的，它们都是人脑反映和认识客观世界的一种活动。它们在主观反映客观事件和生成句子的过程中是互相联系着发挥作用的。

[5] 语法上说的"表达需求和语境"相当于修辞学所说的"题旨情境"。参看范晓《修辞要讲究题旨情境》，《〈修辞学发凡〉与中国修辞学》，复旦大学出版社，1983年。

生成过程是客观事件到具体句语法的过程，可表述为：

客观事件→认知和思维→表达需求和语境→具体句

可见，动态生成是在客观事件主观化的作用下根据表达需求和语境并利用静态生成的已有知识而实现的一种生成。从客观存在的事件出发到最后形成带有主观性的句子的过程中，认知和思维跟客观事实的结合对生成句子起决定作用；语义映照"认知和思维"并与句法对接结合成表里相依的句干；表达需求和语境对成分搭配中词语的选择和承载认知、思维、表达需求的句法格式以及表达类型的选择起控制作用。如以"张三喝酒，（使）张三醉了"这个客观事实为例，这个事实在认知和思维的作用下体现为逻辑上的两个命题，语义上则反映为两个动核结构："施事+动核+受事"（张三喝酒）和"系事+动核"（张三醉）。人们可根据表达需求和语境，并运用静态的语法知识来选择某种句式（如："张三喝醉酒了""张三喝酒喝醉了""张三醉了""这酒把张三喝醉了"等）或某种表达类型（如"陈述句""疑问句""祈使句"等等）。这表明，主观的认知、思维与客观事件相结合是具体句生成的基础，对生成句子有决定性；语义对事件、认知、思维有映照性，对句法有制约性；句法对语义有示现性，对语用有载体性；表达需求和语境对选择何种"句法-语义"格式和语用表达类型有控制性。

（二）从理解角度解释语法

从理解角度来解释一个具体句，正好与动态生成句子相反。理解过程是从语法（句法、语义、语用）经过认知、思维到客观事件的过程：先从句法入手，深入挖掘语义，再分析语用，然后追溯到认知、思维乃至客观事件。可表述为：

具体句(句法→语义→语用)→认知和思维→客观事件

试以"一锅饭吃了十个人""这锅饭吃了十个人"这类句子从理解角度进行解释。

从句法入手解释:这类句子主宾语一般是数量名或指量名短语,与动词一起构成"(指)数量名+动词+(指)数量名"式的主动宾句型。如果不符合这个条件,一般不能成立。例如:

*人吃了一锅饭→*一锅饭吃了人(施事无数量或指量)
?十个人吃了饭→*饭吃了十个人(受事无数量或指量)

透过句法从语义上解释,可析出这类句子的语义条件有三个:一是动词"吃"表动作,主宾语和该动作有施受关系("饭"是受事,"人"是施事);二是施事一般为"有生"的,受事一般为"无生"的;三是"一锅饭吃了十个人"和"十个人吃了一锅饭"(或"这锅饭吃了十个人"和"十个人吃了这锅饭")句式不同,但动核结构相同(都是"吃"为动核,"人"为施事,"饭"为受事),所以可以互相变换。这种句式可记作:"(指)数量名$_{无生受事}$+动+(指)数量名$_{有生施事}$"。① 如果违反这些语义条件,或者句子不能成立,或者句子的意思发生变化。下面的句子都不属于这种句式:

两个人抢一个苹果。→*一个苹果抢两个人。("苹果"不是施事,后句不能成立)
十个人有一本书。→*一本书有十个人。(名词跟动词"有"无施受关系)
一只狗咬了三只猫。→?三只猫咬了一只狗。(施事受事都是有生的,变换后意思变化)

---

① 参看范晓《施事宾语句》,《世界汉语教学》1989年第1期。

三块钱买了五斤苹果。→? 五斤苹果买了三块钱。(两句都无施事,变换后不能成立)

从语用上解释,这类句子表示"供/让"的语用意义,所以称作"供让句"。可通过能否变换成"受事+供/让+施事+V"式来验证。比较:

① a. 一锅米饭吃了十个人。→ b. 一锅米饭供/让十个人吃了。

② a. 一车货物送了十个人。→ b.* 一车货物供/让十个人送了。

①a 和②a "句法-语义"结构相同;但①a 能变换成①b 是供让句,②a 不能变换成②b 就不是供让句。说话时选择①a 这种供让句,是根据语用表达的需要。

然后可从客观事实、认知、思维角度作解释。这种句子可颠倒或变换结构形式而基本事实或基本意义不变,如"一锅饭吃了十个人"可变换成"十个人吃了一锅饭",颠倒变换后命题意义不变、认知完形(映象)和客观事实不变。下面的句子变换后客观事实和基本意义变了,就不是供让句:

① 两张羊皮买了五个人。→五个人买了两张羊皮。

② 这本书写了三个人。→三个人写了这本书。

(三)从内因和外因角度解释语法

上面列举了影响语法现象的多种因素,概括起来可分为两种:内因和外因。对某个族语语法而言,客观事实、认知、逻辑、语言接触、社会文化、历时演变属于外因,语用表达需求、语境、词汇、语音、文字对静态语法而言也属于外因;① 族语语法内部静态的句法、语义、语用是内因。对外因和内因的各种因素既可分别解释,也可串合起来作综合性的解释。

　　语法现象的产生和变化,外因是动力,内因是条件,外因通过内因才起作用。如汉语里的所谓"欧化"语法现象,它的外因是语言接触的影响,这种外因要受到汉语自身语法规则的制约,如英语中的定语从句影响到汉语长定语现象正是服从了汉语定语在前的规则。又如元明时出现的特殊判断句,直接动因是阿尔泰语的影响,但由于它与汉语语法不相容,就无法融入汉语语法而逐渐被淘汰。② 再如句子的动态生成,就是在语法的外部因素客观事件和主观的认知、思维相结合的推动下,在外部因素表达需求和语境的控制下,根据语法自身的内部因素(静态的"句法、语义、语用"机制),来随宜选择某种句式和表达类型的。

---

　　① 要把外部的动态语用表达需求和内部的静态语用规则区别开来,动态的语用表达需求(如"语气、口气、语态、主题和焦点的选择"等)属于题旨情境,是控制选择某种具有一定语用价值的句式或表达类型的直接外因。可参看范晓《语用的动态分析和静态分析》,《语言科学》2006 年 1 月(第 5 卷 1 期)。"词汇、语音、文字",虽是语言的内部因素,但对语法而言也属外因。

　　② 参看江蓝生《语言接触与元明时期的特殊判断句》,《语言学论丛》第 28 辑,商务印书馆,2003 年。

语法研究中的十大关系

在语法研究中,要不走或少走弯路,就必须正确理解和处理方方面面的关系。这里着重讲十种关系,就称之为"十大关系"。

一、形式和意义

这里所说的形式是指语法形式,这里所说的意义是指语法意义。在语法研究中,曾出现过两种倾向:一种偏重于意义,一种偏重于形式。就以主宾语来说,偏重于意义的从施受关系着眼,认为施事是主语,受事是宾语,这在"他关上了大门"这样的句子里没有问题,但分析"大门被他关上了、大门紧紧地关着"这类句子就有问题,因为这类句子是受事词语作主语,施事不是主语或不知施事之所指。偏重于形式的从语序或位置着眼,认为动词前的名词都是主语,动词后的名词都是宾语。这样确定主宾语,"干脆倒是干脆,只是有一个缺点:'主语'和'宾语'成了两个毫无意义的名称。稍微给点意义就要出问题,比如说'主语是一句话的主题'吧,有些句子的'主语'就不像个主题。例如'前天有人从太原来',能说这句话的主题是'前天'吗?'一会儿又下起雨来',能说这句话的主题是'一会儿'吗?"[①] 可见,单凭意义或单凭形式都无法确定主宾语。

---

① 吕叔湘《汉语语法分析问题》第 71 页,商务印书馆,1979 年。

语法形式和语法意义是紧密地联系在一起的,任何语法范畴,都是语法形式和语法意义的统一体。语法形式和语法意义是表里关系,语法意义要通过语法形式显示,语法形式也总是表示着语法意义,没有无语法形式的语法意义,也不存在无语法意义的语法形式。因此研究语法时,应当把形式和意义有机地结合起来。

就以主语来说,汉语主语的语法意义可概括为:主语是谓语的陈述对象,又是谓语动词所联系的动元(也称"行动元")。汉语主语的语法形式可概括为:(1)由作陈述对象的表动元的词语充当(一般为名词性词语,非名词性词语作主语有条件限制),(2)主语一般在谓语动词之前而不能移后(语用上的"倒装"是例外),(3)主语前边不可加介词,(4)谓语动词前若有两个或两个以上表动元的词语,则表施事的词语优先充当主语。单凭某一条意义或形式都无法确定主语,只有把上述四条形式和两条意义结合起来,并以形式控制意义才能确定主语。[①]使用形义结合标准分析句子的主语,在"他关上了大门、他把大门关上了"句里,施事"他"可分析为主语;在"大门被他关上了"或"大门紧紧地关着"句里,受事"大门"可分析为主语。

在语法研究中贯彻形式和意义相结合的原则已为多数人接受,但如何贯彻这个原则也还有不同的意见,主要是从形式出发还是从意义出发的问题。笔者认为:从生成程序即从编码角度着眼,则从意义到形式;从发现程序即从解码角度着眼,是从形式到意义。形式是现象,意义是本质,对族语语法进行研究要通过现象去发现本质,所以原则上应从形式出发去发现意义,整个研究过程是"形式→意义→形式→意义……",反复验证,最后才能确定一个语法范畴的意义和形式,并集范畴而构成体系。当然,从表述研究结果来说,既可从形式到意义,也

[①] 参看范晓《汉语句法结构中的主语》,《语言研究的新思路》,上海教育出版社,1998年。

可从意义到形式，那是根据作者的表达思路决定的。不管怎样表述，都要做到："要使形式和意义互相渗透。讲形式的时候能够得到语义方面的验证，讲意义的时候能够得到形式方面的验证。"[①]

也有人以印欧语的语法形式为形式，看到汉语缺乏印欧语语法的那种狭义形态，就误认为汉语语法没有形态或语法形式，就说汉语是"意合"的或"神摄"的语言。那就只能"神而明之"，也就根本谈不上形义结合研究的问题了。笔者认为，任何族语的语法都有语法范畴，而语法范畴都由一定的语法形式或形态表示，不过各种族语的语法形式或形态不完全相同，印欧语较多地采用狭义形态，汉语较多地采用广义形态，比较起来，发现广义形态比发现狭义形态的难度要大得多，汉语语法研究中所遇到的许多困难，都跟这个问题有关。所以，寻找汉语语法研究中的形态或形式，探索汉语各种语法范畴的形式和意义的对应关系或互相渗透的关系，是摆在汉语语法研究工作者面前的一个十分艰巨的任务。

二、静态和动态

运动是一切事物永恒的存在形式。世界上万事万物的运动都采取两种状态，即静态和动态，语言及其语法也不例外。就族语来说，作为族语语法规则的抽象的体系，它是静态的；但在人们言语活动中使用着与现实发生联系的语法事实又是动态的。所以在研究语法时，应该把语法的静态和动态结合起来，在静态的基础上进行动态的研究。这就要注意以下两条：

一是在研究一个族语的断代语法时要有"语用"的观点。语法的

[①] 朱德熙《语法答问》第 80 页，商务印书馆，1985 年。

动态表现在语言使用之中,也就是在"表达"之中。这就要在语法研究中区分句法的、语义的和语用的三个平面。句法、语义平面侧重于对语法进行静态的分析,语用平面侧重于对语法进行动态的分析。如果在描写族语的语法体系时不结合语用来分析,族语的抽象体系也很难建立。比如,每种族语都有一定数量的句型,如果对"省略""移位""倒装""添加""追补"等语法表达中的现象不给以语用上的解释,就很难归纳出有限的句型,也无法说明句子的构造规则。所以,把"句法-语义"结构和"语用"结合起来研究,正是体现了静态和动态相结合的原则。用"语用"的观点来研究语法,要重视"研究句子的复杂化和多样化"[①]。在动态语境里,一个语义结构往往可以用多种句型或句式来表达,比如"张三批评了李四、张三把李四批评了、李四被张三批评了"这些句子,它们的语义结构相同而句法格式不一样。为什么同一语义结构在不同的场合用不同的句法格式表示?这是因为不同的句型或句式有着不同的语用价值,因此在具体的言语活动中要根据语境和表达的需要随宜采用。但不管语句怎样复杂多样、繁简多变,句型和句式总是有限的,如果把一种族语的各种句型或句式的语用价值研究清楚,那样建立起来的语法体系就会有更强的科学性和更大的实用性。

二是在研究族语的断代语法时,要有"发展"的观点,既要注意规范性,又要注意发现有生命力的语法现象。人们的言语活动中会出现一些不合共同语规范的现象,这表现在个别人的话语里夹杂着一些与规范语法格格不入的古代汉语语法现象、方言语法现象、外族语语法现象、明显错误的语法"病句"。为了更好地发挥语言的作用,规范还是需要的;[②]但

---

① 参看吕叔湘《汉语语法分析问题》第91页,商务印书馆,1979年。
② 有人把语法的规范研究贬为"僧侣型的学术研究",认为"毫无用处",这是片面的过激的言论。

也不能忽略语法的发展演变,现代汉语语法是古代汉语语法、近代汉语语法演变过来的,而现代汉语语法也会演变成未来时代的语法。正是因为语法是在发展演变的,才有语法演变史。中外语法学史上,都曾经出现过片面强调规范而忽视语法演变的情形,那就成了"保守主义"或"规定主义"的语法。在研究和描写断代语法时贯彻动态发展的观点,除了要注意不应切割历史之外,更应善于发现有生命力的语法现象。语法既然是发展演变的,新生的语法现象的出现也就不可避免。由于"新生",它开始时只在个别人的话语里存在;就是因为"个别",可能会被人们视为不规范的"病句"。但是,新生的语法现象只要有生命力,就会悄悄地传播开来,由个别而少数而多数,最后为绝大多数人接受,从而"约定俗成",成为新的规范。例如"加以……V"这样的格式,开始出现时曾有人指责为"文章官气","像鱼骨头插在喉咙里",因此反对使用,但现在却使用开来了。所以语法学家在重视规范的同时,还要以敏锐的洞察力发现有生命力的新的语法现象,并且要加以保护和支持,切勿一概斥之为"病句"。①

三、生成和分析

生成和分析的关系,通俗点说,就是造句和析句的关系,也就是编码和解码的关系。作为研究方法,生成语法是从说话人的角度来解释语法规则,分析语法(描写语法)是从听话人的角度来说明语法规则。在语法研究中,有的着眼于生成,有的着眼于分析,目的都是寻找语法的规律。

在句法和语义问题上,如果着眼于生成,则解释语法机制时偏重于

---

① 参看范晓《试论静态和动态相结合的原则》,《语法修辞方法论》,复旦大学出版社,1991年。

从隐层的语义到显层的句法，就要说明语义结构是怎样生成为各种句法结构的。就要重视动核结构在生成句子中的作用。[①]比如有这么个动核结构：动作是"批评"，施事是"张三"，受事是"李四"。这个动核结构在汉语里通过一定的语法规则至少可生成三种不同句式的句子：

① 张三批评了李四。
② 李四被张三批评了。
③ 张三把李四批评了。

生成语法就得说明生成这些句子的规则。一个静态的主谓结构生成现实的具体的动态的句子，决定于语用。句子生成过程中的语用意义包括：表达的目的或用途、信息结构、说话人的主观态度。表示这些语用意义的语用形式主要有：(1)语音节律(语调、重音、停顿等)，(2)添加(增添语用标记或附丽于句法结构的语用成分)，(3)删略(省略或隐含某个成分)，(4)移位或倒装(变动静态结构的语序)。研究生成，就是要解释句法上的静态结构是怎样根据语用表达的需要而变为动态的具体句的。如"我读过《红楼梦》了"，也可说"《红楼梦》我读过了"，后句就是因为语用上宾语主题化的要求而通过移位的方法使宾语《红楼梦》成为全句的主题；又如"你怎么啦？"有时也可说成"怎么啦，你？"后句就是因为语用上表示急于要知道新信息，因而凸显并强调谓语而通过倒装的方法把主语置于谓语之后。

如果着眼于分析，描写或说明语法规则时偏重于从显层的句法到隐层的语义，就要说明一定的句法结构表现了什么样的语义结构。比如"他写字写得很大"和"他写字写得很累"这两个句子，它们在句法

---

① 动核结构也称"谓核结构"。关于动核结构及其在句子生成中的作用，可参看范晓《动词的"价"分类》，《语法研究和探索》(五)，语文出版社，1991年；《动词的配价与句子的生成》，《汉语学习》1996年第1期。

平面都可分析为复动"得"字句。这是表面同一；实际上它们的语义结构和补语的语义指向并不同一，这可用变换分析法析出。比较：

① 他写字写得很大。→他把字写得很大。→他字写得很大。

② 他写字写得很累。→*他把字写得很累。→*他字写得很累。

①②两句都有两个动核结构，但补语的语义指向不一样：①句的补语指向"字"（字很大），②句的补语指向"他"（他很累）。可见这两句语义平面是有差别的，所以变换形式也不一样。

着眼于分析，对句子进行解析时偏重于从语用到句法。拿来一个句子，首先将语用因素或语用成分（如语气、口气、插说等）卸下来，句法结构就豁然开朗。例如："看样子，你是研究过《红楼梦》的"这个句子，析句时把"看样子""是……的"等语用因素卸去，就得出这句子是"主动宾"句型。所以研究句型时，不但要把话语中具体句所表达的思想舍去，还要把语用因素卸去，才能求得某个句子的句型。

生成和分析是互相联系着的：生成要以分析为基础，研究语法的生成机制，离不开语法分析；而语法分析的目的是理解语法的生成机制，为了更好地生成各种句子。因此，二者具有互补性，肯定某一方面而否定另一方面未免失之于片面。

四、结构和功能

语法学家要研究语法结构体（如"短语、句子"等），揭示其内部的结构关系、结构方式和它的外部功能，所以语法学是研究结构体的结构和功能的一门科学。语法结构体是由两个或两个以上的成分构成的，成分与成分之间有一定的关系（包括句法关系和语义关系），一定的结构关系形成一定的结构，如"读书""喝茶"这两个短语，在句法平面是动词和宾语的关系,形成动宾结构,在语义平面是动核和受事的关系,形成动受结构。句法结构和语义结构互相联系,结合成一个"句法-语义"结构,其中句法是显层,语义是隐层,语义结构要通过句法结构才能显现。研究一个"句法-语义"结构体时,如果从句法平面抽象,可以侧重于句法结构,但不要忘记透过句法结构去发现语义结构;如果从语义平面抽象,也切勿忘记它的句法结构形式。语法研究的重要任务之一就是要揭示句子内部的各种句法结构和语义结构以及它们之间的内在联系。描写或解释一种族语语法,既要把该族语的句法结构系统(包括语型和句型系统)发掘出来,又应通过语型和句型的研究把该族语的语义结构系统(包括语模和句模系统)整理出来,并且要揭示语型和语模[①]、句型和句模之间的对应关系。

研究语法结构体单讲内部结构还不够,还要在研究结构的基础上进而讲外部功能,这好比研究人体器官,一方面要讲器官的内部结构,另一方面也要讲器官的功能。传统语法偏重于句法,说到功能时,一般是指结构中词类的句法功能,如名词主要作主宾语,动词主要作谓语等。本文这里所说的功能,不只是指句法功能,还要讲语义功能和语用功能,这是因为句子有句法、语义、语用三个平面。这样,语法单位或结构体的功能,可从两方面来讲:

一方面是分析句子内部组成分子(词或短语)的功能。词或短语在具体的句子里有句法功能、语义功能、语用功能。例如"老鼠被小花猫逮住了"句里,"老鼠"这个词在三个平面就有三种功能:一是在句法平面有作主语的功能,二是在语义平面有表动作的受事的功能,三是在语用平面有作句子主题的功能。

另一方面是分析句子本身的功能。句子有表达思想的功能,但思

---

① 语型指短语的句法结构类型,语模指短语的语义结构模式。

想内容属百科知识,语法学是不管的。语法学所讲的句子功能有两种:一是在大于句子的话语结构里(即在一组句子里)的地位和作用,如作始发句或后续句等[①];二是在交际表达中的用途,即"语气",如表达陈述、疑问、祈使、感叹、呼应等。这是讲句子的语用交际功能。

一个族语的语法系统是一个网络系统。研究某个族语的语法,必须以结构和功能为中心、为纲,紧紧地抓住结构和功能,才能纲举目张,构建起族语的句法结构系统、语义结构系统和功能系统,并把三个系统综合起来,构成族语的句样(或称句位)系统。句样系统就是族语的抽象句的网络系统。[②]

五、语言和话语

在人类社会中存在着一种最常见最普通但也是最重要的行为活动,就是说话(书面上是写话)。笔者把这种重要的人类活动称为言语活动或言语行为,用一个简明的术语,便是言语。言语必须具备三个基本条件:一是言语器官必须正常,二是必须以某种族语作为工具,三是必须表达一定的思想。三者缺一就不可能有言语。

语言是由语音、词汇、语法三部分构成的,它是表达思想的形式,是言语的工具。作为一般语言学所说的"语言"是个上位概念(类概念),它概括一切语言,如族语、方言、个人语言甚至世界语等等。但有的论著常把族语和语言画上等号。说汉语、英语、日语之类族语是语言并不错,这犹如"白马是马";但不能说"语言是族语"或"语言=族语",因为族语是语言的下位概念,所以,从概念的上下位来说,族语不

[①] 关于"始发句"和"后续句",参看吕叔湘《汉语语法分析问题》第54页,商务印书馆,1979年。

[②] 参看范晓《句模句型和句类》,《语法研究和探索》(七),商务印书馆,1995年。

等于语言,犹如"白马非马"(白马≠马)。

言语既然是一种行为活动,就会有"言语作品"或"言语产品",笔者称之为"话语"。话语由两部分组成:一是话语内容,即思想;二是话语的表达形式,即语言,这是一种现实的具体的语言事实,是族语的存在形式。话语与言语有紧密的联系,但不等于言语。[①]

这里着重谈语言和话语的关系,因为这对研究语法至关重要。有人说语言和话语间的关系是一般和个别的关系,这说法欠妥。应是言语的工具和言语的成品之间的关系。在话语中,语言表达了思想,语言是作为表达形式而存在的。如果语言指的是族语体系,它跟话语也很难说是一般和个别的关系,因为族语体系是不包括思想内容的,而话语有思想内容。有人说语言和话语的表达形式是一般和个别的关系,这说法也欠准确,因为话语的表达形式也是语言。准确地说,作为抽象的族语体系跟作为话语形式的具体语言事实间的关系才是一般和个别的关系。从哲学高度看,事物的一般和个别这两种形态是认识过程中把它们分开来的,而客观存在的只是同一事物;个别一定与一般相联系而存在,一般只能在个别中存在,也只能通过个别而存在。族语体系和具体话语表达形式是同一事物,都是语言,但它们是一般和个别的关系,前者为语言的一般形态,后者为语言的个别形态,族语体系存在于使用该族语的社会人群所说出或写出的各种话语的表达形式中。

认识这一点对于语法研究十分重要,研究族语语法一定要区别一般和个别,即区别抽象的和具体的,也就是要区别族语语法体系和话语中存在的语法事实。要描写出某种族语的"一般的、抽象的"语法体系,必须对使用该族语的人员所说出或写出的大量"个别的、具体的"

---

① 本文把言语活动称为言语;但也有人把言语活动和言语作品的总和称为"言语",也有人把话语的表达形式称为"言语"。关于语言、言语和话语的区别,参看范晓《语言、言语和话语》,《汉语学习》1994年第2期。

话语事实进行抽象才能构建。有人认为语法有两种:"语言的语法"和"言语的语法",并认为二者是一般与个别的关系。既然是一般与个别的关系,应是同一事物,即都是语言的语法,把"语言的语法"看作纯"一般",那就失去了它的存身之所。所谓"言语的语法",实际上也是语言的语法。如果不这样认识,就势必会推导出有两种语法学:"语言的语法学"和"言语的语法学",那就把同一研究对象分化为两个不同的研究对象,这是不妥的。任何科学,研究时都要从个别上升到一般,从具体升华为抽象,因此科学研究的对象都是具体的、个别的、客观存在着的,离开了个别和具体的客观存在着的语法事实去研究一般的抽象的语法,那就像离开了个别的、具体的各种动物(人、牛、马等)去研究抽象的动物一样不得要领。族语的抽象的语法体系就是从话语中的语法事实中抽象出来的,在抽象时,要舍去某些语用上为适应语境而产生的动态应变因素(如省略、倒装等)以及只属于个人的超族语剩余部分(即超族语语法体系的因素)[①]。

六、汉语与他语

汉语是语言,英语、日语等也都是语言。既然都是语言,就必有共性;既然是不同的族语,也就各有个性;因此,在研究汉语语法时就要正确对待汉语和他族语的关系,也就是要正确处理汉语语法的个性和其他各种族语间共性的关系。有的语法著作比较重视族语间的共性而忽视汉语语法的个性。如马建忠曾说:"各国皆有本国之葛郎玛(语法),大旨相似。"[②] 有了这种指导思想,就产生机械地模仿他族语法来构建汉语语法的现象。在初创时期模仿是难免的,我们不能苛求前人。

---

① 有的论著有"超语言……"的提法,其实没有"超"语言,只是"超"了族语体系。
② 参看马建忠《马氏文通·例言》,《马氏文通》,商务印书馆,1983年。

但忽视汉语语法特点必然会影响汉语语法的科学性。汉语与印欧语语法比较,各有自己的特点,印欧的语法形式主要采用狭义形态,汉语则主要采用广义形态,由此而引起其他一系列的差别。①20世纪30年代末到40年代,语言学界注意到了这个问题,有的从理论上反对模仿,力主从汉语事实出发缔造汉语语法体系;有的注意发掘汉语语法特点,写出了一些比较重视汉语语法特点的语法著作。50年代以来,特别是进入80年代,人们更加重视汉语语法的特点了,许多论文都专论汉语语法的特点。但随之而起的却有人过份强调汉语语法的个性而忽视汉语和他族语间的共性,如有人认为印欧语是"形摄"的语言,汉语是"神摄"的语言,进而主张采用不同的方法来研究语法:对印欧语采取"科学主义"的方法,对汉语采取"人文主义"的方法。也有人认为汉语没有印欧语那种形态变化,就认为汉语是"语义语法",主张纯从语义出发去研究汉语语法。重视汉语语法的特点是应该的,但忽视族语间的共性却又走向另一极端,也会影响汉语语法的科学性。

在研究汉语语法时,正确的态度是:应当注意族语的共性,也应当注意族语的个性(民族特点)②。有些语法范畴,各种语言里都存在,这反映了族语的共性,比如词类(名词、动词等)、句法成分(主语、宾语、谓语等)、语义成分(施事、受事、工具等)、语用成分(主题、述题等)之类,但各种族语表现上述语法范畴的形式不一定一样,有的甚至有很大的差异。如在词的分类、句法成分的确定方面,印欧语可从狭义形态辨别,而汉语由于缺乏狭义形态,就只能凭广义形态来辨别。

有人认为汉语没有形态,这说法值得讨论,如果说汉语缺乏狭义形态,那还是可以的,但汉语有广义形态,广义形态也是形态。有形态或语法形式是族语间的共性。至于有什么样的形态或形式那是各个族语

---

① 参看范晓《论汉语语法的特点》,《济宁师专学报》1991年第4期。
② 参看王力《语法的民族特点和时代特点》,《中国语文》1956年10月号。

的个性。所以,"我们研究语法,既要注意它的共性,又要注意它的特点,并且要把特点放在共性的位置上去考察,去理解"。[①] 这样,不但能科学地描写和说明汉语语法,同时也丰富了一般语言学里的语法理论。

七、组合和聚合

这里所说的组合和聚合是指语法上的组合关系和聚合关系。组合关系是指词与词配置连贯的关系,组合形成组合体(即结构体),如"小王吃鱼"这个组合里,"小王""吃""鱼"三者的关系便是组合关系。聚合关系指若干不同组合体中处在相同位置上的词语可以互相替换的关系,一群具有替换关系的组合体汇聚在一起称为聚合体,如"小王吃鱼""小明买苹果""老李煮牛肉"这三个组合体里处于相同位置上的词语可互相替换,表明具有聚合关系,这三个组合体就可汇聚成聚合体。

组合和聚合犹如两根轴,如果说组合关系是横轴,则聚合关系是纵轴。可图示如下(实线代表横轴,虚线代表纵轴):

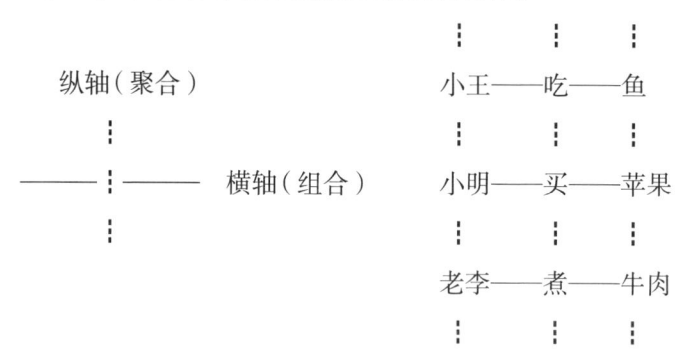

```
                                    ┊      ┊     ┊
        纵轴(聚合)                  小王——吃——鱼
           ┊                         ┊      ┊     ┊
   ———┊——— 横轴(组合)            小明——买——苹果
           ┊                         ┊      ┊     ┊
                                    老李——煮——牛肉
                                     ┊      ┊     ┊
```

"这纵横两群关系可以包罗尽一切词,一切词都被编织在这两群关系之

---

① 胡裕树《从"们"字谈到汉语语法的特点》,《语文园地》1985 年第 12 期。

中"①。在组合轴上,语法所研究的是一个组合体中句法成分或语义成分的分别,如句法平面的主语、谓语、宾语等,语义平面的施事、受事、与事等。在聚合轴上,语法所研究的是词的句法功能和语义功能的异同,在句法平面就有词类的区分(如名词和动词等的分别),在语义平面就有语义角色的差别(如名词作施事、受事等"格"的差异)。

在组合轴中,从句法平面分析词语组合成的句法关系时要使用"成分-层次分析法"②,即既要讲成分关系,又要讲层次关系。例如"今天的天气特别好"这个组合体,传统语法只讲成分分析法,分析成"定-主-状-谓"句;"成分-层次分析法"在第一层次分析为主谓句,而定语和它的中心语、状语和它的中心语是第二层次分析出来的,即是所谓"句子的成分的成分"③,可图示如下:

```
今 天 的 天 气 特 别 好
|     主     ||   谓    |  ……第一层次
| 定 |  | 心 || 状 || 心 |  ……第二层次
```

在组合轴中,从语义平面分析词语搭配间的语义关系时,要使用以动词为核心的从属关系分析法(即"动核结构分析法")。这种分析法以组合体中的主要谓语动词为核心,其他语义成分都跟动词发生从属关系。动词所联系的语义成分主要有两种:一种是内围成分,笔者称之为动元(或行动元);一种是外围成分,笔者称之为状元(状态元)。前者从属于动词带有强制性,后者从属于动词则是非强制性的。例如"张三昨天在会上批评了李四",这个组合体里"批评"是核心(动核),施事"张三"和受事"李四"是动元,时间"昨天"和处所"会上"是状元。

---

① 陈望道《文法简论》第24页,上海教育出版社,1978年。
② 参看范晓《谈谈析句问题》,《安徽师范大学学报》1980年第4期。
③ 吕叔湘《汉语语法分析问题》第62页,商务印书馆,1979年。

这种分析法实质上是语义结构的成分层次分析法，它涉及组合体中各语义成分的性质、搭配的层次、动词的"价"、名词的"格"等等。

在聚合轴中，句法平面要分析词语句法功能的同异，主要采用替换分析法，比如在"一本书""三斤苹果""五只羊"这组聚合体里，"书""苹果""羊"在与数量词语结合时有替换关系，就可聚合成类（名词类）。在聚合轴中，语义平面主要采用语义特征分析法和变换分析法。语义特征分析法着眼于分析聚合体中处于同一关键位置上的词所共有的语义特征，从而有助于在语义平面给词语进行次范畴分类，有助于说明词语搭配的选择限制。[①] 变换分析法着眼于两群不同结构的聚合体之间语义上的依存关系，如果把有变换关系的两群聚合体分行排列，就得到一个矩阵。在变换式矩阵里，具有变换关系的组合体在语义上有相同性，所以变换分析可用来确定组合体语义结构的异同和分化歧义句式。[②]

总之，研究语法时既要讲组合，也要讲聚合。组合是基础，先分析组合，然后从聚合体中求结构和功能的同异，即从组合配置求聚合会同以确定各种语法范畴的性质和类型。

八、规律和例外

语法学作为一门科学，就要从具体的、个别的话语里舍去思想内容、舍去各种不合族语共性的只属于个人语言的因素（即超族语的部分），还要舍去不合族语体系的某些语用因素，然后总结出族语的一般规律。比如现代汉语中主语在谓语之前、状语和定语在它们的中心语

[①] 参看陆俭明《语义特征分析在汉语语法研究中的运用》，《汉语学习》1991年第1期。

[②] 参看朱德熙《变换分析中的平行性原则》，《中国语文》1986年第2期。

之前,就是汉语语法的一般规律,就是从具体话语里的大量语法实例(句例)中通过抽象概括总结出来的。在总结族语的一般规律时,常常会遇到"例外"的语法现象。所谓"例外",有以下几种情形:

第一种,例外的语法事实是有条件出现的,这种例外能总结出特殊规律。比如现代汉语里动词能作谓语或谓语中心词,而一般不作主宾语,名词能作主宾语而一般不作谓语,这是一般规律。但是也存在着动词作主宾语和名词作谓语的特殊情形,这是有条件的,不具有普遍性。动词作主宾语受句中谓语动词的制约:动词作主语不能出现在动作动词作谓语或谓语中心词的句子里,只能出现在某些非动作动词作谓语的句子里;① 动词作宾语要求谓语动词是谓宾动词,如某些表示心理的动词和形式动词等。名词作谓语主要用于年龄、籍贯、容貌等句子里,而且多数情况下以偏正短语的形式作为谓语。动词作主宾语和名词作谓语是汉语语法中的特殊规律,这种特殊规律并不影响动词作谓语、名词作主宾语的一般规律,它是一般规律的补充。又比如,现代汉语里动词和它的施事、受事搭配时在表层(显层)的排列顺序一般规律是"施+动+受",如"人吃饭""狗咬猫"。如果颠倒了这个顺序,语句就会不合事理(*饭吃我),或者意思全变(?猫咬狗)。但在话语中也有例外,如"一锅饭吃了十个人""这匹马骑了两个人"之类,这也有其特殊规律:在这样的句子里,主语必须是以名词为中心的数量短语或指量短语,宾语一般也是以名词为中心的数量短语。

第二种,例外的语法事实很难总结出特殊规律,那就只能列举。比如英语动词过去式通常由"原形动词+ed"构成,这是一般规律,但有例外,即有些动词的过去式不是由"原形动词+ed"构成,这就是"不规则动词",如see、speak、say等。所以英语语法教科书里有一张"不规则动词

---

① 参看范晓《VP主语句》,《语法研究和探索》(六),语文出版社,1992年。

表",列举所有不合一般规则的动词。汉语里有没有"不规则动词",也是值得研究的。比如,汉语动词能用"不""没有(没)"修饰是一般规律,不能用"不""没有(没)"修饰的动词是很少的(＊不有、＊不企图、＊没是、＊没像等),如果加以列举,似可设计出一张不能用"不"或"没"修饰的"不规则动词表"。这种例外也还出现在其他词类或语法格式上。

第三种,例外的语法事实是语用或修辞的原因而产生的。比如主语在谓语之后(怎么啦,你?),状语在中心语之后(他有许多憧憬,对社会,对家庭),定语在中心语之后(我们曾经和党内的机会主义作斗争,左的和右的)等,都不合汉语语法的一般规律,这些都是因语用上为了强调或突出某个成分而构成的变式句。又比如"春风风人"中的第二个"风"不合名词不能作谓语更不能带宾语的一般规律,这是修辞上的"转类",是一种临时用法。以上这些例外,都要从语用角度去分析,而不必看作句法上的特殊规律,也是无法一一列举的。在语用中出现的某些"例外"也可能是有生命力的,如果得到推广并"约定俗成",也有会转化为特殊规律或一般规律的。

第四种例外是,具体话语里出现的不合族语一般规律的古汉语格式或方言格式、他族语格式。这种例外不合当代的共同语规范,但可得到解释。例如:"光荣之家""星星之火"中的"之",是古代汉语的遗留;"上海快到了""我走先"之类格式,来自方言语法;"……的他""……的你"这样的格式源自他族语。

可见,语法研究要总结规律,但不能只讲一般规律或特殊规律而忽视例外的现象。"发现不规则或例外的现象,非但丝毫不足为奇,而且这些例外现象的存在也无碍于一般规律的成立"。[1] 相反,进行深入、全面的科学研究,应该重视和照顾例外,并且尽可能地找出例外产生原

---

[1] 参看汤廷池《国语语法研究论集·自序》,台湾学生书局,1979年。

因。所以,在总结族语语法一般规律时,要注意不能只找那些"听话"的实例,对于那些"不听话"的例外不要回避不理,而应充分重视并给以恰当的解释。

九、事实和理论

近年来,语言学界对于语言研究中事实和理论的关系问题有些争论。如何正确理解和处理这二者的关系对研究语法也是十分重要的。事实和理论,二者是互相联系的。从理论的来源来说,事实是第一性的,理论是第二性的。一切语法理论(包括规律、规则)都来源于语法事实,是通过对大量的语法事实的研究抽象概括出来的。也就是循着"事实→理论→事实→理论……"这样的认识道路不断发现、不断验证、不断深化才获得的。离开了语法事实的语法理论,那是无源之水、无本之木。从这个意义上说,没有语法事实也就没有语法理论。但是从理论的反作用来说,理论具有指导性,人们总是运用某种经过学习得到的理论和方法来指导自己的语法研究,包括收集语法事实并使事实上升为规律或提炼出某种观点,所以对某个语法事实的研究一般是循着"理论→实践→理论→实践→理论……"这样的道路不断深化的,而最后获得的理论与已知的理论知识既有联系也有区别,它是在已经掌握的理论知识的指导下对具体语法事实进行研究后得到的新的理论、观点或规律。从这个意义上说,没有语法理论,语法事实也只是一堆材料而不可能上升为规律。所以研究者一般只有先学习和掌握语法的有关的基本理论和基础知识,然后才能搞语法研究。可见事实和理论都重要,缺一不可。

要搞语法研究,不可不重视事实,也不可不重视理论,按理是不成问题的。但就在这个不成问题的问题上,人们有不同的看法:有的认为事实比理论重要,认为没有事实出不了理论,不重视事实的理论是空洞的、毫无用处的理论,所以反对"小本钱做大买卖";有的认为理论比事实重要,说事实调查不能代替科学研究,认为科学是理论不是事实,所以认为"小本钱也可以做大买卖"。以上两种看法是针锋相对的。笔者认为,如果用辩证唯物主义的观点来评论这两种见解,则这两种意见都失之偏颇,正确的理解应当是理论和事实都重要,泛论哪个重要实在没有必要。

笔者不主张争论哪个重要,但是不反对在某个特定时期针对某种倾向而强调要重视某一方面。比如有的语言学家看到某些青年人不重视语法事实的调查,而喜欢写一些从理论到理论的空洞文章,因此强调搞语法研究要深入调查语料,在语料的基础上总结理论或规律。从踏踏实实做学问的角度有针对性地强调重视事实,这个用意是好的。有的语言学家看到某些青年人调查了不少语料,但却总结不出规律,或者理论方法不对头,导致文章的观点有问题,因此强调搞语法研究要重视理论方法。从理论指导实践的角度有针对性地强调重视理论,这也是可以理解的。

进入20世纪80年代,汉语语法学处在十字路口,大家都在谈论如何突破,使汉语语法学更好地发展。这时有两种意见:一种意见认为,我国的语法研究主要在于事实调查不够,而不是理论不够,所以强调要调查语法事实;另一种意见认为,事实固然还需发掘和调查,但当前语法学要突破,不是事实不够,主要是理论不够。笔者认为,后者的意见是正确的,是符合客观实际的。比如"台上坐着主席团""王冕死了父亲"这类句子的语料,调查得不能说不充分,为什么人们在分析这类句子上存在着很大的分歧呢?症结是在理论和方法上探讨不够。其他如主宾语问题、主谓谓语问题、兼语式问题等也是这种情况。所以,努力寻找更好的理论和方法来解释汉语的各种语法事实,使语法研究真正有所突破,达到现代化科学化,从而更好地发挥其实用价值,显然是摆在汉语语法研究者面前的一个重大课题。当然,这并不是说不要重视事实的调查或事实的调查已经做得够了。这里只是从汉语语法学突破的"症结"这个角度强调了理论和方法，而就具体进行研究而言，理论的探索和事实的调查是互相促进的。因此"理论和方法上的追根究底和事例方面的周密调查必须双管齐下"[①]。

十、继承和创造

语法研究应当有创造性，没有创造性的研究，语法科学不可能发展。这种创造性研究主要表现在以下几方面：一是对前人没有研究过的语法事实进行开荒性的研究，在大量地调查语料的基础上总结规律，得出应有的结论；二是某些语法事实前人虽已研究过，但总结出的规律或观点不正确，通过研究得出了另外的规律或观点；三是某些语法事实前人虽已研究过，但总结出的规律或观点不准确或不全面，通过研究，在前人成果上有所补充、有所发展（包括发掘新材料和提出新观点）；四是前人虽已研究过某个问题，但理论和方法陈旧或不够科学，通过研究，在理论和方法上有所创造，从而得出了新的观点和丰富或发展了语法理论。

创造性的重要无可置疑，但是创造性离不开继承性。任何创造性的研究都是在前人研究成果的基础上进行的。首先，没搞过语法研究的人刚开始从事语法研究时，必须先学习前人有关的研究成果（包括语法理论和方法以及语法的基础知识等）；即使是开荒性的课题，如果让一个没学过语法相关知识的人来研究，也是不可能有创造性成果的。其次，研究者研究任何课题时，在研究过程中都得做两种调查：一种是对语法事实进行调查，一种是对前人在这个课题上的研究成果进行调

[①] 参看林裕文《回顾与展望》，《中国语文》1982年第4期。

查。这后一种调查,目的就是要了解前人对这个课题研究后得出了些什么理论、观点或规律,思考其是否正确、完满。假如前人研究得很好,问题已经解决了,而估计自己的研究不可能有所发展或补充,那就不值得再研究了。假如前人研究得出的结论没解决所研究的问题,或只解决了部分问题,那就值得进一步研究。在研究时可以把前人成果中的有用部分继承过来,并在此基础上继续前进,有所发展。假如前人研究得出的结论是错误的,当然更值得研究,可以从前人的错误观点或走的弯路中得到教训或启发。所以创造性的研究离不开对前人研究成果的研究,都是在前人研究的基础上进行的。学术研究好像田径运动中的集体项目接力赛,拿过前人的接力棒,才能继续前进。

有的语法研究者思想方法或治学态度有问题,为了说明自己的创造性而把前人研究成果全盘否定。这种情况国外有,国内也有。比如结构主义语言学派中有人把传统语法说得一钱不值,转换生成语法学派中的人又把结构主义说得一无是处,而现在又有人把转换生成语法学说得一无可取。对前人研究成果全盘否定,这不是科学的态度。特别是对一些重要的学派的代表性理论和一些有很大影响的论著,总会有些值得借鉴和继承的东西,所以更不应全盘否定。对于前人的研究成果,正确的态度应该是实事求是,舍其糟粕,取其精华。这就要善于识别前人研究中什么是科学的,什么是不科学的,要善于吸取和继承前人研究成果中"合理的内核",目的是更好地创造。

在继承问题上,既要反对全盘否定,也要反对全盘肯定,如果全盘照搬、机械套用,这种继承是简单化了。在继承时更要注意不要独尊一家而排斥百家,而应兼收并蓄,吸取各家之长,"如果能取长补短,作更高的综合,那就能使语法研究出现新的面貌"[1]。

---

[1] 胡裕树主编《现代汉语》(增订本)第323页,上海教育出版社,1987年。

语言、言语和话语

语言学的论著中,经常出现语言、言语和话语这三个术语,但对它们的含义,语言学界的理解不大一致,因此在讨论学术问题时有时会谈不到一块儿。众所周知,任何科学的发展必然会产生一些相应的术语,科学通过术语巩固已经取得的认识成果,并随着术语本身意义的精确化而不断地向前发展。语言学也如此。语言、言语和话语这几个术语,涉及语言学研究的对象和研究的方法,所以至关重要。对这几个术语的进一步探讨,以求得更精确的含义并准确地给以解释,对语言学的进一步发展无疑是十分必要的。

一、语言、言语和话语是客观存在的事实

科学上任何一个名词术语,都有其客观内容,都反映着某种客观存在的事实。语言、言语和话语,也都反映着某种客观事实。让我们看看它们反映的是一些什么样的事实。

第一个事实是,在人类社会生活中,存在着一种最常见、最普通但也是最重要的行为活动,这就是"说话"。人们要表达自己的思想,人际间要进行思想交际,就得说,就得谈,就得讲。这种客观事实,语言学著作里有许多名称,如"言语使用""语言运用""使用语言""运用语言""语言活动""语言行为""言语""言语活动""言语行为"等等。我们把这种重要的人类活动称作言语活动,或称言语行为,用一个

科学的术语来概括,便是言语。①

言语有口头的和书面的,口头言语也称有声言语。如果用文字来表现,即是写话(作文、写文章),这便是书面言语。书面言语是在口头言语基础上派生出来的一种言语。

言语这种行为活动,必须具备三个基本条件:

(1)大脑皮质必须能正常活动。人的大脑有两个中枢,即维尔尼克中枢(听觉中枢)和卜洛克中枢(言语发动中枢)。破坏了这两个中枢,言语就失掉了物质基础。维尔尼克中枢受伤,会引起词的遗忘;卜洛克中枢损害,就没法发出清晰的声音。肺、声带、喉头、口腔等也是口头言语的重要器官,它们受到损伤,也会影响言语:或者言语时嗓子沙哑杂浊,或者声音变质不清,或者发不出语音,等等。

(2)必须懂得某种语言(汉语、英语或其他族语)。语言是表达思想进行交际的工具,如果不掌握某种族语,即使言语器官一切正常,也还是不能言语的。如被狼抚养长大的狼孩儿,由于从小跟狼生活在一起,脱离了人类社会,不懂某种族语,就没法跟人们说话,而只会发出狼嚎般的声音。

至于书面言语,还需要掌握文字才能言语(写话、作文)。一个目不识丁的文盲,是不可能有书面言语的。口头不能说话的聋哑人,如果懂得手语(是一种专为聋哑人制定的用手势符号来代替语音的一种特殊的语言),可以通过手语来表达思想和进行交际;如果掌握了盲文,也可通过手触摸盲文来学习知识、表达思想和进行交际。

(3)要表达一定的思想。言语的本质是表达和交际。人们要进行言语交际,就得有一定的内容,即思想。所以言语(活动)中的语言都

---

① "言语",现代汉语里有"说;说话"(动词)的含义,如"她们三个人都不言语了""我不敢再言语了"。还有"言语行为、言语器官、言语错乱、言语障碍"中的"言语"也是"说话"的意思等。

表达一定的思想内容。神经错乱病人的乱喊乱叫、鹦鹉的学舌等,都不是言语。

第二个事实是,人们说话作文,都为了表达某种思想,而思想内容是看不见摸不着的,它必须通过一种形式才能显示于外。言语中表达思想内容的形式,就是语言,从这个意义上说,语言是言语交际的工具,也是表达思想的工具。诚然,表达思想内容的形式还有其他一些,如非言语的舞蹈、音乐、绘画等形式(舞姿、音符、线条等)也能表达一定的思想内容,但它们比之语言要差得远。人类没有舞蹈、音乐、绘画仍然可以生活,而没有以语言为形式的言语交际是不可想象的。

作为言语工具的语言,作为思想表达形式的语言,它是由语音、语汇(也称"词汇")、语法三部分构成的。语言学界通常把族语的抽象体系(民族语言的语音、语汇、语法所构成的一般的抽象体系)看作语言,如说汉语、英语之类便是语言,这本身没有错。但必须看到,一切方言、土语、个人的语言乃至具体的话语中的语言也是语言。族语存在于使用该语言的社会人员的言语和话语之中。

语言具有社会性、全民性。它不是某个天才人物创造的,也不是像圣经《创世记》所说的是上帝的赐予,而是全社会人员共同创造的。个人的、个别的语言是存在的,但它们不是与全民语言完全不相干的一种语言。一个人诞生到世界上来,就生活在有着全民语言的社会里,他学习的就是现成的全民语言。当然个人的、具体的言语里面也可能会有一些超出全民语言的成分或因素。

第三个事实是,言语既然是一种行为活动,就会有一定的成果或产物,这就是人们说出来的"话"或写出来的"文章",语言学论著中有的称之为"言语作品",有的称为"言语产品",有的称为"话语"。我们认为用"话语"比较好。它是一个双音节词,跟语言、言语并列呼应,比较自然;而且这个术语在语言学著作中已经常见了。

话语是由两个互相依存的部分组成的：一个部分是话语内容，也就是言语者表达的思想内容；另一个部分是话语形式，也就是言语者借以表达思想的形式，这种形式就是话语里的语言，这是一种现实的、具体的语言，是族语的个别形态，也是族语的存在形式。所以个别的、具体的话语形式是研究语言的原料或素材。人们常说"语言表现思想""语言是思想的直接现实""思想的真实性表现在语言之中"等等，这在话语中得到充分的体现。可以说，话语是语言和思想的结合体。

话语是言语（活动）的成果，它是客观地存在着的。一个具体的言语（活动）瞬间即逝，而一个具体的话语可以在较长时间内贮存起来。话语有三种贮存方式：第一种是贮存于人们的脑子里，如秦末汉初的伏生曾把儒家经典中的话语记在脑中，又如有些民间故事通过背诵也可代代相传，都是例证；第二种是贮存于书面上，即用文字记载下来，如甲骨、钟鼎、石碑、书籍、杂志、报刊都可保存话语；第三种是贮存在录音唱片、录音磁带上，也可以贮存在电脑或能移动的U盘、硬盘里，这是现代社会才有的。记于脑中的话语很难长期贮存；即使有人能强记于脑，也难免有失实之处，而且还会遗忘；即使不遗忘，也会随着记忆者的死亡而消失。只有通过文字记载或录制下载所贮存的话语，才有可能长期保存。我们今天能把古汉语的体系描写出来，就是依靠了古代传留下来的书面话语。

语言、言语和话语反映着三个客观事实，因此三者有区别，有相对独立性。但三者又是互相紧密地联系在一起的。言语必须有语言，语言要通过言语才能发挥其表达和交际的功能，言语的结果必然会出现话语，话语把言语的成果巩固下来，显现出来。从发生学角度看，言语、语言、话语三者同时产生，原始人第一句话（话语）的出现，标志着言语和语言的诞生，虽然那时的语言十分简单而贫乏。从现代社会人们的言语来看，言语活动的过程是：人们首先在大脑里进行思维活动,在思维活动时,语言和具体的思想结合;然后进行(有时是同步进行的)言语活动,使思维活动的内容通过口头或书面示现于外,从而产生出语言和思想的结合体——话语。所以言语活动跟思维活动是密切相关的。

二、语言和言语的关系

(一)语言和言语的区别

有一种意见认为:"语言是由语音、词汇、语法构成的体系","言语则是使用语言这一事实……包括两个方面:(一)使用语言的过程本身,也就是人们利用语言这一工具所进行的言语活动;(二)使用语言的结果,也就是在言语活动中所产生的言语作品(说出来的话,写出的文章)的总和"(戚雨村、吴在扬 1961)。这里所说的"言语作品",就是我们所说的"话语"。①

客观存在着的"言语活动"和"言语作品"(话语),二者有明显的差别,这一点是公认的。如果用"言语"来包含或反映两个事实,会产生以下的问题:第一,模糊了言语和话语的差异,这犹如把"生产"和生产出来的"产品"合为"生产"一样不合事理;第二,会产生术语运用上的混乱,在一种场合下,言语指的是"言语活动",在另一种场合下,言语指的是"言语作品",在另外的场合,言语又指的是"言语活动"和"言语作品"的总和,这就违反了科学术语单义性的原则。笔者认为语言学发展到今天,把有区别的这两个事实(言语活动和言语活动的产物)巩固在相应的术语"言语"和"话语"里应该是比较合适的。

---

① 参看戚雨村、吴在扬《语言、言语及其相互关系》,《学术月刊》1961 年第 1 期;高名凯《论语言和言语》,《中国语文》1960 年 2 月号也有类似看法。

(二)语言和言语不是一般和个别的关系

有一种意见认为:言语是"言语作品的表达形式",语言是"从言语中抽象概括出来的","语言和言语实质上是一般和个别的关系"(方光焘、施文涛1959,施文涛1960,方光焘1961)。[①] 这种观点里所说的"语言",指的是族语的抽象体系;所说的"言语",不是笔者所说的以语言为工具来表达思想和进行交际的行为活动的言语(说话或写话),而是我们所说的具体的话语形式,即语言的具体存在的形式。本文认为语言和言语的关系是言语的工具与借助这种工具而进行的言语活动的关系,并不是一般和个别的关系,也不是抽象和具体的关系。

在语言研究中,区别语言的一般和个别、抽象和具体十分重要。要描写族语的抽象体系,就得调查和收集使用该族语的社会成员的、大量的、有代表性的话语形式,并在此基础上抽象概括其共性。任何科学研究要探求本质的规律的东西,都要区别事物的一般和个别,要通过个别找出一般。但问题是把语言看作纯一般、纯理性的东西妥不妥?把"言语作品的表达形式"说成是"言语"而"不是语言"行不行?如果把语言看作纯一般,把"言语作品的表达形式"说成非语言;那么,语言是从哪儿抽象出来的呢?有没有能让人们感知得到的具体的、个别的、活生生的语言呢?

事物的一般和个别这两种形态是人们认识中把它们分开来的,而客观存在的只是同一事物。唯物辩证法认为:个别一定与一般相联系而存在。一般只能在个别中存在,只能通过个别而存在。任何个别(不论怎样)都是一般。任何一般都是个别的(一部分,或一方面,或

[①] 参看方光焘、施文涛《言语有阶级性吗》,《南京大学论坛》1959年第4期;施文涛《论语言、言语和言语作品》,《中国语文》1960年4月号。方光焘《语言和言语问题讲座的现阶段》,《文汇报》1961年11月12日。

本质）。任何一般只是大致地包括一切个别事物。任何个别都不能完全列入一般之中，等等。① 可见，各种事物的"具体"和"个别"形态中本身就体现着"一般"。任何个别的具体的马都是马，任何个别的、具体的语言（话语形式）也都是语言，而不管是张三的还是李四的。族语的抽象的、一般的形态是语言，具体话语中出现的族语个别形态也是语言，它们是同一语言。既然语言的一般和个别的区分并没有分出两个不同的事物，也就不应把语言看作纯一般、纯理性的东西，也不应把"言语作品的表达形式"说成非语言。如果要用相应的词语来区别语言的一般和个别，或区别语言的抽象和具体，只需在"语言"上附加相应的限定词语就行了。

科学研究的对象总是具体的，科学研究的任务就是要认识各种研究对象的本质并发现其一般的规律，因此科学研究的过程或者说认识的过程，就是从感性到理性，从具体到抽象，从个别到一般的过程。假如语言只是一般的、抽象的，还要语言学干什么呢？如果语言只是抽象的一般的体系，如果话语形式不是语言，这样一来语言就成了若有若无的东西，它失却了任何具体存在的形式。如果一般不存在个别之中，那么，这样的语言到底存在在哪儿呢？

语言的一般和个别是相对的：就最一般的"人类语言"这个术语而言（比如说"语言是人类交际和交流思想的工具"中的"语言"），族语（包括汉语、英语、法语等）则可以说是个别的；就族语与方言的关系而言，族语为一般，方言为个别；就个人语言（比如鲁迅的语言、老舍的语言）与族语或方言的关系而言，族语、方言为一般，个人语言为个别；就某个人的某个具体话语中的语言（如《红楼梦》的语言、《阿Q正传》的语言）与个人语言（如曹雪芹的语言、鲁迅的语言）、族语（汉语）而

---

① 列宁《哲学笔记》第363页，人民出版社，1958年。

言，则具体话语中的语言为个别，个人语言、族语等为一般。

这里也涉及"语言"这概念的外延问题。它的外延是，包括一切语言：民族的、部族的、中国的、外国的、古代的、现代的、地方的、个人的。语言中较大的概念是类概念，较小的概念是种概念，例如："汉语——北方方言——北京话——老舍的语言——《骆驼祥子》的语言"，在这个系列中，每一相对的概念都处于类与种、一般与个别的关系中。有的论著把语言和族语等同起来（族语＝语言）显然不妥。研究族语无疑是语言学中最重要的任务，但不是唯一的任务。对人类语言的共性的研究是语言研究（就是一般语言学），对方言乃至某个个人的语言进行研究，也是语言研究。但是，无论哪种语言研究，都应该以能够观察到的现实话语中的个别的、具体的语言作为对象、作为资料，否则，一切语言研究都将是无源之水，无本之木。

三、值得商讨的有关问题

对于语言、言语和话语问题，要有正确的认识。这涉及语言和语法研究的方法论。

（一）关于"语言要素"和"非语言要素"

有些学者把语言和言语看作一般和个别的关系，或者看作社会和个人的关系，致使他们的语言学论著里提出了一系列让人困惑的术语和概念，比如提出话语或言语作品里存在着"语言要素"（或称"语言成分"）和"非语言要素"（或称"超语言剩余部分"）这样的说法。这是值得商讨的。

话语形式里存在着的两种语言现象：一种是跟族语的共性是相同的（语音、词汇、语法符合族语规范的）；另一种是跟族语的共性有差别的（个人发音上、用词上、语法格式的安排上有某些不合族语规范的个性）。据此，研究话语形式时可以抽象出族语要素（共性）和非族语要素（个性）或常体和变体。这种"共性"和"个性"的关系或"常体"和"变体"的关系，正是体现了语言的一般和个别的关系。所以，所谓"语言要素"，实际上是指"族语要素"（即语言的一般或共性）；所谓"非语言要素"，实际上是指"非族语要素"（即语言的个别或个性）。

族语是语言；话语形式也是语言。话语里相同于族语的那些因素固然是"语言要素"；话语里不同于族语的那些因素当然也是"语言要素"，只不过是反映着个人的或个别具体语言的某些个性而已。汉语中的"同""图"等音节的辅音，普通话学得不好的南方人常念成 d 而不念成 t'，能说 d 不是语言中的语音么？有人说"阴谋"是语言中的词，是"语言要素"，"阳谋"不是语言中的词，是"超语言剩余部分"。如果"阳谋"不是语言要素，又怎么表达相应的内容？其实这些也都是语言要素，只不过是不具族语共性的个性语言要素，也就是"非族语要素"或"超族语剩余部分"。

（二）关于"语言的语法分析"和"言语的语法分析"

由于把语言和言语看成一般和个别的关系，在语法研究中，有人提倡两种语法分析，即所谓"语言的语法分析"和"言语的语法分析"（王希杰 1984）。[①] 按照这种语法分析的理论和方法，在语法分析中区别出"语言的句子"和"言语的句子"，区分出"语言的句子分析"和"言语的句子分析"，并且认为言语的语法分析具有相对的独立性。这就是"语法分析二分论"，是很值得商讨的。

语法分析二分论者说："语言的句子"，指的是"一个语言社团的一

---

① 王希杰《语言的语法分析和言语的语法分析》，《语法研究和探索》（二），北京大学出版社，1984年。

切成员所共有的集体的财富,是一种一般的、抽象的、概括的模式……它是脱离具体语境地而独立存在的","言语的句子"则是指"语言的句子的实现形式,它生存于特定的语境地之中"(王希杰1984)。这实际上就是句子的一般和个别的关系,是抽象句和具体句的关系,或者说是静态句和动态句的关系。

笔者认为,一般存在于个别之中,不应该把"语言的句子"和"言语的句子"当作是两种反映不同事实的句子,而应看作是句子存在的两种形态。所谓"言语的句子"就是人们运用语言表达思想的句子,也就是个别的、具体的话语形式中的现实的句子。话语的形式也是语言,所以"言语的句子"既是具体句、动态句,也是语言的句子。语法研究中通过对具体句的抽象概括,才有抽象句、静态句。如果具体句、动态句不是语言的句子,那么抽象句、静态句又怎么会是语言的句子呢?这犹如对具体的"马"(如"白马、黑马、张三家的马、李四家的马等等一匹匹具体的各种各样的马)的抽象概括,才有抽象的一般的"马"。如果具体的"马"和抽象出的一般的"马"是两种不同的"马",那岂非跟"白马非马"论如出一辙? 如果具体的"马"不是"马",那又何来词典里"马"这个概念?

语言的句子能脱离语境而独立存在吗? 回答是否定的。语言的句子若不在言语中使用,还有什么用呢? 它究竟"独立存在"在哪儿? 事实上,抽象句总是存在于使用之中,存在于与一定语境联系着的话语形式之中。"独立存在"论者自己也说过:"言语的句子是语言的句子的实现形式""没有言语的句子,语言的句子就没有存身之处"。一会儿说"语言的句子"脱离语境而"独立存在",一会儿又说联系着语境的"言语的句子"是它的"存身之处",这是自相矛盾的。

把语法分析分为"语言的语法分析"和"言语的语法分析"就必然会推导出"语言的句子"和"言语的句子",甚至还会推导出"语言的短语"和"言语的短语",以及"语言的词"和"言语的词"等,也就意味着有两种语法,一种是"语言的语法",另一种是"言语的语法"。这就把语法研究搞玄了。语言学中的语法学只有一种,就是语言的语法。语法学是以语言的语法作为研究对象。族语语法的规则体系,要从使用该族语社会人员的具体话语的语法事实中去抽象概括其共性才能构建。所以语言的语法分析,是根本离不开具体话语的语法分析的。

所谓"言语的语法分析",实质上也是语言的语法分析。这是因为,进行语法分析,要描写一个族语语法体系,就要从现实的、个别的、具体的语法中去抽象、概括出一般的带有共性的规则体系,比如汉语语法中语序的一般规则是:主语在谓语之前,状语、定语在中心语之前,等等。但另一方面,我们也不能忽略那些话语形式中的有别于共性的语法事实,比如在具体的话语形式中有谓语在主语之前和状语、定语在中心语之后的情形,这就是语法的语用平面的事实,是族语语法规则在动态使用中的变化。研究语法的语用,也是语言的语法分析的内容之一。

提出"语言的语法分析"和"言语的语法分析",表面上看好像很科学,实质上是不科学的,是把语言的语法研究架空,搞乱和模糊了语法研究的对象。任何科学,都是要从个别上升到一般、从具体升华为抽象,因此,科学研究的对象都是具体的、个别的、现实的,离开个别和具体的语法事实去研究一般和抽象语法规律,那犹如离开了具体的各种各样的动物(人、牛、马等等)去研究抽象的动物一样,是违反认识论的基本原理的。

第二部分　语法里的词类问题

汉语的词类研究

词类是具体词的抽象概括出来的"词的类别",如名词、动词、形容词、副词等等。词类在语法里很重要,这是因为词类是组成抽象的语法结构形式的成员,一个词类序列形式能表示短语的语式(短语的结构形式)或句子的句式(句干结构形式)。语法要研究短语和句子,就不能不讲词类。语法中的语义和语用方面,也都跟这种根据词的句法特点抽象出来的词类有关。词类区分得好,有助于说明各种语法结构。任何语言都有词类的区分和词类系统,各种语言的语法学都把词类问题当作关键的研究对象。我国语言学界历来十分重视词类问题,一般语法教科书大都先讲词类再讲句法,学界对词类的专题研究很多,还展开了几次规模较大的学术讨论。本文在总结汉语词类研究的现状的基础上,对词类研究中的几个理论问题和汉语词类的体系问题提出一些看法。

一、汉语词类研究的现状

(一) 1953 年至 1955 年汉语词类问题的大讨论

1953 年至 1955 年的汉语词类问题的学术讨论,是继 20 世纪 30 年代末"文法革新讨论"(那次讨论范围较广,但词类问题是其主要议题之一)后的第二次汉语词类问题大讨论,可以看作为"文法革新讨论"的继续。这次讨论集中在两个问题上:一是汉语里有没有词类区分(严格地说,是指实词能否再分类,如分为名词、动词、形容词、副词等)?二是如果认为汉语有词类区分,那么区分词类的标准(或根据)是什么?尽管在这两个问题上没能取得共识,但这次讨论还是取得了成绩的:第一,绝大多数人认为汉语有词类区分,认定研究汉语语法不能不研究汉语的词类;第二,大多数人认为汉语区分词类不能单纯根据狭义形态,也不能单纯根据词汇意义,要重视词的语法功能(有的称"结构关系",有的称"词与词的结合关系",实质上是指词的"句法功能");第三,在区分词类的理论上和建立汉语词类体系上,各家都摆出了自家的意见。这次讨论在汉语语法学史上具有重要的意义,为汉语词类的进一步研究奠定了基础。

(二) 50 年来汉语词类研究的进步

从 20 世纪汉语词类问题大讨论到现在,已经整整 50 年了。在这 50 年里,虽然在词类问题上没有再展开过这样的大讨论,[①] 但是并没中断这个问题的研究。这期间发表的有关汉语词类问题的论文和著作很多,汉语词类问题的研究无论在广度和深度上都取得了长足的进展。这表现在:

1、在区分词类的根据或标准问题上,由采用多标准转为单一的功能标准

20 世纪 50 年代的大讨论中,人们对区分词类的标准存在着不同意见,较多的人主张采用多标准,如有的提出意义、形态、功能"三结合",有的提出在根据语法功能的同时,要参考意义标准或形态标准。正如朱德熙指出的:在那次讨论中,"尽管大家都承认不可能单纯根据

---

① 大讨论虽没有,"小讨论"还是有的,如 1988 年 5 月"第五次现代汉语语法学术讨论会"重点就是讨论汉语的词类问题。

意义划分汉语词类,可是始终没有人敢于正面提出词义应排除在划分标准之外。当时把流行于苏联语言学界一些并无真知灼见的泛泛之谈拿来当作教条。其中主要的一点就是认为词类属于'词汇·语法范畴'。在'语法'前边加上'词汇',就是为了把词义拉进来"。[1] 人民教育出版社汉语编辑室的《暂拟汉语教学语法系统》就是多标准的,它明确提出划分词类的标准是"根据词汇·语法范畴"。这个观点反映了当时的主流看法,实是学界妥协的意见。由于这是集体制定的汉语教学语法系统,它极大地影响到中学乃至许多大学所使用的教材(特别是师范大学的教材)的语法系统。[2]

上述这种情况到改革开放以后才有所改变。如果说20世纪50年代到70年代在汉语的词类区分上是"词汇·语法范畴"理论指导下的多标准占主流的地位,那么20世纪80年代至今可说是结构主义语言学理论影响下的单一的语法功能标准占主流的地位。[3]

说到单一的语法功能(句法功能)标准,从少数人主张到现在为汉语语法学界多数人认可,是有一个历史发展的过程的。明确提出单一功能标准的,最早当推陈望道。早在"文法革新讨论"时,他就提出功能标准,指出形态标准和意义标准都有不能自圆其说之处,只有功能标准才能救其偏缺。[4] 在20世纪50年代末到60年代的学术讨论期间,他反复地、多次地批评了汉语词类区分中的意义说、形态说和"三结合"(意义、形态、功能三者结合)多标准说,提倡功能

---

[1] 朱德熙《词义和词类》,《语法研究和探索》(五),语文出版社,1991年。

[2] 尽管那时许多大学的教材根据多标准区分词类,但必须指出,在北大、复旦等重点大学中文系使用的现代汉语教材里是根据单一的句法功能标准区分词类的。

[3] 结构主义理论凭借词的句法结构中的"分布"区分词类,就是凭借词在句法结构中的位置(句法功能的表现形式之一)区分词类,本质上也是句法功能分类。

[4] 陈望道关于功能的有关论述,可参看陈望道《从分歧到统一》《回东华先生的公开信》《漫谈文法学的对象以及标记能记所记意义之类》《文法的研究》等文章,载《中国文法革新论丛》,中华书局1958年重印版。

说。① 这种观点在他的《文法简论》中作了如下表述：词类"从本质上说，就是词的功能分类"，"词类区分的准据是功能"，"意义不是区分词类的准据"，"形态也不是区分词类的准据"，"多标准意味着无标准"。②朱德熙也是坚决主张根据单一的功能标准区分词类的。他在《关于划分词类的根据》（1960）一文中明确指出"划分词类的基本根据应该是词的语法功能"。他在《语法讲义》（1982）里又强调：汉语的词的分类"只能根据词的语法功能"。他在《语法答问》（1985）里再一次强调"划分词类的根据只能是词的语法功能"。③

胡裕树《谈词的分类》一文主张区分词类应以形态（指"广义形态"）为标准；但他主编的《现代汉语》提出"分类的基本根据是词的语法功能"（笔者按：他在编写《现代汉语》时听取了陈望道的意见）。田申瑛《语法述要》也采取陈望道的观点，认为词类是"词在语法上的功能类别"，主张以语法功能作为划分词类的"根据或标准"。④

吕叔湘在大讨论时倾向于把结构关系作为分类的主要标准，然后照顾形态、意义等标准（实质上是多标准）。但在《汉语语法分析问题》（1979）一文改变了看法，认为"汉语没有严格意义的形态变化，就不能不依靠句法功能"，所以也主张"用句法功能做划分词类的依据"。⑤邢福义在《词类辩难》（1981）里认为词类是"根据词的语法特点，结合词

---

① 我于1959年进入陈望道教授主持的复旦大学语言研究室工作，所以很了解他的一些观点。汉语词类问题是我们研究室经常讨论的一个问题，他在讨论会上经常地、反复地强调汉语的词类区分应采用单一的语法功能标准，而反对用意义标准和形态标准。

② 参看陈望道《文法简论》第38—57页，上海教育出版社，1978年。

③ 参看朱德熙《关于划分词类的根据》，《语言学论丛》第4辑，上海教育出版社，1960年；《语法讲义》第37页，商务印书馆，1982年；《语法答问》第11页，商务印书馆，1985年。

④ 参看文炼、胡附《谈词的分类》，《中国语文》1954年第2、3期；胡裕树主编《现代汉语》（增订本）第317页，上海教育出版社，1981年；田申瑛《语法述要》第58—59页，安徽教育出版社，1985年。

⑤ 参看吕叔湘《关于汉语词类的一些原则性问题》，《汉语的词类问题》，中华书局，1955年；《汉语语法分析问题》，第33—34页，商务印书馆，1979年。

的意义"(实质上也是多标准)划分出来的词的类别;但他的《词类问题的思考》(1989)一文提出"语法特征是划分词类、判别词性的根本依据"。又说语法特征指词的组合能力、词的造句功能、词的形式标志(这都跟词的句法功能有关)。他所说的词的语法特征,实际上是指词的句法功能特征。[1]胡明扬《现代汉语词类问题考察》一文也认为"词类只能根据句法功能"。范晓《论词的功能分类》(1990)主张应当把词类区分的根据和词类区分或辨别的方法区别开来,认为词类区分的根据应当是而且只能是词的句法功能,而辨认词类的方法则要凭借功能的表现形式(如狭义形态、广义形态,并可设置特定的功能框架等)。[2]

2、在探究功能的形式上取得不少进展

根据词的语法功能(句法功能)区分词类的理论很早就提出来了,但根据句法功能区分词类时要按照各种词类的句法功能的表现形式(有的称作"分布形式",有的称作"语法特点"或"语法特征")来确立词类,即找出一些具体的操作方法来辨别或鉴别不同的词类。这方面的研究较早的是赵元任,他的《国语入门》和《汉语口语语法》提出了一些测试性的句法"框架"或"出现的环境"作为区分词类的具体操作方法,如名词能受D-M复合词修饰,可以填进动词之后宾语这个框架之中等;动词可以受"不"修饰,可以后加"了",可以放入问话式"V不V"里等;又如按照动词在句法结构中"出现的环境"把动词下分为9类。[3]范晓《论词的功能分类》(1990)也主张要充分利用狭义形态和特定的功能框架这种形式来辨别或鉴别词类。为了使分类具有可

---

[1] 参看邢福义《词类辨难》,甘肃人民出版社,1981年;《词类问题的思考》,《语言研究》1989年第1期。

[2] 胡明扬《现代汉语词类问题考察》,《中国语文》1995年第5期。参看赵元任《北京口语语法》(李荣译)第33—35页,开明书店,1952年;《汉语口语语法》(吕叔湘译)第231、233、292页,商务印书馆,1979年。范晓《论词的功能分类》,《烟台大学学报》1990年第2期。

[3] 参看赵元任《北京口语语法》(李荣译)第33—35页,开明书店,1952年;《汉语口语语法》(吕叔湘译)第231、233、292页,商务印书馆,1979年。

操作性,朱德熙的《语法讲义》对现代汉语各个词类的语法特点作出了全面、系统、细致的描写。他的操作方法是借助于句法位置,如名词的特点是:可以受数量词的修饰,不受副词的修饰。又如谓词里的动词和形容词的区别方法是:凡受"很"修饰而不能带宾语的谓词是形容词,凡不受"很"修饰或能带宾语的谓词是动词。① 邢福义的《词类辩难》(1981)、陈爱文的《汉语词类研究和分类实验》(1986)、胡明扬主编的《词类问题考察》(1996)等对现代汉语词类区别的具体操作也进行了深入的思辨、实验和考察。郭锐的《现代汉语词类研究》(2002)在凭借表现形式来对各类词进行具体划分的操作上处理得相当细腻。②

3、对各种词类和词类区分中的一些具体问题进行了更广泛、更深入的探索

在专题研究中,除了继续讨论词类区分的根据或标准,以及划分词类的操作方法或功能的形式特征以外,还广泛地探讨了现代汉语各种词类以及跟词类区分有关的各种问题。对某些词类(如名词、动词、形容词、副词、虚词、介词、量词、方位词等)及其次范畴(如名词中的时间词和处所词问题、动词中的及物动词和不及物动词问题、形容词中的性质形容词和状态形容词问题等)的专门研究有不少成果。③ 在深入的研究

---

① 参看朱德熙《语法讲义》第41页,商务印书馆,1982年。

② 参看邢福义《词类辩难》,甘肃人民出版社,1981年;陈爱文《汉语词类研究和分类实验》,北京大学出版社,1986年;胡明扬主编《词类问题考察》,北京语言学院出版社,1996年;郭锐《现代汉语词类研究》,商务印书馆,2002年。

③ 这方面专题研究的论文很多。还有不少著作,如李临定《现代汉语动词》,中国社会科学出版社,1990年;马庆株《汉语动词和动词性结构》,北京语言学院出版社,1992年;胡裕树、范晓主编《动词研究》,河南大学出版社,1995年;邵炳军《现代汉语形容词通论》,甘肃教育出版社,1999年;王珏《现代汉语名词研究》,华东师范大学出版社,2001年;刘顺《现代汉语名词的多视角研究》,学林出版社,2003年;张谊生《现代汉语副词研究》,学林出版社,2000年;方绪军《现代汉语实词》,华东师范大学出版社,2000年;陆俭明、马真《现代汉语虚词散论》,北京大学出版社,1985年;张谊生《现代汉语虚词》,华东师范大学出版社,2000年;齐沪扬、张谊生、陈昌来合编《现代汉语虚词研究综述》,安徽教育出版社,2002年;等等(这里只是略举)。

中,人们还发现了一些新的类别,如区别词(也称"非谓形容词")、方式词(也称"专职的动词前加词")、唯补词等。另外,对词的兼类、活用、动词形容词出现在主宾语位置上的性质(名物化、名词化等等)以及一些具体词的定性或归类等问题也进行了深入的探索和讨论。

(三)当前汉语词类研究中存在的问题

尽管50年来词类研究有了长足的进步,取得了很大的成绩。但这并不意味着汉语词类区分的理论已经取得共识或分类问题已经解决。汉语词类区分中不少问题还有待于进一步研究,主要有以下几个问题:

1、词类区分的理论问题

尽管一般认为通常所说的词类(名词、动词、形容词等等)是词的语法功能(准确地说是句法功能)的类,区分词类的根据或标准是词的句法功能。但进入新世纪后出现了反对的意见。如郭锐《现代汉语词类研究》在分类根据或依据上不赞成句法功能说或分布说,提出了"表述功能"说,认为词类的本质不是句法功能,而是表述功能。2005年4月在安徽芜湖举行的纪念汉语词类问题大讨论50周年专家座谈会上,关于这个问题就发生了争论。在会上,郭锐说:"词类从本质上说不是分布的类,而是词的语法意义的类型,这种语法意义称为表述功能,即词类实际上就是以词在词汇层面上的表述功能为内在依据进行的分类。"这个观点当场就有与会者提出异议,如袁毓林就针锋相对地指出:词类本质上不是表述功能的类,"而是语法功能的类",他还从科学哲学和分析哲学角度对这一观点遇到的挑战进行了深入的分析,证明"词类是语法功能的类"是经得起检验的。[①] 笔者对郭锐的观点也不认

---

① 参看孔令达、王葆华《汉语词类研究的回顾与展望》(纪念汉语词类问题大讨论50周年专家座谈会纪要),《汉语学习》2005年第4期。

同，认为：词的表述功能是词的语用功能，推理的结果必然是词类是词的语用分类，而不是句法分类。把词的语用分类的根据看作词的句法分类的根据显然是有问题的。看来，关于区分词类的根据或标准问题今后还会有争论。

2、汉语词类各家的分类方案有相当大的差异

在汉语词类该分多少类、分哪些类上各家有不同的方案。一般的语法教科书分为12—14类：名词、动词、形容词、区别词、数词、量词、代词、副词（以上为实词）、介词、连词、助词、语气词（以上为虚词）、拟声词、感叹词（有的语法书里没有区别词或语气词，或将拟声词和感叹词合而为一）；分类分得比较细的有朱德熙、田申瑛、郭锐等。朱德熙《语法讲义》分为17类：先分为实词和虚词，再分出名词、处所词、方位词、时间词、区别词、数词、量词、代词（以上为实词中的体词）、动词、形容词（以上为实词中的谓词）、副词、介词、连词、助词、语气词（以上为虚词）、拟声词、感叹词。田申瑛《语法述要》分为20类：先分为实词（实词又分为体词、用词、点别词、副词）和虚词，再分出名词、代词、时间词、处所词（以上为实词中的体词）、动词、形容词、断词、衡词（以上为实词中的用词）、数词、指词、简别词（以上为实词中的点别词）、副词（即实词中的副词）、方位词、介词、连词、助词、量词、语气词（以上为虚词），外加感词、象声词（实词和虚词之外的词）。郭锐《现代汉语词类研究》分为19类：先分出组合词和叹词，在组合词中分出实词和虚词，在实词中分出核词和饰词，核词中再分出谓词和体词。在谓词中分出动词、形容词、状态词，在体词中再分出量词、名词、方位词、时间词、处所词，在饰词中分出拟声词、数词、数量词、副词、区别词、指示词；在虚词中分出介词、连词、语气词、助词。叹词。分得粗好还是分得细好，很难说，一方面要看功能表现形式的区别性特征如何设计，另一方面更要看看分类的目的。汉语语法体系究竟采用怎样的分类方案(怎么分层级、分为几类以及分为哪些类)仍然是一个有待深入讨论的问题。

3、词类区分中的某些具体问题的不同意见

如对名词、动词、形容词、副词的次范畴分类问题以及词的兼类、名词和动词的界限等问题还有一些不同的处理和争议,某些词类(如代词、方位词、量词、助动词等)的归属问题也还悬而未决,这些也需要继续深入研究。

二、汉语词类研究的几个理论问题

汉语词类区分中要讨论的理论问题很多,这里着重谈三个问题:

(一)词类区分的根据和词类区分的辨别方法

笔者的《论词的功能分类》一文提出"应当把词类区分的根据和词类区分的辨别方法(或手段)区别开来"。并指出"词类区分的根据应当是而且只能是词的语法功能,词类是词的语法功能的类;但辨别词类的方法(或手段)要凭借功能的形式,而这种形式在不同的语言里往往是不一样的,……这犹如生物的性别分类,性别分类的根据是性(生殖)功能,能够产生精细胞的是雄性,能够产生卵细胞的是雌性。在辨别生物的性别时,一般凭借性功能的外在形式(包括性器官的外貌及其他的外貌形式),而不必解剖生物体去寻找"[①]。郭锐《现代汉语词类研究》也有类似的看法,也认为应该把分类的"依据"和"鉴别"的方法区别开来,也认为划分或鉴别汉语的词类应采用语法功能标准。但他认为分类的"依据"是"表述功能",分类的"标准"是"语法功能"。

[①] 范晓《论词的功能分类》,《烟台大学学报》1990年第2期。

这种认识似可讨论。第一,把"表述功能"和"语法功能"对立起来好不好?"表述功能"是词的"语法功能"的一种(它和句法功能都是语法功能),只不过它是词在语法结构中的语用功能。如果从语用角度区分词类,可以把表述功能作为词的语用分类的依据;但问题是郭锐所说的词类仍然是词的句法分类。既然是句法分类,当然要拿句法功能作依据。第二,把分类的"依据"和"标准"割裂开来好不好?"依据"和"标准"实质上是一回事,只是说的角度不同:"根据"或"依据"着眼于说明词类的性质或本质;"标准"着眼于说明以"依据"为转移的词类区分的逻辑准则;所以区分词类的依据和标准应该是统一的,都是语法功能,在区分词的句法分类的问题上,句法功能既是词类区分的依据或根据,也是分类或辨类的标准。

本文认为讨论词类区分的"根据"或"依据"问题,纯粹是对词类的理论的或哲学认识问题,不大会影响具体分类时的实际操作。因为在根据句法功能标准来区分或鉴别词类具体操作时,好在大家都认识到应凭借句法功能(严格地说是句法功能的各种形式特征)。

(二)关于词的语义分类和语用分类问题

1953年至1955年的汉语词类问题大讨论所讨论的词类以及现在语法书上一般所说的词类,是指词的句法分类,即讲词在句法平面所体现出的句法功能的类别。这种分类受制于句法结构,也服务于句法结构。但是从三维语法所说的"三个平面"来看,词在三个平面有三种语法功能:在句法平面有句法功能,在语义平面有语义功能,在语用平面有语用功能。一般所说的"语法功能"实际上是指词的句法功能。既然词还有语义功能和语用功能,那么从语义平面和语用平面给词进行分类从理论上说也不是不可以。也就是说,词的语法分类可以有三种:句法类(根据句法功能分类),语义类(根据语义功能分类),语用类（根据语用功能分类）。词的语义功能指词在语义结构里充当语义成分的能力。根据词的语义功能区分词类，现在还没有得到全面的研究，这方面应引起重视并作深入的探索。比如在基干动核结构里，有些词通常作动核，可称为动核词；有些词通常作动元，可称为动元词。例如："张三批评了李四、张三遇见了李四、张三醉了、张三是老师"这四个句子中的"批评、遇见、醉、是"在动核结构中作动核，为动核词；"张三、李四、老师"在动核结构中充当动核所联系的动元，为动元词。有些词专门作为名核结构的定元的，可称为定元词（如"三人、大型飞机"中的"三、大型"）；有些词专门作为动核结构状元的可称为状元词（如"刚走、互相爱护"中的"刚、互相"）。又比如，动词的配价分类（分为"一价动词、二价动词、三价动词"）、名词的配价分类（分为"零价名词、一价名词、二价名词"）本质上是词的语义分类。此外，名词中有生名词和无生名词的区分以及无生名词中物质名词、抽象名词、处所名词、时间名词等的区分，动词中肢体动词、言语动词、心理动词等的区分，似乎也偏重于从语义平面的角度进行分类。词的语义分类跟词的句法分类有一定的联系：语义上的分类是句法分类的基础，如名词一般表现为动元词，谓词一般表现为动核词，定元词一般作定元，状元词一般作状元，及物动词一般是二价或三价动词，不及物动词一般是一价动词。但两者并不完全对当，如谓词在一定条件下可以作动元（就是所谓"名物化"，如"打是疼，骂是爱"中的"打、骂"），名词在一定条件下可以作动核（就是"述谓化"，如"春风风人，夏雨雨人"中第二个"风、雨"）；又如动词的配价分类跟动词的及物不及物分类也不完全一致，有的二价动词不一定是及物动词（如"致敬、道歉"等）。

　　词的语用功能是指词在语用结构里充当语用成分的能力，语用是讲"表述"或"表达"的，所以词的"表述功能"或"表达功能"也就是词的语用功能。根据词的语用功能区分词类，现在也还没有得到全面的研究，这方面也应引起重视并作深入的探索。比如主述结构里，经常作主题的词（表示主题功能）可称作主题词，经常作述题的词（表示述题功能）可称作述题词。从陈述和指称的角度来说，主要用于指称的（指称名物为指称功能）可称作指称词，主要用于陈述的（对名物进行陈述为陈述功能）可称作陈述词。动词下面分为叙述动词、描写动词、解释动词、评议动词等次范畴，似乎也是偏重于从语用平面角度进行分类的。此外，某些词有其独特的语用功能，如代词就是一类语用词，主要用来表示替代、指示、疑问等。一般语法书把汉语的代词分为人称代词、指示代词、疑问代词三个小类，实质上是词的语用分类。又如助动词（"应该、能够"之类）和情态副词（"大概、也许"之类）也有独特的语用功能，它们在评议结构中用来充当评议语，表示说话者对事物或事件的主观评议。某些虚词也有其独特的语用功能，如语气词（句末的"的、了、吗、呢"之类）的语用功能是在句子里表示句子的特定的表达用途；体助词（动词后的"了、着、过"等）的语用功能专表示事件的进程状态；"关于、至于"的语用功能专用来标示主题；"是、连"的语用功能专用来标示焦点；等等。词的语用分类跟词的语义分类、句法分类都有一定的联系，但也有区别。比如主题词、指称词、动元词（名物词）、名词之间关系就很密切，但并不对当。

三维语法对三个平面的词的功能类系统如何处理，有两种可能的方案：一种是采取三分，即把词类分为句法功能类、语义功能类、语用功能类三个并行的系统；另一种是采取既分别又结合的综合分类系统，比如上位的大类是句法功能类，下位的小类或次范畴分类可以是语义功能类或语用功能类。从理论上说，前一种也是可以的；但从实用上看，也许三结合的综合分类系统更好一些。综合分类可粗可细，不同的实用目的要求也不一样：服务于一般语法教学的词类体系，可以粗一点，可以在句法分类的基础上进行适量的语义分类和语用分类；但如果应用于机器自动翻译、人工智能研究等工程，词类体系则需要细一点，就要在句法分类的基础上进行极为细密的语义分类和语用分类，未来在这方面需要做的工作是大量的、艰巨的。

词的句法类别、语义类别和语用类别之间的关系如何？究竟怎样三分又怎样结合？这是一个很值得探索的课题。

(三)词类区分的几条原则

1、多角度分类的原则

即从不同的角度(句法的、语义的、语用的)区分词类。过去主要从句法角度区分词类，但也有不自觉地从语义或语用区分词类的，今后应该自觉地从三个不同角度区分词类，并结合起来综合构建实用的汉语词类体系，这将有助于汉语词类区分的系统化、完善化。

2、多层级分类的原则

词类可先分成大类，然后可在大类中不断进行下位分类，比如就汉语词句法分类来说：首先分为实词和虚词两大类；在实词中又分出名词、动词、形容词、副词等；在虚词中又分出介词、连词、助词等；在动词中又分出及物动词和不及物动词等。显然，下位的类和上位的类在逻辑上是属于不同等级的。词的语义分类和语用分类也可以采取多层级分类。

3、单一标准的原则

分类要讲究逻辑，逻辑分类只能采取一个标准，多标准等于没标准。虽然不同的角度或不同的层级分类标准不尽相同，看起来整个词类区分好像用了多个标准；但是在某个角度上或某个层级上都只能使用单一标准。如词的句法分类，就只能根据单一的句法功能标准，而不能兼用意义标准或语用功能标准。讲词的语用分类就只能根据单一的语用功能标准，而不能兼用意义标准或句法功能标准。又如同是句法功能标准，不同层级应采用不同的句法功能标准，比如在形容词和副词这个层级，区别它们是根据能否作谓语和定语这个句法功能；在及物动词和不及物动词这个层级，区别它们是根据能否带宾语这个句法功能。

4、从静态短语求句法功能和语义功能、从句子求语用功能的原则

从静态短语中词的句法功能和语义功能一般就可确立词的句法类别和语义类别。实词的句法分类，原则上在静态短语里（不必进入句子）就可以确定，如静态主谓短语中作主语的是名词，作谓语的是谓词（广义动词）。实词的语义分类跟动核结构有关，而基干动核结构是由静态主谓短语表示的，所以也就可以在静态短语里确定实词的语义类别，如静态主谓短语中作主语的是动元词（名物词），作谓语的是动核词（述说词）。至于词的语用类别，则要视其在句子中的语用功能而定，如代词的确立，就是根据它在句子中的代替功能；语气词的确立，就是根据它在句子中的语气表达功能。

5、凭借功能形式来探求并验证功能意义的原则

语法功能是个语法范畴，而语法范畴都是语法意义和语法形式的统一；所以无论是句法功能、语义功能还是语用功能，它们都既含有意义又含有表现意义的形式。意义是隐层的、内蕴的，形式是表层的、外显的。意义容易见仁见智，而形式比较显豁，所以在给词分类的时候，凭借形式去探求、验证并说明语法功能是条通途。就词的句法分类而言，就要凭借表示句法功能的一切形式特征，包括广义的形态（有的称为分布，有的称为句法位置，有的称为词与词的结合形式，有的称为句法框架，有的称作语法特点）和标志句法功能的狭义形态。如汉语名词的句法功能的主要形式是：a. 能出现在静态主谓结构的主语位置上，b. 表数量的词语能置于它的前边，c. 能放在介词后边组成介宾短语，d. 助词"们"能附着在指人名词后面。词的语义功能和语用功能也要凭借形式，如动核词语义功能的形式是能出现在静态主谓结构的主语后的谓语中心词的位置上,三价动词的语义功能的形式特征是在静态的主谓结构中能联系着三个名词;又如代词的语用功能的形式,是一般置于句子中所指代的先行词之后,并且可以用先行词替换。

6、分清"一般和特殊"以及"经常和临时"的原则

这是指要分清词的一般功能和特殊功能以及经常功能和临时功能。就句法功能而言,静态语境中的功能是一般功能和经常功能,动态语境中的功能在多数情况下跟一般功能、经常功能一致,但在有些情况下跟一般功能、经常功能不一致。比如动词、形容词句法的一般功能是作谓语,但有时可作主语就是特殊功能。词的特殊功能必有一定的句法限制条件。词在句子中的临时功能往往是修辞上随情应境的用法,如形容词"绿",在"绿草""花红柳绿"中作定语、谓语是"绿"的经常功能,而在"春风又绿江南岸"中的"绿"带宾语(作"使动词"用)则是"绿"的临时功能。词的分类或定性应当根据词的一般功能和经常功能,而不应该根据词在具体句里的特殊功能和临时功能。

三、关于汉语词类的体系问题

(一)汉语词类层级中的一些问题

学界公认汉语词类体系是个层级系统,但汉语词类的层级系统究竟分多少层级和各个层级如何分类也还是有不同的意见的。就汉语词的句法分类而言,一般是这样分层级的:

第一层级。一般分为实词和虚词。[①] 在这个层级上,主要是拟声词

[①] 但也有跟一般语法书的观念很不一样的,如郭锐《现代汉语词类研究》第一级分为组合词和叹词,第二级把组合词分为实词和虚词。认为虚词也能充任句法成分,这和一般人的观念很不一样。

和感叹词的地位如何摆的问题。过去较多的语法论著把这两类词放在虚词里;但也有放在实词里的,如黄伯荣、廖序东主编的《现代汉语》。现在较多的语法论著把这两类词看作跟实词、虚词并列的一个类,如胡裕树主编的《现代汉语》称其为的"特殊词类",邢公畹主编的《现代汉语教程》称其为"特类"。郭锐的《现代汉语词类研究》把这两类词分别对待:拟声词放在实词里,感叹词放在实词虚词之上的更高一层级的类(与组合词并列)。笔者《语法理论纲要》则把实词分为两类:理词(名词、谓词、定词、状词)和情词,把拟声词和感叹词归为"情词"。[①]如何处理拟声词和感叹词仍然是一个棘手的问题。

第二层级。一般在实词和虚词下进行下位分类,把名词、动词、形容词、数词、区别词归在实词类没有异议,但副词、量词、方位词、代词归在实词还是虚词,人们就有不同看法:有的看作实词,有的看作虚词。至于介词、连词、助词、语气词归入虚词一般较少有异议(但也有人认为某些虚词不是词,而是词尾或词缀)。

如果严格地按照句法功能对立关系来区分词类,可以把实词先分为名词、谓词(包括形容词)、定词(包括数词、指词、区别词)、状词(包括副词、方式词)四类。这样,在汉语实词类体系中构成了一个对称的系统:名词和谓词对立,定词和状词对立;定词和名词发生限饰关系,状词和谓词发生限饰关系。

形容词和狭义动词并列有共识,但把它们放入谓词还是取消谓词这一级有不同看法。区别词又称非谓形容词,专门用来作定语限饰名词。两个不同的名称反映着两种不同的认识:称为区别词的认为它的

[①] 以上各家可参看黄伯荣、廖序东主编《现代汉语》第312、319页,甘肃人民出版社,1983年;胡裕树主编《现代汉语》(增订本)第331页,上海教育出版社,1981年;邢公畹主编《现代汉语教程》第220页,南开大学出版社,1992年;郭锐《现代汉语词类研究》第179页,商务印书馆,2002年;范晓、张豫峰等《语法理论纲要》第112—113页,上海译文出版社,2003年。

主要句法功能和形容词对立；称为非谓形容词的认为它的主要句法功能和能作谓语功能的形容词对立。另外，状态形容词（"雪白、绿油油"之类）是放在形容词里还是把它从形容词里拿出来，使之和动词中表示状态的动词（"腐烂、瘫痪"之类）合为一类（都不能受程度副词修饰和不能直接作定语），学界也有不同的意见。

有一类词（"肆意、大力、埋头、全速、悄悄"等）跟副词一样在谓词前专门用来作状语的，有的称之为"情态副词"，有的称之为"唯状形容词"。这类词跟一般副词不完全相同：副词可以作形容词的状语，而这类词不能；副词主要表示限制（时间、程度、否定、范围等），这类词主要表示修饰（方式）；副词是封闭性的，这类词是开放性的。这类词的主要句法功能跟其他副词一样，都是作状语，所以本质上还是属于副词。但由于它有自己的特色，所以不妨把这种表示动作情状或方式的副词称为"修饰性副词"，而其他副词则可称为"限定性副词"。

第三层级。名词、谓词、定词、状词数量最多，可以根据它们各自内部的功能对立分别再进行下位分类，如谓词可分为动词、形容词、助动词、形式动词、代谓词等，定词可分为数词、指词、区别词、代定词等。这第三层级究竟怎么分，分成多少类、哪些类，可以进一步研究。

第四层级。有些重要的词类还可以进一步下分，如谓词中的动词可以分为及物动词和不及物动词等。

（二）关于代词问题

"我、你、他、你们、他们、这、那、谁、什么、怎样、怎么"等词，一般教科书上都称作代词。代词究竟是实词还是虚词，过去有不同看法。现在大家认识到实词和虚词的区分，不是看意义是实在还是虚灵，而是看它在句法结构中能否充当句法成分。由于这样的认识，一般都认为

代词应归入实词类。关于代词性质的定位,学界有四种看法:

第一种,根据"代替"功能,统称为"代词"。自马建忠的《马氏文通》起,就把这类词称作代词,下分指名代词、接读代词、询问代词、指示代词四类。以后一些带有传统色彩的语法论著大多因袭了这样的分类(只是去除了"接续代词",或术语有点变化)。1956年《暂拟汉语教学语法系统》把代词定义为"代词是代替名词、动词、形容词、数量词的词",并把代词分为人称代词、指示代词、疑问代词三类,从此一般语法教科书大多采用这样的分类和说法。

第二种,根据句法功能,把代词分为不同的类。早期黎锦熙的《新著国语文法》曾把能代替名词的称作代名词,把不能代替名词的分别归入形容词、副词。按照句法功能分类影响比较大的当推赵元任和朱德熙。赵元任的《汉语口语语法》把代词分为:代名词(包括人称代名词、指示代名词、疑问代名词)、代动词、代形容词、代副词。朱德熙的《语法讲义》强调指出:"就语法功能说,有的代词是体词性的(我、你、他、什么),有的是谓词性的(这么样、怎么样)。"所以该书把代词分为体词性代词和谓词性代词两大类。但在说明代词时,又根据语用功能把代词分为人称代词、指示代词、疑问代词三类。[①]

第三种,根据指称的性质来定性和分类。吕叔湘的《中国文法要略》把这类词称作"指称词(称代词)",下面分为三身指称("我、他"等)、确定指称("这、那"等)、无定指称("谁、什么"等)。吕叔湘的《语法学习》则根据指称的情形把代词分为有定代词和无定代词两大类。有定代词有"我、你、他、这、那、这个、那个"等,无定代词有"谁、什么、哪个、怎么、怎么样、哪里、几时、多少"等。但该书还从另一角度又分出身称代词("我、你、他"等)、指示代词("这、那、这个、那

[①] 赵元任《汉语口语语法》第280—290页,商务印书馆,1979年;朱德熙《语法讲义》第80—81页,商务印书馆,1982年。

个、这么、那么"等)、疑问代词("谁、什么、哪、怎么、怎么样"等)。①

第四种,混杂分类。王力的《中国语法理论》把代词分为7类:人称代词("我、你、他"等)、无定代词("人家、别人、某"等)、复指代词("自、自己"等)、交互代词("相"等)、被饰代词("者"等)、指示代词("这、那"等)、疑问代词("谁、什么、怎么"等)。他是用了不同的标准:有根据其在句子中的表达用途的,如人称、指示、疑问,有根据指称性质的,如分为有定、无定。多标准混杂分类难免出现交叉,如疑问和无定,就是根据不同标准命名的。②

笔者认为,"我、你、他、它、我们、你们、他们、这、那、每、各、谁、什么、那、怎样、怎么、几、多少"这类词,如果着眼于语用功能,替代和指称都可以看作这类词的语用功能,则可以称其为代词或指称词,这样的分类是词的语用分类。如果着眼于句法,则可以分别归入名词、谓词、定词、副词。当然也可以把两者结合起来:或先从语用角度称其为代词或指称词,然后下位分类时再分出代名词、代谓词、代定词、代副词;或先考虑其句法功能,再考虑其语用功能,即在词类中分别归入名词、谓词、数词、副词,然后在名、谓、数、副的下位分类时再分出代名词、代谓词、代定词、代副词。

(三)关于量词和"数量词"问题

现代汉语中的"个、只、本、条、块"等词,大多数论著把它们称为量词,放在名词或体词内,并且看作为实词。如果严格根据句法功能来分类,这样的处理很值得怀疑。能否作句法成分是实词与虚词的根本区别。量词的主要功能是附着在数词或指词之后跟它们构成量词短语

---

① 吕叔湘《中国文法要略》第153—184页,商务印书馆,1982年;《语法学习》第47—54页,中国青年出版社,1953年。
② 王力《中国语法理论》(下册)第1—80页,中华书局,1955年。

（数量短语或指量短语）；它一般情况下不能单独作主语或宾语，也不能充当其他的句法成分。① 由此看来，量词是虚词而不是实词（或名词）。

目前语法学界流行"数量词"这个术语。这个术语在逻辑上就有问题：首先，数词和量词既然各自独立成类，那么"数词+量词"（"一本、三个、五条"等）是两个词的组合体，这就不是词，而应是短语（数量短语）。其次，还有"指词+量词"（"这个、那位"等）的短语（指量短语）如果称作"指量词"（一般语法书只提到"数量词"而回避"指量词"），同样不合逻辑。可见把数量短语称作"数量词"是有问题的。

（四）关于方位词

"上、下、里、外"之类的方位词，学界也有不同意见。过去《马氏文通》曾把它看作形容词，现在大部分语法书把它看作名词或名词的附类。方位词在古汉语里确实是一种名词；但单音节的方位词发展到现在已演化为虚词，因为它一般不单独作句法成分，主要功能是附着在实词（主要是名词）或短语之后，构成方位短语。② 至于复合的方位词，有的不能单独作句法成分（"之下""之内"等），可看作虚词；有的有时置于实词之后组成方位短语，有时能单独作主语或宾语（"上面、前面"等），不妨看作兼类词：附着在实词后的是方位词（属虚词），能单独作主宾语的是名词（属实词），③ 正像有些词（如"在、到、向、用"等）是介词和动词兼类（虚实相兼）一样。

---

① 量词重叠可以作某种句法成分，如"条条道路通罗马"，这是因为量词重叠表"每一"的意思。在"来杯茶""唱支山歌"中的量词前实际上省略了"一"。

② 现代汉语中单音节方位词单独不能作句法成分，方位短语可充当某种句法成分。某些成语或俗语中的单音节方位词可充当某种句法成分，如"上有天堂，下有苏杭"中的方位词"上、下"充当主语，这可看作古汉语的遗留。

③ 复合方位词作主宾语一般有语境（有个参考点），它作为名词一般表示处所，也有表示时间的。

(五)余说

汉语句法词类体系中还有不少问题,如介词问题、助词问题、语气词问题、连词问题都还有一些值得进一步讨论的地方,这里不一一细说了。上面主要讨论了汉语句法词类体系,至于词的语义类别和语用类别,研究得很不够,需要人们去开垦、去耕耘,要讨论的问题就更多了。

词的功能分类

在词类区分问题上,虽然许多语法学家都主张功能分类,但对功能的理解以及如何运用功能标准区分汉语词类方面,却存在一些分歧,导致各家的词类体系以及对各个词类的描写说明都有差异。因此,对汉语词的功能分类,是很有必要进一步进行讨论和探索的。

一、词的功能是什么

这里说的"功能",一般语法书常笼统地说"语法功能",实在是指词的"句法功能"。

(一)关于词的功能,语法学界有四种代表性的说法

第一种 指词在句子里担任某种句子成分的能力。王力可作为这种说法的代表。他说:"……从句法功能去看汉语的词类,譬如说,用作主语和宾语的词一定是名词,用作定语的词一定是形容词,用作状语的词一定是副词,用作叙述句的谓语中心的一定是动词,等等,我们可以把这个原则叫做功能论。"[1]

第二种 指词与词的结合能力。方光焘可作为代表。他说:"功能是指一语言要素与另一语言要素排它地相结合的能力。"又说:"功能这一

---

[1] 王力《汉语实词的分类》,《北京大学学报》1959年第2期。

术语就目前的作用看,至少有两种含义:(1)一词与他词的结合能力,(2)词在句中所担任的职务。……词与词的结合能力就是我们所说的功能。"[①]

第三种 指词在句法结构中的活动能力。陈望道可作为代表。他说:"功能,就是词在语文组织中的活动能力","具体表现为词和词相互结合的能力和词在句子里担任一定职务的能力。"[②]

第四种 指词的句法分布。朱德熙可作为代表。他说:"所谓功能指语法形式的分布的总和","说得准确一点,一个词的语法功能指它所占据的语法位置的总和。"[③]

上面四种功能论,是有区别的。特别是第一种功能论,实质上是句子成分定类论,像黎锦熙的"依句辨品"和傅东华的"一线制"便是贯彻这种功能论的极端主张。这种把词类区分和句子成分全面对当的分类法不应该看作功能分类,这一点,朱德熙早在1955年就指出了[④]。其他三种功能观,大方向一致,但也还有差别。

(二)功能的定义和功能的表现形式

要给词的功能下定义,以下几种说法似乎都可以成立:

一是指"词与词的结合能力",二是指"词在句法结构中的活动能力",三是指"词和词之间的结合关系"。这些说法虽用语不同,实际上是一样的。但这些说法还是简单的和笼统的,还不能凭此区分词类。因此,讲功能分类时,不但要知道语法功能的概括定义,更重要的是说明功能的表现形式。对于功能的表现形式,主要有三种说法:

---

① 方光焘《汉语词类研究中的几个根本问题》,《方光焘语言学论文集》,江苏教育出版社,1986年。
② 陈望道《文法简论》第40、42页,上海教育出版社,1978年。
③ 朱德熙《现代汉语语法研究》第49页,商务印书馆,1980年;《语法答问》第14页,商务印书馆,1985年。
④ 参看朱德熙《在北大科学讨论会上的发言》,《语言学论丛》第4辑,上海教育出版社,1960年。

1、词的"广义形态"

方光焘认为词的广义形态是功能的表现形式。他说功能是"意义部",不能凭它分词类,而主张"由功能决定的、表达一定关系的结构"即用广义形态来区分词类,也就是根据词与词的结合形式(如"一块墨、一块铁"之类)来分类。胡附、文炼也主张广义形态分类。[①]

2、词在语法结构中的"分布"

朱德熙认为词的语法功能就表现在"分布"上,即词在句法结构里所能占据的位置。他举了形容词的功能分布,表现为:a. 前加"很";b. 后加"的";c. 后加"了";d. 作谓语;e. 作定语。[②]

3、词的"结合能力"和"职务"

陈望道认为功能表现在两方面:(a)这个词和那个词的结合方面;(b)词在句子中的职务,即作什么句子成分。就以用词(即谓词)来说,它表现为:a. 在句子中能作谓语;b. 能与副词结合,受副词修饰。[③]

上述三种说法是有差异的:方氏认为功能属意义方面,而区分词类要凭形态,因此他认为不能根据功能区分词类,主张根据广义形态来区分词类。陈氏、朱氏虽然具体说法不一,但还是主张根据功能来区分词类,而且所说的功能实际上包括着词和词的结合形式,以及一个词在句法结构里作某种句法成分的情形。

(三)功能和意义的关系

"意义"这个术语很复杂。在区分词类问题上,主要涉及两种意义,一种是词汇意义或概念意义,另一种是词的功能类的意义,即词类

[①] 参看方光焘《体系与方法》,《语文周刊》1939年第28期;胡附、文炼《现代汉语语法探索》第74—91页,东方书店,1955年。
[②] 参看朱德熙《语法讲义》第37、38页,商务印书馆,1982年。
[③] 参看陈望道《文法简论》第42、69页,上海教育出版社,1978年。

意义、语法意义。通过词类问题的讨论，语法学界绝大多数都认识到不能根据词汇意义区分词类，已很少有人公开主张凭概念来分类。但是也还有些学者不大舍得完全放弃这种意义：有的说意义可以作为"参考标准"；有的说意义和功能"应该并重，不可偏废"；有的说功能分类时要"兼顾意义"。

笔者认为，词的词汇意义是功能的基础，但不应该作为区分词类的根据或标准。"根据词的意义划分词类是行不通的"，"划分词类的根据只能是词的语法功能"[①]。而"参考"论、"兼顾"论、"并重"论的实质还是多少用上了意义标准或者说是多标准。意义标准行不通，多标准违反形式逻辑，所以也难以成立。至于功能本身的意义，区分词类时是应当注意的，比如：名词这个词类的语法意义（类意义）一般称之为"事物"（或"名物"）；这种名词的功能意义是跟名词的功能形式相联系并通过它表现出来的。虽然它跟词汇意义的"事物"有某种联系，但不是一码事，比如"动作、思维、战争"都是名词，功能意义是"事物"，而在词汇意义上，它们相应地跟"动、思考、打仗"等动词是相近的。

（四）功能和狭义形态的关系

狭义形态是一个词的不同的语法变化形式，它是词的语法功能的标志。印欧语狭义形态比较丰富，可凭借狭义形态区分大部分词类。用狭义形态区分词类，从根本上说也是功能分类，因为狭义形态决定于功能。汉语狭义形态不丰富，但也有一些，如动词重叠表示短时态（尝试态）。汉语虽然不能凭借狭义形态来区分大部分词类，但也可以利用有限的一些狭义形态来辨别某些词类。汉语主要凭借"广义形态"或"分布"来区分词类。

[①] 朱德熙《语法答问》第10、11页，商务印书馆，1985年；《语法讲义》第37页，商务印书馆，1982年。

(五)功能和广义形态的关系

广义形态除了单个词儿的形态变化外,还包括词与词的结合形式。广义形态也是功能决定的,也可以说是功能的表现形式。语法功能这个范畴,本身也是语法形式和语法意义的统一,如果"事物"是名词所表示的功能意义(语法意义),则"一块墨""一支笔"之类的广义形态就是汉语名词所表现的功能形式(语法形式)。意义是无形的,是看不见摸不着的,所以不仅不能根据词汇意义区分词类,也无法凭借语法意义辨别词类;区分词类只有借助于功能所显现出来的形式,才能认清词的功能并给以分类,也才能控制词的语法意义。从这个意义上说,汉语可以借助广义形态分类。但是词类的本质是功能范畴,而广义形态是功能的表现形式,所以用广义形态分类实质上也是根据词的功能来分类。

(六)功能和分布的关系

所谓"分布",就是指词在句法结构里所能占据的语法位置。分布实质上也是功能的表现形式。分布跟广义形态都是着眼于词的功能的形式,都是从形式出发来辩认词类的,所以没有本质的不同。但"广义形态"论者和"分布"论者在对功能形式的范围及其在区分词类中的地位的理解上有一定的差异:第一,广义形态论明确申明区分词类要根据形态而不能根据功能;分布论则认为分布就是功能,因此用分布分类就是功能分类。第二,广义形态论只讲词与词的结合形式而不讲词作某种句子成分的形式,分布论则包括词与词的结合形式和在句法结构中作某种成分的形式。笔者认为,词类是词的功能类,应当从功能所表现出的语法形式出发,也就是要从"广义形态"或"分布"出发来替汉语词进行分类,这样的分类比较科学。当然,凭借功能形式区分词类,仍应看作是词的功能分类。

（七）应当把词类区分的根据和词类区分的辨别方法（或手段）区别开来

词类是词的语法功能的类，所以词类区分的根据应当是而且只能是词的语法功能（指句法功能）；但辨认词类的方法（或手段），则要凭借功能的形式，而这种形式在不同的语言里往往是不一样的，有的语言凭借"狭义形态"大体上就可分出类来（当然它也可以凭借"广义形态"或"分布"），有的语言（比如汉语）由于狭义形态比较贫乏，则必须凭借"广义形态"或"分布"才能分出类来。这犹如生物的性别分类，性别分类的根据是生物的性（生殖）功能，能够产生精细胞的是雄性，能够产生卵细胞的是雌性。辨别生物的性别时，一般凭借性功能的外在形式（包括性器官的外貌及其他的外貌形式），而不必解剖生物体去寻找；但是，不同的生物性功能的外在形式也各不相同，因此从形式辨别生物的性别，恐怕也要因物而异。

（八）语法功能和语法性质、语法特点的关系

有的语法著作在区分词类时，除了说到语法功能外，还提到语法性质、语法特征（或语法特点）等术语。这些概念跟功能也是有密切关系的。所谓语法性质，实质上是指词的句法功能性质，比如"电灯""桌子"是名词性的，"写""吃"是动词性的，等等。短语也有语法性质，比如动宾短语的语法性质是动词性的，定心短语的语法性质是名词性的，等等。至于语法特点，语法学界就有不同的说法了。朱德熙说："词类的语法特点指的是仅为此类词所有而为它类词所无的语法性质。"黄伯荣、廖序东说：词的语法特征"包括词的形态特征，词与词的组合能力和充当句子成分的能力"。王维贤、卢曼云说："词的最重要

的语法特点是词的句法功能。"[①] 这些说法虽有不同,实质一样。词类的语法特点或特征就是指某个词类在句法功能方面的特点。

二、功能分类的几条原则

关于词的句法功能分类,本文提出分类的几条原则:

(一)要分清必有功能和非必有功能

一类词往往有许多功能,其中有的功能是该类词必有的,即为该类词中的每个词都具有的。例如动词能接受副词修饰,能作谓语或谓语中心词,这是动词的必有功能,又如后加量词是数词的必有功能,等等。在给词进行分类、厘清汉语词类体系时,要重视词的必有功能。有的功能并不是该类词必须具有的,为非必有功能,例如动词带宾语(只有部分动词有这样的功能),作主语、宾语(有条件的),便是它的非必有功能。非必有功能在划分大类时作用不大,但其中有些对区分大类中的次类或小类,或者替某些词归类时还是有用的,如在静态短语里不能带宾语的动词是不及物动词。

(二)要分清主要功能和次要功能

在词类的必有功能中,有些功能对该类词的性质起决定性的作用,也就是说,在确定该类词时要以它作为主要根据的,称为主要功能。比如,能作主语、宾语,能作定语,能后加"的",能前加定语,等等,都是名词的必有功能;但在确定并描写名词时,能作主语、宾语和能前加定

[①] 上面对"语法特点"或"语法特征"的不同说法,参看朱德熙《语法答问》第16页,商务印书馆,1985年;黄伯荣、廖序东主编《现代汉语》(修订本下册)第311页,甘肃人民出版社,1985年;王维贤、卢曼云《现代汉语语法》第11页,浙江人民出版社,1981年。

语这两项功能有"优先权",所以它们是名词的主要功能。次要功能虽然不能作为定类的主要根据,但在替该类词跟其他类词划界时,以及区分大类中的小类或替某些词进行归类时也还是有用的,比如作定语是名词的次要功能,但这项功能可使名词跟副词区别开来,因为副词不能作定语。

(三)要分清专有功能和非专有功能

只属某类词所具有而别类词没有的功能,为专有功能,比如,后加量词("三本""这本"之类)是数词和指词所专有的,就是数词和指词的专有功能。又如后加动态助词("了、着、过"之类)是谓词的专有功能。专有功能对词的分类和归类都是十分重要的。有的专有功能本身就是该类词的必有功能和主要功能,可凭它定类,如能后加量词的词一定是数词或指词。有的专有功能虽然不是该类词的必有功能,即该类词不一定都有这种功能,但为其中一部分所专有,也可决定词类,比如后加动态助词,虽然不是全部谓词所必有的功能,但能后加动态助词的必定是谓词,当然,修辞上名词临时用作动词后加动态助词"了、着、过"之类是例外。所以专有功能是分类和归类中的充分条件。至于非专有功能就不能依靠它来区分词类,比如作定语的功能,形容词、名词都具有这种功能,所以它既不是名词专有,也不是形容词专有,就不能以此定类或分类。

(四)要分清共有功能和特有功能

共有功能包括两方面的含义:一是同类的词必有共同的功能,比如副词都能作状语,这是副词类的共有功能;二是异类的词也可能有共同的功能,比如动词和形容词都能作谓语,便是动词、形容词的共有功能。又如作定语是名词、形容词、区别词共有的功能。对于同类词含有共有功能,比较容易理解。对于异类词含有共有功能,情况就比较复杂。这有两种情形:一种是可根据共有功能将异类词合为一个大类,比如动词和形容词有作谓语这个共有功能,就可合为谓词这个大类。另一种共有功能却不能合为大类,如不能根据作定语这项共有功能把名词、形容词、区别词合为一类。特有功能是指异类词之间带有对立性的有区别的功能,这是在一类词跟另一类词的比较中才显现出来的,例如形容词和副词比较:作定语、作谓语是形容词的特有功能,副词则不能作定语和谓语。根据特有功能,就可以把形容词和副词区别开来。前面讲的专有功能,也属特有功能之内。在替一类词和另一类词划界时,最重要的,是要寻找它们的特有功能。

（五）要分清经常功能和临时功能

一个词的常有功能叫作经常功能,比如名词"风",它的经常功能是作主语、宾语,接受定语修饰,但在"春风风人"里,第二个"风"却出现在谓语动词的位置上,这是临时作动词用,是修辞上的"转类"。凡修辞上的转类,都是一个词的临时功能。分类和归类,应当根据词的经常功能,而不应该根据词在具体句子里出现的临时功能。

（六）既要重视"正反应",也要重视"负反应"

所谓"正反应",就是该类词具有某种功能;所谓"负反应",就是该类词不具有某种功能。比如副词,能作状语是"正反应";不能作定语、谓语是"负反应"。如果要把副词跟形容词、动词区别开来,单讲副词的"正反应"还不够,因为某些形容词和动词也能作状语;所以还得讲"负反应",当副词跟形容词、动词划不清界限时,那不能作定语或谓语的就是副词,例如:"突然"和"忽然","突然"能作定语、谓语,是形容词;"忽然"不能作定语、谓语,是副词。又如名词和谓词的区别,也可讲"正反应"和"负反应"。名词的主要语法功能是作主语、宾语（正反应），一般不作谓语（负反应）；谓词的主要语法功能是作谓语或谓语中心词（正反应），一般不能作动作动词的主语、宾语（负反应）。

（七）要充分利用狭义形态

狭义形态是功能的标志，某种功能如果有标志，就要充分利用。例如汉语动词重叠表短时态（尝试态）这种狭义形态，虽然不是所有动词都有这种形态，但具有这种形态的必然是动词。所以这种狭义形态可以当作充足条件而加以利用，这正像教师和学生的区别根据不在校徽的颜色，而是他们的社会身份功能，但如果戴上了红校徽或白校徽，区别时一目了然。其他如"了、着、过、们"等，倘若看作形态标志，也可充分利用：能带助词"了、着、过"的是谓词，能带助词"们"的是名词。

（八）要充分利用特定的功能框架

功能框架是指同一词类的词能进入某一空位的结构格式，功能框架中的空位标示着某类词在句法结构里的语法位置。区分词类时可以设置功能框架，比如出现在"数+量+[ ]"框架而不能出现在"不+[ ]"框架空位中的词类，一般是名词，又如"很+[ ]"框架空位中的词类是形容词。但有些动词也有前加"很"的情形，如"很想""很喜欢""很有办法"，如果要把前加"很"的动词跟前加"很"的形容词区别开来，可以设定另一框架，即"很+[ ]+宾语"，能出现在这个框架空位中的词类是动词，形容词不能出现在这个框架空位的位置上。

（九）根据功能的对立采取多级分类

朱德熙指出："任何语言单位的分类都是以这些单位之间的对立关

系为基础的。"① 词的分类同样如此。词类功能的对立可以出现在不同的层面，比如名词跟谓词的功能对立是一个层面，动词跟形容词功能的对立却是另一个层面。不同层面的词的功能对立，反映出词类体系是一个层级系统。通常首先根据能不能充当句法成分，把词类分为实词和虚词两个最大的类。然后再下分，比如实词可以根据功能对立再分成四类：主要作主语、宾语，一般不作谓语的是名词；主要作谓语或谓语中心词，一般不作动作动词所联系着的主语、宾语的是谓词；主要作定语而一般不作状语的是定词（也称限定词、点别词，包括区别词、指词、数词）；主要作状语而不能作定语的是副词。然后，在名、谓、定、副等词类内部还可以根据某种功能上的对立再进行下位分类。这种多级分类用的还是单一的功能标准，但在不同层级或不同层面所凭借的功能意义及其表现形式不完全一样。

三、汉语功能分类中几个有争议的问题

（一）代词的类别问题

吕叔湘指出："代词这个类，成员不很多，可是相当复杂。原因是代词不是按句法功能分出来的类……其所以能提出来自成一类，因为有一个共同的特征叫做'代'。"② 由于这个缘故，对代词这个类历来有争议，无非是两种意见：一种是主张取消代词，认为所谓代词，"没有一个共同的功能，因此无法加起来成为一个词类……代词这个词类是不存在的"③。另一种意见认为代词有"替代作用"，这是代词的共性，所以

---

① 朱德熙《现代汉语语法研究》第 209 页，商务印书馆，1980 年。
② 吕叔湘《汉语语法分析问题》第 42—43 页，商务印书馆，1979 年。
③ 陈乃凡《关于代词》，《中国语文》1955 年 4 月号。

可归为一类。如果要彻底贯彻功能分类法,笔者以为首先要考虑这类词的句法功能,然后再考虑它的替代作用。这样,可把具有名词功能的代词称作代名词,具有谓词功能的代词称作代谓词。代名词是名词内部的小类(名词内可分一般名词、处所词、时间词、代名词等),代谓词是谓词内部的小类(谓词内可分动词、形容词、代谓词等)。

(二)要不要设"定词"一类

陈望道在《文法简论》中设立"点词"(包括数词、指词),朱德熙在《语法讲义》中设立"区别词"。这样的设类跟过去通行的语法教材不一样,但却是很有见地的。如果严格地按照功能对立关系来区分词类,笔者认为可以进一步把数词、指词、区别词(有的称作"非谓形容词")合为一个大类,称作定词(也可称"限定词"或"点别词"),因为这些词的共有功能和主要功能是用来作定语修饰名词。这样,在汉语实词类体系中构成了一个对称的系统:名词和谓词对立,定词和副词对立;定词和名词发生关系,副词和谓词发生关系。

(三)量词是实词还是虚词

现在流行的大多数语法教科书或专著都把量词看作实词,把它放在名词内作为名词的小类或附类。如果严格根据功能来分类,这样的处理是值得怀疑的。量词的主要功能是附着在数词或指词之后,跟它们构成量词短语(数量短语或指量短语,如"三本书""那本书");它不能单独作主语或宾语,更不能充当其他的句法成分,由此看来,量词是虚词而不是实词(名词),因为能否作句法成分是实词与虚词的根本区别。

(四)方位词的处理

方位词在语法学界也有不同意见,过去《马氏文通》曾把它看作形容词,现在大部分语法书把它看作名词一个小类或附类。方位词在古汉语里本来是一种名词,但发展到现在,也开始虚化了,它的主要功能是附着在实词(主要是名词)或短语之后,构成方位短语。特别是单音节的方位词,一般不单独作句法成分(有例外),似可看作虚词。复合的方位词有的不能单独作句法成分("之下""之内"等),有的有时出现在实词之后组成方位短语,有的有时能单独作主语、宾语。对于复合方位词似可看作兼属方位词(虚词)和处所词(有的是时间词):附着在实词后的是方位词,属虚词;能单独作主语或宾语的看作名词中的处所或时间词,正像不少介词跟动词虚实相兼一样。[①]

(五)关于词的归类问题

在根据功能标准区分词类时,有时会遇到有些词有甲类词的功能,又有乙类词的功能,那么这类词该如何处理,是看作甲类词呢,还是看作乙类词、兼类词,或者看作两个不同的词? 这是一个相当复杂而争论较多的问题。以名词和动词功能发生的交织情况为例,主要有以下几种情形:

第一种 以"锁"(比较"没锁门"和"一把锁")、"代表"(比较"不能代表大家"和"三位代表")为例,它们有着两套功能,一套是名词的全部功能,一套是动词的全部功能,词汇意义虽有联系但有明显的差别,一般语法著作把这类词看作"一词多类"或"兼类词"。如果考虑到功能和词汇意义的显著差别,似也可看作分化为两个不同的词。有的词发展过程中甚至语音也起了变化,例如"墙上有只钉"的"钉"(dīng,名词),"钉马掌"的"钉"(dìng,动词),又如"心中有数"(shù,名词)和"数了三遍"的"数"(shǔ,动词),这类词实际上已明

[①] 参看田申瑛《语法述要》第 92 页,安徽教育出版社,1985 年。

显分化为两个不同的词了。

第二种　以"活"（比较"活起来了"和"庄稼活"）、"花"（比较"很花时间"和"五朵花"）为例，它们也有着两套功能，即在一种场合具有动词性功能，在另一种场合具有名词性功能，而词汇意义上却毫无联系，这类词是纯粹的同音词。当然在功能上也是不同类的词。

第三种　以"调查""研究""分析"为例，它们具有动词的全部功能，但在一定的条件下具有名词的某些功能（如作某些非动作动词的主语、宾语，可以受名词直接修饰），但词汇意义没有明显的变化，对这类词的处理，意见分歧很大，有的认为仍是动词，有的看作是"名动词"（动词中分出一个小类来），有的看作是"动名词"（成为名词里的一小类），有的称为"兼类词"。究竟怎么处理，是值得进一步深入研究和讨论的一个问题。

第四种　以"来""笑""反对"为例，这些动词在一定的条件下也可作主宾语，如"来也行，不来也行"，但不能直接受名词修饰。这类词在主宾语位置上时过去曾有人错误地认为名词化或变为名词了；现在一般都认为仍是动词，这是说得通的，因为动词虽然一般不作主语宾语，但在特定条件下是允许的。

第五种　以"春风风人""夏雨雨人"的第二个"风""雨"为例。这是修辞上的转类，即名词临时用作动词，"风""雨"仍应看作名词。

总之，处在功能交错情况下的具体特定词的情况是相当复杂的，在理论上涉及词的同一性问题以及静态动态问题，在定性归类时要非常慎重。

动词研究中的几个问题

动词这个词类很重要。我国语言学界对于汉语动词的研究表现在两方面：一方面，一些比较系统的语法论著都有关于动词的章节，许多著作中有关动词的论述是作者长期研究的结晶；另一方面，有相当数量的研究动词的专题论文。在这些著作和专题论文里，有不少真知灼见，还发掘出许多有关动词的材料，使动词研究深入化。总的来说，我国语言学界在研究动词方面是有一定成绩的。但就语法学发展对动词研究的要求来看，无论从深度或广度都很不够，有些问题还只是开了个头，对许多问题认识也还不一致。下面，就动词研究中所涉及的一些问题作一概述。

一、动词的性质问题

动词的性质涉及区分词类的标准。早期的一些语法著作，大都根据意义或概念来确定动词。例如马建忠说："实字以言事物之行者曰动字。"[①] 王力说："假如您注意到一只鸟在飞，这'飞'乃是那鸟的一种行为。又假如您注意到一个人在读书，这'读'乃是那个人的行为。凡行为都是一种动态，所以我们把这种表示动态的词叫做动词。"[②] 通过20世纪50年代的词类大讨论，语法学界明确了单纯从意义出发去确定动词是行不通的。

---

① 马建忠《马氏文通》第21页，商务印书馆，1983年。
② 王力《中国现代语法》第12页，商务印书馆，1985年。

在讨论词类问题时，也有人主张单凭狭义形态来区分词类、确定动词。如高名凯认为汉语没有狭义形态，所以也就没法区分词类，没法确定动词。他说像"解放"这样一个词，到底是动词还是名词，或者形容词，争论上二十年也得不到结果。① 这样的看法显然是不正确的，因此大家都不赞同。俞敏、陆宗达二位也主张凭狭义形态区分词类、确定动词，他们认为汉语有狭义形态变化，动词有特定的重叠形式，比如"飞"，可以重叠成"飞飞"，表示试一下儿的意思。② 但正如吕叔湘指出的："这一着实在高，就只可惜普遍性差点儿。"③ 通过讨论，大家认识到要单凭狭义形态来区分词类或确定动词也是有困难的。

经过20世纪50年代那场汉语词类问题的大讨论和这以后的一些专题研究，现在大多数的意见是：应当根据词的语法功能（也说"分布""广义形态"）来划分词类和确定动词；认为在区分词类时，要注意找到对内具有普遍性、对外没有开放性的那种语法特点。但是，对于如何来规定或描述动词，不同的语法体系也还是不完全一样的。汉语的动词究竟应该怎样来描述，怎样把动词的性质说得简明一些，也仍然是在进一步探索的一个问题。

二、动词的范围问题

汉语的动词，有广义和狭义两种观点。狭义的动词观是：动词跟形容词是实词中的不同的词类，动词跟介词是实词和虚词的对立。现

---

① 参看高名凯《关于汉语的词类分别》《再论汉语的词类分别》《三论汉语的词类分别》，见中国语文丛书《汉语的词类问题》，中华书局，1956年。
② 参看陆宗达《汉语的词的分类》、俞敏《形态变化和语法环境》，见中国语文丛书《汉语的词类问题》，中华书局，1956年。
③ 吕叔湘《关于汉语词类的一些原则性问题》，见中国语文丛书《汉语的词类问题》，中华书局，1956年。

今大多数语法著作持有这种看法。广义的动词观认为形容词合并于动词，即动词跟形容词放在动词的大类里，称之为"广义动词"，如赵元任、吕叔湘等持此观点[①]。

还有"助动词"（也称"能愿动词"）如何归属的问题，现在各家看法也不大一致。有的放在动词里边当作动词的一个小类，句法分析时常把这类词看作谓语，把这类词后边的谓词性成分分析为宾语；有的把它跟动词并立起来看成是不同的词类，句法分析时常把这类词后边的谓词看作谓语，而把这类词分析为状语。助动词在词类系统里怎么摆，显然也涉及动词的范围。

现在，语法学界比较一致的意见是，介词应当与动词区别开来，因为实虚差别是很大的。但对于形容词、助动词要不要归入动词的问题，意见不统一，似乎还可研究和讨论。

三、动词跟其他词类的划界问题

（一）动词跟形容词的划界

主张狭义动词的把动词和形容词看作两个不同的词类，当然有个划界问题。主张广义动词的把形容词看作广义动词的一个小类，似乎无动形之别，但既然是小类，仍然也有一个把形容词这个小类与其他的动词小类如何区别开来的问题。

在动词与形容词划界的问题上，曾经有过种种主张。有的提出用概念或意义的标准来划界，如说表示"动作行为"的是动词，表示"德性"的是形容词。这不好掌握，因为有些词究竟表示动作行为还是德

[①] 参看赵元任《汉语口语语法》第292页，商务印书馆，1979年；吕叔湘《汉语语法分析问题》第38页，商务印书馆，1979年。

性,见仁见智。有的主张根据词在具体句子中所充当的句子成分来区别,这就是"依句辨品"说。如说:词类"随他们在句中的位置或职务而变更",认为"用作述语的是动词,用作名词附加语的是形容词"[①]。问题是汉语的形容词也可作述语(即"谓语"),动词也可以作名词的附加语。依句辨品的结果,会造成词无定类、类无定词,所以行不通。有的主张根据重叠形式,如说双音节动词的重叠形式是ABAB,双音节形容词的重叠形式是AABB。但近年来很多学者经过研究发现,动词也有AABB式,形容词也有ABAB式,而且有些动词、形容词无重叠形式,所以也很难用这个标准来替动词和形容词划界。有的主张用带宾语的办法来区别动词和形容词,说能带宾语的是动词,不能带宾语的是形容词。问题是动词也不是都能带宾语的,形容词也有带宾语的情形,所以也难区别。有的用鉴定字"很"来替动形划界,说动词前面不能有"很"字,形容词前头可以加"很"。的确,形容词大都能跟"很"结合,但也有些形容词不行,而且有的动词前面也可有"很"字,所以也不能解决划界问题。还有的采用"很"和"带宾语"结合起来替动形划界,如说:"凡受'很'修饰而不能带宾语的谓词是形容词","凡不受'很'修饰或能带宾语的谓词是动词。"[②] 这种说法比前面各种区分法要严密一些,可以把较多的动词与形容词区别开来。但也还有麻烦,因为有些形容词既不能带宾语,也不能受"很"修饰(如"墨黑""红通通"之类);有些形容词在一定条件下也能带宾语(如"大他一岁""高他一头"之类);还有些词既能受"很"修饰,也能带宾语(如"丰富""饿""激动""麻烦"等)。看来,动形划界也还需要进一步探讨。

---

① 参看黎锦熙《新著国语文法》第一、二章,商务印书馆,1992年。
② 朱德熙《语法讲义》第55页,商务印书馆,1982年。

（二）动词跟介词的划界

介词大都由动词转化而来，有的介词跟动词的区别很明显，但许多介词转化得还不够彻底，因此动词跟介词也有纠缠之处。划界标准不一样，涉及介词的范围、数量以及动介兼类等好多问题。过去曾经有过"介绍"说，说介词是"介绍什么到什么"上去的一种词。但这很难说，真像饶长溶所指出的，有的动词也有"介绍什么到什么"的情形，如"有时候做得好""待会儿就去"中的"有""待"便是；① 反之，有的介词有时很难说介绍什么（如"被打"中的"被"）。现在多数语法著作认为动词能单独作谓语或谓语中心词，能单独回答问题，能用"X不X"式提问，而介词则不具备这种功能。有些典型的介词，如"把""自""被""从""关于""至于"之类，跟动词的区别比较清楚，但有些词就比较麻烦，如"在""到""用"等。比如一般认为"他在北京"里的"在"是动词，"他在北京工作"里的"在"是介词。可是后边这个作为介词的"在"也可以作谓语（如"他现在在北京"里的"在"），也可以用"X不X"提问（如"他在不在北京工作"里的"在不在"），也可以单独回答问题（如"他在哪里工作？——在北京"）。那么这个"在"的介词性又不明显了，碰到这样一些具体的词，动介之别又不大清楚了。所以动词和介词如何严格而准确地划界也还是一个疑难问题。

（三）动词和助动词的划界

吕叔湘说："助动词是个有问题的类。"② 确实如此。如果把人们所列举过的全部助动词统统罗列出来，从语法功能上检查一下，就会发现，其中有的是动词，有的是副词，有的接近动词，有的接近副词，所以

---

① 饶长溶《试论副动词》，《中国语文》1960年4月号。
② 吕叔湘《汉语语法分析问题》第41页，商务印书馆，1979年。

这个有问题的类跟动词划界的问题就更麻烦。看来先得把现在人们所说的助动词梳理一番,将那些很明显是动词或副词的词剔除出去,然后替那些典型的助动词跟一般动词划界。至于划界后放在动词里面作一个小类,还是与动词平起平坐独立成类,那要在划界的基础上权衡利弊作出妥善的安排。

(四)动词和名词的划界

动词和名词的对立本来应该说是比较清楚的。为什么有个动名划界问题呢?事情都是由出现在主宾语位置上的动词引起的。对处在主宾语位置上的动词怎么看待,有过争论。有的说已转成名词,有的称为动名词,有的称作"名物化",有的仍看作是动词。朱德熙、卢甲文、马真《关于动词形容词"名物化"的问题》一文发表后,平静了一个时期,似乎没有什么争论了。但近年来又有人提出挑战,为名物化问题"翻案"。看来这个问题还颇复杂,仍有继续研究和讨论的必要。而对这一问题的进一步探讨,可能会涉及一些深刻的理论问题,比如汉语动词作主宾语是无条件的还是有条件的,如何分析动词的兼类、活用与分化,汉语的向心结构如何确定等一系列的问题。

四、动词的分类问题

研究汉语动词内部的小类或次类如何划分的文章不少,曾经提出过各种各样的分类法。

(一)根据动词所表达的意义进行分类

根据动词所表达的意义进行分类比较典型的,如《普通话三千常用词表》把动词分成"表示五官和头部动作的","表示用胳膊、手的动作的","表示用腿、脚的动作的"等 15 个类别。早期的传统语法学著作大都根据意义来替动词内部分类,不过分出的类别有多有少。《中学教学语法提要》把动词分为七类,解释时也是根据意义。意义不是不可讲,如果既有意义上的解释,又能在语法特点上加以说明,那就比较有用。否则,意义分类见仁见智,在语法上无多大价值。《提要》分为七类,实际上这七类在语法上是各有特点的,但可惜只讲意义而不讲语法功能。

(二)根据动词带不带宾语或带什么样的宾语进行分类

一般都把动词分为及物动词和不及物动词两大类。在区分及物和不及物动词问题上,也曾经有过争论。有的不主张区分及物和不及物两类动词,认为"中国语之动词本无及物不及物的分别"[①]。有的认为分不分无所谓,只是理论问题,实用价值不大。多数主张区分,但在如何区分上又有不同意见:有的认为能带宾语的是及物动词,不能带宾语的是不及物动词;有的认为带不带宾语自由的是及物动词(或叫"两用动词"),一般不能带宾语,尤其不能带受事宾语的是不及物动词(或叫"单用动词");有的认为能带受事宾语的是及物动词,不能带受事宾语的是不及物动词;有的认为应该三分,必须带宾语的叫"连宾动词",不能带宾语的叫"缺宾动词",可带可不带的则不必另立专名。

及物动词和不及物动词是客观存在的,区分得好,有助于说明语法规律,究竟怎样来区别,可以进一步研究。更重要的,应当对及物不及物两大类再进行下位区分,如有的语法著作把能带宾语的动词分为体宾动词和谓宾动词,这样的分类对说明句法、句型都有帮助。但总的来说,如何脚踏实地地把及物不及物两类动词进行较系统的下位分类,这

---

① 高名凯《汉语语法论》第七章,商务印书馆,1986 年。

方面还做得不够,还有许多工作亟待我们去做。

(三) 根据动词在句中作谓语时所必需联系的名词性成分的数目进行分类

近年来,语法学界在讨论"向"(也称"价")的问题,但对于"向"的认识不尽一致。国内,朱德熙最先提及"向"这一概念,他在谈到"向"的分类时说:"只能跟一个名词性成分发生联系的动词叫单向动词,能够跟两个名词性成分发生联系的是双向动词,能够跟三个名词性成分发生联系的是三向动词。"[1] 这个说法不够准确,因为单讲"能发生联系",而不讲必不可少的联系,会导致依句辨向、词无定向的弊病。一些文章对此提出了异议和改进意见。有的提出根据一个句子中动词所联系的"强制性的"名词性成分的数目来定向[2],有的提出根据一个句子中动词所联系的"必有的"名词性成分的数目来定向[3],有的提出根据在一个"最小的主谓结构中"动词所联系的名词性成分的数目来定向[4],有的提出依据动词所"支配的"成分的数目来定向[5]。以上这些意见,都是对"向"作了限制性的说明,可以避免"依句辨向""词无定向"的现象。

动词的"向"的分类是很有用的,它有助于说明动词跟名词之间的某种关系,有助于说明句法结构和语义结构,但是对"向"的研究还刚刚开始,许多问题还未解决。比如"向"究竟是句法上的还是语义上的问题,就有不同的意见,又如说"向"只是动词所必需联系的"名词性成分",可能也还有问题,因为有些动词必需联系的不只是名词性成

---

[1] 朱德熙《"的"字结构和判断句》,《中国语文》1978 年第 1 期。
[2] 文炼《词语之间的搭配关系》,《中国语文》1982 年第 1 期。
[3] 吴为章《单向动词及其句型》,《中国语文》1982 年第 5 期。
[4] 马庆株《现代汉语的双宾语构造》,《语言学论丛》第 10 辑,商务印书馆,1983 年。
[5] 廖秋忠《现代汉语中动词的支配成分的省略》,《中国语文》1984 年第 4 期。

分,还有谓词性成分(如"遭受""加以""企图""力求""派"等等)。又如"服务""合作"之类的词一般认为是单向动词,但实际上这些词必须联系着两个名词性成分,只是一个名词性成分通常由介词引进放在动词之前。这样的词看作单向动词似乎也值得商榷。还有汉语动词根据"向"如何来具体归类以及各个"向"内部如何进一步作下位区分,等等。这些问题都有待深入研究。

(四)其他的分类

除上述一些分类法外,还有一些其他的分类。有的根据动词的某些语法特点分成动态动词和静态动词(或动作动词和非动作动词)两大类;有的根据动词的某些语义语法特征分为意志动词和非意志动词(或自主动词和非自主动词)两大类;有的根据动词带动态助词"了""着""过"的情形分为若干类;有的根据动词带趋向动词的情形分为"位移动词""非位移动词"等。

动词分类是为了更好地说明语法规律。一切有助于说明语法规律的分类都是有用的。尤其是根据动词与动词之间的关系分出来的类显得更为重要,因为任何一个动词,在句子中必须与一定的名词发生关系和联系。目前,动词分类的研究正在向纵深发展,已经不满足于分成几个较大的次类,而是力求分成更小的次类。比如有的根据动词所带的宾语的语义类型,把动词分成能带对象宾语的动词、能带工具宾语的动词等,又比如有的在研究哪些动词专与有生命的名词发生联系,哪些动词专与无生命的名词发生联系。除此之外,一个个具体小类的研究也十分有用,如关于双宾动词的研究、关于趋向动词的研究、关于形式动词的研究、关于两面性动词的研究、关于带"兼语"的动词的研究等等。这些研究都使得动词分类和归类的研究更具体,更深入。

动词及其下位分类

动词是词类中最重要的一类词,不仅在组词成句中起着关键的作用,而且动词数量多、类型杂,不同类的动词作谓语组成句子时会形成不同的句式;所以对动词本身性质的正确认识、对动词进行下位分类显得特别重要。本文试图在认识动词性质的基础上,着重探索动词的下位分类(即动词的"次范畴分类"),旨在深化动词的研究。动词的次范畴分类问题,可以从句法、语义、语用三个平面分别进行研究。本文着重讨论动词在句法平面的次范畴分类。

一、动词的性质及句法功能分类的原则

(一)动词的性质

动词的性质涉及区分词类的标准。

早期的一些语法著作,大都根据意义或概念来区分词类,来确定或定性动词。例如马建忠说:"实字以言事物之行者曰动字。"[1] 王力说:"假如您注意到一只鸟在飞,这'飞'乃是那鸟的一种行为。又假如您注意到一个人在读书,这'读'乃是那个人的行为。凡行为都是一种动态,所以我们把这种表示动态的词叫做动词。"[2]

---

[1] 马建忠《马氏文通》正名卷之一,界说四,商务印书馆,1983年。
[2] 王力《中国现代语法》第一章第二节,商务印书馆,1985年。

有些论著主张单凭狭义形态来区分词类,来确定或定性动词。如高名凯认为汉语没有狭义形态,所以也就没法区分词类,没法确定动词。他说像"解放"这样一个词,到底是动词还是名词,或者形容词,争论上二十年也得不到结果。[1]这样的看法显然是不正确的,因此大家都不赞同。俞敏、陆宗达二位也主张凭狭义形态区分词类、确定动词,他们认为汉语有狭义形态变化,动词有特定的重叠形式,比如"飞",可以重叠成"飞飞",表示试一下儿的意思。[2]但正如吕叔湘指出的:"这一着实在高,就只可惜普遍性差点儿。"[3]

有的学者提出在根据句法功能的同时,要参考意义标准或形态标准,有些论著提出凭意义、形态、功能"三结合"(即多标准)来区分词类,来确定或定性动词。有的提出"词汇·语法"标准(如人民教育出版社汉语编辑室的《暂拟汉语教学语法系统》认为词类属于"词汇·语法范畴",所以其划分词类的标准是"根据词汇·语法范畴")。这些提法虽不完全相同,但本质上都是根据"多标准"来区分词类,来确定或定性动词。这也是有问题的,因为从逻辑上说,多标准等于没有标准。正如朱德熙指出的:"尽管大家都承认不可能单纯根据意义划分汉语词类,可是始终没有人敢于正面提出词义应排除在划分标准之外。当时把流行于苏联语言学界一些并无真知灼见的泛泛之谈拿来当作教条。其中主要的一点就是认为词类属于'词汇·语法范畴'。在'语法'前边加上'词汇',就是为了把词义拉进来。"[4]

---

[1] 参看高名凯《关于汉语的词类分别》《再论汉语的词类分别》《三论汉语的词类分别》,见中国语文丛书《汉语的词类问题》,中华书局,1956年。

[2] 参看陆宗达《汉语的词的分类》、俞敏《形态变化和语法环境》,见中国语文丛书《汉语的词类问题》,中华书局,1956年。

[3] 吕叔湘《关于汉语词类的一些原则性问题》,见中国语文丛书《汉语的词类问题》,中华书局,1956年。

[4] 朱德熙《词义和词类》,《语法研究和探索》(五),语文出版社,1991年。

经过20世纪50年代那场汉语词类问题的大讨论和这以后的一些专题研究,现在大家认识到:单纯从意义出发去分离是行不通的,单凭狭义形态来区分词类是有困难的,"多标准"分类是不合逻辑的。现在大多数的学者认为:应当根据词的语法功能来划分词类。对于动词的定类或定性也是如此。

(二)动词句法功能特点及其次范畴分类的几条原则

1、动词句法功能特点

现在一般论著都根据词的语法功能(句法功能)来划分词类,即指动词是从句法平面分出来的类;所以动词的词类性质是由动词在句法上的功能特点决定的。动词在句法功能上的特点主要表现在:

(1)动词能跟名词结合作谓语,构成"名+动""动+名""名+动+名"等形式,组成主谓结构、谓宾结构、主谓宾结构,如"鸟飞""喝茶""农民割麦"中的"飞、喝、割"便是。

(2)动词能跟副词结合,构成"副+动"形式,组成状心结构,如"已经休息""刚吃饭""不睡"中的"休息、吃、睡"便是。

(3)动词一般能跟否定副词"不/没有"结合构成"不/没+动"形式,表示否定,如"不吃/没吃、不去/没去、不睡/没睡"。[①]

(4)动词一般能用"X不X"或"X没X"形式提问,如"去不/没去、吃不/没吃、反对不/没反对"。[②]

(5)动词后面一般能附加某种动态助词("了、着、过"之类)表示"动态"(也称"情貌""体"),如"吃了/吃着/吃过"。

2、动词次范畴分类的几条原则

在贯彻动词的功能分类时,需要遵循以下四条原则:

[①] 关系动词"有"可用"没"否定,而不能用"不"否定。
[②] 关系动词"是"可用"V不V"提问,而不能用"V没V"提问。

（1）从形式出发去探求功能的原则。词的语法功能既包括语法意义（关系意义），也包括语法形式（关系形式），所以功能是词的语法意义和语法形式的统一。意义是内蕴的，形式是外现的。功能意义决定词的类别，功能形式显示词的类别。意义看不见摸不着，因此，从发现程序来说，总是要透过形式去发现意义。功能形式，就是一个词在句法结构里所能安排的位置，可称之为"分布"或"广义形态"。从句法平面给动词进行次范畴分类得借助于功能形式。例如名词，它的功能意义可概括为"名物"（或"事物"），可通过它的功能形式"数+量+名"（"一本书""一支笔""一件衣服"之类）去发现。又如动词，可凭借它的功能形式"不/没+动"（"不吃""没睡"之类）、"动+动态助词"（"吃了""睡了"之类）去发现它的功能意义（动作行为）。

（2）从短语（词组）里确认功能的原则。动词的功能，一般地说，在以静态形式出现的短语里就能体现出来，所以把动词放在短语结构里，就可看出它和其他词的结合能力，从短语里确认动词的句法功能就可进行分类，而不必放到以动态形式出现的句子中去确认它的功能。从形式出发去探求动词功能意义，就是要从短语形式框架里去发现。具体方法是把不同的动词放置到一定的短语功能框架里检验。动词和其他词组合时所形成的短语形式是多种多样的，如"不/没+[ ]""副词+[ ]""[ ]+宾语"等等。不同功能类别的动词在某种功能框架中占据着一定的位置，能出现和不能出现在该框架同一位置（即[ ]位置）上的动词分别聚合成不同的动词次类或小类。

（3）多角度多层级分类的原则。动词是一个大类，可以从不同的角度根据不同标准给动词进行下位分类。就句法平面而言，可以着眼于动词带不带动态助词（"了、着、过"等）的情形来进行分类，也可以着眼于动词带不带宾语和带什么样的宾语来进行分类，也可以着眼于动词带不带补语和带什么样的补语来进行分类,也可以着眼于动词能否单独作谓语来进行分类,也可以着眼于动词跟某些副词(如"很、非常"之类的程度副词,"已经、正在"之类的时间副词)能否结合的情况来进行分类,等等。所有从功能上分出来的类都是有用的,都可以说明动词在语法结构里的用法。本文着重按照动词带宾语的情况和能否单独作谓语的情况来替动词进行下位分类。

(4)不同层级采用不同功能标准。动词类是一个系统,它的下位次范畴分类是讲它的子系统。动词类可以逐层逐级地进行下位分类。在不同的层级里,作为分类根据的具体功能不一样,因此用来鉴别不同功能的框架也不一样。不同角度不同层级分类时可以采取不同的功能标准,但这不是多标准,因为一定层级只能用同一标准,比如可以先根据能否带宾语的标准把动词分为有宾动词和无宾动词两类,在对有宾动词进行下位分类时可以根据动词带宾语的数量标准再分为单宾动词和双宾动词两类。

二、动词的次范畴分类之一

带宾语是动词的一项很重要的语法功能,但不是所有动词都能带宾语,而且不同类型的动词所带的宾语的类型也不完全一样,因此,按照动词带宾语的情况来给动词进行次范畴分类很重要。

(一)有宾动词和无宾动词

按照动词能否带宾语来给动词进行下位分类,可先设定功能框架:"动词+实词"→动宾短语(不插入任何成分的动宾短语)。据此可把动词分成有宾动词和无宾动词两类。

1、有宾动词

有宾动词也可称"带宾动词",即能带宾语的动词[①]。凡能出现在上述框架中的动词,都是有宾动词。例如:

吃饭 | 读书 | 踢足球 | 爱护公物
姓李 | 当教师 | 完成任务 | 扩大队伍
开始工作 | 致以敬礼 | 值得研究

上述例子中的"吃、读、踢、爱护、姓、当、完成、扩大、开始、致以、值得"等动词,都带有宾语,所以都是有宾动词。有宾动词在汉语动词中占多数。

2、无宾动词

无宾动词,即不能带宾语的动词。凡不能出现在上述框架中的动词都是无宾动词。例如:

工人休息 | 士兵站岗 | 老人喘气
公鸡啼叫 | 弟弟睡觉 | 病人苏醒

上述例子中的"休息、站岗、喘气、啼叫、睡觉、苏醒"等动词,都不带宾语;在句子里,也不能组成任何动宾短语;所以都是无宾动词。无宾动词在汉语动词中占少数。

(二)有宾动词的再分类

有宾动词可按照动词所带的宾语的数量进行再分类,可设定功能框架"动+宾$_1$+宾$_2$"(宾$_1$大都指人,宾$_2$大都指物)。据此可再分为两类,即单宾动词和双宾动词。

[①] 由于语用的要求,某些在短语里带宾语的动词在具体的句子里可以不带宾语。

1、单宾动词

单宾动词,指不能进入上述框架,即只能带一个宾语而不能带双宾语的动词。例如:

擦桌子 | 洗衣服 | 造房子 | 遭打击

创造奇迹 | 保卫和平 | 收集材料

上述例子中的"擦、洗、造、遭、创造、保卫、收集"等动词都只能带一个宾语,所以都是单宾动词。单宾动词在有宾动词里占大多数。

2、双宾动词

双宾动词指能进入上述框架带双宾语的动词。例如:

给他礼物 | 送你一本书 | 借老王三块钱

上述例子中的动词"给、送、借"等都带有双宾语,所以,都是双宾动词。双宾动词的数量较少,常见的有"给、送、赔、输、教、交、还、告诉、拿、赚、赢、问、借、欠"等。

(三)单宾动词的再分类

单宾动词按照它所带宾语的词语性质可以再进行分类。设定两个框架:A、"动+名宾",B、"动+非名宾"。据此可下分为三个小类,即名宾动词、非名宾动词、全能动词。

1、名宾动词

名宾动词也称"体宾动词",指能进入A框架而不能进入B框架,即只能带名词性宾语的动词。例如:

种地 | 拔草 | 写信 | 穿新衣服

建设祖国 | 垄断市场 | 销售剩余货物

上述例子中的"种、拔、写、穿、建设、垄断、销售"等动词所带的宾语只能由名词性词语充当，所以都是名宾动词。名宾动词在单宾动词里占多数。

2、非名宾动词

非名宾动词也称"谓宾动词"，指能进入B框架而不能进入A框架，即只能带非名词性宾语的动词①。例如：

禁止吸烟｜企图顽抗｜感觉身体不舒服｜希望他来
渴望自由｜继续讨论｜予以驳斥｜严加追究

上述例子中的"禁止、企图、感觉、希望、渴望、继续、予以、严加"等动词所带的宾语只能是非名词性词语充当的，所以都是非名宾动词。非名宾动词在单宾动词里是少数。

3、全能动词

全能动词也称"体谓宾动词"，指既能进入A框架也能进入B框架，即既能带名词性宾语也能带非名词性宾语的动词，也就是可以带任何性质的宾语的动词。例如：

喜欢：①喜欢妈妈｜喜欢小孩（带名词性宾语）
　　　②喜欢打球｜喜欢热闹（带非名词性宾语）
怕：　①怕蛇｜怕水（带名词性宾语）
　　　②怕冷｜怕挨打（带非名词性宾语）
受：　①受礼物｜受聘书（带名词性宾语）
　　　②受欢迎｜受压迫（带非名词性宾语）

这里的"喜欢、怕、受"等动词就是全能动词。全能动词在单宾动词里

---

① 非名词性宾语包括动词性和形容词性宾语。主谓短语和句子形式所作的宾语也属此类。

比名宾动词少,但比非名宾动词多。

(四)双宾动词的再分类

双宾动词虽然数量不多,但也可以再分类。可设定功能框架:A、"动+(给)+宾$_1$+宾$_2$"或"动+宾$_2$+给+宾$_1$",B、"动+(到)+宾$_1$+宾$_2$"。据此,可下分为三个小类,即"给"类动词、"取"类动词、"借"类动词。

1、"给"类动词

"给"类动词指能进入上述A框架而不能进入B框架的动词。例如:

送(给)他礼物 | 交(给)小王一封信 | 还(给)我一本书

送礼物给他 | 交一封信给小王 | 还一本书给我

这里的"送、交、还"等动词能进入A框架,但不能进入B框架,都是"给"类动词。动词"给"和有些带有后缀"给"的双宾动词(如"赠给""呈给"等)也属此类。

2、"取"类动词

"取"类动词指不能进入上述A框架而能进入B框架的动词。例如:

*接(给)他一封信 | *受(给)他一份礼物 | *收(给)他十元钱

接(到)他一封信 | 受(到)他一份礼物 | 收(到)他十元钱

这里的"接、受、收"等动词不能进入A框架,但能进入B框架,是"取"类动词。双音节动词后一语素如果是"取得"义的"得"或"取",很多也是"取"类动词(如"获得、取得、骗取、窃取"等)。

3、"借"类动词

"借"类动词有时能进入A框架,有时能进入B框架。例如:

借给他五元钱 | 租给老张一辆车

借到他五元钱 | 租到老张一辆车

这里的"借、租"既不是"给"类动词,也不是"取"类动词,而是兼属"给"类和"取"类的动词:当他进入A框架时是"给"类动词,当它进入B框架时是"取"类动词。

(五)名宾动词的再分类

名宾动词按照能否带施事名词宾语进行再分类。可设定功能框架"动+施名"→动宾短语[①]。据此可下分为两类,即施宾动词和非施宾动词。

1、施宾动词

"施宾",也有人看作"后置主语",这里从俗。施宾动词指能进入上述框架,即能带施事名词作宾语的动词。例如:

住人 | 跑马 | 下雨 | 刮风 | 涨潮

来客人 | 晒太阳 | 出麻疹 | 流眼泪

这里的动词"住、跑、下、刮、涨、来、晒、出、流"等动词后边都带着施事宾语,所以都是施宾动词。

2、非施宾动词

非施宾动词指不能进入上述框架,即不能带施事宾语的动词。例如:

吃饭 | 骑马 | 姓张 | 是老师

看电影 | 批评小王 | 舞弄棍棒 | 贮存粮食

这些例子中的"吃、骑、姓、是、看、批评、舞弄、贮存"等动词后边所带

[①] "动+施名"的形式特点是:若转换成"施名+动",则变为主谓结构而意义不变。

的宾语都是非施事宾语,它们不可能组成静态形式的"动+施宾"的动宾短语。某些非施宾动词在动态的句子里由于语用的要求有时也可带施事宾语。如"这锅饭吃了二十人"之类。但"吃人""吃二十人"作为静态短语时,"吃"后面带的仍然是非施事宾语,所以都是非施宾动词。

(六)非名宾动词的再分类

按照能否带主谓短语(或句子形式)所作的宾语,非名宾动词可进行再分类。设定"动+主谓"这样的功能框架。据此可下分为两类,即"主谓宾动词"(也有学者称为"小句宾动词")和"非主谓宾动词"(也有学者称为"非小句宾动词")。

1、主谓宾动词

主谓宾动词指能进入上述框架,即能带主谓短语或句子形式作宾语的动词。例如:

希望他健康 | 同意小王当组长 | 觉得全身发冷
以为你不来 | 断定小李是学生 | 估计天气会热

这些句子中的"希望、同意、觉得、以为、断定、估计"等动词都带主谓短语或句子形式的宾语,所以都是主谓宾动词。能带主谓宾语的动词不等于一定要带主谓宾语。

2、非主谓宾动词

非主谓宾动词指不能进入上述框架,即不能带非主谓短语作宾语的动词而只能带动词宾语的动词。例如:

继续干 | 善于交际 | 乐意接受
加以研究 | 给以考虑 | 予以照顾

这里的"继续、善于、乐意、加以、给以、予以"等动词都能带动词性宾语,但不能带主谓宾语,所以都是非主谓宾动词。

(七)全能动词的再分类

全能动词内部比较复杂,按照宾语的语义类型可进行再分类。全能动词宾语的语义类型有两种:一是指称性宾语,其形式特点是可用"谁"或"什么"指代;二是陈述性宾语,其形式特点是可用"怎么样"指代。这样可设定两个功能框架:A、"动+谁/什么",B、"动+怎么样"。据此,全能动词也可下分两类:

1、只能带指称性宾语的动词

只能带指称性宾语的动词,指只能进入 A 框架的动词。例如:

看见: ① 看见小王 | 看见那东西(带名词性宾语)
　　　② 看见小王在洗衣服(带非名词性宾语)
知道: ① 知道这个人 | 知道那件事(带名词性宾语)
　　　② 知道这样做 | 知道他是个学生(带非名词性宾语)
忘记: ① 忘记那个人 | 忘记那件事(带名词性宾语)
　　　② 忘记带东西 | 忘记给你写信(带非名词性宾语)
相信: ① 相信老李 | 相信那件事(带名词性宾语)
　　　② 相信他能完成任务(带非名词性宾语)
有:　 ① 有人 | 有东西(带名词性宾语)
　　　② 有改进 | 有准备(带非名词性宾语)

这里的"看见、知道、忘记、相信、有"都是只能带指称性宾语的动词,因为都只能进入 A 框架,宾语只能回答"谁"或"什么"的问题(指称性宾语有的是名词性的,有的是非名词性的)。还有一些动词(如"研究、讨论"等)跟"看见、知道"之类有相似之处,不过它们带非名词性宾语时必须伴随疑问代词。例如:

研究：① 研究语法｜研究这个问题（带名词性宾语）
　　　② 研究怎么干｜研究怎样提高产量（带非名词性宾语）
讨论：① 讨论"七五"规划｜讨论那个问题（带名词性宾语）
　　　② 讨论怎么样实现这个规划（带非名词性宾语）

"研究、讨论"这类动词带非名词性宾语时，如果去掉疑问代词，就不能成立：

　　＊研究干｜＊研究提高产量｜＊讨论实现这个规划

2、既能带指称性宾语也能带陈述性宾语的动词

既能带指称性宾语也能带陈述性宾语的动词，是指既能进入A框架，也能进入B框架的动词。例如：

喜欢：① 喜欢孩子｜喜欢书（宾语回答"谁"或"什么"的问题）
　　　② 喜欢打球｜喜欢热闹（宾语回答"什么"的问题）
　　　③ 喜欢躺着｜喜欢热点儿（宾语回答"怎么样"的问题）
开始：① 开始新的生活（宾语回答"什么"的问题）
　　　② 开始讲话｜开始讨论（宾语回答"怎么样"的问题）

"喜欢、开始"便是这样的动词。还有一种表面上看来是既能带指称性宾语也能带陈述性宾语，但这种动词本身是兼类词。例如：

要：　① 要钢笔｜要爸爸（一般动词，回答"谁"或"什么"的问题）
　　　② 要去｜要说｜要大搞（助动词，回答"怎么样"的问题）
　　　③ 要简明｜要认真（助动词，回答"怎么样"的问题）
想：　① 想妈妈｜想家（一般动词，回答"谁"或"什么"的问题）

②想这样搞｜想吃点东西（助动词,回答"怎么样"的问题）

甚至于所带宾语也可能是兼类词,例如：

需要：①需要什么｜需要翻译（"需要"是一般动词,"翻译"是名词）
②需要怎样｜需要翻译（"需要"是助动词,"翻译"是动词）

（八）无宾动词的再分类

按照无宾动词内部能否扩展成动宾短语可给无宾动词进行再分类。可设定"动词AB→动宾短语A……B"这个框架。据此可下分为：典型的无宾动词和离合动词。

1、典型的无宾动词

典型的无宾动词指不能进入上述框架,即不能带任何宾语也不能扩展成动宾短语的动词。单语素构成的无宾动词均属此类,例如"病、醒、跌"等,多语素构成的无宾动词"休息、出发、发抖、倒闭"等也属此类。典型的无宾动词占无宾动词的大多数。

2、离合动词

离合动词指能进入上述框架,即能将内部A、B两个语素扩展成动宾短语的动词。例如：

睡觉→睡一觉
革命→革他的命
上当→上他的当

这里的"睡觉、革命、上当"便是离合动词。这类词的特点是：合则为动词，分则为动宾短语。其他如"结婚、打仗、做主、走路"等也属此类。离合动词在无宾动词里是少数。

三、动词的次范畴分类之二

有些语法著作认为，动词可单独作谓语。也有的语法著作认为动词作谓语不需要什么条件。实际上，现代汉语动词有些能单独作谓语；而有些却没有这样的能力，必须跟其他词语结合以后才能充当谓语。所以根据动词能否单独作谓语，也可以进行次范畴分类。

（一）自由动词和不自由动词

可以设立"名+动"构成主谓短语这个框架。据此可把动词分成为自由动词和不自由动词两类。

1、自由动词

凡能进入上述框架，即置于名词后能独立作谓语的动词就是自由动词。例如：

你去｜我走｜大家玩｜我们休息
他看｜我读｜小王想｜大家同意

这里的"去、走、玩、休息、看、读、想、同意"等便是自由动词。这类动词一般可用"X不(没)X"进行提问，因此也可以单独回答问题。例如：

你去不去？——去！
大家同意不同意？——同意。

自由动词在汉语动词中占多数。

2、不自由动词

不自由动词不能进入上述框架，即置于名词后不能构成主谓结构的动词。例如"显得、懒于、遭受、靠、好比、属于、力图、待、加以"等动词便是。不自由动词单独不能作谓语，必须和它后边的宾语组合在一起作谓语。例如：

张三显得苍老｜李四遭受打击｜我们加以研究

这些动词如果不带宾语，主谓短语便不能成立：

＊张三显得｜＊李四遭受｜＊我们加以

正因为组成主谓短语必须带宾语，因此，在具体的句子里，都得带有宾语。例如：

在家靠父母，出门靠朋友。｜全国好比一个大家庭。
这个队属于民安乡红旗农业社。｜对这个问题一定要加以重视。

（二）自由动词的再分类

根据能不能带宾语，可把自由动词再分为两类：有宾自由动词和无宾自由动词。

1、有宾自由动词

有宾自由动词，是指能带宾语的自由动词，如"吃、读、看、保卫、爱护"等动词便是。这种动词组成主谓结构时有两种形式：一种是"主＋动＋宾"形式，如"我读书""他看报纸"；另一种是"主＋动"形式，如"我读""他看"。

有宾自由动词和不自由动词都能带宾语，这是它们的共同点。区别在于：不自由动词必须带上宾语才能作谓语；而自由动词不带宾语能单独作谓语。能带宾语的自由动词在具体句子里带不带宾语比较自由：有时后边带有宾语，有时后边不出现宾语。比较：

　　了解：① 他了解儿子立秋不常在家的原因。（后边带有宾语）
　　　　　② 村长是外来的，对村里情形不十分了解。（后边不出现宾语）
　　承认：① 他在这本书里承认中国植物最丰富。（后边带有宾语）
　　　　　② 小二黑自己没有错，当然不承认。（后边不出现宾语）
　　翻看：① 他翻看刚刚送来的昨天的报纸。（后边带有宾语）
　　　　　② 我把本集的部分抄稿粗略地翻看了一下。（后边不出现宾语）

① 句中的"了解、承认、翻看"都带有宾语，② 句中的"了解、承认、翻看"都不带宾语，正因为有宾自由动词在句子里带不带宾语比较自由（说"比较自由"也是相对的，实际上有宾自由动词在句子里不带宾语是有一定的条件的）。此类动词也有学者称之为"两用动词"。

2、无宾自由动词

无宾自由动词，是指不能带宾语的自由动词，如"病、醒、破晓、憩息、痛哭、休息"等便是。这种动词组成的主谓短语都是"主＋动"式。运用于具体句子中，也不能带任何宾语。例如：

　　天色慢慢地破晓了。│人们在古松环抱的草坪上憩息。
　　胡儿号啕痛哭。│农夫们在树底下休息。

（三）不自由动词的再分类

按照所带的宾语的词语性质，不自由动词也可再分类。设定两个功能框架：A、"动＋名宾"，B、"动＋非名宾"。据此可把不自由动词再分为三类:名宾不自由动词、非名宾不自由动词和全能不自由动词。

1、名宾不自由动词

名宾不自由动词是指能出现在 A 框架,即能带名词性宾语的不自由动词,如"姓、名叫、属于、等于、当作、称、称为"等便是。这类动词不但在静态的短语里一定要带名词性宾语,而且在动态的句子里也不能不带名词性宾语。例如:

> 历史剧不等于历史书。 | 鲸鱼属于哺乳类动物。
> 她姓陈,名叫二妹。 | 古代的社会,女子多当作男人的物品。

2、非名宾不自由动词

非名宾不自由动词是指能出现在 B 框架,即能带非名词性宾语的不自由动词,如"显得、觉得、免得、给以、严加、加以、企图、妄图、遭"等便是。这类动词用于句子也必须带上非名词性宾语。例如:

> 他显得安详而又机智。 | 志明觉得身体发凉。
> 皇亲们妄图顽抗。 | 让他回家给方乡绅严加管束。

3、全能不自由动词

全能不自由动词是指既能出现在 A 框架也能出现在 B 框架,即既能带名词性宾语也能带非名词性宾语的不自由动词。例如"在于、像、如、好像、犹如、装作"等动词便是。这类动词出现在句子里时也一定要带宾语,但宾语可以是名词性的,也可以是非名词性的。比较:

> 如: ① 月色如水,浸满大殿。
> ② 阿河如换了一个人。
> 像: ① 松花江像一条嵌花的闪光的银链。

②太阳把树叶的阴影投在她身上,很像在她的外衣上披上了一件镂花的薄纱。

装作:①她竭力装作不在乎的样子。

②只要不大妨碍治安,长官向来也就装作不知道了。

上边的例①句中的"如、像、装作"等动词都带名词性宾语,例②句中的"如、像、装作"等动词都带非名词性宾语。

四、余言

上面讨论了在句法平面给动词进行下位分类的问题。如果从语义平面分析,也可以给动词进行下位分类,也可以从不同的角度、根据不同的标准来区分。其中最重要的,是给动词进行"价"分类,即根据动词所联系的强制性语义成分的数目,给动词分成一价动词、二价动词、三价动词等。除"价"分类外,还可根据动词的情状类型分为动作动词、性状动词、关系动词、评议动词等。动词里面动作动词数量最多,还可以根据不同的标准对它进行下位分类,主要有四种下位分类法:根据动作动词所联系的施事是有生命物还是无生命物来分类,可以分为"系生动词"和"非系生动词"两类;根据动作动词所联系的施事能否控制动作来分类,可以分为"自主动词"(也称"有心动词")和"非自主动词"(也称"无心动词")两类;根据动作动词能否表示时间持续性的语义特征来分类,可以分为"持续动词"和"非持续动词"两类;根据动作动词所表示的语义指向来分类,可以分为内向动词、外向动词、无向动词三类。

从语义角度给动词分类,虽然说的是意义,但在具体区分时,也还得找出不同语义类的形式特征,这样分出来的语义类,比较可靠,也比较有价值。动词的语义分类现在研究得还不够充分，这是一个很有潜力的研究课题，值得花大力气去深入探索。

语用平面给动词进行下位分类，一向被人们所忽视。但从汉语动词的实际来看：动词不仅在跟各类词组合成静态的句法结构或语义结构时有不同的特点，能从句法平面或语义平面给动词分成次类或小类；而且在动态的句子表达里，动词也各有其语用特点，从而可根据语用特点给动词进行再分类。比如，根据动词在构成句子表达类型中的作用，动词可以分为叙述动词（指表示叙述事件的动词，包括动作动词、行为动词、趋向动词等）、描写动词（指表示状态的动词，如"瓦解、雷鸣、林立、醉、瘫痪"之类）、诠释动词（指表示诠释判断关系的动词，如"是、属于"之类）、评议动词（指表示主观上对某事进行评议的动词，如"可以、可能、应该"之类）、措置动词（指表示"措置某种动作"的没有实在意义的动词，也称"形式动词"，如"加以、予以、进行"之类）。叙述动词占动词的绝大多数，叙述句通常由这类动词构成；描写动词也有相当数量，通常用来构成描写句；诠释动词较少，通常构成诠释句；措置动词更少，通常置于动作动词前表示说话者强调措置谓语动词所表示的动作。动词的语用平面分类跟语义、句法也有联系，叙述动词、描写动词和诠释动词在语义平面是构成动核结构的基础，在句法平面是建立句型结构的基础，是句型的核心成分。措置动词和评议动词比较少，是个封闭类，前者在句中后者表示说话者对句子所表达的事件作主观的评议。这两类动词的有无，在句法平面不影响句型，但在表达上却是很独特的，所以实质上是一种语用成分。怎样在语用平面给动词进行再分类，也还是值得进一步研究的。

及物动词与不及物动词

汉语的动词能不能区分及物和不及物？有人认为不容易分，分出来"是靠不住的"[1]，也有人认为汉语不像西洋语的及物动词绝不能没有宾语，所以汉语动词"很难说是有及物和不及物的区别"[2]。多数语法学家认为动词分及物动词（也称"外动词"）和不及物动词（也称"内动词"）是很有用的分类，汉语动词能够区分也应该区分，因此在他们的论著里都有这方面的说明或描写；[3] 但是在如何区分及物不及物这个问题上，还存在着一些不同的见解。本文旨在前人研究的基础上对汉语里及物动词与不及物动词的区分问题作进一步的探讨。

一、及物动词与不及物动词区分的不同观点

汉语动词的及物和不及物如何区分？语法学界有不同的看法，主要有以下几种意见：

（一）主张根据意义来区分

马建忠《马氏文通》说："凡动字之行仍存乎发者之内者，曰内动

---

[1] 陆志伟《北京话单音词汇》第25、26页，科学出版社，1956年。
[2] 高名凯《汉语语法论》第213页，商务印书馆，1986年。
[3] 如马建忠、黎锦熙、陈承泽、王力、吕叔湘、朱德熙、胡附、文炼等的代表性著作中都有及物动词和不及物动词的分类。

字,……凡动字之行发而止乎外者,曰外动字。"黎锦熙《新著国语文法》说:"外动词,动作外射,及于他物。……内动词,动作内凝,止乎自身。"① 根据意义来区分及物和不及物动词是有困难的。首先,意义很难捉摸。就以马建忠和黎锦熙对意义的理解来看,他们的定义在字面上好像无甚差别,但在解释时却并不一样:马建忠说"只字可见意"是内动词,只字不足以见意的是外动词;黎锦熙说动词作用"只在主语自身"是内动词,而外动词则"定须射及他物"。这样,他们在分析具体动词时就会不一致。例如:"他觉得很舒服""他爱自己,也爱别人"这两句话中的动词,在黎锦熙看来:"觉得"和"爱自己"中的"爱"都是内动词,因为这些动词的作用只在主语"他"自身;而"爱别人"中的"爱"则是外动词,因为它"射及他物"。在马建忠看来,"觉得"和两个"爱"都是外动词,因为单说"他觉得""他爱"时词意未毕,而说成"觉得很舒服""爱自己""爱别人"等,"词意乃毕达矣"。可见从意义出发来区分及物不及物见仁见智,难以分类。其次,如果凭意义来区分,则同一意义的动词应当归于同一类;但实际情形是:在某一族语里是及物的,在另一族语里可能是不及物的,例如"帮助"这个动词在法语里是及物的,在德语里却是不及物的;同一意义的动词在同一族语里也可能分属于不同的类,例如英语的 reside 和 inhabit 都表示"居住"的意义,但前者是不及物的,后者却是及物的。总之,不能也不应根据动词表示的意义或概念来区分及物和不及物,如果单纯依照概念范畴去分别及物动词和不及物动词,是极其困难的。

(二)主张根据动词是否(或"没有")带宾语来区分

王力《中国现代语法》说:"动词后面必须带目的位者,我们叫它及

---

① 马建忠《马氏文通》正名卷之一,商务印书馆,1983年;黎锦熙《新著国语文法》第八章,商务印书馆,1992年。

物动词"，"动词后面可以不带目的位者，我们叫它不及物动词。"① 吕叔湘、朱德熙《语法修辞讲话》说："有宾语的动词，我们说它是及物的；没有宾语的，我们说它是不及物的。"② 在英语里，一般可以说带宾语的动词是及物动词，不带宾语的动词是不及物动词。在汉语里，简单地用是否或有没有带宾语来区分及物和不及物会遇到困难，这是因为汉语的动词运用于句子时，及物动词有时可以不带宾语，而不及物动词有时也可以带上宾语。例如：

① a. 我又买了饼干，是给转儿的。
   b. 阿九说要熏鱼，我给买了。
② a. 我们一定要改正自己的毛病。
   b. 只要你说得对，我们就改正。
③ a. 黑凤来了。
   b. 忽然来了一个人。

一般认为："买""改正"是及物动词，应带宾语；"来"的非使动用法是不及物动词，可以不带宾语。可是在以上例句中这些动词都能两用。这种两用的情形在汉语中不少，有的语法著作因此断言："汉语动词既可以是及物的，又可以是不及物的，同样的词在汉语中往往可以两用。"③ 如果真的这样，兼类词的数量就相当大，区分及物和不及物也就没有什么价值。

由于根据有没有带宾语区分及物动词和不及物动词有困难，有些语法学家已放弃了原来的主张。也有的语法学家据此提出取消"二分"，改为"三分"，如说："根据宾语的带不带，我们主张把动词三

---

① 王力《中国现代语法》第47页，商务印书馆，1985年。
② 吕叔湘、朱德熙《语法修辞讲话》第17页，开明书店，1952年。
③ 高名凯《汉语语法论》第214页，商务印书馆，1986年。

分,……第一种是必须带宾语的;第二种是可带可不带的;第三种是绝对不能带的。"又说:"汉语动词就带不带宾语既应三分,那么成立内外动的名目就不妥当,因此我们主张内外动的名称是可以取消的……不妨叫必须带宾语的为'连宾动词',不能带宾语的为'缺宾动词',至于大部分可带可不带的就不必另立专名。"[①]这样的处理方法干脆倒是干脆,但是大部分可带可不带宾语的动词又算作什么呢?它在语法结构中又有些什么规律呢?则不知道。这种只顾小部分而不顾大部分动词的三分法的实用价值也就很有限了。

(三)主张根据"两用"和"单用"来区分

有些语法学家说:"汉语中的动词,可以分成两大类:一类是有两用的性质,带不带宾语可以自由;另一类有单用的性质,除了特殊情况外,一般不能带宾语,……前者可以叫它及物动词,后者可以叫它不及物动词。不过这里的及物与不及物的意义与一般的解释不尽相同,正确一点说,应该称它们为两用动词与单用动词。"[②]这样处理比较干脆,也比较容易掌握,然而也不是没有问题。第一,有一类动词必须带宾语,例如"姓、称为、属于、显得、企图、致以、好比"等,这类动词既不是"两用"也不是"单用",归类不好安排;第二,说及物动词"带不带宾语可以自由"也欠准确,实际上及物动词在句子里不带宾语总有一定条件;第三,如果承认"前面来了一个人""屋里坐着十多个人"中的"来""坐"后带有"施事"宾语,也就不能说不及物动词"不能两用"。正因如此,他们后来也改变了看法。[③]

[①] 黄盛璋《论汉语动词分内外动问题》,《语文教学》1958 年第 8 期。
[②] 胡附、文炼《现代汉语语法探索》第 100 页,东方书店,1955 年。
[③] 参看胡裕树主编《现代汉语》(增订本)第 367 页,上海教育出版社,1987 年。

(四)主张根据能不能带宾语来区分

有的语法著作说:"能带宾语的叫及物动词,不能带宾语的叫不及物动词。"[①] 这个说法跟根据是否或有没有带宾语来区分的说法表面上看差不多,但实质不一样:是否或有没有带宾语的说法是讲只要后边有宾语就是及物的,没有宾语就是不及物的;能不能带宾语的说法是讲只要能带宾语就是及物的,不能带宾语就是不及物的。前者说及物必须带;后者说能够带,那就允许在具体句子里有时可以不带。后者的说法比前者好,因为它把可带可不带宾语的划入及物动词,就不会造成大量的兼类。后者的说法也比"两用""单用"说概括,因为不能两用的必须带宾语的可归入及物动词。但后者也不是一点儿问题也没有。"问题在于'宾语'的范围:是不是动词后边的名词都是'宾语'?要是这样,汉语里的动词,就真的像有些语法学者所说,很少是不及物的了。"[②]

(五)主张根据带什么种类的宾语来区分

鉴于在具体句子里不及物动词有时也能带宾语的情形,有些语法学家就不用"有没有"或"能不能"带宾语来区分,而是主张根据动词所带宾语的种类来区分。如有的说:"我们分别及物动词和不及物动词,不是按照能否带宾语来区分,而是按照带什么种类的宾语来区分。不及物动词只能带自身宾语以及可以倒装作主语的宾语……。反之,及物动词可以带任何宾语。"[③] 这样的区分比上边各种说法前进了一步,但似乎也不够严密。第一,所谓"自身宾语"(即一般所说的动量补语或时量补语),对区分及物不及物不起任何作用,因为及物不及物一

---

① 北大汉语教研组《现代汉语》(上册)第 155 页,商务印书馆,1962 年。
② 吕叔湘《汉语语法分析问题》第 40 页,商务印书馆,1979 年。
③ 赵元任《汉语口语语法》(吕叔湘译本)第 293 页,商务印书馆,1979 年;参看丁邦新译本第 333 页,香港中文大学出版社,1980 年。

般都能带；第二，说及物动词可以带任何宾语也欠准确，至少是"可以倒装作主语的宾语"（即一般所说的"施事"宾语）在一般情况下不可以带。

有的语法学家说："及物动词和不及物动词的区别在于所带宾语的不同。不及物动词只能带准宾语，及物动词除了准宾语之外，还能带真宾语。"[①] 所谓"准宾语"，包括一般所说的动量补语、时量补语、处所宾语、存现宾语。所谓"真宾语"，是指准宾语之外的其他一般宾语。这种观点跟上边说的一种基本相同，存在的问题基本上也跟上边一种一样。

有的语法学家说："不能带宾语的动词和能带施事宾语的动词，通常叫不及物动词；能带受事宾语或关系宾语的动词，通常叫及物动词。"[②] 这种说法避免了上边两种说法的弊病，但仍有不足之处，主要是：第一，什么是受事宾语、施事宾语、关系宾语，其范围还不明确；第二，对某些及物动词在一定条件下也能带施事宾语还未加限定。

有的语法学家提出"把'宾语'限于受事者的名词"来区分及物不及物，即认为：能带受事宾语的是及物动词，不能带受事宾语的是不及物动词。[③] 如果受事的形式特征比较明显，受事的范围比较清楚，这种分法倒是简洁明白的，但"受事"是什么呢？比如非动作动词后边的宾语以及结果宾语、与事宾语等是不是受事宾语就有不同的看法。要贯彻这个主张，其前提是首先要解决受事宾语的性质和范围。

以上简要地评述了在汉语动词中区分及物不及物方面的种种主张。这些主张虽有高下之别，但都还不能完全解决这个问题。寻找一个标准明确、辨别容易的方法，是摆在语法研究者面前的一个重要课题。

---

① 朱德熙《语法讲义》第 58 页，商务印书馆，1982 年。
② 胡裕树主编《现代汉语》（增订本）第 367 页，上海教育出版社，1987 年。
③ 参看吕叔湘《汉语语法分析问题》第 40 页，商务印书馆，1979 年。

二、及物动词和不及物动词区分的新设想

动词区分及物不及物的问题,的确跟它能不能带宾语密切相关。因此,要解决汉语动词及物不及物的区分问题,还得根据动词带宾语的功能来决定。笔者认为,可以有两个方法。

(一)根据静态短语里动词作谓语是否带宾语来区分及物不及物

1、词类区分可以从短语里确认功能

过去人们讨论词的句法功能,常立足于词在句子里的句法功能。也就是说,研究词的句法功能放在动态句子里去观察去分析。其实,词(特别是实词)的句法功能不必入句而在静态短语里就能体现出来,词类区分可以根据词在静态短语里的句法功能来确认。据此,本文认为可以换一个角度,就是把动词带不带宾语的问题放在静态短语里去观察去分析,即根据静态短语里动词作谓语是否带宾语来区分和确认及物动词和不及物动词。

应该把静态短语和动态短语区别开来。静态短语也称句外短语,是指短语未与现实发生特定联系,即未进入具体句子的那种短语;动态短语也称句内短语,是指短语已与现实发生特定联系,即已进入具体句子的那种短语。比如:"父亲死、鸟儿飞"之类就是"主谓"型静态短语,"吃饭、喝茶"就是"动宾"型静态短语;而"王冕死了父亲、天上飞着鸟儿"里的"死了父亲、飞着鸟儿"就是"动宾"型动态短语,"我饭吃了、他茶喝了"里的"饭吃、茶喝"就是"宾动"型动态短语。

2、静态短语里动词及物和不及物的规定

根据静态短语里动词作谓语是否带宾语来区分及物动词和不及

动词,可做如下规定:

(1)凡是不能构成"动+宾"静态短语的动词,是不及物动词。[①]也可说,凡是不带宾语就能构成一个静态的"主+谓"短语的,即"主语+动词"是个意义相对自足的静态短语,该短语主语后的动词就是不及物动词,如"工人休息、哥哥睡觉、老人咳嗽、刀枪林立"里的"休息、睡觉、咳嗽、林立"便是。

(2)凡是能构成"动+宾"静态短语的动词,是及物动词。也可说,凡是带宾语能构成一个静态的"主+谓+宾"短语的,即"主语+动词+宾语"是个意义相对自足的静态短语,该短语主语后的动词就是及物动词,如"农民收割麦子、张三批评李四、妈妈爱女儿、他买书"里的"收割、批评、爱、买"便是。及物动词如果不带宾语,理论上也可说是"主谓"短语,如"农民收割、张三批评、妈妈爱、他买"等;但这种主谓短语意义是不自足的(意犹未尽。因为若单说"农民收割",人们得知道"收割什么东西")。

(二)根据典型句型中动词能否带宾语来区分及物不及物

如果根据动词在句子里是否或能否带宾语来区分及物不及物,也不是不可以。但由于在不同的动态的具体的句子里动词是否带宾语以及带什么样的宾语是不一样的,这就出现了所谓可带可不带宾语的"两用"的复杂情形,所以不能笼统地说在句子里能不能带宾语或有没有带宾语,而应有一定的限制。这个限制就是:根据典型句型中动词能否带宾语来区分。

这个典型句型,可选择意义自足的主事主语句(即主事作主语的动词谓语句)。这里所说的主事,包括施事、系事、起事等。主事的语义特

[①] "死了父亲、坐着个人"之类一般都分析为动宾短语,但这种不及物动词带宾语的情形都出现于动态句子里的动态短语。

征是:(1)如果动谓句里谓语动词只有一个强制性成分,表示该强制性成分的词语便是主事。(2)能跟介词"被、叫、让、由、归、使"等组成介词短语的,通常也是主事。(3)动词的强制性语义成分"主事"和"客事"[①]在动词的两端构成挑子式的SVO(主动宾)句里,S是主事主语,O是客事宾语。[②] 比如"甲队打败了乙队""她姓王""那个人站着"这些句子,"甲队""她""那个人"是主事,所以这几个句子都是主事主语句。但在"甲队被乙队打败了""这个人我不认识""天上飘着白云""门口站着一个人",这些句子都不是主事主语句。研究汉语及物与不及物动词在句子里带不带宾语的问题,就是要抓住动词在主事主语句中能否带客事宾语。如果不用这样的典型句型来控制,就会纠缠不清。

笔者对汉语动词在主事主语句中作谓语或谓语中心词时带不带宾语的情形进行了调查,发现有以下五种情形:

1、有些动词在主事主语句里必须带宾语

这类动词必构成"主事主语+动词+宾语"的句型。出现在这种句型里的动词有"姓、称为、当作、好比、属于、等于、显得"等等。例如:

① 这个队属于红旗农业社。　　② 他显得安详而机智。

在这种句子里,宾语和主事主语都是动词所联系着的强制性成分,即必有的成分。如果不带宾语,句子的意思不全,如例①若说成"这个队属于",意思未完。出现在这种句型里的动词,都是及物动词。

2、有些动词在主事主语句里一般也带宾语,但有时不带宾语

这类动词通常也可构成"主事主语+动词+宾语"的句型。出现在

[①] 关于主事和客事,可参看范晓《试论语义结构中的主事》,《中国语言文学的现代思考》,复旦大学出版社,1991年;《说语义成分》,《汉语学习》2003年第1期。

[②] 在"SVO"句里主事一般不能带宾语,但"数量名"短语作主事出现在"供使句"中是例外(如"这锅饭吃了十个人")。

这样句型里的动词也是及物动词。但由于语用表达的需要，这类动词后边有时可不出现宾语。这样的动词有"吃、打、读、写、看、说、唱、知道、注意、改正、批评、坚持"等等。这类动词后不带宾语是有条件的，主要有以下几种：

（1）有些动谓句里，宾语置于动词之前，动词后可以不出现宾语。例如：

① 他谁也不认识。　② 老头子一个钱也不拿出来。

这些句子有一个共同点，那就是宾语具有周偏性（遍指），同时是被强调的。宾语在动词前，只改变了宾语的位置，没有改变动词和宾语之间的句法结构关系。所以这种句子里动词仍然有宾语，只是前置而后边不带而已。这种句子里的动词是及物动词。

（2）有些动谓句里，动词的宾语在句中充当了其他成分，动词后不出现宾语。例如：

① 他把我的手推开。　② 村长对村里的情形不十分了解。

这些句子里，可作动词宾语的那些词语跟介词结合成介词短语，放在动词前作状语，动词后当然也就没有宾语了。

（3）有些动谓句里，动词的宾语借助于语境而省略或隐含，动词后没有宾语。例如：

① 小二黑没有错，当然不承认[　]。（省略"错"）
② 你喝[　]吧，赵大爷！（省略或隐含"喝"的液体）

这种句子里的动词也是及物动词。

（4）有的及物动词在主事主语句中不是作谓语或谓语动词，而是作主语或宾语。例如：

① 打是疼，骂是爱。　　② 你倒是敢想、敢说、敢干。

这些句子里作主语或宾语的动词，重在说明动作本身，不必说出动作涉及的事物，因而它后边不需要带宾语。在这种句子里，"是"字后头的成分也叫宾语。

3、有些动词在主事主语句里不能带宾语

这种动词构成"主事主语+动词"的句型。能构成这种句型的动词是不及物的。这样的动词有"休息、冲锋、退休、跳舞、合作、完毕、竞赛"等等。例如：

① 鸟儿正在树梢上跳舞呢。　　② 老王已经退休了。

4、有些动词在主事主语句里一般不带宾语

这种动词通常也构成"主事主语+动词"的句型，这种动词不能带受事宾语，但有时可带处所宾语。这样的动词有"死、站、躺、睡、飞、走、跑"等等。带处所宾语的，例如：

① 小王躺床上了。　　② 代表团已于昨天飞广州。

这类动词后所带的是表示动作终点的处所宾语，在这种宾语和动词之间，实际上省略了一个介词，如"躺在床上、飞往广州"。这类动词在某些句子里虽可带处所宾语，但如果不带处所宾语，平时也可与主事主语构成一个意义自足的主事主语句，例如"小王已经躺了、鸟飞了"。上面句子里的处所宾语不是这类动词的客事（强制性语义成分），所以这类动词也属于不及物动词。这类动词在底下一些句子里也可带宾语，例如：

① 祥林嫂死了丈夫。　　② 一年级走了十多个人。
③ 这张床能睡三个人。　　④ 五个人跑了四个。

这些句子里句首的词语,粗粗一看似乎是主事主语,但实际上不是。例①若说成"祥林嫂死了",例②若说成"一年级走了",也通,是主事主语句,可是句子的意思全变了;实际上例①是说"丈夫死了",例②是说"十多个人走了"。以上四句句首词语在语用上可分析为主题,而作主事的词语倒是作了宾语。在这样的句子中动词虽然带宾语,但由于不是主事主语句,所以不能当作检验动词能否带宾语的典型句型,也就不能据此来区分及物和不及物。

5、有些动词在主事主语句中带不带宾语意义不一样

这种主事主语句里的动词在一种义项下不能带宾语,在另一种义项下能带宾语。这样的动词有"笑、叫、开、花、坐"等等。例如:

① a. 她笑了。(愉快的笑)
　　b. 她笑他蠢。(讥笑)
② a. 水开了。(液体受热而沸腾)
　　b. 我们开了一个会议。(举行;召开)
③ a. 他坐了一会儿。(臀部放在某物体上)
　　b. 他坐火车走了。(乘;搭)

这样的动词由于词汇意义和句法功能都不完全一样,可看作兼类词,即兼属及物动词和不及物动词。值得注意的是:汉语里有个别动词,其词汇意义相同,但在句法功能上有不及物和及物两种用法,如"转变",词义是"由一种情况变成另一种情况",但可以有两种句法功能:不带宾语的(如"他作风转变了")和带宾语的(如"他转变作风了"),后者具有"使……转变"的意义,即"使动"义。不及物动词本来不带宾语,若用于使动,后面就带有宾语。

6、根据典型句型区分及物动词和不及物动词的小结

根据典型句型中动词能否带宾语来区分及物不及物,可以概括为:

及物动词作谓语或谓语中心词构成主事主语句时,动词后边一般要带客事宾语,不带客事宾语是有条件的;不及物动词作谓语或谓语中心词构成主事主语句时,动词后边一般不带客事宾语,带宾语是有条件的。立足于上面调查所述,主事主语句里汉语及物动词和不及物动词的区别可具体规定为如下几条:

(1)凡在主事主语句中作谓语时必须带客事宾语的动词是及物的,上述第一种情形下的动词便是,如"姓、称为、当作、好比、属于、等于"等。

(2)凡在主事主语句中作谓语时如果没有特定的条件也必须带客事宾语的动词,也是及物的,上述第二种情形下的动词便是,如"吃、打、读、写、看、说、唱、批评"等。

(3)凡在主事主语句中作谓语时后边不能带客事宾语的动词,是不及物的,上述第三种情形下的动词便是,如"休息、冲锋、退休、跳舞、合作、完毕、竞赛"等。

(4)凡在主事主语句中作谓语时后边不带客事宾语即可成句的动词,虽然有时可带处所宾语,也是不及物的,上述第四种情形下的动词便是,如"躺、立、飞、跑"等。

(5)凡在主事主语句中带不带宾语意义不一样(属不同义项)的动词,兼属及物不及物两类,上述第五种情形下的动词便是,如"笑、叫、开、花、坐"等。

笔者调查了1000个常用动词,根据上边规定的几条来进行分析,得出的结果是:及物动词有858个,占85.8%;不及物动词有118个,占11.8%;兼属及物不及物的兼类词24个,占2.4%。在858个及物动词中:符合上边第(1)条的有42个,占及物动词数的4.8%;符合上边第(2)条的有816个,占及物动词数的95.2%。在118个不及物动词中:符合上边第(3)条的有63个,占不及物动词数的53.4%;符合上边第

（4）条的有 55 个，占不及物动词数的 46.6%。由于调查的动词数量有限，所以这个统计也存在一定的局限性，它不能说明汉语全部动词里及物动词和不及物动词的准确数据，但至少可以知道个大概的面貌。

三、及物动词和不及物动词的再分类

汉语的及物动词和不及物动词数量不少，而且内部情况也并不单纯，为了更好地说明各种及物动词和不及物动词在句法结构中可能有的不同的用法，有必要对它们进行再分类，即根据一定的标准，分别为它们分成若干小类。

（一）及物动词的再分类

及物动词可以按照不同的角度或根据不同的标准进行分类，主要有以下几种分法。

1、根据及物动词在句子中带不带宾语来区分

根据这个标准，及物动词可分成两类：

（1）必须带宾语的动词，即所谓"连宾动词"或"粘宾动词"。这样的动词有"姓、称为、作为、当作、好比、属于、等于、限于、给以、免得、显得、懒得、妄图、加以"等等。这类动词在句中通常和宾语粘连在一起，不能分开，由此形成了以下三个特点：一是在句中必须和宾语连接在一起作谓语；二是宾语只能在动词之后，不能提前；三是宾语不能省略或隐含。这类及物动词不多，在所调查的 858 个及物动词里只有 42 个，占 4.8%。

（2）可带可不带宾语的动词，即所谓"两用动词"，这样的动词有"看、写、吃、听、打、骂、唱、拿、放、爱、知道、注意、改正、坚持、保卫"等等。这类动词的特点是：在主事主语句里作谓语时通常要带宾语，但在一定的条件下后边可以不带宾语。这类动词数量较多,在所调查的858个及物动词里有816个,占95.2%。

2、根据主事主语句带宾特点来区分

根据主事主语句带宾特点这个标准(也就是及物动词构成的几种基本句型里带宾特点)及物动词可分成三类:

(1)单宾动词。这类动词后边带上一个宾语即可构成主事主语句,即构成SVO型(S代表主事主语,V代表动词,O代表宾语,下同)。这样的动词有"写、看、听、研究、讨论、批评、禁止、主张"等等。例如"写"可构成"我写信""他写文章"之类,"看"可构成"他看报""小王看电影"之类。单宾动词数量较多,在所调查的858个及物动词中,单宾动词有708个,占82.5%。

(2)双宾动词。这类动词构成主事主语句时一般要求带上两个宾语(直接宾语、间接宾语),即构成SVO_1O_2型。这样的动词有"给、送、寄、教、借、欠"等等。例如"给""借",可构成"我给他一件礼物""她借我一本书"之类的句子。双宾动词数量比单宾动词少,在所调查的858个及物动词中,双宾动词48个,只占5.6%。

(3)使令动词。这类动词要求在所带宾语之后带上一个由V_2(谓词性词语)所作的补语,这补语在语义上指向动词后的宾语,构成SV_1OV_2(即SVOR)型主事主语句。这样的动词有"请、派、命令、要求、委托"等等。例如"请""派"可构成"我请他喝酒""他派我去广州"之类的句子。使令动词数量也比单宾动词少,在所调查的858个及物动词中,使令动词有102个,占11.9%。

3、根据所带宾语的词语的语法性质来区分

根据所带宾语的词语的语法性质来区分,及物动词可分为三类。

(1)名宾动词。指只能带名词性宾语的动词。这样的动词有"拔、抱、擦、采、造、烧、吃、喝、读、写、抓、保卫、驾驶、修理、逮捕、打扫"

等等。名宾动词所带的宾语有时由名词或名词短语充当的，例如"抱孩子""造房子""读了两本书""保卫我们的祖国"等；有时可由代词充当，例如"抱他""抓他们"等。名宾动词数量较多，在所调查的858个及物动词里，名宾动词有532个，占62%。

（2）谓宾动词。指只能带谓词性宾语而不能带名词性宾语的动词。这样的动词有"主张、号召、断定、觉得、打算、力图、渴望、提议、认为、显得"等等。谓宾动词所带的宾语有时是动词或动词性短语充当的，例如"打算研究""甘心受苦""扬言进行报复"等；有时可由形容词或形容词性短语充当，例如"渴望自由""觉得冷""显得很高兴"等；有时由主谓短语充当，例如"主张大家都去""希望你来"等。谓宾动词数量较少，在所调查的858个及物动词里，谓宾动词只有25个，占3%。

（3）名谓宾动词。指既能带名词性宾语，也能带谓词性宾语的动词。这样的动词有"欢迎、爱、喜欢、害怕、研究、思考、知道、看见、听见、发现"等等。比较：

① 喜欢：a. 喜欢花鸟（带名词性宾语）
　　　　b. 喜欢唱歌（带谓词性宾语）
② 看见：a. 看见一个人（带名词性宾语）
　　　　b. 看见她在洗衣服（带谓词性宾语）

这类动词的数量比名宾动词少，比谓宾动词多，在所调查的858个及物动词里，名谓宾动词有301个，占35%。

（二）不及物动词的再分类

不及物动词的共同特点是不带宾语即可构成主事主语句。但内部情况也不完全一样，有些不及物动词不能带任何宾语，有些不及物动词在一定条件下可以带宾语，所以从能不能带宾语来看，也还可以再分为两类。

1、无宾动词

指后边不能带任何宾语的动词。根据它们的造句特点,这类动词还可细分为四个小类:

(1)一般的无宾动词。这样的动词有"休息、散步、出发、破裂、咳嗽"等等。这类动词在句子里作谓语动词时只有一个强制性的成分与它共现,构成为"主事主语+动词"句型。例如:"工人们休息了。"这类动词在所调查的118个不及物动词里有32个,占27%。

(2)动作指向一方的无宾动词(简称"单向动词")。这样的动词有"看齐、服务、效劳、交涉、挑战"等等。这类动词在句子里作谓语动词时有两个强制性成分与它共现,其中一个是动作的施事,一个是动作的与事(动作指向的对象)。构成主事主语句时,表示与事的名词必须跟介词组成介词短语,置于动词前作状语,构成"施事主语+(介词+与事)+动词"这样的句型。例如:"我跟他交涉""我们为人民服务"等。这类动词在所调查的118个不及物动词里有9个,占8%。

(3)动作互相协同的无宾动词(简称"互向动词")。这样的动词有"合作、协作、相识、比赛、团聚"等等。这类动词在句子里作谓语动词时也有两个强制性成分与它共现,其中一个是施事,一个是共事(动作的协同对象)。构成句子时,表示共事的名词通常跟介词组成介词短语,置于动词前作状语,构成"施事主语+(介词+共事)+动词"这样的句型。如"他同我合作""我跟他相识""甲队跟乙队比赛"等。从表面上看,互向动词和单向动词构成的句型似乎相同,它们都能构成"主事主语+介词短语+动词"的句型,但它们实际上还是不同的,这表现在:第一,从语义上看,单向动词的动作偏于一方,即一方单向地施加动作于另一方,例如"他向我挑战"里的"挑战",只是"他"发出的动作,"我"没有也不必发出这个动作;而互向动词所表示的动作,是双方互相协同进行的,例如"甲队跟乙队比赛"里的"比赛"这个动作,是"甲队"和"乙队"共同进行的。第二，从形式上看，单向动词只能构成"主事主语＋介词短语＋动词"的句型；互向动词不仅能构成"主事主语＋介词短语＋动词"这种句型，而且还可构成另外的句型。如果作主语的词语已包含了动作的双方（比如：名词性的并列短语、复数人称代词等），就可构成"主事主语＋动词"这样的句型。例如："他们相识了""小李和小张团聚了"等。互向动词在所调查的118个不及物动词里有11个，占9%。

（4）自身能分离成动宾短语的无宾动词（即"离合动词"）。这样的动词有"洗澡、睡觉、叹气、上当、吃亏、告状"等等。这类动词能构成"施事主语＋动词"型的主谓句，如"他睡觉了""他们上当了"等。但在一定的条件下可以插入其他的词语而使这类动词转化成动宾短语，从而构成SVO句型，如"我洗了一个澡""小王叹了一口气"等。这类动词在所调查的118个不及物动词里有16个，占14%。

2、准无宾动词

指在一定条件下能够带宾语的动词。这样的不及物动词有"站、立、住、躺、卧、死、爬、走、飞、蹲、游、飘、流、奔驰、消失、爆发、流传、生长"等等。这类动词在主事主语句中通常不带宾语（其中有些动词能带处所宾语），但当它出现在非主事主语句里时，后边可带主事宾语。例如：

① 这个院子里住着两个人。　② 山坡上卧着些小村庄。
③ 这里流传着一个笑话。　　④ 她死了当家人。

这类动词在所调查的118个动词里有50个，占42%。

（三）从语义角度给及物动词和不及物动词再分类

上面根据典型句型中动词能否带宾语来区分及物不及物，那是从句法角度给出的动词分类。如果从语义角度,也是可以给及物动词和不及物动词分类的。从语义角度给动词分类,主要是根据动词的配价特点来分类。

动词的"价"分类,是从动词的配价特点分出来的类,也就是根据动词所联系的动元(动词在动核结构中所联系的强制性语义成分)的数目分出来的类。[①]

1、根据配价特点来给及物动词分类

根据动词所联系的动元(强制性语义成分)的数目来分类,及物动词还可以分为两类:

(1)二价动词(也称"双价动词")。这类动词组成动核结构必须有两个动元,如"吃、喝、看、写、批评"之类就是二价及物动词。例如"他喝酒、我写文章"里,动词"喝、写"都分别联系着两个强制性的语义成分(施事和受事)。

(2)三价动词。这类动词组成动核结构必须有三个动元,如"给、交、赠、送、教、告诉"之类就是三价及物动词。例如"我送她礼物、他教我英语"里,动词"送、教"都分别联系着三个强制性的语义成分(施事、受事、与事)。

2、根据配价特点来给不及物动词分类

根据动词所联系的动元(强制性语义成分)的数目来分类,不及物动词也可以分为两类:

(1)一价动词(也称"单价动词")。这类动词组成动核结构必须有一个动元,如"站、立、躺、死、蹲、休息、咳嗽、洗澡、散步"之类就是一价不及物动词,例如"我散步、他休息"里,动词"散步、休息"分别联系着一个强制性的语义成分(施事)。

---

① 参看范晓《动词的"价"分类》,《语法研究和探索》(五),语文出版社,1991年。

（2）二价动词(也称"双价动词")。这类动词组成动核结构必须有两个动元,如"服务、合作、致敬、道谢、相识、比赛"之类就是二价不及物动词。例如"我们为人民服务、大家向英雄致敬"里,动词"服务、致敬"分别联系着两个强制性的语义成分(施事、与事)。

3、动词的及物、不及物分类和"价"类的关系

及物动词和不及物动词的分类是根据动词的句法功能或句法特征分出来的类,动词的"一价、二价、三价"的配价分类是根据动词的语义功能或语义特征分出来的类,所以二者是有区别的。有人把及物动词和不及物动词跟动词的配价分类完全对应起来,认为及物动词里能带单宾语的动词与二价动词对应,及物动词里能带双宾语的动词与三价动词对应,不及物动词与一价动词对应。但实际上并不完全对应:二价动词不一定都是及物动词,不及物动词不一定都是一价动词,这是因为有些不及物动词属于二价动词,或者说有些二价动词属于不及物动词,如"着想、致敬、道谢、服务、合作、相识、比赛"之类动词从带宾语角度分析属于不及物动词,从配价角度分析属于二价动词。

动词的"价"分类

"价"（valence），也有人称作"向"，它本身是自然科学的术语；国外有些语法学家在研究动词时把它引入语法学。朱德熙率先将"价"的概念引入汉语语法学，[①]开拓了汉语动词研究的新领域；接着，不少学者也开始研究动词"价"的问题。近十年来，对这个问题的研究已取得一定的成绩，但这毕竟是一个新课题，专门讨论动词"价"分类的文章不多，而且有些问题还有争议，对汉语动词的"价"更是研究得不深不透。为了更深入地研究和讨论动词的"价"分类，笔者参考了国内外有关论述[②]，并依据汉语的特点，提出一些看法。本文所说的动词，是指广义动词，包括一般语法书上所说的动词和形容词。

为便于描写，使用了一些符号，这些符号是：V（动词或动核），N（名词），N'（处所名词或时间名词），PP（引出与事的介词所构成的介词短语），S（主语），O（宾语），A（状语），R（补语）；a（主事），b（客事），c（与事），d（补事），T（主题）。

---

① 朱德熙《"的"字结构和判断句》，《中国语文》1978年第1—2期。
② 朱德熙《"的"字结构和判断句》，《中国语文》1978年第1—2期；吕叔湘《吕叔湘文集》第二卷第479页，商务印书馆，2004年；文炼《词语之间的搭配关系》，《中国语文》1982年第1期；吴为章《单向动词及其句型》，《中国语文》1982年第5期；马庆株《现代汉语的双宾语构造》，《语言学论丛》第10辑，商务印书馆，1983年；廖秋忠《现代汉语中动词支配成分的省略》，《中国语文》1984年第4期；冯志伟《特思尼耶尔的从属关系语法》，《国外语言学》1983年第1期；张烈材《特思尼埃的〈结构句法〉基础》，《国外语言学》1985年第2期；李洁《德语配价理论的发展及成就》，《外语教学与研究》1987年第1期；菲尔墨《格辨》（胡明扬译），《语言学译丛》第二辑，中国社会科学出版社，1980年；杰弗里·利奇《语义学》（李瑞华等译），外语教学与研究出版社，1987年。

一、动词"价"分类的性质

（一）动词的"价"跟动核结构的关系

动词的"价"跟动核结构（或称谓核结构）[①]有密切的关系。动核结构是语义平面的基本结构，它跟现实不发生特定的联系；动核结构是一种深层结构，是构成表层句子的基础。同一个动核结构，如果表层的句法形式不同，就有可能构成不同句式的句子。

动核结构由动词和它们联系着的某些语义成分组成。动词所联系的语义成分概括起来有两种：支配成分（或称"配角成分、内围成分"）和说明成分（或称"外围成分"）。支配成分参与动词的动作行为，说明成分用来说明动作发生的时间、处所或使用的工具、方式等。动词是动核结构的核心，支配成分和说明成分依附于或从属于动词。例如"昨天张三在会上批评李四"这个句子，从语义平面分析，"批评"这个动词联系着四个语义成分：施事（张三）、受事（李四）、时间（昨天）、处所（会上）。这些成分都从属于动词，其中动作的施事、受事是支配成分，动作发生的时间和处所是说明成分。一个基本的或最小的动核结构由动词和它的支配成分构成。如果一个动核结构中既有支配成分又有说明成分，那就是扩展的动核结构。

（二）动核结构在句法平面表现为动词作谓语或谓语中心词的主谓结构

动核结构中的支配成分和说明成分在主谓结构中表现为各种句法

[①] 本文采取广义动词说，把形容词归入动词类。如果把广义动词称作谓词，则动核结构也可称作谓核结构。

成分。语义平面最小的动核结构在句法平面表现为最小的意义自足的主谓结构。所谓最小的,是指在这样的结构里,只有动词和能表现支配成分的句法成分。所谓意义自足,是指一个主谓结构的意义必须相对完整,比如"批评",单说"张三批评"或"李四被批评",表面上看也是主谓结构,但前者不知批评谁,后者不知谁批评,可见这两个主谓结构意义不完整,只有构成"张三批评李四"或"李四被张三批评",才是意义自足的主谓结构。不同语言的动核结构有相当的共同性,这才使语言间的翻译成为可能;表现动核结构的主谓结构的形式却往往不同,这才使不同语言间的翻译成为必要。

(三)动词联系的"动元"

动词联系的支配成分是构成动核结构所必需的语义成分,所以它具有强制性。这种强制性的动词所联系的语义成分,可称为动元(或称"行动元")。一个动词所联系的动元的总和,就是这个动词的"价"量(即"配价"的量)。动词的"价"分类,决定于动元的数目:需跟一个动元组配的动词,称为一价动词;需跟两个动元组配的动词,称为二价动词;需跟三个动元组配的动词,称为三价动词。

在动核结构里,动词可能联系的语义成分动元主要有:施事(动作发出者)、受事(动作承受者)、与事(动作交接、传递、服务、指向、协同的对象)、使事(动作的致使对象)、系事(性质或状态的系属者)、起事(关系或分类的起方)、止事(关系或分类的止方)、补事(补足说明动作的事件或情状)、[1]工具(动作使用的工具、方式或手段)、处所(动作发生的处所)、时间(动作发生的时间)等等。施事、系事和起事可

---

[1] 起事、止事是关系动词所联系的动元,例如"我是中国人"里,"我"是起事,"中国人"是止事。补事指的是兼语动词("选举""迫使""派遣"等)后必有的由谓词性词语表现的语义成分,如"他派我去接客人"里,"去接客人"便是补事。

概括为主事,受事、使事和止事可概括为客事。以上这些语义成分里:主事、客事、与事、补事是动核联系的支配成分,即动元;工具、处所、时间等是动核联系的说明成分,所以不是动元。

动词联系的动元是有选择性的,不同价类的动词联系着不同的动元:一价动词联系着的一个动元是主事(施事或系事),如一价动词"哭、休息、睡觉"联系的动元是主事里的施事,一价动词"醉、醒、林立"联系的动元是主事里的系事。二价动词联系着两个动元,通常是主事(施事或系事)和客事(受事、止事等),如二价动作动词"吃、喝、批评"联系的动元是主事里的施事和客事里的受事,二价关系动词"是、像、属于"联系的动元是主事里的起事和客事里的止事;但也有些二价动词联系着的两个动元是主事和与事,如二价动词"鞠躬、效劳、道歉"联系着的两个动元是主事里的施事和与事。三价动词联系着三个动元,即主事(施事)和客事(受事)以及与事,如三价动作动词"给、送、借"联系的动元是主事里的施事和客事里的受事以及与事。

(四)凭形式定价

语法研究应遵循形式和意义相结合的原则,任何语义上的分类或分析都必须得到形式上的验证。所以,动词价分类的根据虽然决定于动元的数目,但替动词定价(进行"价"分类)还得从形式上去辨别、去确定,这就要寻找动元在句法结构中的表现形式。从汉语的情形来看,从形式上替动词定价主要有以下几条。

1、凭借动词在静态的主谓结构中联系的必有的句法成分的数目来定价

在一个动词作谓语或谓语中心词的主谓结构里,动词所联系着的语义成分都表现为一定的句法成分(主语、宾语、状语、补语等等),但句法成分并不都表示动元。句法成分有两种:一种是强制性的必有的

句法成分，它是构成一个最小的意义自足的主谓结构所不可缺少的；另一种是非强制性的（非必有的）成分，去掉它也不影响主谓结构的成立。只有强制性的必有的句法成分才能表现动元。据此，可以按照主谓结构里动词所联系着的强制性句法成分的数目来定价。由于最小的意义自足的主谓结构里只有强制性句法成分，所以也可说按照最小的意义自足的静态的主谓结构里动词所联系的句法成分来定价。

2、凭借动词在主谓结构中联系的必有的名词性成分的数目来定价

主谓结构中名词性成分有两种：一种是表示动词所联系的必有的（或"强制性的"）句法成分的，也就是表示动元的；另一种则不是。前者是构成一个最小的意义自足的主谓结构所不可缺少的。据此，可以按照主谓结构中动词所联系的必有的名词成分的数目来定价，或说，可以按照最小的意义自足的主谓结构中动词联系的名词性成分的数目来定价。例如"上午我在图书馆看书"里，动词"看"联系着四个名词性词语，其中"我""书"是必有的，"上午""图书馆"不是必有的，"我看书"就是一个最小的意义自足的主谓结构，可见"看"是二价动词。用这种方法来定价，对大部分动词（特别是名宾动词）是适用的，但却不适用于谓宾动词（如"感觉、觉得、显得、值得、企图、希望、渴望、估计、打算、认为"等等）[①]。

3、借助动元的标记（介词）定价

表示动元的词语有些能跟"把、被、叫、让、由、归、使、对、管、向、

[①] 强制性的名词性成分在主谓结构里表现为强制性的句法成分，因此1和2两条有联系，但又不完全一样：一则，着眼角度不一样，比如"工人造桥"，据1动词有两个强制性的句法成分（主语、宾语），据2则有两个强制性的名词性词语（工人、桥）。二则，适应范围不一样，句法成分可由名词性词语担任，也可由动词性词语担任，比如"她显得很平静"，据1动词有两个强制性的句法成分（主语、宾语），据2却只有一个强制性名词性词语（她），而另一个强制性的词语却是动词性的（很平静），所以1的适应范围比较大。

给、跟、与"等介词组成介词短语,置于动词前作状语。这类介词就可以看作动元的标记:其中"被、叫、让、由、归、使"等常用于引出主事,"把、对、管"等常用于引出受事,"跟、与、给、为、向"等常用于引出与事。据此,一个最小的意义自足的主谓结构中置于上述介词后的词语可看作动元,所以利用这些介词标记也可帮助定价。①

4、利用提问形式定价

大多数动词联系的动元可用"谁"或"什么"代替和提问,因此可用"谁V""什么V""V谁""V什么"等形式提问,出现在"谁""什么"位置上的都是动元。例如"吃",可用"谁吃""吃什么"提问,说明"吃"便是二价动词。又如"病",可用"谁病"提问,而不能用"病什么"提问,说明"病"是一价动词。出现在"谁""什么"位置上的一般是名词性词语,但有时也有动词性的。例如:"爱跳舞"中,"跳舞"是动词,它回答"爱什么"的问题;但作为"爱"的动元,它具有指称性,是事物化(或称"名物化")了。有的动元不能用"V谁""V什么"提问,而只能用"V怎么样"提问,例如"感觉""显得"等便是。这种回答"怎么样"的词语,是动词性的,但在这里也表示动元,它不具有指称性,只是表示事件或情状。

上述四个特征,其中1既是定价的必要条件,也是充足条件,2、3、4只是充足条件或参考条件,而不是必要条件。

二、汉语动词的"价"类系统

从配价角度给动词分类,汉语动词可分为一价动词(单价动词)、二价动词(双价动词)和三价动词三类。

---

① 由于有些动元没有标记,有的标记并不为某一动元所专用,因此这一条在定价时也有一定的局限性。

一价动词是指在一个动核结构里联系着一个动元的动词。其句法形式特征是：在主谓结构里它只联系有一个强制性的句法成分；它和主语一起就可构成意义自足的主谓结构，如"他来了""小王醉了"中"来""醉"便是一价动词。

二价动词是指在一个动核结构里联系着两个动元的动词。其句法形式特征是：在主谓结构里它联系有两个强制性的句法成分；它和两个句法成分（其中一个是主语，另一个可能是宾语或其他的句法成分）一起才可构成一个最小的意义自足的主谓结构，例如"他读书""我向他看齐"里，"读""看齐"等便是二价动词。

三价动词是指在一个动核结构里联系着三个动元的动词。其句法形式特征是：在主谓结构里它联系有三个强制性的句法成分；它和三个句法成分（其中一个是主语，一个是宾语，还有一个是宾语或状语）一起才可构成最小的意义自足的主谓结构，例如"我送他礼物""他跟我商量工作""他劝她别出国"里，"送""商量""劝"便是三价动词。

（一）一价动词

1、一价动词可分为动作动词（施动词）和性状动词两类

有些一价动词联系的动元是施事，这样的动词便是动作动词，例如"小狗跳""小猫叫"里的"跳""叫"便是。其他如"跑、躺、爬、走、站、休息、奔驰、挣扎、旅行、逃跑、洗澡"等，也都是动作动词。有些一价动词联系的动元是系事，便是性状动词（包括状态动词和形容词），例如"病、醉、醒、哑、漏、碎、锈、大、远、轻、黄、鼎沸、林立、冰凉、碧绿、美丽、聪明"等。性状动词可分为性质动词和状态动词两个小类：凡能受程度副词修饰的可称为性质动词，如"大、高、红、清楚、聪明、勇敢"等；凡不能受程度副词修饰的称为状态动词，如"醉、碎、哑、倒塌、雪白、红通通"等。动作动词和性状动词在句法形式上也有区别，主要表现在：动作动词前一般可以加上表处所的介词短语，例如"他在屋里休息""老张刚从北京来"；反之，性状动词则不行。

2、一价动词构成动词句时动元的配置式

一价动词构成动词句时，动元的配置式主要有 aV 式、Va 式、NVa 式、N'Va 式、aVa 式、aVb 式等。例如：

① 他来了。/ 会散了。/ 天晴了。
② 下雨了！/ 刮风了！/ 出太阳了！
③ 王冕死了父亲。/ 他流着眼泪。/ 北京大学来了三十人。
④ 台上坐着主席团。/ 前面来了一个人。/ 昨晚下了一场雨。
⑤ 他伤了腰了。/ 张大伯瞎了眼睛了。/ 铅笔断了两支了。
⑥ 他睡了一觉。/ 我洗过澡了。

① 是 SV 主谓句，属于 aV 配置式；② 是 VO 式非主谓句（有的看作 VS 式主语后现主谓句），属于 Va 配置式；③ 的句首名词是主题不是主语，可以看作 TVO 句（有的看作 SVO 主谓句），属于 NVa 配置式；④ 的句首名词也是主题，也不是主语，也可以看作 TVO 句（有的看作 SVO 主谓句），属于 N'Va 配置式；⑤ 是一种特殊的 SVO 主谓句，这种句子里作主语、宾语的词语都可跟动词构成主谓关系，属于 aVa 配置式；⑥ 也是一种离合动词分离成动宾短语的 SVO 主谓句，属于 aVb 配置式。

（二）二价动词

1、二价动词可分为动作动词、性质动词、关系动词和感估动词四类

有些二价动词联系的动元是施事和受事或施事和与事，便是动作动词，例如"小狗咬小猫"里，"咬"联系着施事和受事，"我为你效劳"

里,"效劳"联系着施事和与事,"咬""效劳"便是动作动词。二价动作动词有两个小类:一类是及物动作动词,如"咬、吃、打、看、拨、踢"等;一类是不及物动作动词,如"看齐、效劳、道歉、合作、相遇、打架"等。二者的区别是:从语义平面看,前者联系的动元是施事和受事,后者联系的动元是施事和与事;从句法平面看,前者能带宾语,后者不能带宾语。有些二价动词联系的动元是准施事和准受事,例如:"我爱祖国"里,"爱"联系着准施事和准受事,就是性质动词(指不典型的施事和受事)。其他如"喜欢、想念、尊敬、欣赏、关心、羡慕"等,也都是性质动词。这类动词跟动作动词的区别是:从语义上看,动作动词联系施事、受事,性质动词联系准施事、准受事;从句法上看,动作动词一般可用于祈使句,不能受程度副词修饰,性质动词不能用于祈使句,却能受程度副词修饰。有些二价动词联系的动元是起事和止事,便是关系动词。例如"他是工人""我属马"里,"是""属"联系着的动元都是起事和止事,便都是关系动词。其他如"为、像、姓、属于、等于、大于、小于、具有、含有"等,也是关系动词。有些动词联系的动元都是准施事和补事,例如"他觉得很冷""我希望你来","觉得""希望"联系着准施事和补事,就是感估动词(表示感觉、估量的动词),其他如"感觉、估计、打算、企图、显得、渴望、认为"也是感估动词。感估动词后边的宾语,都回答"V怎么样"的问题。一般语法书上所说的助动词或能愿动词,似乎也可归入此类。

2、二价动词构成动词句时动元的配置式

二价动词构成动词句时,动元的配置式主要有aVb式、aVd式、a(把b)V式、b(被a)V式、a(pp)V式、baV式等。例如:

① 张三批评了李四。/我爱祖国。/他是学生。
② 我觉得很冷。/他显得很平静。/我估计他会来。

③ 张三把李四批评了。/ 台风把大树刮倒了。
④ 李四被张三批评了。/ 大树被台风刮倒了。
⑤ 我们向他看齐。/ 他跟我合作。
⑥ 这本书我读过了。/ 这个电影我看过了。

①是典型的SVO主谓句,这种句子动词两端的动元都由名词性词语充当,成为一种挑子式的主谓句①,V前的动元是主事,V后的动元是客事,属于aVb配置式;②也是SVO主谓句,宾语由非名词性词语充当,属于aVd配置式;③④是SAV主谓句,其中③属于a(把)V配置式,④属于b(被a)V配置式,只有及物动作动词能构成这两式;⑤也是SAV主谓句,属于a(pp)V配置式,只有不及物动作动词能构成此式;⑥比较特别,客事处在句首作主题,是一种OSV句或TSV句,属于baV配置式,及物动作动词大都能构成此式。

(三)三价动词

1、三价动词都是动作动词

三价动词联系的动元里都有施事,所以三价动词都是动作动词。但内部还可分为四个小类:交接动词,互向动词,兼语动词,称呼动词。

(1)交接动词。指表示交接行为的三价动词,它联系的三个动元是施事、受事和与事,在句法上它能带双宾语,例如"我给他一支钢笔"中,"给"是交接动词。其他如"送、寄、赠、欠、借、租"等也属此类。交接动词的动作有一定的指向,根据动作指向又可分为外向动词("交"类动词)和内向动词("接"类动词)。②

---

① V与a、b组配成挑子式的主谓结构时,一般构成aVb式,但汉语中也有少数bVa式,如"一锅饭吃了二十人""这匹马骑了两个人",这是比较特殊的。
② 参看范晓《交接动词及其构成的句式》,《语言教学与研究》1986年第3期。

（2）互向动词。指表示相向行为的三价动词，它联系着的三个动元是施事、受事和与事，在句法上它不能带双宾语，例如"我跟他商量一件事"中，"商量"便是互向动词。其他如"协商、交换、争论、辩论、讨论"等也属此类。互向动词的动作也有一定的指向，但跟交接动词有区别。比较：

① 我给他一本书。
② 我收到他一封信。
③ 我跟他交换礼品。

例①是外向动词"给"组成的aVcb式，动作外向：受事b由施事a移向与事c；例②是内向动词"收到"组成的aVcb式，动作内向：受事b由与事c移向施事a；例③是互向动词"交换"组成的a(pp)cVb式，动作互向（相向而行）：受事既移向施事也移向与事，是互向的。要注意的是："打架""结婚"之类也是互向动词，不过它们是二价动词，与"商量"之类比较，在"互向性"上相同，在"价"类上不同。

（3）兼语动词。指表示动词后宾语兼作主语[①]的三价动词，它联系的三个动元是施事、受事和补事，例如"我们选举他当代表"中，"选举"便是兼语动词。其他如"劝、要求、请求、叮嘱、派遣、打发、指使、介绍、强迫"等也是兼语动词。

（4）称呼动词。指表示称呼人或事物的三价动词，它联系的动元是施事、受事和与事，例如"湖南人称种地的为作家"里，这"称"便是称呼动词。其他如"称、称呼、简称、俗称、叫（'称呼'义）、认、追认、封"等也是称呼动词。它们通常构成"名+称呼+某某/什么+为/

[①] "兼语动词"也可称为"兼格动词"，鉴于"兼语"一名已经习用，为方便起见，本文暂用"兼语动词""兼语句"等名称。参看范晓《试论兼语句》，《乌鲁木齐教育学院学报》1986年第1期。

是+名"格式,即一般所谓兼语句(如"大家称他为笔杆子");有时也可构成"名+称呼+某某+名"格式,即所谓双宾句(大家称他笔杆子)。①

2、三价动词构成动词句时动元的配置格式

三价动词构成动词句时动元的配置格式,主要有aVcb式、a(把b)Vc式、b(被a)Vc式、baVc式、a(pp)cVb式、ba(pp)cV式、(ac)Vb式、aVbd式等。例如:

① 我给了他那本书。　② 我把那本书给他了。
③ 那本书被我给他了。　④ 那本书我给了他了。
⑤ 我跟他商量一件事。　⑥ 那件事我跟他商量过了。
⑦ 老王和老张商量一件事。⑧ 他派我去北京工作。

① 是 SVO_1O_2 主谓句,属于aVcb配置式,交接动词常用于此种句式,称呼动词有时也能构成这种句式;②③ 都是由交接动词构成的 SAVO 主谓句,其中 ② 是"把"字句,属于a(把b)Vc配置式,③ 是"被"字句,属于b(被a)Vc配置式;④ 是由交接动词构成的 TSVO 主谓句,属于baVc配置式;⑤ 是互向动词构成的 SAVO 主谓句,属于a(pp)cVb配置式;⑥ 是互向动词构成的 TSAV 主谓句,属于ba(pp)cV配置式;⑦ 表面上是由互向动词构成的 SVO 主谓句,但作主语的词语必须是表多数的人称代词或名词性的联合短语,所以这个主语里实际上隐含有两个动元(施事和与事),属于(ac)Vb配置式;⑧ 是由兼语动词构成的 SVOR 主谓句(即"兼语句",属于aVbd配置式。

---

① 要注意的是:有些称呼动词(如"称、叫、称为、叫作"之类)也可以有二价的用法(或称兼作二价动词),它们可以构成"名+称呼+名"式,如"他的名字叫张三、太阳在上海话里称为日头"。

三、汉语动词"价"分类中尚须说明的几个问题

（一）动元所表示的语义，不是词汇意义，而指语法意义

要把词汇意义跟语法意义区别开来。词汇意义是指某个单独的词的孤立意义，即词典意义或概念意义；语法意义是指词在语义结构中表现出来的意义。比如"猫"和"狗"，孤立地看，很难说哪个是施事哪个是受事；在"狗咬猫"中"狗"是施事，"猫"是受事，在"猫咬狗"中，情形就完全相反。又如"刀"，孤立地看也很难说它是什么语义，在"这把刀我切肉"里，"刀"是动作的工具，在"我买了把刀"里，"刀"是受事，在"刀锈了"里，"刀"是系事。再如处所词、时间词常用来表示动作发生的处所和时间，但有时也不一定：在"台上很暗"里，"台上"是系事，在"他望着远处""他跑到台上"里，"远处""台上"是目标（客事）；在"春节快来了"里，"春节"是施事，在"今年是龙年"里，"今年"是起事，在"回想去年"里，"去年"是受事。

（二）在静态主谓短语里就可辨别动词的"价"类

给动词定价，既可以放到动态的主谓句中辨别，也可以放到静态主谓短语里辨别。但是在动态的句子里，由于造句的习惯或语用的需要，动元有时会有空缺，即所谓的省略和隐含的情形，所以往往不能明显地看出一个动词联系着的表现动元的句法成分的数目。在静态的主谓短语里，动词所联系的动元都以一定的句法成分显现。一个最小的意义自足的主谓结构，实质上就是一个没有任何语态和说明成分的主谓短语，它对应着语义平面的动核结构。所以在给动词定价时不一定进入动态的句子，在静态主谓短语里就可辨别动词的"价"类，

也就是说，只要让动词组配成最小的意义自足的主谓短语即可得出价类。

（三）动词的价跟动词所带的主语、宾语的数目不完全对应

有的语法学家认为动词的价跟动词在句子里主语、宾语的数目有对应关系，因此提出要根据主语宾语的数目来定价。这种看法有点儿问题。诚然，动元跟主语、宾语有一定的联系，主语宾语可以表现动元，动元也往往通过主语宾语来表现；但二者并不完全对当：

一则，语义结构中的动元在句法结构里并非都处在主宾语位置上，例如：

① 他把门关了。（受事"门"处在状语位置上）
② 他跟我作对。（与事"我"处在状语位置上）
③ 给我书的那个人。（施事"那个人"处在中心语位置上）
④ 我托他办件事。（补事"办件事"处在补语位置上）
⑤ 这个人，我不认识他。（受事"这个人"处在句首主题位置上）

二则，主语宾语也不一定都表现动元，例如：

① 我写毛笔，他写钢笔。　② 他年纪很轻。

例①的"毛笔""钢笔"是"写"的宾语，都是动作的工具，不是动元。例②的"他"一般认为是句子的主语，但不是动词"轻"的动元（这句里"年纪"是动元）。更何况，对主宾语的含义，不同的语法学派有不同的理解，如果把"台上坐着主席团""王冕死了父亲""看一次""念一遍"等结构里的"台上""王冕"看作主语，"一次""一遍"看作宾语，那就跟动元更没什么关系了。

有的还认为一价动词等于不及物动词，认为不能带宾语的动词一定是一价动词。这也有问题。事实上，不能带宾语的不及物动词也可

能是二价动词。如"看齐、作对、效劳"之类。

(四)动词"兼价"问题

原则上,词有定价,即各个动词都可归属一定的价类。但是有些动词有"兼价"的情形。动词的兼价往往跟动词的词汇意义的义项的差别密切相关。例如:

① 鸡叫了。(一价。意义:鸣叫。)
② 我叫他,他不应。(二价。意义:呼唤;招呼。)
③ 大家叫他老爷爷。(三价。意义:称呼。)

其他如"笑、开、坐、生、下、出、谢、丢、灭、疼"等动词也都存在着兼价的现象。有一些动词的义项不同,决定了价不同;但是不能由此得出结论:意义相同的一定是同价,意义不同的一定是异价。事实上,意义相同或相近的也不一定同价,例如"帮忙"和"帮助",意义相同,但前者是一价动词,后者是二价动词;"说话"和"说",意义相近,但前者是一价动词,后者是二价动词。至于意义不同的动词同价的现象,则更多了。所以起决定作用的仍然是动元的数目。

(五)动词"变价"问题

词有定价,但在动态的句子里还有"变价"的情形,如"吃"(我吃饭)、"泼"(他泼水)、"拉"(我拉他)、"找"(他找我)等动词在意义自足的最小的主谓短语里都联系着两个动元(施事和受事),所以都是二价动词。但它们出现在某些动态句子里可联系三个动元,如"我吃了他两顿饭""他泼了我一桶水"中,"吃""泼"联系着施事、与事、受事三个动元;在"我拉他起床""他找我办件事"里,"拉""找"联系着施事、受事、补事三个动元。这些是属于二价动词的三价用法。也有相反的情形,主要表现在互向动词上,当互向动词构成的句子,其主语由表示多数的人称代词或联合短语充当时，三价的互向动词从表面上看只联系着两个动元，如"我们商量工作""他们交换意见"中的"商量""交换"便是，这是三价动词的二价用法。变价现象并不影响词的价类归属，因为它是动词在动态的句子里的变通用法。

（六）动词性的结构体的"价"

1、动词性结构体作为整体也有"价"类

比如动补结构体：有的是一价的，如"长大、睡熟、惊呆、站起来"等；有的是二价的，如"打败、咬死、听懂、说清楚"等；有的是三价的，如"揉成、捏成、打成"等。又比如动介结构体，有的是二价的，如"飞往、高于、走向、掉在"等；有的是三价的，如"写给、烧给、说给"等。又如动宾结构体：有的是一价的，如"唱歌、洗衣服、读书"等；有的是二价的，如"致电、复信、有可能、有条件"等。

2、结构体中的动词的价跟结构体的价并不完全一致

结构体中的动词的价跟结构体的价，有些是一致的，如"哭"是一价动词，"哭晕、哭昏"也是一价的。但结构体中的动词的价跟结构体的价并不完全一致：有些动词是一价的，构成的动词性结构体却是二价的，如"哭红、跑遍、飞往、落在"里的"哭、跑、飞、落"等是一价动词；但当它构成"妹妹哭红了脸"时，"哭红"这个结构体就是二价的，不能把"哭红"看作"哭"的变价。有些动词是二价的，构成的动词性结构体却是一价的，如"读书、唱歌"等里的"读、唱"是二价动词；但当它构成"我读书"时，"读书"这个结构体就是二价的，不能把"读书"看作"读"的变价。有些动词是二价的，构成的动词性结构体却是三价的，如"写给、烧给、揉成、捏成"等是二价动词；但当它构成"我把面揉成馒头"时，"揉成"这个结构体就是三价的，不能把"揉成"看作"揉"的变价。

形容词和动词的区别

在形态变化丰富的印欧语言里,形容词和动词界限分明。但汉语与印欧语言相比较,有自己的特色,即形容词和动词既有共性的一面,又有个性的一面。

汉语形容词和动词的共性表现在:它们在主谓结构里都能作谓语,如"鸟飞了、花红了"里动词形容词都是在谓语位置上。基于共性,学界公认可以把它们合为一个大类。至于这个大类的名称术语,有不同的说法,主要有两种:一种是称为"动词",即"广义动词";另一种称为"谓词"。

尽管形容词和动词可以合为一类,但它们也还是有区别的。至于怎样区别,这个问题语言学界有不同看法。汉语的形容词和动词区别的问题,是汉语语法研究的难点之一。大部分语法书认为动词和形容词的区别,就看带不带宾语,即能带宾语的是动词,不能带宾语的是形容词;有的语法书认为如果形容词带上宾语就变成动词。笔者认为:关于能否带宾语是区别动词和形容词的重要根据的论点和形容词带上宾语就变成动词(狭义动词)的论点,是值得进一步讨论的。

一、关于能否带宾语是动形区分的根据问题

(一)主张形容词不能带宾语的理由

这种观点认为:宾语是对动词说的,它是动词的支配成分或连带成

分，即动词作谓语带宾语，构成"动宾"结构；而形容词是不能作谓语带宾语的。这是一种从西洋语法理论中吸收来的观点。这个观点对于印欧语的语法来说，也许是可以的。但把这种观点应用于汉语，那就有点儿削足适履了。语法是有民族特点的。汉语语法和印欧语的语法虽都有动词、形容词、宾语等术语，但这些术语的内涵，特别是表现形式，并不完全一致。印欧语的形容词跟动词差别很大，这主要表现在能否作谓语的问题上：印欧语言动词能作谓语，形容词不能独立作谓语，如在英语中，形容词不能作谓语，只能用在 be(am／is／are)动词后作表语，或者作定语、状语、宾语补足语等；但汉语的形容词跟动词比较接近，它也能独立作谓语。印欧语的形容词不能独立作谓语，当然就说不上形容词作谓语后带宾语的问题；而汉语的形容词能独立作谓语，也就有形容词作谓语带宾语的潜在可能性。其实，动词也不一定都能带宾语，比如不及物动词，无论是印欧语还是汉语，通常认为它不能直接带宾语。如果以能否带宾语作为形容词和动词区分的根据，那么不及物动词岂不是也成了形容词了。

（二）汉语形容词究竟能不能带宾语

这可以从两方面来分析：

（1）从静态短语方面来看，以典型的"形容词+名词"形式而言，形容词的确大都不能带宾语。[①]"形+名"结构形式一般可以构成静态的定心短语，如"红衣服、高房子、新鲜蔬菜"等。其实，汉语的不及物动词大都也不能带宾语，以"不及物动词+名词"结构形式而言，一般可以构成静态的定心短语，如"死老鼠、碎玻璃、浮夸作风"等。可见，

[①] 也有少数"形+名"构成的习用的静态短语，如"麻烦你、辛苦你、繁荣市场、方便群众、壮大队伍、纯洁组织"之类。

从静态短语角度分析,形容词和不及物动词有共性。特别是表示状态的形容词(如"绿油油、红彤彤、雪白、漆黑"之类)跟表示状态的状态动词("林立、雷鸣、倒塌、浮夸"之类),不但在不带宾语上相同,而且表示的语义性质也类似。

(2)从动态句子方面来看,形容词在一定条件下还是可以带宾语的,这种形容词作谓语带宾语构成的"形宾短语"属于动态短语,比如,在"我高他一个头""她红着脸说""他硬着心肠把孩子送走了"这三个句子里,"高他一个头、红着脸、硬着心肠"便是。在上述句子里的"高""红""硬"是什么词?这就有不同看法了,主张形容词不能带宾语的学者认为"高""红""硬"一带上宾语,就变成了动词;但在笔者看来,这些词仍是形容词。如果把这些形容词视为动词,这虽然维持了"形容词不能带宾语"的理论,可是却产生了更麻烦、更棘手的问题。这是因为:如果音义同一的形容词一带上宾语便转变成动词之说能成立,则音义同一而只是用法略有差别的词似乎都可看作"兼类词",如:"慢车""慢走"中的"慢",就得看作兼属形容词和副词;"他骄傲""骄傲使人落后"中的"骄傲",就得看作兼属形容词和名词。这样一来,汉语的词类区分就乱了套了。汉语中的形容词带宾语虽然不是非常普遍,但也绝不是个别的或少量的。假如形容词一带宾语就变成动词之说能成立,则汉语中动、形兼类的数量就相当大。汉语里"兼类词"是存在的,动、形兼类也是有的,但定为"兼类词"的不宜太多。王力指出:"兼类现象是指个别的词兼属于两个词类",[①]这是很有见地的。如果形容词一带宾语就转变成动词,那动、形兼类就不是"个别的词"了。如果汉语中动、形兼类非常多,区分动词和形容词也就没有多大意义。

---

① 王力《词类》第16页,新知识出版社,1957年。

二、从汉语事实来看形容词有带宾语的情形

讨论汉语形容词能不能带宾语,最重要的是要从汉语的事实出发。从现代汉语的实际情况来看,形容词在句子里还是有带宾语的事实的。不过,现代汉语形容词带宾语的情形有点像不及物动词带宾语,它们都没有像及物动词带宾语那样具有普遍性。有些形容词根本不能带宾语,如状态形容词(也称"非谓形容词");形容词带宾语要有一定条件,如往往要后加动态助词"了"或"着",所带宾语一般是"系事宾语"。在句子里双音节形容词带宾语的现象较少,单音节形容词带宾语比较多一些。通常,"动词+名词"组成"动宾短语","形容词+宾语"组成"形宾短语"[①]。动宾短语和形宾短语都属于"谓宾短语"。形容词作谓语带宾语主要出现在以下几种句子里。

1、出现在领事作主语的句子里

形容词带宾语出现在领事作主语的句子有两种情形:

(1)领事主语句里形容词作谓语带宾语的句子。这种句子里,主语跟形容词所带的宾短语之间具有领属关系,即宾语所代表的事物是属于主语代表的人或事物的。形容词带的是系事宾语,如"红着脸、苦着脸"。带系事宾语的形宾短语可以变换成系事作主语的主谓短语,如"红着脸"可以变换成"脸红着"。这种句子里形容词后一般要出现助词"着"或"了"("着"较多),例如:

① 小梅红着脸,低着头,不敢回答一句话。
② 华大妈黑着眼眶,笑嘻嘻地送出茶碗茶叶来。
③ 芳芳苦着脸姗姗地走进教室。

[①] 参看范晓《关于结构和短语问题》,《中国语文》1980年第8期。

④ 人家前脚把他赶出来，他后脚又<u>硬着头皮</u>闯进去。

上边例句中的形宾短语的宾语所表示的事物，都是主语所表示的人的身上的某个部分，所以形容词带的是系事宾语。在这种句子里，形宾短语对主语起描绘作用。有些形容词带宾语有点像不及物动词带宾语（"老王瘸着一条腿"之类）的句子，如①②；在有些句子里形宾短语不但描绘领事主语的情状，还可作状语，对后面的动词性词语起修饰作用，如③④。

（2）领事主语句里形容词作谓语带补语再带宾语的句子。例如：

① 他<u>累坏了身体</u>。
② 她<u>急红了脸</u>。
③ 奶奶身体<u>瘦出了骨节</u>。
④ 他<u>歪倒身子</u>靠在床沿上睡着了。

"坏、红、出、倒"等词在上述句里作形容词的补语，所以"累坏身体、急红脸、瘦出骨节、歪倒身子"之类实际上是形容词短语（形补短语）带宾语。

2．出现在表达"存现"的句子里

这种句子，句首是处所词语，形宾短语中的形容词带的也是系事宾语，该宾语跟句子的句首处所词语不存在领属关系，形宾短语描记某处所出现了或呈现出某种情况。这种句子里形容词后一般要出现助词"着"或"了"，例如：

① 村头上<u>亮着一片红光</u>。
② 东边也<u>响了枪</u>，西边也<u>响了枪</u>。

上面例句中的形宾短语是对主语所表示的处所进行描绘的，表达某处以某种情状存在或出现了某种事物。这种形容词带系事宾语的句子，有点像"台上坐着主席团"之类的不及物动词带施事宾语的句子。

3、出现在表示致使意义的句子里

表示致使意义的句子，都有"致使"的意义，即"形＋致使＋系事宾语＋怎样"的意思。这类形宾短语都可变换成"使＋名＋形"格式。如："累了你"，可变换成"使你累了"；"麻烦您了"可变换成"使您麻烦了"等。形容词带宾语出现在表示致使意义的句子有三种情形：

（1）形容词作谓语带宾语的句子，例如：

① 那些日子，真苦了这两个孩子。
② 是我不好，我累了你。
③ 这样处理太便宜她了。
④ 真是不好意思，这段时间辛苦你了。

这类形宾短语里，形容词跟宾语之间有时没有助词，如"辛苦你了""便宜她了""真急人"等；有时形容词跟宾语之间有助词"了"，但一般不用"着"。

（2）形容词作谓语带"得"后带宾语而后再带补语的句子，例如：

① 爬山累得我腰酸腿疼眼睛发花。
② 这病无法防治，急得他寝食难安。
③ 一上班就忙得我团团转。
④ 这件事一想起来就愁得我失眠呢。

这种句子严格地说是形容词作谓语带"得"后补语的句子，但是"得"若是个主谓短语而且主谓短语里的作主语的名词是形容词的系事，则句中形容词谓语有致使系事宾语产生某种情状的意义，如

"爬山累得我腰酸腿疼眼睛发花"有"爬山致使我累得腰酸腿疼眼睛发花"。

（3）形容词作谓语带补语再带宾语的句子。

即形容词带上补语以后再带宾语，也就是形容词短语带宾语的。这种句子里补语后一般要出现助词"了"，例如：

① 这三个月中，苦坏了孩子，累坏了我。
② 要注意好好休息，别累坏了身子！
③ 圣旨迟迟不下来，可急坏了郑贵妃。
④ 我知道你忙，可别忙坏了身体！

这类形宾短语也有"致使"的意义，即"形补＋致使＋系事宾语＋怎样"的意思。这类形宾短语都可转换成"使＋名＋形补"格式，如"苦坏了孩子"便是"使孩子苦坏了"，"累坏了我"便是"使我累坏了"。

4、出现在表示比较的句子里

这有以下几种情形：

（1）有些比较句里，形容词作谓语带数量宾语。例如：

① 他比众人高着一头。
② 咱比人家矮着一截呢！

这类句子里形容词作谓语后面带数量宾语，构成"比＋形容词＋数量宾语"格式。形容词跟宾语之间通常插有助词"着"。如"比众人高着一头"就是"高众人一个头"的意思。这类比较句里形容词后的数量宾语"一头""一截"之类，赵元任称之为"形容词带自身宾语"[①]。

（2）有些比较句里，形容词作谓语后带两个宾语。例如：

[①] 赵元任《汉语口语语法》第 295 页，商务印书馆，1979 年。

① 姐姐<u>大我三岁</u>。
② 老张<u>高我三寸</u>。

这类句子里形容词作谓语后面带指人宾语和数量宾语，构成"形容词+名词（或人称代词）宾语+数量宾语"格式。在这种格式里，形容词不带助词。如"大我三岁"是"比我大三岁"的意思，"高我三寸"是"比我高三寸"的意思。赵元任认为，这种格式里的数量宾语（如"三岁、三寸"）是"自身宾语"，指人宾语（如"我"）"在位置上类似间接宾语"①。

（3）有些比较句里，形容词带上补语后再带宾语。例如：

① 该国很大，一省之大，等于一国，或者还<u>大过一国</u>。
② 那步枪足足<u>高出我一头</u>。

上面①中形容词作谓语带补语后带一个宾语，②中形容词作谓语带补语后再带两个宾语。

（4）有些比较句里，形容词带有"于"再带宾语，构成"（形容词+于）+宾语"格式。例如：

① 文学艺术源于生活，<u>高于生活</u>。
② 在这件事上，干部<u>落后于群众</u>。
③ 人固有一死，或<u>重于泰山</u>，或<u>轻于鸿毛</u>。
④ 罗浮山主峰为上界峰，<u>矮于飞云顶</u>。

这种句子里的"形容词+于"的分析，学界有不同的看法。有的语法书把"于"和它后边的成分看成"介词结构"，用来充当前边形容词的补语。笔者认为可以看作是一个形容词性的结构体或形容词性的

---

① 赵元任《汉语口语语法》第 306 页，商务印书馆，1979 年。

"语法词",在句中作谓语。一则,从语音上看,"于"靠前不靠后;二则,分析为介词结构作补语,意义上不通。"(形容词+于)+宾语"格式可以变换成"比+名+形"格式,如"高于生活"可以变换成"比生活高"。

5、出现在其他形容词带有"于"的句子里

有些"(形容词+于)+宾语"[①]格式并不用于比较句,例如:

① 我们忠诚于教育事业。
② 这个影片忠实于历史事件。
③ 她伤心于自己的爱完全不被他理解。
④ 他烦恼于人世间的嘈杂,于是出家当了和尚。

这类"(形容词+于)+宾语"不表示比较,有的可变换成"对+名+形"格式,如"忠诚于教育事业"可变换成"对教育事业忠诚";有的可变换成"因+名+形"格式,如"他烦恼于人世间的嘈杂"可变换成"他因人世间的嘈杂烦恼"。这种"(形容词+于)+宾语"格式跟"(不及物动词+在/于)+宾语"(如"苹果落在地上、他出生于1908年、船浮于水面")类似,都可分析为"谓词+介词"(记作"V+介")结构体或"语法词"在句中作谓语。

6、用在对称的句子里

有些形容词作谓语带宾语往往要用于对称的句子里,例如:

① 东方不亮西方亮,黑了南方有北方。
② 他好了疮疤忘了痛。
③ 瘦得了我的肉,瘦不了我的骨。

---

① 有些"形+于"("大于、小于"之类)结合体里的"于"属于构词成分,即词缀。这种"形+于"是词,不属此类。

这一类形宾短语往往跟另一个形宾短语或动宾短语在句子里对称地出现，遥相呼应。如形宾短语"黑了南方"跟动宾短语"有北方"对称地出现，形宾短语"好了疮疤"跟动宾短语"忘了痛"对称地出现；单独地说"黑了南方"或"好了疮疤"在语法上一般是不通的。

7、在有些句子里形宾短语作句法成分

形容词除了作句子的谓语带宾语之外，在某些句子里，形容词作谓语构成的"形宾短语"还可以作其他的句法成分，例如：

① 我从东方来，从<u>汹涌着波浪</u>的大海来。
② 部队必须执行<u>宽大俘虏</u>的政策。
③ 我们要做到<u>方便顾客</u>、<u>温暖人心</u>。
④ 这里这所房子、产业，成年叫外来的一群大耗子啃得都<u>空了心</u>了。

上边例①的"汹涌着波浪"和例②的"宽大俘虏"，是形宾短语作定语；例③的"方便顾客、温暖人心"，是形宾短语作宾语；例④的"空了心"，是形宾短语作补语。总的来说，形宾短语的句法功能相当于一般的形容词，所以它是形容词性的短语。

三、怎样区别形容词和动词

既然形容词跟动词一样都能作谓语，既然有些形容词在一定条件下也能带宾语，不及物动词大多也不能带宾语，所以不能把能不能带宾语作为区别形容词和动词的主要依据。为了使形容词带宾语问题看得更清楚，有必要说一说怎样来区别形容词和动词。

形容词可分为"性质形容词"和"状态形容词"。状态形容词由于不能作谓语，所以也称"非谓形容词"，它跟动词的区别是显而易见的。

性质形容词又可分为"简单形容词"和"复杂形容词"。[①]其中复杂形容词有一些特定的形式,如带"生动后缀"等等,它们跟动词区别也还是比较容易的。跟动词有纠缠的主要是简单形容词,所以替形容词和动词划界,重点要解决简单形容词跟动词的界限。底下简要地谈谈形容词(即简单形容词,下同)跟动词的区别。

(一)能否跟程度副词结合

能否跟程度副词(以"很"为代表)结合这种句法功能,可作为区别形容词和动词的主要依据。可用"很X"来检验。简单形容词一般能接受程度副词的修饰,可出现在"很X"的格式中,如"大""安静",可说"很大""很安静",可见是形容词;而像"吃、喝、批评"之类及物动词和"飞、醒、休息"之类不及物动词则不能跟程度副词"很"结合,便不应看作形容词。动词大多数不能跟程度副词结合,不能说"很吃""很飞""很醒"等。但是,有一小部分行为动词,主要是心理活动的动词,也能跟程度副词结合,如可说"很喜欢""很想念"等。所以,用"很X"来检验,可以区别大部分形容词和动词,但形容词跟小部分动词仍有纠缠,所以还要有补充办法。

(二)看"很X"能否再带宾语

用"很X"检验,能区别或分辨大部分性质形容词和动词;但要区别"很X"的形容词和"很X"的动词,其补充办法是用"很X宾"的格式来检验,即只能构成"很X"的是形容词,"很X"能再带宾语的是动词,如"他很爱国家""我很喜欢他""他很想念我","爱、喜欢、想念"这些前边有"很",后边能带宾语,便是动词;又如"满意""明白""同

[①] 参看朱德熙《现代汉语形容词研究》,《语言研究》1956年第1期;赵元任《汉语口语语法》第八章,商务印书馆,1979年。

情"等词也都能构成"很X宾"式,所以也是动词。相反,"很X"不能再带宾语的,则是形容词,如"很伟大""很聪明"之类后边不可能再出现宾语,"伟大、聪明"便是形容词。这样,用"很X宾"检验,就可以大体上解决用"很X"不能解决的一小部分。

(三)状态性形容词和状态动词的区别也用"很X"检验

状态性的形容词(如"饿、饱、痒、响、清醒、腐败"之类)和状态性的动词(如"醒、败、垮、胜利、倒塌、腐烂"之类)都可以表示某种状态,历来对这类词如何区分动、形分歧很大。如果从意义上看,似乎都表示一种状态,因此很难从意义上来区别它们的词性(如"腐败"和"腐烂"从词汇意义上可以说是"同义词")。若用"很X"来辨别,也许是比较方便的。如"醒、败、垮、胜利、倒塌、腐烂"之类不能构成"很X"格式的是动词,"饿、饱、痒、响、清醒、腐败"之类能构成"很X"式格式的就是形容词。如"很饿""很痒"等,而且组成"很X"后,后边不能再带宾语这样一些词似应看作形容词。

(四)关于动、形兼类问题

动、形兼类是有的,但总是比较少的;因此确定兼类的依据要尽量从严。关于动词和形容词的兼类问题,要从三方面看,一方面根据句法功能,另一方面根据意义,再一方面根据语用,要几方面结合起来分析。

1、根据句法功能

以形容词跟及物动词的兼类来说,在句法功能方面:及物动词能带宾语,其中大多数动作动词能组成被字句(被动句)和把字句(处置句);而形容词大多不能带宾语,更不能组成被字句和把字句。如果一个形容词能经常带宾语,并能经常用它来组成被字句和把字句,那么这个形容词的意义必然会起变化,这样的情形可以说形容词转变成了动词,变成兼类词。比如"闹",在"教室里很闹""外边闹得很"里,"闹"跟"很"结合,有"喧哗""不安静"的意思,显然是形容词;但在"孙悟空大闹天宫""新房被他们闹得不成样子""他们把新房闹得不成样子"里,"闹"的功能变了,意义也变了,有"吵""扰乱"的意思,就变成了动词,"闹"便是动、形兼类。又如:"热""团结""端正"等词,都能跟"很"结合,应当是形容词;但又都能带宾语和组成被字句、把字句,则又是动词。所以它们也是动、形兼类。像"整齐""严密""红""黑"等形容词,虽然有带宾语的情形,如"整齐了队伍""严密了组织""红着脸""黑着眼眶";但由于它们不能经常地、不受条件限制地带宾语,而且不能组成被字句和把字句,所以在目前仍应看作形容词。

2、根据词的意义

在根据句法功能来分类或辨性时,不能完全不顾词的意义。吕叔湘、朱德熙曾说:"区分词类,最好维持一个原则:一个词的意义不变的时候,尽可能让它所属的类也不变。这样,词类的分别才有意义。"[1]这个原则用来处理形容词带宾语的问题,笔者以为也是可以的。像"红""高""硬"之类,音义不变,能作谓语、定语等也不变,只是在句子里有时带宾语、有时不带宾语上有些变化,这种情况下仍应看作形容词而不应看作形、动兼类。至于像"热""闹"之类之所以是形、动兼类,不仅是句法功能上的差别(比较:"很热、很闹"和"热菜、闹新房"),而且词汇意义也不一样,如:形容词"热",词汇意义是"温度高;感觉温度高(跟'冷'相对)",如"今天天气很热";动词"热",词汇意义是"加热;使热",如"这碗菜我热过了"。

3、根据语用或修辞

语用上的超常搭配或修辞上的临时活用,不应该当作区别动词形

---

[1] 吕叔湘、朱德熙《语法修辞讲话》第12页,开明书店,1952年。

容词的依据,也不应该当作兼类的依据。例如:

① 看祥子没动静,高妈真想俏皮他一顿。
② 从此我不再仰眼看青天,不再低头看白水,只谨慎着我双双的脚步。
③ 泪水模糊了她的眼睛。
④ 春天和煦的阳光温暖着我的心。

上面例句中的"俏皮""谨慎""模糊""温暖"等形容词,在一般情况下是不能带宾语的,而这里带上了宾语,这是语用表达上的超常搭配,是修辞上的临时活用,就不应把它们看作变成了动词。但语言是发展的,历史上有的原本是形容词,带宾语开始是临时活用,后来逐渐演变成经常使用,现在成为了形动兼类词(如"热""端正"之类);现在有些形容词(特别是双音节形容词)带宾语的现象越来越多,如"丰富、活跃、繁荣、麻烦、辛苦、温暖、委屈、便宜、忠实、可怜、纯洁、开阔、密切、完善、模糊、稳定、严格、清洁、清醒、坚定、安定、充实、宽大、宽容、方便、明确、完善、坚固、壮大、突出……"都可以直接带宾语(当中不必附加动态助词),大多出现在"使形"句里,即表达"使某人或某物呈现某种形容词所表达的性状"。出现这种双音节形容词直接带宾语的现象,是语用表达的需要。这可看作形容词在句子里的及物化带宾语,其语用价值是:一方面凸显了形容词对系事宾语的支配性;另一方面,也使形容词后的系事宾语起焦点化的作用;再一方面,这种"形+名"构成的形宾短语比之"使+名+形"在表达上显得简洁、干脆、有力(比较"使纪律严格"和"严格纪律")。目前许多双音节形容词直接带宾语的现象还是处在临时活用阶段,如果经常变成经常使用,说不定今后也有可能演变成形动兼类词。

名词及其下位分类

名词也是词类中最重要的一类词,不仅在组词成句中和动词一样起着关键的作用,而且名词是词类体系中最大的一个词类;名词和动词互相结合会组成各种不同类型的短语结构和句子类型;所以对名词本身性质的正确认识、对名词进行下位分类非常重要。本文试图在认识名词句法性质和名词确认方法的基础上,进一步探索名词的下位分类(即名词的"次范畴分类"),旨在深化名词这个词类的研究。

一、名词的功能和辨认的方法

(一)名词立类或分类的根据

名词的立类或分类的根据是它的语法功能。语法功能可从语义、句法、语用三方面来说明:名词的语义功能主要表示名物,即能在动核结构中作动元、能在名核结构中作名核;[①] 名词的句法功能主要表现为常在动词(指广义动词,包括一般语法书上所说的动词和形容词)作谓语或谓语中心的主谓结构中充当主语或宾语、在定心结构中充当中心语;名词的语用功能主要表现为在言语表述中具有指称性,常在"主

[①] 关于"动核结构"和"名核结构",可参看范晓《动词的"价"分类》,《语法研究和探索》(五),语文出版社,1991年;《动词的配价和句子的生成》,《汉语学习》1996年第1期。

题-述题"结构中作主题。

语法功能决定词类的语法性质,但辨认词类得借助于形式。在某些语言里,词的语法功能可通过词的屈折变化形态(狭义形态)来标示,因此根据词的屈折变化形态大体上可区分或辨认词类。汉语缺乏词的屈折变化形态,但不等于没有表示词的语法功能的形式。汉语词的语法功能是通过广义形态[①]来表示的,因此在区分或辨认词类(包括名词及其下位分类)时,寻找其功能形式特征(广义形态)显得特别重要。

(二)汉语名词句法功能的形式特征

汉语名词的句法功能形式特征是多种多样的,据我们考察,主要有以下一些:

1、结合形式

这是指名词和其他词相结合的形式,即名词能跟什么样的词结合、结合后组成什么样的句法结构、它在结构中占据什么样的句法位置等。名词一般能跟动词结合,成为"名+动"或"动+名"形式,构成主谓结构或动宾结构,在这些结构里占据着主语或宾语的位置,如"鸟飞""天气好""工人造桥"中的"鸟、天气、工人、桥"便是。名词一般能跟数词(或指词)、量词结合,成为"数+量+名"或"指+量+名"形式,以及跟形容词或区别词结合成为"形+名"或"区别+名"形式,构成定心结构,在这些结构里占据着中心语的位置,如"三本书""这个人""新衣服""上等茶叶"中的"书、人、衣服、茶叶"便是。

2、虚词形式

这是指名词的前面或后面能附加某种特定的虚词。名词前面一般

[①] 方光焘最早提出"广义形态",指的是词与词的结合形式。本文所说的"广义形态"范围更大,指能表示词的功能的各种形式,包括词的屈折变化形式、词与词相结合的形式、替代形式、添加虚词形式等等。

能附加介词,成为"介+名"形式,构成介词结构(即"介宾结构"),如"从北京(来)""把门(打开)""在晚上(开会)"中的"北京、门、晚上"便是。有些名词后面能够附加表示方位的虚词,如"桌子上""房间里"便是。有些名词后面能附加表多数的虚词"们",如"老师们""农民们"便是。

3、替代形式

这是指名词可用代名词("我、你、他、它、我们、你们、他们、谁、什么、这个、那个、这里、那里、这时、那时"等)替代,即在句子的一定语境(包括复指、上下文、对话等)里用代名词替代的形式,如在"小王,他是个中学生"句中,"他"替代"小王";在"达尔文的物种起源的理论,人们把它称之为进化论"句中,"它"替代"达尔文的物种起源的理论"。

4、提问和回答形式

名词一般可用表疑问的代名词进行提问,作出相应的回答的词便是名词,如"这是什么？——这是书";"谁来了？——张小鹰(来了)"。还可用"怎(么)样的""什么样的"提问,出现在这些疑问词后面的也是名词,如"怎样的事？""什么样的人？"中的"事、人"便是。

5、重叠形式

某些单音节名词重叠后可表示"每一+量+名"的意义,如"人人"表示"每一个人","事事"表示"每一件事"。

6、带"素"形式

这是指某些名词带有特定的语素,包括虚素(词缀)或半虚素(准词缀)以及某些构词能力很强的实素。比如有些名词带有后缀"子、儿、头",如"刷子、乱子、苦头、念头";有些名词带有准后缀"家、员、品、气",如"作家、冤家、职员、人员、礼品、药品、脾气、勇气";有些名词带有构词能力很强的实素"人、虫、水",如"军人、小人、蛀虫、臭虫、开水、茶水"。

(三)辨认名词次类的具体方法

名词数量很多,内部还有一些差别,即在语法功能上既有共性也有个性,所以名词内部也还可进行下位分类(即次范畴分类)。

经调查,名词可下分为8个次类,即指人名词、指物名词、机构名词、处所名词、时间名词、方位名词、专有名词、代名词。本文重点要讨论名词的再分类,因此必须说明各名词次类的功能及其形式差别。具体操作时要注意以下几点:

1、设定功能框架(简称"框架")

有些功能形式可设定功能框架来表示,比如名词能跟数词、量词结合的形式,可用"数+量+[ ]"这样的框架,能进入这个框架空格[ ]的词就是名词;又如"名+们"的形式可用"[ ]+们"这样的框架,能进入这框架空格[ ]的词也是名词。

2、测试方法要尽量简便

在测定不同名词类的差别时,不必列出该词类全部或可能有的形式特征,而只要选择该词类与其他词类间有区别性的形式特征即可。特别要重视判定该词类的充足条件,比如,能附加虚词"们"是指人名词的充足条件,在辨认时,只要看到"[ ]+们"框架,就可肯定此框架空格中的词是名词。

3、测试时要注意"正"或"负"的形式

这是指测试时不仅要注意正[+]形式(即能进入框架空格),也应注意负[-]形式(即不能进入框架空格)。某些负形式对某些词类来说,也起着区别性的作用,比如"[ ]+们"框架,对指人名词来说是正形式,对指物名词来说一般是负形式。

4、要分清名词的一般用法和特殊用法

比如名词能进入"形+[ ]"框架空格而不能进入"副+[ ]"框架

空格,这是名词的一般用法;但在动态的具体句里,有时也可发现某些名词进入"副+[ ]"框架空格,如:"你初来的时候,你的脑筋是很田园的""他说了一些不逻辑但很诗意的话""这个人比阿Q更阿Q"等句子里的"很田园、不逻辑、很诗意、更阿Q"便是一种特殊的用法。这种特殊用法适应了语用表达上的特殊需要,应跟一般用法区别开来。辨认词类时,应依据词在静态短语语法结构中的一般用法。

二、名词的次范畴分类

(一)指人名词和指物名词

1、指人名词

指人名词是用来指称"人"的名词。它或泛指人,如"人、人员、人类";或指称某种性别的人,如"男子、女士、姑娘";或指称具有某种亲属关系的人,如"祖父、母亲、女儿";或指称某种种族、民族、国籍的人,如"黑人、黄种人、中国人";或指称一定年龄的人,如"老翁、青年、儿童";或指称某种职业、职务、身份的人,如"工人、记者、总统";或指称具有某种品质的人,如"英雄、模范、好汉"。指人名词的主要形式特征有以下一些:

(1)能跟数词(或指词)、量词结合,结合时量词大多用"个",有时也用"位",即能进入"数(指)+个(位)+[ ]"框架空格,如"三个人、五位代表、那位客人"。

(2)可用人称代词"我、你、他、我们"等替代,即能进入"人称代词+是+[ ]"框架空格,如"他是工人、我是学生"。

(3)可用疑问代词"谁"进行提问并作相应的回答,即能进入"谁+是+[ ]→[某某]+是[ ]"框架空格,如"谁是记者?→小王是记者"。

（4）一般可以后附虚词"们"表多数，即可进入"[　]+们"框架空格，如"学生们、同胞们、代表们"①。

（5）不能跟介词"在"组成介词短语，即不能进入"在+[　]"框架空格，如不能说"在学生、在经理"。

（6）某些指人名词带有特定的词缀（或准词缀），如：

者（后缀）——学者、笔者、编者、记者、读者、长者……

士（后缀）——人士、兵士、护士、女士、博士、绅士……

长（后缀）——家长、船长、部长、厂长、师长、市长……

家（后缀）——作家、专家、亲家、冤家、画家、庄家……

员（后缀）——教员、职员、学员、海员、店员、伤员……

手（后缀）——水手、旗手、选手、打手、能手、高手……

阿（前缀）——阿爹、阿婆、阿哥、阿妹、阿姨、阿妈……

老（前缀）——老师、老板、老公、老婆、老兄、老弟……

除上述词缀外，还有些名词带有"夫、民、匠"等后缀，不一一列举。根据以上一些形式特征，可得出结论：凡能进入上面（1）（2）（3）（4）框架空格而不能进入（5）框架空格的词是指人名词；借助于上述的词缀（或准词缀），也可辅以判定指人名词。此外，某些构词能力很强的实素，也可借以判定指人名词，如"人"这个实素若出现在偏正式复合词后面，则该复合词必为指人名词：诗人、文人、工人、客人、商人、犯人等。

2．指物名词

指物名词是用来指称"物"的名词。这个"物"的含义比较广泛：不仅指具体的看得见摸得着的具体的"物体"，包括有生命的动物（"牛、马、鸟"之类）、植物（"树、花、草"之类），也指其他各种无生命

---

① 在某些文艺作品中出现非指人名词后附"们"的情形。这或是修辞用法，或是方言里的特殊用法。

的物质("书、电灯、钢笔"之类);还指具体的"事件"("事故、战争、地震"之类);此外,还可指一些看不见摸不着的"无形可定"的表示"抽象概念"的物(如"思维、感情、意识、态度、立场、观点、本能、理性、智慧、矛盾、道德"之类,它们虽然不是具体的"物体",但在语法分类里也属指物名词)。

指物的具体名词的主要形式特征有以下一些:

(1)与指人名词相比,与指物名词匹配的个体量词特别丰富,不同的指物名词往往结合着不同的量词,如"鱼"用"条"、"鸟"用"只"、"纸"用"张"、"树"用"棵"等。指物名词不能进入"数(指)+位+[ ]"功能框架的空格。①

(2)可用指词"这、那"等指点,即可进入"指词+是+[ ]"框架空格,如"这是羊、那是马"。

(3)可用疑问代词"什么"进行提问并作相应的回答,即可进入"什么+是+[ ]"或"[ ]+是+什么"框架空格,如"什么是电脑(或'电脑是什么')?→电脑是一种能自动并高速地处理各种资料并进行大量计算工作的电子机械"。

(4)某些指物名词可后附方位词,能进入"[ ]+方"框架空格,如"桌子上、房间里"。

(5)不能后附助词"们",即不能进入"[ ]+们"框架空格,如不能说"书们、桌子们"。

(6)不能跟介词"在"组成介词短语,即不能进入"在+[ ]"框架空格,如不能说"在书、在桌子"。

(7)某些指物名词带有特定的词缀(或准词缀),如:

子(后缀)——刀子、料子、桌子、扇子、担子、刷子……

---

① 有的指物名词可与量词"个"结合,如"这个东西",但"个"绝不能用"位"或"员"替代。

儿（后缀）——明儿、球儿、花儿、魂儿、盖儿、画儿……
头（后缀）——石头、木头、舌头、甜头、苦头、念头……
性（后缀）——共性、个性、弹性、本性、人性、酸性……

还有"巴、品、气、器、件、片、度、法"等也常用来作指物名词的后缀。

可见，凡能进入上面（1）（2）（3）（4）功能框架空格而不能进入（5）（6）功能框架空格的词是指物名词，借助于上述的词缀（或准词缀），也可辅以判定指物名词。此外，某些构词能力很强的实素，也可借以判定指物名词，如"物、力、情、皮、水、山、刀、球、草、花、虫、车"等这些实素若出现在定心型偏正式复合词后面，则该复合词必为指物名词。

抽象名词和具体名词的区别性形式特征表现在：具体名词一般可计数量的，所以能前附表个体的名量词，一般能构成"数+量+名"形式，如"三只羊、五斤米、一件事"；抽象名词一般不可数的，一般不能前附表个体的名量词构成"数+量+名"形式，如不能说"三个理性、五个意识"。有的抽象名词表面上看似乎也可构成"数+量+名"形式，但使用的数词和量词都受到严格的限制：数词大多是"一、二、三"等有限的几个，量词主要是集体量词（"种、类"）或不定量词（"点、些"），如"一种本能、两种观点、三种态度、一点儿意识"。

（二）处所名词、机构名词、时间名词

1、处所名词（或称"空间名词"）

处所名词是用来指称处所或空间的名词，如"世上、府上、地下、背后、家里、田间、国外、室内、远处"等。处所名词的主要形式特征有以下一些：

（1）一般能进入"在+[　]"框架空格，如"在府上、在家里"。

（2）一般不能进入"数+量+[　]"框架空格，如不能说"一个府上、三个家里"。

（3）可用处所代词"这里、那里"等替代，即可进入"处所代词+是+[ ]"框架空格，如"这里是学校、那里是工厂"。

（4）可用表示疑问的处所代词"哪里、何处"进行提问并作相应的回答，功能框架可记作"某某+在+[哪里/何处]→某某+在+[某处]"，如"小王在哪里？→小王在家里"。

（5）处所名词常有表方位的语素，如：

上——地上、府上、街上、身上、路上、海上、天上……

下——地下、脚下、舍下、乡下、皮下、天下、窗下……

内——城内、关内、国内、境内、室内、市内、院内……

外——国外、海外、境外、室外、野外、场外、关外……

其他如"前、后、里、旁、东、西、南、北、间"等表方位的语素以及表处所的"处、地、方"等语素也都能构成处所名词，如"远处、外地、前方"。

2、机构名词

机构名词是用来指称机关、单位、社团等机构的名词，如"法院、工会、工厂、学校、医院、银行、图书馆"等。它介于指物名词和处所名词之间，有时侧重表物，有时侧重表处所。机构名词的形式特征主要表现在：

（1）能进入"数(指)+量+[ ]"框架的空格，量词常用"个"，如"三个工厂、这个学校"。这跟指物名词相同。

（2）能进入"在+[ ]"和"在+[ ]+方"框架空格，后附的方位词一般是"里"，如"在学校(里)、在图书馆(里)"。这跟处所名词相同。

（3）既可用指词"这、那"指点，也可用处所代词(这里、那里)替代，即既能进入"指词+是+[ ]"框架空格，也能进入"处所代词+是+[ ]"框架空格，如"这是学校、这里是学校、那是工厂、那里是工厂"。

（4）既可用疑问代词"什么"提问并作相应回答，也可用疑问代词"哪里"提问并作相应回答，即既能进入"什么＋是＋[ ]"或"[ ]＋是＋什么"框架空格，也能进入"某某＋在＋[哪里/何处]"框架空格。如"什么是医院？（或'医院是什么？'）→医院是治病救人的医疗机构"。"她在哪里工作？——她在医院（里）工作"。

（5）某些机构名词有特定的词缀（或准词缀），如：

　　界（后缀）——学界、政界、商界、军界、文艺界、科技界……

　　部（后缀）——编辑部、文化部、外交部、财政部、卫生部……

　　院（后缀）——医院、法院、剧院、戏院、电影院、科学院……

　　所（后缀）——研究所、派出所、招待所、指挥所、介绍所……

　　场（后缀）——林场、农场、机场、牧场、剧场、商场、战场……

有些语法书把机构名词归入一般名词或指物名词，有些语法书把机构名词归入处所名词，似都不妥。这是因为机构名词有它自己的特点：它既具有指物名词的特征，又具有处所名词的特征；在言语交际时，若着眼于它的"物"性，就像指物名词一样使用，若着眼于它的"处所"性，就像处所名词一样使用；所以机构名词可在名词中独立成类。

3、时间名词

时间名词是用来指称时间的名词，如"今天、上午、明年、现在、从前、古代"等。时间名词的形式特征主要表现在：

（1）可进入"在＋[ ]"框架空格，但不能进入"在＋[ ]＋方"框架空格，如可说"在明年"，但不能说"在明年里"。

（2）一般不能进入"数＋量＋[ ]"框架的空格，如不能说"一个今年、三个现在"。

（3）在上下文中，可用时间代词"这时、那时"替代，如"<u>明年</u>将扩大大学的招生人数，<u>那时</u>录取率会更高"。

（4）可用时间疑问代词"何时、几时"提问并作相应回答，即能进入"何时+动→[ ]+动"框架空格,如"何时去?→明天去。"

（5）某些时间名词有特定的词缀（或准词缀），如：

时——当时、古时、战时、少时、午时、闲时……

代——当代、古代、近代、上代、后代、现代……

期——近期、后期、早期、晚期、孕期、末期……

天——今天、昨天、前天、后天、明天、大后天……

还有"年、月、日"等也常作时间名词的语素。上述（1）（2）跟处所名词有共性,（3）（4）（5）则是时间名词特有的。

三、方位名词、专有名词、代名词

1、方位名词（或称"位置名词"）

方位名词是指称方位或位置的名词,如"上面、后面、前面、中间、旁边、外面、里面、右面"等。它所指称的方位或位置必有一个参照点。比如,单说"里面",莫知所云;如果说"花园里面",有了"花园"作为参照点,就明白了。方位名词和方位词既有联系,也有区别。它们都表方位,这是相同点;但方位名词是实词,方位词（"上、下、里、外"之类）是虚词。方位词在古代汉语里是方位名词,发展到现代汉语,由于它已不能单独出现在主宾语位置上而常附着在名词后组成方位短语,所以已成为虚词（或作为复合名词的一个语素）。[①]方位名词的主要形式特点如下：

（1）一般置于名词（主要是指物名词）后组成以它为中心语的定心短语,如"桌子（的）上面、屋子（的）里面"。

（2）一般可进入"在+[ ]"框架空格,如"在上面、在里面、在前面"。

---

① 参看范晓《汉语的短语》第167—171页,商务印书馆,1991年。

（3）不能进入"数（指）+量+[ ]"框架的空格，如不能说"一个上面、这个外面"。

（4）可用处所代词"这里、那里"等替代，即能进入"[这里/那里]+是+某处"框架空格，如"前面是学校、右面是工厂"。

（5）可用处所代词"哪里、何处"进行提问并作相应的回答，即能进入"某人/某处+在+[那里/何处]"→"某人/某处+在+方位名词"，如"小王在哪里？→小王在前面"。

（6）方位名词一般都是双音节复合词，前面是一个方位语素，后面通常是"面、边、头"之类语素，如：

上——上面、上边、上头　　　下——下面、下边、下头

前——前面、前边、前头　　　后——后面、后边、后头

左——左面、左边　　　　　　右——右面、右边

东——东面、东边　　　　　　西——西面、西边

上述（2）（3）（4）（5）跟处所名词有共性。方位名词和处所名词有很多相同处，所以我过去曾把它归入处所名词。但考虑到方位名词作某个句法成分时必须有参照点，并且（1）（6）是它特有的形式特点，所以作为名词的一个小类也能成立。

2、专有名词（简称"专名"）

专有名词是用来指称特定的人、物、机构、处所、时间的名词，如"诸葛亮、花花（狗名）、北大、四川、端午节"等。专有名词的主要形式特征如下：一是可作"称谓"类动词（如"叫、名叫"）的宾语，可进入"（这+量+通名）+叫（称为）+[ ]"框架空格，如"这个人叫林方、这座山叫莲花山"；二是一般不计数，所以一般不能进入"数+量+[ ]"框架的空格，如不能说"三个林方、五个上海"等。[①]

[①] 有的专有名词进入"数（指）+量+[ ]"功能框架的空格是语用或修辞的特定用法，如"三个臭皮匠能顶一个诸葛亮"。

"专名"是与"通名"("人、物"之类)相对而言的。根据其与"通名"相应的内容,内部还可分为以下五个小类:

(1)指人专名。是用来指称"人"的专名。其形式特征是可用人称代词"他、她"替代,可用疑问代词"谁"提问。指人专名的构词方式常见的有:a.单个"姓",如"赵、钱、诸葛";b.单个"名",如"建东、家英、慧芳";c."姓+氏",如"李氏、张氏、王氏";d."姓+名",如"张三、李明、王文炳"。

(2)指物专名。是用来指称"物"的专名。其形式特征是可用指词"这、那"指点,可用疑问代词"什么"提问。指物专名有专指"山"的,如"泰山、黄山、华山";有专指"水"的,如"长江、黄河、太湖";有专指"笔"的,如"派克、金星、永生";等等。

(3)机构专名。是用来指称"机构"的专名。其形式特征是:既可用指词"这、那"指点,又可用处所代词"这里、那里"替代;既可用疑问代词"什么"提问,又可用疑问代词"哪里、何处"提问。机构专名:有专指"学校"的,如"复旦大学、清华大学";有专指"工厂、企业、商店"的,如"大庆油田、新华书店";有专指"医院"的,如"协和医院、中山医院";等等。

(4)处所专名。是用来指称"处所"的专名。其形式特征是可用处所代词"这里、那里"替代,可用疑问代词"哪里、何处"提问。处所专名:有专指"国家"的,如"中国、美国、英国";有专指特定地区的,如"香港、澳门、华东";有专指省、市、县、区、乡、镇、村的,如"广东、广州、中山县、翠亨村";有专指路名、桥名的,如"南京路、淮海路、杨浦大桥";等等。

(5)时间专名。是用来指称"时间"的专名。其形式特征是可用时间代词"这时、那时"替代,可用疑问代词"何时、几时"提问。时间专名:有专指特定的节气或时令的,如"立夏、冬至、霜降";有专指节日的,如"春节、中秋节、圣诞节";等等。

3、代名词

代名词的共性是能替代名词,按其所替代的名词的类别,代名词可分为以下四个小类:

(1)人称代词。是用于替代指人名词(包括"指人专名")的代名词,如"我、你、他、我们、你们、他们、咱们、大家、自己、本人、谁"。

(2)物称代词。是用于替代指物名词(包括"指物专名")的代名词,如"它、它们、这个、那个、一切、什么"。

(3)处所代词。是用于替代处所名词(包括"处所专名")的代名词,如"这里、这儿、那里、那儿、何处、哪里"。

(4)时间代词。是用于替代时间名词(包括"时间专名")的代名词,如"这时、那时、何时、几时"。

四、余言

(一)名词的再分类的目的

名词的再分类,目的在于说明不同的名词在语法结构中的不同作用。比如指人名词和指物名词,它们虽带有名词的共性,但它们又各有个性:指人名词表多数时可在其后面附加"们",而指物名词则不行;指人名词可用人称代词"我、你、他"等替代、可用"谁"提问,指物名词则可用物称代词"这个、那个"替代、可用"什么"提问。又比如处所名词可用处所代词"这里、那里"替代,可用"哪里"提问,时间代词可用"这时、那时"替代,可用"何时"提问,并都能进入"在+[ ]"框架空格,而指人名词和指物名词则无此用法。

（二）分类根据不同，分出来的类也就不同

本文的分类只是一种方案，也还有其他的方案。比如，若根据指称"人"这一共性，也可将指人名词和指人专名合为一类，在指人名词下再根据不同特点分出"指人专名"和"指人通名"两个小类；据此，指物名词和指物专名等也可作相应的分类。又比如，根据名词所指的"生命度"（有生命的或无生命的）来分类，可分为"有生名词"和"无生名词"两类："有生名词"能跟"有生动词"（表示生命活动的动词，如"生、病、死、吃、飞"等）结合构成主谓结构，如"人死、鸟飞"；"无生名词"则不能跟"有生动词"结合构成主谓结构，如不能说"石头死、电灯飞"。再比如指物名词若根据"个体"和"集合"的对立，可分为个体名词和集合名词两小类：个体名词能跟个体量词匹配，如"一（棵）树、一（本）书、一（朵）花"；集合名词则不能跟个体量词匹配，如不能说"一（棵）树林、一（本）书本、一（朵）花朵"。

汉语虚词问题的思考

引言

(一)虚词的重要性

汉语语法里的虚词很重要。吕叔湘、朱德熙指出：虚词的数目远不及实词多，但是在语法上的重要性远在实词之上。[①] 说得有道理。这是因为：第一，虚词表达的语法意义比较丰富复杂，不同的虚词表达不同的语法意义。如虚词"了、着、过"能表达动作的"时体"意义，虚词"的、地、得"能表示句法成分之间的关系意义，虚词"吗、呢、啊、吧"能表达句子的语气或口气意义，等等。第二，用不用虚词、用什么样的虚词会制约整个短语或句子的结构和意义。如单说"张三老师"有歧义，如果加入虚词"的"或"和"，就会分化为两个不同的短语（"张三的老师"是定心短语，"张三和老师"是并列短语）；又如单说"他去北京"还不成为句子，如果句末加上虚词"吗"（说成"他去北京吗"），就成为表达询问语气的句子，加上虚词"了"（说成"他去北京了"），就成为表示陈述语气的句子。所以在组语造句表达思想时，虚词不可或缺，单用实词往往不能成句。第三，有些语言表示词的语法意义主要

---

① 吕叔湘、朱德熙《语法修辞讲话》第三讲，开明书店，1952年。

通过词的形态变化来表现,而汉语通常借助语序和虚词来表现。主要靠词形变化来表达语法意义的语言虽也有虚词,但汉语虚词的绝对数量要比它们多得多。汉语虚词不仅意义多姿多彩,而且使用频率非常高;所以虚词是汉语重要的语法形式或手段,虚词是汉语语法的特点之一,在汉语语法教学(特别是对外汉语教学)里,虚词教学是一个重点,也是一个难点。

(二)学界历来都重视汉语虚词的研究

正因为虚词重要,从古至今学界都很重视汉语虚词的研究:古人在字典释义和训释经籍时注重词语的意义,但由于所谓"实字易训,虚字难释",所以很早就注意虚词的研究。早期有关虚词的论述散见于字典、训诂的专著及某些文人的文论中。汉代至宋代已经有一些零星的研究,元代出现了我国第一部专门研究文言虚字的专著(卢以纬《语助》,1324年)。清代汉语虚词研究的成果很多,出版虚词专著10余部,其中最重要的有三部:一是刘淇的《助词辨略》(1711年),二是袁仁林《虚字说》(成书于1710年,正式出版于1746年),三是王引之的《经传释词》(1798年)。清代"虚字"的概念大体上相当于现在所说的"虚词",不过那时的虚字研究并不是着眼于词的语法分类(至多只能说是语法学的萌芽),而只是文字学和训诂学的附庸。但清代重要虚词专著的虚字观和训释法深深地影响着19世纪末到20世纪中叶的很多著名的语法学著作,如:马建忠的《马氏文通》(1898—1900),黎锦熙的《新著国语文法》(1924),吕叔湘的《中国文法要略》(1942—1944),王力的《中国现代语法》(1943—1944),高名凯的《汉语语法论》(1948),吕叔湘、朱德熙的《语法修辞讲话》(1952)等。虽然这些语法著作谈到的虚词的范围和类别各有千秋,但它们对虚词的理解和虚词类别的划分都或多或少铭刻着清代虚字研究成果的印记。

20世纪中叶以来的汉语语法学界大多数学者是重视汉语虚词的,特别是20世纪80年代至今,汉语的虚词研究更是取得了长足的进展。这表现在:一是大批汉语语法教材里都划分了实词和虚词;二是有大量的虚词专题研究论文(据不完全统计达4000多篇);三是有近10部虚词研究专著问世;四是出版了10多部虚词词典;五是虚词研究的范围有很大的扩展,有研究虚词的理论和方法的,有研究存在于不同时空(现代、古代、近代、方言)或专书的虚词的,有研究不同类别(助词、连词、介词、语气词等)虚词的,有研究特定的具体虚词的,有研究汉语的虚词教学(包括对内和对外汉语教学)的;六是研究虚词的人员越来越多,除了专家学者外,还有很多研究生也以虚词为对象写出学位论文(据不完全统计达1600多篇)。此外,学界还对汉语虚词进行专题讨论,到2016年,汉语虚词研究学术讨论会已经举行7届。这一切都表明:虚词研究已经成为当今语法研究的热点。

尽管现当代虚词研究取得了巨大的成就,但也存在一些问题。主要表现在:虚词和实词划界的标准和划分的具体方法观点不一,影响到解决虚词的定性,进而在虚词的范围和类别问题上也存在不同的意见。本文仅就这些问题谈点看法。

一、虚词和实词划界标准的评述

要解决某个语法中的词类是不是虚词的问题,必然涉及虚词和实词划分的标准。学界讨论到的划界标准概括起来主要有三种:意义标准,功能标准,形式标准。

(一)关于意义标准

主张意义标准的,如马建忠说:"字类凡九,……或有解,或无解",

"有事理可解者曰实字,无解而唯以助实字之情态者曰虚字。"① 吕叔湘把实词称为"实义词",把虚词(虚义词)称为"辅助词",认为实词"意义比较实在",虚词"意义比较空虚"。② 王力把实词称为"理解成分",把虚词称为"语法成分"。王力说:"实词,它们的意义是很实在的,它们所指的是实物、数目、形态、动作等等。……虚词,它们的意义是很空灵的。"③ 他们采用的这种意义标准跟训诂学里的虚词观一脉相承。这种意义虽然与词类有一定的关系,区分虚实可以参考,但是如果作为划分虚实的标准是有问题的:第一,所谓"有解""无解""实在""空虚"(或空灵),完全凭个人的感知印象或所谓"语感"来揣摩词的虚实,那是见仁见智,难有共识;④ 第二,这种意义跟语法学所说的意义是两回事,不能混为一谈。如果采用这种意义标准,就会把有些实词也归为虚词(如代词、趋向词、"虚义动词"⑤ 等),也会把有些虚词归为实词(如量词以及表示方位的黏着性很强的"上、下、里、外"之类的"方位词"等);第三,说虚词"无解""空虚"(或空灵),实在太玄,不好掌握,并不科学。事实上任何词都有一定的意义,虚词有跟实词不同的意义,所以都是可以解释的(只是"实词易训,虚词难释"而已)。由于采用意义标准虚实难以分类,难怪有人走向极端地认为,汉语中划分实词、虚词没有必要,没有实用价值,从而主张取消实词和虚词的分类。⑥

---

① 马建忠《马氏文通》第19、23页,商务印书馆,1983年。
② 吕叔湘《中国文法要略》第17页,商务印书馆,1982年。
③ 王力《中国现代语法》第13页,商务印书馆,1985年。王力《汉语语法纲要》第42页,商务印书馆,1982年。
④ 同样根据意义标准,对有些词类的虚实就有不同的看法:如关系动词("是、像"等),吕叔湘认为是实词,王力认为是虚词;如人称代词("我们、你们"之类)王力认为是虚词,马建忠认为是实词。
⑤ 有一类比较特殊的动词,如"加以、予以、进行"等,一般称为"形式动词",刁晏斌认为这类词不表实义,而是"虚义",所以他称之为"虚义动词"。参看刁晏斌《现代汉语虚义动词研究》,辽宁师范大学出版社,2004年。
⑥ 姚晓波《汉语中划分实词虚词没有必要》,《锦州师范学院学报》1988年第4期。

近年来有学者（张谊生 2000）继承前人成说，把实词和虚词的区别总结概括为：实词是表示词汇意义或概念意义为主的"概念词"，虚词是表现语法意义为主的"功能词"。[①] 这虽有一定的道理，但较真起来，觉得也还有商榷之处：就"词汇意义"来说，实词和虚词都是词汇的成员，它们理应都有词汇意义。可见只说实词有词汇意义，而说虚词没有词汇意义，理论上有矛盾。其次，就"概念意义"来说，概念跟实词有密切的关系，说实词主要用来表示概念也未尝不可，区分虚实时可以参考，但概念和实词并不完全对应，所以不能作为虚实划界的标准；更何况对概念人们有不同的理解，如有些学者如齐沪扬等认为"虚词也能表达概念"，朱德熙也认为有的虚词（如"因为、而且、和、或"等）"表示某种逻辑概念"。[②] 就虚词是"表现语法意义"为主的"功能词"来说，这很容易引起误解：以为实词不表现语法意义或没有语法功能。词的分类既然是词的语法分类，那么任何词在语法里理应都有"语法意义"和"语法功能"。语法有三个平面（即句法、语义、语用），词的语法功能在语法的三个平面体现为句法功能、语义功能、语用功能，这三种功能实质上就是词的三种语法意义。实词和虚词都有语法功能或语法意义，只是具有不同的语法意义或语法功能而已。可见把"语法意义"和"功能"（"功能词"）看作虚词的专利在理论上也存在有缺陷。

（二）关于功能标准

功能标准，就是采用词在语法结构里的功能来划分虚词和实词，这比之采用意义标准是前进了一大步。如果说意义标准只是孤立地去感知词的意义是实义还是虚义，本质上是停留在训诂学或词汇学的，那么

[①] 张谊生《现代汉语虚词》第4页，华东师范大学出版社，2000年。
[②] 齐沪扬、张谊生、陈昌来《现代汉语虚词研究综述》第16—18页，安徽教育出版社，2002年；朱德熙《语法讲义》第39页，商务印书馆，1982年。

把词放到语法结构里去分析它的用法和意义的功能标准则是属于语法学的。关于功能标准,主要有以下几种说法:

第一种,根据词在语法结构里能否"自立"来分虚实,如陈望道认为"实词是在组织上能够独立自主的,也就是说它能够单独做句子成分的,可以称为'自立词',虚词在组织上不能独立自主的必须依附实词才能成一节次的,可以称为'他依词'"[1];胡裕树根据"能不能单独充当句法成分"来分虚实:"能够单独充当句法成分的是实词,不能单独充当句法成分的是虚词"[2];郭锐"根据能否做句法成分划分成实词和虚词,实词能做句法成分,而虚词不能"[3]。上述几家观点基本一致。根据这种标准,可以不问词的意义是"有解"还是"无解",也不问词是表达概念还是不表达概念,更不问词的意义是"实在"还是"空虚",只根据词在语法结构里能否"自立"(能否充当句法成分)来划分虚实,即凡是能自立(能充当句法成分)的词都是实词,反之不能自立(不能充当句法成分)的、只是依附于实词性词语(包括实词和实词组成的短语)或句子才发挥作用的都是虚词。这个标准比较好掌握,但跟传统所说的采用意义标准来划分"实词"和"虚词"是两条不同的路子,因此会遭到传统意义派的不认同。

第二种,根据能否充任主要句法成分(主、谓、宾)来划分虚实,如朱德熙认为"实词能够充任主语、宾语或谓语,虚词不能充任这些成分"[4];马真认为"虚词都不能充任主语、谓语、述语、宾语、补语、中心语等主要的句法成分(副词能作状语,但状语不属于主要句法成分)","虚词所表示的意义……比较空灵,不像实词那样比较实在、具体"[5]。采

---

[1] 陈望道《文法简论》第63页,上海教育出版社,1978年。
[2] 胡裕树主编《现代汉语》(增订本)第317页,上海教育出版社,1981年。
[3] 郭锐《现代汉语词类研究》第182页,商务印书馆,2002年。
[4] 朱德熙《语法讲义》第39页,商务印书馆,1982年。
[5] 马真《现代汉语虚词研究方法论》第1页,商务印书馆,2016年。

用这种功能标准,目的显然是想把所谓"意义比较空灵"的副词归入虚词。这实际上还是受到传统意义标准的影响。根据这个标准,固然把所谓"意义空灵"的一些副词归入了虚词,但带来的问题是:第一,不能充任主要句法成分的"意义实在"的区别词就得归入虚词;第二,把表示情状的意义并不"空灵"的副词(如"大力、悄悄、急速、独自"之类)也得归入虚词。持有这种观点的学者,他们先入为主地认定副词"意义比较空灵",但又主张区分词类应该根据语法功能,于是把副词作状语功能认定属于虚词的功能。既想从语法角度采用句法功能标准划分虚实,又不舍得完全抛弃训诂学传统的意义标准,就难免陷于自相矛盾的境地。

第三种,根据基本功能(指称和陈述)和连属功能(连接和附着)分为虚实。如张斌说:"功能包括基本功能和连属功能……如果我们着眼于功能,不妨把具有基本功能的词称为实词,具有连属功能的词称为虚词。"[①]"指称""陈述""连属"都涉及语用,所以这实质上是根据语用功能标准来分虚实。他指出采取这个标准,代词应归于实词。这是新的观点,值得重视。但这种语用功能跟句法功能、语义功能有何关系?这种语用功能究竟如何表述?这些问题还需要加以阐释和完善。

(三)关于形式标准

在划分虚词和实词时,通常所说的形式主要是指:"自由还是黏着","语序位置固定与否","开放的还是封闭的(能否穷尽列举)","是否读轻声"。一般认为虚词的形式特征是具有黏着性、定序性、封闭性(可穷尽列举)、读轻声。这些形式在辨类时可以参考,但不能作为区分虚实的标准。这是因为上述形式并不完全跟虚词对当。

(1)从黏着角度看:所谓"黏着"是指在句子里与其他词结合时不能自立(单独充当成分)。虚词大多具有"黏着性",但某些虚词不一定

---

① 张斌《现代汉语虚词研究·总序》,安徽教育出版社,2002年。

有黏着性,如"总之、要之、看来、难道、显然、岂料"之类。反之有些实词也具有"黏着性",如黏宾动词、黏状动词、唯补动词、形式动词等。

(2)从定序角度看:所谓"定序",是指同别的词结合时排列次序的位置是固定的。虚词大部分具有"定序性",但某些虚词位置不一定完全固定,如插加词("看来、显然、难道"之类)位置比较灵活,有些虚词(如"啊、呢"之类)既可出现于句末,也可出现于句中。反之,有些实词也具有"定序性",如方位名词、形式动词、区别词等。

(3)从封闭角度看:所谓"封闭",是指能产性弱、数量不多而能"穷尽地列举"的。虚词固然是封闭性的,但并不是凡是封闭性的词类都是虚词,如实词里的"代词、数词、感叹词、关系动词、趋向动词、评议动词、形式动词"等都属于封闭类。可见,封闭类和开放类并非绝对对立。至于编写词典,由于封闭性的词类一般比较特殊或比较复杂,编成词典有实用价值。收录属于封闭类的词在操作上也比较方便。如果把能列举的词都收入,虽然其中大部分是虚词,但也会收录某些封闭类的实词。据此编写出的词典冠上"虚词词典",从语法角度看有点名不副实。吕叔湘主编的《现代汉语八百词》(1980)收录了一些属于封闭类的能列举的词,即收录"以虚词为主",也收录一些"用法比较复杂或比较特殊的"实词,不把它称为虚词词典,也许就是回避虚实之争。[①]

(4)从语音角度看:所谓"轻声",是指某些词的音节失去了它原有的声调,读成一种较轻较短的模糊调(它不是四声之外的第五种声调,而是四声的一种特殊音变,在物理上表现为音长变短,音强变弱)。很多虚词类确是读轻声的,如助词、绝大部分语气词等;但虚词并非都是轻声词,如介词、插加词;再说,读轻声的也未必都是虚词,如实词里的"唯补动词"以及在补语位置上的趋向动词一般也读轻声。

[①] 为了实用,收录一些能列举的词并承袭传统收录所谓"意义空虚、难释"的词,从俗称为"虚词词典"也是可以理解的。

二、划分虚实的理据、标准和方法

(一)划分虚实的理据

划分实词和虚词,应该把划分的理据和划分的标准区别开来。从哲学上说,存在着三个"世界"(领域):现实世界、思维(包括认知)世界、语言世界。语言跟现实、思维分属于不同的"世界",客观现实属于"第一世界",主观思维属于"第二世界",语言表达属于"第三世界"。属于第二世界思维里的概念,主要反映第一世界客观现实里的事物及跟事物有关的动作、属性等等;属于第三世界语言里的实词,主要反映第二世界思维里的概念。[①] 可见,实词并不直接表现或反映客观的现实,而是由思维里的概念作为中介才能和现实联系,现实是通过思维"折射"到语言上的:现实映射于思维,思维投射于语言。所以语言里虚实的分类跟现实的分类以及跟思维概念的分类有关联,然而反映或投射不等于复制,概念不是现实的复制品,实词也不是概念的复制品,它们彼此并不完全对应。

词类是词的语法分类,在划分词类时当然要从语法角度去寻找分类的标准,词的语法功能应该是划分的标准。基于词类划分跟现实、思维既有联系也有区别,是否可以这样说:客观现实里的事物及其运动、属性等是划分词类的现实理据,思维里的概念是划分词类的思维理据。但这种理据只是词类(特别是实词)划分的底层基础,而不是划分虚实的标准。

[①] 实词反映思维的概念是由概念投射到语法里语义结构的语义成分来实现的,所以概念与实词的语义功能(所充当的语义成分)互相接合或链接;或者说,概念和实词的"接口"就在语义结构里的语义成分上。

(二)划分虚实的标准

划分虚词和实词,本文采用语法功能标准。语法有三个平面,即句法平面、语义平面、语用平面,相应地存在着词的三种语法功能,即"句法功能""语义功能""语用功能"。任何词在语法里都有"语法功能",但实词和虚词具有何种语法功能是不一样的。

根据语法功能标准划分实词和虚词,可以做如下说明:

(1)从句法功能看,能在句法结构里单独充当句法成分的词是实词,不能单独充当句法成分的词是虚词。

(2)从语义功能看,能充当语义结构(包括"动核结构"和"名核结构")里语义成分的词是实词,不能充当语义成分的词是虚词。动核结构的语义成分有"动核"和动核所联系的"论元",如"施事、受事、与事、工具、处所、时间"等;名核结构的语义成分有"名核"和名核所联系的"论元",如"名元、定元"等。[①] 而虚词不能充当语义结构里那种语义成分的功能。

(3)从语用功能看,能在语用结构里表达基本语用功能("指称、陈述、限饰")的词是实词,不能表达基本语用功能而只能依附于实词性词语或句子在组语造句中表达"辅佐性语用功能"的词是虚词。辅佐性语用功能可以称为"添显功能"[②],它是指"增添或凸显"某种语法意义的功能。这个术语源自陈望道(1947),他指出,虚词之"不是可

[①] 关于动核结构,可参看范晓《论"动核结构"》,《语言研究集刊》第八辑,上海辞书出版社,2011年;范晓《论"名核结构"》,《语言问题再认识》,上海教育出版社,2001年;范晓《说语义成分》,《汉语学习》2003年第1期。

[②] 张斌提出虚词具有"连属功能",但又说"连接或附属只是形式,这种形式都表达特定的含义"(张斌《现代汉语虚词研究·总序》,安徽教育出版社,2002年)。这含义他没说,笔者以为就是"添显"意义。所以用"添显功能"这个术语也许更贴切,而"连属"(连接或附属)可以作为添显功能的形式。

有可无,就因为它有添显功能"。①

概而言之:具有句法功能(能充当句法成分)、语义功能(能充当语义成分)以及能用来表达语用基本功能("指称、陈述、限饰")的词是实词;反之,不具有实词的上述语法功能而主要用来依附于实词性词语或句子上在组语造句中表达添显功能的词是虚词。换句话说,实词是在语法的三个平面有句法功能、语义功能和基本语用功能的词,虚词只是在语用平面有表达添显功能的词。可见虚词纯粹是一种语用词,通常所谓虚词是"功能词",实际上是指专门用来表示语用添显功能的,如果称为"纯语用词"或"添显功能词"也许比较合适。实词和虚词跟语法功能的关系如下表(+表示具有正反应,-表示具有负反应):

语法功能			实词	虚词
句法功能	在句法结构里能充当句法成分		+	-
语义功能	在语义结构里能充当语义成分		+	-
语用功能	语用的基本功能	表达"指称、陈述、限饰"功能	+	-
	语用的辅佐功能	在组语造句中表达"添显"功能	-	+

(三)划分的标准和辨类方法的关系

应当把划分虚实的功能的标准(也称"根据"或"依据")和划分虚实的辨类方法(或手段)区别开来。词类是词的语法功能的类,所以词类虚实划分的标准应当是而且只能是词的语法功能(包括句法功能、语义功能、语用功能);但辨别(或鉴别)词类虚实的方法(或手段)要凭借表现语法功能的表层的、外在的能观察得到的表现形式。句法功能、语义功能、语用功能三者"三位一体",都是语法功能,区别在于:语义功能和语

---

① 陈望道认为"添显功能"是"在乎加强阐明",是对句子的"某一特定部分加以强调、渲染——就是添显"(陈望道《试论助辞》,《国文月刊》1947年12月第62期)。他所说"添显功能"虽然指助词,可以借用来泛指整个虚词类的语用功能。

用功能存在于语法的深层（或隐层），是语法功能的内在本质标准；句法功能存在于语法的表层（或显层），是语法功能的外在形式标准。深层本质标准要通过表层形式标准才能显现。如果从形式（外在形式）和意义（内在本质）相结合的方法来辨别虚实，由于表层的句法功能标准是可以直接观察得到的，它是理解内在本质的入门向导，所以在辨类方法上，就理应从句法功能标准出发来辨别虚实，即在辨类时应紧紧抓住直观的句法功能标准。这是根据语法功能标准划分虚实的简化的基本方法。

（四）区分虚词和实词的辨类方法要点

在区分虚实的辨类方法上，要注意三点：

1、看能否充当句法成分

要凭直观的句法功能标准来辨别虚实，首先是要看词在句法结构里的"分布"（位置）形式，即看"能否单独出现在句法成分位置上"来分虚实。据此可以设为：能单独出现在句法成分位置上的词是实词，不能单独出现在句法成分位置上的词是虚词。

2、可利用形式特征

在划分虚实的具体操作方法上，还可以利用其他的外在形式特征来识别虚实的分类和定性。可利用的形式特征很多，略举几种：

（1）词类结合形式。可以设为：能单独跟这类实词结合构成句法结构的词是实词，不能单独跟这类实词结合构成句法结构的词是虚词。

（2）"连接、附属、插加"形式。可以设为：凡不单独跟实词性词语结合构成句法结构，但能有"连接形式"（连接句法成分或分句）、"附属形式"（附属依附于实词性词语上）或"插加形式"（插加在句子或话语里）的词是虚词，反之则是实词。

（3）鉴定词形式。可以设置有鉴定词的语法框架来验证：能够出现在"不/没/很/有/是/的/地+X""X+了/着/过""数量X"等框架里

X位置上的词是实词;不能出现在上述有关框架X位置上的词是虚词。

（4）问答形式。提问形式如"何人（谁）、何物（什么）、何时（什么时候）、何处（什么地方）、何种性质、何种状态、怎样、怎么、多少、X不X"等。实词一般能用上述提问形式和作出相应的回答,虚词不能用上述提问形式也不能作相应的回答。

3、在辨别虚实时可以利用的"参考项"

参考项主要是指某些特定的形式特征（黏着、定序、封闭、轻声）和思维中感知的意义（或概念）。吕叔湘指出:在语法分析上,意义"不失为重要的参考项。它有时候有'速记'的作用,例如在辨认一般的（不是疑难的）名词、动词、形容词的时候。……有时候它又有'启发'的作用"[①]。的确如此,比如"鸟、飞"之类词一看就知是实词,"的、吗"之类一看就知是虚词。吕叔湘虽然说的是意义,但对上述这些特定的形式特征也是适用的。虚词大部分具有这些形式特征,所以也具有"速记、启发"的作用;但少数实词也有这些形式。据此可以设为:具有这些"黏着、定序、封闭、轻声"等形式但不能充当句法成分的词是虚词,某些具有这些形式但能充当句法成分的词是实词。总之,当上述意义或形式跟所辨认的词类功能相对应、相吻合的时候,无疑可以互相参证;当上述意义或形式跟所辨认的词类与句法功能相矛盾的时候,则应以句法功能（即主要看能否作句法成分）为准。

三、汉语虚词的范围和类别

（一）汉语虚词的范围和类别问题的不同见解

由于各家划分虚词和实词的标准不一样,所以构建的汉语虚词的

[①] 吕叔湘《汉语语法分析问题》第12页,商务印书馆,1979年。

范围和类别也不完全一样。今列表略举有关著作所说的虚词的数量类别，就可看出各家的异同。

作者和著作	虚词类数量	虚词的类别及名称
吕叔湘、朱德熙《语法修辞讲话》（1952）	分为7类	代词、副词、连接词（即连词）、语气词、副名词（即量词）、副动词（即介词）、部分数词
张志公等编《汉语知识》（1959）	分为5类	副词、介词、连词、助词、叹词
陈望道《文法简论》（1978）	分为3类	介词、连词、助词（包括语气助词）
胡裕树主编《现代汉语》（1981）	分为6类	介词、连词、助词、语气词、叹词、象声词
黄伯荣、廖序东主编《现代汉语》（1981）	分为4类	介词、连词、助词、语气词
朱德熙《语法讲义》（1982）	分为5类	副词、介词、连词、助词、语气词
张谊生《现代汉语虚词》（2000）	分为9类	副词、介词、连词、助词、语气词、叹词、拟声词、方位词、趋向词
范晓、张豫峰等著《语法理论纲要》（2003）	分为6类	介词、连词、助词、语气词、量词、方位词

这样看来，各家虚词的范围不完全一样。有同有异：连词、助词、介词、语气词这4类看作虚词大家有共识，但对某些词类（如代词、趋向词、叹词、象声词、方位词、量词、副词）就有不同的看法。

（二）几个词类的讨论

1、代词是虚词还是实词？

一般语法书所说的代词包括人称代词（"我、你、他"之类）、指示代词（"这、那"之类）、疑问代词（"谁、什么、怎么样"之类）。这类词数量很少，属于封闭性的词类。有的语法书以意义标准（"空灵"）或封闭性为标准区别虚实，把它们看作虚词；但是如果从语法功能标准划分虚实，代词一般跟它所代替的实词在语法功能上有同一性，即能单独充当句法成分,[①] 所以分析为实词比较合适。

2、趋向词是虚词还是实词?

趋向词("来、去、上来、下去、起来、下去"等)数量也不多,属于封闭性的词类。如果以封闭性为标准区别虚实,趋向词可以列举,也会看作虚词;但它们能充当句法成分(都能充当"谓语,有时也能作定语"等[②]),所以分析为实词比较合适。现在大多数教科书把它归入动词(称为"趋向动词")是合理的。至于个别已经虚化的(如"笑起来"的"起来"之类)应当归于虚词。

3、叹词和象声词是虚词还是实词?

叹词("唉、哎呀"等)和象声词("咔嚓嚓、轰隆隆"等)数量有限,也可看作封闭性的词类。如果以封闭性为标准区别虚实,这两类词也可以列举,有的语法书据此把它们归于虚词。有的语法书根据意义把它们归为实词。[③] 但这类词不仅能单独充当句法成分(谓语、定语等[④]),而且常可以独立成句,它们跟虚词不能单独充当句法成分、更不能独立成句有极大的差别,所以分析为实词比较妥当。由于这类词常常独立成句,这跟大多数实词有一定差别,有的语法书就认为它们不是实词,把它们称为"特殊词";但从语法功能上看,虚词不能独立成句,而这类词无疑是句子的实体部分,从本质上看与实词基本相同。

---

① 代词的名称是从语用功能"代替"命名的。代词有两种语用功能:一是在话语里有"代替"实词的语用功能;二是它所代替的实词(包括名词、动词、形容词等)能分别表达"指称""陈述""限饰"等语用基本功能。如果根据所代替实词的句法功能分类,则代词可以分别归入各个被"代替"的相应实词(如"我们、你们"之类归入名词)。

② 充当谓语的如"你来、我去",充当定语的如"来的时候、去的地方"等。

③ 有的语法书认为这类词意义"空灵",所以归入虚词。其实这类词都表声音(或模拟心理原因发出的声音,或模拟物理原因发出的声音),而声音也属于事物的一种属性,说它"空灵"似乎不妥。

④ 充当谓语的如:"雷声隆隆、他鼻子里哼了一声",充当定语的如"咯吱咯吱的声音、传来哈哈的笑声"。

4、方位词是实词还是虚词?

古汉语里方位词能单独充当语义成分和句法成分,归于实词没问题。但现代汉语里的方位词有两种情况:有些能单独充当句法成分(如"上面、下面、里面"等),有些(特别是单音节方位词,如"上、下、里、外"等)一般不能单独作句法成分(除非在特定语境里带有文言色彩)。据此可以分别处理:把能充当句法成分的称为"方位名词"(如"箱子的里面、桌子的下面"中的"里面"和"下面"),归于实词;把不能充当句法成分而只能附着在名词后的(如"箱子里、桌下"中的"里"和"下")称为方位词(也有学者称它为"后置词")。

5、量词是实词还是虚词?

量词表示计量单位,所以也称"单位词"。有些语法书把它归入实词,称之为"副名词",或看作"名词的附类"。但量词一般不能单独作句法成分,[①] 主要功能是附着在数词或指词上构成数量短语("一本书、三个人"之类)或指量短语("这本书、那个人"之类),形式上量词具有黏附性、定序性和封闭性,不重叠时一般读轻声,所以把它归于虚词比较合适。

6、副词是实词还是虚词?

根据意义标准,认为副词意义比较"空灵",就看作虚词(如吕叔湘、朱德熙的《语法修辞讲话》)。根据功能标准有两种情形:一种是根据能否充当句法成分这个句法标准,认为副词能充当句法成分(状语),就把副词看作实词(如陈望道《文法简论》、胡裕树《现代汉语》);另一种是根据能否充任主要句法成分这个标准,认为副词不能充任主要句法成分(主语、谓语、宾语),就把副词看作虚词(如朱德

[①] 有的语法书认为量词能充当句法成分,如"个个都是英雄好汉"里量词"个个"作主语。其实量词重叠有替代"每一+量+名"的意思(如"个个"是指"每一个人")。单个量词一般是不能作任何句法成分的,除非在特定语境里,或带有文言色彩。

熙《语法讲义》、马真《现代汉语虚词研究方法论》)。张斌《现代汉语虚词词典·前言》说：在划分虚实问题上，"最难处理的是副词，把它列入实词或虚词都可以说出一大堆理由。其实它的内部情况很不一致"。指出从意义上看，有的副词接近虚词，有的副词接近实词。张谊生认为分类的标准"应该是词的句法功能"，副词能充当句法成分，"理所当然应该归入实词"；可是又认为意义标准（意义的虚化或实在）是"参照标准"。于是提出把副词两分的设想：把那些表示概念意义的描摹性副词称为状词、概念词，归入实词，把那些意义虚化的限制性副词、评注性副词等称为副词，归为虚词。[①] 这样的设想实质上还是着眼于意义。根据意义标准把副词归于虚词虽然跟传统意义分类接轨，但那不是语法分类。如果根据意义把副词分为两类，实际上又违反了功能标准，因为描摹性副词跟限制性副词、评注性副词在句法功能上是一样的。既采用功能标准，却又顾及意义标准，必然会顾此失彼；在区分虚实上同时采用功能标准和意义标准，这不合乎形式逻辑分类只能用一个标准的原则。[②] 至于根据主要句法功能标准把副词归于虚词的观点，实际上还是为了照顾到传统的意义标准，但这又和把带有描摹性的具有"实在"义的副词也归为副词发生矛盾。采取意义虚实来分类，那不是词的语法分类。其实，实词里也不乏意义虚化的词，如"虚义动词、评议动词"之类；而虚词也不乏有实义的词，如含有概念意义的方位词以及某些量词。如果承认词类是词的语法分类，并主张采取能否作句法成分作标准，那么副词（不管主观感觉上是实义还是虚义）应归于实词。

[①] 参看张谊生《现代汉语副词研究》第6—10页，学林出版社，2000年。
[②] 分类要讲究逻辑，逻辑分类只能采取一个标准。如果把功能和意义都看作划分虚实的标准，实质上是多标准，这等于没有标准。当然，由于词类是一个层级系统，所以不同的层级所采用的标准可以不同；但在同一层级必须采用某个单一标准。

(三)根据"添显"功能分出的虚词的范围和类别

虚词不能充当句法成分,但能依附于实词性词语或句子上,或插加在句子、话语里,表达"添显"的语法功能。根据虚词的不同位置和添显功能的差别,本文把虚词大类下分为连词、助词、介词、语气词、方位词、量词、插加词[①]7类。为清楚起见,列表于下:

虚词类别	位置分布特征	语用添显功能	举例
连词	连接实词性词语或句子(或分句)	显示短语句法结构或分句之间、句子之间的某种关联意义	如:"和"添显并列关系意义;"因为、所以"添显因果关系意义;"虽然、但是"添显转折关系意义;"总之"是在话语里附加在句子前面承接前文所述,显示总括性的关联意义……
助词	附着在实词性词语之后	添显某种附加的语法意义	如:动态助词添显动作"时体"意义;结构助词添显句法结构的定心关系意义、语义结构的名核结构意义、语用结构的限饰关系意义;助词"们"附着在名词后添显"多数"或"群"意义……
介词	附着在名词性词语之前	介引名词性词语给动词,并添显某种语法意义	如:"从、在"添显处所或时间等背景意义;"被"引出施事并添显"被动"句态;"把"引出受事并添显"处置"句态;"关于、至于"添显主题(话题)意义……
语气词	附着在实词性词语之后或附着在句子末尾	添显某种语气或口气意义	如:"吗"添显"疑问"语气意义;"的"在句末添显陈述语气并凸显肯定口气;"嘛、啦"在实词后或句末添显"委婉"的口气……

---

① 插加词指插加在句子上或话语里的不充当句法成分的一些虚词,如"想必、不料、岂料、谁知、哪知、恐怕、大概、也许、难道、究竟、幸亏、看来、当然、显然、固然、果然、诚然"等,也有学者称为"插语"或"话语标记"。但插语、话语标记范围较大(不一定都是词,还包括一些习用的短语)。

续表

虚词类别	位置分布特征	语用添显功能	举例
方位词	附着在名词性词语之后	添显事物的方位状态意义	如:"上、下、里、外、前、后"等一般添显物体的方位,有些可引申到添显时间(三年前)、范围(世界上)、方面(理论上)……
量词	附着在数词或指词之后	添显特定事物的"量标"(标示计量单位)意义	如:"人"的量标可用"个"添显;"鸟"的量标可用"只"添显;"书"的量标可用"本"添显;"桥"的量标可用"座"添显……
插加词	插入在句子或插加在话语(篇章)里	添显说话者的主观评议(看法、态度)意义或凸显某种感情色彩意义	如:"看来、想必"添显"揣测、推断"意义;"显然"添显"毋庸置疑"的意义,带有肯定的口气;"难道"添显"反诘"口气(带有感情色彩);"究竟"添显"追究"的口气等

第三部分 "三个平面"的有关问题

说"句法成分"

　　句子有句法的、语义的、语用的三个平面，在不同的平面，可分析出不同的结构及其组成成分。所谓"句法成分"，就是句法平面的结构——句法结构里分析出来的成分。汉语的句法结构有"主谓结构、谓宾结构、谓补结构、定心结构、状心结构、顺递结构、并列结构、复指结构、重叠结构"等。在各种句法结构里都可以分析出它们的句法成分。如："天气晴朗"这个句法结构是主谓结构，就是由主语（天气）和谓语（晴朗）两个句法成分构成；"新鲜蔬菜"这个句法结构是定心结构，就是由定语（新鲜）和中心语（蔬菜）两个句法成分构成；"喝绿茶"这个句法结构是谓宾结构，就是由谓语（喝）和宾语（绿茶）两个句法成分构成；等等。由于现在的各种语法书体系不一样，所以分析出来的句法结构及其句法成分数量和名称术语很不一样。

　　短语和句子的句法结构里都有句法成分。在有层次的句法结构里有直接组成成分（简称"直接成分"）和间接组成成分（简称"间接成分"）。一个句法结构的性质是由该结构的直接成分决定的。本文对汉语句法成分的分析跟现有各家的分析既有相同处，也有不同处。

一、关于句子成分和短语成分

（一）短语和句子里都有句法成分

短语和句子都有句法结构，所以短语和句子里都有句法成分。换言之，句法成分可以是短语的成分，也可以是句子的成分。短语句法结构的直接成分（或者说从短语的句法结构里分析出来的直接成分）是短语的句法成分，简称"短语成分"；句子句法结构的直接组成成分是句子的句法成分，简称"句子成分"。例如：

① 弟弟睡的那个小床／太阳出来的时候
② 弟弟睡了。／太阳出来了！

①里的"弟弟睡、太阳出来"是两个主谓短语，它们在定心短语里作定语。这两个短语里的主语和谓语是短语的句法成分；②里的"弟弟睡、太阳出来"是句子句法结构的直接组成部分，所以其中的主语和谓语是句子的句法成分。

过去有的语法书（以人民教育出版社《汉语知识》1959版为代表的一批语法教科书）在分析句法成分时只讲句子成分。该书把在句子里分析出来的句法成分都叫作句子成分，即不管它是句子的直接成分还是间接成分，也不管它是主语、谓语，还是宾语、补语、定语、状语，都称作句子成分。这种观点实质上就是不讲和忽视短语的句法成分。如果严格贯彻这种主张，便会得出句子里有一个实词便有一个句子成分的结论，如"小王的哥哥已经讲完了那个故事"这个句子，如果按照上述观点分析，就会认为这个句子是由七个"句子成分"（定语＋主语＋状语＋谓语＋补语＋定语＋宾语）组成的。可图示如下：

<u>小　王</u>的　哥哥　已经　　讲　　完了　那　个
（定语）　　（主语）（状语）（谓语）（补语）　（定语）

故　事
（宾语）

这样的分析虽然可以看出句子里实词与实词之间"一定的关系"，然而却看不出句子内部各组成成分之间的层次关系，也看不出这个句子的基本格局是主谓句里的"主（谓补）宾"句。

有的学者更直言短语里没有句法成分，如吕冀平（1979）说："词组是词和词的搭配，句子是成分和成分的搭配"；因此他认为"词组"结构里只有"语义关系"，而没有"成分关系"。[①] 笔者认为，短语（词组）是一个语法结构体，因此它不仅是"词和词的搭配"，也是成分和成分的搭配，比如"衣着朴素""成就辉煌"这两个短语，不仅内部存在着语义关系，而且也存在着句法关系，可分析为"主谓"短语，即存在"主语"和"谓语"两个短语的句法成分。短语的句法成分的分析，是句法学的一个重要内容，如果为了突出句子成分，而取消短语成分的分析，是很不妥的。

（二）句子的句法成分和短语句法成分之间的关系

句子的句法成分和短语句法成分之间既有联系也有区别。

1、句子的句法成分和短语句法成分的联系

句子或短语内部的句法结构成分统称作句法成分。有的论著说："现在一般都说句子成分有六大成分：主语，谓语，宾语，补语，定语，状语，问题是这些是否都是句子的直接成分？这问题似乎简单，可并不简单。要按直接成分分析法来看，……单就句子本身而论，它的直接成分

---

① 吕冀平《词组和句子的分析》，《学习与探索》1979年第4期。

也只有主语和谓语这两样。宾、补、定、状不是句子的成分,只是句子的成分的成分"。[①]意思就是句子里只有"主语"和"谓语"是句子成分,没有句法成分;而宾语、补语、定语、状语不是句子的成分,只是句子的成分的成分(即短语里的句法成分)。笔者认为,句法分析不等于句子分析,短语句法成分也不等于句子成分,这是对的。但如果把这六大成分里的"主语、谓语"跟"宾、补、定、状"绝对地对立起来:只认为前者是句子成分而不能当短语的句法成分,后者只能当短语的句法成分而不能当句子成分;这在理论上有欠缺的。

第一,句法结构不只是存在于短语里,也存在于句子里,比如"大家休息了"这个句子里的句干"大家休息"就是一个主谓型的句法结构,其主语和谓语是句子成分,也是句法成分。如果把主谓句的主语和谓语只称为"句子成分"而否定它们"句法成分"的资格,显然是有问题的。

第二,说"宾、补、定、状不是句子的成分,而是句子成分的成分"的,即短语的句法成分。固然,在主谓句里,"宾语、补语、定语、状语"常常出现在短语里成为短语成分;但这些句法成分如果作了"非主谓句"的直接成分,也应该是句子成分,如"下大雨了!""滚开!""快跑啊!""好香的香菜!"在这些句子里,"宾、补、定、状"等句法成分就成了句子成分。反之,主语和谓语如果出现在非主谓句里作宾语时,也只能作为短语成分而存在,如"禁止机动车通行!"这是一个谓宾型的非主谓句,分析可图示如下:

```
禁  止  /  机  动  车  //  通  行!
| 谓语  |        宾语         | 第一层次……句子成分
         |    主语     |  谓语  | 第二层次……短语成分
```

这个句子里,第一层次的谓语和宾语是这个句子的句子成分,而主谓短

[①] 吕叔湘《汉语语法分析问题》第61—62页,商务印书馆,1979年。

语"机动车通行"是充当这句子的宾语的,所以这里的主语、谓语是短语成分。又如林斤澜《台湾姑娘》里第一句话是:"一个戴厚眼镜的、未老先白头的中学教员告诉我的故事。"这是一个定心型的非主谓句,第一层次的定语和它的中心语(故事)是这个句子的句子成分,第二层次里定语是"中学教员告诉我",这是由"主谓宾"短语充当的,主语、谓语、宾语就是短语成分;而限饰"中学教员"的"一个戴厚眼镜的、未老先白头的"是个多层次定语,还可以作更多层次分析,分析出来的都是短语成分。

可见,具体句子的具体的句子成分,是要对具体句子进行具体分析才能得出的,主谓句有主谓句的句子成分,非主谓句有非主谓句的句子成分;而对充当某个句子成分的短语进行句法分析,得出的句法成分就是短语成分;句法成分间的各种关系在短语里和句子里是相通的,句子成分和短语成分都是句法成分,因此名称也是相同的(如主语、谓语、宾语、定语、状语、补语等),只是从句子中分析出来的句法成分称作句子成分,从短语中分析出来的句法成分称作短语成分。

2、句子的句法成分和短语句法成分的区别

(1)属于不同的语法单位,构成不同的句法格局。句子的句法成分构成一个句子的基本格局,决定一个句子的句法结构类型(句型);短语的句法成分构成短语的基本格局,决定一个短语的句法结构的类型(语型)。比如"他睡了"这个句子里,句子成分主语(他)和谓语(睡)构成了此句的句法格局是"主谓"句型;但在"我知道他睡了"这个句子里,句子成分主语(我)、谓语(知道)、宾语(他睡)构成了此句的句法格局是"主谓宾"句型,但作宾语的"他睡"是个主谓短语,由短语的句法成分主语和谓语构成的句法格局是"主谓"语型。

(2)一个多层次的句子结构内部必定既有句子成分,也有短语成分。比如"我们的国家是古老文明的国家"这个句子,其中第一层的句法成分主语(我们的国家)和谓语(是)以及宾语(古老文明的国家)构成了句子的基本格局("主谓宾"句型),这里的句法成分主语、谓语、宾语就是句子成分。第二层"我们的国家"里的句法成分定语(我们)、中心语(国家)和"是古老文明的国家"里的句法成分谓语(是)、宾语(古老文明的国家)就是短语成分,分别构成了两个短语的基本格局(定心语型和谓宾语型)。第三层"古老文明的国家"里的句法成分定语(古老文明)和中心语(国家)也是短语成分,构成了该短语的基本格局(定心语型)。第四层"古老文明"里的句法成分是两个并列语("古老"和"文明"),它们也是短语成分,构成了该短语的基本格局(并列语型)。

(3)句子成分存在于句子之中,它的存在总是不能离开句子,如"暴风雨来临了"这个句子里"暴风雨"是主语,"来临"是谓语,这两个句法成分都是句子成分;但短语成分的存在却有两种情形:一是存在于静态短语里,即可在句子之外独立存在,如人们可以用"谓语+宾语"语型造出谓宾短语"读书""看报"之类,可以用"定语+中心语"语型造出定心短语"新鲜空气""主要问题"之类,这些短语中的短语成分谓语、宾语、定语、中心语都没有入句,所以不与句子发生直接联系,只是词和词的直接组合;二是短语成分也可以从句子的动态短语里分析出来,如"今天天气真好啊"中的"今天天气"(定语+中心语)和"真好"(状语+中心语)是两个短语,其内部的句法成分定语、状语、中心语都是从上述句子的短语里分析出来的。

二、主语和谓语

(一)主语

1、主语的性质

(1)主语是谓语陈述的对象或主体,是联系谓语谓词的名物。所以主语是跟谓语相对待的句法成分;"主语+谓语"构成主谓关系,形成的句法结构称为"主谓结构"。在谓词作谓语的句法结构里,主语实质上是跟谓词(包括动词和形容词)相对待的成分:主语具有指称性,谓语具有陈述性。在静态的主谓短语里,主语通常由表示名物的名词性词语来担当,如"他跑、大家吃、妹妹聪明、墙壁雪白"里,"他、大家、妹妹、墙壁"是动词谓语或形容词谓语的陈述对象。

(2)主语与语义和语用的关系。主语是句法平面中的概念,但跟语义和语用都有关系:语义上,主语表示充当谓语的谓词所构成的谓核结构里的谓核所联系的谓元,语用上是表示主题,是述题表述的对象。例如"小李看过《西游记》了"这个句子,从句法上分析,有三个基本的句法成分,即主语(小李)、谓语(看)、宾语(《西游记》);从语义上分析,谓语(看)为谓核,构成一个谓核结构,主语(小李)是该谓核"看"所联系的主事谓元;从语用上分析,主语(小李)在语用平面的"主述结构"里表现为主题,是述题表述的对象。这个句子里,主语、主事、主题三者重合。

2、主语的类型

根据主语的语义身份("语义角色"),汉语的主语主要是主事主语(包括施事主语、经事主语、系事主语、起事主语等)和客事主语(包括受事主语、成事主语、位事主语等)。

(1)在静态的主谓短语里,主语在语义上表示"主事",也就是说主语的语义身份是"主事主语",如在"他走""猫抓老鼠"里,"他、猫"就是"施事主语";"脸红""墙壁雪白""房子倒塌"里,"脸、墙壁、房子"就是"系事主语";"我知道""他觉得"里,"我、他"就是"经事主语"。

(2)在主谓型的叙述句(也说"叙事句")里,主语在语义上大多表示"主事"(包括施事、系事),在表示"被动"的叙述句中有客事主

语(包括受事、成事等),例如:

① 她哭了。/他走累了。("她、他"是施事主语)
② 大花猫逮住了小老鼠。("大花猫"是施事主语)
③ 小李送给我一件礼物。("小李"是施事主语)
④ 小老鼠被大花猫逮住了。("小老鼠"是受事主语)
⑤ 隧道被工人们挖通了。("隧道"是成事主语)
⑥ 公园里有很多人在跳广场舞。("公园里"是位事主语)

(3)在主谓型的描记句(包括描述句和记述句)里,主语在语义上有系事、受事、成事等。例如:

① 麦苗绿油油的。/山体崩塌了。("麦苗、山体"是系事主语)
② 大门紧紧关着。/农奴已经解放了。("大门、农奴"是系事主语)
③ 饺子已经煮熟了。/头发已经剪短了。("饺子、头发"是受事主语)
④ 大桥终于造好了。/这篇文章写得好极了。("大桥、这篇文章"是成事主语)

(4)在主谓型的释述句里,主语在语义上表示起事,也就是说这种句子里的主语的语义身份是"起事主语",例如:

① 他姓诸葛。/小赵属狗。("他、小赵"是起事主语)
② 今天是中秋。/北京是首都。("今天、北京"是起事主语)

(5)在主谓型的评述句里,主语在语义上表示评事,也就是说这种句子里的主语的语义身份是"评事主语",例如:

① 青年人应该树立远大的志向。/我们应该坚持真理。
② 这把刀能砍树。/这种事不应该做。

这类句子里的主语都是主观评议(评估议论)的对象,所以称为"评事主语"。但这种主语跟句中的动作动词的语义联系不完全一样:如①里的"青年人、我们"分别是"树立"和"坚持"的施事,②中的"这把刀"是"砍"的工具,"这种事"是"做"的受事。

3、汉语里主语的辨认

主语是句法平面的概念,但在确定汉语的主语时,应寻找其形式特征。汉语的主语主要有四种形式:

(1)主语是表示名物的词语,通常是由名词性词语充当;但在一定条件下也可由"名物化"了的谓词性词语充当[①]。例如:

① 打是疼,骂是爱。　② 说话容易,做事困难。

上述句子中的"打、骂、说话、做事"都是动词性短语,在句子里"名物化"了,作主语。

(2)主语的位置一般在谓词之前,但是语用上的"移位""倒装"例外。例如:

① 多么壮丽啊,长江三峡!　② 该走了吧,我们!

上述句子中的主语"长江三峡、我们"由于语用上强调和突出谓语的需要,都置于谓语之后。

(3)充当谓语的谓词前若有两个或两个以上的名词性词语,则表谓元的名词性词语可分析为主语;若两个或两个以上的名词性词语都是谓词所联系的谓元,则表主事的词语优先分析为主语。例如:

① 去年他生了一场病。　② 这本书我看过了。
③ 这个人我没跟他说过话。　④ 这把刀我用它切肉。

[①] 参看范晓《VP 主语句》,《语法研究和探索》(六),语文出版社,1992 年。

例①谓语动词前虽有两个名词性词语"去年"和"他",其中的"他"是谓语谓词联系的谓元,所以应分析为主语;"去年"虽然是名词,但在这里是谓词所联系的状元(状态元),不能分析为主语。例②谓语谓词前虽有两个名词性词语"这本书"和"我",而且都是谓语动词"看"所联系的谓元,其中的"我"表主事动元,所以应优先分析为主语。③④中的"这个人"和"这把刀"虽然在句首,分别分为"与事"和"工具",复指句中动词"说"所联系的与事"他"和动词"用"后的工具"它",它们在句首作主题。这两句里的"我"都是主事(施事)谓元,根据表主事的词语优先分析为主语的原则,应把"我"分析为主语。

4、静态主谓短语的主语跟动态主谓句的异同

静态短语和动态句子中的主语既有相同点也有相异点。相同点是:都既表示谓元,也表示陈述对象;在形式上,主语一般都在谓词之前。相异点是:

(1)主谓短语的主语位置固定,都是"主在谓前",如"你们进来"不能说成"进来你们";而主谓句中的主语在特定的语用表达中有时可置于谓语动词的后面,如"快进来吧,你们!"里的"你们"便是。

(2)主谓短语的主语总是表主事;而主谓句的主语除表主事外,还有表客事(如"老虎被武松打死了"和"大门紧紧地关着呢"里的"老虎"和"大门")的。

(二)谓语

1、谓语的性质

(1)谓语是对主语名物所发生的动作、行为、性状、关系等的陈述。在静态短语里,谓语通常由主语所关涉的谓词(动词或形容词)来表示,作谓语的谓词置于主语之后,如"他跑、大家吃、妹妹聪明、墙壁雪白"里,动词"跑、吃"和形容词"聪明、雪白"就是作谓语,是对主语名物的陈述。"他、大家、妹妹、墙壁"是动词谓语或形容词谓语的陈述对象。

（2）谓语相对待的句法成分。一般语法书常说主语是谓语相对待的成分。其实，这说法并不准确。严格地说，谓语的对待成分有两种情况：

第一种，在不及物动词或形容词作谓语的主谓结构里，谓语的对待成分只能是主语，这在静态短语里看得特别清楚，如"骏马奔驰""天气好"便是；在句子里也是如此，如"他站着呢。""天气凉了。""九寨沟真美啊！"便是。

第二种，在及物动词作谓语的"主谓宾"结构里，谓语既是主语的陈述成分，又是支配宾语的成分，既与主语相对待，又与宾语相对待，所以它既是主语的对待成分，又是谓语的对待成分。[①]比如"他喝茶"里，主语"他"是谓语动作的发出者（陈述的主体），"喝"是陈述主语的动作，所以"他喝"就是一个主谓结构；这个结构里，谓语相对待的句法成分就是主语。但在"他喝茶"里，宾语"茶"是谓语动作的支配者（支配的客体），"喝"是支配宾语的动作，所以"喝茶"就是一个"动宾结构"（即"谓宾结构"）；这个结构里，谓语相对待的句法成分是宾语。在及物动词构成的静态短语里，如"他吃、我喝、你烧"等就是主谓互相对待组成的主谓短语，[②]如"吃饭、喝酒、看书"等就是谓宾互相对待组成的谓宾短语；在句子里也是如此，如"你快吃啊！""你说！"就是主谓互相对待组成的主谓句，"下大雨啦！""出太阳啦！"就是谓宾互相对待组成的谓宾型"非主谓句"。

（3）谓语与语义和语用的关系。谓语是句法平面中的概念，但跟

---

① 在"主谓宾"结构里，不仅主谓互相对待、谓宾互相对待，而且主宾（表达谓语联系的主体和客体）也是互相对待的。这种句法结构体现着语义平面谓核联系主事谓元和客事谓元的谓核结构。可见主客相对待才能表达一个完整意义。

② "他吃的东西、我喝的茶、你烧的菜"等定心结构里，这种主谓短语能作定语便是明证。

语义和语用都有关系：语义上谓语表示谓核结构的核心，即谓核（包括"动核""性状核"），语用上是主述结构里述题表述内容里的中心点。

2、充当谓语的谓词

在短语里，充当谓语的谓词很多，主要有：

（1）"动作动词"作谓语。表示动作行为的动词能在"主谓短语"和"主谓宾"短语中充当谓语，如"孩子睡、鸟飞、猫捉老鼠"中的"睡、飞、捉"便是。

（2）"状态动词"作谓语。表示状态的动词能在"主谓短语"中充当谓语，如"身体颤抖、山石崩裂、刀锈、他醉"中的"颤抖、崩裂、锈、醉"便是。

（3）"关系动词"作谓语。表示主宾语关系的动词能在"主谓宾"短语中充当谓语，如"她是医生、我属马、他叫小明"中的"是、属、叫"便是。

（4）"形容词"作谓语。表示性质或状态的形容词能在"主谓短语"中充当谓语，如"脸红、小王聪明、身体健康、麦苗绿油油"中的"红、聪明、健康、绿油油"便是。

上面在短语里能作谓语的词类，在相应的主谓句和主谓宾句里同样能作谓语，如"孩子已经睡了、大花猫正在捉小老鼠、剪刀锈了、她确实是个好医生、小英的脸红了、大田里的麦苗绿油油的"等句子里的"睡、捉、锈、是、红、绿油油"，在这些句子里都充当谓语。

（5）"名词"能否作谓语的问题。在主谓短语里名词不可能作谓语；但有些句子里两个有断定关系的名词性词语之间空缺动词。例如：

① 今天星期天。（谓语表示时间）
② 鲁迅浙江绍兴人。（谓语表示籍贯）
③ 明天端午节。（谓语表示节日）

④ 她已经研究生了。(谓语表示身份)

对于这种句子,可以有两种分析方案。一种方案是,把这类句子分析为"名词谓语句",即认为"名词"可以在句子里作谓语。这是现在很多语法书的看法。理由是:主谓关系是"陈述对象"和"陈述"的关系,而上述句子里主语名词后的那个名词是对主语作出陈述的,如"今天星期天"里,"星期天"就是对主语的陈述。另一种方案是,把这类句子分析为省略或隐含谓语动词的一种特殊的"主动宾"("主谓宾")句,可以称为"谓语省隐句"(包括谓语省略句和谓语隐含句),理由是:第一,谓语省隐都用于肯定句而不能用于否定句,如"今天星期天"不能说成"今天不星期天","她研究生了"不能说成"她不研究生了"。第二,从语义平面分析,这类句子都应该有一个动核结构,却省隐着一个动核;而动核必须由动词显现。第三,这种句子里空缺的动词有两种情形:一种是属于"省略"(可添补,添补出的动词只有一种可能),如"今天星期天"可以看作省略了动词"是",所以能说成"今天[是]星期天";有的是属于"隐含"(一般不能添补,即使意会添补,补出的动词有多种可能),如"她已经研究生了"可以看作隐含了动词"是"或"成为"等(如可说成"她已经[是/成为]研究生了")。第四,"省隐谓语句"里省略或隐含谓语动词,是有严格的条件限制的,一般用于说明时间、天气、籍贯、节日、节气、年龄、身份等,而且大多出现在口语或特定的语境里,语用上是为了表达的简洁明快。

3、短语能否作谓语的问题

在静态短语里,不可能出现短语作谓语的情形。但对动态的句子的分析,涉及句型的确定,不同的语法体系就会有不同的分析。

(1)谓词性短语(包括谓补短语、谓宾短语)能不能作谓语的问题。着眼于句型的确定,不同的语法体系有不同的分析:

有的语法书采取中心词分析法（即"成分分析法"，着眼实词与句法成分对应的关系）确定句型，认为作谓语的是谓词，谓词性短语不能作谓语。这就是"小谓语"观。于是汉语里就可分出"主谓"（"他睡了"之类）、"主谓宾"（"张三批评了李四"之类）、"主谓补"（"他的腰跌伤了"之类）、"主谓宾宾"（"我给她一件礼物"之类）、"主主谓"（"大象鼻子长"之类）、"主谓谓……"（指谓语后还可出现并列关系或顺递关系的两个或两个以上的谓语，如"他俩边走边谈、她起立鞠躬"之类）、"主谓补宾"（"我们打败了敌人"之类）、"主谓宾补"（"公司派他去北京"之类）等句型。

有的语法书采取层次分析法（即着眼于成分间组合的层次关系）确定句型，认为主语后面的部分，不管是词还是短语，也不管是何种短语，统统都是谓语，谓词性短语当然也分析为谓语，这就是"大谓语"观。于是汉语里的主谓句句型就是"主语+大谓语"的句子。

本文采取"成分层次分析法"，即兼顾成分分析和层次分析来确定句型。这种分析法确定的谓语既不是"小谓语"论，也不是"大谓语"论；认为在"主语+谓词"（如"他睡觉了、她的脸红彤彤的"之类）、"主语+谓词+宾语"（如"工人在造桥、农民在割麦子"之类）、"主语+谓词+补语"（如"他跌伤了、我累坏了"之类）等句子里，可看作谓词作谓语（即"小谓语"），上述句子可分别分析为"主谓""主谓补""主谓宾"句型。但如果谓词性短语后面还有连带成分（带有宾语或补语）或在多谓句（并列多谓句或顺递多谓句）里，谓词性短语可以分析为谓语。比如在"主谓补宾"句里，由于"谓补"后面还带宾语，可把"谓补短语"（包括"动补短语"和"形补短语"）分析为谓语，由谓补短语作谓语的句子，可分析为"主谓（谓补）宾"句型。例如：

① 我们打败了敌人。/他老母亲哭瞎了眼。

② 她累坏了身体。/ 何万英急红了脸。

若采用中心词分析法,可把①② 分析为"主谓补宾"句型;采用层次分析法,则分析为"主谓宾"句型。认为① 是动补短语"打败、哭瞎"带宾语("敌人、眼"),② 是形补短语"累坏、急红"带宾语("身体、脸");由于"谓宾短语"后面还带宾语,就把"谓补短语"分析为谓语。又如在"主谓宾补"句里,例如:

① 公司派他去北京。/ 我劝她注意休息。
② 他喜欢她聪明能干。/ 我讨厌他啰唆。

若采用中心词分析法,可把①② 分析为"主谓宾补"句;采用层次分析法,则分析为"主谓补"句型。认为① 是动宾短语"派他、劝她"分别带目的宾语("去北京、注意休息"),② 是动宾短语"喜欢她、讨厌他"分别带原因宾语("聪明能干、啰唆");由于"谓宾短语"后面还带补语,就把"谓宾短语"分析为谓语。再比如在多谓句(并列谓语句和顺递谓语句)里,谓宾短语和谓补短语也分析为谓语(如"他边看电视边吃饭、她披衣起床喝水、他开门走出去接客人")。

(2)动介短语能不能作谓语的问题。汉语里的"动词+介词"组合体,如"苹果落在地上、冰雹打在她的脸上、他跑到操场上、飞机飞往广州"等句子里的"落在、打在、跑到、飞往"等。对于这种句子,有的语法书分析为介词短语作补语,本文认为可以把"动词+介词"组合体看作"动介短语",其句法功能相当于谓词;上面这种句子可以分析为动介短语带宾语的"主谓宾"句型。①

(3)主谓短语能不能作谓语的问题。根据中心词分析法,有"主主

---

① 参看范晓《动介组合体的配价问题》,《现代汉语配价语法研究》第二辑,北京大学出版社,1998 年。

谓"句型。例如：

① 大象眼睛小,鼻子长。/他身材高大,体格健壮。
② 吴天宝人小,志气大。/姑娘性格开朗,心地善良。

这种句子里谓词(一般是形容词)前有两个名词,句首名词在语用上表示句子的主题,在语义上跟后面的名词具有领属关系,在句法上可分析为句子的主语(即所谓"大主语");大主语后面的名词跟后面的谓词构成主谓短语(这短语里的主语通常称为"小主语")。小主语和谓语构成的"主谓短语",跟大主语有对待关系。根据层次分析法,则把这些"主谓短语"分析为谓语,则上述"主谓谓"句归入"主谓"句型。①

(4)定心短语能不能作谓语的问题。在静态的主谓短语里定心短语不可能作谓语;但在句子里有些定心短语给人的表面现象是直接作谓语(因为两个名词性词语之间,即主语和宾语之间空缺动词)。例如：

① 这个人黄头发、大眼睛。/他大个子,胖身材。
② 这张桌子三条腿。/这个鸡蛋两个黄。

很多语法书认为上述句子就是"定心短语"作谓语,把这种句子称为"名词谓语句"。但本文认为,这是一种隐含谓语动词的特殊的"主动宾"("主谓宾")句。理由是:第一,这种句子用于肯定而不能用于否定,如"这个人黄头发"不能说成"这个人不黄头发","这张桌子三条腿"不能说成"这张桌子不三条腿"。第二,从语义平面分析,这类句子作为主谓句都应该有一个动核结构,而①类句子的动核却隐含在定语里,表示动核的动词就不能作谓语;②类句子的表示动核

---

① 有些语法书把动词前出现两个名词性词语的句子都分析为"主主谓"句,这扩大了主谓短语作谓语的范围。本文的主谓谓语句仅指动词前两个名词在语义上具有领属关系的句子。

的动词则隐含在主语和宾语之间,是可以意会得到的,如"这个人[长着/有着]黄头发、大眼睛""这张桌子[是/有]三条腿"。第三,这种隐含谓语的句子是有严格的条件限制的,一般用于描写或说明人的容貌、特长或物的某个部分的特征、数量,大多出现在口语或特定的语境里,①的隐含谓词语用上是主谓短语"定心化"(主谓移位变成定心短语);所以句中的定心短语能变换成主谓短语,如"这个人黄头发、大眼睛"→"这个人头发黄、眼睛大"。②的隐含谓词语用上是为了表达简洁明快。有些语法书还把主语后面的"数量"或"数量名"分析为谓语(如"她十六岁、这条鱼30元、天上一片白云、他只一个孩子"),这种主谓句多用于表示年龄、价格、存在、领有等,实质上也是隐含谓语动词的句子,此类句子表示动核的动词隐含在主语和宾语之间是可以意会得到的,如"她[是/有]十六岁""这条鱼[是/值/要]30元""天上[有/是]一片白云""他只[有/是]一个孩子"。这类句子之所以隐含谓词,也出现在特定语境里,语用上为了表达简洁明快。

4、术语"谓语"释义小结

对于单个谓词构成的"主动"句或"主形"句里,把谓词分析为谓语(即"主谓"句)没有争议。但是对于主语后有谓词及其连带成分的句子里什么是谓语的问题,由于语法体系不同,学界就有不同的分析:

(1)采取成分分析法(也称"中心词分析法")。只把谓词所任的句法成分看作谓语,即谓词与谓语对应,这就是所谓"小谓语"。这样的分析优点是重视大部分句子里谓词与谓语的对应性;缺点是完全不顾某些句子里句法成分之间的层次性,以致忽略了某些句子里短语也可作谓语的事实。

(2)采取层次分析法。认为主语后面的部分就是谓语,这就是所谓"大谓语"。这样的分析优点是重视某些句子里句法成分之间的层次关系,注意到某些短语在某些句子里也可以作谓语;缺点是:把主语后面的部分都称为"谓语"(大谓语),以致忽略了谓词作谓语的对应性的一面,并把"谓语"和语用平面的"述题"混淆起来。这种分析实质上是"主题+述题"的分析。应该把句法上的谓语跟语用上的述题区别开来。

(3)采取层次分析法(中心词分析和层次分析结合的方法)。既重视谓词与谓语有一定的对应关系,认为谓语一般由谓词担当;也重视句法成分之间有层次关系的一面,从而也承认某些短语在某些句子里也可以作谓语。认为谓语存在于主语后面的部分里,所以主张把主语后面的部分看作谓语所赖以存在的那个部分,简称"谓语部分",把"谓语部分"里的中心(主要是谓词,在某些句子里是短语)看作谓语,即谓语部分可以是谓语(如在单个谓词作谓语的句子里),但不等于谓语(如在"谓补短语"或"谓宾短语"作谓语的句子里)。本文认为这是一个比较好的分析方案。

三、宾语和补语

(一)宾语

1、宾语的性质

(1)宾语是跟谓语相对待的句法成分。"谓语+宾语"构成的谓宾关系,形成的句法结构称为"谓宾结构"。一般语法书认为谓宾结构是支配和被支配的关系,谓语是支配成分,宾语是被谓语支配的成分。谓宾短语可以下分为两种:一种是动宾短语,如"吃饭、喝茶";另一种是形宾短语,如"红着脸、重于泰山"。在特定的句子里,如果作层次分析,也有"谓补短语"分析为谓语后面带"使事宾语"的情形,如"吃饱了肚子、跌破了头、哭红了眼睛"。

（2）宾语跟语义和语用的关系。宾语是句法平面中的概念,但从三个平面的视角来分析,宾语跟语义和语用也都有关系:语义上宾语主要表示充当谓语的谓词(及物动词)所构成的谓核结构里的谓核所联系的客事;但也有表非客事(如"施事、系事、工具"等的情形,详见下面"宾语的语义类型")。语用上在句子的"主述结构"里宾语通常是述题中的表达重点或焦点。如"我去过新疆,也去过西藏"里,宾语"新疆、西藏"为该句的表达重点。

2、宾语的语义类型

从语义角度分析,宾语的语义类型很多,大多表示谓核结构里的客事,主要有:

（1）受事宾语。"受事"指动作的承受者,是施事发出动作时所直接及于的已经存在的客体,如"我买书""他喝水""狗咬人"中的"书、水、人"便是。

（2）成事宾语。"成事"(也称"结果")指动作的结果或成果,是动作发生后产生或出现的客体,如"工人造桥""他挖洞""我写文章"中的"桥、洞、文章"便是。

（3）使事宾语。"使事"指动作的致使对象,是动作动词中的致使动词或谓补短语所联系的客体,致使动作发出后其自身就成为使事的一种状态。如"我熄灯""他热菜""她转变作风""哭肿了眼"中的"灯、菜、作风、眼"便是。

（4）涉事(准受事)宾语。"涉事"指心理、认知、经历、遭遇等经验性行为及于的客体,如"她知道这事""我认识她""农田遭水灾"中的"这事、她、水灾"便是。

（5）位事宾语。"位事"指动作指向或到达的位置或目标,是趋向动词和定位动词以及"动趋结构体"或"动位结构体"所联系着的客体。如"他去香港""小王到操场上""她走进屋里""苹果落在地上"中的"香港、操场上、屋里、地上"便是。

（6）止事宾语。"止事"指关系双方中的止方,即在表关系的谓核结构中说明或解说起事（起方）的客体,如"她是上海人""小王属牛""他姓张""三加三等于六"中的"上海人、牛、张、六"便是。

（7）与事宾语。"与事"是谓核结构中谓核支配着的跟主事一块儿参与动作的参与者,如"我给小张礼物""他借我钱"里的"小张、我"便是。一般语法书上所说的"双宾语","直接宾语"是受事宾语,"间接宾语"就是与事宾语。

宾语主要用来表示客事谓元,但在动态的句子里有时也有表示非客事动元（"施事、系事、工具、方式"等）的情形,如"家里来客人了""台上坐着主席团"中的"客人、主席团"是"施事宾语","祥林嫂死了丈夫""华大妈黑着眼眶"中的"丈夫、眼眶"是"系事宾语","我写毛笔""他写钢笔"中的"毛笔、钢笔"是"工具宾语","他唱A调""我唱B调"中的"A调、B调"是"方式宾语",等等。

3、汉语里宾语的辨认

宾语是句法平面中的概念,但在确定汉语的宾语时,既要看它的语法意义,又要看它的语法形式,要把意义和形式结合起来才能辨别汉语的宾语。从语法意义上说,宾语一般是谓核所联系的谓元。从语法形式上说,主要是：

（1）宾语一般是表示名物的词语,主要由名词性词语充当；谓词性词语在一定条件下也可以充当宾语,如谓宾动词作谓语（"渴望学习、准备考试"之类）、关系动词作谓语（"读书是学习,使用也是学习"之类）等。

（2）宾语的位置：在静态短语里,位置固定,宾语必在谓语之后；但在句子里有时由于句法的强制或语用的需要而置于动词之前。例如：

① 我买了本新书。
② 我哪儿也不去。
③ 她饭也不吃，水也不喝。
④ 我香港也去过，澳门也去过，台湾也去过。
⑤ 你把苹果吃了！
⑥ 这本新书我也买了。

①中的"新书"为名词，是谓语动词"买"的客事动元，置于动词后，是典型的宾语；②的宾语"哪儿"，是汉语句法的强制性（疑问代词和"都"或"也"配合作宾语必在动词之前）决定的；③中的宾语"饭、水"和④中的宾语"香港、澳门、台湾"用于对称或列举格式里；⑤中的宾语"苹果"位于谓语动词之前，是由于"把字句"里"把"的处置的语用要求决定的；⑥中的宾语"这本新书"在动词之前句首位置，是由于句子语用上主题化的需要决定的。

（二）补语

1、补语的性质

（1）补语相对待的句法成分。补语是用来对谓语补充说明的部分，所以它与谓语之间是一种补充和被补充的关系，它是与谓语相对待的成分，"谓语+补语"构成的谓补关系，形成的句法结构称为"谓补结构"。补语所对待的谓语，一般是谓词（动词或形容词）担当的；但汉语里也有"谓宾短语"（句法功能相当于谓词）带补语的情形，如"派他去、劝她回来、推举他当主席"之类。

（2）补语是句法平面中的概念，但从三个平面的视角来分析，补语跟语义和语用都有关系：语义上，补语如果由谓词担任的，则分析为谓核结构的谓核，补语如果由表数量和程度的词语担任的，则可分析为状元;语用上在句子的"主述结构"里通常是表达的重点。

2、补语的类型

谓语所带的补语是汉语句法里具有特色的句法成分,汉语的补语有很多类型,主要有:

(1)结果补语。这种补语用来补充说明动作(或性状变化)的结果,如"喝醉""洗干净""累坏"中的"醉、干净、坏"之类。结果补语通常由形容词和状态动词充当。

(2)趋向补语。这种补语用来补充说明动作(或性状变化)的趋向,如"走进去""跑出来""塌下来"中的"进去、出来、下来"之类。趋向补语通常由趋向动词充当。

(3)情状补语。这种补语用来补充说明动作(或性状变化)引起的情景或状态,如"飞得高高的""长得胖胖的""哭得很伤心""冷得全身发抖"中的"高高的、胖胖的、很伤心、全身发抖"之类。这种补语的特点是:它对待的谓语的谓词后必须带结构助词"得"。情状补语通常由形容词、状态动词以及表示情景和状态的某些短语充当。

(4)目的补语。这种补语用来补充说明动作的目的,如"请他来""派他去北京""选他当代表"中的"来、去北京、当代表"之类。目的补语相对待的谓语由谓宾短语担当。①

(5)原因补语。这种补语用来补充说明动作行为的原因,如"喜欢她活泼可爱""恨铁不成钢"中的"活泼可爱、不成钢"之类。原因补语相对待的谓语由谓宾短语担当。

(6)动量补语。这种补语用来补充说明动作的数量,如"去了一趟""看了两遍""检查了三次"之类。

---

① 有些语法论著把"请他来""派他去北京"之类分析为"兼语式"或"兼语短语",本文分析为"谓补短语"(参看范晓《试论兼语句》,《乌鲁木齐教育学院学报》1986年第1期)。

（7）程度补语。这种补语用来补充说明心理行为或性状的程度，如"饿极、恨死、忙得很、坏透"中的"极、死、很、透"之类。

上面（6）（7）的补语，也有语法书称之为"后附状语"。有的语法论著认为汉语里还有一类"可能补语"，如"吃得饱、吃不饱""走得开、走不开"之类，"吃得饱、走得开"表示"可能"，"吃不饱、走不开"表示"不可能"。本文认为这种补语本身还是属于结果补语或趋向补语，但在"谓语"和"结果补语"（或"趋向补语"）之间插入"得"或"不"可以表示"能否"的语法意义。[①]

3、汉语里补语的辨认

补语是句法平面中的概念，但在确定汉语的宾补时，既要看它的语法意义，也要看它的语法形式，要把意义和形式结合起来才能辨别汉语的补语。从语法意义上说，补语都具有补充意义（包括"结果、趋向、情状、目的、原因"等），从语法形式上说，主要是：

（1）汉语补语的位置一般都在谓语的后面。短语的句法成分补语跟句子的句法成分补语有点区别：静态的谓补短语的补语位置固定，补语只能置于谓语后；在句子里，"结果补语""趋向补语""情状补语""目的补语""原因补语"也只能置于谓语之后；但"动量补语"虽然通常在谓语之后，在特定条件下可置于谓语的前面，如"一次做不好，就做两次"中的"一次"便是。至于程度补语，情况有点特殊：由于程度补语和程度状语似乎可以变换，如"极饿"可说成"饿极"，"很好"也可说成"好得很"；由于变换后内容或意思基本相同，所以过去有的语法书把表示"程度"的词语不论在谓词前还是后都分析为状语

[①] 汉语表示结果补语或趋向补语的"能否"态（可能或不可能）的形式有两种：一种是在谓语动词前面加上"能/不能"表示，如"能吃饱/不能吃饱""能走开/不能走开"；另一种是谓语和结果补语或趋向补语之间插加"得/不"表示，如"吃得饱/吃不饱""走得开/走不开"。在具体言语里用哪种形式要根据语用和语境决定。

（把在后的称为"后附状语"。这可能受英语语法的影响）。本文采取现在通行的分析方法，即从形式角度确定在前的为状语，在后的为补语；状语的句法意义是修饰谓语，补语的句法意义是对谓语作补充或说明。

（2）"结果补语""趋向补语""情状补语""目的补语""原因补语"是由谓词或谓词性短语担当的，"动量补语"是由动量短语担当的，"程度补语"是由表程度的副词和某些形容词担当的。

四、定语、状语及它们的中心语

（一）定语和状语的中心语

定心结构是由句法成分定语和中心语组成的，状心结构是由句法成分状语和中心语组成的。定语、状语是限饰（限定或修饰）中心语的句法成分，中心语是被限饰的句法成分。定心结构和状心结构中的被限饰的成分都用"中心语"这个术语。过去的语法书谈到句子成分或句法成分时一般都讲到"主谓宾定状补"所谓六大成分，而不讲中心语，这是有缺陷的：如果没有中心语这个句法成分，就没有定心结构和状心结构；因为单独的定语或状语若不和它们相对待的句法成分组合，是不可能成为句法结构的。

1、定语的中心语

定语的中心语，它接受定语的限饰。在许多有严格意义的形态变化的语言里，定语的中心语都由名词性词语充当；但在汉语里，只能说定语的中心语都是由表名物的词语充当的，即通常由名词性词语充当（名词性词语在语义上都表"名物"），如"新衣服、旧房子"；但有时也可由谓词性词语充当，如"她的笑""狐狸的狡猾"之类，这里作中心语的谓词有"名物"意义（谓词名物化）。

2、状语的中心语

状语的中心语，它接受状语的限饰。状语的中心语通常由谓词性词语充当；但有时也可由名词性词语充当，这较特殊，主要是受下列条件的限制：一是时间名词作谓语时，某些表示时间的迟早、频率的副词有时可作状语，如"今天才星期一"里的"才"之类；二是数量短语作谓语时，某些表示范围的副词有时可作状语，如"屋里只三个人"中的"只"之类；三是某些习用的固定格式中，否定副词可作状语，如"他打扮得不男不女""他画得人不人鬼不鬼"中的"不"之类。

（二）定语和状语的区别

在有严格意义的形态变化的某些语言里，定语和状语界限很分明：限饰名词性词语的是定语，限饰谓词性词语的是状语。由于汉语中定语有时可限饰动词性词语、状语有时可限饰名词性词语，这就给定语和状语的区别带来了一些麻烦。汉语中区别定语和状语，不是看它们的中心语的词语句法性质，而是看该限饰成分和被限饰成分组成的偏正短语的句法功能，即看该偏正短语的句法属性：如果该偏正短语是名词性的，则其中的限饰成分是定语，例如"新的衣服""他的微笑"等偏正短语中的限饰成分就是定语；如果该偏正短语是谓词性的，则其中的限饰语是状语，例如"努力学习""很青春、很性感"[①]等偏正短语中的限饰成分就是状语。有一些双音节形容词作双音节动词的修饰成分时，在句外是两可的，单独一个短语（如"激烈的辩论"）不易辨别，就要放到更大的具体句子的句法结构里来确定。比较：

[①] 隐含着某种性状的名词出现在谓语位置上时，词性不变，但已"性状化"；所以程度副词可作它的状语，如"很青春、很中国、很阿Q"等。

① 他们展开了一场激烈的辩论。
② 他们正在激烈的(地)辩论着。

① 中的"激烈的辩论"处在宾语的位置上,而且前面有数量短语,可把它看作定心短语,"激烈的"为定语;② 中的"激烈的辩论"处在谓语动词前的位置上,而且受副词修饰,可把它看作状心短语,"激烈的"为状语(作状语的"激烈的"在书面上可写成"激烈地")。

(三)定语

1、定语的性质

定语主要是用来限饰(限定或修饰)名物性的中心语。具体可分为两种:一种是表示"限定"的意义(说明名物的区别、数量、指点、领有者、时间、处所、环境、范围、方面、用途、质料、来源等),如"大型拖拉机、三条鱼、这件衣服、狐狸的尾巴、昨天来的客人"之类;另一种是表示"修饰"的意义(描写名物的性质、状态等),如"新鲜空气、伟大的祖国、绿油油的麦田、潺潺的溪水、轰隆隆的声音"之类。表示限定意义的定语通常由数词、指词、区别词、名词、代名词以及数量短语或指量短语担任,表示"修饰"意义的定语通常由形容词、形容词性短语、拟声词担任。某些名词作定语,有时表示限定意义,有时表示修饰意义,如"孩子"作定语,在"孩子的脾气"里表示限定意义,在"他有点儿孩子脾气"里表修饰意义("孩子脾气"意思是"孩子般的脾气");又如名词"钢铁"作定语,在"钢铁的硬度"里表示限定意义,在"钢铁的意志"里表示修饰意义。

2、定语的位置

静态定心短语里定语的位置是在中心语之前,这是固定的;句子里定语的位置大都也是在中心语之前,但由于语用表达的需要,有些句子里定语有时可以移到中心语之后,即造成定语后置的现象,如"今天他买了一斤肉、三斤鱼",有时可以说成"他今天买了肉一斤、鱼三斤";又如,"我要买五斤苹果",必要时也可说成"我要买苹果,五斤"。

(四)状语

1、状语的性质

状语主要是用来限饰(限定或修饰)谓语所表示的"动作、行为、关系、性状"等。具体可分为两种:一种是表示"限定"意义(说明谓语所表示的"动作、行为、关系"等的时间、处所、范围、方式、凭借、否定等),如"昨天来、晚上见、小组讨论、联袂出席、从宽处理、依法办事、用刀切肉、不去、没走"之类;另一种是表示"修饰"意义(描写谓语所表示的"动作、行为、关系、性质、状态"的情景、状态、程度等),如"陆续来到、大肆吹嘘、轻轻说、快速前进、突然发现、很勇敢、非常聪明"之类。表示限定意义的状语通常由时间名词、处所名词、工具名词、介词短语等担任,表示"修饰"意义的状语通常由情状副词、程度副词、形容词或形容词性短语担任。

2、状语的位置

静态状心短语里状语的位置是在中心语之前,这是固定的;句子里状语的位置大都也是在中心语之前,但由于语用表达的需要,有些句子里状语有时可以移到中心语之后而造成状语后置的现象,或提到句子主语的前面而造成"状踞句首"的现象;前者如"他走了,<u>静静的静静的</u>""我找到她了,<u>在一个僻静的角落里</u>",后者如"<u>忽然</u>他来了""<u>上午</u>他走了"。

五、并列语、顺递语、重叠语、复指语

以往一些语法论著,只是把"主谓结构、谓宾结构、谓补结构、定心

结构、状心结构"等句法结构里的"主语、谓语、宾语、定语、状语、补语"分析为句法成分,而对"联合结构"这样的句法结构里的句法成分避而不谈。联合型的句法结构是客观存在的,本文认为在分析句法成分时,也应该分析组成联合结构的句法成分。

由联合关系构成的句法结构称作联合结构。这种结构内部词语的句法功能相同,整体和内部成分的功能相同。联合结构有四种:并列结构、顺递结构(也称"连谓结构"或"连动结构")、重叠结构、复指结构(也称"同位结构")。构成联合结构的句法成分相应地也有四种,即并列语、顺递语、重叠语、复指语。

主谓、谓宾、谓补、定心、状心等结构是封闭性结构,其特点是内部成分是两分的;联合结构则是个开放性结构,内部的成分可以是两个,也可以是两个以上。下面分别加以说明。

(一)并列语

1、并列语的性质及其类型

并列语是构成并列结构的句法成分,并列式的句法结构是由两个或两个以上的并列语构成的。由并列语构成的短语称作并列短语。例如:

① 笔墨纸砚/哥哥和弟弟/苹果梨子橘子(名词性并列短语)
② 描写解释/学习并研究/唱歌跳舞打球(动词性并列短语)
③ 谦虚谨慎/勤劳而勇敢/胆大心细/多快好省(形容词性并列短语)

并列结构里的并列语可以是两个,也可以是两个以上,所以有"并列语$_1$+并列语$_2$"和"并列语$_1$+并列语$_2$+……+并列语n"等各种并列结构。汉语里并列语构成并列结构时常常借助虚词(例如"和、并、而"之类)来表示成分之间的并列关系。并列结构形成的短语的句法功能性质不完全一样,主要有三类:一是名词性的,如例①组的并列短语,并列语由名词性词语充当;二是动词性的,如例②组的并列短语,并列语由动词性词语充当;三是形容词性的,如例③组的并列短语,并列语由形容词性词语充当。

2、并列语的语序规则

汉语并列语的语序有一定的规则,静态短语里并列语之间的语序规则是:如果并列语在意义上是对等的或并行的,一般可变动并列语的语序,例如:

① 桌子和椅子⟷椅子和桌子
② 中国和美国⟷美国和中国

但有些不能随意变动,主要有两种情形:

(1)并列语的语序已经形成习惯的。例如:

① 油盐酱醋→*盐油酱醋→*酱盐油醋→*醋酱油盐→*酱油盐醋
② 多快好省→*快多省好→*好多省快→*好多快省→*省快好多

(2)并列语的语序反映了逻辑顺序(包括先后、主次等)的。例如:

① 春夏秋冬→*冬夏春秋→*秋春冬夏→*冬秋夏春→*夏冬秋春
② 恢复和发展→*发展和恢复

动态句里并列语之间的语序规则是:如果并列语在意义上是对等的或并行的,并且在话语中并不强调逻辑顺序(包括先后、主次等)的,就可变动语序;反之,则不可变动语序。比较下面两句:

① 李老师和他的学生都来了。→*他的学生和李老师都来了。

（不可变动语序）

② 老师和学生都来了。→学生和老师都来了。

（可变动语序）

3、并列语在非主谓句里也可作句子的句法成分

并列语一般作短语的句法成分，但在非主谓句里也可作句子的句法成分，例如：

① 狂风暴雨。（名词性词语充当非主谓句的句法成分）
② 刮风下雨了！（谓词性词语充当非主谓句的句法成分）
③ 春去夏来。（主谓短语充当非主谓句的句法成分）

（二）顺递语

1、顺递语的性质

顺递语是构成顺递结构的句法成分，顺递结构是由两个或两个以上的顺递语构成的。由顺递语构成的短语称作顺递短语。例如：

① 上街买菜/开门出去叫人/骑马上山打猎
② 下车绕到车后帮助推车/坐出租车上市区采购东西

顺递短语的句法功能相当于谓词，所以是谓词性短语；顺递结构中的顺递语相应地也由谓词性词语（主要是动词性词语）充当。顺递结构里的顺递语可以是两个，也可以是两个以上，所以有"顺递语$_1$+顺递语$_2$"和"顺递语$_1$+顺递语$_2$+……+顺递语n"等各种顺递结构。顺递语与动词性的并列语有相同之处，因为它们都由动词性词语充当的，所以可以并入广义的"连谓句"（"主谓谓……"句）；但是也有区别：并列语一般是意义对等的或并行的，顺递语侧重于在时间上顺次递接的。

2、顺递语的语序规则

由于顺递语是顺着先后次序排列的,所以顺递语之间的语序一般不能随意变动。如"他骑车下乡去采购药材",就不能倒过来说"他采购药材去下乡骑车"。

3、顺递语在非主谓句里也可作句子的句法成分

顺递语一般作短语的句法成分,但在非主谓句里也可作句子的句法成分,例如:

① 排队买票!(由两个顺递语组成的非主谓句)
② 摇船进港去避风!(由三个顺递语组成的非主谓句)

(三)重叠语

1、重叠语的性质

重叠语是构成重叠结构的句法成分,重叠型的句法结构是由两个或两个以上的重叠语构成的。由重叠语构成的短语称作重叠短语。例如:

① 好歌好歌/谁谁谁/一个字一个字(名词性词语构成的重叠短语)
② 跑着跑着/坐坐坐/飞啊飞啊飞啊(动词性词语构成的重叠短语)
③ 好好好/很普通很普通/轻轻地轻轻地轻轻地(形容词性词语构成的重叠短语)
④ 永远永远地/非常非常/不不不(副词性词语构成的重叠短语)
⑤ 呜呜呜/叮当叮当叮当/咔嚓咔嚓咔嚓咔嚓(拟声词语构成的重叠短语)

⑥ 我走我走/工作忙工作忙/你坐你坐你坐(主谓短语构成的重叠短语)

2、重叠语的特点

(1)重叠结构是开放性的,所以重叠语可以是两个,也可以是两个以上,所以有"重叠语$_1$+重叠语$_2$"和"重叠语$_1$+重叠语$_2$+……+重叠语n"等各种重叠结构。

(2)重叠语的词语是同一个词语的重叠。由于重叠短语通常在句子里出现,所以重叠短语是个动态短语,重叠语也就不能出现于静态短语。

(3)重叠语之间有时可插加或附加"又、啊"之类副词或语气助词。

(4)充当重叠语的词语的性质是多样性的:有的由名词性词语充当,如例①;有的由动词性词语充当,如例②;有的由形容词性词语充当,如例③;有的由副词性词语充当,如例④;有的由拟声词充当,如例⑤;有的由主谓短语充当,如例⑥。

(5)重叠语可作句子的句法成分,也可作短语的句法成分。例如:

① 我走我走!
② 请坐请坐!
③ 这是一封很普通很普通的家信。
④ 她慢慢慢慢走到妈妈面前。

上面①②是重叠结构的句子,所以重叠语是句子的句法成分;③④里的重叠结构是短语(分别在句子里作定语和状语),所以重叠语是短语的句法成分。

(四)复指语

1、复指语的性质

复指语是构成复指结构的句法成分,复指型的句法结构是由两个或两个以上的复指语构成的。例如：

① 张三他这个人/五婶、张木匠、小飞娥三个人/商品这个东西
② 咱们俩/他们三个人/你们这一代人/我们大家
③ 学习这件事/"慎重"这两个字/挖荠菜这一桩事情

复指结构里的直接成分复指语大多是两个，也可以是三个。复指短语的句法功能相当于名词，所以是名词性短语。复指结构中的复指语一般由名词性词语充当，也有少数由谓词性词语充当，如例③中的"学习、慎重、挖荠菜"便是，但作复指语的谓词有名物化的倾向。

2、复指语的特点

（1）复指语的语序一般不能随意变动，如"他们三个人""蜜蜂这东西"不能说成"三个人他们""东西这蜜蜂"；但有些复指语在动态句子里根据语用表达的需要可以变动语序，例如"老王他说话是算数的"可以变换为"他老王说话是算数的"，差异是由强调"老王"转移到强调"他"上。

（2）复指语一般作短语成分直接组成短语；但有时也可在非主谓句里作句子的句法成分，如"父亲大人："老汪师傅！""我们这一代人哪！"之类。

（3）复指语在句子里作主题时，与该复指语匹配的复指语在句子里有多种句法位置。以"老王他"为例：复指语"他"或是作句子的主语，如"老王，他是一个老实人"；或是作句子的宾语，如"老王，我很早就认识他"；或是作句子里定心短语的定语，如"老王，我知道他的出生地"等。

说"语义成分"

语法有句法、语义和语用三个平面,语法结构相应地也有三种,即句法结构、语义结构和语用结构。所谓"语义成分",就是语义平面的结构——语义结构里分析出来的成分。语义结构主要有两种:"动核结构"(也说"谓核结构")和"名核结构"。这两种语义结构里分析出来的组成成分,都是语义成分。

传统语法和结构主义语法分析语法成分时,主要讲句法成分(主语、谓语、宾语、定语、状语等),有时虽也涉及某些语义成分和语用成分,但既不自觉,更不系统。总的来说,学界对语义成分的研究比较薄弱。有些学者研究动词"价"和名词的"格"问题,跟本文所说的语义成分有关系;也有论文专门研究语义成分的。[①] 本文旨在结合汉语实际,专论语义结构中的语义成分,并力求全面构建出汉语语法中的语义成分系统。

一、语义成分的含义和类别

(一)语义成分的含义

1、语义成分是指语义结构的组成成分

任何结构都是由两个或两个以上的成分组成的,语义结构也不例

[①] 鲁川《汉语句子的语义成分和语用成分》,《语法研究和探索》(四),北京大学出版社,1988年;陈平《试论汉语中三种句子成分和语义成分的配位原则》,《中国语文》

外。如"张三踢足球"这个语义结构由"张三""踢""足球"三个语义成分组成;又如"我们的祖国"这个语义结构由"我们"和"祖国"两个语义成分组成。

有的论著把词的词义特征称作语义成分,即把构成一个词的一组意义要素称作语义成分,如说"男人"由语义成分"男性、成年、人类"等构成,女人由"女性、成年、人类"构成。某些著作中所说的语义成分分析实质上是词义构成要素分析法,或者说是词义特征分析。[①] 三维语法把语义成分看作为词以上单位组成的语义结构的成分,所以把语义成分分析跟词义特征分析严格区别开来。

2、语义成分分析法也不等于"格"分析法

自从菲尔墨提出语义格以来,我国语言学界借用"格"理论对汉语名词的"格"进行了研究,取得了不少成绩。这种"格"是讲名词和动词之间的语义关系的,也就是讲动词和名词组成语义结构后名词在该语义结构中所充当的身份或担当的角色,所以名词"格"的研究本质上属于语义成分的研究。但是,语义成分的概念要比"格"范围大。这是因为:

(1)名词的"格"只是指名词和动词搭配组成动核结构后所充当的语义成分;但语义成分还应包括动词在动核结构里所充当的语义身份或角色。动词表示语义成分有两种情况:一是动词在动核结构中担任"动核"的角色,如"我写文章"这个动核结构里,动词"写"作为"动核"显然也应该看作语义成分;二是动核结构中与核心动词联系的动元也不一定都由名词担任,如"他妄图报复"里,作动元的"报复"是动词。

(2)名词"格"主要是指动核结构内部名词所担任的语义角色;但

(接上页) 1994年第3期;范晓《论"名核结构"》,《语言问题再认识》,上海教育出版社,2001年;范晓《论"动核结构"》,《语言研究集刊》第八辑,上海辞书出版社,2011年。

① 词义特征分析法把男人分析为(+男性)(+成年)(+人类),把女人分析为(-男性)(+成年)(+人类),由此说明"男人"和"女人"的共性和差别,它们的区别性特征是在性别上。

语义成分还包括名核结构内部核心词和非核心词所担当的语义角色,如"我的手、狐狸的狡猾、新电脑"等名核结构里,核心词"手、狡猾、电脑"和非核心词"我、狐狸、新"都充当名核结构的语义成分;而且在名核结构里作语义成分的也不一定都是名词,如"狡猾"。

(二)语义成分的类别

语义成分是语义结构中的成分,所以研究语义成分的类别一定要扣住语义结构。基本的语义结构主要有两种,即动核结构和名核结构,所以语义成分就有两大类:一是动核结构里的语义成分,一是名核结构里的语义成分。

1、动核结构里的语义成分

语义结构中,动词(指广义动词,包括传统所说的动词和形容词,相当于现在很多语法书所说的"谓词"[①])是最为重要的。吕叔湘说:"动词是句子的中心、核心、重心,别的成分都跟它挂钩,被它吸住。"[②]这在语义平面可以看得很清楚。动词和它所联系着的动元(强制性的语义成分)所构成的动核结构,在深层是最基本的语义结构,它是构成表层句子的基础。从这个意义上说,句子的生成受制于动词。

在动核结构里,动词表示该结构的核心语义成分,称作"动核";动核联系的语义成分概括起来有两种:动元和状元。动元指动词所联系的"论元"(也称"行动元"),是动核的内围成分,是紧密地依存于动核的、强制性语义成分。状元(也称"状态元")是动核的外围成分,是松散地联系着动核的、非强制性语义成分。动元和状元都依附于、从属于动核。

动核结构有两种:一种是基干的动核结构,它是基本的或最小的动核结构,它由动核和所联系的动元构成,所以动核和动元是动核结构的

---

① 假如把"广义动词"改称"谓词",相应地,动核结构可称为谓核结构,动核可称为谓核,动元可称为谓元。

② 吕叔湘《句型和动词学术讨论会开幕词》,《句型和动词》,语文出版社,1987年。

"必有成分";另一种是扩展的动核结构,由基干动核结构扩展而成,也就是由"动核+动元+状元"组成。比如"昨天在机场我送她礼物",就是扩展的动核结构;因为这个结构除了基干动核结构"我送她礼物"所包含的语义成分动核(送)和动元(我、她、礼物)外,还增加了状元(昨天、机场)。状元是在基干动核结构基础上增加、扩展的语义成分,如果去掉它们,动核结构照样成立;所以它们是动核结构的"非必有成分"。①

2、名核结构里的语义成分

在名核结构里,表示名物的作为核心的语义成分称作"名核",依存着名核的强制性语义成分称作"名元"(名词所联系的"论元",或称"名物元"),名核联系着的非强制性语义成分称作"定元"(或称"属性元")。名核和名元是名核结构的"必有成分",定元则是"非必有成分"。如在名核结构"大象的鼻子"中,"鼻子"是名核,"大象"是名核"鼻子"所联系着的名元;在名核结构"他对小王的看法"中,"看法"是名核,"他、小王"是名核"看法"所联系的名元;又如"好天气"这个名核结构里,"天气"是名核,"好"是名核所联系着的定元。名核是名核结构的核心成分,名元和定元都是围绕名核的成分。②

二、动核结构中的语义成分

(一)动核

动核是动核结构的核心,是组成动核结构的必不可缺的、最关键的

---

① 关于"动核结构""动元"等,可参看范晓《动词的"价"分类》,《语法研究和探索》(五),语文出版社,1991年;《论"动核结构"》,《语言研究集刊》第八辑,上海辞书出版社,2011年。

② 关于"名核结构",可参看范晓《论"名核结构"》,《语言问题再认识》,上海教育出版社,2001年。

语义成分。可以从不同的角度给动核分类。

1、根据动词的配价给动核分类

着眼于表动核的动词的"价"类,动核就有一价动核、二价动核、三价动核之区别。

(1)一价动词所表示的动核都是一价动核,如"她休息""我跑""火山爆发"中的"休息、跑、爆发"便是。

(2)二价动词所表示的动核都是二价动核,如"猫捉老鼠""他看电影""我向你道歉"中的"捉、看、道歉"便是。

(3)三价动词所表示的动核都是三价动核,如"他给我礼物""我借他钱"中的"给、借"便是。

2、根据动词的语义情状给动核分类

着眼于表动核的动词的语义情状,动核就有动作核、经验核、性状核、关系核、评议核之区别。

(1)动作核。动核结构中的动作核由动作动词充当,如动核结构"弟弟睡觉""小王看书""我送她礼品"中,"睡觉、看、送"等动词就是动作核。动作核有的由一价动作动词充当,如"睡觉";有的由二价动作动词充当,如"看";有的由三价动作动词充当,如"送"。

(2)经验核。动核结构的经验核由心理经验动词充当,如动核结构"我们爱祖国""我知道这件事""湖南遭洪灾"中,"爱、知道、遭"等动词就是经验核。经验动词是二价动词。

(3)性状核。动核结构中的性状核由性状动词充当,如动核结构"妹妹聪明""麦苗绿油油""他对你客气""围墙倒塌"中,"聪明、绿油油、客气、倒塌"等就是性状核。性状核有的由一价性状动词充当,如"倒塌、聪明";有的由二价性状动词充当,如"客气"。

(4)关系核。动核结构中的关系核由关系动词充当,如动核结构"她是学生""鲸鱼属哺乳类""他姓张""这间房子像碉堡""湖面犹如镜子"中,"是、属、姓、像、犹如"等动词就是关系核。关系动词都是二价动词。

（5）评议核。动核结构中的评议核由评议动词充当,如动核结构"她应该去""他能挑重担""这个问题值得研究"中的"应该、能、值得"等动词就是评议核。

（二）动元

动元是动核结构中动核所支配的强制性语义成分,也就是组成动核结构的必有的语义成分。根据动元和动核的语义关系,动元可分为主事、客事、与事、补事四类。

1、主事

主事是动词所表示的动作行为、活动、变化、性质、状态、关系等的主体。[①] 它在静态的主谓短语中处于主语的位置上,如"她咳嗽""武松打老虎""房子倒塌"中的"她、老虎、房子"便是主事。主事一般由名词性词语显示,但在一定的条件下也有非名词性词语显示的情形,如"写作难,翻译也不容易""读书是学习,使用也是学习"中的主事"写作、翻译、读书、使用"等。主事与动词有着紧密的联系,动词的不同类别,决定了主事的类别。主事再可分为施事、系事、经事、起事、评事等五类：

---

① 传统语法没有"主事"而只有"施事"这个术语,那个施事范围较大：不仅把动作动词联系的主体看作施事,而且把状态动词、关系动词（"有、无"之类）联系的主体也分析为施事,甚至有时把形容词联系的主体也看作施事（参看吕叔湘《从主语、宾语的分别谈国语句子的分析》,《开明书店二十周年纪念文集》,开明书店,1946年）。那样的"施事"不能概括动词所联系的主体。动作动词联系的主体（即动作的发出者,如"鸟飞、鸡叫"里的"鸟、鸡"）称为"施事"可以理解；但状态动词和形容词联系的主体（如"老王醉、小李聪明"里的"老王、小李"）和关系动词联系的主体（如"他是学生"的"他"）如果也说成"施事",那就难以理解。名不正言不顺,为此笔者创造"主事"这个术语,用来概括广义动词中不同次类性质的动词所联系的主体。参看范晓《试论语义结构中的主事》,《中国语言文学的现代思考》,复旦大学出版社,1991年。

（1）施事。指动作的发出者，如"小明笑""鸡叫""狗咬人"中的"小明、鸡、狗"就是施事。施事是动作动词组成动核结构时的主体，它总是和表动作的动词联系在一起的。施事在叙事句里常作主语，如"她哭起来了""老王在喝酒"里的"她、老王"便是；但在被动句中某些介词（"被、叫、让"）常用来引出施事，如"她被人救活了"中的"人"便是。

（2）系事。指性状的系属者（即性状所系属着的事物），如"晓敏诚实""麦苗绿油油""我醉"中的"晓敏、麦苗、我"就是系事。系事是表示性状的动词组成动核结构时的主体，它总是和性状动词联系在一起的。系事常在描记句里作主语，如"曹先生很镇定""大家非常悲痛"等句子中，"曹先生、大家"在句法平面是主语，在语义平面是系事。

（3）经事（准施事）。指心理、认知、经历、遭受等方面的经验者。如"她恨他""小黄认识我""晓颖遇到困难"中的"她、小黄、晓颖"就是经事。经事是经验动词组成动核结构时的主体，它总是和经验动词联系在一起的。经事在叙事句里一般作主语，如"孩子热爱祖国""我今天遇见了老朋友"中的"孩子、我"便是。

（4）起事。指关系双方中的起方，即在表关系的动核结构中被说明或被解释的名物，如"她是北京人""小王属狗""他姓赵"中的"她、小王、他"就是起事。起事是关系动词组成动核结构时的主体，它总是和关系动词联系在一起的。起事在解释句里总是作主语，如"曹雪芹是《红楼梦》的作者""她姓陈，名叫二妹"中的"曹雪芹、她"便是。

（5）评事。指评议内容（包括动作、性状、事件等）所联系的主体，如"他能去""你应该说""这问题值得研究"中的"他、你、这问题"就是评事。评事是评议动词组成动核结构时的主体。评事在评议句里总是作主语，如"青年人应该有理想""她一定能完成这个任务""我们必须坚持真理"中的"青年人、她、我们"便是。

2、客事

客事是动词所联系着的客体动元,即主事作用于动词后动核所支配的客体。它在静态的主谓短语中通常处于宾语的位置上,如"武松打老虎""我爱祖国"中的"老虎、祖国"便是。客事一般由名词性词语显示;但有时也有非名词性词语显示的情形,如"我同意参赛""她喜欢唱歌"中的"参赛、唱歌"便是。客事与动词也有着紧密的联系,一定的客事体现着一定动词所涉及的客体,动词的不同类别,决定了客事的类别。客事大体上可分为受事、成事、使事、准受事、位事、止事、涉事等七类。

(1)受事。指动作的承受者,是施事发出动作时所直接及于的已经存在的客体,如"我买书""他吃苹果""狗咬人"中的"书、苹果、人"便是。受事是动作动词组成动核结构时所联系的动元,它总是和动作动词联系在一起的。受事常用来作宾语;但在被字句中能作主语,如"她又被人救活了""蜈蚣叫耗子咬了"里的"她、蜈蚣",在把字句中介词"把"常用来引出受事,如"武松把老虎打死了"里的"老虎"。

(2)成事(也称"结果")。指动作的成品(结果或成果),是动作发生后产生或出现的客体,如"工人造桥""他挖洞"中的"桥、洞"便是。成事和受事一样是动作动词组成动核结构时所联系着的动元,它和受事的区别在于:受事是动作发生时已经存在的;而成事则是动作发生时并不存在,动作发生以后才产生或出现的。带成事的动词后往往可以加上"成"("造成桥""挖成洞"之类),带受事的动词后则不可加上"成"。成事常用来作宾语;但在被字句中能作主语,如"地道被他挖歪了"里的"地道",在把字句中介词"把"可用来引出成事,如"工人们把大桥造好了"里的"大桥"。

(3)使事。指动作的致使对象,是致使动词所联系的客体,如"我熄灯""他热菜"中的"灯、菜"。使事和受事一样,都是动作发生时已经存在的。它们的区别是动作及于客体后,客体的变化或状态不一样:使事以支配它的动作为其状态,如"热菜"的结果是"使菜热";受事则不以支配它的动作为其状态,而是发生其他的变化或状态,如"吃苹果"后的变化是"苹果"消失了。使事常用来作宾语;但在被字句中能作主语,如"这个菜被她热煳了"里的"这个菜",在把字句中介词"把"可用来引出使事,如"她把菜热透了"里的"菜"。

（4）准受事。指心理、认知、经历、遭遇等经验性行为及于的客体,如"我认识她""大树遭火灾"中的"她、火灾"。准受事是经验动词组成动核结构时所联系着的动元,它总是和经验动词联系在一起的。准受事常用来作宾语,常由名词性词语充当;但也有非名词性词语充当的,如"她爱热闹""小张遭受了打击"中的"热闹、打击"便是。

（5）位事。指动作指向或到达的位置或目标,是定位动词、趋向动词以及表示位移的结构体所联系着的客体。如"小王在家里""他到操场上""苹果落在树下"中的"家里、操场上、树下"便是。位事一般用来作宾语,通常由处所词语充当。

（6）止事(或可称为"表事")。指关系双方中的止方,即说明或解释起事(起方)的客体,如"她是北京人""小王属狗""他姓赵"中的"北京人、狗、赵"便是。止事是关系动词组成动核结构时所联系着的动元,它是和关系动词联系在一起的。止事总是作宾语,充当止事的大多是名词性词语,但非名词性词语有时也能作止事,如"打是疼,骂是爱"里的"疼、爱"便是。

（7）涉事。指对评事所作评议时所涉及的内容(包括动作、性状、事件等)。它是评议动词所联系着的客体,如"她一定能够完成任务""青年人应该有理想""老王愿意干"中的"完成任务、有理想、干"便是。涉事通常由动词性词语充当。

3、与事

与事是动核结构中动核支配着的跟主事一块儿参与动作或状态的参与者(跟主事相关的对方),是某些动核所联系着的动元。如果说主事是动核所联系的主体,客事是动核所联系的客体,那么与事可以说是动核所联系的"与体"(即参与体,或称"邻体")。与事是某些二价动词和三价动词在组成动核结构时的强制性语义成分,缺了它,就形成不了动核结构。比如单说"我给钢笔",还没构成一个动核结构(未说明钢笔给"谁"),如果加上与事,说成"我给他钢笔"就完整了。又如单说"我商量事情",还没构成一个动核结构(未说明跟"谁"商量),如果加上与事,说成"我跟她商量事情",才形成一个事件或命题。介词是标记汉语与事的重要标志词。汉语中能标记或引出与事的介词主要有"给、对、向、为、替、跟、和、与、同、比"等。根据与事和主事以及动词的关系,与事可分为当事、向事、对事、替事、共事、比事六类。

(1)当事。指对施事有一种交接(传交或接收)关系的与体,即当事是主事发出动作的交接对象(参与者)。由于主事发出动作能致使当事受益或受损,所以当事还可分为受益当事和受损当事。受益当事是施事发出给予性动作的受益对象(受事从主事转移给当事),如"她送小张礼物"中的"小张"便是;受损当事是施事发出索取性动作的受损对象(受事从当事转移给主事),如"我接受小廖礼物"中的"小廖"便是。当事所联系的动词主要是交接动词,其中受益当事联系着"交"类动词,如"给、交、送、寄、卖、嫁、教、赏"等。受损当事联系着"接"类动词,如"接、收、受、娶、买、接受、收取、索取"等。

(2)向事。指施事发出动作的朝向对象。介词"向"常用来引出向事,如"我们向她看齐""我向你道歉"中的"她、你"便是。向事通常置于动词前作状语,一般不能置于动词后作宾语,如"向你道歉"不能说成"道歉你"。介词"向"可以引出向事,有时也可以引出当事。确定"向"后面的语义成分是什么,主要看该成分所联系的动词的性质:如果后面的动词是交接动词(如"我向她借钱"),则是当事;如果是针对动词(如"她向我求救"),则是向事。向事主要联系着针对性动词,如"致敬、问好、鞠躬、道歉、看齐、求救"等。

（3）对事。指施事发出动作的针对或对待的对象。介词"对"常用来引出对事,如"我们对读者负责""她对我发脾气"中的"读者、我"便是。介词"对"和"向"有时可以互换,如"他向我道歉",也可说"她对我道歉",表面上意思似乎差不多,但有区别：用"向"偏重于朝向,用"对"偏重于针对或对待。所以"向"后的成分可看作向事,"对"后的成分可看作对事。对事只能置于动词前作状语,如"我们要对读者负责"不能说成"我们要负责读者"。对事主要联系着针对性的动词,如"友好、客气、冷淡、热情、熟悉、陌生"等。

（4）替事。指施事发出动作的服务或帮助的对象。介词"替、为、给"常用来引出替事,如"律师替原告辩护""我们为人民着想""你给我做主"中的"原告、人民、我"便是。介词"给"引出的语义多种多样,[①]在引出的与事中,有当事、向事、对事、替事等。确定"给"后面的语义成分是什么,主要看"给"后的成分可以用何种介词替代或有何种变换形式：如"我给她送了礼物",可变换成"我送给她礼物","给"后成分是当事；"我给他道谢","给"可用"向"替换,"给"后成分是向事；"他会给你报仇","给"可用"替"替换,"给"后成分是替事；"她给我使了个眼色","给"可用"对"替换,"给"后成分是对事。替事只能置于动词前作状语,不能置于动词后作宾语,如"他们替我办事"不能说成"他们办事我"。替事所联系的动词主要是针对动词,如"服务、着想、送行、申冤、说情、辩护"等。

---

① 参看范晓《介词短语"给N"的语法意义》,《汉语学习》1987年第4期。

（5）共事。指施事发出动作的协同对象。介词"和、跟、与、同"（口语一般用"和"或"跟"；书面上常用"与"，其中公文、法律等文件常用"同"）常用来引出共事，如"她和哥哥拌嘴""鸿渐跟唐小姐攀谈""她与邻居吵架"中的"哥哥、唐小姐、邻居"便是共事。介词"跟"可以引出共事，有时也可以引出向事，确定"跟"后面的语义成分是什么，主要用替代法：如"他要跟我辩论"，"跟"可用"和"替换，"跟"后成分是共事；"咱不能跟他学"，"跟"可用"向"替换，"跟"后成分是向事。共事只能置于动词前作状语，而不能置于动词后作宾语，如"马威和父亲拌嘴"不能说成"马威拌嘴父亲"。共事所联系的动词主要是互向动词，如"合作、商量、会谈、争吵、打架、结婚、见面、交涉"等。

（6）比事。指跟主事作比较的对象。介词"比"可用来引出比事，如"张三比李四高""她比我跑得快"中的"李四、我"便是。比事通常置于动词前作状语，一般不能置于动词后作宾语，如"她比去年更时髦"不能说成"她更时髦去年"；但有些与"高、低、大、小"之类形容词有关的比事，口语里可以置于动词后的间接宾语位置上，如"我比她高一个头"可说成"我高她一个头"。比事所联系的动词主要是性质形容词，如"大、小、高、低、长、短、轻、重、深、浅"等；其次是表量度的动词，如"增加、减少、增产、减产"等。

4、补事

补事指补充说明动作及于客体后所发生或出现的内容（动作或情状）。它是动核所联系着的一种补体，如"我们请老师辅导数学""经理把他派到北京""大家选他当组长"中的"老师辅导数学、到北京、当组长"便是。补事是使令性动作动词组成动核结构时所联系着的强制性语义成分。汉语中补事一般由动词性词语表示，如"师长命令部队继续前进""我们鼓励农民养鱼和种果树"等句子中，补事"继续前进、养鱼和种果树"便是。

(三)状元

状元是扩展的动核结构中动核所联系的非强制性语义成分,也就是组成动核结构的非必有的语义成分。根据状元和动核的语义关系,状元可分为凭事、因事、境事三类。

1、凭事

凭事是指动作的凭借者,通常置于状语位置。凭事可分为工具、材料、方式、依据四类。

(1)工具。指发出某种动作时所需凭借的物件(包括动作使用的器具、有生物的器官等)。工具常出现在肢体动作动词(如"切、写、敲、打、推、踢"等)组成的动核结构里,因为一些肢体的动作有时需使用某种工具,比如砍柴要用刀,煮饭要用锅。工具通常由介词"用"引出,一般置于状语的位置上,如"他用菜刀切肉""我用毛笔写字""小张用榔头敲核桃"中的"菜刀、毛笔、榔头"便是。

(2)材料。指动作制作成品(成事)时所凭借的原材料(原料、物资、器材、资金等)。材料通常出现在制作义动作动词(如"煮、造、制作、制造、缝制、编织"等)组成的动核结构里,因为制作成某种成品往往都要用某种材料的,比如缝制衣服要用某种衣料,造房子要用某种建材。材料常由介词"用"引出,一般置于状语的位置上,如"我用毛料做裤子""他们用竹子编凉席""我用泥巴塑了个泥人"中的"毛料、竹子、泥巴"便是。

(3)方式。指发出动作时所凭借的方式(方法、手段、形式等)。方式常出现在动作动词组成的动核结构里,因为某些动作需采用某种方式来进行,比如宣传可用书面形式或口头形式,致富可用合法手段或非法手段。方式常由介词"用、以"引出,一般置于状语的位置上,如"他用美声法唱歌""我用蛙式游完了全程""不法商人以偷税来敛取钱财"中的"美声法、蛙式、偷税"便是。

（4）依据。指发出动作时所凭借的依据（依照或遵循的根据、标准、法规等）。依据常出现在动作动词组成的动核结构里，因为某些动作发生或实施时要求有一定的依据，比如替事物进行分类得有一定的根据或标准，给犯人判刑需依照一定的法律条文。依据常由介词"按、以、凭、依照、按照"等引出，一般置于状语的位置上，如"我们按规章办事""公民依法纳税""大家凭票入场"中的"规章、法、票"便是。

2、因事

因事指动作或事件产生的原因或目的，它通常置于状语位置上。如"她因病没来上课""他为学费去打工"中的"病、学费"便是。因事可分为原因、目的两类。原因和目的有密切的联系。"目的和原因（尤其是理由）相通：来自外界者为原因，存于胸中者为目的"，"原因和目的原是一事的两面"，[①] 本文用因事来概括原因和目的。

（1）原因。指动作、状态、事件等产生或发生的原因。原因常出现在动作动词或状态动词组成的动核结构里，因为某些动作或状态的发生是有一定的原因的，比如感冒（原因）会引起发烧，地震（原因）会导致房屋倒塌。原因常由介词"因、因为、由于"（或构成"因/因为……而"格式）等引出，一般置于状语的位置上，如"老王因家事请假""她因为母亲的病发愁""她由于经费问题辍学了"中的"家事、母亲的病、经费问题"便是。

（2）目的。指动作、事件等的产生或发生所要达到的目的。目的常出现在动作动词组成的动核结构里，因为某些动作的发生是有一定的目的的。目的常由介词"为、为了、为着"（或构成"为/为了……而"格式）等引出，一般置于状语的位置上，如"她为了学费打工""战

---

① 参看吕叔湘《中国文法要略》（1942）第403—404页，商务印书馆，1982年。

士们为祖国而献身""我们为着共同的目标奋斗"中的"学费、祖国、共同的目标"便是。

3、境事

境事指动作发生的语境或环境,通常置于动词前的状语位置上。境事可分为处所、时间、范围、条件四类。

(1)处所。指动作、状态等发生的处所(地点、场合、位置等)。处所常出现在动作动词、状态动词组成的动核结构里,因为动作或状态一般都是发生在一定的处所的。比如,吃饭的处所可以在家里,也可以在食堂里,也可以在饭店里;写字可以在黑板上,也可以在纸张上,也可以在墙壁上。处所一般由表处所的处所词语表示,常由介词"在、到、从、往、向"等引出,通常置于状语的位置上,如"小船在湖面上荡漾""小黄从广州来""她到院子里去"中的"湖面上、广州、院子里"便是。

(2)时间。指动作、状态等发生的时间(时点、时段等)。时间常出现在动作动词、状态动词组成的动核结构里,因为动作或状态一般都是发生在一定的时间的。比如,吃饭的时间可以在早上,也可以在中午,也可以在晚上;经商可以在去年,也可以在今年,也可以在明年。时间一般由表时间的名词性词语表示,常由介词"在、到、从、当"等引出,一般置于状语的位置上,如"他在上午开会""她到10点钟还没有醒"中的"上午、10点钟"便是。

(3)范围。指动作、心理经验、性状变化等的发生或出现所需要的范围(事物的界限、方面等)。范围常出现在动作动词、经验动词、性状动词组成的动核结构里,因为某些动作、心理经验、性状变化等发生或出现可能局限于一定的范围内。比如:传达文件可以在省军级以上干部中传达,也可以在县团级以上干部中传达;所得税可以在5000元收入的人群中征收,也可以在8000元收入的人群中征收。范围常由介词

"在、除了、连、就"等引出，一般置于状语的位置上，如"老师在一年级学生中进行了调查""她在文娱活动方面发挥了作用""除了老黄他们谁都不说话"中的"一年级学生中、文娱活动方面、老黄"便是。

（4）条件。指动作、心理经验、性状变化等的发生或出现所需要的条件（时机、机会、情况等）。条件常出现在动作动词、性状动词组成的动核结构里，因为某些动作、心理经验、性状变化等发生或出现需要一定的条件。比如：干部职位的提升，需要一定的德智体条件；当一个大企业的经理，需要有一定的学历和实践经验；水煮沸需要在一定的大气中并需要一定的温度。条件常由介词"在、趁、随（着）"等引出，通常置于状语的位置上，如"在老师的帮助下她进步很快""不法商人趁经济转轨时期发横财""随着社会的发展许多词儿的意义起了变化"中的"老师的帮助下、经济转轨时期、社会的发展"便是。

三、名核结构中的语义成分

（一）名核

名核是名核结构的核心，是组成名核结构的必不可缺的、最关键的语义成分。名核在最小的定心短语中总是处于定语所限饰的中心语的位置上。

1、根据表示名核的名词的配价分类

名词的配"价"有三类（零价名词、一价名词、二价名词），相应地名核可分为零价名核、一价名核、二价名核三类。

（1）零价名词充当的名核，都是零价名核（无名元联系，但它跟定元可组成名核结构），如"新鲜的空气""浩瀚的宇宙""蓝蓝的大海"中的"空气、宇宙、大海"便是。

（2）一价名词充当的名核，都是一价名核，它联系一个名元组成名核结构，如"她的舅舅""大象的尾巴""他的脾气"中的"舅舅、尾巴、脾气"便是。

（3）二价名词充当的名核，都是二价名核，它联系两个名元组成名核结构，如"她的看法""我的态度""老黄的意见"中的"看法、态度、意见"便是。

2、根据充当名核的名词的语义性质分类

根据充当名核的名词的语义性质分类，名核可分为有生名核、无生名核、抽象名核、情态名核四类。

（1）有生名核。指有生名词充当的名核。有生名核表示有生命的人或其他动物，如名核结构"他的妈妈""小王的老师""邻居的小狗"中，"妈妈、老师、小狗"便是。

（2）无生名核。指无生名词充当的名核。无生名核表示无生命的具体物，如名核结构"我的书""桌子的腿""树叶的颜色"中，"书、腿、颜色"便是。

（3）抽象名核。指抽象名词充当的名核。抽象名核表示抽象的事物，如名核结构"我的性格""他的观点""小王的态度"中，"性格、观点、态度"便是。

（4）情态名核。指动作动词或形容词充当的名核。情态名核反映人或动物的某种情态，如名核结构"她的微笑""狮子的勇猛""狐狸的狡猾"中，"微笑、勇猛、狡猾"便是。

（二）名元

名元是名核结构中名核所支配的强制性语义成分，它也是组成名核结构的必不可少的语义成分。名元在最小的定心短语中总是处于定语的位置上。根据名元和名核的语义关系，名元可分为领事、与事两类。

（1）领事。指名核的领有者。领事和名核之间的关系是领属关系，即领有者和从属者（被领有者）的关系，其中领事是领有者，名核是从属者（也称"属事"）。如"小张的爸爸""老王的眼睛""她的脾气"中，"小张、老王、她"就是领事。领属关系主要有四种：人际关系的领属（如"他的弟弟""老李的儿子"），整体和部分的领属（如"马的尾巴""中国的领土"），本体和属性的领属（如"他的性格""老李的态度"），领有者和领有的具体事物的关系（如"老黄的房屋""小张的钢笔"）。前三种的名核是一价名词或二价名词充当的，领事是名核结构的名元，即必有成分；后一种名核是零价名词充当的，领事就是名核结构的非必有成分。

值得注意的是：有一类领事不是"表物名核"的领有者，而是"表事名核"的领有者。这类领事和名核之间的关系是领有者（表示事态的主体）和事态（领有者表现的事态）的关系。这是一种准领属（非典型的领属）关系，其中领有者可以看作为准领事，名核是表示事态的谓词"名物化"形成的，可以看作为准从属者。这种名核由动词性词语充当，如"她的微笑""狮子的勇猛""狐狸的狡猾"中，"她、狮子、狐狸"等便是。

（2）与事。除某些动词需要与事一起组成动核结构外，某些名词在组成名核结构时也必须有与事跟它配合才能成立。很多二价名词（如"意见、偏见、看法、想法、信心、态度、印象"等）组成名核结构时就是这样的。这是因为这类名词表示人对某人或某物或某事的一种主观心态，而主观心态必有所指的对象；所以组成名核结构时必定有与事（主要是与事中的"对事"）参与才能完整地表达意思，比如"意见"，单说"我的意见"在语义结构上还不完整，如果说成"我对她的意见"（"她"为与事）就完整了。在句子里，这种名核结构组成的短语一般出现在主语或宾语位置上，如"你对这事的看法是正确的""我们要了解读者对刊物的意见""我对她的印象很深刻"等句子中,"你对这事的看法""读者对刊物的意见""我对她的印象"是名核结构,其中"这事、刊物、她"就是名核结构里的与事。

(三)定元

定元是名核结构中名核所联系的非强制性语义成分,也就是组成名核结构的非必有的语义成分。根据定元和名核的语义关系,定元可分为限事、饰事两类。

(1)限事。指对名核起限定性说明的语义成分。限事和名核之间的关系是限定和被限定关系,其中限事是限定成分,名核是被限定的成分。如"大型的拖拉机""羊皮手套""切菜的刀具""外国来的客人""三本书""那本书""树上的鸟""昨天的事""这本书的出版"中的"大型、羊皮、出租、外国来、三本、那本、树上、昨天、这本书"就是限事。这些限事所表示的限定意义是多种多样的:或限定名核所表事物的属性(如"大型"),或限定名核所表事物的质料(如"羊皮"),或限定名核所表事物的用途(如"切菜"),或限定名核所表事物的来源(如"外国来"),或限定名核所表事物的数量(如"三本"),或限定名核所表事物的指称(如"那本"),或限定名核所表事物的存在处所(如"树上"),或限定名核所表事物的出现时间(如"昨天"),或限定名核所表的事件(如"这本书")。

(2)饰事。指对名核起修饰性描写的语义成分。饰事和名核之间的关系是修饰和被修饰关系,其中饰事是修饰成分,名核是被修饰的成分。如名核结构"新的衣服""高高的白杨树""绿油油的麦苗""晴朗的天气""健康的身体""正确的态度"中,"新、高高、绿油油、晴朗、健康、正确"就是饰事。

四、余论

(一)语义成分系列具有层级性

动核结构和名核结构里的语义成分是有层级的,所以语义成分的类别要层层下分。

(1)动核结构语义成分可分为以下几个层级:第一层级,动核结构语义成分最高层级可分为动核、动元和状元三大类。第二层级,动核、动元、状元的下位分类:根据动核的"价"类,动核可分为一价动核、二价动核、三价动核三类;根据动核的语义情状,动核主要可分为动作核、经验核、性状核、关系核、评议核五类。动元可分为主事、客事、与事、补事四类。状元可分为凭事、因事、境事三类。第三层级,动元中的主事可以分为施事、经事、系事、起事、评事等五类;动元中的客事可分为受事、成事、使事、准受事、位事、止事、涉事等七类;动元中的与事可分为当事、向事、对事、替事、共事、比事等六类;状元中的凭事可分为工具、材料、方式、依据等四类;状元中的因事可分为原因、目的两类;状元中的境事可分为处所、时间、范围、条件等四类。

(2)名核结构中的语义成分可分为以下几个层级:第一层级,名核结构语义成分最高层级可分为名核、名元、定元三大类。第二层级,名核、名元、定元的下位分类:根据名核的"价"类,名核可分为零价名核、一价名核、二价名核三类;根据担任名核的名词的语义性质,名核可分为有生名核、无生名核、抽象名核、情态名核四类;根据名元和名核的语义关系,名元可分为领事、与事两类;根据定元和名核的语义关系,定元可分为限事、饰事两类。

(二)语义成分的转化

在一定的条件下,语义成分的性质是可以转化的,这有以下几种情形:

(1)动元在一定的句子里可以转化为状元。比如,某些动词(如"给、送、着想、致敬、商量"之类)组成动核结构时,要求动元和与事共现;但在某些句子里与事不作该句子主要动词的动元,而是出现在动核结构的非必有成分的位置上,如"你给我办件事""她对我微笑"等句子中,动词"办、微笑"组成基干动核结构时,与事"我"不是必有的成分;因为"你办事""她微笑"都可以成为意义自足的基干动核结构。可见上面句子里的与事"我"不是动元,而是转化为状元出现的。

(2)状元在一定条件下也可转化为动元。状元不是基干动核结构的必有成分,但动词前状语位置上的处所或时间状元如果移到动词后宾语位置上,其语义角色也会转变。如"他到操场上跑""我到12点钟睡"中,"操场上、12点钟"都是状元(处所或时间);但如果说成"他跑到操场上""我睡到12点钟",此时的"操场上、12点钟"就成了位事动元。

(3)动元在一定的条件下可以转化为名核结构里的名元。比如主事、客事一般是动核结构的动元,但在扩大的动核结构里,它们如果成了名核结构的一个语义成分,其语义角色也就起了变化,如"她的笑很甜""房子的出租有问题"中,"她"本是"笑"的主事(她笑),"房子"本是"出租"的客事(出租房子),但在上面的句子里,"她的笑"和"房子的出租"却是名核结构,"她、房子"就转化为准领事。

(三)应将动词联系的动元和动词性结构体联系的动元区别开来

动词性结构体联系的动元和该动词性结构体中的动词所联系的动

元不一定相同,所以应将动词性结构体的动元和动词的动元加以区别。比如,有些动核结构中出现的与事,不是该动核结构中动词的动元,而是句子中动词短语为动核所联系的动元,如"他对我有礼貌""我比他跑得快"等句子中,"有、跑"等动词可组成"他有礼貌""我跑"等基干动核结构,可见上述句子中的与事"我、他"并不是这些动词的动元,而是动词短语"有礼貌、跑得快"联系的动元。又如动介组合体联系的动元有时和其内部动词的动元也不完全一致,如"我们走在大道上""他跑到操场上",动介组合体"走在、跑到"是二价的,组成动核结构分别有施事(我们、他)和位事(大道上、操场上)两个动元;但就一价动词"走、跑"等动词而言,位事并不是这些动词的必有成分,因为它们组成基干动核结构只要施事一个动元(如"我们走""他跑")。再如动结式短语联系的动元有时和其内部动词的动元也不完全一致,如"他把泥土捏成一个洋娃娃""她把面粉揉成馒头"等句子中,动结式短语"捏成、揉成"是三价的,组成动核结构分别有施事(他、她)、受事(泥土、面粉)、成事(洋娃娃、馒头)三个动元。但就二价动词"捏、揉"组成基干动核结构而言,成事并不是这些动词的必有成分,因为它们组成动核结构只要施事和受事两个动元("他捏泥土""她揉面粉")。可见动介组合体之所以有位事,动结式短语之所以有成事,并不是动词本身的要求,而是动词结构体的要求;上面句子里位事、成事与其说是动词联系的动元,毋宁说是动词结构体(即动词性短语)所联系的动元。

(四)语义成分的兼格

兼格是指某个实词(主要是名词)在语义平面上兼任两个或两个以上的语义格(语义成分),如"张三派李四去砍柴"里,"李四"既是"派"的受事又是"砍"的施事,即"李四"在语义平面兼任受事和施事两种语义角色。产生兼格的原因是：在句子生成过程中，由于语用表达简洁化或多样化的需要，就可能发生语义结构套合或语义成分移位、删除、省略、隐含、合并等情形，从而使某个词在语义平面身兼两个或两个以上的语义成分。[①]

兼格的方式有直接和间接的差别，兼格就有两种情形：直接兼格和间接兼格。直接兼格指兼格名词出现在两个动词之间，语义成分相兼是重合的、直接的，但其中一个是显性的，另一个是隐含的，即隐性的，如"政府鼓励农民种果树"中，"农民"兼作"鼓励"的显性受事和"种"的隐性施事，上例可解析为"政府鼓励农民，[农民]种果树"。间接兼格指兼格名词在句子里都是显现的，但在表层接连上不直接相连组成语义结构，如"她把眼都哭肿了"中，"她"兼作"眼"的领事（"她的眼"里"她"领有"眼"）和"哭"的施事（她哭），"眼"兼作"她"的属事（"她的眼"里"眼"从属于"她"）和"肿"的系事（眼肿）。

兼格有各种类型：有受事兼施事的，如"老兵拉他爬出雪坑"中的"他"；有受事兼系事的，如"我们打败了敌人"中的"敌人"；有受事兼起事的，如"别人都说你是傻子"中的"你"；有受事兼工具的，如"他提了个水桶打水"中的"水桶"；有施事兼系事的，如"我们打胜了敌人"中的"我们"；有施事兼领事的，如"她笑弯了腰"中的"她"；有系事兼使事的，如"他气得我肚子都痛了"中的"我"；有受事兼领事的，如"她打得我脸颊生痛"中的"我"；有名核兼领事的，如"枫树（的）叶子的颜色"中的"叶子"等。

---

① 参看范晓《论名词在语义平面的"兼格"》，《语法研究和探索》（十一），商务印书馆，2002年。

句法结构的核心成分

句法结构的核心成分,[①]也有称作中心成分、主要成分、中心词、中心语的,不同学派对核心成分有不同的解释,在区别核心成分和非核心成分时使用着不同的标准。学界曾经热烈地展开过"向心结构"的讨论,实质上也就是讨论句法结构的核心成分问题。

任何句法结构都是由内部的直接成分按照一定的方式组成,而直接成分是有核心成分和非核心成分之别的,核心成分的正确理解,对分析句法结构十分重要。

一、结构主义学派的有关理论

(一)布龙菲尔德的"向心结构"和"离心结构"的理论

结构主义学派关于核心成分的理论可以以布龙菲尔德为代表。布龙菲尔德把句法结构分为两大类:一类是向心结构,指的是结构体和内部的一个或多个直接成分形类相同的一种句法结构,如英语的poor John(可怜的约翰)、fresh milk(新鲜的牛奶)、blackbird(画眉鸟)等;另一类是离心结构,如John ran(约翰逃跑了)、with me(和我一起)、turnkey(监狱看守)等。他认为向心结构是一种有核心的结构,与结构

[①] 本文主要讨论短语中的句法结构,也兼及合成词句法性构词形成的词法结构。

体形类相同的直接成分是核心。他又把向心结构分为两小类：一类是主从的向心结构，是指结构体和它内部一个成分形类相同的，如 fresh milk（新鲜的牛奶）；另一类是并列的向心结构，是指结构体和它内部所有直接成分形类都相同，如 boys and girls（男孩和女孩）[①]。布龙菲尔德这种根据结构和组成它的直接成分的形类的同异来确定核心成分的方法，可以简称为"形类对应法"。

（二）布龙菲尔德理论的优缺点

布龙菲尔德理论的优点是：采用二分法，把句法结构这个概念划分为一个正概念（向心结构）和一个负概念（离心结构），这有助于人们把注意力集中于向心结构；从形类同异的角度辨别结构，比之从词汇意义出发去辨别比较容易。

但他的这个理论有局限性，这表现在应用于实际时遇到一些无法解释的问题。

（1）一个结构体的内部直接成分之间的关系跟结构体的形类原本没有必然的联系，而布龙菲尔德把二者全面对当起来，就产生了矛盾。比如，有些结构体的形类和内部各个直接成分的形类全部相同，却不一定是并列的向心结构，如：英语中的 stone house（石头房子）、youth delegation（青年代表团），汉语中的"玻璃橱""木头桌子"，都是"名+名"，却是定心结构；汉语中的"渴望学习""受到欢迎"是"动+动"，也不是并列的向心结构，而是动宾结构；"刺伤""跌倒"也是"动+动"，却是动补结构。又比如，有些主从的向心结构，结构体的形类与核心的形类不一致，如汉语里的短语"母亲的回忆""她的聪明"等，整

[①] 参看布龙菲尔德《语言论》第十二章，商务印书馆，1980年。我国语法学界对布龙菲尔德的这个理论，展开过深入的讨论。笔者这篇文章也是参与讨论的，本文拟从句法的"核心成分"结合语义结构的"核心成分"这个角度提出自己的看法。

个结构体是名词性的,但核心成分却是谓词性的。

（2）有些结构究竟是向心的还是离心的,虽用同一标准,却有不同的结论。如句法上的主谓结构,布龙菲尔德认为是离心结构,我国结构主义学派的代表朱德熙却认为是向心结构[①]。又如英语的redcap（搬运工）、redcoat（英国军人）之类,布龙菲尔德认为是离心结构,结构主义学派另一位代表人物霍凯特却认为是向心结构[②]。

（3）"实实"结构内的成分关系跟"实虚"结构内的成分关系是有区别的,短语内成分的功能跟复合词内成分的功能也是有差别的;但布龙菲尔德在区分向心结构和离心结构时对上述这些不同性质的结构体用的是同一标准,这也是不合理的。

（4）应用布龙菲尔德的理论,对汉语里的某些句法结构的核心没法辨别,如"应该做""能够来""加以研究"之类,核心究竟在哪里呢？是很难说清楚的。

二、传统语法学的有关理论

（一）传统语法的中心词分析法

传统语法把语法里的句法结构分为主谓结构、动宾结构、偏正结构、联合结构等,这是从结构内部的成分间的句法结构关系着眼的。传统语法也讲核心成分,在分析句子时,说主语、谓语、宾语是主要成分或中心成分,也就是核心成分;说定语、状语、补语是连带成分或附加成分,也就是非核心成分。在分析一个个具体的句子时,如果充当主语、

---

① 参看朱德熙《语法分析和语法体系》,《中国语文》1982 年第 1 期。
② 参看 Hockett: *A course in Modern Linguistics*, New York, 1958, P.185.

谓语、宾语的是偏正短语,就要找出中心词和附加在中心词上的成分,一般认为偏正短语里的中心词为"中心语"(即核心成分),而定语通常是名词中心词的附加成分,状语、补语通常是动词中心词的附加成分。这"附加成分"当然是非核成分。

(二)传统语法跟布龙菲尔德向心结构理论的比较

传统语法关于中心词的分析的理论跟布龙菲尔德的理论有一致的地方,如他们都认为主从短语(或称"偏正短语")都是单核心的结构,即"向心"的结构。

但也有不一致:传统语法认为核心成分的确定应以结构关系为标准,布龙菲尔德认为核心成分的确定应以形类对应(结构体跟其直接成分形类是否对应)为标准。标准不同,对某些结构的核心成分的确定就会有不同的看法,比如:"石头房子、毛料衣服"之类短语的句法结构,传统语法分析为偏正结构,即主从的向心结构,把"房子、衣服"看作核心成分,把"石头、毛料"看作非核成分;而根据布龙菲尔德的形类对应标准,则会把上面的短语分析为并列的向心结构(核心并列的结构),把"石头、房子、毛料、衣服"等都看作核心成分。

传统语法重视结构内部句法成分之间的结构关系的分类,不仅重视主从结构的分析,也重视非主从结构的分析;在讲核心成分时,比较注意成分间的相互关系;这些都是优点。但是,在分析句法结构时缺乏形类对应的观念,也不能不说是一个问题。布龙菲尔德比较重视结构体整体的句法功能跟其内部成员功能之间的对应关系,对很多句法结构里的核心成分的确定还是有效的,但充当核心成分的词语的词性并不是千篇一律的,因此要完全"形类对应"也是不现实的,要彻底用形类对应的方法来确定所有具体的句法结构的核心成分是有困难的。

传统语法和布龙菲尔德理论在分析核心成分时标准不一样,因此结论也不完全一样。他们各有所长,应该取长补短,使二者结合起来。

三、本文的基本观点

(一)对几个结构的分析

1、关于主谓结构的核心问题

不少语言学家把主谓结构看成单核心结构,不过对主语是核心还是谓语是核心,有不同的意见。有的主张主语是核心成分,谓语是非核成分,如:叶斯柏森认为主语是"首品",谓语是"次品";斯米尔尼茨基说"谓语从属于主语"[①];有的主张谓语是核心成分,主语是非核成分,如特斯尼埃认为"主语从属于谓语动词"[②],王力也曾说过"谓语比主语重要"[③]。笔者认为,从结构成分之间的关系来看,主语是陈述的对象,谓语是陈述的部分,主语和谓语互相对待,是主谓句句法结构的基本成分,两者都重要。可见,布龙菲尔德的主谓结构是离心结构之说,实际上也是主张有核心的(两个核心"相离"),实质上是把主谓结构看作"两心互相对待"的双核心结构;不过他认为主谓结构不是单核心的主从的向心结构,也不是双核心的并列的向心结构。主谓结构表面上跟有两个核心的并列结构类似,但它们有本质的不同:从内容上说,一是主谓关系,一是并列关系;从形式上说,主谓结构是封闭性的双成分结构,不能扩展延伸,而并列结构是开放性的多成分结构,可以扩展延伸

---

① 参看叶斯柏森《语法哲学》第十一章,语文出版社,1988年;斯米尔尼茨基《句子、句子的主要成分》,《语言学译丛》1960年第2期。
② 参看张烈材《特斯尼埃的〈结构句法基础〉简介》,《国外语言学》1985年第2期。
③ 王力《主语的定义及其在汉语中的应用》,《汉语的主语宾语问题》第171页,中华书局,1956年。

从而能够有三个甚至更多的核心成分,如"上海北京"可扩展成"上海北京天津广州",所以并列结构可称作"多核心结构"(可以有两个或两个以上的核心),主谓结构是两核心"相离"(对立)或"互相对待"的双核心结构。

2、关于定心结构和状心结构问题

这两种结构都属于主从结构,即偏正结构,内部的"主"或"正"都是中心语。既然有中心语,就不必迁就布龙菲尔德向心结构的理论,可以直接采取传统语法的观点,即把中心语看作核心成分。定心结构里的核心成分一般是名词性词语,但有时也可以是谓词性词语,如"你的批评、他的幽默"之类。状心结构里的核心成分一般是谓词性词语,但有时也可以是名词性词语,如"很青春、很阿Q"之类。对于定心结构里核心成分有谓词性词语的现象和状心结构里核心成分有名词性词语的现象,采取传统语法的偏正结构里的"正"都是"中心语"即"核心"的观点则迎刃而解,如果用布氏的形类对应法,会陷于矛盾而无法解释。

3、关于谓宾结构和谓补结构问题

谓宾结构和谓补结构也可以采取传统语法的观点,即把动词或形容词所作的谓语分析为结构中心(即结构的核心成分);这是因为谓宾结构里宾语是谓语所支配的成分,谓补结构里补语是补充说明谓语的成分。但如果用布龙菲尔德的形类对应法,有时也会发生麻烦。比如有些谓宾结构是动词带谓词性词语的宾语构成的(如"渴望学习、企图侵略"之类),有些谓补结构是动词带谓词性词语的补语构成的(如"打败、跌倒、走进去"之类)。对于"动词+动词"构成的谓宾结构和谓补结构的现象,如果用布氏的形类对应法,同样会陷于矛盾而无法解释。

4、关于实虚结构问题

实虚结构(实词和虚词或词根和词缀所构成的)跟实实结构(实词和实词或词根和词根所构成的)是很不一样的。实实结构有主、谓、宾、定、状、补等成分,而实虚结构内部没有这些成分,一般称实实结构为句法结构或复合结构,称实虚结构为形态结构或派生结构。实虚结构虽无主语、谓语、宾语等句法成分,但内部也有直接组成成分,也有核心成分和非核成分,它是一种封闭性结构,两个直接成分之间的关系是衬附和被衬附的关系。在实虚结构里:实成分表示基本意义,应该是结构核心;虚成分表示附加意义,是衬附成分,应该看作非核成分。

(二)句法结构核心的结构分类

如果按照结构里核心的"量"来区分结构类型,句法结构可以分为三大类:单核结构、双核结构和多核结构。

1、单核结构

单核结构是双成分的封闭性的结构,两个直接成分一偏一正或一从一主,"正""主"是核心成分,"偏""从"是非核成分。实实结构中的单核结构可称作"偏心结构"[①],它包括:

(1)定心结构,例如"好天气""新衣服""木头房子""狐狸的狡猾"等;

(2)状心结构,例如"立刻完成""很好""一定去""大力发展"等;

(3)谓补结构(也称"补心结构"),例如"打扫干净""去一趟""累得很"等;

(4)谓宾结构,例如"看电影""买书""打电话"等。

在上述这四种句法结构里,定语、状语、补语、宾语是非核成分,跟它们相对待的成分(定语的中心语、状语的中心语、补语的中心语以及支配宾语的谓语)则是核心成分。

---

① "偏心结构"即一般语法著作所说的"偏正结构",但为对称起见,这里称作"偏心结构"。

实虚结构也是单核结构,实虚结构是衬附和被衬附的关系,可称作"衬心结构"。在实词和虚词构成的"衬心结构"里,如"红的""从上海""朋友们""研究过""把这件事"等实虚结构里,"的、从、们、过、把"是衬附性非核成分,跟它们相对待的是核心成分。在实素和虚素构成的"衬心结构"里,如"桌子、花儿、木头"等实虚结构里,"子、儿、头"也是衬附性非核成分,跟它们相对待的是核心成分。

2、双核结构

双核结构跟单核结构一样,也是双成分封闭性的结构,但所不同的是它有两个核心。两心相对,可称为"对心结构"(相当于"离心结构",但用"对心结构"似乎更明白),主谓结构便是。例如:"他来""身体健康""精神饱满"等。

3、多核结构

多核结构是多成分非封闭性的结构,它是由两个或两个以上的核心成分互相联合组成的,不妨称之为"联心结构"。在汉语里,它包括:

(1)并列结构,例如"工农兵""大中小""笔墨纸砚"等;

(2)顺递结构(也称"连谓结构"),例如"上街买菜去""开门出去打电话""披衣起床拧亮灯"等;

(3)复指结构(也称"同位结构"),例如"她们母女俩""老王他这个人"等;

(4)重叠结构,例如"来来来""极有趣极有趣"等。[①]

4、结构分类表

为了醒目,上述区分可列成这样一个简表:

---

① 重叠结构形成的短语是重叠短语。参看范晓《谈重叠短语》,《语文学习》1983年第12期。

语法结构				
单核结构	定心结构	偏心结构	封闭性结构	
^	状心结构	^	^	
^	谓补结构	^	^	
^	谓宾结构	^	^	
^	实虚结构	衬心结构	^	
双核结构	主谓结构	对心结构	^	
多核结构	并列结构	联心结构	开放性结构	
^	顺递结构	^	^	
^	复指结构	^	^	
^	重叠结构	^	^	

（三）辨认句法结构的核心成分和非核成分的方法

在确定或辨别句法结构的核心成分时，根据结构主义学派或传统语言学的理论和方法都很难精准确定。笔者认为任何一个句法结构都有语法意义和语法形式，如果用形式和意义相结合的原则来说明和辨认句法结构的核心成分和非核成分，也许是更合理的。

从发生学角度看，内容决定了形式，成分间的语义关系决定了结构的性质。这语义不是个别意义，而是结构中的意义。比如"石头"这个词，从个别意义看不出它是核心成分还是非核成分，但一旦进入句法结构就能显示出来：在"大石头"里，名词"石头"是被"大"修饰的成分，便是结构核心；在"石头房子"里，"石头"却是限定核心成分"房子"的，便是非核成分。

根据结构意义，句法结构的核心成分大体可作如下规定：在复合短语（实实结构）中，起限饰（包括"限定"和"修饰"）、补充意义的成分（包括定语、状语、补语、宾语）都是非核成分，不具有限饰、补充意义的成分（包括主语、谓语、被限饰、被补充的中心语，以及并列语、重叠语等)都是核心成分；在派生短语(实虚结构)中①，具有基本意义的都是核心成分，具有衬附意义的都是非核成分。就结构意义而言，各种语言有共同性。成分间的语义关系是结构关系的基础，各种语言大体上都有四种结构，即对心结构、联心结构、偏心结构和衬心结构。

　　从辨别角度看，现象是入门的向导，应当通过现象去发现本质，即要从形式出发去发现意义，从而认识结构的本质并分清核心成分和非核成分。在短语结构里表现结构意义的形式是多种多样的，主要有：结构体跟它的内部直接成分在扩展了的典型的句法结构中的替换能力，直接成分在句法结构里独立活动的能力，虚词、语序、形态变化等。

　　从形式出发区别句法结构的核心成分和非核成分的基本方法是，在复合短语中，要看在扩展了的典型句法结构里的替换能力：结构体跟它的所有直接成分在扩展了的典型句法结构里都能替换的，是联心结构，直接成分都是核心；都不能替换的是对心结构，其中的直接成分也都是核心；只有一个直接成分能替换而另一个不能替换的是偏心结构，其中能替换的直接成分是核心成分，不能替换的是非核成分。下面试从并列短语"桌子椅子"、定心短语"新桌子"、状心短语"很新"、谓宾短语"读书"、主谓短语"他来"在句法结构中的替换情形为例，作一比较(*标志不能替换)：

① 并列短语：桌子椅子　买桌子椅子　　买桌子　　买椅子
② 定心短语：新桌子　　买新桌子　　　*买新　　　买桌子
③ 状心短语：很新　　　很新的桌子　　*很桌子　　新桌子
④ 谓宾短语：读书　　　他读书　　　　他读　　　*他书
⑤ 主谓短语：他来　　　希望他来　　　*希望他　　*希望来

由上面比较可以看出：并列短语的结构体跟它的所有直接成分在扩展

---

① 复合短语和派生短语的区别，可参看范晓《关于结构和短语问题》，《中国语文》1980年第3期。

了的典型句法结构里都能替换，表明直接成分都是核心，所以是联心结构；定心短语和状心短语只有一个直接成分能和其结构体替换，表明只有一个直接成分是核心，所以是偏心结构；主谓短语的结构体跟它的所有直接成分都不能替换，表明直接成分都自成核心，两心相对，所以是对心结构。在派生短语中，要看直接成分在句法结构里有没有独立活动能力，能独立活动的是核心，不能独立活动的不是核心，而是衬附成分。例如派生短语"红的"，在"红的书"里，能说成"红书"，不能说成"的书"；表明"红"是核心成分，"的"是非核成分。

　　语言有民族特点，不同的语言结构形式也有自己的特色。对一种具体语言的句法结构进行分析时，还必须利用具体语言的特殊形式手段。有的可借助于狭义的形态变化来识别句法结构，如俄语的定语或者是以在性、数、格上跟中心语保持一致关系的形态表示，或者是以定语采取第二格的形式表示。有的可借助于虚词来识别某种句法结构，如汉语的定语和中心语之间常可有结构助词"的"或量词，状语和中心语之间常可有结构助词"地"，补语和中心语之间常可有结构助词"得"，并列成分间常可有并列连词等。有的可根据语序的差异来分别不同的结构，如"好天气"是定心结构，而"天气好"是主谓结构。某个族语如何用语法形式来表示语法意义并显示某种句法结构的问题，是研究该族语语法的一个重要任务。

四、余论

（一）合成词结构的核心成分分析

1、合成词的词法结构跟短语句法结构的联系与区别

　　从历史的、语源的角度看，合成词结构跟短语的结构有相同的一面，如许多合成词是由短语转化过来的，也有许多合成词仿照短语句法结构构成,所以合成词的词法结构跟短语的句法结构有密切的联系。所谓"句法构词法"正是显示了它与短语的构语法一脉相通。合成词原则上也可分为对心结构、联心结构、偏心结构、衬心结构等四种基本结构。

但是合成词跟短语的结构也有不同的一面,作为合成词直接成分的词素(词根或词缀)跟作为短语直接成分的词(或短语)属于不同的语法单位,词和短语都能在句法结构体里作某种直接成分,而词素不能在句法结构体短语里作直接成分。因此,从断代的观点来看,合成词的词素在短语的句法结构里没有独立活动的能力,词素跟它的结构体(词)在短语的句法结构里也没有替换能力。这表现在有些合成词没有短语的那种语法形式。正因为这样,布龙菲尔德把句法中区分向心结构和离心结构的理论和方法应用于词法结构就显得不大合理,比如:英语的blue-coat(警察)从内部成分的结构关系来看是偏正型的,但布龙菲尔德却看作离心结构;turnkey(监狱看守)从内部成分结构关系看是谓宾型的,但布龙菲尔德也看作离心结构。

2、合成词的词法结构的分析

合成词结构核心成分的分析,也要根据形式和意义相结合的原则。它的各种结构也是由语义关系决定的。在复合词(特别是"实实结构"的复合词)里,起限饰或补充意义的都是非核成分,没有限饰、补充意义的都是核心成分。这种结构意义应当从历史的、语源的角度去考察,比如现代汉语的名词"将军",如果从历史的语源的角度看,是"动+名",是个谓宾结构,"将"应当看作核心成分,"军"应当看作非核成分。又如形容词"雪白",是"名素+形素",表面看似乎是双核心的主谓结构(对心结构),但由于它的语法意义是形容性、描写性的,要从形式上辨别这个合成词的结构性质,分清核心成分和非核成分,就得把这个合成词扩展成短语的形式,即把"雪白"扩展成"像雪那样白",就成为状心结构,那就比较容易理解为什么"白"是核心了。又如英语的sunrise(日出),如果扩展成the sun rises,也就显示出主谓结构的面貌。

至于在派生词(实虚结构)里,作为"实素"的词根体现基本意义,当然应该分析为核心;作为"虚素"的词缀表示的是衬附意义,就可以分析为非核成分。

(二)核心成分和非核成分概念的相对性

核心成分和非核成分是个相对的概念,这是因为有较多的词组成的句法结构是有层次性的。在A层次上是非核成分,也可能在B层次上成了核心成分;在B层次上是个非核成分,在C层次上可能是个核心成分。无论是短语里还是合成词里,都有这种情形。比如短语"不很新鲜的蔬菜",作层次分析可图示如下:

```
 不    很    新  鲜    的    蔬  菜
|_____A₁_____|  |_____A₂____|············ A 层次
|____B₁____|_B₂_|·························· B 层次
|_C₁_|_C₂_|································· C 层次
```

这例通过图解,很容易看出:A层次里A₂"蔬菜"是核心成分,A₁"不很新鲜"是非核成分;A层次里的非核成分"新鲜"在B层次上(B₂)却是核心成分,而B₁"不很"是非核成分;B层次里的非核成分"很"在C层次上C₂却成了核心成分,而C₁"不"是非核成分。有些复合词内部也有层次,如复合词"手提包",可图示如下:

```
 手    提    包
|_A₁_|_A₂_|····························A 层次
|B₁_|_B₂_|·····························B 层次
```

从图示可以看出:A层次里,"包"是核心成分,"手提"是非核成分;B层次里,"提"是核心成分,"手"是非核成分。

说"主述结构"

引言

(一)主述结构是句干里的语用结构

句子最根本的特点是具有"表述性"。汉语的句子由两部分组成：即句干部分和语气部分。句干是句子的主干，是表述句子基本思想内容的部分，一般是由两个或两个以上的实词结合组配成一个词类序列体；语气是附着在句干上的部分，是表述交际目的（"交际用途"）的部分，通常用语调（句调）或语气词（书面上用句末标点符号）等[①]表示。汉语句子的表述性存在于句干上和语气里：没有句干，表述交际行为功能的语气无从依托；没有语气，表述思想内容的句干就无法交际；所以句干和语气都是句子不可或缺的部分。[②]

就句子的句干而言，句子的句干里有三种基本结构，即句法结构、语义结构以及语用结构。"主述结构"是由"主题+述题"构成的句干里的基本语用结构。所以当说到句子的主述结构时，实际上就是指句子里"句干的主述结构"，主述结构句干形成的句子称为"主述句"。

[①] 有些疑问语气也可以用句干里的疑问代词（如"谁、什么"等）或特定形式（如"V不V"之类）表示。

[②] 参看范晓《关于句式问题》，《语文研究》2010年第4期。

有的论著认为主述结构是陈述句里分析出来的,疑问句、祈使句、感叹句里没有主述结构。笔者认为主述结构跟由语气表示的句类无关,它是句干语用平面分析出来的语用结构,比如"他踢足球去了。""他喜欢踢足球吗?""他足球踢得真好啊!""咱们一起踢足球去吧!"这几个句子分别属于陈述句、疑问句、感叹句、祈使句,它们分别有句干"他踢足球去、他喜欢踢足球、他足球踢得真好、咱们一起踢足球去";这些句干在语用上都是由"主题+述题"构成的"主述结构"。可见"主述句"不等于"陈述句"。

(二)主述结构是句干里最重要的语用结构

主述结构是句干里最重要的语用结构,[①] 它的构成成分"主题"和"述题"是句干里最重要的语用成分。汉语句子的句干大部分由主述结构组成。李讷、汤姆逊(1983)认为英语是"主语突出的语言",而汉语是"主题突出的语言",指出汉语句子的"基本结构表现为主题-述题关系,而不是主语-谓语关系",认为汉语"便于主要用主题-述题这种语法关系进行描写"。沈家煊(1927)认为汉语没有句法上的主谓结构,因为没有形态,没有主格标记;但汉语有语用上的"话题-说明"结构。提出汉语不应以主谓结构的有无来判定句子,而应以语用范畴"话题-说明"结构来分析句子。[②] 上述观点似欠准确,但重视语用平面的主述结构是有道理的。本文认为:对汉语句子的句干进行分析,首先应该对主述结构进行语用分析,进而对句干进行句法分析和语义分析。现在学界研究汉语的"主述结构"的论著不少;但是对于这种语用结构

[①] 语用结构除了"主述结构"外,还有其他的结构,如"穿插结构",这种结构里的插语也属于语用成分,参看范晓《插语》,《语文论丛》(3),上海教育出版社,1987年。

[②] 参看李讷、汤姆逊《汉语语法》(黄宣范译),台湾文鹤出版有限公司,1983年;沈家煊《汉语有没有主谓结构》,《现代外语》2017年第1期。

及其内部的语用成分如何理解、如何分析存在着一些不同的看法。本文拟在前人研究的基础上对现代汉语的"主述结构"及其语用成分"主题"和"述题"作进一步探索。

一、"主述结构"的性质特点和确定的方法

（一）"主述结构"的性质

本文认为，主述结构是句干中的语用结构。但有一种意见认为：汉语句子里的"话题"（按：即本文所说的"主题"）"是句法成分"。[1] 据此推理，"述题"也应该是句法成分，句子里的"主述结构"也成了句法结构。这种观点混淆了句法平面和语用平面。其实，主谓结构属于句法平面，所以主语、谓语是句法成分；而"主述结构"属于语用平面，所以主题、述题是语用成分。

句子在表达某种思维信息内容时，总是要对某种对象（包括"名物、事件、空间、时间"等）进行述说（包括"叙述、描述、记述、释述、评述"）。"主题+述题"结构体现了句干语用"表述性"的基本框架：主题是述题所"述说的对象"，述题是对主题作出的"述说"（也有论著称为"陈述"）；主题和述题之间的关系是"被述说和述说"的关系。主题一般表示旧信息，述题一般表示新信息。

（二）"主述结构"的特点

1、主题和述题的语序的特点

主述结构的特点主要表现在语序上。旧信息在前、新信息在后，这

---

[1] 徐烈炯、刘丹青《话题结构与功能》，上海教育出版社，1998年。

是话语传递信息的基本原则。这个原则决定了"主述结构"常规语序的基本规则是：代表旧信息的主题位于述题之前，而代表新信息的述题位于主题之后。例如（按：符号"|"左边部分是主题，右边部分是述题）：

① 祖国的河山|真美啊！　　② 这件事|你办得很好。
③ 他办事|我很放心。　　　④ 做生意|他很有经验。

这个语序规则是从无限的具体的动态的主述结构抽象出来的。它作为规律或规则是相对稳定或固定的，所以可以看作为主述结构的静态一般规则。

在动态语境句里，当要突显新信息或急于要说出新信息时，主题可以突破常规规则，即先出现述题，然后再说出主题（述题后面有较大的停顿，书面上通常用逗号隔开），这是"主述结构"两个语用成分的倒装语序。例如：

① 你办得很好，|这件事。　　② 真美啊，|祖国的河山！

在这种非常规语序的主述结构里，述题在前有凸显和强调的作用，主题在后只是起一种追补的作用。值得注意的是：有一种特殊的主述结构。这是指"是"字句句干里由特指疑问词"谁"表示未知信息的主述结构。例如：

① 谁是我们的朋友？　　② 我们的朋友是谁？

这里①是"特指疑问词+是+NP"句式，②是"NP+是+特指疑问词"句式。这两种句式都常用，很难说哪个是常规或非常规，但二者的语用意义有细微差别。[①]

[①] 参看王灿龙《"谁是NP"与"NP是谁"的句式语义》，《语言教学与研究》2010年第2期。

2、主题和述题的选择和语序的关系

同一基本事实或思想,如果选择主题和述题的不同语序,会影响主观的表达意图。这有两种情形:

(1)表述的是同一基本事实,如果用同一句式选择不同的词语作主题,表达的焦点不同。比较:

① 《红楼梦》的作者 | 是曹雪芹。
② 曹雪芹 | 是《红楼梦》的作者。

这两句句式不变,都是表述"判断"意义的"是"字句;从表达的内容而言,可以看作"同义句"。但由于选择的主题词语不同,表明说话者选择的新旧信息不同,表达的焦点也就不同:① 把"《红楼梦》的作者"视为述说对象,焦点落在述题里的"曹雪芹"上;② 把"曹雪芹"视为述说对象,焦点落在述题里的"《红楼梦》的作者"上。

(2)表述的是同一基本事实,如果用不同句式并选择不同的词语作主题,表达的句式语用意义也会有差别。比较:

① 酒店门口 | 放着两只石狮子。
② 两只石狮子 | 放在酒店门口。

从表达的内容而言,这两句也可以看作"同义句";但句式不同:例①是"N_处+V_着+N_物"句式,"酒店门口"为主题,"放着两只石狮子"为述题,表达"某处所以何种方式存在着某事物"(属于"存在句");例②是"N_物+V_在+N_处"句式,"两只石狮子"为主题,"放在酒店门口"为述题,表达"某事物以何种方式定位于某处所"(属于"定位句")。

可见,对于表达同一基本事实或思想的同义句,人们可以根据主观意图利用同义句的不同"主述"结构的句式,即变动结构成分的分布位置,使信息成分通过位置的移动,来调整其语用功能和价值,以便更好地适应语用表达的需要。

（二）"主述结构"的确定方法

1、采用意义和形式互相结合的方法来确定

"主述结构"的意义和形式。从表述的意义角度说，"主述结构"是"被述说和述说"的关系，据此可以认为：凡是"述说的对象"就是主题，凡是对述说对象述说的部分就是述题。主题的意义也有一定的形式。有些语言（如日语、韩语、玛雅语等）可根据严格的"主题标记"来确定，如日语里的は就是主题的形式标记。严格的主题标记具有强制性、专用性。汉语里有些虚词虽然也能起到主题标记的作用，但它们没有强制性和专用性，更何况汉语里主题不一定都有表示主题的标记或虚词；但这不等于汉语的主题没有广义的形式特征。述题也有一定的形式，即可根据位置来确定：一旦确定了主题，述题也就容易确定了，即一般情况下主题后面的部分就是述题。"主述结构"的确定，最关键的是主题。

2、汉语主题的形式特征

如果从形式角度来确定主题，汉语主题形式的特征主要表现在：

（1）位置特征，主题一般位于述题之前，如"这个电影我已经看过了""他办事我很放心"里的"这个电影、他办事"是主题便是。

（2）停顿特征，主题后可以有较大的语音停顿，书面上可用逗号隔开，如"这件事，你办得很好""那座桥，是条木桥"。

（3）某些句子的主题前面可附加能起标示主题作用的虚词（"关于、对于、至于"等），如"关于这件事，咱们明天再谈吧""至于管理方面，他最有经验了"。

（4）某些句子的主题后可附加能起标示主题作用的提顿语气词（"呢、吧、嘛、啊、呀"等），如"这件事嘛，你办得很好""这个任务呢，我一定能完成"。

（5）主题后大多可加上"是""是不是"表示肯定或反问，如"他是死了母亲""他是不是身体有病"等。

（6）汉语句子句法上的句型有主谓句和非主谓句之别，凡是主谓句的主语，在语用意义上就是表示主题。如果主谓句主语前还有主题，则主语可分析为第二主题（次主题），如在"妹妹最喜欢吃苹果"句里，主语"妹妹"在语用上可分析为主题，在"水果嘛，妹妹最喜欢吃苹果"句里，第一主题是"水果"，第二主题是"妹妹"。

3、确定汉语主题的具体方法

主题的确定，就意味着为述题划定了范围。确定汉语主题的具体方法是：如果句子有上述某个特定形式，一般可以定为主题，如"关于这个问题，我们将进行研究"里，"关于"这个虚词能确定"这个问题"是此句的主题。有的句子没有特定形式，可以添加某种形式测试，如"小区的事情由小区居民讨论决定"这个句子，可在"小区的事情"前加上"关于"或后面加上表示提顿的虚词测试，如可说成"关于小区的事情，由小区居民讨论决定""小区的事情嘛，由小区居民讨论决定"，这就知道"小区的事情"是此句的主题。有的句子前后两个部分有停顿，甚至有的还有某些其他形式，但若前后两部分不存在"被述说-述说"这种意义，则不是主述结构，如"看样子啊，是翠花爱上您了"句里，"看样子"后虽有提顿口气词"啊"，后面还有"是"，但"看样子"显然不是被述说的对象，当然不能看作主题，句干也就不是主述结构。

二、关于"主题"的几个问题

"主题"是被述说的对象（有些论著称为"话题"）。主题指称某种事物，通常由指称事物（"人、物、事"）的名词性词语充当，非名词性词语作主题带有事物化或名物化的倾向。

(一)主题与主语、主事的关系

主题、主语、主事属于不同平面：主语是句法平面的概念，是与谓语相对待而言的句法成分；主事是语义平面的概念，是与客事相对待而言的语义成分[①]；主题是语用平面的概念，是与述题相对待而言的语用成分。

1、主题与主语的关系

主题与主语二者既有联系也有区别。

(1)主题与主语的联系表现在：句法平面的主语同时也是语用平面的主题。这是因为：一般认为主语是谓语陈述的对象，谓语是对主语的陈述。其实，"陈述对象"与其说是主语表示的意义，还不如说是主题表示的意义。赵元任就说过："在汉语里，把主语、谓语当做话题和说明来看待，较比合适。"朱德熙也有类似的观点，他认为：从表达角度说，"主语是话题"，谓语是对主语的"陈述"。[②]他们所说的"话题和说明"或"话题和陈述"，就是本文所说的"主题和述题"。可见作为陈述对象的主语是和主题重合的，如"我们爱祖国、他很勇敢、小李是大学生"中句法上的主语，在语用表达上就是主题。

(2)主题和主语的区别。由于主语和主题处于不同的语法平面，所以还是有区别的，表现在：第一、主语与作谓语的谓词（包括动词和形容词）之间在语义上有选择关系，"主语既是表示谓语动词的动元、又是表示谓语的陈述对象的句法成分。如果句中有两个或两个以上既表动元又表陈述对象的词语，则表主事动元的优先分析为主语；如果句中有两

[①] 关于主事，可参看范晓《试论语义结构中的主事》，《中国语言文学的现代思考》，复旦大学出版社，1991年。

[②] 赵元任《汉语口语语法》第45页，商务印书馆，1979年；朱德熙《语法讲义》第96页，商务印书馆，1982年。

个或两个以上表主事的词语,则跟谓语动词联系得最紧密的优先分析为主语"[①];而主题跟谓词不一定都有这种选择关系。动词形容词可以决定主语,却不能决定主题。如"院子里他种了一棵树"里,与谓语动词"种"发生选择关系的是主语"他",而不是主题"院子里"。第二,主语一定是主题,但主题不一定是主语,二者并不完全重合。例如:

① 在那遥远的地方,有位好姑娘。
 ("在那遥远的地方"是主题,但不是主语)
② 鱼,河豚鱼最好吃。
 ("鱼"是主题,不是主语)
③ 大门上,他贴了一副对联。
 ("大门上"是主题,不是主语)
④ 对于这种事他很有经验。
 ("对于这种事"是主题,不是主语)

2、主题与主事的关系

主题与主事二者也是既有联系也有区别。

(1)主题与主事的联系表现在:句中谓语动词联系的主事如果出现在主语位置上时,它同时也就是主题。如"老王喝了一杯酒"这个句子,谓语是动作动词,主事中的施事"老王"置于句首作主语,此时主事与主题重合;又如"房屋倒塌了"这个句子,谓语是状态动词,主事中的系事"房屋"置于句首作主语,此时主事也跟主题重合。

(2)主题与主事的区别表现在:主事不一定都是主题,如"老虎被武松打死了"里,"武松"是主事中的施事,但不是主题。反之,主题也不一定都是主事(施事、系事、起事),非主事的其他语义成分——包括

---

① 范晓《汉语句法结构中的主语》,《语言研究的新思路》,上海教育出版社,1998年。

客事("受事、成事"等)、与事、工具、处所、时间、领事、属事等在某些句子里也可以作主题,所以主题与主事也并不完全重合。例如:

① 这个问题不好解决。
（客事里的受事"这个问题"是主题）
② 这口井他们挖得太浅了。
（客事里的成事"这口井"是主题）
③ 小王,我送给他一本新书。
（与事"小王"是主题）
④ 这把刀呢,我专用于切肉。
（工具"这把刀"是主题）
⑤ 大厅里他挂了一幅油画。
（处所"大厅里"是主题）
⑥ 晚上,吃得太饱不好。
（时间"晚上"是主题）
⑦ 她啊,眼睛好大!
（领事"她"是主题）
⑧ 亲戚他很多,只是没来往。
（属事"亲戚"是主题）

（二）主题的类型

单句主述结构主题可从不同角度进行分类。

（1）根据主题和述题之间的表述关系,主题可以分为五类:一是"作为叙述对象的主题",如"<u>我爱我的故乡</u>";二是"作为描述对象的主题",如"<u>山上的树木</u>郁郁葱葱的";三是"作为记述对象的主题",如"<u>湖面上</u>漂着碧绿的浮萍";四是"作为释述对象的主题",如"小吴是学生"；五是"作为评述对象的主题"，如"<u>大家</u>应该多做善事"。

（2）根据充当主题的词语句法性质分类，主题可以分为两类：一是"名词性主题"，如"<u>我</u>爱我的故乡"；二是"非名词性主题"，如"<u>写作</u>很不容易"。

（3）根据主题位置上词语的语义身份分类，主题主要可分为九类：一是"施事主题"，如"<u>她</u>喜欢跳舞"；二是"系事主题"，如"<u>今天的天气</u>很好"；三是"起事主题"，如"<u>他</u>是工程师"；四是"受事主题"，如"<u>这件事</u>我来办"；五是"成事主题"，如"<u>这个洞</u>挖得很深"；六是"与事主题"，如"<u>这孩子</u>我已经送过压岁钱了"；七是"处所主题"，如"<u>石头上</u>刻着几个大字"；八是"时间主题"，如"<u>昨天晚上</u>下了一场大雨"；九是"领事主题"，如"<u>王冕</u>七岁时死了父亲""<u>老李</u>的确身体不太好"等。

（三）关于"主题化"问题

单句的常式句包含有"核心句"（也称"基础句""原型句"和"衍生句"）。在核心句的句干里，主语、主事和主题三者重合，也就不存在主题化的问题。"非主语"的句法成分（"宾语、状语、定语"等）、"非主事"的语义成分（"受事、与事、工具、处所、时间"等）在核心句里不能作"主题"；但在衍生句里却可以作主题。所以，所谓"主题化"，乃是指"非主语"和"非主事"出现于主题位置作为主题的现象。换句话说，把常式核心句中不作主题的主语之外的句法成分或主事之外的语义成分置于句首充当主题，就是所谓"主题化"。主题化的过程实际上是核心句转变成衍生句的过程，如："我看过这个电影了"属于核心句，这句里的"我"既是主语、主事，也是主题；但如果变成衍生句"这个电影我看过了"，句中"我"还是主语，"这个电影"就是受事宾语主题化。主题化主要是借助于主题的变换来调整句子的结构布局，从而达到改变已知信息、增强上下文连贯性等多种语用目的。

大部分主语之外的句法成分和主事之外的语义成分在语用需求下，都可以通过主题化充当句子主题。如"<u>这本书</u>我读过了，<u>那本书</u>还没读呢"，这是受事宾语主题化；"<u>这个洞</u>挖得很深"，这是成事宾语主题化；"<u>小明</u>嘛，我已经送过礼物了"，这是与事宾语主题化；"<u>这支笔</u>我写字，<u>那支笔</u>我画画"，这是工具状语主题化；"<u>半山坡上</u>他种了许多果树"，这是处所状语主题化；"<u>在战略上</u>我们要藐视敌人，<u>在战术上</u>我们要重视敌人"，这是方面状语主题化；"<u>今天晚上</u>我有个重要会议"，这是时间状语主题化；"<u>这张桌子</u>断了一条腿"，这是领事定语主题化；"<u>亲戚</u>他很多，只是没来往"，这是属事宾语主题化。还有一种复指语主题化，这是把某个成分通过复指特提到句首使其成为全句主题的，例如：

① <u>小李</u>，我送过<u>他</u>礼物。
    （"小李"和与事宾语"他"复指，提到句首作主题）
② <u>王刚</u>，<u>他</u>的弟弟在北京。
    （"王刚"和领事定语"他"复指，提到句首作主题）
③ <u>这个人</u>，我认识<u>他</u>。
    （"这个人"和受事宾语"他"复指，提到句首作主题）
④ <u>这把刀</u>我用<u>它</u>切肉。
    （"这把刀"和工具状语"它"复指，提到句首作主题）

（四）复句里的主题

复句的分句大多有分句的主题。从整个复句而言：有的复句有全句统一的主题，各分句主题就是同一主题；有的复句没有全句主题，各分句各有自己的主题。

1、各分句的主题相同

（1）同词承接。分句里作主题的词语相同，即相同主题词语前后承接的形式。例如：

① 北京是中华人民共和国的首都，北京也是全国的文化中心。
② 我爱热闹，[ ]也爱冷静；[ ]爱群居，[ ]也爱独处。

①中的"北京"和②中的"我"是全句主题，也是各分句主题。这类复句全句有统一的主题，前后分句的主题由相同词语充当。但汉语在不造成歧义的情况下，语用上为求说话简洁，习惯于后续分句的主题承上省略，如②中的后面三个分句都承上省略主题"我"。

（2）异词替代。指主题所指相同，但前后分句所用的词语不同，后分句作主题的词语（使用"简称"或"代词"）对前分句词语起"代替"的作用。例如：

① 中华人民共和国政府是代表全中国的唯一合法政府，中国历来坚持这一原则。
② 露易丝是个非洲姑娘，她皮肤微黑、身材丰满结实，她非常健康。

①的后分句主题"中国"和前分句主题"中华人民共和国"是以简称词代替全称词，②的后分句主题"她"和前分句主题"露易丝"是以人称代词代替专有名词。

2、各分句的主题不同

（1）领属顺递。前后分句的主题词语是领属（或"整体和部分"）关系。例如：

① 这个漂亮的女子名叫安娜，她的身材苗条匀称，她的皮肤雪白细嫩。
② 鲁庄公病死，那些弟弟为争夺君位而相互厮杀。

①的后分句主题"身材、皮肤"和前分句主题"安娜"是领属关系，②的后分句主题"那些弟弟"和前分句主题"鲁庄公"也是领属关系。

（2）并列对举。后续分句的主题与前分句主题是并列对举关系。例如：

> ① 冬天来了，春天也不远了。
> ② 姐姐在弹琴，弟弟在唱歌，妹妹在跳舞。

①前后分句主题不同，前分句主题"冬天"和后续分句主题"春天"并列对举；②前后分句主题也不同，第一分句主题"姐姐"和第二分句主题"弟弟"以及第三分句主题"妹妹"并列对举。

（3）顶真搭桥。指后续分句的主题跟前面分句述题末尾的某个词语环环相扣，类似修辞上的顶真格，也类似前后"搭桥"。例如：

> ① 人不犯我，我不犯人；人若犯我，我必犯人。
> ② 大堂正中摆着一张方桌，桌子上有一个大盘，盘里放着各种水果。

①有四个分句。第一和第二两个分句里，前分句述题里的"我"跟后分句主题"我"顶真搭桥；第二和第三两个分句里前分句述题里的"人"和后分句主题"人"顶真搭桥；第三和第四两个分句里前分句述题里的"我"跟后分句主题"我"顶真搭桥。②有三个分句。第一分句述题里的"方桌"和第二分句主题"桌子上"顶真搭桥；第二分句述题里的"大盘"和第三分句里的主题"盘里"顶真搭桥。

三、关于"述题"的几个问题

述题是对主题进行述说的部分，也有称为"评论"或"说明"的。

述题一般由谓词性词语充当（在省略或隐含谓词的主谓句里，名词性词语也可作述题）。

（一）述题与谓语的关系

述题和谓语是语法不同平面的术语。述题和谓语既有联系也有区别。

1、述题和谓语的联系

述题和谓语都具有陈述或述说功能，所以一般情况下述题部分和主语后面的含有谓语的谓语部分是重合的。例如：

① 张三批评了李四。
② 他喝醉了。
③ 她很漂亮。
④ 他是大学生。

上面句子打横线的部分既是述题部分，也是一般语法书所说的谓语部分。可见在主谓句里述题和谓语部分一般是重合的，即谓语部分能表示述题。

2、述题与谓语的区别

谓语部分通常是句子的述题；但是述题不一定是句子的谓语。这是因为主谓句里的"谓语部分"不等于谓语，在"主谓宾"里，作谓语的只是谓语部分里的"谓词"或谓词性词语。例如：

① 牧童在唱着牧歌。
② 他说清楚了这个问题。
③ 我请他吃饭。

①是"主谓宾"句，可分析为谓词"唱"作谓语，而述题是"在唱着牧

歌"；②是"主'谓补'宾"句,可分析为谓词"说"或谓补短语(说清楚)作谓语,而述题是"说清楚了这个问题"；③是"主'谓宾'补"句,可分析为谓词"请"或谓宾短语(请他)作谓语,而述题是"请他吃饭"。

(二)单句的述题的类型

单句的述题可从不同角度进行分类。

(1)根据充当述题的词语特点分类,述题可以分为四类：一是动词性述题,即由动词性词语为述题中心的述题,如"妹妹已经睡觉了"；二是形容词性述题,即由形容词性词语为述题中心的述题,如"她的脸红扑扑的"；三是名词性述题,即由名词性词语为述题中心的述题,如"他黄头发大眼睛"；四是主谓短语所作的述题,如"他嘛,的确身体很棒啊！"

(2)根据句中述题对主题的述说用途(功能)来分类,可以分五类：一是叙述性述题,叙述主题发出的动作、状态或事件的时间进程或变化等,如"他们正在喝咖啡"；二是描述性述题,描写主题的性质或状态,如"红的火红,绿的碧绿"；三是记述性述题,记载主题呈现或发生的状态或情景,如"地上铺着一条新疆地毯"；四是释述性述题,判断或解释主题和述题中所反映的两事物之间的某种关系,如"他是上海人"；五是评述性述题,对主题所反映的事物或句子所反映的事件作主观评议,如"他可能不来了"。

(三)复句里的述题

复句里联合复句各分句的述题和述题之间的关系多种多样,略举几种：

(1)同语承接。分句里作述题的谓词性词语相同。例如：

① 小李是湖南人,小王是湖南人,小张也是湖南人。
② 风来了,雨来了,和尚背着鼓来了。

（2）异语对举。指前后分句作述题的词语不同或不完全相同,后续分句的述题与前一分句的述题在意义上是相反或相关的。例如:

③ 真正的勇敢者,胜不骄,败不馁。
④ 他是一个诗人,又是一个画家。

（3）异语先后顺递。指前后分句作述题的词语不同,后续分句的述题与前一分句的述题在时间上或逻辑上有先后顺递连续关系。例如:

⑤ 大家先排队,买好票,然后才上车。
⑥ 他们走下车来,绕到车后,帮助推车。

复句里的偏正复句各分句关系非常复杂,因篇幅关系,这里从略。

四、主述句的类别

由"主题+述题"构成的句子,称为"主述句"。由于句子里语用成分主题的多寡以及述题的多寡和表述用途的差别,主述句也有不同的类别。

（一）根据句中主题的多寡分类

一个句子是否可以有多个主题,学界有不同的意见,有的认为一个句子只能有一个主题,有的认为一个句子可以有多个主题。本文认为具体句子要具体分析。有些句子全句只有一个主题,称为"单主题主述句"(简称"单主题句");有些句子里有两个或两个以上的主题,称为"多主题主述句"(简称"多主题句")。

1、单主题句

单主题句指全句只有一个主题的句子。单句很多属于单主题句,如"她喜欢跳舞""天上飘着白云"。复句里单主题句较少,如果"主述结构分句"只有一个,其他分句是隐含主题的"非主述分句",这样的复句是单主题句,如"下雨啦,刮风啦,小猫小狗打架啦"。

2、多主题句

单句和复句都有多主题句。单句谓词前如果有多个名词性词语,就可能有多个主题,因为这种单句基干部分"主述结构"的述题内部还可划分出"主题+述题"结构。句首的主题为全句主题(也称"主要主题""第一主题"),其他为次要主题,可以按从左至右出现的先后次序分析出第一主题、第二主题、第三主题等。[①] 句子的信息传递循着"旧信息→新信息→旧信息→新信息"途径逐层递进,层层串合套叠,所以多主题单句具有层次性或串合性。如"这个问题 我现在脑子里一点印象也没有了"之类。复句多主题句很多,如"我是山东人,他也是山东人,我们都是山东人""大堂正中摆着一张方桌,桌子上有一个大盘,盘里放着各种水果""因为今天下雨,所以气温较低,大家要多穿点衣服"等。

(二)根据句中述题的多寡分类

单句和复句都有"单述题句"。单句如果是个多主题句,在不同层次对不同主题就会有不同的述说部分,也就意味着是一个多述题句。复句大都属于多述题句,如"大雪纷飞,天气酷冷,我们不能去公

[①] 如果主谓短语出现在主谓句里作主语、宾语、定语,则那个主谓结构的主语不必分析为主题,如"我知道他是学生"里,"他"不是第二主题。

园散步了""姐姐在弹琴,弟弟在唱歌,妹妹在跳舞,我在欣赏他们的表演"。

(三)根据述题的表述用途(功能)分类

句干的表述性是由其主述结构里述题对主题述说的情形体现的。就单句而言,述题有叙述性述题、描述性述题、记述性述题、释述性述题、评述性述题五类,相应地可以形成叙述句、描述句、记述句、释述句、评述句等五种单句的基本句类。

1、叙述句(也称"叙事句""事件句")

叙述句由叙述性述题构成,旨在表述主题事物的活动或事件的时间进程,如"他正在写文章"。这类句子还可进行下位分类,如分为主动句(如"张三批评了李四")、被动句(如"李四被张三批评了")、把动句(如"张三把李四批评了")、使动句(如"虚心使人进步")等。叙述句一般用于叙事文,不用或很少用于议论文或应用文。

2、描述句(也称"描写句""表态句")

描述句由描述性述题构成,旨在描写主题事物的性质或状态,如"这孩子真勇敢"。这类句子还可进行下位分类,如分为性质句(如"桃花红,柳叶绿")、状态句(如"麦苗绿油油的")。描述句多用于文艺作品,很少用于说明文或议论文,不能用于应用文。

3、记述句(也称"记载句")

记述句由记述性述题构成,旨在记载主题事物的呈现或发生的状态、情景。记述句还可进行下位分类:根据主题词语的语义特点,可再分为两类:一类是处所呈现句(一般称为"存现句"),指处所词语作主题的表示存在、出现、消失的记述句,如"门口坐着一个老人、烟囱里冒起青烟";另一类是事物呈现句(也称"发生句"),指事物词语(人或物)作主题的、述题表达其所属事物存在、出现、消失、损坏的记述句,如"王冕七岁时死了父亲、女人流着眼泪"。根据呈现或发生的时间过程状态分类,下面还可分为三类:一是存在句,如"门口坐着一个老人、女人流着眼泪";二是出现句,如"前面来了几个人、树梢长出了嫩芽";三是消失句(或称"消损句"),如"村里死了一头牛、老张伤了一条腿"。记述句在文艺作品里用得比较多,评论文、应用文一般不适用。

4、释述句(也称"判断句""判释句""诠释句")

这类句子由释述性述题构成,旨在对事物之间的关系进行判断或解释。根据释述的意义,还可进行下位分类,如分为判断句(如"当归是一种中药")、比喻句(如"湖水像一面镜子")、比较句(如"这里的生活水平高于贵州")、领有句(如"他有两个弟弟")、隐释句(如"兔子尾巴长不了")等。[①] 释述句用途较广,多用于说明文、议论文,也可以用于应用文。

5、评述句(也称"评议句")

这类句子由评议性述题构成,旨在对主题进行评述。根据评述的意义,这类句子还可进行下位分类,如分为"评估句"(如"他可能明天回来""这个问题很值得研究")和"意欲句"(如"我想找个好工作""他要去北京玩")等。评述句主要用于议论文,也用于说明文,很少用于应用文。

---

① 汉语里有一种很有特色的歇后语句子,它是一种很特别的"释述句"(述题对主题引申注释)。笔者曾经把这种句子称为"主谓复句"(参看《谈一种特殊类型的复句》,《汉语学习》1984年第1期)。当时是根据主谓关系是"被陈述和陈述"关系这样的前提推论出来的。现在认识到它不是"主谓句",而是一种"主述句"。

语用成分中的插语

析句时,从语用平面可分析出句子的语用成分。语用成分是句子中语用结构的成分。主题、述题、插语等,都是句子的语用成分。本文着重探讨句子语用成分之一的插语。

一、插语的性质

(一)学界对插语的一些看法

什么是插语,先看实例:

① <u>老张</u>,你到哪里去?
② <u>啊唷</u>,你这么操心!
③ <u>看样子</u>,他没有完成任务。
④ 我的信,<u>想必</u>你已经收到了。
⑤ 在南宋,<u>据说</u>,有许多书是用活字印的。
⑥ 大多数的掘地昆虫,<u>例如金蜣</u>,它们的窝外面总有一座土堆。

上边句子里的"老张""啊唷""看样子""想必""据说""例如金蜣"等,我们称之为插加语,简称插语。也有的语法书称作"插入语、穿插语、插说"的。

对于插语的性质,语法学界一般都把它看作为独立于句子之外的

"独立成分"。如初中课本《汉语》说:"在句子里插入一个部分,它不作主语、谓语、宾语、补语、定语、状语,同时既不起连接作用也不表示语气,在句子里不跟别的成分发生结构关系,这是一种插说的表示法。这样的成分叫作独立成分。"① 刘世儒在《谈独立成分》一文中对《汉语》的"独立成分"作了进一步的阐释,他说:"独立成分是句子的一种特殊成分……简单说,就是:(1)一种成分独立句外,不和句中的任何一种成分发生结构上的关系(比如主谓关系、动宾关系等);(2)因此,它也就不能是句中的任何一种成分(比如主语、宾语等);(3)它只独立句外,简单地表示说话人的某种情感或某些意思;(4)因此,它在句子的结构上就不是必需的,但在语言的表达中却仍然是有用处的。"② 上面这种观点相当流行,凡是参照"暂拟汉语教学语法系统"编写的语法书,差不多都采纳了上述观点。

(二)对学界某些观点的讨论

学界对插语有一些观点,是很值得讨论的。

1. 插语是句内成分还是句外成分

(1)插语应该是句子内的"句内成分"。但按照刘世儒的意见,插语是"独立句外"的,那就是说它是句子之外的"句外成分"。从理论上说,任何句子成分都是在句子之内的,不可能在句子之外。比如"看样子,他没有完成任务"或"他看样子没有完成任务",这两个都是单句,都应该看作是一个句子。如果承认它们是一个句子,那么句中的"看样子"理应视为存在于句内的"句内成分"。句子之外,只有其他的句子,或者连接句子与句子的某些关联词语,不可能有"独立句外"的"句子成分"。其实《汉语》倒是说"在句子里插入一个成分",还是承

---

① 初中课本《汉语》第四册第93页,人民教育出版社,1956年。
② 刘世儒《谈独立成分》,《语法和语法教学》第59页,人民教育出版社,1956年。

认插语是句内成分的。假如坚持认为插语"独立句外",那它当然和句子没有什么关系。

（2）应该把句子成分和句法成分区别开来。传统语法的句子成分分析法,着眼于句子的句法结构分析,句子中间的每个实词在该句法结构里都充当某种句法成分,所以都被称为句子成分,比如"看样子,他没有完成任务"这个句子里,"他没有完成任务"是个句法结构,其中的"他、没有、完成、任务",被分析为"主、状、谓、宾"句内成分,而插语"看样子"对该结构而言,确是独立于外。但事实是,汉语的插语,像其他所谓句内成分或句子成分一样,也是由实词或短语充当的,所以插语也是整个句子的有机组成部分,也应该是句子的成分,只不过是两种不同平面的句子成分,即主语、谓语之类是句法平面的句子成分,句法结构之外的插语（"看样子"之类）是语用平面的句子成分（即句子里的语用成分）。没有插语的句子和有插语的句子都是句子,如"他等会儿会来的"是一个句子,说成"说不定他等会儿会来的"也同样是一个句子,区别在于后者多出了一个插语"说不定";可见,插语是句内成分,而不是句外成分。只不过它不是句子内的句法成分,而是插加在句中添加某种语用意义的语用成分。

2. 插语在句子里是不是多余的

这个问题与上边的问题是有联系的。如果说插语在句法结构里不是必需的,那还可以理解,但句子除句法结构外,还有语义结构和语用结构。刘世儒认为插语在句子结构里"不是必需的"。王力也有类似的看法,他曾说,插语"是在必需的语言里插进一些似乎多余的话"。所以他认为,插语在句子里不是非有不可的;如果把插语去掉,句子"仍然不丧失它的意思"[①]。如果把插语看作句子句法结构里"不是必需

---

① 王力《中国语法理论》（下册）第 230 页、241 页,中华书局,1955 年。

的",也许还说得过去;但如果把插语看作句子里"多余的话",因此认为在句子里"不是必需的",那就值得商榷了。事实上,插语不是可有可无的"多余的话",语言事实证明,它是某些句子的必需的组成部分。一个句子有没有插语,意思有一定的差别。就以"看样子他今天不来了"整个句子来说,插语"看样子"是表示说话者对情况的推测。句子里有没有"看样子",句子的意思便不一样,试比较:

① 看样子他今天不来了。　② 他今天不来了。

① 句表示说话者主观推测可能发生的一种情况;② 句去掉"看样子",便表示客观存在的已然情况。一句指事情还未发生,一句指事情已经发生,两句意义差别很大,怎么能说"看样子"是"多余的话"呢?怎么能说去掉插语仍"不丧失"句子的意思呢?怎么能说插语在句子里"不是必需的"呢?刘世儒也承认插语在语言的表达中"是有用处的",王力也说插语"能使语言变为曲折,或增加情绪的色彩"。黄伯荣、廖序东也说在意义上"是全句所必需的"。他们一会儿说插语"不是必需的",是"多余的话",一会儿又说插语"是有用处的",岂非自相矛盾?其实大家事实上都承认插语在句子的表意上是必需的,不是多余的,这说明插语在句中是个有用的成分。一个句子表达的意思,有的只表达一个客观事实或事件,有的在表达一个客观事实或事件时还通过插语增加某些意义。如果认为去掉插语句子仍完整(仍是一个句子),所以证明插语是多余的、不是必需的,那么,照此类推,在某些句子里面,有的定语、状语、补语之类去掉,句子结构也还是完整的,能否说定语、状语、补语在某些句子里也不是必需的而是"多余的话"呢?试比较:

① <u>据说</u>,河北有种鸟叫"寒毛虫子"。
② <u>忽然</u>,一个老人走了过来。

③ 玻璃窗上有<u>精致</u>的花纹。

④ 他这部电影已经看过<u>三遍</u>了。

①句中的"据说"是插语,②句中的"忽然"是状语,③句中的"精致"是定语,④句中的"三遍"是补语。它们都可以视为句子里的"句内成分",假如把插语、状语、定语、补语都去掉,四个句子分别为:"河北有种鸟叫'寒毛虫子'""一个老人走了过来""玻璃窗上有花纹""他这部电影已经看过了",这些都还是可以成立的。如果说插语是"多余的话",说插语不是句子所必需的,那么上述句子里的状语、定语、补语不是也可说在句子里不是必需的吗?但作为状语、定语、补语,一般语法书上认为是结构上必需的,而不是"多余的"或可有可无的。可见,与某些状语、定语、补语一样表面上看来不是句子所必需的插语,似乎也没有理由认为它在句子里是"多余的话"。当然,这并不意味着每个句子都需要插语,正像句子的句法结构里并不是每个句子都需要状语、定语、补语一样。一个句子要不要插语、状语、定语、补语,都决定于语境里言者表达的要求。

3. 插语和被插加的成分是一种怎样的结构关系

(1)插语和被插加的成分构成结构关系。插语是句子中的语用成分,当然不跟句子句法结构里的句法成分发生结构上的关系。但插语既然是句中成分,它便必然与句中被插加的成分发生结构关系;如果不和任何成分发生结构关系,那是不可理解的。一般语法书只讲"六大成分",即主语、谓语、宾语、定语、状语、补语。插语和这六大句法成分确是没有直接的关系。然而,有插语,就必然有被插加的成分与它相对。插加成分与被插加的成分之间本身也构成一种结构关系。陈望道把这种结构方式称之为"穿插关系""穿插法式",由穿插关系构成的结构称为"穿插组织"(按:即"穿插结构");他认为"穿插语对于句子富有笼罩、烘托、映带的作用",不能称为"多余的话",也不能看作与句子"毫无关联的,独立于句子之外"的"独立语"[①],这是很有见地的。不过这种结构在我们看来不是句法平面的句法结构,而是一种语用结构。

笔者认为,插语是一种语用成分,是在句子之中的,而不是在句子之外的;插语也不是与句子无关的"独立成分"。插加成分与被插加成分(插语的中心语)之间从结构上看也是一种偏正关系,所以被插加的成分似可看作"核心语"或"中心语",插语和它的核心语构成的结构可称作插心结构。插语像状语、补语一样,也是一种附加语(偏语,从属语),是对核心语(指被插加的部分)进行限定、修饰或补充说明的。试比较:

① 今天大概不会下雨。
② 今天看来不会下雨。
③ 按照政策,政府已经安排了他的工作。
④ 据小王说,政府已经安排了他的工作。

例①③一般语法书称之为状语,例②④一般都看作插语。比较一下,从所表意义上看似乎无多大区别:例①②的副词状语"大概"和插语"看来"都表示推测,例③④的介词短语"按照政策"所作的状语和插语"据小王说",都表示依据。区别在于:状语是附加在谓语上的附加语,插语是插加在核心语(句子里的句法结构体)里的插加语。如果说状语和谓语的关系是附加和被附加的关系,那么插语和核心语之间的关系就是插加和被插加的关系。

---

① 陈望道认为句子成分相互接连通贯组成六种对待关系,即"主谓关系、谓宾关系、谓补关系、形容关系、疏状关系、穿插关系",指出"穿插关系"是穿插语和被穿插的组织(指句法结构体)构成"穿插法式"。参看《文法简论》第36页,上海教育出版社,1978年。

（2）插心结构的特点。插语与状语、补语等附加语有类似之处，但有极大的差别。与其他附加语相比，它是一种特殊的附加语。插心结构虽然也是句子里的结构，但它不是句子的句法结构，而是句子的语用结构，所以是一种特殊的偏正结构。它的特殊性表现在：

第一，插语与其核心语的关系比较松散。其他的偏正结构，附加语和中心语之间的关系比较紧密，中间通常没有停顿（如状心型偏正结构"慢慢地走"，定心型偏正结构"巨大的成绩"，补心型偏正结构"跑得非常快"等）；如果有停顿，那是语用表达上的某种需要。而插语和它的核心语构成的偏正结构通常有停顿，在书面上常用逗号等标点符号隔开；倘若没有停顿，或者是出于语法习惯，或者是表达上的某种需要。

第二，许多插语的语序比较灵活。有些插语可在句子头上，也可在句子中间（如在主语和谓语之间），甚至也可在句子末尾，例如：

① 依我看，这件事该这样做。（插语在句首，后有停顿）
② 依我看这件事该这样做。（插语在句首，后无停顿）
③ 这件事，依我看，该这样做。（插语在句中，后有停顿）
④ 这件事，依我看该这样做。（插语在句中，后无停顿）
⑤ 这件事该这样做，依我看。（插语在句末，煞尾停顿）

但也并不是所有的插语位置都很灵活，有些插语位置相对比较固定，如某些表示追补性注释的插语大都在句子末尾（"宅前有个院子，很大的院子"之类）；又如表示限定性（或"限制性"）的注释语大多在句子中间（"高等学校，特别是综合性大学，在传播知识的同时，也应重视科学研究"之类）。

第三，插语是插加在句中句法结构体上的。句法结构体里的"主谓、谓宾、偏正"等结构反映客观事实，映射句子的语义结构；而插加在句法结构上的插语则是表示一种附加意义（语用意义），即对被插加的那个成分(句法结构体)所反映的事实表示主观的态度、感情等。例如：

① <u>看样子</u>，他身体不太好。
② <u>说真的</u>，她唱的歌我不爱听。
③ <u>喔唷</u>，这一针打得真痛啊。

例①的插语"看样子"表推测，例②的插语"说真的"表肯定，例③的插语"喔唷"表感叹。可见句中的插语都是反映说话者对客观事实的主观意见、态度或感情的。句法结构可确定句型，而插心结构与句型无关。插心结构的句子的句型是由其核心语所示现的句法结构体的句法成分及其层次结构决定的。

二、插语的范围

1、学界有不同的看法

插语的范围，语言学界看法很不一样：

（1）范围最小的，是吕叔湘、朱德熙的《语法修辞讲话》。该书把插语限制在插在句子中间的。该书说："把一个句子的结构打断，插一句话进去，从前也有这种句法，但是不大常用。近来这种句法多起来，是受了外国语法的影响。"该书所举实例，都是插在句子中间的。底下两句就是该书所举的例子：

① 如果二十来个字母都认不清，<u>请恕我直说</u>，那么，化学也大抵学不好的。
② 一个美国记者，<u>据说是纽约邮报的</u>，他看他的世界真是宽广。

这些插语都插在句子中间的，所以该书称之为"插入语"，这是最严格意义上的插语。

（2）初中课本《汉语》的"插说"，范围较广，不限于句中，还包括句首和句尾，所举的例子如：

① <u>老实说</u>，我对你还不大放心。
② <u>据说</u>，十级台风已经在浙江沿海登陆了。
③ 过去成绩比较差的同学，<u>比如朱佩珍</u>，这学期也有显著的进步。
④ 你应该亲身去慰问一趟，<u>按理说</u>。

上边例①②的插语在句子头上，例③的插语在句子中间，例④的插语在句子末尾。

（3）叶南薰的《复说和插说》一书中说到的插语范围，又比《汉语》要广一些。该书所举实例除《汉语》提到的一些之外，还有些是《汉语》所没有的。例如：

① <u>此外</u>，各地农村还兴修了大量的小型水利工程。
② <u>总之</u>，夜间的一切他都知道得清清楚楚。
③ 他<u>一来</u>不知道你的意思，不好向你开口，<u>二来</u>就是想对你说，也没有个好的机会。
④ <u>幸亏</u>荐头的情面大，辞退不得，便改为专管温酒的一种无聊的职务了。
⑤ 你们<u>恐怕</u>赶不上这趟火车了。

（4）王力《中国语法理论》和陈望道《文法简论》说到的插语，范围更广。例如：

① <u>大伯</u>！我们什么时候回来？（《文法简论》例）
② 唐朝诗人<u>李贺</u>不是困顿了一世的么？（《文法简论》例）
③ <u>鸡</u>，不吃了。（《文法简论》例）

④ 别的没有，我们家折腿烂手的人还有两个。(《中国语法理论》例)

⑤ 抬头看时，不是别人，却是他父亲。(《中国语法理论》例)

2、本文的意见

本文认为，插语的范围不应只局限于插在中间的，那样的范围似乎小了一些；因为插在中间的跟在句首、句尾的都具有插加的意义，只是插加位置上有差别。试比较：

① 我们这些人，恕我直说，谁也没有小王精明。

② 恕我直说，我们这些人，谁也没有小王精明。

如果①句中的"恕我直说"是插语，②句中的"恕我直说"不分析为插语又算什么呢？所以从语法意义语法形式相结合来考虑，同样的词语在句中起同样作用，出现在句首、句中、句尾时，都算作插语也许是合理的。

但是插语的范围也不宜太大，应该替插语作些限制，这也涉及如何辨认插语的问题。王力认为，辨认插语的方法，"咱们可以试把插入的话去掉，看那句话是否仍旧不丧失它的意思，如果是的，就可说是插语了"[1]。这方法很难行得通，因为有时候定语、状语、补语去掉，那句话也还是成立的；而且有的句子，甚至将主语去掉，那句话仍旧不丧失它的意思。用能否去掉来辨认插语，势必扩大插语的范围。本文认为，要准确地辨认插语，可注意以下几点：

（1）插语要与副词作状语区别开来

有些副词作状语时，很像插语，比如上面叶南薰《复说和插说》一书中提到的"幸亏"和"恐怕"，不应当看作插语，实际上是副词作状

---

[1] 王力《中国语法理论》(下册)第241页，中华书局，1955年。

语。"幸亏""恐怕"和"也许""大概"一样,都是语气副词,它们共同的特点是,可放在动词或动词性短语之前作状语,也可以放在主语之前修饰整个主谓结构。比较:

① 也许他没有来。|他也许没有来。
② 幸亏他没有来。|他幸亏没有来。
③ 大概他没有来。|他大概没有来。
④ 恐怕他没有来。|他恐怕没有来。

(2)插语与关联词语应当区别开来

《汉语》说插语"不起连接作用",这是正确的。如果一个词语在句子中或句子外能起关联作用,则应看作关联词语,而不应当看作插语。比如上面叶南薰《复说和插说》一书中提到的"此外"和"总之"以及"一来……二来"等词语,都是有关联作用的,都应当划到关联词语里去。把句子中甚至句群中的关联词当作插语也是欠妥的。

(3)插语与复指语也应当区别开来

两个词或短语指同一事物,它们组合起来作为一个语法单位的,是复指短语(也称"同位短语")。例如:

① 嫂子你吃不了兜着走。
② 唐朝诗人李贺不是困顿了一世的么?
③ 他们三个人同时跑到终点。
④ 她们母女俩在一个单位工作。

上面例①②③④都是复指短语在句中作主语,"嫂子、李贺、三个人、母女俩"不应看作"插语"。

(4)插语与独词句应当区别开来

有些表示呼应、感叹的词语,可以单独成句(单独成句时在书面上一般用句号或惊叹号),就不能分析为插语。但有些表示呼应、感叹的词语不是独词句,只是插加在句子里成为句子中的一个插语,这时,书面上用逗号。比较:

① 大伯!我们什么时候回来?　②"唉!别说了!"
③ 小栓的爹,你就去么?　　　④唉,我真的糊涂了。

上面例①中的"大伯!"是独词的单句,作呼句,例②中的"唉!"是独词的单句,作感叹句。独词句是不应视为插语的。但③④里的"小栓的爹、唉"则属于插语。

(5)插语与主语、主题应区别开来

汉语里有些动词的受事放在句首,便成了主语或主题,如"大门,紧紧地关着呢""饺子,已经煮熟了"之类。这种句子里受事词语在句法平面分析为主语,在语用平面分析为主题,就不应当看作插语。上面提到的"鸡,不吃了。"这个例子,是个歧义句,有两种可能:在一种语境里是"鸡,(我)不吃了",在另一种语境里是"鸡,不吃(米)了",前句"鸡"应分析为主题(宾语主题化),后句"鸡"在句法平面为主语,在语用平面是主题,都不应看作插语。此外,有的句首词语也有跟句子的句法结构里的词语在意义上有复指关系的,如"老张,我两年前就已认识他了"里,"老张"跟句子句法结构里"认识"后的宾语"他"指同一事物。这个"老张"在句首确是独立于句子的句法结构外,也是一个语用成分,应该分析为句子的主题(复指语所作的宾语主题化),而不能看作插语。

(6)插语与某些分句应该区别开来

有些复句里的分句在句子头上,很像插语。应该把插语与分句区别开来。例如:

① 别的没有，我们家折腿烂手的人还有两个。(《中国语法理论》例)
② 抬头看时，不是别人，却是他父亲。(《中国语法理论》例)
③ 小栓的爹，你就去么？(《文法简论》例)
④ 老迅，我们今天不喝酒了。

上面例几句实际上都是复句：例①里的"别的没有"属于表示并列关系的联合复句里的前分句，例②"不是别人"属于转折关系的偏正复句里的前分句；例③④属于表示呼应的分句。上述分句都不应该分析为插语。

三、插语的分类

插语的分类，有不同的标准。不同的标准，分出来的类是不一样的。

(一) 根据插语的作用或用途来分类

根据插语的作用或用途来分类，可以分成四类：

1、表示引起对方注意的插语

这类插语插加在句子中表示打招呼或应答，主要作用是引起对方的注意。"看""听"等动词或"你看、你听"等习用的主谓短语常用来充当这类插语。例如：

① 你看，这是谁做的事？　② 你听，他又摔东西了。
③ 听，那是什么声音？　　 ④ 看，那是什么东西？

例①②"你看""你听"是习用的主谓短语作插语，例③④是动词"听、看"作插语。这类插语的特点是大多出现于句首，后面要有停顿，书面上只能用逗号。

2、表示感叹的插语

这类插语是插加在句子中表示感叹情绪,或者表示喜悦,或者表示愤怒,或者表示悲哀,或者表示惊讶,或者表示赞叹,一般是由口气词充当的,例如:

① <u>唉唉</u>,我真傻。　　② <u>哎呀</u>,我上当了。
③ <u>啊</u>,你来得正是时候。　④ <u>喔唷</u>,我当是谁,原来是你。

3、表示评议的插语

这类插语大都是插加在句子中表示评议性的,一般都表示说话者本人对核心语所述说的事实的一种看法和态度。这类插语还可分为三小类:

(1)表示推测、估计的插语,例如:

① 这天气<u>看样子</u>快要下雨了。
② 托人带给你的茶叶,<u>想必</u>已经收到了。
③ 这种事<u>说不定</u>明天还会发生。
④ 我看樱花,<u>往少里说</u>,也有几十次了。

表示对情况估计或推测的插语常用"看样子""看来""看起来""想来""想必""料想""说不定""往少里说""充其量""大不了"等词语表示。

(2)表示肯定口气的插语,例如:

① <u>无论如何</u>,我明天决计要走了。
② <u>严格地说</u>,你们的产品是不合格的。
③ <u>说实话</u>,武震是不太喜欢山的。

④ 这件事,不用说,当然是十分重要的。

⑤ 说真的,我的确不会唱歌。

⑥ 毫无疑问,你说的是正确的。

表示肯定口气的插语,常用"说真的""老实说""说实话""严格地说""不瞒你说""说实在的""不用说""不可否认""无论如何""毫无疑问"等词语表示。

(3)特提是自己(我)看法的插语,例如:

① 这个任务,依我看明天准能完成。

② 我看,你这种观点是不对的。

③ 照我看来 这已经够好的了。

④ 依我看来,这事你确实做得不对。

特提"是自己(我)看法"的插语,常用"依我看""我看""照我看来"等词语(这些词语里都有第一人称代词"我")表示。

4、提示事件来源的插语

提示事件来源的插语是插加在句子中表示所说事件的来源的,例如:

① 据报道,世界上最重的人有三百公斤。

② 听说他前天到北京去出差了。

③ 这件事,据说已经调查清楚了。

④ 我家的后面有一个很大的园,相传叫作百草园。

这种插语用于提示句中所说某事的来源,是说明句子表达的事件并非本人亲自所见,而是根据旁人所说或据某种传说,常用"据说""传说""传闻""听说""相传""据报道"等词语表示。

5、表示注释性的插语

注释性的插语是插加在句子里对句中所表示的某事物作注释性的补充或说明的。这类插语可分为四个小类：

（1）复指性的注释语，例如：

① 这样一直继续到教完了他所担任的功课：骨学、血管学、神经学。
② 我们高山邮政营业处里，共有四人：徐主任、老马、我和高峰。
③ 我10岁那年，即1905年，清政府停止了科举取士制度。
④ 目前市场上高档保姆的供给严重不足，或者说几乎就没有。

表示复指性注释的插语，通常是由名词或名词性短语来充当的，被复指的词语与复指性插语之间，常用冒号、破折号、逗号隔开，有的还用一些关联词语（例如"即""也就是""或者说"等）来连接插语和被插语复指的词语。

（2）举例性的注释语，例如：

① 实词，例如名词动词形容词等，都能充当句法成分。
② 有点小玩意儿，比如粘补旧书等等，他就平安地消磨半日。
③ 我们祖国还有许多辽阔土地，像西北、康藏边疆一带，尚未开发利用。
④ 有些工作，譬如透视厚金属板，就需要选择放射能量数大的丙种射线的同位素，如钴60钼182等。

表示举例性注释的插语，通常也是由名词或名词性短语充当的。在这类插语与被注释的词语之间，常用关联词语"例如""如""比如""譬如""像"等等连接。

（3）限定性的注释语，例如：

① 成语，尤其是隐喻性成语，往往是很早一开始就语用化了。
② 这个问题关系到每一个人，包括每一个知识分子的切身利益。
③ 不少农作物，特别是粮食，受到相当大的损失。
④ 这家人，除了老头，我谁也看不上眼。

表示限定性的注释语，是对被限定的词语所表示的事物的范围进行限定性的补充说明：或是说明包括什么，或是说明排除什么，或是说明突出什么。这类插语一般也是由名词或名词性短语充当的，在插语和被插语限定性的词语之间常用"包括""除开"" 除了""尤其是""特别是"等表示限定的词语连接。

（4）修饰性的注释语，例如：

① 这处有个村子，不小的一个村子。
② 他必能自己打上一辆车，顶漂亮的车。
③ 他头上戴着一顶帽子，很破很破的帽子。
④ 那边走过来一个人，很古怪的人。

修饰性的注释语是对被修饰的词语所表示的事物进行追补性的描写的。这类插语一般是由定心短语充当，插语中的名词和被插加部分的名词相同，插语中的形容词对被插加部分的名词起修饰性的注释作用。

（二）根据插语的位置来分类

根据插语的位置，插语可分为两大类：
（1）位置比较自由的插语。通常在句首或句子中间，在句末的也有。表示评议的插语和提示事件来源的插语的位置相对比较灵活。例如：

① 依我看,这任务三天内可以完成。
② 这任务,依我看三天内可以完成。
③ 这任务三天内可以完成,依我看。

这三句都能成立,但以①②两式为常,③式较少。通常要急于说出事情或情况,则可把事情先说出来,然后反把插语放在最后,带有追补的意味。

（2）通常置于句首的插语

表示呼应或感叹的插语以及表示引起对方注意的插语,通常置于句首,如"听,那是什么声音？""毫无疑问,你说的是正确的。""妈妈,您放心吧！""唉唉,我真傻"之类；但有时也可以出现于句末,例如：

① 您放心吧,妈妈。　　② 我可真的忘记了,哎呀！
③ 隔壁好奇怪的声音,你听。　④ 俺爹他来了,你看。

出现于句末的情形比较少。

（3）通常置于句末的插语。有些注释性插语可在句末或句中,如举例性和限定性里面的复指性注释语；但是修饰性注释语一般都置于句末,是对句中表示的事物作追补性的注释,所以有的语法书（如张志公的《汉语语法常识》,中国青年出版社,1953年）称其为"补语",这也证明这类插语的追补性质。

关于宾语问题

1955年7月《语文学习》编辑部发动汉语主宾语问题的讨论,至1956年12月《中国语文》杂志社将讨论的文章编辑成《汉语的主语宾语问题》由中华书局出版,前后断断续续讨论将近一年。这是汉语语言学界继汉语词类问题大讨论后的又一次规模较大的专题学术讨论。这次讨论集中在如何确认汉语的主语和宾语问题上。在讨论中,大家提出了许多有代表性的语料,摆出了各自的看法,大多数学者主张解决汉语的主宾语问题要兼顾"意义"和"形式",虽然在如何"兼顾"上人们没能取得一致的看法,但从总体上看,这次讨论对汉语语法研究是有促进作用的。关于主语问题,笔者已有专文发表。[①] 本文专论汉语的宾语,以此作为对50年前这场讨论的纪念。

一、汉语宾语研究的现状

(一)学界对分析汉语宾语有不同的意见

如何确认汉语语法中的宾语,是个棘手的问题。在狭义形态丰富的屈折语里,凭狭义形态就可确认,如凭宾格和与格的形态就可确认直接宾语和间接宾语。汉语狭义形态很少,这就为确认宾语带来困难。

---

① 参看范晓《汉语句法结构中的主语》,《语言研究的新思路》,上海教育出版社,1998年。

50年前语言学界"汉语的主宾语问题"的大讨论中,大家都认为确定宾语要兼顾"意义"和"形式",但由于理论和方法上的差异,在如何"兼顾"上有不同的意见。当时主要有三种意见,第一种,偏重于意义,认为确认宾语应以意义为主。如说:分析宾语"起决定作用的是意义";"确认汉语主语宾语主要应根据意义"。① 第二种,偏重于形式,认为确认宾语应以形式为主。如说:分析宾语"应以词序或位次为主,意义为辅";"在一般情况下,不管施事或受事,在动词前边的就是主语,在动词后边的就是宾语"。② 第三种,意义和形式并重,不分主次。如说:"必须同时顾到结构与意义……要从结构中发现意义,要找出结构与意义之间的确切关系来"。③

由于没有一个为大家公认的确认汉语宾语的根据或标准,反映到讨论之后出版的语法著作或汉语教科书里,对宾语的认识不一样,在分析句中某个词语是否宾语时也就有分歧。比如,在受事名词出现在动词前或句首(施事名词前)是不是宾语的问题上,就存在着不同的看法。选几本有代表性意见的著作来看看:丁声树等著《现代汉语语法讲话》主张拿位置作标准,认为宾语在"动词后头",把动词前的名词性词语都分析为主语,如把"你什么都懂""这位老人家我也认得""我饭也吃过了,水也喝过了"中的"什么、这位老人家、饭、水"都看作主语。④ 人民教育出版社《汉语知识》说:"宾语是动词后边的连带成分,表示动作涉及的人或事物。"但又认为"在有些句子里,宾语用在动词前边,作动词的前置宾语",如把"我谁都不认识""他一口水都没喝""雨来把书藏在怀里"中的"谁、水、书"分析为宾语。⑤ 胡

---

① 参看中国语文杂志社编《汉语的主语宾语问题》第114、126页,中华书局,1956年。
② 参看中国语文杂志社编《汉语的主语宾语问题》第52、40页,中华书局,1956年。
③ 参看文炼、胡附《谈宾语》,《汉语的主语宾语问题》第135页,中华书局,1956年。
④ 丁声树等著《现代汉语语法讲话》第12页、第25—27页,商务印书馆,1961年。
⑤ 人民教育出版社《汉语知识》第56页、第128—129页,人民教育出版社,1959年。

裕树主编《现代汉语》认为宾语一般置于动词之后,但也可置于动词之前,如把"他什么都会""我一个人都不认得""我上海也到过,天津也到过"等句子里的"什么、一个人、上海、天津"等分析为宾语。并指出"宾语用在动词的前边,只改变了宾语的位置,没有改变动词和宾语之间的结构关系"。①朱德熙《语法讲义》说:"在正常情况下,主语一定在述语前头,宾语一定在述语后头"(按:他说的"述语"即"谓语")。所以把谓语动词前的受事名词都看成主语,如把"我们什么活儿都干""什么活儿我们都干"句子中的"什么活儿"都分析为主语。②吕冀平《汉语语法基础》说:"在句子里,作为受动词的支配或者制约的对象、回答'什么'或者'谁'等问题的动词的后置成分,叫作宾语。"但也认为宾语"可位于动词之前,或者必须位于动词之前",如把"他什么也不知道了""什么他也不知道了"句子里的"什么"都分析为宾语。③屈承熹《汉语认知功能语法》认为句子里动词前有施事和受事时,施事优先作主语,所以在分析"我写信了""信我写了""我信写了"三个句子时,主张把"我"分析为主语,"信"都分析为宾语。李英哲等也有类似的看法,认为在作话题的语境中汉语宾语可前置,所以有"直接宾语+主语+动词"(如"床我没有")和"主语+直接宾语+动词"(如"小任青菜不吃")等宾语前置的句型。④为了醒目,这里把有代表性的著作对代表性句子(动词前有施事、受事名词性词语的)的分析列表如下:

---

① 胡裕树主编《现代汉语》(增订本)第382—383页,上海教育出版社,1981年。
② 朱德熙《语法讲义》第110、116页,商务印书馆,1982年。他还把"看一次、走一趟、住一个月、休息半个钟头"中的动量词语和时量词语也看作宾语,这点和一般语法书不同。
③ 吕冀平《汉语语法基础》第214页、第222—223页,商务印书馆,1999年。
④ 屈承熹《汉语认知功能语法》第193页,黑龙江人民出版社,2005年。李英哲等《实用汉语参考语法》第41页,北京语言学院出版社,1990年。

作者及其著作 \ 例句	这样的事情谁肯干?/什么活儿我们都干	他什么事情都做/我们什么活儿都干	这本书我看过了/信我写了	我这本书看过了/我信写了
丁声树等《现代汉语语法讲话》	主－主－动	主－主－动	主－主－动	主－主－动
人民教育出版社《汉语知识》	主－宾－动	主－宾－动	主－宾－动	主－宾－动
胡裕树主编《现代汉语》	主－宾－动	主－宾－动	主－宾－动	主－宾－动
朱德熙《语法讲义》	主－主－动	主－主－动	主－主－动	主－主－动
吕冀平《汉语语法基础》	宾－主－动	主－宾－动	主－宾－动	主－宾－动
屈承熹《汉语认知功能语法》	宾－主－动	主－宾－动	宾－主－动	主－宾－动

从这张表里，可看出在宾语能否前置的问题上各家分歧较大。如果谓语动词前有两个名词，其中一个是施事名词，另一个是受事名词，分析它们时大体上有三派意见：

第一派认为：受事名词在施事名词和动词之间分析为宾语，受事名词在施事名词前的句首分析为主语。如人民教育出版社《汉语知识》、胡裕树主编《现代汉语》就是这样处理的。

第二派认为：受事名词在施事名词和动词之间或受事名词在施事名词前的句首，一律分析为主语。如丁声树等《现代汉语语法讲话》、朱德熙《语法讲义》就是这样处理的。

第三派认为：受事名词在施事名词和动词之间或受事名词在施事名词前的句首，一律分析为宾语。如屈承熹、李英哲等的著作就是这样处理的。这跟过去黎锦熙的《新著国语文法》、王力的《中国语法纲要》、吕叔湘的《语法学习》的分析是一致的。[①]

[①] 参看中国语文杂志社编《汉语的主语宾语问题》第12页，中华书局，1956年。

（二）宾语问题值得进一步研究

不同语法书对宾语的不同意见，使学习语法者感到十分困惑。经常有学生问：究竟哪种说法比较合理？学习它究竟有什么用？考研究生时该用哪种分析法？在学界也有人认为，词类以及主宾语这些概念完全是西洋语法的概念，汉语语法不必讲句法结构，不必讨论主宾语等问题。学生因困惑而产生这样那样的疑问情有可原，是学界研究得不够才造成的。但如果研究汉语的学者因为辨别主宾语困难而轻视汉语的句法，否定汉语主宾语问题的重要性，那就有点因噎废食了。解决这个问题是有困难，不能打退堂鼓，应该知难而进。

如果汉语真的没有句法结构，当然就无所谓主语、谓语、宾语等句法成分。问题是语言之间有共性，各种语言都有语法，各种语言的语法都有句法、语义和语用。汉语再特殊，也不可能特殊到没有句法。不同的语言的句法结构有共性的一面，如都有主语、宾语等句法成分，都有主谓结构、谓宾结构、偏正结构等句法结构，都要根据句法结构的格局来确认句型。但既然是不同的语言，也会有所差异：就宾语来说，屈折语一般凭借狭义形态就可确认宾语；而汉语不能凭狭义形态辨别宾语，那就得另辟蹊径来解决这个问题。虽然当前语法研究的重点已转向语义和语用，但句法中的主宾语问题也不应回避，需要进一步研究和讨论。

二、确认汉语宾语的根据

（一）对宾语要有一个基本看法

宾语是语法的基本概念之一。确认汉语宾语的根据，跟人们对宾语性质的认识密切相关。过去有人认为讨论宾语的含义没有必要,这看法有问题:第一,如果不知道宾语的性质是什么,就失却了讨论宾语的前提。这好比如果不知道词类(名词、动词等)是词的句法功能的类别就不可能提出根据句法功能来区分词类一样。第二,即使不讨论宾语的含义而就事论事分析宾语,各家在具体分析实例时头脑里也还是会有一个宾语的含义的。比如:"台上坐着主席团",有人说"主席团"是宾语,有人说是主语;又如"苹果我吃了",有人说"苹果"是主语,有人说"苹果"是宾语,有人说"苹果"既是主语又是宾语。[①] 为什么会有不同的分析?总有一套理由吧,这个理由说到底还是每个人心目中对宾语性质的认识不同。

汉语的句法是客观存在的;但人们制定的句法体系带有主观性,这不仅体现在制定术语的名称上,也反映在对同一术语名称的理解或解释上。对宾语的不同见解,跟各家的理论学说密切相关。各家的句法体系不一样,对宾语的说法就会不一样,很难说谁对谁错,只要在自己的体系里能自圆其说,言之成理,都可自成体系。当然,这不等于说在科学性、实用性方面没有高下之别。

(二)宾语是和谓语相对待的句法成分

要知道宾语的性质,就是要回答宾语是什么的问题。过去有的学者认为施事是主语,受事是宾语,那就把主宾语看作为语义范畴;也有的学者认为动词前面的名词性词语是主语,动词后面的名词性词语是宾语,那就把宾语看成被语序所规定的名词所在位置的名称。上述两种看法似乎都不能准确地说明宾语的性质。事实是:宾语是属于句法平面的语法范畴,是句法结构中的句法成分。那么宾语是何种句法成

[①] 李临定《以语义为基础的分析方法》,《语法研究和探索》(六),语文出版社,1992年。

分?它构成何种句法结构?对这个问题,学界主要有三种说法:

第一种,认为宾语和动词构成动宾式句法结构,把宾语看作是和"动词"相对待的句法成分。如说:宾语"是动词的一种连带成分"。[1]

第二种,认为宾语和谓语构成谓宾式句法结构,把宾语看作是和"谓语"相对待的句法成分。如说:"宾语是对谓语说的,是谓语涉及的成分。"[2]

第三种,认为宾语和动语构成动宾式句法结构,把宾语看作是和"动语"相对待的句法成分。如说:"动语是宾语前边的动词性成分,宾语是动语后边表示客体的成分。"[3]

这三种说法的区别表面上看是个术语问题,但实际上涉及对汉语宾语的认识:说宾语的对待成分是动词的,不承认形容词也能带宾语。说宾语的对待成分是谓语或动语的,涵盖的范围比较大,认为汉语里不仅动词可带宾语,而且形容词在一定的条件下也可带宾语(如"我高他一个头"之类);不仅谓词(包括动词和形容词)可带宾语,而且谓词性的短语也可带宾语(如"跌伤腰""累坏身体"之类);并认为与宾语对待的应是句法成分而不是词类,"动词"是一个词类的命名,把"动词"当作句法成分欠妥。

笔者认为,宾语属于句法平面,是和谓语[4]互相对待组成谓宾结构的句法成分。但也不排斥"动语"这个术语。但较真起来,用了"动语",还得有个"形语"(因为汉语句子里有形容词带宾语的情形,如"辛苦你、麻烦你、累了你、黑着眼眶"之类);这样一来,谓语的下位可分出"动语"和"形语","动语"指谓宾结构里面的动词作谓语,"形

---

[1] 人民教育出版社编《汉语知识》第56页,人民教育出版社,1959年。
[2] 参看张静《新编现代汉语》(上册)第134页,上海教育出版社,1980年。
[3] 邢福义《汉语语法学》第74页,东北师范大学出版社,1997年。
[4] 也有的语法书把谓语称作"述语"。笔者为了与"主述结构"里的"述题"区别开来,所以用"谓语"而不用"述语"。

语"指谓宾结构里面的形容词作谓语。动语和宾语组成动宾结构,形语和宾语组成形宾结构。这在逻辑上似乎比较合理。不过,一则术语过多也不一定好,二则由于谓语在大多数的情况下是由动词充当的,所以很多语法书里习惯上说"动宾结构""动词带宾语""宾语是动词的一种连带成分"也就很自然的,也是可以理解的,比如现在谓宾结构通常记作"VO",其中的V就是指动词;即使汉语里有形容词带宾语的结构,称之为"形宾结构"也未尝不可。由此看来,与宾语相对待的用什么术语,似乎不必强求一致,只要在语法体系里能自圆其说就行了。

(三)宾语的意义和形式

作为语法范畴的宾语,和其他语法范畴一样,在理论上都是意义和形式的结合体。这一点学界有共识,因此大家都主张要兼顾"意义"和"形式"来确认汉语的宾语。但宾语的意义是什么?宾语的形式是什么?如何兼顾意义和形式?各家看法就不一样了。看来,要认识宾语,关键是要对宾语的意义和形式有一个正确的认识;在此基础上,才能再来谈意义和形式如何兼顾的问题。

1、宾语的意义

宾语的意义是什么?有的论著认为宾语是动词所联系的受事。如说:"除被动句外,施事的(the actor)是主语,受事的(the actor upon)是宾语。"有的说:直接宾语是指"在句子中承受动词发出的动作的人或事物"(笔者按:即"受事"),间接宾语是指"这样的一种人或事物,即一个动作是对他(它)或为了他(它)而进行"。(笔者按:即"与事")[1] 如

---

① 参看吕叔湘《从主语、宾语的分别谈国语句子的分析》,《开明书店二十周年纪念文集》,开明书店,1946年;R. R. K. 哈特曼、斯托克著《语言与语言学词典》第237页,上海辞书出版社,1981年。

果说的是叙述句里动作动词作谓语所带的宾语,这说法大致可以的,如"他送我一件礼物"里,受事"一件礼物"是直接宾语,与事"我"是间接宾语。但汉语里非动作动词(如关系动词、形容词等)也能带宾语,甚至谓词性的短语也可带宾语,那宾语就很难用"受事"和"与事"来概括,如"他是学生""她愁学费""他摔断了腿"中宾语"学生、学费、腿"。所以笔者认为"受事"这个术语所指范围太窄,在汉语里用"客事"比较好,更有概括性,不仅动作动词所联系的受事属于客事,而且那些非动作动词所联系的事物也属于客事。如果说客事和与事是动核所联系的两个最基本的强制性语义成分,其所指大体上相当于一般所说的"动作支配或涉及的人或事物"。

根据汉语的实际情形,汉语的典型的谓宾结构的语义内涵可作如下表述:谓语是动核所映射的支配宾语的句法成分,宾语是动核结构中跟主事相对待的客事或与事所映射的被谓语所支配的句法成分。其中客事映射的是直接宾语,与事映射的是间接宾语。这个宾语的语义内涵的表述有几层意思:(1)谓语和宾语都是动核结构中语义成分在句法平面的映射:动核结构中的动核映射为谓语,动核所联系的客事或与事映射为宾语。直接宾语表示客事,间接宾语表示与事。(2)谓语和宾语是支配被支配关系:谓语是支配宾语的句法成分;宾语是被谓语支配的句法成分。(3)宾语在动核结构里既与动核紧密联系,又通过动核和主事相对立。映射到句法结构里,宾语既与谓语相对待,又通过谓语与主语相对待。①

宾语的这个语义内涵是宾语的语义基础。传统语言学比较重视宾语的意义,这也是有道理的,因为作为句法成分的宾语不可能没有某种

---

① 宾语在句法上和谓语相对待,在语义上所表示为客事和主事相对待,所以在具有主事和客事组成的动核结构所映射的静态的主谓短语结构里,一定是主语和宾语相互对待的挑子的"主语-谓语动词-宾语"(通常称为"主-动-宾")格式,一般记作SVO。

意义。如果不讲意义，纯按照位置，分析出的宾语实在没有什么价值。各种语言的宾语在意义上有某种共性，但在表现形式上不一定完全相同，就语序而言，类型学上有"SVO""SOV""OSV"等不同类型的语言也表明了这一点。所以要认识宾语，首先要知道宾语的意义。

2、宾语的形式

深层的意义在表层一般有其表现形式，宾语的意义也不例外。表现宾语的形式在不同语言里是不相同的。在屈折语里，这种意义一般可直接凭借狭义形态来辨别；汉语缺乏狭义形态变化，就得另找形式。关于汉语宾语的形式，有种意见在学界很有影响，即认为：汉语中的名词性词语，不管表示何种意义，动词前的是主语，动词后的是宾语。[①]因此在分析汉语的句子时，把动词前的名词性词语（包括受事名词）一律分析为主语。如"我们什么活儿都干""什么活儿我们都干""下午我们开会"中的"我们、什么活儿、下午"都分析为主语。也有人提出另外一些形式，如常作宾语的词是名词性词语，宾语回答"什么"或者"谁"的问题，宾语前置形式借助于一定的虚词或固定格式等。[②]本文认为汉语宾语的形式可采取"广义形态"观，即包括语序形式（位置）、问答形式、虚词形式、固定格式等。

（四）兼顾意义和形式来确认宾语

单纯凭意义来辨别宾语有问题，这是因为受事词语不一定都是宾语，如"这篇文章写得好""孩子被狗咬了"里的"文章""孩子"分别

[①] 如有的说"在动词前边的就是主语，在动词后边的就是宾语"；有的说动宾结构"在次序上就是动词在前，宾语在后"；有的说宾语"一定在谓语的后头"。参看中国语文杂志社编《汉语的主语宾语问题》第40、43页，中华书局，1956年；朱德熙《语法讲义》第110、116页，商务印书馆，1982年。

[②] 参看人民教育出版社编《汉语知识》第56、128页，人民教育出版社，1959年；吕冀平《汉语语法基础》第214页，商务印书馆，1999年。

是"写"和"咬"的受事,但在这两句中都作主语。可见在确定或辨认宾语时要有一定的形式加以控制。

在静态短语里,宾语必在动词之后(如"吃饭"不能说"饭吃"),但在句子里,单纯凭词在动词之后这种位置形式来辨别宾语同样有问题,这是因为汉语的宾语在句子里也有出现在动词之前的,反之,出现在动词后面的词语也未必都是宾语,如"走一趟"中的"趟"。[①] 真像吕叔湘指出的:"凡是动词之前的名词都是主语,凡是动词之后的都是宾语。干脆倒是干脆,只是有一个缺点:'主语'和'宾语'成了两个毫无意义的名称。稍微给点意义就要出问题。"[②] 可见辨认宾语不能完全不讲意义。

表示客事和与事的名词出现在动词之后可看作宾语,这是没有人不同意的。但对表示客事或与事的名词出现在动词之前或者非客事、非与事名词出现在动词之后如何分析,不同的体系就会有不同的意见。那么怎样解决这个问题呢?多数人主张意义和形式兼顾或结合来确认宾语,这个思路总的来说是可以的,关键是怎样兼顾或结合?笔者的想法是:以宾语所表示的意义作为根据,即认为宾语是谓语所支配的客事或与事所映射的句法成分。在具体辨别时借助于形式(包括位置、问答、虚词、固定格式等)。这就是以宾语的意义为根据再兼顾形式来辨认汉语的宾语。做到这点要掌握两条:一是凡是主事词语作主语的句子里,表客事或与事的词语不论出现在谓语后边还是前边,都可看作宾语;二是凡是谓语后的词语是名词性词语或"名物化"的词语,都是宾语。[③] 有些原本非客事名词出现在谓语之后客事化了,也可看作宾

---

① 朱德熙把"看一次、走一趟"中的动量词"次、趟"看作宾语(朱德熙《语法讲义》第 116 页,商务印书馆,1982 年),这是只讲形式不讲宾语意义的结果。
② 吕叔湘《汉语语法分析问题》第 71 页,商务印书馆,1979 年。
③ 有些谓词性词语作宾语是动元化或名物化了,如"他爱动,我爱静"句里,"动、静"便是。

语。① 确定宾语可以借助形式,在具体操作上可注意以下几点:

(1)凭借静态的主谓结构确认主事和客事或与事。若动词记作V,主事疑问代词记作X,客事或与事的疑问代词记作Y;则回答"XV"的是主事,回答"VY"的是客事或与事。比如"小王送我苹果"这个主谓结构,回答"XV"(谁送)的是主事"小王",回答"VY"(送什么、送谁)的是客事"苹果"、与事"我"。②

(2)作宾语的一般是实体词语,主要是名词性词语,如"喝水、写文章"中的"水、文章"。谓词性词语(包括"主谓短语")如果在谓宾动词充当的谓语之后表客事(意义上是动核所联系的客事动元)也可看作宾语,如"受损失、爱热闹、知道你是学生"中的"损失、热闹、你是学生"。

(3)静态谓宾短语中宾语必在谓语之后。动态的句子里宾语一般在谓语之后,但也有在谓语之前的。据有人统计:现代汉语句子里的宾语在动词之后的在语篇里占绝大多数;而前置宾语只占10%或低于10%。③ 前置宾语不仅意义上是客事,符合宾语的条件,并且有特定的形式:或是凭借虚词前置,如"张三把李四批评了"里,可凭借虚词"把"确认动词前的"李四"为客事宾语;或是凭借某些固定格式构成周遍性宾语句,如"我什么都不想""他一个字都不识"里,可凭借"疑问代词+都/也+V"和"一量名+都/也+不/没+V"等格式确认动词前的"什么、一个字"为宾语;或是宾语主题化(通常用定指形式),如"这本书我看过,那本书我还没看"中的"这本书、那本书"。

(4)"及物动词+实体词"可直接组成静态的谓宾短语,如"写

---

① 非客事的名词语出现在动词后面,就取得了客事的某些特点,可看作"客事化",如"愁学费、吃大碗"。
② 动词后面若是数量词语,则回答"V什么"的是宾语,如"吃了一个"中的"一个"("一个"属名量,后边省略了名词);而"看一遍、走一趟"中的"一遍、一趟"(属动量)不是回答"V什么"的问题,不应分析为宾语。
③ 参看张云秋《现代汉语受事宾语句研究》第19—20页,学林出版社,2004年。

信""讲故事"等;非及物动词在动态句子里有时也能构成动态的谓宾短语,①但这是有条件限制的:它往往要增添其他形式才能带上实体词作宾语。如"死了一个人""黑着眼眶""累了他了"等谓语之后带有虚词"着、了"。

(5)如果动词前没有主事词语而只有客事词语(即"施事不现,不因省略"),②或者虽出现主事词语,却并不作主语,则表示客事的词语为主语而不是宾语。前者如"大门已关上了",后者如"这个菜烧得很好吃"。这两句中的"大门、菜"便是表客事的词语作主语而不是作宾语。

(6)如果动词前有主事词语和客事词语,但主事前有表被动态的介词(如"被、让、叫、由"等),则客事词语作主语。如"老虎被武松打死了""这事叫他给耽误了""这事由我来办"中的"老虎、这事"作主语。

(7)如果动词前有主事词语和客事词语,则主事词语优先作主语,客事词语优先作宾语。如"她饭也不吃,水也不喝""这问题我们不讨论"中的"饭、水、这问题"作宾语。

(8)如果非客事的名词性词语置于动词之后,则是非客事词语客事化,为非典型的宾语(也有人称之为"准宾语""伪宾语")。如"写毛笔、吃大碗"之类。

三、确认汉语宾语需注意的几个问题

(一)要注意宾语和谓词的关系

宾语跟谓语中的谓词有密切关系,就动词而言,二价动词有客事,

---

① 关于静态短语、动态短语的论述,可参看范晓《试论静态短语和动态短语》,《济宁师专学报》1985年第4期。

② 参看范晓《"N受+V"句说略》,《语文研究》1994年第2期。

三价动词有客事和与事。它们在谓语中心组成的句子里,客事和与事都有可能映射为句法平面的宾语。宾语是及物动词所支配或涉及的对象,所以及物动词带宾语是无条件的。在静态短语里,不及物动词和形容词一般不能带宾语;但在动态的句子里,汉语里不及物动词和形容词也有带宾语的现象。

不及物动词带宾语有两种情形,一是有些不及物动词是二价动词,带宾语是无条件的,如"我们向英雄致敬",单说"我们致敬",不能成立,带上与事宾语"英雄"才能完句。二是非二价的不及物动词带宾语要有一定的条件:或者出现于特定的句类,如使动句("他的英雄事迹感动了我"中的"我")[①]、存现句("天上飘着一朵白云"中的"白云")、领主属宾句("祥林嫂死了丈夫"中的"丈夫")等;或者是不及物动词组成的动补短语和"动介组合体"带宾语(如"他跌伤了腿、苹果落在了地上"中的"腿、地上")。形容词带宾语也是有条件的:或者以"(形+着+名)+V"格式表示事物的状态(如"黑着眼眶走出来"中的"眼眶");或者出现于使动句(如"这可苦了她了"中的"她");或者组成形补短语带宾语(如"她累坏了身体"中的"身体")。不及物动词或形容词组成的谓词性结构体带宾语(如"跌伤了腿""掉到水里""哭红了眼睛"中的"腿、水里、眼睛"分别是"跌伤""掉到""哭红"的宾语),其句法功能有及物化倾向,语义功能有二价化倾向。

(二)要区别典型的宾语和非典型的宾语

客事宾语和与事宾语属于典型宾语,这在静态的谓宾短语中表现得极其明显,汉语中词语所构成的谓宾结构的短语绝大多数属于这一类。主要有:(1)受事宾语,如"吃饭、穿衣服、看电影";(2)成事宾语

[①] 不及物动词或形容词出现在使动句中是及物化了,一旦经常使用就会变成兼类词(如"转变、端正"之类)。

（也叫"结果宾语"），如"挖洞、造桥、包饺子"；（3）位事宾语，如"到北京、上城里、进入新世纪"；（4）止事宾语，如"是学生、姓张、属马"；（5）与事宾语，如"送他（礼物）、教他（英语）、向他（致敬）"；（6）使事宾语，如"热菜、端正态度、健全组织"等。

非客事的名词性词语在动词后边作宾语属于非典型宾语，这种宾语在汉语里是少数。主要有：（1）工具宾语，如"写毛笔、吃大碗"；（2）方式宾语，如"唱A调、写仿宋体"；（3）处所宾语，如"睡大床、吃食堂"；（4）时间宾语，如"熬个通宵"；（5）施事宾语，如"晒太阳、淋雨"；（6）"红着脸、黑着眼眶"。非典型宾语的词语原本不表客事，它们有的是境事，常置于谓语前作状语，如"用毛笔写、在大床上睡"；有的是主事，常置于谓语前作主语，如"雨淋、脸红"。非客事词语之所以在动词后作宾语，主要是语用的需要。尽管孤立起来看它们不是客事，但在句子里作了宾语后已开始客事化。[①]

（三）要区别静态短语中的宾语和动态句子里的宾语

1、静态短语里的宾语

（1）静态短语里的宾语位置是固定的。典型的宾语是从"主谓宾"或"主动宾"短语里抽象出来的。这种短语的谓语是及物的二价动词或三价动词，它一头联系着主语，一头联系着宾语。如"张三批评了李四""我送他一件礼物"，就是一般所说的"SVO""SVO_1O_2"结构。在静态的谓宾结构里，只存在VO（"割麦子、包饺子"之类）而不必涉及S。句法结构的形式是在长期运用中"约定俗成"固定下来的，汉语谓宾结构"VO"就是"SVO"式主谓结构在使用中舍弃主语以后抽象出来的，所以它和"SVO"式主谓结构有天然的联系。汉语谓宾短语的

[①] 参看张云秋《现代汉语受事宾语句研究》的"引言"，学林出版社，2004年。

VO 式语序跟日语、韩语的 OV 式语序在类型学上是完全相反的。可见在静态的"主谓宾"短语或"谓宾"短语中,宾语只能置于谓语之后,这是一条规则,如:"吃饭、喝水"不能说成"饭吃、水喝","他看书"不能说"他书看""书看他";"狗咬猫"说成"猫咬狗"虽能成立,但主宾迥异。

(2)静态的"主谓宾"短语里,宾语跟主语也有关系,它们是互相对待的。但现在有一种流行的说法,说"主语和宾语不是互相对待的两种成分。主语是对谓语而言,宾语是对动词而言"。① 笔者认为不能一概而论,要区别情况,分别对待:如果是讨论没有主语的独立的谓宾短语,则宾语是谓宾结构的组成部分,宾语当然跟主语没有关系,也就谈不上主语和宾语是不是互相对待的问题;如果论及物动词为中心组成的"主谓宾"短语,则宾语和主语都跟动词有密切的关系,诚如吕叔湘所说:"宾语和主语是对立的,都是限制动词的"②"动词是句子的中心、核心、重心,别的成分都跟它挂钩,被它吸住。"③ 而且从语义上分析,"主谓宾"结构正是映射着一个动核联系着主事和客事的动核结构。可见,说"主语和宾语是互相对待的两种成分"就没有错。

2、动态句子里的宾语

(1)在动态的句子里,宾语位置具有灵活性。在常规的叙述性的"主谓宾"句子里,宾语也是置于谓语之后的(如"张三批评了李四、你看过这个电影吗"之类)。但是,在一定条件下宾语可以提到动词之前:有的涉及句法的强制性(如周遍性宾语句,特定介词提宾句),如"他什么都不知道""她把房间打扫得干干净净";有的涉及语用的变动

---

① 吕叔湘《汉语语法分析问题》第 72 页,商务印书馆,1979 年。
② 参看吕叔湘《从主语、宾语的分别谈国语句子的分析》注②,《开明书店二十周年纪念文集》,开明书店,1946 年。
③ 吕叔湘《句型和动词学术讨论会开幕词》,《句型和动词》,语文出版社,1987 年。

性(宾语主题化),如"你这个电影看过吗""这个电影你看过吗"等。有的论著提出"宾语可位于动词之前,但不可位于主语之前"的观点,有学者针对这种观点指出:"这不是语言本身有这种特点,是人为的规定,说服力是不强的。"[①] 笔者同意这种看法。

(2)在动态的及物动作动词组成的句子里,一个完整的"主谓宾"句通常既有宾语也有主语;但由于语用的需要,也有只有宾语没有主语的:有的是上下文或对话语境里的省略主语而构成省略句,如"她心事重重,[ ]不吃饭,[ ]也不喝水,……"句里,属于承前省略主语;在"你吃饭了吗?——[ ]吃饭了"里的答句,属于对话省略主语;有的是隐含主事主语而构成谓宾式的非主谓句,如"禁止吸烟!"之类。同样,在某种特定语境里,及物动作动词组成的句子里宾语也有省略或隐含的情形,如"我到现在终于没有见[ ]——大约孔乙己的确死了"句里,蒙后省略了宾语"孔乙己";"这个人好吃懒做"句里"吃、做"后隐含着一个宾语。

(四)要区别基式宾语和非基式宾语

从位置着眼,可以把宾语分为基式(指基本式或基础式)宾语和非基式宾语两类。

(1)基式宾语有两种:一是后基式宾语,指常规配位在谓语后的宾语。后基式宾语是最常见的宾语。二价或三价"给与"义及物动词组成的主谓结构中谓语后边的宾语,是后基式宾语,如"小牛喝水""我送小李手表"中的宾语。二是前基式宾语,指常规配位在谓语前的宾语。二价不及物动词和"接受、互向、置放"义三价及物动词组成的主谓结构中的谓语前的宾语是前基式宾语,如"我们向他致敬""他要跟

---

① 吕冀平《汉语语法基础》第 222 页,商务印书馆,1999 年。

你商量一件事"中的与事宾语。

（2）非基式宾语。由于表达的多样性，句子中宾语的位置也就有灵活性，会出现非常规配位的情形。后基式宾语前置或前基式宾语后置，就变成非基式宾语。并不是任何情况下都可把后基式宾语置于动词之前，如"我爱我的母亲"不能说成"我我的母亲爱"。也并不是任何情况下都可把前基式宾语置于动词之后，如"我们向他致敬"不能说成"我们致敬他"。出现宾语前置的非基式宾语是有条件的，主要有以下三种：一是周遍性宾语句，如"他什么话都不说""什么话都不说"；二是介词提宾句，如"张三把李四批评了"；三是宾语主题化句，如"这件事我不了解""这件衣服她很喜欢"。① 出现宾语后置的非基式宾语比较少，主要是与事宾语焦点化的需要，如"她向我求助"说成"他求助（于）我"。

（五）要区别不同句类中的宾语

过去讨论宾语，一般都着眼于叙述句。其实在不同的句类（这里所说的句类是指述题对主题述说的句类）里，宾语的情况是不完全一样的。

（1）解释句（述题对主题进行解释的句子，也称"关系句""判断句"）。二价关系动词作谓语组成的解释句里，主事（起事）必是主语，客事（止事）必是宾语，如"他是北京人""我属马"。这种句类里宾语不能前置，如"我属马"不能说成"我马属""马属我"。"北京是中国的首都"虽然可说成"中国的首都是北京"，但主语和宾语已经变了。

（2）叙述句（述题对主题进行叙述的句子，也称"叙事句""动作过程句"）。这种句子有三种情形：第一种是不及物的二价动作动词组成的叙述句，涉及主事（施事）和与事。与事必是宾语，如"我们向他

---

① 宾语主题化是倾向于宾语所表事物的状态。参看董秀芳《宾语提前的话题结构的语义限制》，《汉语学报》2006年第1期。

道谢"；第二种是及物的二价动作动词组成的叙述句，如"我看过这本书了""我这本书看过了""这本书我看过了"等句子，一定有主事（施事）和客事（受事）；第三种是及物的三价动作动词组成的叙述句，如"我送给他一本书""我把一本书送给他了""那本书我送给他了"，一定有主事（施事）、客事（受事）和与事。后两种句子的宾语的语序比较灵活：除了表示被动的被字句（如"李四被张三批评了"）和某些使动句（如"青草喂肥了羊群"）中客事是主语外，其他的句子不管客事在何种位置都可分析为宾语。

（3）描记句（述题对主题进行描记的句子，也称"描写句"）。及物二价动词组成描记句有四种：第一种是对动作的客体进行描记，这种句子施事根本无需出现，动词前的受事当然是主语（如"饺子已煮熟了""衣服洗干净了"之类）；第二种是存现句（如"台上坐着主席团""家里来了客人"之类），这种句子的述题描记某处所存在、出现或消失某物，动词后的主事或客事一般都分析为宾语；第三种是领主属宾句（如"她死了丈夫""他掉了个钱包"之类），这种句子的句首名词跟动后名词之间有领属关系，述题描记领有者损失或失去了什么，动词后的主事一般也分析为宾语；第四种是供让句（如"这锅饭吃了十个人"之类）[①]，这种句子述题描记客体事物"供/让"主体事物使用（某种动作），客事在前可看作主语，主事在后可看作宾语。

（4）评议句（述题对主题进行评议的句子）。某些客事作主题或主事在动词后的评议句里，客事在句首可看作主语，主事在句末也可分析为宾语，如"这个问题值得研究""这锅饭能吃十个人"等句子中"这个问题、这锅饭"是主语。

[①] 这类句子的特点是前边是"数量名"或"指量名"组合体，后边一般是"数量名"组合体。如果把"这锅饭吃了十个人"说成"饭吃人"或"这锅饭吃人"或"饭吃了十个人"就有问题。参看范晓《施事宾语句》，《世界汉语教学》1989年第1期。

（六）解决宾语问题要跟解决主语问题统一考虑

要解决宾语问题，就要跟主语问题联系起来统一考虑。比如"台上坐着主席团""王冕死了父亲"这样的句子，有的说"主席团、父亲"是主语，有的说是宾语。这不仅是个如何看待宾语的问题，也是一个如何看待主语的问题。如果认为主语是动词联系的主体，且认为主语不能出现在动词的后面，那就会把"主席团、父亲"分析为宾语；如果认为主语和动词具有"施动"关系，并认为主语可在动词的后头，那就会把"主席团、父亲"分析为主语。又如"这些话我没说过""昨天我们这个问题讨论过了"，如果认为动词前边的名词都是主语、宾语只能置于动词的后边，那么就会把这两个句子分析为主谓谓语句，"这些话、我"和"昨天、我们、这个问题"都会分析为主语；如果认为主语在语义上必须是谓语动词所联系的动元（强制性成分），动词前施事词语优先作主语，那么就会把"昨天"分析为状语，把"我""我们"分析为主语，把"这些话""这个问题"分析为宾语。有人认为"苹果我吃了"中的"苹果"既是主语又是宾语，这在逻辑上是矛盾的。[①] 可见，讨论宾语问题应兼顾主语。

（七）要结合语用来研究宾语

在句子里，通常情况下宾语出现于句末，跟句子的常规焦点吻合，可见置于句末的宾语在语用上一般用来作焦点（即"尾焦点"）。有些主事宾语出现在句末，必有语用上的某种需要，如"台上坐着主席团"这种句子，语用上是用于"表示某处所以某种方式存在着某种事物"这样的句式意义；"那匹马骑了两个人"这种句子，语用上表示"供让

---

① 参看范晓《汉语句法结构中的主语》，《语言研究的新思路》，上海教育出版社，1998年。

（一定数量的物供一定数量的人使用）这样的句式意义。后基式宾语前置，在语用上或者表示宾语事物具有周遍性的意义，如"他什么事都不知道"之类；或者带有"处置"受事的句式义，如"他已把这件事说清楚了"之类；或者是主题化的需要而提到动词的前面，如"这件事他已说清楚了"之类。此外，非典型宾语的客事化现象，实际上也是和语用上的焦点转移有关。句子里的宾语的种种安排在语用上究竟有些什么价值，是一个值得深入研究的课题。

定语后置问题

引言

（一）定语后置是一种语用现象

　　现代汉语句法的定心结构是由定语及其中心语这两个句法成分构成的。定语和中心语的语序规则是：定语＋中心语，即定语在中心语之前，这是一条公认的语法规则。这在静态短语里看得十分清楚，因为静态的定心短语里都是定语在前的。如果静态短语里定语在后，或者变成主谓短语，如"新鲜水果""好天气"是定心短语，说成"水果新鲜""天气好"就成了主谓短语；或者变得不通，如"木头房子""玻璃柜台"是定心短语，说成"房子木头""柜台玻璃"就变得不通。在具体句子里，定心短语在一般的情况下也是定语在中心语之前；但是由于语用的需要，也有定语后置的情形。例如：

　　① 我今天到菜场去买了<u>肉三斤</u>、<u>鱼五斤</u>。
　　② 前面来了一辆<u>小汽车黑色的</u>。
　　③ 突然，电灯亮了，<u>台上的和台下的</u>。

语法学要研究语法中的一般现象，也不能忽视语法中的一些特殊现象。定语后置的现象是比较特殊的，在现代汉语里不是很多；唯其"特殊"，

458　第三部分　"三个平面"的有关问题

也还是值得进行考察和分析的。定语后置本质上是一种语用现象,所以,本文旨在从语用角度来研究后置定语。

(二)对定语后置的不同看法

句子里出现的定心结构里中心语后边的定语,一般称作"后置定语"①。大多数语法学家认为现代汉语的句子里有定语后置的情形,但也有少数语法学家持有相反的观点。② 即使承认有定语后置的,他们对什么样的情形算作后置定语,看法也不完全一致。以底下两个句子为例:

① 你看那疯女人,披着头发,在大街上狂叫。
② 他每餐要喝酒三杯。

对这两个句子中的打横线的部分,不同的语法学家就有不同的看法。例①中的"披着头发",黎锦熙的《新著国语文法》看作定语后置,而大多数语法学家看作句子的谓语。例②中的"三杯",黎锦熙的《新著国语文法》、陈望道的《文法简论》、张静的《新编现代汉语》看作定语后置,但有些承认现代汉语有定语后置现象的语法著作,在谈到后置定语时没有把"要喝酒三杯"中的"三杯"这样的语法现象也概括进来,如胡裕树主编的《现代汉语》和黄伯荣、廖序东主编的《现代汉语》便是。

下面,我们拿几本谈到定语后置现象的并有代表性的语法书,对几个代表性的例句的看法列表作一比较,可以更清楚地看到各家的分歧点。

---

① 后置定语,也有人称作"后附的定语""后附的附加语""倒装的定语"等。本文一律称为后置定语。

② 有的语法学家不认为定语有后置现象。如朱德熙的《语法讲义》"倒装"一节讲到修饰语后置时,只举状语后置的例,而没有定语后置的例。陆俭明在《汉语口语句法里的易位现象》(《中国语文》1980年第1期)一文中明确地说"定语和中心语不发生易位现象"。

定语后置问题

作者及其书名	例句			
	我们曾经和党内的机会主义倾向作斗争,<u>右的和左的</u>。	他每餐要喝酒<u>三杯</u>。	你看那疯女人,<u>披着头发</u>,在大街上狂叫。	多次奋斗,<u>包括辛亥革命那样全国规模的运动</u>,都失败了。
	荷塘四面,长着许多树,<u>蓊蓊郁郁的</u>。	我们修好了机车<u>十八台</u>,客车<u>十六辆</u>。	他还给我做一辆这样的马车,您就是到墨西哥去也买不到。	
黎锦熙《新著国语文法》	+	+	+	−
吕叔湘、朱德熙《语法修辞讲话》	+	?	+	+
陈望道《文法简论》	−	+	−	−
胡裕树主编《现代汉语》	+	−		
黄伯荣、廖序东主编《现代汉语》	+			
张静主编《新编现代汉语》	+	+	−	−
张志公主编《现代汉语》	+	−	−	−
备注	（1） +号,认为例句中打横线处是定语后置。 （2） −号,认为例句中打横线处不是定语后置或未作过分析。 （3） ?号,认为例句中打横线处是定语运用得不妥,应该前置。参看该书对例句"不到十天,就捡了铜三十吨"的分析。			

上边所列的表还是比较粗疏的。但从这个表中,已大体可以看出各家对定语后置看法上的差异了:有的把定语后置的范围看得比较广,有的则看得比较窄;同一个现象,有的看作是后置定语,有的则不看作后置定语。

根据笔者的考察，在具体句子里，特别是口语的句子里，定语后置的现象是客观存在着的。但究竟什么是后置定语？它有些什么特点？定语后置句的类别有哪些？为什么会产生定语后置的现象？后置定语的范围如何？怎样把定语后置现象跟其他相关的句法现象区别开来？这些问题就是本文要探讨的。

一、后置定语的分类

可以从不同的角度来给后置定语分类。

（一）根据充当后置定语的语法单位的性质来给后置定语分类

从充当后置定语的语法单位的性质来看，后置定语主要可分为两类：

（1）"X的"（"X的"组合体中的X是词或短语）作定语时有的可以置于中心语之后，构成定语后置句。这是"X的"类的后置定语。例如：

> ① 我们曾经和党内的机会主义倾向作斗争，右的和左的。
> ② 这是会费，李铎的。
> ③ 她到年底生了一个孩子，男的。
> ④ 荷塘四面，长着许多树，蓊蓊郁郁的。

上面①的原型定心结构是"右的和左的机会主义倾向"，②的原型定心结构是"李铎的会费"，③的原型定心结构是"男的孩子"，④的原型定心结构是"蓊蓊郁郁的树"。

（2）"数量"（"数词+量词"组成的"数量"组合体）作定语时有的可以置于中心语之后，构成定语后置句。这是"数量"类的后置定语。例如：

① 这个厂今年生产了自行车十多万辆。
② 我今天买了牛肉两斤,鸡蛋三斤,鱼四斤。
③ 他送给我钢笔一支,铅笔三支,练习簿五本。
④ 这样的事竟发生在张贴着五讲四美创新风标语的车厢里,岂非新闻一条。

上面①的原型定心结构是"十多万辆自行车",②的原型定心结构是"两斤牛肉,三斤鸡蛋,四斤鱼",③的原型定心结构是"一支钢笔,三支铅笔,五本练习簿",④的原型定心结构是"一条新闻"。

(二)根据定语所限饰的名词性词语在句中的位置来给后置定语分类

从定语所限饰的名词性词语在句中的位置来看,后置定语主要可分为三类:

(1)限饰(包括"限定"和"修饰"①)主语名词的后置定语。这种句子里的定语所限饰的名词性词语处于主语的位置。例如:

① 突然,电灯亮了,台上的和台下的。
② 那本书给我看一下,蓝封面的。
③ 衣服买来了,前天你托我买的。
④ 大海温柔宁静,推窗就能看到,蔚蓝色的。

上面①的原型定心结构是"台上的和台下的电灯",②的原型定心结构是"蓝封面的那本书",③的原型定心结构是"前天你托我买的衣服",④的原型定心结构是"蔚蓝色的大海"。

---

① 限饰,包括限定和修饰。比如在"刚买来的书"里,定语"刚买来的"起限定名物的作用;在"新的书、破旧的书"里,定语"新的、破旧的"起修饰名物的作用。

（2）定语限饰宾语名词的后置定语。这种句子里的定语所限饰的名词性词语处于宾语的位置。例如：

① 地面盘旋着一匹小小的动物，瘦弱的，半死的，满身灰尘的。
② 房后河边上有许多好看的石子儿，红的、黄的、粉的。
③ 我给了她一张电影票，星期天晚上的。
④ 今年新增加电力机车 300 台，内燃机车 900 台，客车 6380 辆，货车 72000 辆。

上面①的原型定心结构是"瘦弱的、半死的、满身灰尘的动物"，②的原型定心结构是"红的、黄的、粉的石子儿"，③的原型定心结构是"星期天晚上的电影票"，④的原型定心结构是"300 台电力机车，900 台内燃机车，6380 辆客车，72000 辆货车"。

（3）其他。定语所限饰的名词性词语处于其他句法位置。例如：

① 我们曾经和党内的机会主义倾向作斗争，右的和左的。
② 我还期待着新的东西到来，无名的、意外的。

这里例①的原型定心结构是"右的和左的机会主义倾向"，定语所限饰的名词性词语"机会主义"处于介词后的宾语位置上（即介词宾语），例②的原型定心结构是"无名的意外的新的东西"，定语所限饰的名词性词语"新的东西"处于作宾语的主谓短语里的主语位置上。

二、后置定语的特点

（一）定语后置后句子语用意义有差别

定语后置句中的后置定语可移到中心语之前，句子的基本意义不

变,但句子的表达作用(即语用上)略有区别。试比较:

① a. 这是李铎的会费。≈①b. 这是会费,李铎的。
② a. 我要买三斤牛肉。≈②b. 我要买牛肉三斤。
③ a. 柜台上坐着一个女的店员。≈③b. 柜台上坐着一个店员,女的。

①a 和①b 基本意义相同,②a 和②b 基本意义也相同,③a 和③b 基本意义也相同;①a 和②a 的定语前置,定语和它的中心语结合得比较紧密,中间一般不能停顿,定心短语把事物及其限饰成分浑然表出,句子的强调重点(焦点)一般在整个定心短语上;①b 和②b 以及③b 的定语,属于后置定语,定语和它的中心语比较松散,中间一般可以有停顿,作为限饰成分的定语在表达上起着追补的作用,句子的强调重点(焦点)一般在后置的定语上;所以 b 句和 a 句在语用上有一定的差别。

(二)"中心语+定语"不能构成独立的主谓句

定语后置句里面的"中心语+定语"不能构成句子,如:"这是会费,李铎的"这个句子,把"会费李铎的"抽出来,一般不能单独成句;但如果说成"这会费是李铎的",就可独立成句了;在"我要买牛肉三斤"这个句子中,"牛肉三斤"一般也不能单独成句;同样,"柜台上坐着一个店员,女的","店员女的"也不能单独成句。

(三)"X 的"组合体作后置定语的特点

"X 的"组合体作后置定语时,通常在中心语后有较大的停顿,在书面上通常用逗号隔开;但在文学作品里也发现少数不用逗号隔开的,例如"我倒认识一个年轻的姑娘姓梅的"。"数量"组合体(数量短语）作后置定语时,在中心语与定语之间一般没有停顿,因而书面上也不用标点符号隔开;但在口语里有时也可有停顿,比如到菜场买东西,可以先说要买的东西,而后再补上所要的数量,如"我要买土豆,十五斤"。

三、定语后置的原因

就定语后置这种语法现象来说,在静态短语里是不存在的,它只能在动态的句子里以动态短语的面貌出现,定语后置的目的是适应语用或修辞的需要,也就是为了更适切地表达思想。具体地说,定语后置大体上有以下几个原因:

（一）有些定语置于中心语之后主要是为了追补

追补,就是对前边说到的某个名词性词语作一些追加性的、补充性的说明。说话人或写作者常常急于先说出某个事物,但又觉得对某个事物的某一方面(或所属,或性状,或类别,或来源,或数量,等等)还需补充说明一下,就将本来可以放在中心语之前的定语后置了。例如:

　　① 我刚借来一本画册,<u>图书馆的</u>。
　　② 她头上戴着一顶帽子,<u>崭新的</u>。
　　③ 隔壁是八十中的李老师,<u>教语文的</u>。
　　④ 这本新书,<u>我刚买的</u>,你要看吗?
　　⑤ 东北今年就计划增产粮食<u>一百五十万吨</u>。

这里例① 的后置定语追补说明中心语"画册"的所属,例② 的后置定语追补说明中心语"帽子"的性状,例③ 的后置定语追补说明中心语"李老师"的职业类别,例④ 的后置定语追补说明中心语"新书"的来源,例⑤的后置定语追补说明中心语"粮食"的数量。

(二)有些定语置于中心语之后是为了使句子简洁

这表现在有些句子如果定语前置,就显得太长;定语后置以后,长句缩短了,意思更显豁。比较:

① 地面盘旋着一匹小小的动物,瘦弱的,半死的,满身灰尘的。
② 昨天我在大街上遇见一位中学时代的老同学,住在同一个寝室的,姓李的。
③ 墙壁上贴满了许许多多标语,红的,黄的,白的,蓝的,绿的。

如果把上面的句子说成:

①'地面盘旋着一匹小小的,瘦弱的,半死的,满身灰尘的动物。
②'昨天我在大街上遇见一位中学时代的、住在同一个寝室的、姓李的老同学。
③'墙壁上贴满了许许多多红的、黄的、白的、蓝的、绿的标语。

这就显得句子有点冗长。

四、后置定语和相关成分的区别

对后置定语的范围,看法宽严不一,这跟各家语法著作的不同分析体系有一定的关系。我们认为,要较准确地确定后置定语的范围,必须将后置定语跟某些相关的成分区别开来。主要是:

(一)要把后置定语跟谓语区别开来

有语法书把谓语分析为定语后置,例如:

① 你看那疯女人,披着头发,在大街上狂叫。
② 那个人,光着头,赤着脚,在街上行走。

上面例①里的"披着头发"和例②里的"光着头,赤着脚"等,黎锦熙《新著国语文法》看作后置定语(他称为"后附的附加语")[①]。其实例①里的"披着头发"是谓语,是对主语"那疯女人"进行陈述的;例②里的"光着头,赤着脚"也是谓语,是对主语"那个人"进行陈述的。

(二)要把后置定语跟补充分句区别开来

有语法书把补充性的分句看作定语后置,例如:

① 我觅了一家客店,房子也还整洁。
② 我有一位朋友,体格是很健壮的,每天要游泳一小时。
③ 外边走进一个人来:两只红眼边,一副铁锅脸,几根黄胡子,歪戴着瓦楞帽……

上面例①里的"房子也还整洁"和例②里的"体格是很健壮的",例③里的"两只红眼边,一副铁锅脸,几根黄胡子,歪戴着瓦楞帽……",黎锦熙《新著国语文法》看作后置定语(他称为"后附的附加语")[②]。其实例①里的"房子也还整洁"和例②里的"体格是很健壮的",例③里的"两只红眼边,一副铁锅脸,几根黄胡子,歪戴着瓦楞帽……",都是复句里的补充分句,例①的补充分句是用于补充说明前分句里宾语(客店)的情状的,例②的补充分句是用于补充说明前分句里宾语(朋友)的情状的,例③的补充分句是用于补充说明前分句里宾语(一个人)的情状的。

---

① 黎锦熙《新著国语文法》第172、175页,商务印书馆,1992年。
② 黎锦熙《新著国语文法》第174、175页,商务印书馆,1992年。

（三）要把后置定语跟插语区别开来

后置定语与插语也有纠缠，但它们是有区别的。如"多次奋斗，包括辛亥革命那样全国规模的运动，都失败了"，这个句子里的"包括辛亥革命那样全国规模的运动"，吕叔湘、朱德熙的《语法修辞讲话》分析为后置定语。笔者以为称作后置定语恐怕不妥，现在一般语法书把它看作注释性的插语或插说，这是比较合理的。

V 得句的"得"后成分

这里所说的 V 得句,是指谓词(包括动词和形容词)后附加着助词"得"构成的句子[1],有些语法书称之为"得"字句,例如:

① 鸽子飞得真高啊! ② 她的皮肤嫩得可以掐出水来。
③ 我今天抽烟抽得很多。 ④ 他们把小岛建设得像花园一样。
⑤ 他们摇得小船飞快。 ⑥ 大家看得一头雾水。

V 得句的结构形式多种多样,但所有的 V 得句有一个共同的特点,即"得"后带有由一定的实词语充当的成分。本文试图从语法的三个平面(句法的、语义的、语用的)来分析这"得"后的成分。

为叙述方便,本文把"得"前的谓词记作 V,"得"后的成分记作 R,V 所表示的动作或情状的主体记作 S,动作的客体记作 O,S 的部分或全体记作 S',O 的部分或全体记作 O'。

一、"得"后成分(R)的句法分析

(一)"得"后是"补语"

R 在句法平面算什么句法成分?这个问题语言学界有不同意见:

---

[1] "得"也有写作"的"的。V 得句不包括谓语后带"得"表"能够"的句子(如"他踢得一脚好球"之类)。

有持"附加语"说的[①],有持"谓语"说的[②],有持"补语"说的[③],有持"谓语性补语"说的[④]。本文认为,R 是回答 V 得"怎么样"的问题,是对谓语作补充说明的成分。现在大多数语法书都把"得"看作结构助词,把"得"后成分分析为补语。这样的分析是合适的。

(二)充当"得"后补语的词语

充当 R(补语)的词语主要有以下一些:

(1)形容词性词语作 R,例如:

① 车子也走得太慢了。　② 芙蓉鸟叫得很好听。
③ 空调温度开得很高。　④ 老人的日子过得很快乐。

(2)动词性词语作 R,例如:

① 老通宝路上气得生病了。
② 炕上的妇女笑得倒在被子上。
③ 他累得倒在草地上睡着了。
④ 许钟元吓得爬入床底。

(3)主谓短语作 R,例如:

① 她哭得眼都红了。　② 女儿急得脸色绯红。
③ 她笑得腰都直不起来。　④ 孩子们都吃得肚子鼓鼓的。

(4)副词性词语作 R,例如:

[①] 黎锦熙、刘世儒《汉语语法教材》第一编,第 408—409 页,商务印书馆,1957 年。
[②] 李人鉴《关于语法结构分析方法问题》,《中国语文》1981 年第 4 期。
[③] 丁声树《现代汉语语法讲话》第 65—68 页,商务印书馆,1961 年。
[④] 赵元任《汉语口语语法》第 45、179 页,商务印书馆,1979 年。

① 你机灵得很哟！　　　② 我的故乡好得多了。
③ 老人家身体健康得很啊！　④ 他心里急得慌。

（5）名词性词语作R，例如：

① 凤姐吓得一身冷汗。　　② 盖满爹笑得一脸的皱纹。
③ 他累得满头是汗。　　　④ 我窝得一肚子闷气。

总的来说，作R的词语绝大多数是谓词性词语（包括形容词性词语、动词性词语），还有一些是主谓短语；作R的副词性词语很少，限于表程度的有限的几个；作R的名词性词语更少，限于"数量名"形式的特定的定心短语（"数"又限于含"全""满"意义的"一"），这种定心短语可单独作谓语（如"盖满爹一脸的皱纹"），中间无"的"加"是"便成主谓短语（如"一身是冷汗""一脸是皱纹"），所以这种名词性短语出现在"得"后，其功能跟谓词性词语是一致的。

二、"得"后成分（R）的语义分析

（一）"得"后成分（R）的语义

在语义平面，"得"后成分（R）的语义可以从两方面分析：

（1）R是谓核结构的成员。如果R是一个谓词性词语，则R表示谓核（包括"动核"和"形核"），如"孩子长得很高""小艺冷得发抖"里，"高、发抖"就是谓核，它们和所联系的主事谓元"孩子、小艺"组成谓核结构（其中"孩子高"是形核结构，"小艺发抖"是动核结构）；如果R是一个主谓短语，它本身可以自成一个谓核结构谓词性词语，如"女儿急得脸色绯红""她哭得身体都颤抖了"里，"脸色绯红"和"身体颤抖"都是谓核结构（前者是形核结构,后者是动核结构）；如果 R 是一个名词性词语,如"老婆婆笑得一脸的皱纹""他跑得满头大汗"里,"一脸的皱纹、满头大汗"实际上是起着谓元的作用,它们跟主语名词一起构成隐含着谓词的谓核结构,意思是"老婆婆[ ]一脸的皱纹""他[ ]满头大汗"；如果 R 是一个副词性词语,怎么进行语义分析,是个难点。副词性词语一般作状语,在谓核结构里本来是不可能作谓核的；但是在"饿得慌""凶得很""累得要死"里,"慌、很、要死"作 R 的时候,情况有点特别,因为它作补语,在语义上是说明形容词所表性状的程度的,也就是"饿慌""凶很""累要死"构成一个表述或一个"形核结构",所以副词在这种语境里可以看作副词"谓核化"或"形核化"。

（2）R 表示某种情状意义。R 的语义性质是表示某种情状（包括"情景、状态、程度"等）的补语,它或表示动作、行为、性状的情状,或是表示动作、行为的结果引起某人或某物产生某种情状。所以这种补语从语义角度看,跟表示结果意义的"结果补语"和表示趋向意义的"趋向补语"是有区别的,可以称为"情状补语"（也可称为"景相补语"）。这种 R 所表示的情状有其所指向的对象,这就涉及 R 的语义指向问题。

（二）R 的语义指向分析

（1）R 在语义上指向 V,即 R 表示 V 的某种情状或程度。例如：

① 老孙头摔跤也摔得漂亮。　② 大船追得很紧。
③ 妈妈哭得更厉害了。　　　④ 这地方脏得不得了。

上面句子里的 R 补语在语义上指向谓词所充当的谓语,也就是指向谓语所表的动作或性状：例①里的 R"漂亮"指向谓语动词"摔跤",例②里的 R"很紧"指向谓语动词"追",例③里的 R"更厉害"指向谓语动词"哭",例④里的 R"不得了"指向谓语形容词"脏"。

(2) R 在语义上指向 S, 即表示 S 的某种情状。例如:

① 他想夫人想得憔悴了。　　② 旦旦羞得低下头去。
③ 战士们心疼得跺脚大骂。　④ 孩子饿得脸色发黄。

上面句子里的 R 补语在语义上指向名词所充当的主语,也就是指向主语所表的主体名物:例① 里的 R "憔悴"指向主语代名词"他",例② 里的 R "低下头去"指向主语名词"旦旦",例③ 里的 R "跺脚大骂"指向主语名词语"战士们",例④ 里的 R "脸色发黄"指向主语名词语"孩子"。

(3) R 在语义上指向 S', 即表示 S' 的某种情状。例如:

① 老人眼睛瞪得大大的。　　② 小英的心跳得更厉害了。
③ 老五的脸气得一块青一块紫。④ 我的头痛得撕裂开似的。

上面句子里的 R 补语在语义上指向句子的主语名词短语(定心短语)里的中心语,也就是指向主语所表的主体名物 S 的某个部分:例① 里的 R "大大的"指向"老人"的"眼睛",例② 里的 R "更厉害"指向"小英"的"心",例③ 里的 R "一块青一块紫"指向"老五"的"脸",例④ 里的 R "撕裂开似的"指向"我"的"头"。

(4) R 在语义上指向 O, 即表示 O 的某种情状。例如:

① 他们把白干烧得又酸又苦。
② 喜霞逗得孩子笑了出来。
③ 他们打得敌人没有喘息的机会。
④ 荆棘把手割得伤痕累累。

上面句子里的 R 补语在语义上指向句子的宾语名词(有的宾语在介词后,有的宾语在"得"后),也就是指向宾语所表的客体名物:例① 里的R"又酸又苦"指向宾语名词"白干",例②里的R"笑了出来"指向宾语名词"孩子",例③里的R"没有喘息的机会"指向宾语名词"敌人",例④里的R"伤痕累累"指向宾语名词"手"。

（5）R在语义上指向O',即表示O'的某种情状。例如：

① 蜜蜂把她蜇得脸都肿了起来。② 灰尘迷得我眼睛不开了。
③ 她骂得永泉脸蛋通红。　　④ 冰块冻得王景林手脚麻木。

上面句子里的R补语在语义上指向句子里主体名物O的某个部分O'：例①里的R"肿了起来"指向"她"的"脸"；例②里的R"睁不开"指向"我"的"眼"；例③里的R"通红"指向"永泉"的"脸蛋"；例④的R"麻木"指向"王景林"的"手脚"。

（6）R在语义上指向S和O之外的第三者（相关的人或物等）的某种情状。这第三者在这里记作X。例如：

① 这句话又说得大家笑起来。② 她哭得长城积雪变色。
③ 孩子吵闹得邻居不得安宁。④ 他写字写得人人都看不懂。

这种句子里的R表示动作发生后致使X显现某种情状。例①里的R"笑起来"指向第三者X"大家"；例②里的R"变色"指向第三者X"积雪"；例③里的R"不得安宁"指向第三者X"邻居"；例④里的R"都看不懂"指向第三者X"人人"。

三、"得"后成分（R）的语用分析

（一）"V得R"是句子的述题

"得"字句一般是一个"主题+述题"的句子,如"他跑得很快、她笑得很甜"里,"他、她"既是主语又是主题(这个句子里"主语和主题"重合),而句中作为"V得R"的"跑得很快、笑得很甜"是述题。主题一般表示旧信息,述题表示新信息;所以,"V得R"是"得"字句里主要的述说部分。

(二)"得"后成分(R)是句子的焦点

V得R是V得句所要表示的新信息,而V得R这个新信息的重心是在句末的R上,所以R是全句的焦点,是句子所要表达的重点,这可以从下面得到证明:

(1)从提问方式来看,V得句重点是回答"V得怎么样"的问题。例如问:"他跑得怎么样?"回答:"他跑得很快。"这"很快"就是句子的焦点。

(2)从动词重复的V得句来看,动词带宾语常可构成"SVOV得R"式,如"他抓工作抓得很紧"。显然句子重点是在"抓得很紧"上,而R"很紧"则是重点中的重点。

(3)否定词"不"可置于R上而不能置于V前。比较:

他跑得不快——*他不跑得快
他写得不好——*他不写得好

(4)在一般情况下,如果V得后边没有R,就不能成立。比较:

他跑得很快——*他跑得
他写字写得很好——*他写字写得

由此可见R在V得句中很重要,"得"字句要表达某种思想,关键是要抓住R。赵元任称R为"谓语性补语",所谓"谓语性",他理解为对话题的说明[1]，这跟我们说的语用上的新信息和表达重心基本上是一致的，只是他未能区分三个平面。

（三）R 的语用隐含

"V 得"后成分 R 一般都要出现，但在特定情境下，"V 得"后边的 R 隐含着，没有明白地说出来。这是一种特殊的情形，是语用的需要而隐含 R。"得"后的话有意不说出来，语意含蓄，"有无法形容的意味"[2]。例如：

① 新郎比新娘害臊，看他脸红的！
② 看你怕的，我又不是老虎，能吃了你。
③ 谢谢大爷相救，只是俺这腿痛得……
④ 孔子说了一些治国之道，而且道德教训也说得……

上面例①的"看他脸红的"，"红的"情状怎么样？没说；例②的"看你怕的"，"怕的"情状怎么样？没说；例③④的"腿痛得……"和"说得……"，后面都有省略号，表示语句未完、意思未尽（"痛得"和"说得"情状怎么样都没说）。上述例句里的"得"（的）后都隐含着 R，是语用上一种含蓄的用法，营造出无言胜有言的意境，给人以充分的想象空间，就让听话人去体味了。

---

[1] 赵元任《汉语口语语法》第 45、179 页，商务印书馆，1979 年。
[2] 吕叔湘主编《现代汉语八百词》第 141 页，商务印书馆，1980 年。

关于语序问题

引言

(一)语序的重要性

语序是一种重要的语法形式,或者说是一种重要的语法手段。任何语言的语法都有个语序问题。语序不仅是表示语法结构、语法意义的形式,也是言语表达或修辞的手段。

有些语言(如印欧语系的语言)由于有比较丰富的词的形态变化,很多语法意义不是通过语序而是通过形态变化来表示,因此语序相对比较自由。[①]汉语由于缺乏西洋语言那样的狭义形态变化,很多语法意义要通过语序来表示,汉语的句子类型也往往通过语序来表示,所以语序在汉语的语法里显得特别重要。

(二)汉语语序研究的概况

汉语语法学界历来重视汉语语序的研究。20世纪50年代以前很多学者就已经注意到并重视汉语语序问题,如黎锦熙说:"汉语乃是各词

---

① 但语序对它们也并非是无关紧要的,这是因为:一方面,有些语序不能随意变动(如俄语的一致性定语的位置和某些"SVO"句不能随意变动语序);另一方面,它们在一定的语用需要下也可以变换语序。

孤立的分析语，全靠词的排列来表达意思"，他还认为句子有"正式句"（正常语序的句子）和"变式句"（倒装语序的句子）之别。吕叔湘认为：汉语叙事句有"正常次序"和"变次"的情形。王力有"倒装法"一说。他说："目的语、描写语、叙述词等，有时候不居于它们常在的位置。我们把这种变态叫做倒装法"。20世纪30年代末开展"文法革新"讨论时，人们也很重视语序问题，其中张世禄提出"凭语序而建立范畴，集范畴而构成体系"，把语序在语法研究中的作用提到了极其高的地位。①

20世纪50、60年代学界很重视语序。如吕叔湘、朱德熙的《语法修辞讲话》认为"句子的结构基本上就是安排各个成分的次序的问题"。赵元任的《汉语口语语法》认为"人们常说汉语中的语法是句法，汉语的句法全部是词序。词序在汉语语法里当然很重要，如'好人'与'人好'，'狗咬人'与'人咬狗'"。②那时汉语语法学界展开过汉语主宾语问题的讨论，在讨论如何确定主语和宾语这个问题上，大多数人非常重视语序，主张凭语序来决定主宾语，即认为名词在动词之前分析为主语，在动词之后分析为宾语。在讨论中语序派占优势，这反映了结构主义语言学重视结构形式的影响。那时还有些刊物发表了一些专论汉语语序的文章，如：洪笃仁的《从现代汉语的词序看所谓"倒装"》、丁勉哉的《论句成分倒装的语法特点》、胡竹安的《谈词序的变化》、刘涌泉的《机器翻译中的词序问题》等。③

---

① 参看黎锦熙《新著国语文法》(1924)第7页，商务印书馆，1992年；吕叔湘《中国文法要略》(1942)第28—41页，商务印书馆，1982年；王力《中国现代语法》第317页，商务印书馆，1985年；张世禄《因文法问题谈到文言白话的分界》，《语文周刊》1939年第30、31、32期。

② 吕叔湘、朱德熙《语法修辞讲话》第205页，开明书店，1952年；赵元任《汉语口语语法》(1968)第135页，商务印书馆，1979年版（吕译本）。

③ 如洪笃仁《从现代汉语的词序看所谓"倒装"》，《厦门大学学报》1955年第4期；丁勉哉《论句成分倒装的语法特点》，《华东师范大学学报》1957年第4期；胡竹安《谈词序的变化》，《语文学习》1959年第9月号；刘涌泉《机器翻译中的词序问题》，《中国语文》1965年第3期。

20世纪80年代以来,对语序问题更加重视。这表现在:第一,有大量的有关语序问题的专题研究文章;① 第二,在刊物上开展了有关语序问题的专题讨论,如:关于汉语句式变换的讨论、"易位"或"移位"问题的讨论都涉及语序;第三,1994年10月还举行了语序问题的专题学术讨论会。② 从上面语序研究的简单回顾可以看出汉语语序的研究已经受到学界的普遍重视;而且在语序研究中取得了不少成果,特别是关于汉语句法成分的排列次序,很多论著已经总结出一些规则。这是应该充分肯定的。但是,过去人们偏重于句法成分排列次序的研究,而在语义成分排列次序和语用成分排列次序的研究方面还是一个空白;另外,由于理论或方法的不同,在语序研究的很多问题上还有一些不同的观点;所以,对汉语的语序问题值得进行全面、系统和深入的研究。

(三)汉语语序研究中的分歧

汉语语法学界虽然普遍重视语序并在研究上取得了一定的成绩,但在这一问题上有些不同的理解或看法,主要分歧有:

1、术语的使用和理解上的分歧

汉语语法研究者有的用术语"词序",有的用术语"语序"。如黎锦熙、赵元任、屈承喜、刘涌泉等用"词序",张世禄、文炼、胡附、戴浩一、汤廷池等用"语序"。也有称"词语的次序"的,如吕叔湘、朱德熙。这种术语使用上的分歧,在一些语言学词典里也得到反映:如陈望道主

---

① 专题研究文章主要有:陆俭明《汉语口语句法里的易位现象》,《中国语文》1980年第1期;胡附、文炼《汉语语序研究中的几个问题》,《中国语文》1984年第3期;屈承喜《汉语的词序及其变迁》,《语言研究》1984年第1期;邵敬敏《从语序的三个平面看定语的移位》,《华东师范大学学报》1987年第4期;戴浩一《时间顺序和汉语的语序》,《国外语言学》1988年第1期;汤廷池《关于汉语的语序类型》,《汉语词法句法论集》,台湾学生书局,1988年;吴为章《语序重要》,《中国语文》1995年第6期。

② 这次会议上的有关汉语语序的一些观点可参见朱景松《关于语序的几个问题》,《语言教学与研究》1995年第3期。

编的《辞海》、王维贤主编的《语法学词典》以"语序"为正条,以"词序"为附条;张涤华等主编的《汉语语法修辞词典》以"词序"为正条,以"语序"为附条;黄长著等译《语言与语言学词典》只列"词序"。[①]由于这两个术语长期混用,所以一般人都以为:词序就是语序,语序就是词序;或者说"词序=语序"。

至于"词序"或"语序"的含义,人们的看法也有分歧:有的(如赵元任1968)认为是词的排列次序;有的(如《辞海·语言学分册》1987)认为是语法单位(包括语素、词、短语、分句)的排列次序;有的(如刘涌泉1965)认为是语法结构中句法成分的排列次序;有的(如《汉语语法修辞词典》)认为广义的语序包括语素、词、短语、分句等语言单位排列的位置,狭义的语序指词在语句中排列的位置;有的既指语法单位的排列次序,也指结构成分的排列次序;有的(如吴为章1995)认为广义语序包括语素序、词序、词组序、分句序、句子序、句群序、构词成分序、句法成分序等。

2、汉语语序的固定论和灵活论的对立

在汉语语法学界,有所谓"语序固定"论。如有的说词序固定是中国语的大特征,有的说汉语的语序是稳固的。"语序固定"论者认为形态变化丰富的语言语序灵活,汉语缺乏形态变化,所以语序或词序比较固定。但也有"语序灵活"论,如有的说汉语的特点是词序灵活,有的说汉语的语序是十分灵活的。"语序灵活"论者认为汉语结构成分的语序比较自由,可根据表达需要灵活变动。

这两种看法表面上是对立的,但也不是完全不相容的。如果语序没有相对的固定性,那语序也就没有规律可言;如果语序没有灵活性,

---

① 陈望道主编《辞海·语言学分册》,上海辞书出版社,1987年;王维贤主编《语法学词典》,浙江教育出版社,1992年;张涤华等主编《汉语语法修辞词典》,安徽教育出版社,1988年;黄长著等译《语言与语言学词典》,上海辞书出版社,1981年。

那语序在运用中就变成僵化的教条。上述两种看法实际上着眼点不同,"语序固定"论者主要着眼于静态短语中的语序,"语序灵活"论者主要着眼于动态的句子中的语序。

3、语序有没有"倒装"的争议

20世纪50年代展开过关于语序倒装问题的讨论。讨论中多数人认为语序有倒装现象,但对倒装的范围有不同的看法:有的认为施事置于动词后、受事置于句首都是倒装;有人认为全部词语可以毫无增减地还原的都是倒装;有的认为倒装范围不能太宽,要尽量缩小倒装句范围。但也有不同意"倒装说"的,如洪笃仁认为汉语的句子无论怎么变化,它的语序是稳固不变的(主语在前,谓语在后;动词在前,宾语在后)。[①] 吕叔湘认为:"讲到倒装,最好不用这种说法。'顺装'和'倒装',把句子成分的位置绝对化了,而一种句子成分如果有不同的几个位置,大概都有一定的条件,合于哪个条件就出现在哪个位置上,这就无所谓'顺'和'倒'了。"[②]

4、对某些具体语序的分析有不同的意见

讨论到某些具体的语序,也有许多分歧,主要表现在以下一些问题上:

(1)关于宾语的位置问题。宾语一般在动词之后,这是普遍的看法。但在宾语能否前置的问题上,存在着不同的意见:有的认为宾语不能置于动词之前;有的认为宾语不仅可以置于动词之前,而且还可以置于主语之前(句首);有的认为宾语在一定条件下可以置于动词之前,但绝不能置于动词前面的主语之前(句首)。

(2)关于主语的位置问题。主语一般在谓语动词之前,这是人们的共识。但主语能否置于谓语动词之后的问题上,存在着不同的看法:

---

① 洪笃仁《从现代汉语的词序看所谓"倒装"》,《厦门大学学报》1955年第4期。
② 吕叔湘《汉语语法分析问题》第68页,商务印书馆,1978年。

有的认为主语可以置于谓语动词之后,即"倒装主语"或称"主语后出现";有的认为主语不能出现在谓语动词之后,只是在很特殊情况下才可置于谓语之后。

(3)关于定语的位置问题。定语一般在中心语之前,这是大家公认的。但在一定条件下定语能否后置,以及定语能否离开中心语而前置于动词(当定心短语作宾语时)之前的问题上,存在着争议:有的认为定语可以后置,有的认为定语不能后置;有的认为定语可以离开中心语前置于动词之前,有的则认为不可以。

一、语序的性质和研究语序的目的和方法

(一)语序的性质

在语法现象里,实际存在着两种序列:一种是各种语法单位的排列次序,可简称为"单位序"。语法单位体系中的语素、词、短语、分句等分别出现在比它们更大的语法结构体里时,都存在着排列次序问题。另一种是语法结构体(主要指短语或句子)内部的各种结构成分的排列次序,可简称为"成分序"。任何语法结构的结构成分(如主语和宾语的语序、施事和受事的语序等)都存在着排列次序问题。

汉语语法研究的有关文献中存在着"语序"和"词序"混用的情形。笔者认为语序不等于词序,应该把语序和词序严格地区别开来。可作如下的诠释:"语序"是指语法结构内部的结构成分的排序(即"成分序");"词序"可有狭义和广义之别,狭义的词序是指语法结构中词的排序,广义的词序是指语法结构中语素、词、短语、分句的排序(即"单位序"或"词语的排序")。由于语序是结构成分的序列,词序

是语法单位(或词语)的序列,语序和词序属于不同的层面;所以笔者把"语序"和"词序"看作为两个不同的术语,表示两个不同的语法概念。如果译成英语,"词序"可翻译为word order,"语序"可译为constituent order。

(二)语序和词序的关系

"语序"和"词序"既有联系,也有区别。

1、语序和词序的联系

语法结构的成分与语法单位有紧密的联系,所以语序和词序也有紧密的联系。语序和词序的联系主要表现在:

(1)语法结构中的词序的变动往往会引起语序的变动,而语序的变化也必须通过词序变动来表现。换句话说:语序变,词序必变;语序不同,词序也不同。例如:

我喝过这种汤了→我这种汤喝过了→这种汤我喝过了
(主动宾→主宾动→宾主动)

这个例子中的词语"这种汤"在结构中的位置发生变动,即词序有变动,相应地宾语的位置也变动。反过来说,此例宾语语序的变动是通过词序变动来实现的。

(2)有些语法现象,既可从语序角度去研究,也可从词序角度去研究。比如汉语的主宾语问题,如果从语序角度,就得研究主语、宾语和动词之间的排列次序有什么规律;从词序角度,就得研究某个名词置于动词前或动词后对主语和宾语的语序有什么影响。

2、语序和词序的区别

语序是结构成分的序列,词序是语法单位(或词语)的序列;它们虽有联系,但有根本的区别。具体表现在:

(1)词序不同,语序不一定不同。例如:

① 狗咬猫⟵⟶猫咬狗

("狗、猫"词序不同,但语序相同:都是主动宾、施动受)

② 传统语法⟵⟶语法传统

("语法、传统"词序不同,但语序相同,都是定心结构)

(2)词序变,句法结构也变。句法结构变不等于语序变。例如:

① 天气好→好天气

("天气、好"的词序变,句法结构也变:主谓→定心)

② 下雨了→雨下了

("下、雨"的词序变,句法结构也变:谓宾→主谓)

(3)有些副词、虚词变动词序,不一定影响语序,例如:

① 你是不好⟵⟶是你不好

(语气副词"是"位置变化不影响此句的语序)

② 他是昨天进的城⟵⟶他是昨天进城的

(助词"的"位置变动不影响此句语序)

词序是改变句子意思的手段,也是改变句法结构和语义结构的手段,而且还是语用和修辞的手段;词序的研究无疑是很重要的。但本文主要是研究语序,所以下面着重讨论汉语的语序的问题(词序问题笔者另有专文[①])。

(三)研究语序的目的

任何句子都有语法结构,而语法结构都是通过一定的语序构建起

---

① 范晓《关于汉语的词序问题》,《中国语文学》(韩国)第42辑,2003年12月。

来的;因此,研究语序的目的就是为了描写语法结构的语序规则,以便更好地归纳和概括静态句子的基本类型和动态句子的语序变化特点。

研究语序包括两个问题:一是,在静态的语法结构里,任何语言都有一般的语序规则,如汉语的"人吃饭"符合汉语语法结构的静态的一般规则,但不能说"人饭吃""饭人吃""饭吃人";二是,在动态的语法结构里,语序可以发生变化。比如汉语有下面这样三个句子:

① 这个人把一锅饭都吃了。　(人饭吃)
② 这锅饭被那个人吃了。　　(饭人吃)
③ 这锅饭吃了十个人。　　　(饭吃人)

在上述句子里,抽去各种附加的完句成分,语序变成"人饭吃""饭人吃""饭吃人",这是在话语中的具体句里根据表达需要而随宜采用的动态的变化规则。静态一般规则和动态变化规则都很重要:懂得一种语言语序的静态的一般规则,可以造出核心句(也称"基础句""原型句");懂得一种语言的动态的语序变化规则,可以造出适应不同语用目的的衍生句(也称"派生句")或变式句(关于核心句、衍生句和变式句,详见下面关于"句子的常规语序和非常规语序"的论述)。

就汉语来说,语序和句子类型有着密切的关系,它是确定和区分句型、句模和句类的重要手段之一,所以研究语序也是为了更好地描写和说明句子的类型。如下面句干实例的语序变化都涉及句子类型(包括句型和句模):

① a. 我看过这本书了。
　　(句型:主动宾,句模:施动受,句类:施事主题叙述句)
　　b. 我这本书看过了。
　　(句型:主宾动,句模:施受动,句类:施事主题叙述句)

c.这本书我看过了。

（句型：宾主动，句模：受施动，句类：受事主题叙述句）

② a.十个人吃了一锅饭。

（句型：主动宾，句模：施动受，句类：施事主题叙述句）

b.一锅饭吃了十个人。

（句型：主动宾，句模：受动施，句类：受事主题供使句）

③ a.主席团坐在台上。

（句型：主动宾，句模：施动处，句类：施事主题叙述句）

b.主席团在台上坐着。

（句型：主状动，句模：施处动，句类：施事主题叙述句）

c.台上坐着主席团。

（句型：状动宾，句模：处动施，句类：处所主题描记句）

（四）研究语序的方法

要使语序研究不走弯路，并使取得的结果比较科学，就得讲究研究语序的方法。研究语序的方法，要着重注意以下几点：

1、要区别三种不同的语序

研究语法要区别语法的三个平面，即句法平面、语义平面和语用平面，所以就得区别三种不同的语法成分，即句法成分、语义成分和语用成分，相应地也就要区别三种不同的语序，即句法语序（指句法成分的次序，如主语和谓语的次序、定语和中心语的次序等）、语义语序（指语义成分的次序，如施事和受事的次序、领事和属事的次序等）、语用语序（指语用成分的次序，如主题和述题的次序）。但在过去，人们往往只说句法语序（如主在谓前、宾在谓后等等），而忽略了语义语序和语用语序；或者三种语序不加区别，混在一起；因而很多问题就说不清楚。例如:"台上坐着主席团",以往有人认为是"主语后出现",这是把语义成分的移位和句法成分的移位混为一谈了。

虽然现在有不少学者主张区分句法、语义、语用三种语序,但如何理解这三种语序也还有不同的意见。例如下面的句子:

① 你看我。→我看你。
② 客人来了。→来了客人。
③ 你哥哥来了吗?→来了吗,你哥哥?

有人认为:① 是语义语序的变化,② 是句法语序的变化,③ 是语用语序的变化。这种看法值得商榷。笔者认为:"你看我"和"我看你"这两句,语义成分的排序都是"施动受",所以语义语序没有变化;如果一定要说什么变化,那是词序的变化(作施事和受事的具体词的排序颠倒),导致句子的具体意思(施事和受事所指的具体的人)有变化。关于"客人来了"和"来了客人"这两句,它们句法结构不同(主谓、谓宾),谈不上"语序不同",而是词序不同或词序变动引起句法结构的变化;严格地说,只有相同结构的成分排序有变化才是语序变化。至于"你哥哥来了吗"和"来了吗,你哥哥"这两句,它们主要是句法语序发生变化,即主谓结构内部主语和谓语的位置颠倒了(主谓→谓主);这种变化的动因跟语用有一定关系。

2、要区别静态语序和动态语序

静态语序是指在静态语法结构(包括静态短语和静态孤立句的语法结构)中归纳概括出来的语序,静态语法结构中的句法语序、语义语序和语用语序是相对固定的,其语序规则具有一般性、普遍性。动态语序是指在动态语法结构(动态语境句的语法结构)中归纳概括出来的语序,这种语序要根据语用表达的需要来安排,其结构成分的排序有的跟静态语序一致,有的不一致。所以,研究语序既要总结静态语序的一般规则,又要总结动态语序的变化规则。

3、要区别倒装移位和非倒装移位

句子中语序发生变化,意味着成分的位置要移动。如果从"移动了位置"的意义上,可以笼统地或广义地都称作"移位";但这种移位应该分别两种情形:一种是"倒装移位"(也称"易位"),另一种是"非倒装移位"。

(1)倒装移位。倒装移位是同一句子类型内部成分的语序变易,所以成分倒装后句型不变。倒装移位构成的句子是变式句,直接成分之间语音上通常要有停顿,书面上要用逗号隔开,一般称为"倒装句"(也称"易位句")。例如:

① 怎么啦,他?
② 永远过去了,那困难的日子。
③ 好美啊,长江三峡!

上述句子跟"他怎么啦?""那困难的日子永远过去了。""长江三峡好美啊!"三句相比,虽然语序变了(变成谓语在主语之前),但句型不变(仍是主谓句)。

(2)非倒装移位。非倒装移位是一般性的移位,直接成分之间语音上没有停顿,书面上也不用逗号隔开。例如:

① 他看过这本书了。
② 他这本书看过了。
③ 这本书他看过了。

上面①是核心句,②③是①通过移位产生的衍生句。这种移位可改变句子类型,如①是SVO("主动宾""施动受")句干,其中的O(宾语或受事)移位,可形成②的SOV("主宾动""施受动")句干和③

的OSV("宾主动""受施动")句干。非倒装移位形成的句子是核心句衍生出来的常用句式,不应看作变式句。一般称为"移位句"。

4.要区别个例和类型

研究语序,还应分别个例的语序研究和类型的语序研究。

(1)个例语序研究,就是要研究一些具体的短语或具体的句子中的语法成分的排序,即对具体语法结构体的个例进行具体的分析。这种个例都是由具体的词语组成的,例如:

① 饭我已经吃过了。　② 这锅饭吃了十个人。

按照静态的一般的语序规则,宾语应在动词之后,"我吃饭"不能说成"饭我吃"或"饭吃我"。但这两个实例中①动词"吃"后没有任何宾语,②的动词"吃"后有施事宾语,"饭"移到了动词之前或句首。分析这两例中的"饭"是不是宾语,不同的语法体系会有不同的看法,主要有两种:一种认为这个"饭"仍是宾语,是宾语移位,属语序问题;另一种认为这个"饭"是主语或主题,属词序变动,那就不是语序问题。

(2)类型语序研究,就是要研究抽象的语法结构体的语序。类型是对大量的个例(具体实例)通过类聚抽象后才能得到,类型中的词语是可以用同类词语替换的,如在"新衣服""好天气""高水平""木头房子"等一系列具体短语实例中,可类聚得到一个抽象的结构类型,即"定语+中心语"结构;又如在"我看书""你唱歌""他跳舞"等一系列具体短语实例中,可类聚得到一个抽象的结构类型,即SVO(主动宾、施动受)结构。结构抽象类型的语序研究,目的是寻找一种语言的语序的基本排序规则,汉语的定语在其中心语之前的规则和主语在动词之前、宾语在动词之后的规则,就是在研究了同类实例的基础上抽象出来的。

个例研究和类型研究有密切的关系:个例的研究是类型研究的基

础和前提，类型的规则是在大量个例研究的基础上经过类聚抽象得到的。可以说，没有个例研究，也就不可能有类型的规则。反之，对各种结构类型的语序规则研究好了，自然也可指导具体个例的研究。

二、句法语序

（一）汉语的句法语序

句法语序是指句法平面的语序，即短语或句子的句法结构中句法成分的排列次序。不同语言的句法语序是有差异的，如以动词和宾语的语序来说，日语、韩语是OV式，汉语是VO式。又如汉语的定语在前，中心语在后；缅甸语的定语在后，中心语在前；而俄语则有两种位置：形容词性一致性定语在中心语之前，名词性非一致性定语在中心语之后。再如汉语的状语一般在动词中心语之前，英语的状语通常后置，等等。

汉语句法成分的排列次序是，在静态短语里：主语在前，谓语在后；谓语（由谓词性词语，即动词或形容词性词语充当）在前，宾语（或补语）在后；限饰语（定语、状语）在前，中心语在后。在动态句子里：一般与短语相同，但可突破静态短语的规则，如主语有时可出现在谓语之后，宾语常可出现在动词之前，补语有时也可出现在动词之前，定语、状语有时可出现在它们的中心语之后，等等。下面将具体分析汉语的句法成分的次序。

（二）主语和谓语的语序

1、静态短语里主语和谓语的语序

静态短语里主语和谓语的语序规则是：主语在前，谓语在后。这种排列次序是固定的，不可随意颠倒位置。如果变动语序颠倒位置，就会

产生两种情形:

(1)改变句法结构,甚至改变意思。例如:

① "天气好"说成"好天气",就由主谓结构变为定心结构。
② "他想"说成"想他",就由主谓结构变为谓宾结构,而且意思也变了。

(2)意义不通,不能成立。例如:

① "鸡叫",不能说成"叫鸡"。
② "他休息",不能说成"休息他"。

2、动态具体句里主语和谓语的语序

动态具体句里主语和谓语的语序的一般规则跟静态短语里主语和谓语的语序规则是一致的,也是主语在谓语之前(这是常式主谓句)。但根据表达的需要,可以突破这一般的规则,有些主语可出现在谓语之后(这是变式主谓句)。例如:

① 多么清新啊,这早晨的空气!
　(是"这早晨的空气多么清新啊!"的倒装)
② 几点了,现在?
　(是"现在几点了?"的倒装)
③ 怎么了,老爷子?
　(是"老爷子怎么了?"的倒装)

主语倒装主要是为了突出谓语表示的新信息。在具体话语里,突出新信息的原因是多种多样的:或强调惊叹,如例①;或说话急促,如例②;或情绪紧张,如例③。这类句子的形式特点是:谓语和主语之间一般有停顿;书面上谓语后常用逗号,句末多用叹号或问号。

(三)谓语和宾语的语序

谓语通常是由动词充当的,所以通常也可说动词和宾语的语序。

1、静态短语里动词和宾语的语序

静态短语里动词和宾语的语序规则是:动词在前,宾语在后。这种排列次序是固定的,不可随意颠倒位置。如果变动语序颠倒位置,就会产生两种情形:

(1)意义不通,不能成立。例如:

① "读书"说成"书读",不能成立。
② "踢足球"说成"足球踢",不能成立。

(2)改变了句法结构和意思。例如:

① "想他"(动宾结构)说成"他想"(主谓结构),既改变了结构,也改变了意思。
② "笑他"(动宾结构)说成"他笑"(主谓结构),既改变了结构,也改变了意思。

2、动态的具体句里动词和宾语的语序

在动态的具体句里,宾语常置于动词之后;但根据表达的需要,宾语也可以出现在动词之前。宾语前置于动词之前有两种情形:

(1)句法的强制性决定宾语必须出现在动词之前或句首(这种前置宾语不能移到动词之后),主要有以下一些:

1)宾语本身是疑问代词充当的,或者是"疑问代词+名词"作定语,后边有"也、都"等相呼应。例如:

他什么都不懂。/我哪儿都不去。/他什么事都不知道。

2) 宾语前边有"一",后边有否定词("不"或"没有")构成"……也(都)不(没有)……"格式。例如:

　　他<u>一个人</u>都不认识。/ 他<u>一句话</u>也不说。/ <u>一句话</u>他都没说。

3) 宾语表多数,后有范围副词"都"的句子。例如:

　　<u>这些问题</u>都研究过了。/ <u>这里的人</u>他都认识。

4) 某些对称格式的句子(宾语后一般有"也"或"都")。例如:

　　她<u>饭</u>也不吃,<u>觉</u>也不睡,身体要垮的。/ 他<u>大事</u>也管,<u>小事</u>也管,样样事都要管。

5) 某些形式动词(进行、加以等)构成的句子。例如:

　　<u>这个问题</u>我们正在进行讨论。/ <u>这件事</u>我们必须加以研究。

上述句子中动词前的宾语在指称性上有其特点:或者是定指(所指对象为语境中某一特定的事物),如3)和5)实例中的宾语;或者是任指(也称"遍指",所指对象为任何事物),如1)和2)实例中的宾语;或者是通指(所指对象为整个一类事物),如4)实例中的宾语。

(2) 语用表达的需要决定宾语有条件出现在动词之前或句首。常见的有以下一些:

1) 急于说出和凸显新信息,这是倒装语序(倒装句)。例如:

　　① <u>他会帮助你的</u>,我相信。
　　② <u>这全为的是我</u>,我知道。
　　③ <u>今天不会再地震了</u>,我估计。

2）宾语主题化。例如：

① 你送来的东西，我已经收到了。
② 这事阿Q后来才知道。
③ 我这本书读过了，那本书还没读呢。

这种句子的句法语序是变动了还是没有变动，学界有不同的看法：有的认为这类句子中原来作宾语的名词置于动词前，都成了主语；有的认为这类句子中原来作宾语的名词置于动词前，句法成分不变，仍是宾语；有的认为宾语变更位置只能在谓语范围之内，即可以移到动词之前，但不能置于句首。笔者认为宾语可以置于动词之前，也可以置于句首（在主语之前）。这种前置宾语或者急于说出和凸显新信息，如1）实例中的宾语；或者是主题化的需要，即宾语所表示的是旧信息，当然放在句首作主题比较合适，如2）实例中的宾语。这种前置宾语可以移到动词之后。

3）用介词（"把、连、对"等）引出宾语，置于谓语动词之前。例如：

① 你对这件事不了解。
② 我把这本书读了两遍。
③ 他连这个数学题都不会做。

用介词引出的宾语提前，或凸显动作的对象，表示处置的事物，或凸显强调的事物。这类宾语提前，原宾语成了介词的宾语，介宾短语整个作状语。介词引出宾语而使宾语前置于谓语动词前的句子，有的是可以变换的，如①可以变换成"你不了解这件事"；有的是不能变换的，如②③。

值得注意的是，在动态句里，由于语用表达的需要，宾语有时还可置于动词后的附加成分之后。例如：

① 他说过吗,这句话?
② 你通知了没有,明天开会?
③ 我已经跟他说过三次了,这件事。

这种句子的特点是:也属于倒装句,宾语前必有停顿(书面上用逗号隔开)。这种宾语表示旧信息(即宾语主题化);为了突出新信息,而将宾语(语用上是主题)置于句末,让它对传递的新信息起追补的作用。

(四)谓语和补语的语序

1、静态短语里谓语和补语的排列次序

静态短语里谓语和补语的排列次序是:谓语在前,补语在后。这种次序是固定的,不可随意颠倒位置。如果颠倒位置,会产生两种情形:

(1)意义不通,不能成立。例如:

① "吃饱"不能说成"饱吃"。
② "走一趟"不能说成"一趟走"。

(2)虽然颠倒后能成立,但句法结构变了,有的甚至意思也变了。例如:

① "说错""吃多"是谓补结构,而"错说""多吃"是状心结构。
② "跑下去"(谓补结构)说成"下去跑"(连谓结构),句法结构变,意思也变。

2、动态句里谓语和补语的排列次序

动态句里谓语和补语的排列次序一般也是谓语在前、补语在后。但为了凸显动作的动量,动量补语有时也可置于谓语之前。例如:

① 一次说不明白,就说两次。 (单独说"一次说"不成立)

② 一趟去解决不了，就去两趟。（单独说"一趟去"不成立）

3、谓语后补语和宾语的排列次序

如果谓语后既有补语，又有宾语，这就涉及谓语后补语和宾语的语序问题。汉语中补语和宾语的次序，也是有一定的规则的。这些规则是：

（1）结果补语和宾语排序的一般规则是：补语在宾语之前，例如：

吃饱饭/打败敌人

（2）趋向补语和宾语排序的一般规则有两种情形：

一是，单纯趋向动词作补语时，补语在宾语之前，例如：

走来一个人/拿出一本书

二是，复合趋向动词作补语时，有三种情形：

1）补语在宾语之后，例如：

走出来一个人/拿出来许多钱

2）宾语在补语之前，例如：

走了一个人出来/拿了许多钱出来

3）复合趋向动词分化为两个补语，宾语置于两个补语之间，例如：

走出一个人来/拿出许多钱来

（3）动量补语和宾语排序的一般规则是：代词作宾语时，补语在宾语之后，例如：

打他一顿/看他一眼/帮过他三次

名词作宾语时,位置相对自由,例如:

去了一趟北京→←去了北京一趟。

(五)定语和它的中心语的语序

1、静态短语里定语和它的中心语的排列次序

静态短语里定语和它的中心语的排列次序是:定语在前,定语所修饰或限定的中心语在后。这种排列次序是固定的,不可随意颠倒位置。如果变动语序,就会产生两种情形:

(1)意思不通,不能成立。例如:

① "木头房子",不能说成"房子木头"。
② "女孩子",不能说成"孩子女"。

(2)改变了句法结构或意思。例如:

① "黄头发"(定心结构)说成"头发黄"(主谓结构),改变了结构。
② "玻璃窗"说成"窗玻璃",结构未变(都是定心结构),但改变了意思。

2、动态句里定语和它的中心语的排列次序

动态句里定语和它的中心语的排列次序,一般和静态短语里定语和它的中心语的排列次序是一致的。但由于语用表达的某种需要,定语有时有后置的情形。例如:

① 他们曾经和党内的机会主义倾向作斗争,右的和左的。
② 这是煤气费账单,301室的。

③他买了肉一斤、鱼二斤、青菜三斤。

定语后置或是起追补作用（补充追加说明），如例①和②；或是起列举作用，如例③。后置定语一般轻读。

此外，动态句里还有定语主题化的情形，即定语置于句首作句子的主题。比较以下的例句：其中①是常规语序，符合一般的语序规则，②是定语后置，③就是定语主题化：

①墙壁上贴满了红的、绿的、黄的标语。
（定语在中心语之前）
②墙壁上贴满了标语，红的、绿的、黄的。
（定语在中心语之后）
③红的、绿的、黄的，墙壁上贴满了标语。
（定语特提于句首作主题）

（六）状语和它的中心语的语序

1、静态短语里状语和它的中心语的语序

静态短语里状语和它的中心语的语序规则是：状语在前，状语所修饰或限制的中心语在后。这种排列次序是固定的，不可随意颠倒位置。如果颠倒位置，就会产生两种情形：

（1）意思不通，不能成立。例如：

①"刚来"不能说成"来刚"。
②"忽然爆炸"不能说成"爆炸忽然"。

（2）改变了句法结构。例如：

①"错说"是状心结构，说成"说错"就成了谓补结构。

② "认真学习"是状心结构,说成"学习认真"就成了"主谓结构"。

2、动态句里状语和它的中心语的语序

动态句里状语和中心语的语序规则是:一般规则跟静态短语中的规则一致,即状语在中心语之前。但根据语用表达的需要,有些状语可突破一般规则,出现在中心语之后(在口语里状语前有停顿,书面上用逗号隔开)。例如:

① 如果我能够,我要写下我的悔恨和悲哀,<u>为子君</u>,<u>为自己</u>。
② 她走过去了,<u>轻轻地</u>、<u>轻轻地</u>。
③ 他回来了,<u>也许</u>。

有些状语甚至可离开动词,出现在句首,即出现在句子的主语之前。例如:

① <u>静悄悄地</u>,她走过来了。
② <u>也许</u>他看过这个电影了。
③ <u>院子里</u>,他种上了一棵桂花树。
④ <u>在战略上</u>,我们要藐视敌人,<u>在战术上</u>,我们要重视敌人。

状语前置也是语用表达的需要,主要的原因有:或是强调突出动作的情状或语气,如例①②;或是状语主题化,如例③④。

(七)并列语的语序

1、静态短语里并列语之间的语序

静态短语里并列语之间的语序规则是:如果并列语在意义上是对等的或并行的,一般可变动语序,例如:

① 桌子和椅子→←椅子和桌子
② 中国和美国→←美国和中国。

但有些不能随意变动,主要有两种情形:

一是,并列语的语序已经形成习惯的。例如:

① 油盐酱醋→*盐油酱醋→*酱盐油醋→*醋酱油盐→*酱油盐醋
② 笔墨纸砚→*纸笔墨砚→*墨纸砚笔→*砚墨纸笔→*纸墨砚笔

二是,并列语的语序反映了逻辑顺序(包括先后、主次等)。例如:

① 春夏秋冬→*冬夏春秋→*秋春冬夏→*冬秋夏春→*夏冬秋春
② 恢复和发展→*发展和恢复

2、动态句里并列语之间的语序

动态句里并列语之间的语序规则是:如果并列语在意义上是对等的或并行的,并且在话语中并不强调逻辑顺序(包括先后、主次等)的,就可变动语序;反之,则不可变动语序。比较下面两句:

① 老师和学生都来了。→学生和老师都来了。
　(可变动语序)
② 李老师和他的学生都来了。→*他的学生和李老师都来了。
　(不可变动语序)

(八)句法语序和句型的关系

句法语序和句型有密切的关系,句法语序可以决定句型,其中非倒

装移位的语序变动影响句型的语序变动,如SVO、SOV、OSV便是。比较以下几句:

① 我读过这《红楼梦》了。　　("主-动-宾"句型)
② 我《红楼梦》读过了。　　　("主-宾-动"句型)
③《红楼梦》我读过了。　　　("宾-主-动"句型)

上述三个句子里宾语"《红楼梦》"的位置不一样,导致了句型不一样。但倒装移位(如主语移到谓语之后、状语或定语移到中心语之后等)是同一句型内部成分的语序变动,它没改变句子的基本格局,因此不影响句型。

三、语义语序

(一)语义语序的含义

组成句子基底的语义结构是动词为中心的动核结构。动核结构中的语义成分动核(核心语义成分)和它所联系的动元(动核所联系的强制性语义成分)的排列次序在深层(隐层)是无序的,但它们映射到表层(显层)句法结构中是有序的。所以语义语序是指句法结构所反映出的语义成分的排列次序,即短语或句子的语义结构中语义成分的排序。语义语序和句法语序既有联系也有区别。

语义语序和句法语序的联系主要表现在它们之间往往是对应的,即语义语序随句法语序的变化而起变化。例如:

① 他不喝水了。→←他水不喝了。
② 我给他礼物了。→←我礼物给他了。

①的句法语序是：主动宾→←主宾动；语义语序是：施动受→←施受动。②句法语序是：主动宾宾→←主宾动宾；语义语序是：施动与受→←施受动与。

语义语序和句法语序的区别主要表现在它们之间也有不对应之处。有时句法语序不变，语义语序变了。例如：

① 武松把老虎打死了。→←老虎被武松打死了。
（主状动／施受动→←主状动／受施动）
② 两个人骑了一匹马。→←那匹马骑了两个人。
（主动宾／施动受→←主动宾／受动施）

（二）汉语语义成分的排列次序

汉语的短语和句子中，语义成分的次序不是任意排列的，它们有一定的排序规则。就动作动词构成的主谓短语或主谓句中所反映出的汉语语义成分的排列次序而言，其语序规则是：

1、静态短语语义结构中的语义语序的规则

基础的语义结构主要有两种：动核结构和名核结构（名核结构中最重要的是具有领属关系的领属结构）。① 动核结构主要通过静态的主谓短语来表示。名核结构中的领属结构主要通过静态的定心短语来表示。

（1）静态主谓短语中反映出动核结构语义语序的一般规则主要有：

1）"施动"语序，即施事在动核之前，例如：

我走／鸟飞／她笑

---

① 关于动核结构，可参看范晓《论"动核结构"》，《语言研究集刊》第八辑，上海辞书出版社，2011年。关于名核结构，可参看范晓《论"名核结构"》，《语言问题再认识》，上海教育出版社，2001年；范晓《领属成分在汉语句子中的配置情况考察》，《汉语现状与历史的研究》，中国社会科学出版社，1999年。

2）"系动"语序，即系事在动核之前，例如：

他醉 / 房子倒塌 / 头脑清醒

3）"施动受"语序，即施事在动核之前，受事在动核之后，例如：

他喝茶 / 我看电影 / 小王踢足球

4）"施动与受"语序，即施事在动核前，与事在动核后，受事在与事后，例如：

我给他书 / 他送我礼物 / 她借我钱

5）"施与动"语序，即与事在施事和动核之间，例如：

他向我道歉 / 我为你着想 / 学生向老师鞠躬

6）"施与动受"语序，即与事在施事和动核之间，受事在动核之后，例如：

我跟你商量事情 / 他跟我讨论问题

（2）静态定心短语中的领属结构的语义语序规则，主要有：

1）领属结构定心短语中的语义语序的规则是：领事在属事之前，例如：

我的手 / 他的书 / 你的弟弟

2）多层定语构成的定心短语中语义成分的排列规则大体有两种情形：

A. 领事→处所→指示→数量→来源→性状→质地→名物，例如：

她的梳妆台上的那一把从福建买来的精美的牛角梳子

B. 处所→领事→指示→数量→来源→性状→质地→名物,例如:

梳妆台上的她的那一把从福建买来的精美的牛角梳子

2、动态句语义结构中的语义语序的规则

动态具体句语义成分的语序规则,通常跟静态短语语义语序规则一致。但根据表达的需要,有时可突破静态短语的语义语序规则。这有两种情况:

(1)在有些动态句里,句子的语义语序可突破静态主谓短语中的"施动受"语序规则。这主要表现在:

1)被动句里受事可在相关动作之前,例如:

老虎被武松打死了。/大门被他关上了。

2)把字句里受事可在相关动作之前,例如:

武松把老虎打死了。/他把大门关上了。

3)宾语主题化的句子里受事可在施事和相关动作之前,例如:

这件事我来办吧。/这个问题我已经说过好几遍了。

4)受事复指句里受事可在施事和相关动作之前(置于句首作主题),例如:

这个人,我曾经批评过他。/小王我认识他。

5)受事数量分指句里受事可在施事和相关动作之前(置于句首作主题),例如:

苹果我只吃了一个。/中午,我饭吃了两碗,菜吃了一盆。

6)受事作描记对象的描记句里,受事可在相关动作之前(置于句首,在句法平面是作主语,在语用平面是作主题),例如:

<u>大门</u>紧紧地关着。/<u>奴隶们</u>解放了!

7)某些致使句里受事可在相关动作之前(置于句首作主题),例如:

<u>这个南瓜</u>吃得他拉肚子了。/<u>这篇文章</u>可把我写苦了。

8)"两面性动词"作谓语动词的句子里,受事可在相关动作之前,例如:

<u>他</u>淋雨了。/<u>那人</u>盖了一条厚厚的被子。

(2)在有些动态句里,句子的语义语序可突破静态主谓短语中的"施动"和"系动"语序规则。这表现在以下一些情况。

1)施事宾语句里施事可在相关动作之后,例如:

大门口站着两个<u>卫兵</u>。/家里来<u>客人</u>了。

2)系事宾语句(也称"领主属宾句")里系事可在相关性状动词之后,例如:

王冕七岁上死了<u>父亲</u>。/他瞎了一只<u>眼睛</u>。

3)在某些"使成式"句子里,系事可在相关性状动词之后,例如:

他跌伤了<u>腿</u>。/她哭哑了<u>嗓子</u>。

(3)在有些动态句里,句子的语义语序可突破静态定心短语中的"领在属前"的语序规则。这表现在以下一些情况:

1）某些表属事的词语作主题的句子里,属事可在领事之前,例如：

老毛病他又犯了。/亲戚他很多,只是没来往。

2）在领属关系句("属事+是/属于+'领事+的'")里,属事在领事之前,例如：

这本书是你的。/这幢房子属于老赵的。

3）在领事作主语或主题的句子中,属事虽在领事之后,但被其他词语隔开。例如：

她把眼睛都哭肿了。/她哭得眼睛都肿了。/祥林嫂死了丈夫。/他跌伤腰了。

（三）语义语序与句型、句模和句类的关系

语义成分的排列次序决定句模,也会影响到句型和句类。这里试以动词谓语句为例来加以说明。动词谓语句有的由不及物动词作动核构成,有的由及物动词作动核构成。

（1）不及物动词所表动作的施事位置不同,句型和句模也会有差异,例如：

① 台上坐(着)主席团。
  （"状-动-宾"句型,"处-动-施"句模,描记句类）
② 主席团坐(在)台上。
  （"主-动-宾"句型,"施-动-处"句模,叙述句类）

（2）及物动词所表动作的施事或受事位置不同,句型和句模也会有差异,例如：

① 张三批评了李四。

（"主-动-宾"句型，"施-动-受"句模，一般主动句）

② 李四被张三批评了。

（"主-状-动"句型，"受-施-动"句模，被动句）

③ 张三把李四批评了。

（"主-状-动"句型，"施-受-动"句模，处置式主动句）

四、语用语序

（一）语用语序的含义

语用语序是指语用平面的语序，即句子的语用结构中语用成分的排列次序。句子的语用结构主要有三种：一是主述结构（其中语用成分是主题和述题），二是插心结构（其中语用成分是插语和它的中心语），三是焦景结构（其中语用成分是焦点及其背景）。在这些语用结构里，语用成分都有一定的排列次序，这就是语用语序。

语用语序和句法语序是不相同的，它们属于不同的语法平面。但有些语用语序（主述结构内的成分序）跟句法结构有某种联系，这表现在句子的主题常常落实在一定的句法成分上：如主题落实在主语上，就是主语和主题重合，也称"主语主题化"；又如主题落实在宾语上，就是宾语和主题重合，也称"宾语主题化"；又如主题落实在状语上，就是状语和主题重合，也称"状语主题化"；等等。

现在语法学界有一种看法，认为由语用引起的句法语序的变动都属于语用语序，如"他读过这本书了""他这本书读过了""这本书他读过了"，有人认为这三句语用语序不一样。笔者认为，这三句分别是"主-

动-宾""主-宾-动""宾-主-动"语序,这是句法语序不一样;这种句法语序的变化当然是语用引起的,因为作主题的词语不一样;但这三句语用语序没有变化,它们都是"主题+述题"(即主题在述题之前)。还有一种看法,认为超常语序决定于说话人的主观选择,涉及信息重心转移等,是典型的语用语序。[①]如认为定语、状语在它们的中心语之后就是语用语序。其实,这仍然是在语用影响下的句法语序的变动。所以,应该把语用语序的变动跟语用影响下的句法语序的变动区别开来。

(二)汉语的语用成分的排列次序

研究语用语序时,要区别静态孤立句(即核心句)和动态语境句。[②]

1、汉语孤立句语用结构中语用成分的语序

汉语孤立句中语用成分的排序规则有三种情况:

(1)在主述结构里,主题在述题之前。这是由旧信息在前、新信息在后的原则(即语用上的指别性领前原则)决定的。例如:

① 老张的弟弟很喜欢踢足球。/那悬崖上刻着几个大字。
② 这本书我早已读过了。/这件事你办得很好。

(2)在插心结构里,插语中的感叹语、评议语一般在句首,插语中的注释语一般在被注释成分之后。例如:

① 哎呀,我上当了。/看样子,天气快要下雨了。
② 他这个学期要开设两门新课:语义学、语用学。

(3)在焦景结构里,焦点通常落在新信息部分,一般落在句末的句

[①] 吴为章《语序重要》,《中国语文》1995年第6期。
[②] 关于孤立句和语境句,参看范晓《关于句子合语法或不合语法问题》,《中国语文》1993年第5期。

法成分上。这种焦点称为常规焦点,也称尾焦点。例如:

① 他去北京了。　　② 我肚子吃饱了。

2、汉语语境句语用结构中语用成分的语序

语境句中语用成分的语序有时跟孤立句语义成分的语序一致,有时可突破孤立句的语序规则。突破孤立句的语序规则主要有以下三种情况:

(1)在语境句里,当要凸显新信息或急于要说出新信息时,可以先出现表新信息的述题,然后再说出表旧信息的主题(述题与其后面的主题之间有较大的停顿,书面上通常用逗号隔开),主题置于述题之后只是起一种追补的作用,例如:

① 你办得很好,这件事。　　② 我早已读过了,这本书。

(2)插心结构插语的位置相对较自由,可出现在句首、句中或句末。比较以下几句:

① 看样子,天气快要下雨了。
② 天气,看样子快要下雨了。
③ 天气快要下雨了,看样子。

(3)动态语境句中的焦点是对比焦点。这种焦点十分灵活,句中的句法成分都有可能成为焦点。当说话者要凸显或强调(通常用强调重音或有某种标志词)某个成分时,那个成分便是焦点。比较以下句子:

① 张英昨天吃了两个苹果。
　　(说明"谁昨天吃了两个苹果")

② 张英昨天吃了两个苹果。

（说明"张英何时吃了两个苹果"）

③ 张英昨天吃了两个苹果。

（说明"张英昨天对两个苹果怎么样了"）

④ 张英昨天吃了两个苹果。

（说明"张英昨天吃了几个苹果"）

⑤ 张英昨天吃了两个苹果。

（说明"张英昨天吃了两个什么"）

五、制约语序的因素

（一）怎样研究制约语序的因素

研究制约语序的因素，有助于进一步理解语序的规律性。在研究这个问题时，必须注意以下两个问题：

1、要区别制约"语序一般规则"的因素和制约"语序变动规则"的因素

在静态短语中的句法语序规则和语义语序规则以及静态孤立句中的语序规则是一般规则，在动态语境句中的语序规则（包括句法语序、语义语序、语用语序）有时跟一般规则一致，有时可突破一般规则。因此，研究制约语序的因素时，要对语序一般规则的制约因素和语序变动规则的制约因素分别作出解释。

2、既要重视内部解释，也要重视外部解释

语序规则是语法规则的重要的组成部分，如何来解释语法中的语序规则或说明制约语序规则的因素，不同的语法理论有着不同的解释。

综观国内外的语法学理论,概括起来主要有三种:一种是强调内部因素,主张从语言内部因素进行解释;另一种是强调外部因素,主张从语言外部因素进行解释(主要从语用表达、认知心理、思维逻辑、历史文化、言语习惯等来进行说明);再有一种是强调综合因素,主张既要从语言的内部因素进行解释,也要从语言的外部因素进行解释,即认为二者都应重视。本文倾向于这种"综合因素",要对具体句的语序作具体分析,因为有些语序规则只能从内部因素进行解释,有些语序规则只能从外部因素进行解释,有些既可从内部因素解释,也可从外部因素解释。

(二)制约静态结构中"语序一般规则"的因素

制约静态结构中语序一般规则的因素主要是思维逻辑因素、认知心理因素、语用表达因素、习惯因素。这些因素并不对立,往往是互相联系和互相贯通的。

1、思维逻辑因素

思维逻辑因素跟客观事实有密切的关系。比如时间顺序,就是一种逻辑顺序,会映射到语法结构的成分排列次序上。汉语的句法语序、语义语序也常常顺应着时间顺序原则,例如:

① 学习并贯彻/研究并解决　　　　　　(并列结构)
② 开门走出去打电话/提了水桶到河里去打水 (连谓结构)

上述并列结构和连谓结构中成分的排列次序就受制于时间顺序。由时间顺序原则制约的语序一般称为逻辑语序或自然语序。

2、认知心理因素

认知语言学或心理语言学认为人类的认知机制是制约语法结构语序的一个重要因素。比如,母语是汉语的中国人具有领事先于属事、整

体先于部分、大先于小的认知心理,这种认知心理会反映到汉语语法的语法结构的语序上,例如:

① 牛的头/马的尾巴/房屋的地基
② 江苏省苏州市观前街/春天的早晨/操场的中心
③ 北京大学的图书馆/他的妈妈/小王的老师

上述领事先于属事、整体先于部分、大的先于小的,在这样的结构体里,广义的领事表示领有者、整体或大的,广义的属事表示被领有者、部分或小的。领事在属事之前的语序规则就是汉族人认知心理在语法结构中的反映。

3、语用表达因素

任何语法结构的成立,目的都是为了语用表达;所以语用表达的需要也会制约语序。比如,"已知前于未知"(旧信息前于新信息)的原则,本质上是一种语用表达原则;这原则制约着常规的语用语序:主题反映"已知、旧信息",所以一般置于反映"未知、新信息"的述题之前;而这种语用语序反过来又影响句法语序或语义语序。又如,"凸显"的原则,本质上也是一种语用表达原则;这原则制约着焦点的位置:孤立句中的句末成分一般是句子要着重表达的凸显成分,是常规焦点;语境句中用重音强调的成分是句子要着重表达的凸显成分,是对比焦点。

4、言语习惯因素

言语习惯因素是人们长期约定俗成的结果,它往往有民族特点。同样的语法结构,在不同的语言里,其结构成分往往有着不同的排列顺序,如动宾结构,汉语是VO式,日语是OV式;还有像地址、日期的排列顺序,汉语是由大到小(如:2000年10月1日),英语是由小到大(如:1日10月2000年)。又如汉语某些动词所表动作的与事(动作针对的对象)置于动词之前,但有些语言中相应的动作的与事却置于动词之后,如汉语说"小王和小李结婚了"和"学生和老师见面了",在某些语言里要分别说成"小王结婚了小李"和"学生见面了老师"。可见不同语言的一般语序规则并非都是一样的。这是为什么?这只能说是民族习惯使然。

(三)制约动态语境中"语序变动规则"的因素

制约动态语境中语序变动规则的因素主要有句法因素、语义因素、语用因素。

1、句法因素

以宾语或客事[①]的位置而言,静态的一般规则是宾语或客事在动词之后,但由于受句法因素的制约常常会出现在动词之前。句法因素制约宾语或客事语序的情况有以下一些:

(1)有些宾语或客事只能置于动词之前而不能出现在动词之后,这是句法固定格式决定的(详见前面关于"句法的强制性决定宾语必须出现在动词之前或句首"的论述)。例如:

① 他什么都知道。　　(*他都知道什么。)
② 我一个人也不认识。　(*我也不认识一个人。)

(2)有些宾语或客事只能置于动词之前而不能出现在动词之后,是某些对称性的句法格式决定的。例如:

① 她饭也不吃,觉也不睡,……
　　(?她也不吃饭,也不睡觉……)
② 他大事也要管,小事也要管……
　　(?他也要管大事,也要管小事……)

---

① 客事是动核联系着的客体动元,包括受事、成事(结果)、止事、使事、位事等。参看范晓《动词配价研究中的几个问题》,《配价理论与汉语语法研究》,语文出版社,2000年。

（3）动词后的宾语或客事能不能移位，有时跟句法结构的性质有关。例如：

① 我知道他明天回来。→ 他明天回来，我知道。
② 我奉劝他明天回来。→ *他明天回来，我奉劝。

上面两句词语类别的接连相同，句子表面上都是"人称代词+动词+人称代词+时间名词+动词"；但句子的句法结构的性质不同，准确地说，是作谓语的动词性短语的句法结构性质不同。例①句子的谓语是由谓宾短语充当的，主谓短语"他明天回来"是动词"知道"的宾语、客事，可前置；例②句子的谓语是由兼语短语（也称"谓补短语"）充当的，"他"既是"奉劝"的宾语、客事，又是"明天回来"的主语、主事，[①]"他明天回来"不是"奉劝"的宾语或客事，不能前置。

（4）宾语或客事能否移位，有时还跟动词句法功能的类别有关，如及物动词构成的动结式所带的宾语可前置于动词之前（组成把字句或被字句），而不及物动词构成的动结式所带的宾语则不可。比较下面两例：

① 他踢伤了小王。 （他把小王踢伤了。/小王被他踢伤了。）
② 他跌伤了腿。 （他把腿跌伤了。/*腿被他跌伤了。）

2、语义因素

有些宾语或客事前置于动词之前，是受语义因素的制约。这有以下一些情况：

（1）有些句子中宾语或客事置于动词之前跟宾语名词本身的语义特征有关。如"SVO"句里的O（受事宾语）倘是指人名词，若不用介

[①] 主事是动核联系着的主体动元，包括施事、系事、起事等。参看范晓《试论语义结构中的主事》，《中国语言文学的现代思考》，复旦大学出版社，1991年。

词"把"就不能前置于动词之前。比较：

① 张三看过这本书了。　　（张三这本书看过了。）
② 张三批评过李四了。　　（*张三李四批评过了。）

例①的宾语"书"的语义特征是指称"无生命的物"，宾语就能前置；例②的宾语"李四"的语义特征是指称"有生命的人"，宾语就不能前置。

（2）动结式宾语位置能否移位跟补语的语义指向有关。并不是任何动结式都能变换成把字句和被字句，即动结式后的宾语或客事移到动词之前或句首。比较下面两句：

① 我们打败了敌人。→我们把敌人打败了。→敌人被我们打败了。
② 我们打胜了敌人。→*我们把敌人打胜了。→*敌人被我们打胜了。

这涉及补语的语义指向，补语在语义上指向宾语的动结式，一般能变换成把字句和被字句，如例①，即宾语或客事可以置于动词之前；补语在语义上指向主语的动结式，就不能变换成把字句和被字句，如例②，即宾语或客事不能置于动词之前。

（3）宾语或客事的语序的变动有时跟动词的语义性质也有关系。比较：

① 他吃苹果。→他吃过这种苹果。→他这种苹果吃过了。→这种苹果他吃过了。
② 他是学生。→*他是过学生。→*他学生是过了。→*学生他是过了。

上面两例动词的语义性质不同,影响到宾语或客事位置能否前置:例①的动词"吃"是动作动词,它的宾语或客事在一定的条件下可以前置;例②的动词"是"是关系动词,它的宾语或客事不可前置。

3、语用因素

语用因素是多种多样的,大体有以下一些:

(1)语序变动与主题化有关

主题化需要对语序变动有制约性,这是"旧信息在前"的语用原则决定的。例如:

① 这个人,我不认识。

(受事宾语"这个人"前置是主题化的需要)

② 墙上,他挂了一幅画。

(处所状语"墙上"前置是主题化的需要)

(2)语序变动与凸显新信息或焦点有关

新信息是言语传递中出现在旧信息后面的说明旧信息的部分,一般由谓语表示。句子谓语动词后的宾语通常表焦点。有些谓语或宾语前置,是为了凸显新信息或焦点。例如:

① 都过去了,最困难的日子!

(谓语表新信息,置于句首是凸显新信息的需要)

② 他上海也去过了,北京也去过了。

(宾语前置于动词前是凸显对比焦点的需要)

(3)语序变动与名词的指称性有关

充当宾语的名词,有的是定指的,有的是不定指的。定指的表受事的宾语一般前置,不定指的受事宾语一般不能前置。例如:

① 那一个苹果我吃了("苹果"定指)
　＊一个苹果我吃了("苹果"不定指)
② 那几本书他买了("书"定指)
　＊几本书他买了("书"不定指)

其他如主动、被动、使动、处置、供让、存现等句子中出现的语序变动,都涉及语用。与常规语序相比较,超常语序在表现主观的感情态度、言语的修辞色彩等方面都起着十分重要的作用。

六、句子的常规语序和非常规语序

(一)关于语序的固定和灵活的问题

语序是固定的还是灵活的? 有人认为语序是固定的,有人认为语序是灵活的。两种意见现在看来似乎都有理由:如果语序不固定,就总结不出语序的规律性;如果语序没有灵活性,就不能满足千变万化的语用表达的需要。研究语序要用辩证的方法,应当区别静态和动态、短语和句子、一般规则和具体运用。既应看到语序固定的一面,又应看到语序灵活的一面。这二者看起来矛盾,但若从静态和动态相结合的原则来研究语序,这个"矛盾"就不难解释。实际的情况是:在静态的短语里,语序是相对固定的,如"我吃饭"不能说成"饭吃我""吃饭我""我饭吃""饭我吃",也就是说,汉语"主-动-宾"句法语序和"施-动-受"的语义语序在静态短语里相对固定;但在动态的句子里,根据表达的需要,依靠一定的制约条件(如增加某些特定词语以及借助于一定的语境等),语序就有可能变得相当灵活,如"我吃饭"可构成如下一些句子:

① 我今天吃了两碗饭。("主-动-宾""施-动-受")
② [过会儿谈吧],我饭还没吃呢。("主-宾-动""施-受-动")
③ 饭我不吃了,[已经吃饱了]。("宾-主-动""受-施-动")
④ 这锅饭吃了十个人。("主-动-宾""受-动-施")
⑤ 剩下的饭都被我吃了。("主-状-动""受-施-动")
⑥ 我把剩下的饭都吃了。("主-状-动""施-受-动")
⑦ 吃饭了吗,你?("动-宾-主""动-受-施")

(二)句子语序的常式和变式

句子的语序有常式和变式之别。常式是指"常规语序"(或称"正常语序"),它是经常使用的语序格式;变式是指"非常规语序",即倒装语序,也有人称之为变式、变次、超常语序,它是不经常使用的语序格式。由常式语序形成的句子称为常式句(也称"正式句"),由变式语序形成的句子称为变式句(也称"变次句")。

1、常式句

常式句有两种:核心句(也称"原型句""基础句")和衍生句。核心句内部成分的语序是按照静态短语语序(包括句法语序和语义语序)构成的,所以它的语序规则跟静态短语的语序规则完全一致。汉语中"SV""SVO"等最基本的句型便是核心句,如由静态短语"他吃饭""我喝酒"构成的"他吃过饭了""我今天喝了半瓶酒"之类句子抽象出的"SVO"句型就是核心句。衍生句是由核心句衍生出来的在言语中经常使用而历史地形成的。它与静态短语相比,语序有所变动,即语序发生移位;但这种移位属于非倒装移位。宾语或受事前移构成的SOV、OSV、OVS、O被SV、S把OV等句型或句式都属于衍生句(如"我饭还没吃呢""饭我不吃了""这锅饭吃了十个人""剩下的饭都被我吃了""我把剩下的饭都吃了"之类)。

2、变式句

变式句是相对于常式句而言的,它是言语中出现的不合常规语序的一种特殊的句式。这种句式是由于表达的需要而突破常规语序规则形成的,内部成分的移位属于倒装移位,在修辞学里把它看作为辞格之一的"倒装格"。汉语中主语置于谓语之后的句式(如"终于过去了,最困难的日子!")和状语置于动词之后的句式(如"大家都来了,从祖国的四面八方。")都属于变式句。

(三)如何区别常式句和变式句

对于常式句和变式句的界定,人们有共识之处,也有分歧之处。像下面一些句子,一般有共识,都认为是变式句或倒装句:

① 她走过去了,轻轻地轻轻地。
   (这是状语在中心语之后的倒装语序)
② 快进来,你!
   (这是主语在谓语之后、施事在动作之前的倒装语序)
③ 我们已经讨论过三次了,这件事。
   (这是主题在述题之后的倒装语序)

但对有些句子究竟是不是变式句或倒装句,语法学界就有不同的看法。如黎锦熙《新著国语文法》把"我三杯酒都喝干了、这本书我已经读完了、茶棚里坐着许多工人"称作变式句;吕叔湘《中国文法要略》把"他什么都要管、他把窗户关上、他被他哥哥骂了一顿、这件事记得"称作变次句;王力《中国现代语法》把"嫂子连我也不认得了、一句也不敢多说、胡道长我是知道的、村里又死了一个人"称作倒装句。对这些句子的分析就有很大的分歧。

区别常式句和变式句,笔者认为主要是看语序的变动是不是倒装移位;也就是说,看成分移位后该句子的结构有没有起变化:凡是非倒装移位的,即移位后结构格局(句型)起变化的句子,是常式句;凡是倒装移位的,即移位后结构格局(句型)没起变化的句子,是变式句。就倒装移位的变式句而言,一般具备以下四个特点:一是,语句重音在前置部分上,后移部分轻读;二是,表达重心在前置成分上,后移成分不能成为强调的对象;三是,倒装的成分都可以复位,复位后句型不变,语义结构不变,句子的基本意思不变;四是,句末语气词绝不在后移部分之后出现,一定紧跟在前置部分之后。[①] 上面①②③显然是符合变式句的特点的。而黎锦熙、吕叔湘、王力所举这些句子,显然不能看作变式句,而是属于常式句。因为:第一,这些句子中结构成分的排序与核心句比较,虽然有所变化,发生了移位,但不是倒装语序;第二,这些句子的结构格局比之核心句虽有差别,即句型不一样,但它们是核心句衍生出来的"衍生句",在言语中也是经常使用的;第三,这些句子不具有上面所说的变式句的四个特点。

---

① 参看陆俭明《汉语口语句法里的易位现象》,《中国语文》1980年第1期。

第四部分　短语和句子的有关问题

词和短语的区别

区别现代汉语的词同短语，是一个非常重要的问题。它不仅有理论意义，而且有实用价值：有助于区别词法现象同句法现象，以便更准确地进行语法分析；有助于词典编纂中选词定目的工作；有助于解决汉字拼音化工作的词儿连写或分写问题；有助于阅读和写作，避免犯语法错误。

但是，现代汉语中词同短语的划界是一项极为棘手的工作。单音节词同短语区别起来没有什么问题；困难主要出在多音节词，特别是合成词同短语难以区别。合成词和短语都是由两个或两个以上的语素（最小的音义结合物，可能是词，也可能是词素）构成的，都是能够在句子中自由活动的语法单位，例如"大菜"和"大鱼"里，"菜""鱼"都是语素，"大菜"和"大鱼"都能在句子中自由活动，充当某种句子成分，一般认为"大菜"是词，"大鱼"是短语，究竟怎样区别出来的呢？合成词同短语的内部结构的形式有很大的共同性，也给划界带来了困难。有都用联合型构成的，如"报刊"和"报纸刊物"；有都用偏正型构成的，如"黄河"和"黄水"；有都用谓宾型构成的，如"留神"和"留人"；有都用谓补型构成的，如"说明"和"说清楚"；有都用主谓型构成的，如"头痛"和"头痒"；有都用附着型构成的，如"我们"和"师生员工们"，等等。上述各种相同的结构形式的组合，却不一定是相同的语法单位。这就产生了一个问题：同一类结构方式的组合，在什么情况下是合成词,在什么情况下是短语?

区别现代汉语的词同短语,是一个长期没能很好解决的老大难问题。本文试图在前人研究的基础上作进一步的探索。

一、区别词同短语的标准

区别现代汉语的词同短语,要有一个正确的标准。有了正确的标准,词同短语的划界,才有科学的依据。选择什么样的标准,往往与对词的性质认识有关。

(一)区别词同短语的标准的不同意见

有一种意见认为,词是"意义单位"[1],所以区别词同短语的时候主张用意义标准。有的说词是"语言中最小的意义单位"[2],以此为标准,则会把词根、词缀等构词的成素都当作词(因为它们也有意义),从而把合成词当作短语。也有的说词是"单纯的观念"[3],这也难说,"水""灯"意义比较单纯,固然是词,但"墨水""电灯"的意义相对地比较复杂,也仍然是词。用这样的意义标准是没法区别词和短语的。可见单纯从意义角度来区别词同短语是不妥的。词是音义结合物,它的内容是语义,它的形式是语音,有音无义或有义无音都不可能成为词。如果说词是意义单位,又何尝不可说词是语音单位。当然,单纯从语音角度来区别词同短语也是不妥的。

有一种意见认为,词是拼音文字的连写单位,是"拼音文字里经

---

[1] 龚秀石《确定词儿用语法标准还是用语义标准》,《语法论集》第一集,中华书局,1957年。
[2] 王力《中国现代语法》第11页,商务印书馆,1985年。
[3] 周辨明《词的界说》,《科学》1933年第8卷第4期。

常连写在一起的一组字母"①,因此主张以文字的连写或分写作为标准来区别词同短语。这种意见也不妥。固然,拼音文字里连写在一起的一组字母多数是词,但也并不都是词,例如英语中的"house-boat"(家用的船);词也并不都是连写的,例如英语中的"tea room"(茶室)、"green tea"(绿茶)。即使字母连写和词完全一致,也不能根据是否连写来确定是否是词,因为是先确定为词才规定连写的。学生学习时,可以根据连写来掌握词;但语言学家如果根据连写来确定是不是词,那是本末倒置。更何况,汉字并不是拼音文字,也就不可能有"连写在一起的一组字母",那不是会得出现代汉语没法区别词同短语的结论么?

(二)区别词同短语应采取语法标准

区别词同短语,本文认为应当采取语法标准。这是因为,词和短语都是语法单位;然而它们又是不同等级的语法单位:词是最小的能够在句子中自由活动的语法单位,短语是由两个或两个以上的词按照一定方式组织起来的能在句子中自由活动的语法单位。可见词是小于短语的语法单位,短语内部可以分解出词;词同短语的区别主要是语法上的问题。

用语法标准区别词同短语,并不排斥语义和语音。语法单位(词、短语)本身就是音义结合体,它包含着语义和语音。分别词同短语,便是分别不同等级的音义结合体。词是小于短语的语法单位,它有别于短语,是有一定的意义特征、语音特征和结构特征的。

第一,词在语义上一般具有专指性,即它不是几个成分的意义的简单相加;或者说,不是它的内部成分意义的总和,而有其专门所指。例如"黑板",作为一种教学工具它是词,它不是"黑"的意义加上"板"

---

① 刘泽先《用连写来规定词儿》,《汉语的词儿和拼写法》第一集,中华书局,1955年。

的意义。黑的板不一定都是"黑板"（教学工具），而"黑板"也不一定都由"黑+板"组成，如有的学校在教室的墙壁上涂上柏油当作"黑板"。相反，如果一个组合的意义等于它内部成分的意义的总和，那么这组合一般是短语，如"新书""新衣服"等就是。

第二，词在语音上一般具有连续性，即成素之间原则上没有语音休止（下面用[/]符号标示语音休止）。例如"白求恩/大夫/是/个/加拿大/人/他/是/著名/的/国际主义/战士"。而短语，从广义来说，虽也有连续性，但语音上还可分割下去，分出更小的连读单位。比如"国际主义战士"似乎也是连读的，但是"国际主义"和"战士"之间也不是绝对没有语音休止的；相反，"战士"却没法在语音上念成"战/士"。

第三，词在结构上一般具有凝固性，即它内部的结构成素之间不能插入其他的词，不能使结构扩展，使成素拆开成各自能自由活动的单位。例如"开关"不能扩展成"开和关"，"火车"不能扩展成"火的车"，"出席"不能扩展成"出了一个席"，这表明"开关、火车、出席"都是词。相反，短语一般是可以扩展拆开的，如"工人农民""新衣服""写信"可扩展成"工人和农民""新的衣服""写了一封信"之类。可见短语在结构上相对是比较松散的。

（三）应当采取意义同形式相结合的原则

用语法标准来区别现代汉语的词同短语，应当采取意义同形式相结合的原则。意义是指意义特征，形式是指语音特征和结构特征。意义和形式相结合的原则，很多人是同意的，但问题是怎样结合法。无非是三种意见：一种认为有时用意义标准，有时用形式标准；一种认为要从意义出发，而拿形式来参证；一种认为要从形式出发，从形式中发现意义。笔者认为，一会儿用意义标准，一会儿用形式标准，并不是意义和形式相结合，而是一种无原则的权宜之法，所以是不足取的。

意义和形式是一对矛盾,如果从发生学角度看:意义是矛盾的主要方面,是本质;形式是矛盾的次要方面,是现象。内容决定形式,本质决定现象,一个组合的语义也决定了它的语音和语法形式上的某些特点。如果从发现和认识事物的角度而言,人们往往从现象出发,透过现象去发现本质,也就是通过形式去发现意义。词同短语的划界问题,从根本上说,是怎样认识某一语言单位的本质的问题,所以原则上应当是从形式出发去发现意义,发现一个语言单位的本质,也就是从语音、结构上的一些特点出发,再拿意义作参证。

二、区别词同短语的方法

区别现代汉语的词同短语,要有一个简便的方法。对汉语来说这种简便的方法,只能从语法形式上找,主要是利用结构特征来区别词同短语。具体地说,便是要对各种不同结构类型的组合,找出典型的鉴别格式。不妨把这一方法称之为典型格式鉴别法。底下,笔者便用这种简便方法对现代汉语各类组合里词同短语的划界作些说明。

(一)联合型组合

对于联合型组合在形式上主要看两条:第一,看中间能否停顿,能停顿的是短语,不能停顿的是词;第二,看中间能否插入并列连词,能插入的是短语,不能插入的是词。用这两条,结合意义,便能鉴别出:"开关""优劣""矛盾""出入"等组合是词,"牛羊""鸡鸭""桌子椅子"等是短语。

(二)偏正型组合

偏正型组合分定心结构和状心结构两种。分别有典型的鉴别格式。

1、定心结构的偏正型组合

在定心结构里,典型的鉴别格式是看能不能插入结构助词"的"使组合扩展。设组合为"AB",能扩展成"A 的 B"的是短语,不能扩展成"A 的 B"的是词。用这一典型格式再结合意义对这类组合进行分析,便会发现:"马路""电车""大炮""钢笔""葡萄糖""三轮车""硬骨头""轻工业"等都是词,"新书""新衣服""木头房子"之类是短语。如果是"动+名"组成的定心组合,则一般不能插"的"扩展,大多数是词,如"奖金""飞机""烤鱼""炒肉丝"等。有些较长的组合,如"双水内冷发电机""同步稳相回旋加速器""袖珍英汉词典""大型彩色纪录片""微型电子计算机"等,原则上也是看能否扩展或拆开。如"双水内冷发电机"不能扩展拆开,是词;"大型彩色纪录片"可说成"昨晚看了一部大型的、彩色的纪录片",则是短语。

2、状心结构的偏正型组合

在状心结构里,"名+动""名+形""动+形""形+形"等组合一般比较凝固,不能插入任何成分,所以大都是词,如"梦想""波折""雪白""冰冷""飞快""沉闷""狂热""大红"等[①]。

(1)状心结构的"形+动"组合鉴别时可用这样的典型格式:设"形动"组合为"AB"。若是短语,可扩展成甲式"A 地 B('地'是结构助词)"或乙式"AA 地 B('地'是结构助词)"。如"认真学习""努力工作"能扩展成甲式,是短语;而"快跑""慢走""轻放"能扩展成乙式,也是短语。如果"AB"不能扩展成"A 地 B"或"AA 地 B",则是词,如"热爱""傻笑""瞎说"等。

(2)状心结构的"动+动"组合鉴别时,也可用典型扩展式。设"动+动"组合为"AB",若是短语,可扩展成甲式"A 宾 B('宾'是 A

---

① 但时间、地点名词同动词组成的状心结构(也是"名+动"),一般可插入副词扩展,如"明天去"可扩展成"明天不去""明天一定去"等,所以这类"名+动"组合是短语。

的宾语)"或乙式"A 地 B('地'是结构助词)"。如"代写""代做"可扩展成甲式"代他写""代他做",便是短语;而状心组合"超额完成"可扩展成乙式"超额地完成",也是短语。凡不能扩展成甲式或乙式的,一般都是词,如"回忆""合唱"等。

(三)谓宾型组合

(1)判断谓宾型组合(主要指"动宾"组合)是词还是短语的典型格式鉴别的方法是,谓宾型短语有两种鉴定形式:甲式,在一定的条件下可以变为主谓型;乙式,能在组合中插入数词量词。凡符合这两种形式的是短语。如把组合记作"AB",则甲式可记作"AB→BA",乙式可记作"A 数量 B"。如"写字""读书""造房子"等,可将成素次序颠倒变成主谓型:"字写了""书读了""房子造了",也可扩展成"写三个字""读三本书""造三间房子",所以是短语。而"拉手""值钱""发愁"等,既不能变为主谓型,也不能扩展为"A 数量 B",所以是词。谓宾型短语的功能是动词性的,如果一个谓宾组合具有名词性或形容词性,则这种组合是词,前者如"信心""将军""知己"之类(可扩展成"数+量+AB",如"一位将军"),后者如"伤心""落后""露骨"之类(可扩展成"副+AB",如"很伤心、非常伤心")。

(2)有一种特殊的谓宾型组合比较难处理,如"鞠躬""洗澡""吃亏"一类。这类组合从意义上看,具有专指性。从结构上看,有分离性,因为组合中的两个成素可以扩展,如"鞠一个躬""洗一个澡""吃了很多亏";但又有凝固性的一面,因为组合中的两个成素一般是不自由的,它们的结合是相对固定的,如"鞠躬"中的"鞠"和"躬"都不能单用,且"鞠"只能和"躬"结合在一起,不能和其他什么成素结合。这种现象是语言上的类化作用产生的,即双音词在言语里动宾短语化。这类组合通常称为"离合词",但这种谓宾组合类化的程度不尽相同,因此在处理上对这类组合要作具体分析，主要有两种情形：

一是"打仗""洗澡""理发""走路""睡觉"之类，不仅能插入数词量词扩展，如"洗一个澡""打了一仗"等，而且还可将成素的次序颠倒，如"澡洗过了""这一仗打得很好"等。这说明组合的两个成分是独立的。但这种独立是有限度的，因为这种组合相对固定："打仗"可说，"战仗"便不行，"澡"只能和"洗"结合在一起，"汰澡"不行。所以，从意义和形式相结合来看，原则上仍然是一种固定的结合，是词，但却是一种特殊的词，即可以有条件地扩展。这种类似短语的词，可以叫它为"短语词"。

二是"鞠躬""努力""咳嗽""对象""革命"之类。这些组合在一定的条件下也能插入数词量词扩展，如"鞠一个躬""努一把力""咳一下嗽"。但却不能说"躬鞠过了""力努过了""嗽咳过了"。所以这些组合与上面一类组合比较，更受限制，"躬、力、嗽"等是"假宾语""假独立"。笔者以为这一类仍可称它为词。分开时可以看作为一种修辞用法。诸如"创了作""对了象""革了他的命"之类，也是修辞上的一种拆词法。

（四）谓补型组合

（1）谓补型组合（主要指"动补"组合）是词还是短语，在形式上有三种典型的扩展式可用来鉴别词同短语。如果组合记作"AB"，则它的扩展式可记作：甲、A 得状 B（"得"是结构助词，"状"是 B 的状语）；乙、A 宾 B（"宾"是 A 的宾语）；丙、A 了 B（"了"是动态助词）。"AB"能扩展成上述三式的，是短语，如"吃饱""说明白""打扫干净"等能扩展成甲式（"吃得很饱"等），"寄出去""走出来""提起来"等，能扩展成乙式（"走进一个人来"等）或丙式（"提了起来"等）。相反，不能扩展成甲、乙、丙三式的，都可看作词，如"注定""改善""拒绝""加强""改正"等。

（2）有些谓补型组合虽然不能扩展成上述甲、乙、丙等式，但却可以在"AB"中插进"得"（扩展成"A得B"式）表可能，或插进"不"（扩展成"A不B"式）表不可能。如"办成""看清""看见""听见""完成"等。有一种意见认为，凡能扩展成"A得B""A不B"表可能或不可能的都是短语，不能这样扩展的便是词。这只是说对了一半。不能插入"得"或"不"的可以肯定是词，这是对的；但不能说能插进"得"或"不"的一定是短语。诚如胡附、文炼所说："能插进'得'字'不'字是构词上的一种形态，'看见'与'听见'似乎没有一本语法书把它们当做两个词的，但它们当中可以加'得'或'不'，由此可见能不能插进'得'字、'不'字，并不是作为区分词和仂语的标准。"[①] 所以表达能否意义的"A得B""A不B"不是谓补型组合里区别词同短语的典型格式。这类组合要具体分析，有三种情形：一种是AB是既能扩展成"A得B""A不B"，也能扩展成上述甲乙丙某式的，如"吃饱""走进来"（"吃得饱""吃不饱""吃得很饱"等）之类，则是短语；另一种是AB虽能扩展成"A得B""A不B"，但AB中有一语素在句子中一般不能自由活动的，则AB是词，如"看见""听见"（"见"在句子中不能自由活动）之类；再有一种是AB能扩展成"A得B""A不B"，而且A、B在句中都能自由活动，但却不能扩展成上述甲、乙、丙式的，则可作为短语词，如"打进""看清"等。

（五）主谓型组合

鉴别主谓型组合的典型格式有三条：

（1）能不能在组合中插进副词，即看组合"AB"能否扩展成"A副B"。能扩展的是短语，不能扩展的是词。如"手大""腿粗"可以扩展成"手很大""腿很粗"，就是短语。但"地震""霜降""肉冻"之类不

[①] 胡附、文炼《词的范围、形态和功能》，《中国语文》1954年8月号。

能扩展成"A 副 B"式,所以是词。

(2)能不能与程度副词结合,即看组合能否构成"程度副词+AB"式。"年轻""眼红""肉麻"之类能构成此式(如"很年轻""非常眼红"),而且扩展成"A 副 B"式也极其勉强,所以也是词;而"手大""腿粗"不能构成此式,则是短语。

(3)整个组合能否与数词量词结合,构成"数+量+AB"。能结合的是词,不能结合的是短语。如"饼干""肉松"之类可以和数词量词结合("一斤饼干""二两肉松"),就是词。但"脚痛""手冷""天气好"等组合却不同,它们能扩展成"A 副 B"式(如"脚很痛""天气非常好"),而且不能与数词量词结合,所以是短语。

(六)复指型组合

复指型组合(也称"同位型组合")大多是短语,因为复指型组合大多是表示相同的人或事物的两个词组合在一起,中间有时也可停顿,如"首都北京""他自己""老李他"等。但也有是词的,如"爷俩""啤酒"。也有复指型组合介于词同短语之间,如"山东省""上海市""张老师""王师傅"之类,似可作为短语词。

(七)附着型组合

区别附着型组合是词还是短语,是看被附着的成分能否扩展为短语:能扩展的是短语,如"学习了"可扩展为"学习和研究了","同学们"可扩展为"诸位同学们",便是短语;反之,像"桌子""石头""我们"不能扩展,便是词。

(八)专名

专名一般是表达一个专一的概念,语义上具有专指性,语法结构也比较固定,不能随便扩展。从这个角度看,是词,所以有的语法书叫它们为"专有名词"。但是专有名词往往有较多的音节,内部还可分析出一些似词的单位,一般有两种结构:第一种是偏正型组合,如"中华人民共和国""上海市人民政府",这一种虽然一般不能扩展,但有时可以紧缩,如称"中国""上海市政府"等;第二种是复指型组合,如"清华大学""复旦大学",这一种绝对不能扩展,但却可以去掉一个成素,仍能独立而保持其意义,反映其所指,如"清华大学"可称为"清华","复旦大学"可称为"复旦"。所以从内部结构看,又似乎是短语。这类专名既有词的特点,也有短语的特点,称作"短语词"比较合适。

(九)简称

简称也叫"略语""缩略语",是相对于"全称"而言。有的是专有名词(即短语词)的简称,如"中华人民共和国"简称为"中国","北京大学"简称为"北大"等;有的是一般短语的简称,如"文艺工作团"简称"文工团","科学技术"简称"科技","工人农民"简称"工农";有的是几个并列词或并列短语用数字来概括的简称,如"《大学》《中庸》《论语》《孟子》"简称"四书","反贪污、反浪费、反官僚主义"简称"三反";还有的是几个并列的偏正结构的词或短语通过局部省略构成的简称,如"轻重工业""中小学校"等。

鉴别简称是词还是短语,主要的方法是看简称的内部成素之间可不可停顿:没有语音停顿(或休止)的是词,如"文工团""科技""中国""北大""四书"等;如果简称的内部成素之间可以停顿,则是短语,如"大、中、小学""轻、重工业""陆、海、空三军"等。

(十)成语

成语一般称为"固定短语"或"固定词组"。从意义上说,有专指性,倾向于词;从形式上看,大多也不能扩展拆开,如"明目张胆""司空见惯""未卜先知"等在古代汉语里都是词构成的短语,但在现代汉语里,许多原来的词已成了词素,所以很多成语形式上也已词化,也有一些成语结构比较松散,如"繁荣富强""你死我活""风俗习惯"等,这一些在一定条件下还可拆开,如"繁荣和富强"之类,虽然几个成素是经常连用的,但不是绝对固定的,这些组合短语性多一些。无论哪一种成语,都介于词和短语之间,所以笔者认为,对于一般的"成语",也可叫作短语词。

在使用典型格式区别词和短语时,有时可以用提取法配合,这也是一种简便的方法。设语素组合为AB,若AB中有一语素(A或B)不能在句子中自由活动,即不能单说或单用,则AB一般是词。例如"伟大""轻视""出席""扩展"等组合,其中"伟、视、席、扩"等语素是不能在句子中自由活动的,这就表明由这些语素组成的组合是词,而不可能是短语。

三、区别词同短语还须注意的几个问题

区别现代汉语的词同短语,还必须注意以下几个问题:

(一)要注意语言的民族特征

在区别词同短语时,不能用外语来套汉语。语言是有民族特点的,外语里是词,汉语里与之相应的可能是短语;反之,外语里的一个短语,在汉语里与之相应的也可能是词。王力曾经认为有时可用"对译"来辨别词和短语[①],后来他改变了这种看法。他说:"同一概念,在甲语

---

① 王力《中国语法理论》(上册)第一章,商务印书馆,1944年。

言里是一个词,在乙语言里是两个词,在丙语言里还可能是三个词,如果从翻译上看问题,势必徘徊歧路。"[①]这话是很正确的。

(二)要注意语言的地方特征

一种语言往往有共同语和方言的对立。当方言的成分未吸收进共同语时,它只能是属于方言的,而不属于共同语的。当某种方言的成分吸收入共同语时,它便成为共同语的一员。本文所说的划界问题,指的是对全民语言的划界,所以要以共同语为准,而不能以方言为准。

(三)要注意语言的历史特征

现代汉语是古代汉语发展而来的,现代汉语中的许多合成词是古汉语中的短语转化过来的。例如"宣言",在司马迁的时代是个短语,《史记》中有"(廉颇)宣言曰:'我见相如,必辱之'""廉君宣恶言"等话,在这些话里,可看出"宣言"是短语,但现在却是词了。所以在区别词和非词时,切勿依据古汉语的用法和意义来看待现代汉语,也不能用现代汉语的眼光去说明古代汉语。

(四)要注意区别经常用法和临时用法

一个组合的产生,开始时总是临时的、个别的,如果这个组合有很强的表达力,它便会得到社会的承认,而成为约定俗成的全民使用的语言形式。古汉语里短语向现代汉语词转化的过程,就是临时用法向经常用法转化的过程。当一个短语组合刚开始转化时,是不应当把它当作词的。反之,当一个词刚开始转化为短语组合时,也不应当把它当作短语。关键看是"经常用法"还是"临时用法"。陈望道说:"经常合一

[①] 王力《词和仂语的界限问题》,《中国语文》1953年9月号。

的是词，不是词组；经常分离的不是词，是词组。"① 这话是有道理的。

（五）要注意分别一般的用法和特殊的用法

在运用提取法时，确定一个组合的成素是单用的还是不单用的非常重要，因为单用不单用可分辨词和词素，从而也就能判定一个组合是词还是短语。分别单用还是不单用必须依据一般的场合，而不能依据特殊的场合。吕叔湘正确地指出：有些组合的成素一般不单用，但在一定的格式里可以单用（如"楼""院"），或者专科文献里可以单用（如"氧""叶"），或在成语熟语里可以单用（如"虎""言"）；有的在说话里不单用，但在文章里可以单用（如"云""时"）②。如果根据特殊场合的用法而来替词和词素划界，则"前楼""树叶""氧气"之类组合就得判为短语，那显然是不对的。

某些修辞的用法，是一种特殊的应境用法，而不是一般的用法，所以也不能作为划界的凭证。例如"创作"，不能因为作家茅盾用过"创什么作"而认为它是短语。同样，"恭喜"也不能因为作家老舍用过"恭什么喜"而认作短语。这些都是修辞上的特殊用法，必须与一般的用法区别开来。诚然，修辞上的特殊用法有的也能转化为一般的用法的，例如"促退""后进"本来也是修辞上的特殊用法，但现在却已成为一般的用法，也就变成为一般的词了。

（六）要注意分别同形歧义的现象

同一组合，表面形式类似，但实际上意义不一样，就是一般所说的歧义结构。这在现代汉语里相当多，在词和短语的问题上，也有这样的情况。"同形歧义"，即同一组合形式，在表示甲种意义时是词，在表示

---

① 陈望道《文法简论》第 22 页，上海教育出版社，1978 年。
② 吕叔湘《汉语语法分析问题》第 18 页，商务印书馆，1979 年。

乙种意义时是短语。例如"红花",表示一种药材时,是不能拆开的,所以是词;如果表示一般红色的花,则可扩展成"红的花",便是短语。诸如"头痛""黑板""皮带""揩油""吃醋""东西""参考消息"等组合,都是同形歧义的组合。这类同形歧义的组合有三种情况:一种是意义上还是有密切联系的,如"头痛""黑板"之类;另一种是意义已经引申开来,联系不多,如"揩油""吃醋"之类;还有一种已经看不到有什么联系,如"东西""白字"之类。

词和短语的同形歧义现象,可以造成"同形兼位",即兼任两个不同的语法单位(兼任"词"和"短语"),如"红花"便是两个身份:既是词,又是短语。就组合的内部成分而言,也反映了词和词素间也存在"同形异位"现象。比如"东"和"西",在表示方向的"东西"里它们都是词;而在表示一般物件的"东西"里面,它们便都是词素。这些在划界时都应分别清楚。

(七)要注意词同短语之间的中间状态

词同短语之间可以划界,这是一面。也应看到另一面,即词同短语之间也没有绝对的界限。有些组合明显是词,有些组合明显是短语,还有一些组合是词还是短语不是很明显:它们又像词,又像短语,处于中间状态,这是可以理解的。短语向词转化,这是普遍现象。也有少数的词向短语转化的。相互转化的过程,也就是量变到质变的过程。在未达到根本质变时,组合便既不是标准的词,也不是标准的短语,它是处在一种中间状态的组合,例如"打倒""提高"之类的组合,便属于这种情形。所谓"离合词"和作为"固定短语"的成语以及一般称之为"专有名词"里,其中许多组合都属此类。这种中间状态的组合,如果倾向于词的,不妨称之为类短语词,可简称为"短语词";如果倾向于短语的,不妨称之为类词短语或词化短语。

关于结构和短语问题

《中国语文》1978年第4期发表了张寿康《说"结构"》一文,接着又连续发表了李人鉴、陆丙甫、彭庆达等三位讨论"结构"问题的文章。笔者认为这场讨论很重要,应当引起语法学界的重视。讨论"结构"问题,不是单纯的名词术语之争,而是涉及语法学特别是句法学中的一系列问题。下面,就这一问题谈点看法。

一、结构不等于短语

"结构"本来是一个含义并不含混的概念,但张文却把它弄得含糊不清了。张文一方面把"结构"当作关系,即所谓"内部联系",另一方面却又把它看作实体,说"结构"是"造句的一种语言单位";一方面说"语法是一种结构系统",词、句子都是结构,另一方面却又说"词和词按照一定的方式组织起来,作句子里的一个成分的,叫做'结构'"。这便把"结构"与"短语"混为一谈,把"结构"一词不必要地多义化了。

"结构"与"短语"的纠缠,是讨论中暴露出的,但实际上是一个老问题,语法学界一直存在分歧。无非是三种意见:一种是用"结构"来指称短语,如张文所主张的;一种是把实词与实词的结构体叫"词组",实词与虚词的结构体叫"结构",如《暂拟汉语教学语法系统》(即《汉语》课本系统)所主张的;[①] 还有一种是把"结构"和"短语"分开来,

---

① 参看人民教育出版社《暂拟汉语教学语法系统》,《语法和语法教学》,1956年。

"结构"指关系,"短语"指"不止一个词可又不成为一个句子的东西","包括实词与实词的组合以及实词搭上一个虚词的组合"。①

本文认为"结构"不等于"短语",所以把"结构"与"短语"分开来比较好。"结构"专门用来指结构关系或构造式样,"短语"专门用来指称两个或两个以上的词按照一定方式组织起来但还不是句子的语法单位。作为科学术语,这样的分工是完全必要的。相反,把"结构"和"短语"混淆起来,甚至用"结构"一词来代替短语,则是不妥当的。理由是:

首先,任何事物都是由更小的成分按照一定的方式构成的,任何事物从其内部的结构关系而言都是结构。语言本身就是一个由语音、语汇和语法组成的结合体,语音、语汇、语法各自有自己的结构系统,词、短语、句子也都有自身的结构。为什么其他东西不能称"结构",而唯独"短语"要称作"结构"呢?似乎没有这个必要。

其次,从语法学中实际使用"结构"一词来看,在大多数情况下是指结构关系、构造式样,如说"语法的基本结构""词的结构""短语的结构""句子的结构"等。语法里说的"某某结构"(比如"偏正结构""主谓结构"等),是说明某个语法单位实体内部的结构方式(内部成分之间的结构关系);词、短语、句子等内部都有这种结构。所以,结构并不是专指短语,更不等于短语。

再次,把"结构"用来指称短语,容易引起麻烦。吕叔湘指出:"至于'结构',一般要带上个帽子,什么什么结构,光说'这是一个结构,不是一个词',似乎不行;而且'结构'既用来指关系,又用来指实体,有时候挺别扭,例如说:'这是一个动宾结构的词,不是一个动宾结构的结构'。"②这话很有道理。张文一方面把"结构"一词用来指作"造句的

---

① 吕叔湘《汉语语法分析问题》第10、50页,商务印书馆,1979年。
② 吕叔湘《汉语语法分析问题》第10页,商务印书馆,1979年。

一种语言单位",即本文所说的短语;一方面却又说"语法的研究,应以研究结构为主"。如果后一句话里的"结构"指的也是短语,那么也可说成"语法的研究,应以研究短语为主",这显然是不对了。如果指的是"结构关系""构造式样",则又和指称短语的"结构"发生矛盾。

二、短语有独立研究的价值

短语,过去对它有过各种称呼,如"字群""兼词""扩词""仿语""词组"等,但这些名称在内涵和外延上不是都和短语相吻合的。目前比较流行的是"词组"。笔者认为,短语的名称比词组好。一般语法书对词组所下的定义是:"实词和实词按照一定的方式组织起来,作句子里的一个成分,叫作词组。"[1] 这就把实词和虚词的组合(如"介词结构""的字结构"之类)排斥在词组之外了。词组这个术语,顾名思义是词与词的组合,但却又不能包括"实虚组合",这是一个很大的缺点。吕叔湘说:"词组一般理解为必须包含两个以上的实词,一个实词搭上一个虚词像我们的、从这里之类就不大好叫做词组(只能叫做'的字结构''介词结构'什么的),可是管它们叫短语就没什么可为难的。"[2] 这个意见笔者是赞成的。

短语和词、句子一样,都是语法系统中的语法单位。短语不同于词,因为它是由词组成的,是比词高一级的语法单位;但是它在语法结构中的作用和词是一样的,都是造句的材料;从这个意义上说,短语是造句的语法单位。短语也不同于句子,是比句子低一级的语法单位,句子具有表述性,[3] 短语则没有表述性;但是短语与句子一样,都是由词

---

[1] 人民教育出版社《暂拟汉语教学语法系统》,《语法和语法教学》第25页,1956年。
[2] 吕叔湘《汉语语法分析问题》第10页,商务印书馆,1979年。
[3] 所谓表述性,是指在言语交际中能表达一定思想内容并有一定交际用途(如"陈述、疑问、祈使、感叹"等)的语用功能。

组成的,构成方式大同小异,它们都是语法研究的对象;从这个意义上说,短语是没有表述性的语法单位。

短语虽然与词、与句子都有密切的联系,但是又不同于词和句子。它是有相对独立性的。然而彭文却认为短语"不是独立于句子之外的语言单位",甚至说"算不得一种有独立价值的单位",[①] 笔者认为此说值得商榷。

彭文的理由之一是认为:从言语的合成过程来看,是"一个个单词接受语法的支配,形成各式各样的句子",是词组成句,而不是短语组成句。不错,词是组成句子的语法单位,但不能以此否定短语也是组成句子的语法单位。词能充当句子的成分,短语同样能充当句子的成分。比如:在"你来了"这个句子里,"你"这个词作主语;在"读书是很重要的"这个句子里,不是"书",也不是"读"作主语,而是由"读书"作主语。能说像"读书"这样的短语不是组成句子的语法单位吗?显然不能。以"不能组成句子"之说来否定短语的相对独立性是不合适的。

彭文理由之二是认为:从分析言语的过程来看,"要彻底弄清楚一个句子的结构,又必须把它拆成一个个最小的语言单位——词",而短语,"它们并不是不可以分析到词的",由此认为短语没有"独立价值"。如果以为语法的最小单位才是"独立于句子之外的""有独立价值的单位",那么语素是最有资格的了,因为语法系统的最小单位不是词,而是语素;词在大多数情况下也并不是不可以再往下分析的,词不也成了一个没有独立价值的单位了吗?这显然是说不通的。所以,以"最小单位"之说来否定短语的相对独立性同样是不妥当的。

彭文理由之三是认为:短语离不开词和句子,说"没有离开词的结构(即短语),谈结构(即短语)离不开词和句",以此否定短语的独立

[①] 彭庆达《说〈说"结构"〉》,《中国语文》1979 年第 6 期。

性。确实,短语和词、句子有密切的联系,没有离开词的短语,研究短语也是离不开词和句子的。但若以"离不开"来证明短语没有独立性或"独立价值",那么词和句子也可说是"算不得一种独立价值的"语法单位了,因为在言语里,没有离开词或短语的句子,也没有离开短语和句子的词,当然,这样的结论也是不对的。所以,以"离不开"论来反对短语的相对独立性也是站不住脚的。短语作为一种语法单位,像语素、词、句子一样,是有相对独立性的;它大于语素和词,小于句子;说它是"词和句子的中间环节",没有什么错误。它是客观存在着的,如果没有"独立价值",那么"词组""短语"之类的名称也就不需要了,更不必对它进行研究了。

彭文由于否定了短语的独立价值,也必然否定短语研究的必要性和重要性。彭文说:对短语研究"并不能解决认识句子的构造的任务",如果研究短语系统,"就成为语法学习者不堪承受的负担"。批评张文分类不当,笔者是同意的。但不能因为张文分类有问题而认为短语也有问题,进而反对研究短语。对短语进行研究,当然不能代替或忽略对句子进行研究。然而,短语是词和句子的中间环节,它确实是一种"构件",它上通单复句,下及合成词,它的组成方式与句子极为相似,甚至与合成词的构成方式也是近似的、有渊源关系的。分析短语,可以说是分析句子和分析合成词的一把钥匙。研究短语,不但可以帮助人们认识句子,而且也可以帮助人们认识词。所以,研究短语的结构方式及其功能,是语法学的一项重要内容;研究短语是语法研究的一项十分重要的任务。

无论从"合成"的角度还是从"分析"的角度说,"短语"都是可以相对独立的语法单位,都是必须进行独立研究的。比如从"合成"的角度说,小学生的语文课中就有"扩词"的练习。"扩词",就是训练学生组词成为短语的能力,它像"造句"一样,是语文的"基本功"。老师提出一个词，比如"吃"，学生就得把它扩成"吃饭""吃苹果""我们吃"等。这些短语当然独立于句子之外，它们是有一定的结构方式的。再从"分析"角度说，进行句法结构的分析，包括句子分析和短语分析两部分。例如分析"我的弟弟正在认真读书"这个句子时，第一步先分成"我的弟弟"是主语，"正在认真读书"是谓语，这就是句子的分析，分析出的成分是句子成分。然后对"我的弟弟"和"正在认真读书"进行分析，那是短语分析，分出来的成分是短语成分。总之，"合成"和"分析"是互为联系的两个方面，短语既是可以合成的，也是可以分析的。一定要追问先有短语还是先有句子，正好像追问先有词还是先有句子一样，是一个纯粹理论性的问题，出发点不同，解释也就两样。这样的问题对于短语本身的"独立价值"和研究短语的必要性似乎没有多大联系。就以彭文所举"你怎么没先打报告上去"为例，这里确是"没有哪个成分不是由单词充当"，但里面有没有短语呢？当然是有的。彭文不承认这个句子里有短语存在，不承认对短语可以再分析，这似乎与彭文强调的"层次问题"的理论相矛盾：说一个较复杂的多层次的句子只是"单词"组成，而短语不参加"造句"，岂不是"无视层次，从同一个平面去分析造句'构件'"了吗？岂不是"行不通"吗？

三、汉语短语的分类

给短语进行分类是必要的，它是短语结构规律的归纳和总结。分类分得好和归类归得好，可以指导人们造句和分析句子。给短语进行分类，首先遇到的是一个分类标准的问题。分类必须讲究逻辑性。张文给短语分类时，没有一定的标准：有的是按照成分之间的关系分的，如"主谓结构""偏正结构"等；有的是按照词与词结合上的选择性来分的，如"数量结构""指量结构"等；有的是按照结构所表达的某种意义来分的,如"否定结构""比况结构"等;有的是按照词与词结合的程度来分的,如"固定结构"。这是一种多标准的分类。多标准实际上是无标准。用多标准分出来的类必然是混乱的、违反逻辑的。

　　逻辑分类还要求划出来的各个子项互相排斥,而张文的短语分类所划出来的子项并不都如此。张文承认"有时可能发生这一'结构'被包含在另一'结构'中的情形";正如陆文指出的:"事实上,不是'有时发生',而是大量地、普遍地存在层层结构互相包含的情况。"[1]"互相包含",是违反各个子项应当互相排斥的原则的;而且还是"大量地、普遍地"存在"互相包含"的情况。奇怪的是,陆文却说"张文所举二十一种结构中,明显违反逻辑标准,即概念在外延上互相重叠的,只有'固定结构'一类,……有一些结构类别牵涉到大类小类的问题,不是严格的对立"。那就是说,只有"固定结构"一类分得不当,其他的类别都合逻辑。其实张文自己也承认"不是'结构'的逻辑分类","在理论上……有缺陷",然而陆文却又说张文不违反逻辑分类的原则,自己的言论自相矛盾。在这个问题上,笔者同意李文提出的疑问:"违反逻辑上分类的规律而分出来的类,究竟是不是还谈得上'科学性'?究竟还有多大的'实用价值'?"[2]

　　根据不同的目的,可以采取不同的标准给短语分类。比如根据结合程度,可分为"自由短语"和"固定短语"两大类;根据功能,可分为体词性短语、谓词性短语、副词性短语等(体词包括名词、代词等,谓词包括动词、形容词等)。根据结构方式,还可以分为主谓短语、谓宾短语等等。现在大家在讨论的,不是根据功能,也不是根据结合程度这两种标准的分类,而是按照结构的内部关系即结构方式给短语分类。笔者认为:这样的分类,不但要有"关系"的概念,还应当有"层次"的概念。

---

[1] 陆丙甫《也谈"结构"》,《中国语文》1979年第6期。
[2] 李人鉴《对〈说"结构"〉一文的几点看法》,《中国语文》1979年第3期。

这一点，李、陆、彭三位都提到了。李文指出短语有"单层次结构"和"多层次结构"之别，陆文提出分类时要根据"最外层的直接成分即第一层直接成分"，彭文提出要注意"层次问题"。这些意见都是很对的。

按照结构关系即结构方式给短语分类，本文认为可分为三个层级。

第一层级分类（大类），可先区分出复合短语与派生短语两大类。复合短语是实词与实词组合成的短语，即一般所谓的"词组"，陆文称之为"句法结构"。这种短语类犹如合成词中实素与实素组成的"复合词"，所以笔者称之为"复合短语"。派生短语是实词与虚词组成的短语，即一般所谓的"介词结构""的字结构"之类，也就是陆文所说的"下句法结构"。这种短语类似合成词中实素和虚素组合成的"派生词"，所以笔者称之为"派生短语"。

复合短语与派生短语有相同的一面，即它们都是词和词的组合体，都能在句子里充当句法成分，所以它们既不同于词，也不同于句子。但是它们之间还是有区别的：复合短语是"实实组合"，它的意义是两个或两个以上实词的意义的总和；派生短语是"实虚组合"，其中实词有词汇意义，虚词只表示语法意义，所以派生短语有极大的能产性。复合短语中的实词都能充当某种句法成分；而派生短语中的虚词不能单独充当句法成分，因此在分析句子的句法结构时，派生短语是不必再分析下去的。

第二层级分类（中类），就要给复合短语和派生短语进行下位分类。复合短语可分为"主谓短语""谓宾短语""偏正短语""联合短语"四类。"谓宾短语"中的谓语，不只是谓词能单独充当，谓词性的短语也可以充当，如"吃肉"中，"吃"作谓语，"肉"作"宾语"。有些语法学家主张把"宾语"改称"补语"，也有一定的道理。这里为了不致牵涉面太大，暂时仍称宾语。笔者的分法与李文略有差异：李文有"正补结构"，笔者没有；笔者有"谓宾结构"，李文没有。李文的"正补结构",实际上包括了两种短语:一种是"读书""做工"之类,笔者称之为谓宾短语;另一种是"好得很""跑得极快"之类,笔者归入偏正短语。把这两种不同结构关系的短语合并成"正补结构",恐怕是不适当的。"好得很"之类是前正后偏,而把"读书"之类也说成是前正后偏就值得讨论了。派生短语下面可分几类?这个问题还未得到充分研究,不能进行严格的分类,但能列举一些,例如"介词短语""的字短语""所字短语""似的短语"(包括"X一般""X一样")等。派生短语是很值得进一步研究的。

第三层级分类(小类),就是给第二层级分出来的类再进行下位分类。主谓短语一般不再往下分。谓宾短语可再分为"动宾短语""形宾短语"两小类。动宾短语如"看报""写信"等;形宾短语如"大着胆""高他一头"等[1];偏正短语可再分为"定心短语""状心短语""补心短语"三小类。定心短语如"蓝蓝的天""木头房子"等;状心短语如"不好""快跑""把门打开"等;补心短语如"好得很""说下去""说得一清二楚"等。联合短语也可再往下分,分成"并列短语""顺递短语""同位短语""重叠短语"四个小类。并列短语如"哥哥和弟弟""工农兵"等;顺递短语就是一般所说的"连动式"或"连谓式"短语,如"上图书馆看书""走过去开门"等;同位短语如"小王他""首都北京"等[2];重叠短语如"很轻很轻""快来快来"等[3]。

关于"方位短语"(如"桌上""屋里")和"量词短语"(包括张文

---

[1] 形容词一般不能构成形宾短语;但在带助词"了、着"之类或在表示比较、致使等情况下,也还是可以带宾语构成形宾短语的。

[2] "同位短语"也称"复指短语"。有的语法书认为它是偏正式的。但偏正短语是双成分的,同位短语像其他联合短语一样,有时可由两个以上的成分组成,如"小张他这个人"便是三个成分组成的同位短语。

[3] 许多语法著作只说有重叠词,没说有重叠短语、重叠句。其实重叠式的结构方式在短语和句子里也是存在的。它可以作为联合式的一个小类。

所说的"数量结构"和"指量结构",如"一本""这件"),是可以讨论的一个问题。由于语法体系不同,各家处理上也就不同。假如把"方位词""量词"看作实词,则由方位词、量词组成的短语都属偏正式的复合短语:方位短语是定心短语的一种,量词短语是补心短语的一种。假如把方位词和量词看作虚词,那么由方位词、量词组成的短语则属派生短语。笔者倾向于把它们划入派生短语,因为方位词(指不能单独作句法成分的方位词,特别是单音节方位词)和量词的主要用途是附着在实词后面组成方位短语和量词短语。

对于一般语法书上所说的"兼语式"或"兼语词组",似乎没有必要独立成类。"兼语"之论,说不清这种短语的结构关系,也无法进行层次分析。所谓"兼语式",实际上是一个多层次的短语。分析这种短语并替它归类,应当找出它第一层的直接成分的结构关系,也就是要看它第一步切分出哪两个句法成分来决定它的类型。以"选他当代表"为例,第一步先分出"选他"与"当代表"两个成分,第二步再在"选他"和"当代表"里面分出两个成分。第一步分出的两个成分之间的关系是补心式的偏正关系,"选他"是中心语,"当代表"是补语;第二步两个短语结构关系都是动宾关系。"选他当代表"从整体来说是"补心短语"。

复合短语里有时有表示结构关系的虚词,如联合短语里常有"和""与""并"等虚词,偏正结构里常有"的""地""得"之类虚词。这种虚词是纯粹表示结构关系,所以可以借助于它来辨别短语的结构类型。还有一些关联词语搭配起来的固定格式,如"越……越……""一……就……""不……不……""非……不……""再……也……"等,也都是用来表示结构关系的。这些格式表示前后两个成分之间的偏正关系,或表条件,或表假设等等。这些格式,张文称之为"紧缩结构",即认为是紧缩短语;也有人称作"复句的紧缩"。其实这种固定格式在复句里有,在短语中也存在,不能说只是一种复句的格式;在短语里,也很难说是"紧缩"。这种格式只是表示了一种结构的方式,而不是结构的实体本身。例如"我们取得了越来越大的胜利","越来越大"出现在单句里便是偏正短语,在这句里作定语。又如"我一合眼就睡着了""一合眼就睡着"也是出现在单句里的偏正短语,在这句里作谓语。这种固定格式是很有用的,值得进一步研究。可见固定格式不必称作短语或"紧缩结构"。

最后,为了醒目,列一张现代汉语短语的简表于下:

第一层级	第二层级	第三层级	实 例
复合短语	主谓短语	1. 主谓短语	你来 他读
	谓宾短语	2. 动宾短语	读书 看报
		3. 形宾短语	大着胆 高他一头
	偏正短语	4. 定心短语	蓝蓝的天 木头房子
		5. 状心短语	不好 快跑 把门打开
		6. 补心短语	走一趟 说下去 说得很清楚
	联合短语	7. 并列短语	哥哥和弟弟 工农兵 伟大而质朴
		8. 顺递短语	上图书馆看书 走过去开门
		9. 同位短语	小王他 首都北京
		10. 重叠短语	永远永远 快来快来 很好很好
派生短语		11. 介词短语	在晚上 关于这个问题
		12. 方位短语	桌上 屋里
		13. 量词短语	一本 这件
		14. "的"字短语	红的 教书的
		15. "所"字短语	所想 所知
		16. "似的"短语	小老虎似的 大海一般

静态短语和动态短语

一、短语的存在形式

两个或两个以上的词按照一定的方式组合起来而不成为句子的语言片段，叫作短语[①]。短语的存在形式有两种状态：一是静态，二是动态。

所谓静态，是指短语未与现实发生特定联系，即未进入具体句子，尚不体现交际功能的那种状态，比如"吃饭""他的帽子"，当它们未入句时便是处在静态。这种存在于句外的静态形式的短语，不妨称之为"静态短语"。由于静态短语存在于句外，所以也可称作"句外短语"。

所谓动态，是指短语已与现实发生特定联系，即已进入具体句子，已经体现交际功能的那种状态，比如"小王吃过饭了""他帽子丢了"两句中的短语"吃过饭"和"他帽子"，它们是从具体句子里分析出来的，便是处在动态。这种处在句内的、动态形式的短语，不妨称之为"动态短语"。由于动态短语存在于句内，所以也可称作"句内短语"。

语言学界有两种对立的意见：一种认为短语先于句子而独立存在；一种认为短语只能存在于句子之中而不能独立于句子之外，短语离不开句子。这种分歧主要是着眼的角度不一样引起的。强调短语存在于

---

① 短语也称词组，关于短语，可参看范晓《关于结构和短语的问题》，《中国语文》1980年第3期；也可参看范晓《汉语的短语》，商务印书馆，1991年（重印版改名为《短语》，商务印书馆，2000年）。

句外的,是着眼于词和词可以在句外组合成短语;强调短语离不开句子的,是着眼于短语可以从句子里分析出来。各执一词,就难免陷于片面。如果注意到短语的存在可以有静态和动态两种形式,那么这样的争论也就可以避免了。

　　静态短语存在于句外,还未进入使用领域,从这个意义上说,它是一种备用的形式。动态短语存在于句内,已进入使用领域,从这个意义上说,它是一种使用的形式。静态的、备用的形式跟动态的使用形式有时可以相同,有时却又很不同(详见下文)。有的语法著作称短语是静态单位或备用单位,有的语法著作称短语是动态单位或使用单位。这两种说法都会引起误解,因为短语既能以静态的、备用的身份出现,也能以动态的、使用的面目亮相。

　　研究短语,不仅要研究句外存在的、作为备用的静态短语,也应研究句内存在的、已经使用的动态短语;既要研究短语在静态、备用时的一般构造规则及其功能、特点,也应研究动态使用中的变化规则及其语用的、修辞的特点;既要注意研究短语的动态形式跟静态形式的相同之处,更应注意研究短语的动态形式跟静态形式的不同之处。这就把句法、语义、语用三者结合起来了,也把语法分析和语法合成结合起来了。这样的研究不只有理论意义,也具有实用价值。

二、静态短语

(一)静态短语的类型

　　短语以其内部词语结合的松紧程度而言,可分为自由短语和固定短语两种。静态的自由短语可通过"扩词"的方法来自由合成。比如动词"打",若要使它与其他词结合起来合成静态的自由短语,就可通过"扩词",扩展成"打人""打狗""打老虎""打门"等动宾短语,也可扩展成"狠狠地打""轻轻地打"等状心短语,也可扩展成"我打""他打"等主谓短语,也可扩展成"打跑""打死""打进去"等动补短语。静态的固定短语,由于意义的专门化和词语搭配的固定化,它可以看作短语化的词(或词化短语),贮藏在词典之中,它已约定俗成,而不需要通过"扩词"的方法来产生,例如"揩油""香鼻头""开夜车""想入非非""雪中送炭""九牛二虎之力"等。

(二)静态短语的构成

1、静态短语构成的基本条件

静态短语由两个或两个以上的词组成,但并不是任何词都可以互相组合成静态短语的。构成静态短语有两个必要的条件:

(1)功能上具有选择性,即词与词之间在句法上有互相结合的能力。比如"写",可和"文章"组成动宾短语"写文章",可和"不"组成状心短语"不写",但"写"跟"从""把"等词就不能组成短语(不能说"从写""把写"),这是因为动词跟名词、副词有结合能力,而跟单独的介词不能结合成短语。又如"衣服",可以说"新衣服""做衣服"等短语,但不能说"吗衣服""很衣服",这是因为形容词、动词跟名词具有结合能力,而助词、副词跟名词没有结合能力。

(2)语义上具有选择性,即词与词之间在语义上有互相搭配的能力。比如可以说"新衣服""红衣服""漂亮的衣服",但却不能说"高衣服""甜衣服""聪明的衣服"。为什么有的形容词能跟名词"衣服"组成短语而有的不能呢?这是因为:"衣服"没有"高、甜、聪明"之类的语义特征或属性,所以不能组配成短语;而"新""红""漂亮"可以表示"衣服"的某种特征或属性,所以在语义上能搭配。又如可以说"吃饭""吃菜",但不能说"吃石头""吃电""吃思想",这是因为

"饭""菜"是可以供人吃的,而"石头""电""思想"是没法吃的。可见,短语的组成光有句法功能上的选择性还不够,还需要在语义上具有选择性。

2、构成静态短语的语法手段

要组成静态短语,就汉语而言,有两个基本手段:语序和虚词。

(1)语序。同样的一些词语排列次序不同,常可形成不同型的短语。比如"好"和"天气"可组成短语:若说成"好天气",便是定心短语;若说成"天气好",便是主谓短语。又如:"喊他"是动宾短语,而"他喊"是主谓短语;"小说创作"是定心短语,而"创作小说"是动宾短语;"多喝"是状心短语,而"喝多"是动补短语;这都是语序不同造成的。

(2)虚词。许多静态短语,常可用某种虚词置于其间,起着标记短语句法结构性质(结构方式)的作用。结构助词"的"和量词可作为某些定心短语的标记,如"红的花""木头的房子""刚买的汽车""三本书""那个人"等;结构助词"地"可作为某些状心短语的标记,如"认真地研究""轻轻地说""慢慢地走"等;结构助词"得"可作为某些动补短语的标记,如"来得早""哭得伤心""喜欢得很"等。并列连词"和""同""而""并"等可作为并列短语的标记,如"哥哥和妹妹""聪明而勇敢""学习并贯彻"等。

汉语里虚词的作用很大。有时两个词儿组合在一起,用不用虚词结构性质不一样,如"他笑""狐狸狡猾"是主谓短语,但若说成"他的笑""狐狸的狡猾"便成了定心短语。有时一个静态短语可能有多义或歧义,但用上虚词后可以避免多义或歧义。如"出租汽车",可以理解为动宾短语,也可以理解为定心短语;如果说成"出租的汽车",就只能理解为定心短语。又如"学生家长",可以理解为并列短语,也可以理解为定心短语,如果说成"学生和家长",就只能看成并列短语,说成"学生的家长",就只能看作定心短语。

虚词可以作为组成某种静态短语的手段,但并不是所有静态短语里都得有虚词。以偏正式短语来说,大体上有三种情形:一种是非用不可的,如"买的书""很好的天气""愉快地说",假如去掉"的、地","买书"变成了动宾短语,"很好天气""愉快说"变得不太通顺;另一种是不能用虚词的,如"极好""化学书""马上来";还有一种是可用可不用虚词的,如"关键的时刻"跟"关键时刻"、"热烈地鼓掌"跟"热烈鼓掌",但这最后一种用不用虚词在表达上有细微的差别。值得注意的是:有的偏正短语用与不用虚词在语义上有很大的区别,如"孩子脾气"和"孩子的脾气",前者"孩子"表示"脾气"的属性,后者"孩子"表示"脾气"的领有者。这种现象不属于"可用可不用虚词"的问题,而是属于短语的歧义现象。

(三)静态短语的合成规则

从句法上看,汉语里的静态短语的合成有一定的规律或规则。主要的规则有:

(1)"名词+谓词"[①],通常合成为主谓短语,如"他来""鸟飞""身体好"等。[②]

(2)"动词+名词",通常合成为动宾短语,如"读书""买菜""看电影"等。

(3)"形容词+名词",通常合成为定心短语,如"新书""红颜色""高房子"等。

(4)"动词+形容词",通常合成为动补短语,如"吃饱""撞坏""说清楚"等。

---

① 名词包括能代替名词的代词,谓词包括动词和形容词。
② 其中表示处所或时间的名词在动词之前,有时可组成状心短语,如"明天见""北京见"等。

（5）"数词+量词+名词"，通常合成为定心短语，如"三斤鱼""五本书"等。

（6）"副词+谓词"，通常合成为状心短语，如"不去""很好""悄悄说"等。

（7）"形容词+动词"，通常合成为状心短语，如"快跑""高举""热烈欢迎"等。

（8）"数词+量词"，通常合成为数量短语，如"三条""五块""六位"等。

（9）"名词+方位词"，通常合成为方位短语，如"床上""柜子里""屋檐下"等。

（10）"介词+名词"，通常合成为介词短语，如"从浙江""在上午""把事情"等。

三、动态短语

（一）动态短语是从具体句里切分出来的

动态短语在句外通过扩词来构成，而在具体句子里是切分或剖析出来的。多数句子都是由动态短语互相连接或套合而成的。因此可以在解析句子时切分出动态短语。比如"今天的天气真好啊！"这个句子至少可分析出两个动态短语："今天的天气"（定心短语）和"真好"（状心短语）。又如："她妹妹哭红了眼睛"这个句子，可分析出四个动态短语："她妹妹"（定心短语），"哭红了眼睛"（动宾短语），"哭红了"（动补短语），"她妹妹哭"（主谓短语）。又如"王冕死了父亲"这个句子中，"死了父亲"也是动态短语。

(二)动态短语的构成方式跟静态短语比较

如果把具体的句子比作已造好的房子,把静态短语比作由建筑材料零件构成的备用的构件毛坯(半成品),那么,动态短语可以比作安装到房子里的构件成品。房屋建筑中的构件一旦安装到建筑物上,有的不作变更,有的构件要加工(粉饰或油漆,或装上了铰链等其他附属物)而有所变动。静态短语进入具体句变成动态短语也是类似的。在已经造好的具体句子里,动态短语跟静态短语比较就有两种情形:

1、动态短语跟静态短语的形式完全一样

这类动态短语实际上是静态形式不经加工、不需变化而进入句子。这有两种类型:一种是固定短语(包括成语、习惯语等),由于它内部结构本身是比较凝固的,入句时一般不可轻易变动,因此在大多数情况下固定短语的动态形式跟其静态形式相同,如"你不要想入非非"这个句子里,动态短语"想入非非",跟词典里的静态短语"想入非非"完全一样。另一种是自由短语,入句时可能动态形式跟静态形式也相同,如"我认识他"中的动态短语"认识他"和"这件衣服很贵"里的动态短语"这件衣服""很贵",它们跟静态短语没什么区别。

2、动态短语跟静态短语的形式不一样

有些静态短语进入具体句子变成动态短语时,常要根据表达的需要进行加工(包括添加、删除、拼合、移位等),因此作为"成品"的动态短语跟"构件毛坯"的静态短语有时不大一样。这种不一样主要表现在以下几点:

(1)有些动态短语跟静态短语相比,增添了一些东西。比如动宾短语里在动词后边有时增加了动态的助词,如静态短语"看书"进入句子后,有变成"看了书""看着书""看过书"等动态形式的。又例如:

① 他嘛走了,我可以休息了。

② 一个口吃者说："你还是把她嫁,嫁,嫁走吧。"
③ 郭老娃说："明天,捆上城去,给他在那个,那个城隍庙里,搁一夜……"

①中动态主谓短语"他嘛走"里有个语气助词"嘛",这在静态短语里是不可能出现的;②中的动态动补短语"嫁嫁嫁走"显然跟静态的动补短语"嫁走"有别,这是因为口吃的缘故在句中多了两个"嫁";③这句话里的动态短语"在那个,那个,城隍庙里",跟静态短语"在那个城隍庙里"不一样,多出了一个"那个",这是作者有意增添的,是为了表现郭老娃那种慢腾腾地边想边说的说话情景。这对刻画人物是有作用的。

（2）有些动态短语跟静态短语比较,短语内句法成分或语义成分的位置有所变化。现代汉语动宾短语的静态形式里,动词和宾语的位置是宾在动后,定语、状语的位置都在它们的中心语之前。但在动态的具体的句子里有时却可移动位置,例如:

① 我饭吃过了,茶喝过了。
② 她今天买了一辆电动车,崭新的。
③ 他从那头走过来,蹑手蹑脚地。

根据静态短语里动在宾后的规则,不能说短语"饭吃""茶喝",但例①动态句中却出现"饭吃、茶喝"的宾在动前的现象。根据静态短语里定语、状语在中心语前的规则,能说短语"崭新的电动车""蹑手蹑脚地走过来",但例②动态句中却出现定语移到中心语之后的"电动车崭新的",例③动态句中却出现状语移到了中心语之后"走过来蹑手蹑脚地"。此外静态的动宾短语里动词所带的宾语一般是客事(包括受事、成事、位事等)宾语,而且动词后面不带动态助词("了、着、过"

等)如"吃饭、喝茶"之类;但像"死了一头牛、来了一个人、蹲着两只石狮子"之类动词后带动态助词再带主事(施事或系事)宾语这样的动宾短语,也是比较典型的动态短语。这种动态短语是语义成分的位置变化引起的,即本是主事在前的静态主谓短语("牛死、人来、石狮子蹲")变为主事后现的动态的动宾短语。

(3)有些动态短语在句中有时省略了一些东西。例如:

① 上海的天气比北京好。
② 大约半点钟,他们的头发里便都是烟,额头上便都流汗。
③ 你妈和你妹都好啊!

例① 动态句中"北京"后边省略了定语的中心语,实际上是"北京的天气";例② 动态句中"额头上"实际上是指"他们的额头上",即省略了定语"他们的";例③ 动态句中的"你妈""你妹",其静态形式应是"你的妈妈""你的妹妹"。

(4)有些句中的动态短语比较复杂,而且短语中还有较长的停顿,这在静态短语里是没有的。例如:

① <u>忘记发展经济,忘记开辟财源,而企图从收缩必不可少的财政开支去解决财政困难的保守观点</u>,是不能解决任何问题的。
② <u>母亲那种勤劳俭朴的习惯,母亲那种宽厚仁慈的态度</u>,至今还在我心中留有深刻的印象。

上边打横线的部分是句子的主语。例① 的主语是个长的定心短语,例② 的主语是个长的并列短语。这两个短语读起来中间都有较长的语音停顿,在书面上用逗号隔开。但静态短语比较简单,而且句法成分间一般没有停顿,书面上一般也不用逗号隔开。

（5）有些词语语义上没有搭配能力，因此不能组成静态短语；但由于语用或修辞上的关系，在句子里却组成了短语。这就是所谓"超常搭配"。比如"篝火""欢乐"两个词，语义上不具有选择性，因为"篝火"不可能有心理活动，因此不能构成静态短语"篝火欢乐"或"欢乐篝火"；但在句子里有时采取拟人化的方法以表示"篝火"的炽烈时，却可以组成短语，如"广场上又烧起欢乐的篝火"，这"欢乐的篝火"便是动态短语。又如"乾隆"（皇帝名）与"奶奶"两个词，组合起来只能构成定心短语"乾隆的奶奶"，而不能构成复指短语（也称"同位短语"）"乾隆奶奶"，因为乾隆皇帝是男性的。但我们发现有这样的句子：

① 柴师傅摇摇头说："北京是京都，才叫'都一处'……那是乾隆爷起的名儿啊！"

② "什么乾隆爷，乾隆奶奶的，"红脸汉眉足飞舞地挥上手臂。

例②是回应例①说的，这是在一定的语境里连类而及仿造出的短语，有了个复指短语"乾隆爷"，承上临时仿造出了一个复指短语"乾隆奶奶"，而后者在静态里是不可能存在的。

（6）有些词语功能上没有结合能力，因此不能组成静态短语；但由于语用或修辞上的需要，在句子里却组成了短语，这也是所谓"超常搭配"。比如静态中没有副词修饰名词的短语，但在句子里却有。如"他年纪不轻了，但很青春""这个人太军阀了"，这两句中的"很青春""太军阀"便是动态短语。又比如，静态中"名词+名词"不能构成动宾短语，但在动态具体句中有时却偶然出现。如"春风风人，夏雨雨人"中的"风人""雨人"便是。还有，在静态里不及物动词不能跟它的施事名词组成动宾短语，比如不能说"死丈夫""走人"，但在句子里便有，如"祥林嫂死了丈夫""刚才走了一个人"，这"死了丈夫""走了一个人"也是动态短语。

3、动态短语跟静态短语比较，多义或歧义的现象较少

有些孤立的静态短语有歧义或多义现象，如"学习文件""学生家长"之类。但在多数情况下，具有多义或歧义的静态短语一旦进入句子变成动态短语，可以借助句子内部词语之间的关系或语境（包括口头上的对话环境和书面上的上下文等）从而消除歧义。比如静态短语"学习文件"，既可理解为动宾短语，也可理解为定心短语；但如果在"我们已经学习了文件"这样的句子里，显然只能看作动宾短语；如果在"桌子上放着学习文件"这样的句子里，显然只能看作定心短语。又如静态短语"鲁迅的书"可有三种意思：一是指"鲁迅著作的书"，二是指"鲁迅所藏的书"，三是指作者所写的"关于鲁迅的书"；但在具体的动态的句子里，意思只能是一个，比较：

① 鲁迅的书我很爱读，尤其是他写作的杂文。
② 鲁迅的书很多，他的书房里摆满了古今中外的各种各样的书。
③ 甲问：小王，你在写什么书？乙答：我在写鲁迅的书。

上面几句都有"鲁迅的书"，但由于语境不一样，所指就有差别：① 里显然是指"鲁迅著作的书"；② 里显然是指"鲁迅所藏的书"；③ 里显然是指"关于鲁迅的书"。

4、关于动态短语突破静态短语规则问题

动态短语跟静态短语比较，有时会突破静态短语的构成规律或规则（包括句法结合功能的选择或语义搭配选择的限制）。如前边讲的"风人""乾隆奶奶"便是，这种短语从静态角度看是不合句法或不合情理的，从动态角度看却是合法、合用的。句内的动态短语要不要突破静态短语的构成规则，怎样突破，也是有规律的。其基本规律是：要适应语境中表达的需要。比如没有"吃石头"的静态短语，但若说成"童话里有人吃石头的故事"，"吃石头"在这个具体句里是合用合法的，因为它适应语境,因而适合表达的需要。又如"羞愧"和"泪珠",似乎不能组成静态短语;但在文学作品里有"她眼里满含着羞愧的泪珠"这样的句子,"羞愧的泪珠"表达得很形象,这样的动态短语当然可以存在。又如副词"不"和名词不能构成静态短语;但如果说"这人画的不知是什么东西,山不山水不水的"。这里动态短语"不山""不水"却可成立,这也是表达的需要。又如静态短语里不可能有"生命〇"的说法或写法,但动态短语却有,鲁迅《伪自由书·中国人民的生命圈》一文中有个实例:

> 一面是别人炸,一面是自己炸,炸手不同,而被炸则一。……只要炸弹不要误行落下来,倒还有可免"血肉横飞"的希望,所以我名之曰"中国人的生命圈"。再从外面炸进来,这"生命圈"便收缩为"生命线";再炸进来,大家便都逃进炸好了的"腹地"里面去,这"生命圈"便完结而为"生命〇"。

这里一个"生命〇"(意思是存身之处完全没有了)就是动态短语,用得妙极了,含蓄幽默而具有讽刺作用,起到了很好的表达效果。

四、静态短语和动态短语的相互转化

　　静态短语和动态短语的对立,是相对的,而不是绝对的,它们之间可以互相转化,而不是僵死不变的。静态短语当它未入句时,无疑是作为备用构件而存在的,它可以收入词典(如固定短语),也可以由人们根据句法功能和语义的选择规则而自由组合。但静态短语一旦拿来使用而进入具体的句子,就意味着它转化成了动态短语。

　　动态短语转化为静态短语,不仅表现于断代,而且也是一个历史的或语源的问题。从发生学角度看,一切静态短语都是从动态短语转化过来的,因为静态短语构成的一切规则,都是千百年来通过人们说话、作文而历史地形成的。比如固定短语("哭鼻子""铁板一块""喝西北风""草木皆兵"之类),是一种很典型的静态短语,它就是人们长期反复使用而约定俗成的。又比如上古汉语里疑问代词作宾语构成的动宾短语的静态形式是宾在动前,如"何求""安在"之类,但可以想象,当开始出现疑问代词作宾语在动词之后时,显然是不同于那个时代的静态短语的。可是久而久之,人们已习惯于疑问代词作宾语放在动词之后了,比如像现在就说"求什么""在哪里",这就成了静态短语。相反,如果现在再把疑问代词作的宾语置于动词之前,倒是一种动态短语了,例如,倘若说成"你哪儿住""他什么要求","哪儿住""什么要求"就不同于静态短语。

  静态短语和动态短语间的转化是不断地反复地进行着的。就以固定短语来说,固定短语在大多数情况下其动态形式和静态形式是一样的,但在一定的语言环境中也可以转化成新的动态形式。例如"望洋兴叹",在具体使用时根据语用的需要可作某种变化,如说成"望江兴叹""望钱兴叹""望窗兴叹""望门兴叹""望柜兴叹"等等,这就是所谓"成语翻新"或"成语翻造",其实也是静态向动态转化的一个很好的例证。但也有的静态形式转化成动态形式后,又转化成新的静态短语,例如"先发制人",当第一个人在句子里翻造成"后发制人"时,显然是动态短语,不同于静态形式;到现在,"后发制人"说的多了,也就成为新的成语,也就可以在句外存在而作为静态短语了。动态、静态、再动态、再静态,这样循环往复,可能是短语(包括固定短语和自由短语)在历史长河中变化发展的一种基本形式。

重叠短语探索

引言

(一)重叠短语是客观存在的

一般语法书在说到复合词的结构方式时,免不了要说到重叠式的构词方式;但说到短语的结构方式时,却不说有重叠式的短语。有的语法论著虽然也说到"叠词"或"词的重叠",但对词重叠起来后构成的结构体是什么,说法也是很含混的,如王力曾经提到叠词,说它是"两个词的结合",但他又没说明叠词的组合是什么。[①]我们认为现代汉语的短语不但有主谓式、谓宾式、谓补式、偏正式、并列式等,也还存在着重叠式的短语。重叠式短语简称重叠短语,指的是两个或两个以上的词(以及两个或两个以上的短语)通过重叠而形成的一种短语。例如:

① 他<u>轻轻轻轻轻轻</u>地唤你的名字。
② 我交给你一个<u>很重要很重要</u>的任务。
③ 芳契把他推出去,连喊着:"你<u>讨厌讨厌讨厌</u>,<u>走走走</u>!"
④ 他打开门一看,见是亚明,赶忙说<u>请进请进</u>。

[①] 王力《中国现代语法》第286—287页,商务印书馆,1985年。

⑤ 听他口里一直说着祖国祖国的,他一定是归国华侨吧。
⑥ 你对我的无私帮助,我会永远永远铭记在心里。你的运气非常非常非常好。

例①的"轻轻轻轻轻轻"是六个形容词重叠构成的短语作定语,例②的"很重要很重要"是两个形容词性短语的重叠构成的短语作定语,例③的"讨厌讨厌讨厌、走走走"分别是三个动词的重叠构成的短语作谓语,例④的"请进请进"是两个动词性短语的重叠构成的短语作宾语,例⑤的"祖国祖国"是两个名词重叠构成的短语作宾语,例⑥的"永远永远""非常非常非常"是两个三个副词的重叠构成的短语作状语。上述例句里的两个或两个以上词语重叠构成的组合体,便是重叠短语,而且它们在句子里都充当一定的句法成分。假如不承认重叠式短语的存在,句法分析就会遇到麻烦。比如"很重要很重要的任务",短语"很重要很重要"作定语修饰"任务";那么"很重要很重要"是什么短语呢?是偏正式短语吗?显然不是,因为重叠的成分之间不存在"正"和"偏"的结构关系。是并列短语吗?也不像,因为重叠成分之间并不表示不同事物或不同意义的并列关系。这类短语有其自身的特点,是完全可以自成一类的。①

(二)重叠短语的性质

1、重叠短语是一种动态短语

重叠短语跟一般的短语(如"主谓短语、谓宾短语、谓补短语、定心短语、状心短语"等)比较,相同的是它们都是短语。不同之处是重叠短语是一种比较特殊的短语。这可以从短语的存在状态去观察。一般的短语都可以有静态的存在状态,即可以是静态短语(句外短语),

---

① 范晓《谈重叠短语》,《语文学习》1983 年第 12 期。

也可以有动态的存在状态，即可以是动态短语（句内短语）。但是重叠短语都不是静态短语，即不是句外短语；它只能在动态的具体句子里出现，即只能是句内短语；所以重叠短语是一种因语用需要而构成的动态短语。

2、要认清重叠短语性质，必须与类似现象划清界限

（1）重叠短语必须跟重叠式复合词区别开来。重叠式复合词，例如"爸爸""宝宝""星星"之类。其表面形式跟重叠短语相似，都是一种"重叠"形式。但实质上是不一样的。重叠式复合词是一种构词法的重叠，是词素（词根）的重叠；构词法中词素重叠构成一个词，可以收录列入词典，而重叠式短语是一种造句法的重叠，是词的重叠（"好好好""来来来"之类）或短语的重叠（"很好很好很好""快来快来快来"之类）；造句法中词或短语重叠造成的一个短语，不列入词典。可见重叠式短语跟重叠式复合词是有本质区别的。

（2）重叠短语必须跟重叠式变形词区别开来。重叠式变形词跟重叠式短语更加相像，这表现在：它们都可以是词的重叠，例如变形词"个个""看看""短短"都是词的重叠，而"谁谁谁""坐坐坐"等重叠短语也是词的重叠。但是它们本质上也是不相同的。变形词是一种构形法的重叠，是词的形态变化，因此词重叠以后算作一个词（变形词）。变形词由词重叠的形态变化构成。在词典中一般只收基式词（如"字""看""短"）而不收变形词（如"字字""看看""短短"）。动词重叠构成的变形词（"看看""研究研究"之类）表示某种语法意义，如动词重叠有表示"短时态"的语法意义，量词重叠构成的变形词有"每一"（数）的语法意义等。而重叠式短语不仅有词的重叠，还有短语的重叠；重叠以后构成短语；必要时重叠成分之间可以有停顿（如"好，好，好"），或者间有某些虚词（如"星星呵星星"）；它表示某种语用的或修辞的意义。

3、重叠短语必须跟并列短语区别开来

重叠短语和并列短语同属联合短语①，它们的相同之处表现在它们都是由两个以上的成分组成，各成分之间关系是平等的，结构上是联合在一起的；但它们也有区别。

（1）重叠短语要跟不同词语构成并列成分的并列短语区别开来。试比较：

① 坐坐坐 / 很好很好很好 / 黄河黄河黄河
② 吃穿用 / 勤劳勇敢质朴 / 黄河长江珠江

①是同一词或同一个短语重叠构成的联合短语，是重叠式短语；②是不同词或不同短语并列构成的联合短语，是并列式短语。

（2）重叠短语还要跟相同词语构成并列成分的并列短语区别开来。例如：

① 种麦人和种麦人彼此谈说。
② 杯子和杯子轻轻地相碰。
③ 闷罐子车里坐满了人，而且还在一个两个十个二十个地往人与人，分子与分子，原子与原子的空隙中嵌进。

从表面上看，例①的"种麦人和种麦人"、例②的"杯子和杯子"、例③的"人与人""分子与分子""原子与原子"似乎都是同一词语的重叠构成的重叠短语。但仔细分析，重叠部分所表示的人或物并不是同一的："种麦人"并不是指同一个种麦人；"杯子"也不是指同一个杯子；"人与人""分子与分子""原子与原子"指的是这个人与那个人，这个分子与那个分子，这个原子与那个原子。而且从形式上看，这些短语的

---

① 参看范晓《关于结构和短语问题》，《中国语文》1980年第3期。

结构成分之间用并列连词"和""与"连接,而重叠短语的重叠成分间是不可能插进"和""跟""同""与"之类的并列连词的。可见,这种短语不是重叠短语,而是并列短语。

4、重叠短语必须跟复指短语区别开来

重叠短语和复指短语(也称"同位短语")也有相同之处,表现在它们都是由两个或两个以上的成分联合起来构成的联合短语,它们都可表示同一人物或同一事物的联合,例如重叠短语"北京呵北京"是指同一地点,复指短语"中国的首都北京"也是指同一地点。但它们之间差别是比较明显的:重叠短语的重叠成分一定是同一个词语重叠构成的;而复指短语不是同一词语的重叠,乃是不同词语相互依存地指明同一人物或事物,如"东岳泰山","东岳"是指"泰山","泰山"也称"东岳"。重叠短语不仅名词性词语可作它的成分,而且动词性词语、形容词性词语、副词性词语等都可以构成重叠短语;而复指短语主要是名词性词语构成的,动词性词语、形容词性词语不能作复指短语的成分。

一、重叠短语的类型

除虚词外,各种语法性质的词语一般都能构成重叠短语。按照充当重叠成分词语的性质,重叠短语主要有以下一些类型:

(一)名词性词语构成的重叠短语

名词或名词性词语构成的重叠短语,属于名词性的重叠短语。例如:

① 大海啊大海,就像妈妈一样,走遍天涯海角,总在我的身旁。
② 黄河黄河,出自昆仑山,远从蒙古地,流入长城关。
③ 傅聪是在一味的音乐、音乐、音乐的空气里成长起来的。
④ 好歌好歌,杨主任转过身来,兴致勃勃地说。

⑤ 手指上手心上一层茧又一层茧,直到手皮炒老了。
⑥ 那儿汽车、电车和自行车就像海潮一样地一个浪头又一个浪头地涌上去。

这里例①的"大海啊大海"、例②的"黄河黄河"、例③的"音乐、音乐、音乐",它们是名词构成的重叠短语;例④的"好歌好歌"、例⑤的"一层茧又一层茧"、例⑥的"一个浪头又一个浪头",它们是定心式的名词性短语构成的重叠短语。名词性词语构成的重叠短语的形式特点是:内部成分间可以有停顿(书面上用顿号或逗号),也可以没有停顿;有的附有语气词,如例①中的"啊",有的无语气词;有的在重叠成分间插有起关联作用的副词"又",如例⑥,有的则没有。

(二)代词构成的重叠短语

代词,包括代名词、代谓词等。例如:

① 崔鸣捂着脸说:你你你,怎么打人?
② 他结结巴巴地说:我我我不走了。
③ 母亲说胖了不能生育,像亲戚里谁谁谁。
④ 还有什么算术呀、常识呀、什么什么呀。
⑤ 他告诉我他有怎样怎样的新观点。
⑥ 她背地里一直在说儿媳妇如何如何不好。

这里例①②的"你你你、我我我"是人称代名词构成的重叠短语,例③④的"谁谁谁、什么什么"是疑问代名词构成的重叠短语,例⑤⑥的"怎样怎样、如何如何"是疑问代谓词构成的重叠短语。代词构成的重叠短语的形式特点是:内部成分间一般没有停顿,除非特殊的修辞要求(如表示口吃)才可有停顿;人称代词构成的重叠短语不能插加语气词;重叠成分间不能插加"又"。

(三)动词性词语构成的重叠短语

动词或动词性词语构成的重叠短语,属于动词性的重叠短语。例如:

① 去去去,……别说了。
② 坐坐,袁先生! 坐坐,坐着谈。
③ 白鸽飞呀飞呀,整整飞了九十九天,终于飞到了宝坪村。
④ 我自己写着写着,眼泪就流下来了。
⑤ 你快走快走,牛儿要回来了。
⑥ 她把小裳领到哥哥嫂嫂处,嘱咐又嘱咐后,才离开了他们。

这里例①的"去去去"、例②的"坐坐"、例③的"飞呀飞呀"、例④的"写着写着"、例⑤的"快走快走"、例⑥的"嘱咐又嘱咐"都是动词性词语重叠以后构成的重叠短语。动词性词语构成的重叠短语的形式特点:重叠成分间可以有停顿,也可以没有停顿;可以插加语气词,也可以没有语气词;在表示动态时,有的还可带有动态助词("了"或"着");在表动作的连绵或反复时,重叠成分间可插有起关联作用的副词"又"(如"嘱咐又嘱咐")或插"再"(如"学习学习再学习")。

(四)形容词性词语构成的重叠短语

形容词或形容词性词语构成的重叠短语,属于形容词性的重叠短语。例如:

① 我也许只能发挥微薄又微薄的作用。
② 这确实是极普通极普通的家信。

③ 老通宝不敢再看,心里祷祝后天正午会有更多更多的绿芽。

④ 那个孩子手中提了小包袱,慢慢慢慢走到妈妈面前。

⑤ 你的生命就是这样和我们紧紧地,紧紧地,紧紧地连在一起。

⑥ 这时一切一切都宁静极了,宁静极了。

这里例①的"微薄又微薄"、例②的"极普通极普通"、例③的"更多更多"、例④的"慢慢慢慢"、例⑤的"紧紧地,紧紧地,紧紧地"、例⑥的"宁静极了,宁静极了",都是形容词性词语重叠以后构成的重叠短语。形容词性词语构成的重叠短语的形式特点是:重叠成分间可以有停顿,也可以不停顿;重叠成分后不能插加语气词;重叠短语在作定语时重叠成分后可带"的",在作状语时重叠成分后可带"地";在表示程度加深时有时可在重叠成分间插有起关联作用的副词"又"("多又多、纯粹而又纯粹、笔直而又笔直")。

(五)象声词构成的重叠短语

象声词构成的重叠短语,属于象声词性的重叠短语。例如:

① 夜深了,屋子里静悄悄的,只听见隔壁那只大挂钟滴哒滴哒滴哒的响声。

② 呜,呜,呜,——汽笛叫声突然从那边远远的河身弯曲的地方传了来。

③ 杨先生的皮鞋声,咯吱咯吱地渐渐近了。

④ 那只祖传老钟"当、当、当、当、当、当"响了六下。

这里例①里的"滴哒滴哒滴哒"、例②里的"呜,呜,呜"、例③里的"咯吱咯吱"、例④里的"当、当、当、当、当、当",都是象声词构成的重叠短语。象声词构成的重叠短语的特点是：重叠成分之间可以停顿也可以不停顿，重叠成分间不能插加任何语气词或关联性词语。

（六）数量词语构成的重叠短语

数词或数量词语构成的重叠短语，属于数量性的重叠短语。例如：

① 从那时候起，这块土地上，兔子上百万上百万地死去了。
② 人们闯过了一个又一个的难关。
③ 一段一段的山坡上，都长着些不大著名的杂树。
④ 一支又一支的歌曲激荡着年轻人的心。
⑤ 他一遍一遍地听着，一句一句地品评着。
⑥ 他几次三番几次三番地对我说。

这里例①里的"上百万上百万"是数词构成的重叠短语；例②里的"一个又一个"、例③里的"一段一段"、例④里的"一支又一支"、例⑤里的"一遍一遍""一句一句"、例⑥里的"几次三番几次三番"，都是数量短语构成的重叠短语。数量性词语构成的重叠短语的形式特点是：这类短语大多是由"数词+量词"组成的短语，即数量短语重叠而成；重叠成分之间一般没有停顿，不能插加任何语气词，但有的可以中间插有关联副词"又"（如"一支又一支"）。

（七）副词构成的重叠短语

① 听说你喜欢过一个很很很很漂亮的女孩子，是吗？
② 他爱你，他的确的确的确最爱你。
③ 谢老师可是一位非常非常好的令人尊敬的老师。

④ 我们已经分别三年了,我特别特别想您。
⑤ 不不不,不是这样的,你不了解这件事发生的过程。
⑥ 子君却不再来了,而且永远永远地。

这里例①里的"很很很很"、例②里的"的确的确的确"、例③里的"非常非常"、例④里的"特别特别"、例⑤里的"不不不"、例⑥里的"永远永远",都是副词重叠而构成的重叠短语。这类重叠短语的形式特点是:重叠成分间一般没有停顿,但否定副词"不"构成的重叠短语有时可以有停顿(如"不,不,不,不,这绝不是这样的");重叠成分之间不能插加任何语气词或关联词语。

(八)主谓短语构成的重叠短语

主谓短语,有些语法书把它看成动词性短语;但这类短语较特别,所以这里还是特别提出。主谓短语构成的重叠短语,例如:

① 一个洋车夫赶上来说,"我去我去"。
② 我走,我走,我走,我是要走的。
③ 这事我来办我来办,你们不用操心。
④ 首长低身握住老人的双手说:老人家,你坐你坐!
⑤ 你来,你来,快来看我的杰作!
⑥ 又是你那一套,什么工作忙,工作忙。

这里例①里的"我去我去"、例②里的"我走,我走,我走"、例③里的"我来办我来办"、例④里的"你坐你坐"、例⑤里的"你来,你来"、例⑥里的"工作忙,工作忙",都是主谓短语重叠而构成的重叠短语。这类重叠短语的形式特点是:重叠成分间常有停顿,但在表示急促时也可以不停顿;重叠成分间一般不插加语气词或关联词语。

二、重叠短语的句法功能

重叠短语的句法功能是多种多样的,有点像并列短语。重叠短语在句子里作什么句法成分,是跟充当重叠成分的词语的语法性质密切相关的。

(一)重叠短语作主语或宾语

由名词性词语或代名词组成的重叠短语常作主语或宾语。例如:

① 霸权、霸权应该要砸烂!
② 你你你,怎么搞的?
③ 一个字一个字全像冷冷的枪子。
④ 春喜他说小常说了些什么什么。
⑤ 我走过了一个村庄又一个村庄。
⑥ 不选谁谁谁,咱们立得住吗?

上边例①里的"霸权、霸权"、例②里的"你你你"、例③里"一个字一个字",都是重叠短语作主语;例④里的"什么什么"、例⑤里的"一个村庄又一个村庄"、例⑥里的"谁谁谁",都是重叠短语作宾语。

(二)重叠短语作谓语

由动词性词语或形容词性词语组成的重叠短语常用来作谓语。例如:

① 她不停地写啊写啊。
② 他看着看着,直到破塔看不见了。
③ 他还在狂叫,狂叫,狂叫。

④ 小皮球,<u>圆又圆</u>,阿姨带我上公园。
⑤ 这样的故事实在<u>太多太多</u>。
⑥ 这样的把戏<u>真有趣,真有趣</u>。

上边例①里的"写啊写啊"、例②里的"看着看着"、例③里的"狂叫,狂叫,狂叫",都是动词性词语构成的重叠短语作谓语;例④里的"圆又圆"、例⑤里的"太多太多"、例⑥里的"真有趣,真有趣",都是形容词性词语构成的重叠短语作谓语。

(三)重叠短语作定语

形容词性词语或名词性词语重叠后构成的重叠短语常用来作定语。例如:

① 他们从<u>很远很远</u>的地方来。
② 粮车真像<u>飞快飞快</u>的彩船。
③ 那是一座<u>很高很高</u>的山。
④ <u>一座一座</u>新的工厂正在诞生。
⑤ 他浏览着<u>一篇一篇</u>的文章。
⑥ 我在<u>一个又一个</u>的十字路口兜圈子。

上边例①里的"很远很远"、例②里的"飞快飞快",例③里的"很高很高",是形容词性词语组成的重叠短语作定语;例④里的"一座一座"、例⑤里的"一篇一篇"、例⑥里的"一个又一个",是数量短语重叠而构成的名词性重叠短语作定语。其他的重叠短语,如动词性词语构成的重叠短语以及主谓短语重叠后构成的重叠短语等,有时候也可作定语。如"他穿着<u>补缀又补缀</u>的衣服"是属于动词性词语构成的重叠短语作定语,"他嘴上说着<u>我走、我走、我走</u>的话,心里却不想走",是主谓短语重叠构成的重叠短语作定语。

(四) 重叠短语作状语

副词构成的重叠短语常作状语,动量词的数量短语构成的重叠短语也常作状语;形容词、象声词构成的重叠短语也都可以作状语。例如:

① 我母亲非常非常坚强。　② 他老人家永远永远地走了。
③ 她轻轻地轻轻地走过来。　④ 我静静地静静地举起右臂。
⑤ 这些事件一次一次发生。　⑥ 她还哼哧哼哧地说。

上边例①里的"非常非常"、例②里的"永远永远"是副词构成的重叠短语作状语;例③里的"轻轻地轻轻地"、例④里的"静静地静静地",是形容词构成的重叠短语作状语;例⑤里的"一次一次"是动量词的数量短语构成的重叠短语作状语,例⑥里的"哼哧哼哧"是象声词构成的重叠短语作状语;此外,有的名词性词语或动词性词语组成的重叠短语有时也可作状语,如"时间在一分钟一分钟、一秒钟一秒钟地流逝,头发和胡须在一根一根地变白""他一个村庄一个村庄地走下去""她微笑着,微笑着走到我面前"等便是。

(五) 重叠短语作补语

形容词性词语或数量短语构成的重叠短语常作补语,例如:

① 我们把坑挖得很深很深。　② 笛声传得很远很远。
③ 他的话说得很清楚很清楚。　④ 鸽子飞得很高很高。
⑤ 素素当少先队中队长,爸爸也美得一颠一颠的。
⑥ 海离子屏住了呼吸轻轻地敲门了,敲了一阵又一阵。

上边例①里的"很深很深"、例②里的"很远很远"、例③里的"很清楚很清楚"、例④里的"很高很高"是形容词性词语构成的重叠短语作补语;例⑤的"一颠一颠"、例⑥的"一阵又一阵"是数量短语构成的重叠短语,这些短语在上边例句中都作补语。

(六)重叠短语作插语

本文所说的插语,就是一般语法书上所说的"独立成分"或"插说"。名词或主谓短语重叠而成的重叠短语以及象声词、感叹词构成的重叠短语可作插语。例如:

① <u>长江长江</u>,我是黄河,请回话!
② <u>你呀你呀</u>,我对你真没办法。
③ <u>你看你看</u>,那是什么东西?
④ <u>你听你听</u>,地底下有声音。
⑤ <u>咔嚓嚓</u>、<u>咔嚓嚓</u>,火车渐渐远去。
⑥ <u>哎呀哎呀</u>,她痛得乱叫。

上边例①里的"长江长江"和例②里的"你呀你呀"是名词和代名词构成的重叠短语作插语,例③④"你看你看、你听你听"是主谓短语组成的重叠短语作插语,例⑤里的"咔嚓嚓、咔嚓嚓"是象声词构成的重叠短语作插语,例⑥里的"哎呀哎呀"是感叹词构成的重叠短语作插语。

(七)重叠短语独立成句

重叠短语除了作各种句子成分外,有些重叠短语有时还可独立成句。例如:

① 什么时候到的? <u>稀客稀客</u>!

② 大王大王！欢迎你来到我家。
③ 别进来，别进来！
④ 快跑啊快跑！我来干我来干！
⑤ 对对对！你说得很对。
⑥ 沉默呵，沉默呵！

上边例①②里的"稀客稀客！"和"大王大王！"是名词构成的重叠短语独立成句；例③④里的"别进来，别进来！"和"快跑啊快跑！"是动词性词语构成的重叠短语独立成句；例⑤⑥里的"对对对！"和"沉默呵，沉默呵！"是形容词性词语构成的重叠短语独立成句。此外，主谓短语构成的重叠短语也可独立成句（如"我来干我来干！"），象声词构成的重叠短语有时也能独立成句（如"嗡嗡嗡！一群蜜蜂飞过来了"），副词"不"构成的重叠短语有时也可独立成句（如"不不不！我不能接受这个事实"）。

从重叠短语的句法功能来看，重叠短语大体上可概括为四类：（1）名词性重叠短语，主要是名词性词语或人称代词构成的重叠短语；（2）谓词性重叠短语，主要是动词性词语或形容词性词语构成的重叠短语（象声词或感叹词构成的重叠短语也可归入此类）；（3）副词性重叠短语，主要是副词构成的重叠短语；（4）主谓短语。数量短语构成的重叠短语要两分："数+名量"构成的重叠短语是名词性的，"数+动量"构成的重叠短语是副词性的。

三、重叠短语的表达用途

在句子里，动态的重叠短语一方面可以充当某种句法成分，起到某种句法作用；另一方面，更重要的，它还有着某种语用表达上（或修辞上）的用途。重叠短语的语用表达用途主要表现在以下几点：

（一）表示强调或突出

大多数重叠短语在语用上是为了强调、突出某个词语。如"老罗呀老罗，怪不得人家叫你'罗铁夫'"便是突出名词"老罗"的。这样一突出，增强感情的色彩，充分表达了作者对罗铁夫的热烈而真挚的感情。假如不用重叠短语，而只说"老罗呀……"，两相比较，用"老罗呀老罗"在感情上似乎更强烈一些。又如"你快走快走，牛儿要回来了"，就是强调动词性词语"快走"的。又如"轻轻轻轻轻轻地唤你的名字"，便是强调突出形容词"轻"的，表示呼唤名字时非常非常"轻"；"微薄又微薄""极普通极普通"，也都是强调突出形容词性词语，比之不重叠的表达，程度上要深一些。再如"不不不，你不清楚"，是强调突出副词"不"，表示强烈的否定。

（二）表示反复或连续

动词性词语构成的重叠短语，常表示动作的反复或连续。如"飞呀飞呀"和"走啊走啊"，是表示"飞"和"走"的动作连绵不断，反复进行；又如"写着写着"和"微笑着微笑着"，是表示动作的接连不断；再如"嘱咐又嘱咐"和"补缀又补缀"，表示动作的多次反复。象声词重叠构成的重叠短语也常表示连续或反复，如"呜呜呜"，表示汽笛声"呜"的连续不断；"当、当、当、当、当、当"，表示"当"这个声音反复了六次。数量短语重叠而成的重叠短语常用来表示"数+量"反复多次，如"一支又一支的歌曲"，表示"一支"反复多次，显示了数量的多。有的名词性词语（"数量名"短语）构成的重叠短语也可表示连续或反复，如"一层茧又一层茧"和"一个浪头又一个浪头"，都表示这些事物（"茧""浪头"）连续不断反复地出现。

(三) 表示急促的口气

有不少词语可以通过重叠构成重叠短语,以显示说话时急促的口气。如"你你你,怎么搞的",这显然是讲话急促,而把"你"不停顿地一气说了出来。又如"去去去,快去"和"说说说,快说",一气呵成,急促之状很明显;又如"坐坐坐",急切地要对方坐下来。所有表示急促口气的重叠短语、重叠成分间一般都不停顿,念起来也应快速一些。

(四) 表示说话口吃

有些口吃(结巴)的人,说起话来常常把词语重叠起来。文学作品为显现人物的个性特点,有时也写出了口吃者的口吃的句子。在作语言的语法分析时,这种词语重叠也只能看作是一种特殊的重叠短语。例如:

① <u>你,你,你</u>,<u>还,还</u>是<u>嫁,嫁</u>了吧。
② <u>我,我,我</u>,我<u>破、破、破</u>坏了甚么?
③ <u>大,大,大</u>表姐,<u>你,你,你</u>,怎么啦?
④ 是我<u>贱,贱,贱</u>了,<u>手,手,手</u>痒了么!

上面例①里的"你,你,你"和"还,还"以及"嫁,嫁",例②里的"我,我,我"和"破、破、破",例③里的"大,大,大"和"你,你,你",例④里的"贱,贱,贱"和"手,手,手"都是因表示言语障碍或口吃而形成重叠的,这是一种非自愿的重叠。

(五) 显示语句的节奏感

为了使语句整齐匀称、富于节奏,有时也可使用重叠短语。例如:

① <u>小船小船</u>快拢来,送我到工地去干一番。

② <u>小鸡小鸡</u>你别怪,生下来本是一口菜。

③ 小皮球,<u>圆又圆</u>,阿姨带我上公园。

④ 乌苏里江<u>长又长</u>,蓝蓝的江水起波浪,赫哲人撒开千张网,船儿满江鱼满舱。

这里例①里的"小船小船"、例②里的"小鸡小鸡"、例③里的"圆又圆"、例④里的"长又长"等都是重叠短语,其作用就是显示语句的节奏感,读起来就朗朗上口。上面的句子假如不用重叠短语,说成"小船快拢来""小鸡你别怪""小皮球圆""乌苏里江长"本身也能成立,但与上下文配合起来,就显得非常别扭。由于重叠短语有这种增强语言节奏美的作用,所以在诗歌、歌词以及抒情散文中用得相当多。

关于析句问题

　　析句是汉语句子语法教学中的重要内容。句子由两大部分构成：一是句干部分，一是语气部分，两者缺一不可。所以析句应从两个角度进行：一是句子的句干分析，一是句子的语气分析。一般语法书里虽都涉及这两方面内容，但以往析句的重点通常是放在句干的句法结构的分析，如分析出主谓宾定状补等句法成分以及分析出句型（如分出动词谓语句、形容词谓语句、名词谓语句等）；分析时有时虽也涉及某些语义和语用的内容，但那是不自觉的、零零星星的。至于谈到析句方法，比如传统语法学采用的"中心词分析法"（也称"成分分析法"）和结构主义提倡"层次分析法"，讲的也只是句干里的句法分析。

　　"三维语法"的理论是一种多角度、全方位认识和研究语法的学说，它拓宽了语法的内容。它认为语法有句法、语义、语用三个平面，句子是"句法、语义、语用"的统一体、综合体，抽象句是"句型、句模、句类"的结合体。它不仅是本体论，而且也是方法论。立足于"三维语法"的析句，就不是单纯对句子进行句法分析，而是采用一种新的思路，即既要把句法、语义、语用分开来又要结合起来分析句子。这样的析句比较全面，不仅符合句子的实际，而且更具有实用价值。

　　20世纪90年代以来有些教科书析句时开始尝试运用"三个平面"的理论来析句。如黄伯荣、廖序东主编的《现代汉语》在析句时自觉地对句子的"三个平面"进行了分析，并指出：把句子的句法分析、语义分析、语用分析"三者区分清楚,有助于拓宽语法研究的视野,把三者结合起来,能把语法研究推向深入和全面……它是一块大有作为的处女地,有待大家努力耕耘"。① 这是很有见地的。又如徐阳春、刘纶鑫主编的《现代汉语》在析句时也对句子"三个平面"进行分析,并明确地提出"语法研究中必须自觉地把三个平面区别开来,在分析具体句子时,又使三者结合起来,即贯彻句法、语义、语用既区别又结合的原则"。② 还有些语法书虽没明确提出用"三个平面"理论来析句,但在析句时也增加了某些语义分析和语用分析的内容。③ 总的来说,当今有的语法书在析句方面已经开始注意到句子的"三个平面";但语义分析和语用分析相比于句法分析则薄弱得多,原因是句子的语义和语用平面的学术研究还不是非常成熟,在某些问题上人们的认识也还不完全一致,而对已有的研究成果经过消化,吸收到教材里也还有个过程。本文旨在已有研究成果的基础上,尽可能比较系统地阐释运用"三个平面"的理论来进行析句的崭新思路和基本方法。

一、析句的目的和内容

析句的目的是什么?有些学者认为"句子分析的终极目的是确定句型""确定其所属的句型,析句的任务才算完成"。④ 这样的说法有缺陷,第一,句子本身存在着句法、语义、语用三个平面,如果单纯从句法

---

① 参看黄伯荣、廖序东主编《现代汉语》(增订三版下册)第134页、(2007增订四版下册)第104页,高等教育出版社,2002年。
② 参看徐阳春、刘纶鑫主编《现代汉语》第169页,高等教育出版社,2008年。
③ 如邢福义《汉语语法学》,东北师范大学出版社,1996年;邵敬敏主编《现代汉语通论》,上海教育出版社,2001年;沈阳、郭锐主编《现代汉语》,高等教育出版社,2014年。这些著作虽未明确提出用"三个平面"的理论析句,但书里分析某些句子时,也涉及这三个平面。
④ 参看张斌、胡裕树《汉语语法研究》第63页,商务印书馆,1989年。

平面析句显然是不完整的。①第二，单纯的句法分析达不到"理解句子意义"这个目的，比如："张三批评了李四、张三死了父亲、张三是个画家"这三个句子，一般分析为"主谓宾"句型（也称"主动宾"句型，通常记作"SVO"），可是三句的语义结构和基本意义却完全不同，如果不从语义平面分析这三个句子，就无法理解它们的不同意义。反之，基本意义相同的句子，也可用不同的句型显示，如："大灰狼咬伤了小山羊、大灰狼把小山羊咬伤了、小山羊被大灰狼咬伤了"三个句子，即使分析出它们的句型，但若追问为什么基本意义相同的句子却要用不同的句型来表示，这就需要从语用角度进行分析才能得以理解。可见，单纯从句法析句确定句子的句型，析句的任务并没有完成；只有把句法、语义、语用三者结合和综合起来进行分析，才能全面理解一个句子的意义，析句的任务才算完成。第三，析句里还要讲语气分析，如果说"析句终极目的是确定句型"，岂不是把语气分析排除在析句之外。可见，单纯对具体句进行句法分析并确定其句型显然是不够的。

分析句子的目的：一方面要通过对具体句的分析，抽象出某种语言的若干句型、句模和句类；另一方面对具体句进行句法、语义、语用分析，确定该具体句所归属的句型、句模、句类。有的语法书认为析句就是要理解句子的意义。如果要理解一个具体句子的意义，除了句子里词的词汇意义外，也还得通过对句子的语法分析才能理解句子表达的全部"意义"，包括"句干所表达的意义"和"语气体现的意义"。析句应包括句干分析和语气分析，应在句法分析并确定句型的基础上对句子进行语义分析并确定其句模，以及对句子进行语用分析并确定其句类和另外各种语用意义，进而通过"三结合"综合理解全句的句法意义、语义意义、语用意义。

―――――――

① 如果说句干的句法分析的终极目的是确定句型，那还说得过去；但句干的句法分析确定句型不等于整个句子分析，它只是句子分析的内容之一，句干还有句模分析和句类分析；所以，"句子分析的终极目的是确定句型"之说就有漏洞。

本文所说的析句,着重讨论以下内容(按照析句的先后排序):(1)句子的语气分析,(2)句干主述结构的分析,(3)句干的句法分析,(4)句干的语义分析,(5)句干的"句式义"分析,(6)句干的主观情态意义的分析。其中(2)至(6)都属于句干分析。

二、句子的语气分析

1、语气的语用意义

语气表达的意义是一种非常重要的语用意义,这是因为人们言语交际时说出一个句子总要表达一定的交际用途(交际行为的目的):或疑问,或陈述,或祈使,或感叹。语气体现的交际用途意义为句子所必有,如果没有语气意义,说出来的词语不管多少都不可能成为句子。汉语的语气通常由语调(句调)和句末语气词表示。[①] 语气体现的交际用途的行为类型称为"句类"。一般分为陈述句、疑问句、祈使句、感叹句四类,笔者认为还可增加一类,即"呼应句",如"喂喂!""老王!""嗯!""是啊!""你好!"之类(应该重视呼应句,它在日常口语里用得相当多)。

2、关于语气分析注意的问题

(1)语气分析的目的是要通过无限的具体句,抽象出句子有限的交际用途或交际目的,从而确定某种语言的句类(如"疑问、陈述、祈使、感叹"等)或对具体句分析后把它归入某种句类。

(2)除了分析句子的句类外,还有两点需要加强进行分析的:

一是表示语气的句式(表示语气的不同形式或格式)的意义分析,比如表示"疑问"语气类的句子有不同的句式,比较:

---

① 有的句子的语气也可利用句干内某类词或某种形式表示,如表达询问语气时有时可用疑问代词("谁、什么、怎么样"等)或句干里的谓词(包括动词和形容词)构成的"V不/没V"形式表示("去不去、研究没研究、美不美"等)。

① 你去北京吗？　　　　　（"吗"字句句式）
② 你去不去北京？　　　　（"V不V"句式）
③ 你去北京？　　　　　　（"升调"句式）
④ 北京你去还是不去？　　（"V还是不V"句式）

上面几句表达的基本意义和语气相同，但句式不同。既然句式不同，就必有语用意义上的差别。但遗憾的是目前由于研究不够，教材里就只能描写不同的句式，而没有对不同句式的语用意义或语用价值的差别作出详尽的说明。

二是语气部分的"口气"①意义（也属于语用意义）分析做得不够。事实上，不同的句类里还可分析出表达者主观的感情和态度，主要表现为强调、委婉、好恶、褒贬、尊卑（尊重、赞叹、轻慢、不满、厌恶等）之类，这些都属于口气。同样的句类，如果感情和态度不同，口气也会相应不同，比如同样是表示"祈使"语气类的句子，比较：

① 墙上挂着一块牌子：<u>不准吸烟</u>！
② 护士说：这是病房，<u>请别吸烟</u>！
③ 保安对他说：这是公共场合，<u>你可以不吸烟吧</u>？

上述句子都表达"祈使对方不吸烟"的意义，但①带有命令或禁止口气，②带有舒缓的请求口气，③带有委婉的商量口气。

三、句干主述结构的分析

1. "主述结构"分析法

汉语句子的句干大部分由"主题+述题"构成"主述结构"，由"主

---

① 参看孙汝建《语气和口气研究》，中国文联出版社，1999年。

述结构"句干构成的句子称为"主述句",也有少数"非主述结构",由"非主述结构"句干构成的句子称为"非主述句"。李讷、汤姆逊指出:汉语句子的"基本结构表现为主题-述题关系,而不是主语-谓语关系",认为汉语"便于主要用主题-述题这种语法关系进行描写"。① 这看法有一定道理。在"主述结构"里,主题一般是有定的指称性成分,是述题述说的对象;述题(也称"说明"或"评论")是对主题进行述说的部分。"主述结构"是传递信息的语用结构,主题和述题是语用成分。在通常情况下,主题表示旧信息,述题表示新信息。对句干里的"主述结构",可采用"主述二分分析法"。"主述结构"的语序的一般规则是:主题在前,述题在后。② 例如(例句里主题打横线):

① 中华人民共和国的首都是北京。
② 北京是中华人民共和国的首都。

上面两句基本思想相同,但①里"中华人民共和国的首都"是主题,②里"北京"是主题。

2、句子的主题分析

(1)主题跟主语、主事既有联系,又有区别。它们分属于不同的语法平面:主题是语用分析的术语,主语是句法分析的术语,主事是语义分析的术语。典型的主语在语义平面表现为主事,在语用平面表现为主题,这时主语、主事、主题三者相兼(即"重合")。如"妈妈爱女儿、麦苗绿油油的、鲸鱼是哺乳动物"这几句里,"妈妈、麦苗、鲸鱼"在句法平面是主语,在语义平面的动核结构中是主事,在语用平面的主述结构中是主题。

---

① 参看李讷、汤姆逊《汉语语法》(黄宣范译),台湾文鹤出版有限公司,1983年。
② 在特定语境里为了突出强调述题信息,主题有时也可出现在述题之后,如"多么美好啊,祖国的河山!""我们已经研究过了,这个问题。"里的"祖国的河山、这个问题"便是。

（2）主题并不都是主语或主事，也就是说主题不等于主语或主事。例如：

① <u>那龙皇庙嘛</u>，早已被洪水冲塌了。
（受事主语作主题，主事在"被"之后）
② <u>这件事</u>，我后来才知道。
（受事宾语作主题，主事主语在主题之后）
③ <u>院子里呢</u>，他种植了许多花草。
（处所状语作主题，主事主语在主题之后）
④ <u>今年夏天</u>，他们去青岛避暑了。
（时间状语作主题，主事主语在主题之后）

上面句干里的主题都跟述题的句法结构里的谓语动词有一定的联系：① 的主题和谓语动词的受事主语"重合"；② 的主题和谓语动词的受事宾语"重合"（宾语主题化），③④ 的主题和谓语动词的状语"重合"（状语主题化）。但也有一些句首主题跟述题的句法结构里的某个名词在语义上有密切关系。例如：

① <u>这个人</u>大家都不认识他。
（主题"这个人"跟宾语名词"他"指同一个人）
② <u>张老师</u>，大家都听过他的课。
（主题"张老师"跟定语名词"他"指同一个人）
③ <u>鱼</u>，河豚鱼最鲜美。
（主题"鱼"跟主语名词"河豚鱼"有上下位的隶属关系）
④ <u>大象嘛</u>，鼻子很长。
（主题"大象"跟主语名词"鼻子"在语义上有领属关系）

①② 的主题分别跟句法结构里的宾语名词和定语名词语义上有"复指

关系",③的主题跟句法结构里的主语名词在语义上有"隶属关系",④的主题跟句法结构里的主语在语义上有"领属关系"(此句的主题"大象"和主语"鼻子"在句法上具有定心关系,可看作"定语主题化")。还有一些主题却跟述题里句法结构内的句法成分没有直接关系,而只是跟述题里整个主谓结构有某种关涉关系。例如:

① <u>这件事</u>我不怪你。(也可说"关于这件事,我不怪你")
② <u>经商呢</u>,我没有经验。(也可说"至于经商嘛,我没有经验")

（3）确定主题的方法。在现行的语法体系里,如何判定一个句子的主语分歧很大;而确定主题相对比较容易。可用意义和形式相结合的原则来确定主题:意义上,主题是指称性的成分,述题是述说性的成分,主题是述题的述说对象,而述题是对主题事物进行述说的;形式上,汉语里主述结构的一般语序是主题在前述题在后,主题与述题之间可有较大的停顿,通常可插入某些表示提顿口气的虚词("嘛、啊、呀、呢、吧"之类),一般可插入"是不是"变为反复问句,也有些主题能带上某些主题标记(如"关于、至于"之类),主题大都是名词性词语担任,但名物化或指称化了的谓词性词语也可担任主题,如"勤俭是一种美德""散步嘛,对健康有好处"等。

3、句子的述题分析

（1）述题跟谓语或谓语部分的关系。述题跟谓语、谓语部分(主语后边的部分,即谓语所存在的那个部分)既有联系,又有区别。它们分属于不同的语法平面:谓语和谓语部分是句法分析的术语,述题是语用分析的术语。典型的主语和主题重合的主谓句里,严格地说,谓语跟述题并不对应,谓语表达述题的述说中心;如果要说对应,谓语部分倒是与述题对应的(谓语部分表达述题)。如"小芳爱她的妈妈"里,"小芳"是主语兼作主题;"爱她的妈妈"是谓语部分,表达语用上的述题;

"爱"是谓语部分的核心或中心即谓语,同时也是述题述说的中心。述题有的由主谓短语充当,有的由谓词性词语充当(也有少数由名词性词语充当)。确定述题的方法比较容易,一旦确定了主题,则述题后面的部分就是述题。

(2)根据述题对主题的述说的语用意义(述态),把述题分为四类:叙述类、描记类、解释类、评议类。例如(例句里述题打横线):

① 张三<u>正在写文章</u>。/大家<u>都笑了</u>。/这个任务他<u>已经完成了</u>。
② 张三<u>很聪明</u>。/房屋<u>倒塌了</u>。/墙上<u>挂着一幅山水画</u>。
③ 张三<u>是北京人</u>。/这个人<u>姓王</u>。/小明的生肖<u>属牛</u>。
④ 张三<u>可能是北京人</u>。/他<u>应该把这问题说清楚</u>。/这个问题<u>值得研究</u>。

①属于叙述类。这类述题是叙述主题所表事物的运动或变化过程的,由这类述题构成句干的句子可称为叙述句(也称"叙事句""事件句")。②属于描记类。这类述题是描写或记载主题所表事物的性质或呈现的状态的,由这类述题构成句干的句子可称为描记句(也称"描写句""表态句")。③属于解释类。这类述题是解释述题里的某事物与主题所表事物之间的关系的,由这类述题构成句干的句子可称为解释句(也称"诠释句""判断句")。④属于评议类。这类述题是对主题事物进行评估或议论的,由这类述题构成句干的句子可称为评议句。

四、句干的句法分析

对句干进行句法平面分析,是要分析句干里实词或短语充当何种句法成分、构成何种句法结构,最终目的是确定句子的句型。以往的语法书由于对句法成分主语和语用成分主题混在一起,而且对主语的说明众说纷纭,导致句型描写存在不少问题,这给学习者带来不少困惑。本文主张分析具体句时把主语和主题区别开来,在对具体句分析时,可在分析主述结构以后再对句干的句法结构逐步进行句法分析,最后确定该具体句归属于何种句型。

(一)主语不等于主题

不少汉语语法书句法分析里最成问题的是关于"主语"的分析,它们把汉语句干的语用平面的"主述结构"分析为"主谓句"("主语+谓语")句型,也就是把位于动词之前的"陈述对象"都分析为主语,把陈述部分分析为谓语。这样的分析源于赵元任。[①] 笔者认为用"陈述对象"来定义主语是有漏洞的,因为主语虽可表陈述对象,但陈述对象不一定都是主语:比如"母亲爱女儿""北京是中国的首都"这种句子句干里的"陈述对象"既可分析为主语,也可分析为主题,即主语兼主题;但像"这件事我不怪你""经商呢,我没有经验"这种句子句干里的句首的主题虽都可看作"陈述对象",但却很难分析为主语。把陈述对象一律分析为主语,就把主语和主题等同起来,把谓语和述题等同起来,把主谓结构和主述结构混同起来,以致主语泛化,会让学习者感到难以理解。诚如吕叔湘所说:"若把句首的名词都看作陈述对象并分析为主语,主语就成了毫无意义的名称。稍微给点意义就要出问题。"[②]

主语应该有自己的定位。笔者认为主语虽是句法概念,但它跟语义、语用都有联系:从语义上看,主语与动元有联系;从语用上看,主语

[①] 赵元任说:"在汉语里,把主语、谓语当作话题和说明来看待比较合适。"他甚至把"<u>为了这事情我真发愁</u>"和"<u>在一年里我只病了一次</u>"里的"为了这件事情"和"在一年里"也分析为主语,就令人费解。参看赵元任《汉语口语语法》(吕叔湘译本)第45页,商务印书馆,1979年。

[②] 吕叔湘《汉语语法分析问题》第71页,商务印书馆,1979年。

与述说对象即陈述对象有联系;所以主语可说是既表动元又表陈述对象的句法成分。从形式上看,主语联系的是谓语动词,即主语是出现在谓语动词前边的不带介词的表示名物或动元的词语(一般是名词性词语。如果谓语动词前有多个名词性词语,则表主事的动元词语优先作主语)。[①] 由此可知,主语可以表示"陈述对象",但陈述对象不一定是主语。所以分析句子主语的意义就不能简单地用"陈述对象"来进行解释。为此,本文分析句子的句干时,首先把主语和主题区别开来,把句法平面的主谓结构和语用平面的主述结构严格区别开来;然后在分析句干的"主述结构"的基础上再分析主述结构里实词和实词组成的句法结构。

(二)句法分析的方法

1、"成分分析法"和"层次分析法"

在句法分析方面,传统语法重视"成分分析法",结构主义语法重视"层次分析法"。

(1)"成分分析法"又称"中心词分析法""成分划定法"。这种方法是根据词在句法结构中担任一定的句法成分的特点而提出来的,原则上要替句子中的每一个实词划定它在句子中的身份,即确定它担任什么句法成分。优点是词语之间的成分关系比较明确;缺点是忽略了句法结构的层次,以致不承认短语可以充当句法成分,其结果是把句法成分都说成句子成分,把句子成分和短语成分混杂在一起,不利于准确理解句子的意义。

(2)"层次分析法"又称"二分法",这种方法是根据语法结构层次和结构成分两两互相对待这样的特点提出来的。优点是析句的结果层

---

① 参看范晓《汉语句法结构中的主语》,《语言研究的新思路》,上海教育出版社,1998年。

次清楚，关系明白，特别是对于一些有歧义的结构，用这种分析法较能辨清；缺点是如果单纯讲层次而不分析结构关系，就不能说明直接成分的结构的方式，也就不能说明结构的性质特征。

2、"成分层次分析法"

"成分分析法"和"层次分析法"各有优缺点，本文主张把上述两种分析法结合起来，采用"成分层次分析法"。句子的句法结构有两个重要的特征，一是，句法结构有接连性（线条性），即句子里词与词的关系是一个接着一个连续出现、互相接连在一起的，相连的每个实词都担当某个句法成分。二是，句法结构有层次性，即结构成分与结构成分之间的对待关系不一样，有直接的、间接的，有内部的、外部的。上述的"成分分析法"正是依据于句法结构接连性的特征，"层次分析法"正是依据于句法结构层次性的特征。这两种方法各自从不同的角度或不同的侧面对句子进行分析，都能从一个侧面说明句子的句法结构；它们是对立的，但不是不可以结合起来的。所以，应该立足于句子的句法结构的这两个特点，把层次性与接连性结合起来，这有助于全面认识句法。笔者（1980）把这种"成分分析法"和"层次分析法"结合分析的方法称作"成分层次分析法"。[①] 这种分析法的特点就是既要分析句法成分，又应分析各成分间的层次关系。

（三）句法分析的步骤

采用成分层次分析法来进行句法分析，采取的步骤是：

第一步，词类序列分析。根据句干里的词类（词的句法功能类别，如"名词、动词、形容词、副词、数词"等）排列顺序，描述该句句干的词类序列。

[①] 参看范晓《谈谈析句问题》，《安徽师范大学学报》1980年第4期。

第二步，句法成分分析。根据句干里词与词的结合关系和句法位置，分析词类序列里各个实词词类在句法结构里充当何种句法成分（如充当"主语、谓语、宾语、补语、定语、状语、中心语"等）。

第三步，成分层次分析。根据该句干里的实词所作的句法成分之间的层次关系，分析它们在句子里组配成何种句法结构的短语（如"主谓短语、谓宾短语、谓补短语、定心短语、状心短语"等）。

第四步，句型分析。根据句干里的实词或短语所充当的句法成分以及句法成分间的层次关系，来确定该句子属于何种基干句型（即"句子的整体的基本的句法格局"，如"主谓句、主谓宾句、主谓补句、主谓宾宾句"等）。确定基干句型时要重视中心词及其主要成分，但也不应忽视层次关系。如"我知道他来"和"我请他来"的词类线性排列相同（都是"名＋动＋名＋动"），但层次关系不同（前者是"我｜知道‖他来"，后者是"我｜请他‖来"），它们的句型就不同：前者属于"主谓宾"句，后者属于"主谓宾补"句（或分析为"主谓补"句）。下面再举例对具体句进行句法分析，作进一步的说明。例如（下面打横线的是句干）：

① <u>张三睡觉</u>了。
② <u>张三批评李四</u>了。
③ <u>张三的弟弟打坏两个乒乓球</u>了。

例①②实词数量少，句子简短，分析也比较容易。在①这个"名＋动"词类序列里，名词"张三"分析为主语，动词"睡觉"分析为谓语，就可定性为"主谓句"句型。在②这个"名＋动＋名"词类序列里，名词"张三"分析为主语，动词"批评"分析为谓语，"李四"分析为宾语，"主谓宾"句型。例③实词数量较多，句子较长，分析相对复杂一些。这句干的句法分析步骤可图示如下：

步骤＼实例	张三	的	弟弟	打	坏	两	个	乒乓球
第一步:词类序列	名词+助词		名词	动词	形容词	数词	量词	名词
第二步:成分分析	定语		中心语	谓语	补语	定语		中心语
第三步:层次分析	定心短语			谓补短语		定心短语		
第四步:句型分析	主语			谓语		宾语		

从上面分析可看出:第一步是词类(句法类)序列分析,得出该句句干是"(名+的+名)+(动+形)+(数+量+名)"词类序列形式;第二步是句法成分分析,得出实词的句法成分系列是"定语+中心语+谓语+补语+定语+中心语";第三步是根据对各句法成分互相对待的层次进行分析,得出该句干是由"定心短语+谓补短语+定心短语"组配整合组成;第四步是句型分析,采用"成分-层次"分析,得出该句主干是由定心短语充当主语和宾语、由谓补短语充当谓语的"主谓宾"(SVO)句型。[①]

五、句干的语义分析

对句子进行语义分析,就是要讨论句干里的语义成分及其构成的语义结构,并进而确定一个句子的句模。[②] 语义结构里最重要的是动核结构,因为句模一般都由动核结构构成;所以分析或理解句子的关键是动核结构,析句就要紧紧抓住动核结构。在语义分析方面,主要采用动核结构分析法、名核结构分析法、[③] 句模分析法,与此分析法有关的,还

[①] 英语单句一般认为有"主谓(SV)、主系表(SVP)、主谓宾(SVO)、主谓宾宾(SVOO)、主谓宾补(SVOC)"五种基本句型。汉语单句究竟有多少基本句型以及如何描写各种基本句型,各家意见并不一致,是值得深入研究的一个问题。

[②] 关于"句模",可参看范晓《句型、句模和句类》,《语法研究和探索》(七),商务印书馆,1995年;朱晓亚《现代汉语句模研究》,北京大学出版社,2001年。

[③] 关于"动核结构",可参看范晓《论"动核结构"》,《语言研究集刊》第八辑,上海辞书出版社,2011年。除动核结构外,名核结构(特别是领属结构)在句子里也相当重要,

有语义配价分析法、语义特征分析法、语义指向分析法等。这里着重说动核结构分析法和句模分析法。

（一）动核结构分析法

1、动核结构指以动核为核心构成的语义结构

动核结构由语义成分"动核"和它所制约的相关语义成分组成："动核"是动核结构的核心成分，是动核结构中制约其他语义成分的成分；动核所制约的语义成分有动元（"行动元"的简称）和状元（"状态元"的简称），这两种语义成分可概括称为"论元"[①]。围绕着动核的动元和状元都依附于动核，但动元和状元在动核结构里的地位和作用是不对等的："动元"是动核结构里动核所联系的强制性语义成分（也称"内围成分"），它是动核组成动核结构的"必有的"语义成分。没有动核当然形不成动核结构，没有动元同样也形不成动核结构；所以动核和动元是构成动核结构的基本成员，是动核结构的不可或缺的语义成分。"状元"是动核结构里动核所联系的非强制性的语义成分（也称"外围成分"），是动核组成动核结构时的"非必有"的语义成分，主要用来增加某些背景性或主观性信息，去掉它，动核结构仍能成立。由动核和动元组成的动核结构为"基干动核结构"（如"张三看话剧"），由动核和动元再加状元组成的动核结构为"扩展动核结构"（如"张三现在正在大剧院看话剧"）。

2、动核结构生成句子

动核结构是组成句子的语义基底。动核结构生成句子时，必须根

（接上页）对某些句子进行语义分析时也不能忽视。参看范晓《论"名核结构"》，《语言问题再认识》，上海教育出版社，2011年。

[①] 有的语法论著认为每个动词都有自己的论元结构（大体上相当于本文所说的"扩展的动核结构"）。

据语用需求进行句法布局,形成表里相依的"句型-句模"结合体(基本句干),再加上一定的语气,就能造出一个完整的句子。句子的句干都由动核结构组成:有的由一个动核结构组成,有的由两个动核结构组成,有的由两个以上的动核结构组成。比较以下句子:

① 张三喝酒了。
② 张三醉了。
③ 张三喝酒喝醉了。
④ 张三喝醉酒驾驶汽车。
⑤ 张三喝醉酒驾驶汽车撞了桥栏。
⑥ 张三喝醉酒驾驶汽车把桥栏撞坏了。

①② 由一个动核结构(分别是"张三喝酒""张三醉")组成,③ 由两个动核结构("张三喝酒"+"张三醉")串并整合组成,④ 由三个动核结构("张三喝酒"+"张三醉"+"张三驾驶汽车")串并整合组成,⑤ 由四个动核结构("张三喝酒"+"张三醉"+"张三驾驶汽车"+"汽车撞桥栏")串并整合组成,⑥ 由五个动核结构("张三喝酒"+"张三醉"+"张三驾驶汽车"+"汽车撞桥栏"+"桥栏坏")串并整合组成。

(二)句模分析法

1、语义平面析句的最终目的是确定句子的句模

句模是动核结构组成句干的基本语义模式,也就是动核结构根据语用需要进行句法布局而形成的语义成分在句干里的配置框架,所以动核结构是形成句模的基础。句型与句模表里相依:如果说句型是句干的表层结构(或显层结构),那么句模可说是句干的深层结构(隐层结构)。基干句模是根据句干里组成句模的动核结构的数量和动核的

性质确定的。现代汉语究竟有多少基干句模,研究得很不够,值得深入探索。

2、影响和决定句模的因素

影响和决定句模的因素主要有:

(1)句中动核结构的数量不同,句模也就不同,如上述"张三喝酒了、张三喝酒喝醉了、张三喝醉酒驾驶汽车、张三喝醉酒驾驶汽车撞了桥栏、张三喝醉酒驾驶汽车把桥栏撞坏了"各句句干里动核结构的数量不同,它们的句模也就不相同。

(2)动词的语义特征不同,句模也就不同,如"张三批评李四"和"张三是学生"两句动核结构数量相同(都是一个动核结构),但句模不同:前句的谓语动词"批评"的语义特征是"动作",构成"施事+动作核+受事"句模;后句谓语动词"是"的语义特征是"关系",构成"起事+关系核+止事"句模。

(3)语义指向不同,句模也就不同,如"我知道他来北京"和"我邀请他来北京"两句词类序列相同,但句模不同:前句谓语动词"知道"语义上指向主语"我"和宾语"他来北京",构成"施动受"句模;后句谓语动词"邀请"在语义上指向主语"我"和宾语"他",补语里的动词"来"在语义上指向隐性主语"他"和位事宾语"北京",构成"施动受+[施]动位"句模。①

(4)动词语义配价(即动词的"价"类)不同,句模也就不同,例如:①"张三休息了",②"张三批评李四",③"张三送李四礼物"。这三句句干里谓语动词的配价不同,所以句模也不同:① 谓语动词"休息"是一价动词,构成"施动"句模;② 谓语动词"批评"是二价

---

① "我知道他来北京"和"我邀请他来北京"这两句不仅句模不同,句型亦异:前者句里的"他来北京"整体是"知道"的动元,句型是"主谓宾"型;后者一般语法书分析为"兼语句",笔者分析为"主谓补"句,即把"邀请他"后边的成分分析为补语。

动词,构成"施动受"句模;③"送"是三价动词,构成"施动与受"句模。

(5)语义成分在句法平面显现的语序不同,句模也就不同,如"十个人吃了一锅饭"和"一锅饭吃了十个人"两句,动核结构相同,但由于语义成分的语序不同,所以句模也不同:前句是"施动受"句模,后句是"受动施"句模。

(6)虚词(特别是介词)的有无或差别,句模也会不同,如"张三批评了李四""张三把李四批评了""李四被张三批评了"三句,尽管它们都是由动核联系施事和受事构成的,但却是不同的句模:它们分别属于"施动受""施[把]受动""受[被]施动"句模。

六、句干的"句式义"分析

句干句式是指由一定语法形式(主要指词类序列,也包括特定词、固定格式等)显示的、表示一定语法意义的、句干抽象的语法结构格式,也就是朱德熙所说的句子的"一定的层次构造和内部结构关系的抽象的词类序列"。[①] 也可看作"句干的语法构式"[②]。句干句式是句法、语义、语用三位一体综合构成的句干的词类序列形式,也可说由词类序列构成的句干抽象的语法结构格式。[③]

句干句式是形式和意义的匹配体。它的形式主要表现为词类序列(包括语序、虚词、固定格式以及某些特征词等);它的意义指句式整体

---

① 朱德熙《变换分析中的平行性原则》,《中国语文》1986年第2期。
② 关于构式,可参看Goldberg《构式——论元结构的构式语法研究》(吴海波译),北京大学出版社,2007年。Goldberg 的所谓"构式"范围很大(包括句子、短语、语素等等),本文的句干句式大体上相当于她所说的"句子层面的构式"。
③ 参看范晓《关于句式问题》,《语文研究》2010年第4期;《略论句干及其句式》,《山西大学学报》2012年第3期。

的语用功能意义,即"句式意义"(简称"句式义")。① 这种意义由句干里动核结构的句法布局配置的动核和动元的关系意义以及动核结构和动核结构之间的关系意义整合构成。下面作简要说明。先举实例:

① 大黄狗咬小花猫了。　　② 大黄狗咬伤花猫了。
③ 大黄狗把小花猫咬了。　　④ 小花猫被大黄狗咬了。

① 由一个动核结构构成,词类序列为"名+动+名"形式,句法平面为"主谓宾"句型,语义平面为"施动受"句模,句式义是"施事发出动作施加于受事"(可记作"X 发出动作施加于 Y")。②③④ 的共性都由两个动核结构构成,动核结构的基底相同,但它们内部动核结构的语义成分在句法平面序列配置不同,句干有无虚词或有何种虚词不同,所以是三种不同的句式,而且句式义也不同:② 是由两个动核结构串并整合构成,其词类序列为"名+动+动+名"形式,句法平面为"主-动补-宾"句型(也称动补短语作谓语的"主谓宾"句型),语义平面为"黄狗咬花猫+花猫伤"这两个动核结构串并整合形成的"施动受+系动"句模,两个动核结构之间具有"致使"意义,句式义是:"施事发出某种动作施加于受事致使受事产生某种结果"(可记作"X 发出某种动作施加于 Y,致使 Y 产生某种 Z")。③ 的词类序列为"名+把名+动"形式,句法平面为"主-把宾-动"句型(也称"主状心"句型),语义平面为"施-把受-动"句模,句式义是"施事对受事处置以某种动作致使受事产生某种结果"(可记作"X 处置 Y 以某种动作致使 Y 产生某种结果")。④ 的词类序列为"名+被名+动"形式,句法平面为"主-被宾-动"句型(也称"主状心"句型),语义平面为"受-被施+动"句模,句式义是"受事受到施事所施加的某种动作致使自

---

① 相当于句干构式的"构式意义"。关于句式意义的论述,参看范晓《试论句式意义》,《汉语学报》2010 年第 3 期。

身产生某种结果"(可记作"Y 遭受 X 施加的某种动作致使 Y 产生某种结果")。

七、句干主观表达情态的分析

如何表达某个事件或反映某个事件的思想,都随表达者的自我立场、自我认知、自我情绪的支配,所以句干在表达动核结构、句模或思想内容时必然会伴随出现表达者"自我表现的成分",从而在句干里留下自我表现的印记。[①] 句干里这种自我表现印记不属于语义平面的动核结构或句模,也不属于思想内容,而是表达者对该事件或思想所赋予的自我的视点、态度、意旨、情感、口气等,所有这些本文概括为:"表达的主观情态"。表达主观情态的成分或方式多种多样,主要有:句式的选择、词语的选择、动词和形容词的重叠或重复形式的选择、词序或语序的选择、语音节律的选择等。由于篇幅关系,这里只就句式的选择、词语的选择和语音节律的选择略举若干例子并扼要加以说明。

(一)句式的选择

每个句式都有特定的句式义,不同的句干句式有不同的语用意义。同一个事件或思想内容,根据表达的需要,可选择不同的句干句式。选择的句式不同,表达的主观情态也就不同,试比较以下一些句子:

① a. 墙上挂着毕加索的油画。　b. 毕加索的油画挂在墙上。
② a. 大灰狼把小白兔咬伤了。　b. 小白兔被大灰狼咬伤了。
③ a. 十个人吃了一锅饭。　　　b. 一锅饭吃了十个人。
④ a. 最困难的日子已经过去了。b. 已经过去了,最困难的日子。

[①] 参看沈家煊《语言的"主观性"和"主观化"》,《外语教学与研究》2001 年第 4 期。

①a 与①b 比较,基本意义相同,但选择的句式不同,前者选择"N$_{处所}$+V 着+N$_{事物}$"句式,后者选择"N$_{事物}$+V 在+N$_{处所}$"句式。由于句式不同,句式义不一样:前者是"处所"作主题,表达"某处所存在着某种事物并以某种方式或状态存在着"的句式义;后者是"名物"作主题,表达"名物以某种方式或状态定位于某处所"句式义。前者称为"存在句",后者称为"定位句"。②a 与②b 比较,基本意义相同,但选择的句式不同,前者选择"把"字句式,后者选择"被"字句式。由于句式不同,句态也就不同:前者是施事作主题并强调"主动处置"的叙述态,句式义是"施事主动对受事处置以动作致使受事产生某种结果";后者是受事作主题并强调"被动"的叙述态,句式义是"受事被动地遭受施事施加的动作而致使自身产生某种结果"。③a 与③b 比较,基本意义相同,但选择的句式不同,前者选择"(数量+N$_{施事}$)+V 了+(数量+N$_{受事}$)"句式,后者选择"(数量+N$_{受事}$)+V 了+(数量+N$_{施事}$)"句式。由于句式不同,语用意义也就不一样:前者以"数量+人"为出发点,以"数量+物"为落脚点,句式义是"叙述一定数量的'人'主动发出动作施加于一定数量的'物'"(这种句子属于一般的叙述句);后者以"数量+物"为出发点,以"数量+人"为落脚点,句式义是"说明一定数量的'物'供一定数量的'人'使用"的意义(这种句子比较特殊,可称为"供动句")。④a 与④b 比较,基本意义相同,但选择的句式不同,表达的主观情态也就有差异:前者选择常规语序的句式,表达一般叙述态;后者选择倒装语序的变式句,表达特殊叙述态(急于说出述题,对述题特别强调)。句式的选择还有很多情形,表达的主观情态也很多样。[①]

[①] 有些句式本身含有主观意义,那是表达者对客观"原型句式"主观化或语用化的历史演变积淀的定式。动态使用中表达某种思想内容时要根据语用需要选择某种句式,这"选择"本身也带有表达者的主观性。关于"原型句式"的论述,参看范晓《论语序对句式的影响》,《汉语学报》2013 年第 1 期。

(二)词语的选择

表达思想时选用某种词语也可表达特定的主观情态。试比较以下一些句子:

① a. 他<u>可能</u>喝酒了。
   b. 他<u>应该</u>喝酒了。
   c. 他<u>可以</u>喝酒了。
② a. 他<u>大概</u>吃过饭了。
   b. 他<u>的确</u>吃过饭了。
   c. 他<u>难道</u>吃过饭了。
③ a. 这任务<u>看样子</u>他没法完成。
   b. <u>毫无疑问</u>,这任务他没法完成。
④ a. 他们<u>团</u>结在一起。
   b. 他们<u>勾</u>结在一起。

① 组各个句干为同一"施动受"("他喝酒")动核结构,表达同一个事件或命题,而三个句干里选择的评议动词(也称"助动词""衡词",这类词通常用来表达对事件或命题的主观评估或议论)不一样,表明句子表达的主观情态意义有差别:①a 中的"可能"表达揣测,①b 中的"应该"表达理所当然,①c 中的"可以"表达许可。② 组各个句干也是同一"施动受"("他吃饭")动核结构,表达同一个事件或命题,而三个句干里选择的评议副词(也称"评注副词",这类词主要用来表达对事件、命题的主观评价和态度)不一样,表明句子表达的主观情态也不一样:②a 里的"大概"表达揣测口气,②b 里的"的确"表达确信口气,②c 里的"难道"表达不信或否定的口气。③ 里两个句干里都有插语(也称"插加语")。这种词语并不充当句干里句法结构的成分,

但也不是"多余的话",而是在基本句干所表达的思想内容外添加表达者自我的主观性情态:③a 里的"看样子"表达主观估计或揣测(其他如"看来、看起来、想来、想必、料想"等插语也能表达这种意义);③b 里的"毫无疑问"表达肯定或强调的口气(其他如"无论如何、老实说、严格地说、不用说"等插语也能表达这种意义)。④ 涉及褒贬词语的选择。选择褒义词还是贬义词,也会表达不同的主观立场或感情色彩,如④a 中的动词"团结"和④b 的动词"勾结",表面上都有"结合、聚合"的意思,但前者显示褒义色彩,带有正面的、赞许的感情,后者显示贬义色彩,带有憎恨、轻蔑的感情。

(三)语音节律的选择

语音节律多种多样(包括重音、轻声、停顿、语调等)。这里着重谈重音的选择。在口语里,不是任何句子都有重音,但根据语用需要可对句子中的某个词语加重发音(重读)。重音通常称为强调重音(也称感情重音),主要用来突出和强调表达重点。如"晓婧考上大学了"这个句子,如果平直说出,就没有重音。但根据说话者的主观意图不同,为了强调句中某个成分,也可对句中某个词语重读。比较:

① 晓婧考上大学了。② 晓婧考上大学了。③ 晓婧考上大学了。

例① 重音落在"晓婧"上,例② 重音落在"考上"上,例③ 重音落在"大学"上。上述各句重音位置不同体现出说话者的表达重点的差异。

八、余言

由于句子有抽象句和具体句之别,所以析句必然涉及两方面的内容(或两种目的):一是通过对具体句的分析要确定该具体句归入何种抽象句(句型、句模、句类的结合体),目的是理解该抽象句的抽象意义;二是通过对具体句的词语的词汇意义和语法意义结合起来分析,目的是分析出该具体句表达的具体意义。[①]

如果要通过析句理解一个句子的完整意义,应该有两个前提:第一,词汇知识,主要是知道词汇意义;第二,语法知识,主要是词类知识,短语类知识,句子里的句型、句模、句类以及各种语用意义的知识。如果不了解词语的词汇意义和不懂得基本的语法知识,是很难进行析句的。析句过程就是"解码"的过程,应从形式到意义进行语法解码,即从语法形式入手透过形式去发现句子所表达的各种意义。所以析句的基本策略是:要在理解句子内部具体词语词汇知识和句子基本语法知识的基础上,凭借句子的词类序列和其他各种语法形式,从句法、语义、语用各个方面来对句子的句干和语气进行解析,才能理解一个完整句的意义。

运用"三维语法"理论进行析句,既要注意区分三维(句法、语义、语用),更应注意三维之间的联系和相互制约,而且必须自觉地、恰到好处地把这种理论思想融化在析句的各个环节。至于语法教材里析句的具体内容、析句的一些术语以及说明解释,由于涉及不同的教学对象和教学目的,也就不宜千篇一律,而需根据实际情况针对性地分别构拟相应的语法教材:或高深,或通俗,或详尽,或简洁。

立足于"三维语法"来进行析句是一种新思路、新方法。本文继承和吸收了前人和时贤析句研究中的不少成果,同时,无论是句法分析,还是语义分析,抑或是语用分析,在各个部分笔者都提出了某些有所创新的说法,期望能对析句教学有所帮助。

---

① 参看范晓《"三维语法"视角下的汉语句子教学》,《国际汉语教学研究》2015年第1期。

句型、句模和句类

　　本文用三个平面的理论和方法来研讨句子的类别。在语法上，句子客观地存在着三个平面，因此主观上不仅可能而且应该从三个不同的平面(或角度)给句子进行语法分类。根据句子句法平面的特征分出来的类别，可称为句型；根据句子语义平面的特征分出来的类别，可称为句模；根据句子语用平面的特征分出来的类别，可称为句类。

　　以往人们在论及句子的类别时，没有严格地区分三个平面。各家分类的标准不尽相同，类别的名称也多种多样。有的语法论著虽然分别了句子的结构的类别和语气的类别，但都称作句型；有的还把句子语义结构的类别也称作句型[①]。不用相应的术语来区别不同平面的句子类型，这就把不同性质的句子类别混在一起了。区分句模、句型和句类，可以巩固已经取得的认识成果，有助于语法研究的精密化、科学化、实用化。一般认为汉语有单句和复句之别。单句和复句的区别比较复杂，为便于说明问题，本文以公认的单句作为讨论对象。

---

　　① 李宗宓就有此看法。参看李宗宓《汉语的语义句型》，《第二届国际汉语教学讨论会论文选》，1990年。

一、句型

（一）句型的性质

1、句型是句子的句法结构的型式

句子在句法平面有句法结构型式（也称"句子格局"）。按照句子的句法结构型式进行分类，分出来的句子类型称为句型。例如：

① 张三批评了李四。
② 我喝了一杯绿茶。
③ 他今天买了一本新书。

对上述这些句子的句法结构型式进行分析，就能抽象概括出它们属于"主动宾"（"主语＋动词＋宾语"）句型（也称"主谓宾"句型）。要建立一种语言的句型系统，对句型的性质必须有正确的认识，即要认清句型是句子在句法平面上根据句法结构分出来的类别，所以任何依据句子的语义结构或语用特征分出来的类别都不应看作句型。

2、句型和句模既有区别也有联系

句型和句模都是句子的句干结构里分析出来的。它们属不同平面的抽象的结构类型，但它们之间有密切的联系。句模要通过一定的句型才能外现，而句型则表示着一定的句模，所以在一个句子里，句型和句模总是结合在一起的，它们是"表里相依"：句型是句模的外在表现形式，句模是句型所表现的内在的语义结构，也就是表层（显层）和里层（隐层或深层）的关系。基干句模中的语义成分（即动核和动元）要通过某个句法成分才能显现。如"我昨天在公园里遇见了张三"，这句中的"遇见"是动核，"我"和"张三"是动元，它们分别出现在句子的谓语、主语、宾语的句法位置上；也就是说，这个动核结构是通过"主动宾"句型表示的。动核和动元可落实在句型的某个句法成分上；但有些句型里动核隐而不露，如"今天星期六。""这张桌子三条腿。"之类，有些句子里动元隐而不露，如"禁止吸烟！""排队上车！"。

（二）确定句型的标准

1、不同语法体系有不同的标准

许多语法论著着眼于句法成分的配置来确立句型，但掌握的标准不完全一样：有的依据六大成分（主、谓、宾、定、状、补）在句中的配置情形来确定句型[1]；有的认为只有主语、谓语、宾语才是句型成分，便只依据这三种成分的配置来确立句型[2]；有的认为定语和状语与确定句型无关，要依据主语、谓语、宾语、补语四个成分的配置来确立句型[3]；有的只依据主语和谓语的多少和配置来确立句型[4]；还有用多标准来确立句型的[5]。由于各家对句型的性质认识有差异或者确立句型的标准不同，因此各家所建立的句型系统也必然不一样。

2、确定句型时应排除非句型因素

句型是句子句法平面上抽象出来的句法结构的格局，所以句型是有限的，而具体的现实的句子是无限的。在无限的具体动态的句子里会有一些非句型因素，确定和判别一个具体句的句型时，就得排除掉一些非句型因素。这些非句型因素主要有：

（1）句子所反映的具体内容（即句子的句干里词语组合后所表达的思想）。因为思想内容属于百科知识方面的，它不属于句法平面。

---

[1] 参看张志公主编《汉语知识》，人民教育出版社，1959年。
[2] 参看张静主编《新编现代汉语》，上海教育出版社，1980年。
[3] 参看胡裕树主编《现代汉语》（增订本），上海教育出版社，1981年。
[4] 参看陈建民《现代汉语句型论》，语文出版社，1986年。
[5] 参看李临定《现代汉语句型》，商务印书馆，1986年。

（2）表示语气的成分（语调和语气词）。句子是由句干和语气两部分组成的，句型是句干里句法格局的抽象型式，而语气是表示句子的语用功能的，它不属于句法平面。

（3）一定语境制约下的成分省略。具体句在语境里是可以省略某个句法成分的，所以不能根据省略的成分来确定句型。

（4）因表达需要而发生的句法成分语序的动态倒装。动态具体句在语境里句法成分的倒装是语用现象，所以倒装语序不影响句型的确定。

（5）句法结构外增添的语用成分。句子里增添的语用成分主要有"非主语表示的主题"以及句子里的"插语"等。

（三）句型系统

1、句型系统的归纳

（1）句型的归纳与确定句型的标准有关。不同的语法体系确定句型的标准不同，归纳出的句型层级系统也不一样。如上面提到的那些不同语法体系的语法书有不同的标准，所以归纳出来的句型系统也就不一样（详见各家语法书）。另外，在不同层级上，也都要根据某种标准，如果标准不一样，归纳的句型也会有差别。比如"主谓句"的下位句型的区分：若根据谓语词语的句法性质为标准，就会分出"动词句、形容词句、名词句"等句型；若根据句法成分的配置为标准，就会分出"主谓宾、主谓补、主谓宾宾、主谓补宾句"等句型。

（2）句型的归纳应区别基干句型和扩展句型。具体句里句法成分数量不一样：有的句子里只有很少的几个句法成分，如"张三睡觉了"里只有两个句法成分（主语和谓语），在"张三喝酒了"里有三个句法成分（主语、谓语和宾语）；但有的句子里句法成分很多，不但有主语、谓语、宾语，还有定语、状语、补语等等，如"张三昨天在和平饭店喝光了一瓶茅台酒"，有些语法书就分析为"主状状谓补定宾"句，有的语法书分析为"主状谓补宾"句。所以在归纳句型时,应当区别基干句型和扩展句型。基干句型和扩展句型的区别,跟语义平面的句模有关:表现基干句模的句型是基干句型,表现扩展句模的句型是扩展句型。

(3)句型的归纳应区别简单句型和复杂句型。具体句子里谓语部分中心的谓词数量有的只有一个,如"张三睡觉了、张三喝酒了、张三送李四礼物了"之类,有的有两个或两个以上,如"张三跌伤了腿、张三打败了李四、张三上街买菜去了"之类。谓语部分中心的谓词只有一个的句子的句型称为"简单句型",谓语部分中心的谓词有两个或两个以上的句子的句型称为复杂句型。简单句型和复杂句型跟句模也有关:表现简单句模的句型是简单句型,表现复杂句模的句型是复杂句型。简单句是简单句模和简单句型的结合体,复杂句是复杂句模和复杂句型的结合体。

2、句型是个层级系统

就现代汉语而言,单句的粗线条的层级系统如下:

(1)第一层级。一般语法书都首先可分为主谓句和非主谓句两大类,这是根据句子中有否主语和谓语这两个句型成分区分出来的:主谓句是具备主语和谓语的句子,它是句子的典型格局;非主谓句是指不是主语和谓语构成的句型。

(2)第二层级。主谓句还可根据谓语中表动核的谓语动词的配置情形作进一步的区分。可从不同的角度(即依据不同的标准)来区分:

如果根据谓语词语的句法性质为标准,可以下分为"动词性谓语句"(如"他休息了、张三批评了李四"之类)、"形容词性谓语句"(如"天空蓝蓝的、花红了、她的脸红通通的"之类)、"名词性谓语句"(如"你好大的胆子、一斤苹果两块钱"之类)、"主谓谓语句"(如"象鼻子很长、他身体很好"之类)等句型。

如果根据句法成分的配置为标准,可以下分为"单谓"句(指单个动词或形容词作谓语的句子,如"他休息了、花红了"之类)、"主谓宾"句(一般是动词作谓语并带宾语的句子,如"张三批评了李四、李四在看电影"之类)、"主谓补"句(指动词或形容词作谓语再带补语的句子,如"他跌伤了、她累得倒下了"之类)、"主谓宾宾"句(指动词带双宾语的句子,如"他送她礼物、我借他钱"之类)、"主谓补宾"句(指动词作谓语时带补语而后再带宾语的句子,如"甲队打败了乙队、她哭红了脸"之类)、"主谓宾补"句(指动词作谓语时带宾语而后再带补语的句子,如"我请客人吃饭、他劝我休息"之类)①、"主谓谓……"句(指并列动词语或顺递动词语作谓语的句子,如"我们边走边吃边说话、他骑马下乡去采购药材"之类)等句型。

(3)第三层级。主谓句里的下位句型还可再分类,比如"动词谓语句"是属于第二层级的,可以再分为"主动"句、"主动宾"句、"主动宾宾"句、"主动补"句、"主动补宾"句、"主动宾补"句等句型。

至于非主谓句,也可以作类似的下位区分。

第一层级。如果根据谓语词语的句法性质为标准,可下分为"动词性非主谓句"("禁止吸烟"之类)、"形容词性非主谓句"("静!"之类)、"名词性非主谓句"("多么可爱的山河!"之类)等三类。如果根据句法成分的配置为标准,可以下分为"单谓"句(如"立正!""静!"之类)、"谓宾"句(如"下雨了!"之类)、"谓补"句(如"说下去!"之类)、"谓谓"句(即"连谓句",如"排队上车"之类)等句型。

第二层级。可对第一层级进行下位分类。比如"动词性非主谓句",可以再下分为"单动"句(如"立正!"之类)、"动宾"句(如"下雨了!"之类)、"动补"句(如"说下去!"之类)、"动词顺递"句(如

---

① 也有的把"主谓补宾"分析为动补短语作谓语的"主谓"句,把"主谓宾补"分析为动宾短语作谓语的"主谓补"句。

"排队上车"之类)等句型。

句型系统可分得粗疏一些,也可分得很细密,细分到怎样的程度,得看应用目的而定。

3、汉语动谓句的基干句型

主谓句中的"动谓句"不仅数量最多,而且形式也多种多样,所以研究动词谓语句的系统特别重要。各种语言的教科书,都有自己的基干句型的数量和型式,着眼点也都放在动谓句基干句型的归纳上。

汉语动谓句的基本句型成分是主语、谓语、宾语、状语(介宾短语所作的状语)、补语(谓词性词语所作的补语)。在主谓句里的动谓句里分析出来的定语和某些状语,不算基干句型的句型成分。为便于描写句型,下面把主语记作S,谓语动词记作V,宾语记作O(其中表与事的宾语记作O_1,表受事的宾语记作O_2),补语记作R,则汉语动谓句的基干句型主要有(这里列举的不全,但可据此类推出其他的句型):

(1)SV型("主动"句,即"主谓句"型),如"他休息了、老人瘫痪了"之类;如果把形容词也归入动词(广义动词),则"天亮了、长江三峡好美啊"之类也属于这种句型。

(2)SVO型("主动宾"句,即"主谓宾"型),如"张三批评了李四、我爱我的祖国、小王是大学生"之类。①

(3)SVO_1O_2型("主动宾$_1$宾$_2$"句,即"主谓宾宾"型),如"我送他一本书、他借给我10元钱、李老师教我们数学"之类。

(4)SVR型("主动补"句,即"主谓补"型),如"他跌伤了、我喝醉了"之类;如果把形容词也归入动词(广义动词),则"我忙累了、她累倒了"之类也属于这种句型。

(5)SVRO型("主动补宾"句,即"主谓补宾"型),如"武松打

---

① SVO型是汉语的原型,在具体句子里,由于语用的需要,可以有一些衍生句型,如SOV型("我这本书看过了"之类)、OSV型("这本书我看过了"之类)。

死了老虎、他说清楚了这个问题、他听懂了我的话"之类。如果把其中的VR看作为复合动词,则这种句子可归入"主动补"句(即"主谓补"型)。

（6）SVOR型("主动宾补"句,即"主谓宾补"型),如"我请客人吃饭、奴隶主强迫奴隶劳动"之类(有些语法书把这种句子称为"兼语句",本文处理为VO带补句)。

（7）$SV_1V_2...$型(即"主谓谓……"句型),这种句子是属于主语后有两个或两个以上动词连续出现的联合谓语的句子,有的是动词并列型作谓语,有的是顺递型作谓语,前者如"咱们边走边说吧",后者如"她出门上街买菜了"之类。

句型和句模有一定的对应关系,句模里有基干句模,而基干句型就是对应着基干句模的。句模是由动核结构的数量按照一定的方式组成的。一个句子由一个动核结构组成的句模为简单的基干句模,表现简单句基干句模的句型就是单个动词作谓语的动谓句基干句型,如上面的（1）（2）（3）便是;一个句子由两个或两个以上动核结构组成的句模为复杂的基干句模,表现复杂句基干句模的句型就是两个或两个以上动词作谓语的动谓句复杂句型,如上面的（4）（5）（6）（7）便是。

二、句模

（一）句模的性质

1、句模是句子的语义结构模式

句子在深层(隐层)有语义平面,表现为由一定的语义成分组成的语义结构。语义结构由两个或两个以上的语义成分组成。短语和句子都有语义结构,句子的语义结构的模式叫作"句模"。换言之,句模就是句子的语义结构模式,它是句子在语义平面分出来的结构类别。

2、动核结构是句模的基底

任何意义都需要一定的形式才能显示,语义平面的语义成分和语义结构,是通过句法结构显示出来的。动词[①]是句子的语义结构的核心,它在句子中表现为动核结构中的动核(或句核)。由动核和动核所联系的语义成分组成的动核结构是句子语义结构的基底,句子在语义平面一般都由动核结构构成,因此,句子的句模跟句子里层(隐层)所潜藏着的动核结构有密切的关系。

(二)基干句模和扩展句模

动核结构有两种:一种是基干的动核结构,由动核及其联系着的动元(动词所联系着的强制性的语义成分)构成,如"他喝酒了"这个句子,在语义平面就体现着一个基干的动核结构(其中"喝"为动核,"他""酒"为动元)。另一种是扩展的动核结构,由动核带上动元再加上状元(动词所联系的非强制性的语义成分)构成,如"他晚上喝酒了"这个句子,在语义平面就体现着一个扩展的动核结构(其中"喝"为动核,"他""酒"为动元,"晚上"为状元)。这两种动核结构形成两种句模:基干句模和扩展句模。基干的动核结构形成基干句模,扩展的动核结构形成扩展句模。

(三)简单句模和复杂句模

就单句而言,可根据句中动核结构的数量分为简单句模和复杂句模(也称简单句和复杂句)两大类:由一个动核结构组成的单句是简单句模,如"他喝酒了"之类;由两个或两个以上的动核结构组成的单句

[①] 这里说的动词指广义动词,包括动词和形容词。

为复杂句模[①]，如"他喝酒喝醉了"（此句由"他喝酒"和"他醉"两个动核结构组成）之类。简单句模可以是基干句模（"他喝酒了"之类），可以是扩展句模（"他晚上喝酒了"之类）；复杂句也可以是基干句模（"他喝酒喝醉了"之类），也可以是扩展句模（"他昨天喝酒喝醉了"之类）。本文只讨论简单句和复杂句组成的基干句模。

（四）简单句模

1、简单句模与动词"价"的关系

由于动核结构中的动核处在句子的核心的、主导的地位，所以基干句模的类别跟表示动核的动词的语义类别有密切的关系。从语义平面给动词分类，最重要的是动词的"价"分类，一般可把汉语的动词分为一价动词、二价动词和三价动词三大类。不同"价"动词构成的基干动核结构可形成简单句基干句模的一级分类。若把动核记作p，作主事的动元记作a，作客事的动元记作b，作与事的动元记作c，则基干句模的一级分类有如下四种模式：

（1）p+a（这是一价动词构成的，如"他休息了"之类）。

（2）p+ab（这是二价动词构成的，如"小王看过这本书了"之类）。

（3）p+ac（这也是二价动词构成的，如"我们为人民服务"之类）。

（4）p+abc（这是三价动词构成的，如"我送给他一件礼物"之类）。

2、简单句模与动词的语义情状的关系

根据动词的语义情状特征，动词还可分为动作动词、性状动词和关系动词等类。就以这几类动词来看，它们所联系着的作主事角色的动元也有区别：动作动词联系着的是施事，性状动词联系着的是系事，关

[①] 处于句子主语、宾语、定语位置上的动核结构不计入内，如"他休息才能恢复健康、我知道他在休息、他休息的方法是打瞌睡"等句子里，"他休息"虽是动核结构，但不是形成这些句子句模的动核结构，所以这些句子仍应算作简单句模。

系动词联系着的是起事,根据动核结构中主事的不同性质,对简单句的四种一级句模还可进行下位分类。若将施事记作a_1,系事记作a_2,起事记作a_3,则根据主事不同分出的二级基干句模至少有以下八种:

(1)p+a_1(这是一价动作动词作动核构成的句模,如"鸟飞了"之类)。

(2)p+a_2(这是一价性状动词作动核构成的句模,如"水沸腾了、衣服坏了"之类)。

(3)p+a_1b(这是二价动作动词作动核构成的句模,如"张三批评了李四"之类)。

(4)p+a_1c(这是二价不及物动词作动核构成的句模,如"他们为旅客服务"之类)。

(5)p+a_2b(这是二价性状动词作动核构成的句模,如"他熟悉这个村庄"之类)。

(6)p+a_3b(这是二价关系动词作动核构成的句模,如"巴黎是法国的首都"之类)。

(7)p+a_2c(这是二价性状动词作动核构成的句模,如"她对谁都很客气"之类)。

(8)p+$a_1$bc(这是三价动作动词作动核构成的句模,如"我给他一件礼物"之类)。

如果对动核所联系的客事、与事再进行下位分类(比如客事再分为受事、止事、使事等,与事分为当事、共事等),则简单句基干句模的下位分类将更细密,可以描写出一个纵横交错的基干句模的网络系统。下位区分的粗细,可根据应用的目的而随宜取舍。

(五)复杂句模

单句的复杂句模是由两个以上的动核结构组成的,复句的复杂句模是由两个或两个以上的简单句模组成的。复杂句模内部的动核结构的类别及语义分析参照简单句模。复杂句模内的两个或两个以上的动核结构之间有种种语义配合关系,研究复杂句模,重点要分析复杂句模内部各动核结构间的语义配合关系,从而抽象概括出复杂句的语义结构模式。

1、两个动核结构组成的复杂句模

拿单句里两个动核结构组成的复杂句模来说,根据两个动核结构间语义上的配合关系,汉语单句复杂句模的基干模式主要有四种。若将复杂句模中的前一动核结构记作A,后一动核结构记作B,则四种复杂句的基本句模如下:

(1)联合模。如在"他机智而勇敢"里,A为"他机智",B为"他勇敢"。A和B并列地联合在一起,A、B中的a(主事)相同。

(2)递合模。如在"我推门进去"里,A为"我推门",B为"我进去"。A和B中的动作行为顺次发生,衔接递合,A、B中的a(主事)相同。

(3)接合模。如在"我请他进来"里,A为"我请他",B为"他进来"。B和A通过B中的a(主事)和A中的b(客事)相兼而接合在一起,A、B中的a(主事)不同。

(4)带合模。如在"甲队打败了乙队"里,A为"甲队打乙队",B为"乙队败";在"甲队打胜了乙队"里,A为"甲队打乙队",B为"甲队胜"。这两句里的两个p(动核)提带复合(简称"带合"),A、B中的a(主事)可以不同,也可以相同。

2、三个以上动核结构组成的复杂句模

三个以上动核结构组成的复杂句模可归纳为三种。若以三个动核结构构成的复杂句模为例,把三个动核结构分别记作A、B、C,则三种复杂句模如下:

（1）联合模。例如："她整天的扫地洗菜淘米"。A 为"她扫地"，B 为"她洗菜"，C 为"她淘米"。A、B、C 并列地联合在一起，A、B、C 中的 a（主事）相同。

（2）递合模。例如："他开门走出去打电话"。A 为"他开门"，B 为"他走出去"，C 为"他打电话"。A、B、C 顺次发生衔接递合，A、B、C 中的 a（主事）相同。

（3）混合模。例如："你倒杯茶给他喝"。A 为"你倒茶"，B 为"你给他喝"，C 为"他喝茶"。其中 A 和 B 为递合模，B 和 C 为接合模。此句为"递合-接合"混合模。又如"我们派最好的选手打败了对方"，A 为"我们派最好的选手"，B 为"最好的选手打对方"，C 为"对方败"，这句是"接合-带合"混合模。混合模实际上是不同复杂句模的混合式。

三、句类

（一）句类的性质

1、句类是句子的语用平面的"句能"的类别

所谓"句能"，即句子的表达功能（语用价值）的类别。句类跟说话人的主观意图密切相关，与主观意图有关的句类主要有两种：一种是由语气传达的句子的语用交际目的分出的句类，另一种是句干内的由语用结构（主述结构）表达的新旧信息分出来的句类。

2、句类跟句型、句模的区别

句类跟句型、句模是不同的语法概念，它们属于语法的不同平面：句类属语用平面，句型属句法平面，句模属语义平面。不同的句类可以属相同的句型，以语气句类来说，例如"他休息了"和"小王睡觉了吗"这两个句子,句类不同(一是陈述句,一是疑问句),但句型相同,都是主谓句中的 SV 型。而不同的句型可以属相同的句类,例如"他在休息吗"和"他在看电影吗"这两个句子,句型不同(一是主谓句中的 SV 型,一是主谓句中的 SVO 型),但句类相同,都是疑问句。句类和句模也是两个不同的语法概念,前者属语用平面,后者属语义平面。不同的句类的句子可以有相同的句模,例如"他在干什么"和"他在看电影"这两句,句类不同(一是疑问句,一是陈述句),但句模相同,都是 pab 模。而不同句模的句子可以是相同的句类,例如"他休息了"和"他是学生"这两句,句模不同(一是 pa 模,一是 pab 模),但句类相同,都是陈述句。

(二)两种语用上分出的句类

1、根据句子的语用目的(语气)分出的句类

人们说出一个句子,总有一定的语用目的(句子的传达交际的用途),比如向别人陈述一件事,或问别人一个问题,等等。根据语用目的给句子进行分类,也就是一般所说的句子的语气分类,因为句子的语气反映了句子的语用目的。在汉语里,句子的语气主要是通过语调(也说"句调")或语气词表现出来的。根据句子的语气区分句类,汉语的句子大体上可分为以下五类:

(1)陈述句(表示陈述一件事情的句子)。例如:"小明考上大学了"。

(2)疑问句(表示询问的句子)。例如:"你看过这本书吗?""他去哪儿啦?"

(3)祈使句(表示请求、命令、劝告、催促的句子)。例如:"这件事交给我办吧!""快跑啊!""请进来!"

(4)感叹句(表示喜悦、赞赏、愤怒、厌恶、悲伤、惊讶等感情的句子）。例如："青春是多么美好啊！""干这工作太没劲了！"

（5）呼应句（表示招呼或应答的句子）。例如："喂！""嗯！""老王！""您好！"

句子的语用目的也可以说是传达句干里表达的某种思想的目的。传达思想的目的有两种：一种是用于储存，即把思想储存在听话人的大脑中；另一种是用于反馈，即要求听话人对句干里表达的事实或思想有所反应。陈述句和感叹句大都属于思想储存句；疑问句和祈使句大都属于思想反馈句；呼应句则一部分（招呼句）属于反馈句，一部分（应答句）属于储存句。

2、根据句干里"主述结构"分出来的句类

汉语句子的句干大部分是由主题（也称"话题"）和述题（也称"说明"）两部分组成的。主题是句子述说的对象，代表旧信息；述题是对主题进行述说的部分，代表新信息。"主述结构"（"主题+述题"）可以说是句子句干里的一种语用结构。根据有没有这种语用结构给句子进行分类，汉语的句子可以分为两个层级：

（1）第一层级。分为两大类，一是"主述句"（也称"主题句"），是"主题+述题"构成的句子。例如"今天的天气很好"，"今天的天气"是主题，"很好"是述题；又如"这本书我没看过"中"这本书"是主题，"我没看过"是述题。汉语中大部分句子是"主述句"（在动态句子里主题有省略或隐含的情形）。二是"非主述句"（也称"非主题句"），即分不出主题述题的句子，如"下雨了""好香的干菜""蛇！""静！""谢谢！"之类。现在一般语法教科书上所说的汉语的主谓句，如果从语用平面分析，大多数都可分析为主述句[①]；所

[①] 赵元任认为"在汉语里，把主语、谓语当作话题和说明来看待，较比合适"。这就把主语和主题等同起来，把谓语和述题等同起来。参看赵元任《汉语口语语法》（吕叔湘译）第45页，商务印书馆，1979年。

说的"非主谓句",大多数为非主述句。但实际情况并不那么简单。主语和主题是两个不同的语法概念。前者属句法平面,后者属语用平面。主谓句的主语和主题句的主题有时是重合的,如"今天的天气很好""他是大学生""我喜欢吃苹果"中的"今天的天气""他""我"在句法平面可分析为主语,在语用平面可分析为主题。但主谓句中的主语有时跟主题不一定重合,如"这本书我没看过""婚姻的事她自己作主"中的"这本书""婚姻的事"是主题,"我""她"是主语。也有些句子只有主题而没有主语,如"屋里正在开着会呢"句中的"屋里"是主题,不是主语,句法平面可分析为非主谓句。

（2）第二层级。主述句还可进行下位分类,可以根据述题对主题述说的情况进行下位分类,句干里的"主述句"可下分为四类：

第一类,叙述句(也称叙事句、事件句),述题叙述主题所反映的事物的运动或变化过程。例如"大家都笑了""他正在写文章""他给了我一件礼物"之类。

第二类,描记句(也称描写句、表态句),述题描写或记述主题事物的性质或呈现的情景、状态。例如"小英很聪明""他醉了""房子倒塌了""大门紧紧地关着""台上坐着主席团""王冕死了父亲""他身体非常壮实""这个人黄头发大眼睛"之类。

第三类,解释句(也称诠释句、判释句),述题判断或解释主题和述题中所反映的两事物之间的某种关系。例如"他是大学生""小明像他爸爸""我属牛""她姓欧阳"之类。

第四类,评议句,述题对主题所反映的事物或句子所反映的事件作主观的评议。例如"他可能是湖南人""这件事应该认真讨论一下"之类。

以上四类也还可进行下位区分,如把叙述句分为主动句、被动句,把描记句分为性质句、状态句、存在句,把判释句分为判断句、比较句、称谓句等。也可以根据主题的情形对主题句进行下位分类。如有人把单句主述句分为单主题句、多主题句和特殊主题句三类[①]。

四、句位和句系

(一)句位的性质

1、句位是句型、句模、句类的综合体

句型不等于句子,句模也不等于句子,"句型+句模"的结合体也还不是句子。"句型+句模"必须再加上语气所表示的"句类",三者结合起来,才可称作句子;这是一种抽象句。抽象句是从具体句中抽象出来的。抽象句可称作"句位"(或称"句样"),具体句可称作句例。抽象句和具体句的关系,也就是"句位"和"句例"的关系,就是一般和个别的关系。以"我看过《红楼梦》了""他买了一本新书""大家看了一场电影"这些句子为例,从三个平面可以抽象出:"主动宾"句型,"施动受"句模,"陈述"句类。三者结合、综合起来抽象出的句位(抽象句)可以用图示如下:

句位(抽象句)	
句干:(句法型式+语义模式)	句能(句子的语用功能)
句法型式:"主动宾"句型	语用:"陈述"句类
语义模式:"施动受"句模	

语法学研究句子,目的就是要从无限的句例中抽象概括出有限的句型、句模以及句类,从而上升到句位的研究。

[①] 曹逢甫《从主题-评论的观点谈中文的句型》,《第二届世界华语文教学研讨会论文集》,台湾,1990年。

2、句位研究就是对句型、句模、句类的综合研究

句型、句模、句类可相对独立地分开来分析研究，这有助于语法研究的科学化、精密化、实用化，因而是必要的。但全面地认识句子系统或具体地分析一个现实的句子，还得把句型、句模、句类三者综合起来加以研究，这是因为：三个平面中的任何一面都不能代表句子的全貌，在一个具体的句子里，句型、句模、句类总是结合在一起的，不能设想一个具体句只有句模而没有句型和句类，或只有句型而没有句模和句类，或只有句类而没有句型和句模。这就要求：一方面，在句子的句干里，要重视句型和句模的对应研究，即要寻找句模生成句型的规则或句型表现句模的机制。这就要寻找句模与句型间的对应关系。一种句模常可通过多种句型表示，一种句型也可表示多种语义结构，必须放在同一层级上研究句模和句型的对应，并且要研究句模系统和句型系统之间的对应。另一方面，又必须重视语气所传达的句类的研究。这种句型、句模、句类的综合研究才是对句子的完整研究。

3、句位也可用符号表示

如果把句型记作X，句模记作M，句类记作L，则句位可示为：T+M+L。如果把陈述句记作L_1、疑问句记作L_2、祈使句记作L_3、感叹句记作L_4（呼应句比较特殊，这里暂不提及），则同一个"句型+句模"结构体跟这四种语气句类结合会得到以下四种句位：

（1）X+M+L_1　（2）X+M+L_2　（3）X+M+L_3　（4）X+M+L_4

反过来说，如果把不同的句型记作X_1、X_2、X_3……和不同的句模M_1、M_2、M_3等，那么同一语气类或不同语气类跟不同的句型和句模可结合成种种句位，如：$X_2M_2L_1$，$X_1M_2L_2$，$X_3M_1L_3$，等等。从句例出发经过抽象概括归纳出句位，当然也可用其他的符号式来表述，比如"我吃过饭了、他喝了一杯酒"之类的句型可记作SVO，句模可记作pab，句类可记作L,等等。标示句型、句模、句类的符号是任意的,究竟用怎样的符号比较科学,需要在研究中不断探索才能定下来。

总之,句型、句模、句类是抽象句的三个子系统,它们各自都是层级系统,分析得越细密,表述也会更细密,但分到怎样的程度要根据实际需要而定。各种句型、句模、句类互相结合、纵横交错还可形成一个句位网络系统。现代汉语有多少句位,句位系统怎样建立,是值得深入研究的一个课题。

(二)句系

1、句系的性质

句系是"句位系统"("抽象句子的系统"),是"句子类型系统"的简称。严格地说,句系是指某种语言特定历史阶段的句位系统,即一种语言在特定历史阶段中的句位的"句法-语义"结构和语用功能的构成以及句位的数量、句位的层级、句位的集合所组成的系统。由于句位是由句型、句模和句类综合而成的,所以某种语言的句系实质上是该语言的句型子系统、句模子系统、句类子系统互相结合、纵横交错形成的一个句位网络系统。任何句子都处在语言的句系之中。世界上各种语言都有自己的句系,汉语也不例外。

对于句子系统,人们可能会有不同的看法。以往一般认为,句型是抽象出来的句子格局,句型系统就是句子系统。这种句子观只看到了句子的一个侧面,带有片面性;因为句子还有其他的侧面,句型只是从句子的句法平面抽象出来的句子类型,它本身并不等于句子,句型系统当然也不等于句子系统。同样,语义平面的句模系统也不等于句子系统,语用平面的句类系统也不等于句子系统。

打个比方,句位好比音节,句系犹如音系。任何语言都有自己的语音系统,比如:现代汉语的语音有声母、韵母和声调;声母、韵母、声调结合起来可构成一个音节；根据声母系统、韵母系统、声调系统、音节系统可构建现代汉语的音系。同样，根据句型系统、句模系统、句类系统、句位系统，当然也可以构建出现代汉语的句系（比喻毕竟是比喻，并不完全一致，只能说有某些相似性）。

2、建立句系学的重要性

句系是客观存在着的，有必要也有可能对它进行研究。研究共时平面句系的学科，就是句系学，这犹如研究语音系统的学科称之为音系学一样。

建立句系学是十分重要的。根据三个平面的理论观点，句子是最重要的语法单位，语法研究的最根本的任务就是要探索句子的结构和功能的规律。研究某种语言的语法，其最终目的，就是建立该语言句子类型的系统，这就是要建立该语言的句系。过去有的论著认为语法研究的终极目的是研究句型，现在看来，这种看法不够全面，因为句型只是句法平面抽象出来的句子类型，而没有顾及语义平面和语用平面抽象出来的句子类型（句模和句类）。只有研究句位，才能抽象出句子的本质；只有研究一种语言的句位系统（句系），才能看到该语言句子的全貌；也只有研究一种语言的句位系统，才能建立该语言的抽象句子类型系统。可以说，句系学或句位学是语法学中最核心的部分，把一种语言的句系研究清楚，从而建立起该语言的句位系统，是断代语法学的最重要的任务。句系学不仅有着重要的理论意义，而且有着重要的实用价值。一旦将某种族语的句系建立起来，不仅有利于不懂该族语的人们学习该族语，而且也能使懂得该族语的本族人更好地掌握和运用自己的母语。在现代高技术发展的信息社会里，就机器处理自然语言而言，词和短语的处理相对比较容易，最难的是句子的处理；如果把不同语言的句系研究清楚，定会有助于机器的自动翻译和人工智能等方面的研究。

3、建立句系学的迫切性

我国语言学界至今还没有注意到句位或句系的问题,更没有意识到研究句系的重要性。而从现实来看,无论是教学上还是对自然语言的处理上,都需要知道现代汉语的句系;所以研究句系理论并构建起现代汉语的句系,已成了当前一个迫切需要解决的问题。为此,笔者向语言学界呼吁,希望我们大家共同努力来建立一门新的学科——句系学,共同努力来构建现代汉语的句系系统。

"句式"研究

句式研究是语法研究中最重要的课题之一。这是因为,句子是语言的基本运用单位,而任何句子都是按照特定的句式构造的,因此,语法学的发展跟句式研究有密切的关系:对句式进行专题的理论研究,并把汉语语法里的各种句式研究好,不仅有理论意义,能丰富语法学理论,而且有重大的实用价值。本文着重谈三个问题:一是汉语句式研究概况,二是句式的性质,三是句式的句式义。

一、句式研究的概况

(一)句式研究的历史

我国学界对于句式的研究,大体上可分为四个阶段。

1、第一阶段(1950年以前)

"句式"这个术语不知最早是谁提出来的。笔者进行了调查:发现陈望道1921年发表的《〈标准国语文法〉和疑问句式》一文提到了"句式",在文中讨论了几种"表示疑问"的句式。后来,他在1932年出版的《修辞学发凡》也提到过句式:"变化句式是杂用各种句式,例如肯定句和否定句、直陈句和询问句、感叹句之类";1939年发表的《从分歧到统一》一文中也提到句式,他说:"凡是用内动词或外动词的句子,可以有叙述、描记等多种句式。"[①] 黎锦熙1924年出版的《新著国语文法》虽未用"句式"这个术语,但在分析实体词在句子中的"位"时提到了句子的"式",实质上涉及句式。[②] 夏丏尊、叶圣陶1934年出版的《文心》也提到句式,如说:"'门在东面,窗在南面,床在北面,书架在西面。门外有一片草地,窗外有一座树林,架上有许多书籍,床旁有一只箱子'。八句句子中,只有两种句式。……这是关于句的构造的话。"[③] 傅东华1938年发表的《一个文法新体系的提议》一文提到过"天高地厚"和"天是高的,地是厚的"是两种不同的句式;[④] 吕叔湘1942年出版的《中国文法要略》提到"句式",如说到"句式的应用""句式的变异",还提到"有无句式"、"把"字式、被动式、"处-动-起"式、"处-动-止"式等;他1946年发表的《从主语、宾语的分别谈国语句子的分析》一文里提到"把"字句式。[⑤] 王力1943年出版的《中国现代语法》虽没提到"句式"这个术语,但在"造句法"里谈到"递系式""能愿式""使成式""处置式""被动式""紧缩式"等,涉及句式。朱自清为该书所写《序》里指出:王力所说的这些"式"都是汉语的"特殊句式"。[⑥]

---

① 陈望道《〈标准国语文法〉和疑问句式》,《民国日报》副刊《觉悟》,1921年;《修辞学发凡》第205页,新文艺出版社,1954年;《从分歧到统一》,《语文周刊》1939年第33期。谁最早提出"句式"这个术语的,还需进一步考证。

② 黎锦熙把"我送张先生一本书"和"我把一本书送张先生"看作句子的不同的"式",把"茶棚里坐着许多工人"和"许多工人坐在茶棚里"也看作句子的不同的"式"。张拱贵、廖序东指出:黎锦熙"根据实体词的'位'来研究句式变化,不仅突出了汉语特点,而且也和国内外学者用格语法来研究汉语的句式变换有相通之处"。参看张拱贵、廖序东《重印新著国语文法序》,《新著国语文法》,商务印书馆,1992年。

③ 夏丏尊、叶圣陶《文心》第168页,开明书局,1934年。

④ 傅东华《国语文十二讲》,提到"句式"这个术语,参看《一个文法新体系的提议》,《语文周刊》1938年第16期。

⑤ 吕叔湘《中国文法要略》第三章、第八章,商务印书馆,1982年;《从主语、宾语的分别谈国语句子的分析》,《开明书店二十周年纪念文集》,开明书店,1946年。

⑥ 王力《中国现代语法》第二章"造句法",商务印书馆,1985年;朱自清《中国现代语法·序》,商务印书馆,1985年。

2、第二阶段(1950—1978)

20世纪50—60年代也有一些著作说到句式,如张志公等1959年编的《汉语知识》谈到修辞时有"句式的选择"一节,提到"一般次序和特殊次序"的句式、"主动的句式和被动的句式""肯定的句式和否定的句式""相近的意思和不同的语气的句式"等。[①]丁声树等著《现代汉语语法讲话》虽没句式这个术语,但提到"句子的格式",如"连动式""兼语式""连锁式",这实际上也涉及句式。[②]

1978年前的学者们所说的句式,有的是研究修辞谈到的,有的是研究语法谈到的。那时句式这个术语含义比较模糊,尚未把句式看成一个专门的重要语法范畴,并未引起学界的广泛重视和进行深入研究。

3、第三阶段(1978—1999)

"句式"这个术语在汉语语法研究中流行开来是在1978年以后。朱德熙很重视句式的研究,在一系列论文里讨论了多种特定的句式:1978年《"的"字结构和判断句》提到"句式"这个术语,并讨论了"M+是+DJ的"("小王是昨天来的"之类)、"DJ的+是+M"("昨天来的是小王"之类)等五种句式;1979年讨论了由动词"给"组成的"M_S+D+给+M′+M"("我送给他一本书"之类)、"M_S+D+M+给+M′"("我送一本书给他"之类)、"M_S+给+M′+D+M"("我给他写封信"之类)等三种句式以及相关的"M_S+D+M′+M"("我送他一本书"之类)句式;1980年讨论了"D^2+的+是+M"("看的是病人"之类)等"多义句式",并指出"不同的词类序列就是不同的句式";1981年讨论了"在+N_P+V+N"("在黑板上写字"之类)等6种句式;1983年讨论了"N_S+ V_1+给+ V +N′+N+V_2P"("我送给他一本书看"之类)等包含动词"给"的6种复杂句式;1986年讨论了"N_P+[$V_{f着}$]+N"("床上躺

[①] 张志公等编《汉语知识》第227—231页,人民教育出版社,1959年。
[②] 丁声树等著《现代汉语语法讲话》第2、112页,商务印书馆,1961年。

着病人"之类）、"N+ V_f+ 在 +N_p"（"病人躺在床上"之类）等句式，并把句式定义为"指代表这个句子的有一定的层次构造和内部结构关系的抽象的词类序列"。朱德熙不仅定义了句式，还比较详细地描写了他所提到的各种句式，分析了动词小类（次范畴）对句式中句法结构的制约关系，论述了同义句式的变换关系原则和方法，揭示了句式显性句法关系里隐含着的隐性语法关系（即内部词语间的语义关系），阐释了分化歧义句式的依据，并尽力探索句式里形式和意义的对应关系，等等。朱德熙对句式的研究基本上继承了结构主义的语法理论，但也有所发展。[①] 这一时期吕叔湘也很重视句式研究，他在1979年出版的《汉语语法分析问题》里多次提到"句式"这个术语，但他所说的句式范围较广，如说："句子本身就能决定它是陈述句还是疑问句或其他句式"，"各种句式之中，只有单纯的主谓关系的是名词谓语句，其次是形容词谓语句。"还把"句子格式的变化"称作"句式变化"。他1980年主编的《现代汉语八百词》有"动词谓语句式表"和"动趋式动词有关句式表"，实际上是句子的各种格式；该书还有"句式的变化"的叙述，指的是句子格式的变化。[②]

朱德熙、吕叔湘的论著对语法学界影响巨大，可说引领了20世纪80—90年代的国内的汉语句式研究。之后，"句式"这个术语在语法学界逐渐流行开来，研究句式的论著越来越多。[③] 在这期间，又出现了

[①] 参看朱德熙《"的"字结构和判断句》，《中国语文》1978年第1—2期；《与动词"给"相关的句法问题》，《方言》1979年第2期；《汉语句法里的歧义现象》，《中国语文》1980年第2期；《"在黑板上写字"及相关句式》，《语言教学与研究》1981年第1期；《包含动词"给"的复杂句式》，《中国语文》1983年第3期；《变换分析中的平行性原则》，《中国语文》1986年第2期。

[②] 吕叔湘《汉语语法分析问题》第54、108、112页，商务印书馆，1979年；《现代汉语八百词》第25—37页，商务印书馆，1980年。

[③] 从1979年至今，有关研究句式的文章已经有1000余篇，另外还有一些研究汉语具体句式的专书，如《现代汉语常用句式》《现代汉语特殊句式》《现代汉语复句句式研究》等。

"句型""句类""句模"等术语。对于同一个语言片段，不同的语法论著或在不同的情况下也分别有不同的指称。但究竟什么是句式，很多人是不很明确的，特别是"句型"和"句式"，常常搅混在一起，如1983年《语文学习》登载了《句式、句型和句子》一文，谈到有读者来信说："教研组的老师们对句式、句型和句子这几个术语搞不清楚，……句式和句型是不是一个东西？它们和句子是什么关系？有的认为句式和句型是一个东西，有的认为不是；有的说句式、句型同句子没有什么区别，有的说有。争论自然没有什么结果。"[①]1985年11月在厦门举行的"句型和动词学术讨论会"上，讨论句型时也涉及句式这个术语，大家议论过句型和句式的关系和如何处理这两个术语的问题，大致有两派意见：一派认为句型和句式是同义词，都是指"句子的格式"。但对如何处理这两个术语，该派有两种意见：有的认为"句型"这个术语已经使用得很普遍了，就不必再用"句式"这个术语；有的认为"句式"这个术语可保留，着眼于句子"类型"时用"句型"，着眼于"结构格式"时用"句式"。另一派认为"句型"和"句式"这两个术语各指特定的事物，最好把它们加以区别。至于如何区别，该派也有不同的意见：有的认为"句型"和"句式"都是从句子的结构角度划分出来的，但范围不同，"句型"范围广，而"句式"是句型的局部，只是特指某些有特殊标志的句型；有的认为两者是概括和被概括的关系，"句式"指具有某一结构特征的具体句子的格式，"句型"是不同"句式"概括归纳出的类型。[②]此后，有些学者先后在他们的论著里对"句式"下过定义，试图把句式和句型、句类等区别开来，但都比较简略地说到其涵义，而且说法

---

① 参看林方《句式、句型和句子》，《语文学习》1983年第4期。
② 笔者参与会议，至今还清楚地记得会上、会下大家议论过句型和句式的关系以及对如何处理这两个术语的问题的一些意见。其中有的观点在会后编辑的论文里也得到反映，参看李行健《动词和句型的研究献疑》，《句型和动词》，语文出版社，1987年。

不一。现在大家虽然都在使用"句式"这个术语,但由于没有关于句式含义的专题论文,学界也没展开专门讨论,所以"句式"的含意究竟指什么,它和句型、句模、句类的区别究竟在哪里,至今还有不同的解释或理解。有的对句型、句模、句类、句式没有明确的分别,即使同一作者,甚至同一部著作,也常发生混用的情形;即使主张把"句式"独立出来的学者中,对到底什么是句式,也没有统一的认识。

4、第四阶段(1999年至今)

近年来,有些学者借鉴国外构式语法理论来研究汉语的句式,如沈家煊的《"在"字句和"给"字句》《句式和配价》《跟副词"还"有关的两个句式》和张伯江的《现代汉语的双及物构式》《论"把"字句的句式语义》《"死"的论元结构和相关句式》《从施受关系到句式语义》等论著,① 引入构式语法理论来研究汉语句式,使汉语句式研究有了新的思路和新的开拓,给汉语句式研究注入了新的活力。"句式"这个术语得到了更加广泛的传播和肯定,句式研究逐渐成为当今汉语语法研究的热点之一,句式意义(也称"句式义",指句式自身的意义,即句式整体的语用意义)的研究比以前更加受重视了,并加强了句式形成机制的解释性研究等。但构式语法理论本身还存在一些缺陷,也还有待完善。②

(二)几十年来句式研究的小结

"句式"这个术语,几十年来已在语法论著里得到广泛的运用,却有

---

① 参看沈家煊《"在"字句和"给"字句》,《中国语文》1999年第2期;《句式和配价》,《中国语文》2000年第4期;《跟副词"还"有关的两个句式》,《中国语文》2001年第6期。张伯江《现代汉语的双及物构式》,《中国语文》1999年第3期;《论"把"字句的句式语义》,《中国语文》2000年第2期;《"死"的论元结构和相关句式》,《语法研究和探索》(十一),商务印书馆,2002年;《从施受关系到句式语义》,商务印书馆,2009年。

② 参看陆俭明《句式语法理论与汉语研究》,《中国语文》2004年第5期;石毓智《结构与意义的匹配类型》,《解放军外国语学院学报》2007年第5期;邓云华、石毓智《论构式语法理论的进步与局限》,《外语教学与研究》2007年第5期。

着不同的见解。不同的理解会对具体句式的研究产生不同的结果。可见对句式的含义作出明确的说明,应该是研究句式的前提。纵观语法学界对句式含义的理解,概括起来有两种:广义句式观和狭义句式观。

1、广义句式观

广义句式观一般只提"句式",而不提"句型""句模""句类"等术语。这种观点把句子的结构格式、特定形式以及句子的种种类别(包括句法类别、语义类别、语用类别)都看作句式,即不仅把特定词(或"特征字")命名的句子格式和句子的特定的词类序列看作句式,而且还把句子的句法平面抽象出来的"句型"(如"主谓""主谓宾""主谓补"等)和语义平面抽象出来的"句模"(如"施动受""施动""施动与受"等)或动词所支配的"论元结构的配置"(如"施动受"组成的二价句式、"施动受与"组成的三价句式)也看作句式。[①] 甚至把语用平面抽象出来的"句类"(如"陈述句""疑问句""祈使句""感叹句""叙述句""描写句""判断句""主动句""被动句""存在句"等)也都说成句式。[②] 构式语法不仅提到根据语义特征命名的构式(如双及物构式、致使-移动构式、动结构式、非及物移动构式、意动构式等),也提到根据句法特征或语用意义命名的构式(如"主-谓构式""分裂构式""话题构式""疑问构式""被动构式""中动构式""反身构式"等),如果

[①] 沈家煊认为"论元的数目或类属不同,就成了不同的句式"。如"他们抢新郎"有两个论元,属于"施事-动作-受事"组成的二价句式;"他送我一本书"和"他扔我一个球"有三个论元,是"施事-动作-受事-与事"组成的三价句式(参看沈家煊《句式和配价》,《中国语文》2000年第4期)。这实质上倾向于把句子的语义结构模式看作句式。这观点来源于构式语法。

[②] 陈望道《修辞学发凡》(1932)把"肯定句和否定句、直陈句和询问句、感叹句"说成句式;吕叔湘《汉语语法分析问题》(1979)把陈述句和疑问句、名词谓语句、形容词谓语句等说成句式。张志公等《汉语知识》(1959)提到"主动的句式和被动的句式""肯定的句式和否定的句式""相近的意思和不同的语气的句式"等;黄伯荣、廖序东主编的《现代汉语》(2007)的句式里,也提到存现句、比较句、主动句、被动句、肯定句和否定句,甚至把"长句和短句、整句和散句"也说成句式。

把当今的构式语法理论所说的"句子层面的构式"看作句式,那么,构式语法句式观本质上似也可归入广义句式观。①

(二)狭义句式观

狭义理解的句式观,概括起来主要有以下三种:

(1)认为句型等同句式,即把"句式"看作"句型"的同义术语。持有这样观点的论著也有些不同的说法:有的说"按照句子的句法结构方式进行分类,分出来的句子类型一般称之为句型,也叫'句式'";有的说句式"相当于句型";有的说句式"同句型";有的说句式"又名句型";有的说句式是"句型的同义词"。②有的学者在同一论著里,对同一事实的表述,也往往有句型和句式混用的情形。③也有学者认为句式和句型都是根据句子的句法结构分出来的,"句式从属于句型"或"句式是句型的下位类名"。④

(2)认为句式是"句子的特征类别",即着眼于句子结构的"特

---

① Goldberg: *Construction Grammar*(1995),吴海波译为《构式——论元结构的构式语法研究》,北京大学出版社,2007年。有人把"Construction Grammar"译为"句式语法",这不准确,因为Goldberg所说的"construction"(构式)不仅指句子的构式,还指词或短语的构式。Goldberg的所谓"句子层面的构式",似乎接近于句式。

② 参看张涤华等主编《汉语语法修辞词典》第238页,安徽教育出版社,1988年;王维贤主编《语法学词典》,浙江教育出版社,1992年;陈高春主编《实用汉语语法大辞典》第730页,中国劳动出版社,1995年。

③ 《现代汉语八百词用法》编写组《区分句型的一个尝试》(1978),题目说的是"区分句型",但文中把"动词谓语句型"也说成"动词谓语句式";陈建民的《现代汉语句型论》(语文出版社,1986年)书名是"句型",把"NP-NP"、"NP-VP"、"NP-VP$_1$-VP$_2$"、"是"字句、"把"字句、"被"字句等称作句型;林杏光有本著作名为《句型》(1990),但在叙述时说成"句式"(说"汉语的句式是非常丰富多彩的"),又把"主谓谓语句"有时说是"句型",有时说是"句式"。

④ 参看李行健《动词和句型的研究献疑》,《句型和动词》第59页,语文出版社,1987年;黄伯荣、廖序东主编《现代汉语》(下册)第87页,高等教育出版社,2007年;邢福义《汉语语法学》第131页,东北师范大学出版社,1997年。

征""特点""特殊性"等。如张斌说:"句型是结构类别,句式是特征类别。同一句型内可有不同的句式。"邵敬敏说:"句式不同于按结构模式分出来的句型,也不同于按句子的语气划出来的句类,它是指某些有特殊作用或特殊标志的句子。"林祥楣说:"句式是对部分句子说的",它"在格局上有显著特点"或"某种特殊标志"。这种句式观的共同点是:主张把句式跟句型、句模、句类区别开来,他们比之"句式等同于句型"的观点或"句式是句型的下位类名"的观点更为狭义。①

(3)认为句式是词类的序列,即把句子里词类配置的序列格式看作句式。朱德熙持有这种观点,他在《汉语句法中的歧义现象》一文中对句式的释义是:"句式本身是通过词类来表示,因此不同的词类序列本来就是不同的句式。"在《变换分析中的平行性原则》一文里,更明确指出句式不是指具体的句子,而是"指代表这个句子的有一定的层次构造和内部结构关系的抽象的词类序列"。② 他常用符号代替词类,如用N或NP或M表示名词,V或D表示动词,P或L表示处所词;用词符序列来表示句式,如"D+的+是+M""NP_L+V+着+NP"等。他的有关句式的文章都着重讨论这种词类序列的具体句式。

二、句式的性质

几十年来虽然学界都提到了句式,但对句式的性质或含义的看法

---

① 参看张斌主编《现代汉语》第404页,复旦大学出版社,2002年;邵敬敏《汉语语法学史稿》第303页,上海教育出版社,1990年;《汉语语法专题研究》第145页,广西师大出版社,2003年;林祥楣主编《现代汉语》第297页,语文出版社,1991年。

② 朱德熙《汉语句法中的歧义现象》,《中国语文》1980年第2期;《变换分析中的平行性原则》,《中国语文》1986年第2期。沈家煊虽也说"不同的词类序列代表不同的句式",但又说"句式并不等于词类序列","一个句式是一个'完形'(gestalt),即一个整体结构"(见沈家煊《"在"字句和"给"字句》,《中国语文》1999年第2期)。

存在着分歧,也缺乏宏观的思考和深入的专题理论研讨。本文拟在前人研究的基础上提出自己的观点。句式有简单的,也有复杂的,为便于理解,本文主要讨论简单句式,举例尽量用简单句及其句式。为行文简洁方便,有些场合把名词记作"名"或N,名词性词语记作NP,动词记作"动"或V(其中及物动词记作Vt,不及物动词记作Vi),动词性词语记作VP,主语记作"主"或S,宾语记作"宾"或O,补语记作"补"或R,施事记作"施",系事记作"系",起事记作"起",与事记作"与",受事记作"受",止事记作"止",把动词所联系的强制性语义成分(动元)所指概称为"名物"(包括"人""物""事")。

(一)句式的定义

本文对句式的定义是:句式是句子的语法结构格式,即指由一定语法形式显示的表示一定语法意义的句子的结构格式("结构格式"也可简称"构式")。具体可表述为:由词类、词类序列、特定词(或特征字)、固定格式(包括习用式)、句调(书面上用标点符号)等形式显示的包含句法结构和语义结构以及具有语用功能意义的句子的结构格式。这定义包含着以下几层意思:(1)指句子的"结构格式",这表明句式属于"结构格式"(构式)的范畴;(2)指"句子的"结构格式,这表明这种结构格式属于"句子"范畴,并不是任何结构格式都是句式。那种非句子层面的结构格式(如短语的结构格式、复合词的结构格式)不能称作句式,所以"构式语法"所说的"构式"并非都是句式;(3)指表示具有一定的"语法意义"的结构格式,这表明句式不是泛指各种形式的句子结构格式,而是专指表示具有"语法意义"的结构格式,即应把语法上说的句式和非语法领域里说的句式严格区别开来;[①](4)指由

---

① 有些书谈到句式时提到比喻句式、蝉联句式、排比句式、偶句句式、散句句式、长句句式、短句句式等等,这些虽是句式,但不是语法里所要讲的句式,因为它们都不是专指具有"语法意义"的结构格式。

"一定语法形式显示的"句子结构格式,这表明句式的语法意义有其表达的语法形式。

(二)句式的意义和形式

句式作为一个语法范畴,是形式和意义的统一体、匹配体。句式里的形式和意义互相联系、对应匹配,一定的句式意义需要一定的句式形式来显现,一定的形式也总是表示着一定的意义。句式里没有无形式的意义,也没有无意义的形式。研究和描写句子的句式,特别要注意两点:一是主要着眼于描写句式的形式,二是要说明句式意义里的"句式义"。

1、句式的意义

任何句式都具有一定的"语法意义"。如果泛论句式语法意义,可以说有三种。

(1)句式内部句法平面词语所表现的句法成分之间的关系意义,如句式里有"主谓、主谓宾、主谓补"之类句法结构所体现出来的意义。

(2)句式内部语义平面词语所表现的语义成分之间的关系意义,如句式里有"施动、受动、系动"之类语义结构所体现出来的意义。

(3)句式所表示的语用功能意义,即句式整体的表达功能意义。这种意义可以简称为"句式义"。如"N(指人名词)+Vt(给类动词)+N(指人名词)+N(指物名词)"句式("我给他一本书""他送我一支笔"之类)的整体意义是:"表达施事(动作发出者)发出某种'给予'性动作使受事(事物)由施事向与事(接受事物的参与者)转移";又如"吗"字句式("你去吗?""他吃饭了吗?"之类),它的整体意义是:"表达疑问"。研究句式,虽然会涉及句法平面的意义和语义平面的意义,但最重要的,是要研究"句式义";再如"[N_1(施事)+Vt(动作核)+N_2(受事)]+吗"这样的完整句句式("老王喝酒吗?""小李吸烟吗?"),它的整体意义是:"询问施事是否发出某动作施加于某物"。

朱德熙(1986)在讨论"N_处+V 着+N_物"句式时,提出应区别"低层次"语义和"高层次"语义,认为"及物性关系(施事、受事、与事等)"是"低层次上的关系",而"表示存在方式"则是"高层次上的关系"。并指出:"所谓高层次上的关系指的是与整个句子的语法意义直接相关联因此比较重要的语义关系,所谓低层次上的关系是指与整个句子的语法意义不直接关联因此比较次要的语义关系。"[①] 他所说的"高层次"语义,实质上是指句式语用平面的"句式义";他所说的"低层次"语义,就是指句式内部语义平面的词语之间的关系意义。朱德熙强调要重视研究"高层次"的意义。这个观点是很有见地的。可惜的是,他没有能对句式的"高层次"的意义作全面、深入的论述,并对自己所提到的汉语里的各种句式的"高层次"的意义作出充分的表述。朱德熙所说的还只是句干句式里的"高层次"语义,本文所说的句式义范围较广,除了句干句式里有句式义外,表示语气功能的句式以及完整句式所表示的语用功能意义也有句式义。

研究句式,虽然有些句式(特别是句干句式)涉及句法平面和语义平面的意义,但从宏观总体上说,最重要的是要研究"句式义"。

2、句式的形式

句式的形式是指表现句式意义的形式,主要指词类、词类序列、特定词(又称"特征字")、层次分合、固定格式、语音节律(包括停顿、句调,书面上用标点符号)等形式。

(1)词类。词类是词的抽象的句法分类,如动词、名词以及它们的

---

① 参看朱德熙《变换分析中的平行性原则》,《中国语文》1986 年第 2 期。

次类等。句式里词类的不同,会表现某种不同的句式义。例如:

① N(指人名词)+Vt(动作动词)+N(指物名词)

("张三喝酒吗?/李四吃晚饭了吗?"之类)

② N(指人名词)+Vt(关系动词"是")+N(指人名词)

("张三是老师吗?/李四是学生吗?"之类)

这两个句干句式的句法平面都表"主动宾"意义,但由于句式里动词Vt和名词N的次类差异,它们在语义平面和语用平面表义就有差别:①的句干句式语义平面的句模为"施动受"意义;语用平面的句干句式意义为:"施事发出动作施加于受事"。②的句干句式语义平面的句模为"起动止"意义;语用平面的表达功能意义为:"断定起事(某人)属于止事(某类人)"。

(2)词类序列形式。相同词类的排列次序不同,会表示不同的句式义。例如:

① N(指人名词)+Vt(动作动词)+N(指物名词)

("张三喝白兰地了吗?/李四吃晚饭了吗?"之类)

② N(指物名词)+N(指人名词)+Vt(动作动词)

("白兰地张三喝了吗?/晚饭李四吃了吗?"之类)

这两个句干句式实词的词类形式相同;但它们在句干中排列次序不同,意味着句法成分和语义成分的次序也不同,句干语用平面的表达功能意义就有一定的差异:① 表达"施事发出动作施加于受事"的句式义,② 表达"关于某种受事,施事施加以某种动作"的句式义。

(3)特定词(或"特征字")。特定词有的是虚词,有的是实词。虚词作为特定词,主要是用来表达语用意义,如及物动作动词作谓语时前面的名词上附加特定词"把""被",它们分别表示"处置态""被动态"(句态也是属于语用意义[①]);再如句式末尾出现特定词"了""吗""啊",它们分别表示"陈述""疑问""感叹"这样的语气意义。特定词如果是实词,则用来表示语义结构里的某种意义,如:特定词"有",若构成"有"字句式,就表达"领有"或"存在"这样的语用表达意义;特定词"是"若构成"是"字句式,就表达"断定"(或判断)这样的语用意义。

(4)层次分合形式。词类形式相同且词类序列接连形式相同的句式,如果语法结构的层次不同,就是"同形异构"句式,会产生歧义,即表示不同的意义。例如:

① $N_{1(指人名词)}+Vt_{1(动作动词)}+N_{2(指人名词)}+Vt_{2(动作动词)}+N_{1(指物名词)}$

① 这样的词类序列形式的句式,根据其层次分合形式,可分化出两种不同的句式。比较:

① a "$N_{1(指人名词)}+[(Vt_{1(动作动词)}+N_{2(指人名词)})+(Vt_{2(动作动词)}+N_{1(指物名词)})]$"("张三邀请李四吃螃蟹。/王五派遣赵六参加会议。"之类)

① b "$N_{1(指人名词)}+[Vt_{1(动作动词)}+(N_{2(指人名词)}+Vt_{2(动作动词)}+N_{1(指物名词)})]$"("张三知道李四吃螃蟹。/王五主张赵六参加会议。"之类)

①a 和①b 的句干句式表面上词类形式相同,词类排列次序的接连形式相同;但是层次分合形式不同,表明它们是不同的句干句式,表达的语法意义也就不完全一样:①a 句法平面表"主谓(动宾短语作谓语)补"

[①] 句态(也称"语态")也是语用意义,指通过一定的句式来表达说话者处理主体或客体与动作的关系的一种态势。由于处理主体或客体与动作关系的策略不同,表达时就会选择不同句态意义的句式。

意义,语义平面的句模为"施动受+[施]动受"意义,语用平面的句式义是:表达"施事发出某种动作行为促使其干某事";①b句法平面表"主谓宾(主谓短语作宾语)"意义,语义平面的句模为"施动受(施动受)"意义,语用平面的句式义是:"施事发出某种动作行为干预某个事件"。

(5)固定格式。固定格式也是一种形式。句式里的固定格式也能表示某种句式义,例如:"N+'一X就Y'"形式("张三一喝酒就醉/李四一吃饭就肚子痛"之类),表达的句式义为"施事发出一个动作或事件后接着必产生某种情况(动作、情状或事件)";"因为X,所以Y"形式("因为天下大雨,所以我不去"之类),表达"原因-结果"关系的句式义(因为发生了某个事件,结果就产生另一个事件);"虽然X,但是Y"形式("虽然天下大雨,但是他还是去了"之类)表达"转折"关系的句式义;"如果X,就Y"形式("如果天下大雨,我就不去"之类)表达"假设"关系的句式义。

(6)语音节律形式(包括停顿、句调等),书面上用标点符号表示(逗号、句号、问号、叹号等)。这种形式的句式也可表示某种句式义。如语音中的句调(也称"语调")形式差别可表达不同的语气功能,如汉语里降调可表示陈述功能意义,升调可表示询问功能意义,加速降调可表示祈使功能意义,夸张降调可表示感叹功能意义等。

三、句式与句型、句模、句类的关系

句式跟句型、句模、句类是不同的语法术语,它们既有联系,也有区别。

(一)句式跟句型、句模、句类是有联系的

句式跟句型、句模、句类的联系主要表现在以下三个方面:

(1)句式大都是句法、语义、语用三位一体的匹配格式。这表现在:完整句句式是句型、句模和句类(语气类,即语用交际功能类)的三位一体,句干句式是句法结构、语义结构和语用结构("主题+述题"结构)的三位一体。[①]对完整句句式和句干句式都可从句法、语义、语用这三个平面进行分析,如"N_1+[把N_2+(Vt+Vi)]"("武松把老虎打死了"之类)这样的"把"字句式,在句法平面可分析为"主状动"句型,在语义平面可分析为"施动受+系动"句模。在语用平面可从两个方面分析:一是表示语气的句类方面,可分析出语用交际功能是:"陈述义"(也称"直陈义")句类;二是表示句干的表述功能句类方面,可分析为"叙述+处置义"(述题对主题进行叙述)句类,句式义是:"叙述主体对客体处置以某种动作并致使客体产生某种情状"。

(2)句型、句模、句类都必须通过句式才能显示。如"主谓句"句型和"施动受"句模是通过"名_1+动+名_2"这样的词类序列形式表现出来的,叙述"处置"句态功能类必须用"把"字句式显示,叙述"被动"句态功能类必须用"被"字句式显示,表达疑问的句类得用"吗"字句式或"N+V不V""N_1+V不V+N_2""谁+V""N+呢""N+V+?"等各种句式显示。

(3)句型和句模本身就是一种通过抽象、概括、归纳出的句子的句法型式和语义模式,虽从分类角度分别称为句型、句模,但从句式角度看,它们是一种由词类充当的成分(句法成分或语义成分)的配置格式,常与特定的句式重合,以致常被借用来指称"句式",如说"主动补句式""主动宾句式""施动受句式""双及物句式""三价句式"等。

(二)句式跟句型、句模、句类是有区别的

句式虽然能显示句型、句模和句类,但并不等于句型、句模和句

[①] 专门表示语气的句式比较特别,它只是表达语用交际功能(即只表示语用句类),不涉及句法和语义。

类,有区别是毫无疑问的,所以句式跟句型、句模、句类是不同的术语或概念。以句类来说,虽由一定的句式表示,但句类不等于句式。如"疑问"是句子的一种表达功能类,不能说"疑问是一种句式",但可说"疑问功能"是由一定的句式表示的,如"NP+VP+吗"句式、"是不是"句式、"谁V了"句式、"是否"句式等。可见,"疑问"本身不是句式,表示疑问的句子结构格式才是句式。所谓"疑问句式",实际上是指"表示疑问的句式"。其他如"陈述句""祈使句""感叹句"以及"主述句"里的"叙述句""描写句""判断句""评议句""存在句"和其他表示句态的"主动句""被动句"等也都是句子的语用功能命名的句子类别。

有的语法书在谈到句型和句式的区别时,认为它们的区别在于研究的对象不同,如说:"句型是以语言中全体句子为对象加以归纳的结果,也就是说,出现任何一个句子必定能归入某个句型。句式是以语言中部分句子为对象加以描述的结果。"[①] 这种说法不够准确。其实,无论是句型还是句式,它们研究的对象没有什么"全体句子"或"部分句子"之别。出现任何一个句子必定能归入某个句型,同样,出现任何一个句子必定能归入某个句式。没有句式的句子是不存在的。笔者认为,句式跟句型、句模、句类的区别主要表现在以下五个方面:

(1)形式和内容的区别。从显示被显示的角度来说,如果说显示者句式是形式,那么被显示者(句型、句模、句类)相对地可以说是内容。不能想象句型、句模、句类是没有形式表示的。句子里的句型、句模、句类都得通过一定的句式才能表现出来,反之完整句句式和句干句式里都能分析出它们所表现的句型、句模、句类。句式本身不能说成只是哪个平面的,但可从句式里分析出何种句型、何种句模或何种句类。

[①] 参看胡裕树主编《现代汉语》(增订本)第374页,上海教育出版社,1987年。

所以,句式偏重于讲句子与格式的形式。

（2）描写上的区别。由于句式跟句型、句模、句类是不同的概念。在表述和描写上它们有时也不一样。比如"张三吃了个苹果、李四喝了一杯茶、王五买了本新书",句式侧重于从词类序列形式角度表述,上述句子可抽象概括描写为"名$_1$+及物动作动词+名$_2$"句式(也可记作"N_1+Vt+N_2"式);句型是从句法成分之间的关系角度表述,上述句子可抽象概括描写为"主语+谓语+宾语"句型(即"主谓宾"句型,也可记作"SVO"句型);句模是从语义成分之间的关系角度表述,上述句子可抽象概括描写为"施事+动核+受事"句模(可记作"施动受"句模);句类是从"句干+句调"之间的关系角度表述,上述句子可抽象概括描写为"句干+陈述句调"句类(可记作"陈述"句类);句类也可从句干内部语用成分之间的关系角度表述,上述句子可抽象概括描写为"主题+述题"句里的"叙述"类(可记作"叙述"句类)。

（3）综合和分解的区别。句型、句模、句类着眼于"分解",即从完整句子或句干里根据一定的标准分解出句型、句模、句类。研究的目标是对句子或句干里的句法、语义以及语用分别进行细致的分析。句式则是着眼于"综合",即把句式看作句子的句法、语义、语用三者的综合体;研究的目标侧重于从具体句子中抽象、归纳和提取各种由一定语法形式显示的表示一定语法意义的结构格式,然后分析和说明各特定句式内部的句法结构和语义结构的对应关系以及句式整体的语用功能意义(句式义)。

（4）数量上的区别。句型、句模、句类是高度抽象的,概括的句子或句干比较多;句式的抽象程度相对要低,概括的句子相对要少。这就导致两者的数量不同:句型、句模、句类的数量相对比较有限。虽然静态的基本的常用的基干句式数量也是有限的,但如果考虑到句式不仅有基本句式,还有衍生句式、扩展句式以及动态的变化句式,那么,具体的特定句式的数量多得不可胜数;句型、句模、句类的描述比较简单,句式的描述则多种多样。

(5)系统性上的区别。句型、句模、句类有严密的系统性,属于句子网络系统中的三大支系统,以现代汉语来说,分别有现代汉语句型系统、现代汉语句模系统和现代汉语句类系统。作为那些由词类序列格式、特定词(或"特征字")习用的固定格式以及句调等所描述的严格意义的句式,没有句型、句模、句类那样极其严密的系统,但某些句式跟其相关句式也可构成上下位的句式系统和同义或近义的句式群体。

(三)句式跟句型、句模、句类之间存在着错综复杂的关系

句式跟句型、句模、句类之间存在的错综复杂的关系,主要表现在:

(1)句式和句型的关系是错综复杂的。一种句型可由多种句式表示(句型相同而句式不同),如"主状动补"句型可以有"把"字句式、"被"字句式、"比"字句式等。反之,同一句式也可显现不同句型(句式相同而句型不同),如"把"字句式可分属于"主状动补"句型("他把房间打扫干净了"之类)、"主状动宾"句型("我把书给他了"之类)等。

(2)句式和句模的关系也是错综复杂的。一种句模可由多种句式表示(即句模相同而句式不同),如"起动止"句模可以是"是"字句式("他是学生"之类)、"像"字句式("她像妈妈"之类)、"属"字句式("他属狗"之类)等。反之,同一句式也可显现不同的句模(句式相同而句模不同),如"得"字句式可分属于"系事+动核"句模("天气好得很"之类)、"(施事+动核)+(系事+动核)"句模("他哭得很伤心"之类)、"(施事+动核)+(施事+动核)"句模("我们打得敌人逃跑了"之类)等。

(3)句式和句类的关系也是错综复杂的。一种句类可由多种句式

显现(句类相同而句式不同),如表示疑问功能的"疑问"句类可以有"吗"字句式、"V不V"句式、疑问代词(谁、什么、哪里)等特定词句式、特定句调("?""!"之类)形成的句式等显示。反之,同一句式也可显示不同的句类(句式相同而句类不同),如"把"字句式既可以表示"处置"句态类(如"张三把李四批评了、武松把老虎打死了"之类),也可表示"致使"句态类(如"你把我吓了一跳、卫星上天把她激动得热泪盈眶"之类)等;又如"有"字句式,有的表示"领有"句式义(如"他有两个弟弟"之类),有的表示"存在"句式义(如"天上有一片乌云"之类)。

四、句式的句式义

根据句子的语法格式及其所表达的意义,可以从不同视角来从具体句里抽象出句式。从目前学界所研究的句式来看,可以有三种不同视角,三种不同视角可分出三种句式类别:一是"句干句式",这是从句子的句干角度抽象出来的句式;二是"语气句式",这是从句子的语气角度抽象出来的句式;三是"完整句句式",这是从句子的全局(句干+语气)角度抽象出来的句式。不同类别的句式可抽象出不同句式义。

(一)句干句式所表示的句式义

句干句式表达的句式义是指反映句干(包括单句句干或分句句干)所表达的语用功能意义。句干有基干句干和扩展句干之别,为便于理解,这里只讲基干句干的句式。基干句干的句式义大体上可分为三种:句干中动核结构的配置表达的句式义;句干中述题对主题所表达的句式义;句干中句态所表达的句式义。下面对各种句式简单举例并作扼要说明。

1、动核结构的配置表达的句式义

句干句式里词类序列体里的"动核结构"(也称"论元结构")的配置所表达的句式义有多种情形,不同的配置会分析出不同的句式义。

(1)单个动核结构简单配置组成的基干句式所表达的句式义,例如:

① "N系+Vi"句式("老人瘫痪了"之类)
② "N施+Vt+N受"句式("张三批评李四了"之类)
③ "N施+Vt+N与+N受"句式("他送我一本书"之类)

上面①的句干句式义是"系事发生某种情状",可记作"X 发生或显现 Y";②的句干句式义是"施事发出某种动作涉及受事",可记作"X 发出动作涉及 Y";③的句干句式义是"施事发出动作给与事以受事",可记作"X 给予 Y 以 Z"。

(2)两个或两个以上的动核结构的糅合配置所表达的句式义,例如:

① "N施+Vt+Vi+N受"句式("我们打败敌人了"之类)
② "N施+把+N受+Vt+Vi"句式("我们把敌人打败了"之类)
③ "N受+被+N施+Vt+Vi"句式("敌人被我们打败了"之类)

上面①的句干句式由两个动核结构(即"施-动-受"和"系-动")糅合而成,句式义是:"施事发出动作涉及受事,致使受事产生或成为某种结果",可记作"X 发出 V 涉及 Y,使 Y 变成 Z"。②和③的句干句式跟①一样都是由两个动核结构(即"施-动-受"和"系-动")糅合而成,差别是动核结构的语义成分序列不同,有无虚词不同,所以句式义也不一样:②的句式义是"施事处置受事以某种动作而受事产生某种结果",可记作"X 发出 V 处置 Y,使 Y 变成 Z"。③的句式义是"受事被动地受到施事所发出的某种动作而产生某种结果",可记作"Y 受到 X 发出的 V 动作而变成 Z"。

（3）两个或两个以上的动核结构的关联配置所表达的句式义，这种句式很多情况下是一个复句句干。例如：

① "因为 NP_1+VP_1，所以 NP_2+VP_2" 句式

（"因为天下大雨，所以我不去"之类）

② "如果 NP_1+VP_1，NP_2+ 就 VP_2" 句式

（"如果天下大雨，我就不去"之类）

③ "即使 NP_1+VP_1，NP_2+ 也/还 VP_2" 句式

（"即使天下大雨，我也去"之类）

上面① 由两个动核结构组成，句干句式是通过关联格式"因为……所以……"布局的，其句式义是"因果"意义，即"两动核结构之间具有原因和结果的意义"，可记作"因为 A，所以 B"；② 也是由两个动核结构组成，句干句式是通过关联格式"如果……就……"布局的，其句式义是"假设"意义，即"两动核结构之间具有假设关系的意义"，可记作"如果 A，就 B"；③ 也是由两个动核结构组成的，句干句式是通过关联格式"即使……也/还……"布局的，其句式义是"虚拟"意义，即"两动核结构之间具有虚拟关系的意义"，可记作"假设 A，也/还 B"。

2、述题对主题所表达的句式义

按照句干句式中词语在交际中所体现的语用信息功能，大部分句子的句干在语用平面是一个"主题+述题"结构。述题对主题述说的语用意义也是句式义。例如：

① "$N_{1(主题)}+[Vt+N_2+VP]_{(述题)}$" 句式（"我请他办件事"之类）

② "$NP_{(主题)}+VP_{(述题)}$" 句式（"黑漆大门紧紧地关着"之类）

③ "$N_{1(主题)}+[关系动词+N_2]_{(述题)}$" 句式（"他是大学生"之类）

上面几个句式的句首名词性成分都是主题,主题后面的成分是述题。① 的句式义是表达"叙述",即述题叙述主题事物发出的一个动作行为事件;② 的句式义是表达"描记",即述题描记主题事物呈现某种状态;③ 的句式义是表达"解释",即述题解释主题事物所属的类。

3、句态表达的句式义

句态(也称"语态")本质上属于语用表达平面,它是通过一定的语法手段以表明说话者如何处理主体或客体与动作的关系的一种语用功能意义。句态意义是叙述句所表达的叙述义的下位句式义,根据叙述句中主体和客体的位置以及它们与动作的关系,汉语句式里的句态主要有主动态、被动态和使动态等。例如:

① "N_1+Vt+N_2"句式("张三批评了李四"之类)
② "NP_1+ 把 +NP_2+VP"句式("他把皮球踢坏了"之类)
③ "NP_2+ 被 +NP_1+VP"句式("皮球被他踢坏了"之类)
④ "X+ 使 +NP+VP"句式("寒风[吹来]使她清醒了"之类)

上面① 的句式义是表达"主动态",以施事为视角进行叙述,强调施事的"主动性",表达主体主动发出涉及客体的动作。② 的句式义是表达"处置态",也以施事为视角进行叙述,但强调施事"处置"受事以某种动作而致使受事成为某种情状,处置态实质上是主动态的一种,可看作"强式主动态"。[①]③ 的句式义是表达"被动态",以主题所表示的受事为视角进行叙述,强调受事的"被动性"(或"受动性"),强调该主题所表事物"受到"施事所发出的动作而发生某种结果情状(变化、移动、损失、得益等)。④ 的句式义是表达"使动态",强调某种事件"致使"某人或某物成为或产生某种情状。"X+ 使 +NP+VP"句式里,X 通

[①] 参看范晓《动词的配价与汉语的把字句》,《中国语文》2001 年第 5 期。

常表示一个事件。① 不同族语的叙述句的句式一般都有主动、被动等句态，但表达句态的语法手段不完全相同。在汉语里，虚词（把、被、使）是表达句态的重要手段。

（二）语气句式的句式义

这是从句子的语气角度来抽象并研究句式。如由特定语气词"吗"构成的"吗"字句式（"你去吗？""他来吗？"之类），句式义是表达"疑问语气"；由特定语气词"了"构成的"了"字句式（"他走了。""孩子哭了。"之类），句式义是表达"陈述语气"。又如语音中的句调（也称"语调"）形式差别可表达不同的语气的句式义，如汉语里降调可表示句式义"陈述"，升调可表示句式义"询问"，加速降调可表示句式义"祈使"，夸张降调可表示句式义"感叹"等；书面上句末标点符号差别也能表达不同的语气的句式义，如句号表达的句式义是"陈述语气"，问号表达的句式义是"询问语气"，叹号表达的句式义是"祈使语气"或"感叹语气"。再如同样表示疑问语气功能，句式不同，表示句式义也有一定的差异：采用特定语气词的"吗"字句式的句式义是表示"是非问"的疑问语气，采用特定疑问代词（"谁、什么、哪里"等）的句式义是表示"特指问"的疑问语气，采用"V不V"格式的句式义是表示"正反问"的疑问语气，采用"A还是B"格式的句式义是表示"选择问"的疑问语气。

（三）完整句句式表达的句式义

句干还不是完整的句子，附加在句干上的语气成分是完整句最重

---

① 表示"事件"的词语，可以是事件性的名词性词语或名物化词语，如"战争使他家破人亡""这个重要发现使他异常兴奋"；也可以是一个主谓短语（"NP+VP"），如"寒风吹来使他清醒了"；也可以是隐含或省略VP的名词性词语，如"寒风[吹来]使他清醒"。

要的标志,所以"句干+语气"构成完整句句式。完整句句式显示出的句式义是指表示句式用途的语用功能意义。表示句干的一般是个词类序列体,表示语气的有语气词、句调(书面上用句末标点符号)。例如:

① "[N₁+V+N₂]+了"句式("张三批评过李四了。"之类)
② "[N₁+V+N₂]+吗"句式("张三批评过李四吗?"之类)
③ "[N+V]+吧!"句式("您说吧!"之类)

上面的一些句式都是"句干+语气"构成的完整句句式,①的句式义是:"陈述某事(施事已经施加动作于受事)";②的句式义是:"询问某事(施事是否已经施加动作于受事)";③的句式义是:"祈使对方干某事"。

(四)句式义与句式构成成分的关系

关于句式义与其构成成分之间的关系问题,Goldberg(1995)重视探讨句子的构式及其意义(相当于"句干句式"及其"句式义"),该书对句子构式经典性的定义是:"基本句子是构式(独立于具体动词而存在的形式和意义的对应体)的实例。也就是说,我们认为构式本身具有意义,该意义独立于句子中的词语而存在。""C 是一个构式,当且仅当 C 是一个形式–意义的配对 <Fi, Si, >,且 C 的形式(Fi)或意义(Si)的某些方面不能从 C 的构成成分或其他先前已有的构式中得到完全预测。""构式本身具有意义,因此句子整体并不是直接由其构成成分决定的。"[①] 这个观点也影响到我国学者,如有的学者也说:"句式有其自身独立于组成成分的整体意义,这个整体意义是无法完全从组成成分

---

① Goldberg: *Construction Grammar* (1995),吴海波译为《构式——论元结构的构式语法研究》第 1、4、10 页,北京大学出版社,2007 年。

推导出来的。"①

　　构式语法强调采取"从整体到整体"的策略来分析、辨识句式义。如果指的是用句式的"整体形式"推导出句式的"整体意义",这本无可非议,因为整体大于部分,句式义当然不可能等于内部某个成分的意义。但问题没那么简单。笔者认为,应该辩证地看待整体和部分的关系:整体是部分的整合或综合,没有部分,哪来整体?整体与部分是互动的、相互依赖的,整体可影响部分,部分也可影响整体。句式整体制约或决定句式内部成分的意义,也只有把握句式的整体意义,才能有效分析具体句式的词类或词语的意义,这是毋庸置疑的;但从句式的形成和规约的角度看,句式的"整体"是由"部分"组成的,句式与其内部原型的构成成分是匹配的。②那些原型的(特别是典型性的)构成成分的意义(包括词类意义和语法意义)参与句式义的构建,构成成分的意义也就不可能对句式义的形成没有影响。因此,要理解规约化了的抽象句式及其句式义,离不开对句式构成部分进行"分析"。只有通过分析句式内那些原型成分的词类意义、词类不同排序形式表示的词类间的关系意义以及由语用功能词(如虚词)标志的语用意义等,才能有效地发现、辨识从而恰当地描述句式义。这种从分析部分、经过整合到理解句式独立的整体意义的策略,可说是"从部分到整体"的策略。这样的分析策略是符合人们发现、辨析、理解句式义的一般思路和正常途径的。由此看来,构式语法认为句式义"不是直接由其构成成分决定

---

① 沈家煊《句式和配价》,《中国语文》2000 年第 4 期。
② 句干句式通常与一些句式的原型成分(包括动词、名词以及某些标记语用功能特定词)匹配构成。以动词来说,与句式具有匹配关系的原型动词的固有意义和通用用法与该动词组成的抽象的句式义有直接的关系。如表示"给予"义的规约化的词类序列组成的"N$_{(指人名词)}$+Vt$_{(给类动词)}$+N$_{(指人名词)}$+N$_{(指物名词)}$"句式,就是由与该句式匹配的典型或原型三价动作动词(如"给、交、送、赠"等具有"给予"义特征的动词)充当动核组成的动核结构跟句法结构结合,并在长期使用中逐步形成的,而一价或二价动词不可能构成这种句式。

的"或"无法完全从组成成分推导出来"的看法似乎有点儿绝对化。事实上,构式语法作者自己也承认"语法分析既是自上而下(从部分到整体)的也是自下而上(从整体到部分)的",还说"动词和构式意义是互动的"。"如果能够充分描述构式和与该构式相联的动词类型的语义特征,绝大多数情况下似乎仍然可以预测"。[①] 用"动词""动词类型的语义特征"来分析句式,这实际上是运用"从部分到整体"的构成成分推导句式义的分析方法。可见,构式语法作者的论述是自相矛盾的。如果根据构式语法片面地强调"从整体到整体"或强调句式义无法从组成成分推导出来的那个构式的经典性的定义,那的确存在着"过分夸大的危险"。[②]

---

① Goldberg《构式——论元结构的构式语法研究》(1995)(吴海波译本)第5、12、17、23、227页,北京大学出版社,2007年。
② Goldberg说:"我认为现在存在某种把这一观点过分夸大的危险:有些生成语法学家认为动词实际上不起任何语法作用,因而句法唯一需要的就是构式。这一观点显然是错误的:我们具有关于个别动词的特征和分布的大量知识。此外,构式的出现有可能就应归结于对动词所做概括的过程。"《构式——论元结构的构式语法研究》(吴海波译本)中文版序,第1页。这说明现在她已经认识到不应过分强调"整体不是直接由其构成成分决定"和"部分"无法预测或推导"整体"的观点。

论句子的合格度

一个句子合格不合格,从宽广的意义上说,涉及的因素很多:有语言因素,也有非语言因素;有语法因素,也有非语法因素。本文所说的合格不合格,是专指语法方面说的:合语法的句子称为合格句,反之称为不合格句。讨论句子合语法或不合语法问题,也就是讨论句子在语法方面的合格度问题。这个问题很重要,不仅有理论意义,而且有实用价值。

一、语言学界的分歧

(一)无争议和有争议的几个实例

关于句子合语法或不合语法问题,国内外语言学界都曾讨论过。以下面 8 个句子(英语例引自乔姆斯基,汉语例引自邢公畹)为例:

① Sincerity may frighten the boy.(汉译:真诚可能使这男孩感到害怕。)
② 这是个主要问题。
③ Furiously sleep ideas green colorless.(汉译:狂怒地睡觉念头绿色的无色的。)
④ 所有的死都石头了。

⑤ Colorless green ideas sleep furiously.（汉译：无色的绿色的念头在狂怒地睡觉。）

⑥ 所有的石头都死了。

⑦ Sincerity bought the boy.（汉译：真诚买了这男孩。）

⑧ 我喝饭。/小王吃拖拉机。/小王修理三角形。

上面例①②在语法上是合格句，人们没有争议；例③④在语法上是不合格句，也没有争议；但是对例⑤⑥⑦⑧这些句子是不是语法合格句，就存在着不同的意见。

（二）国外学界的争议

在国外，乔姆斯基《句法结构》认为例⑤是无意义但合语法的句子，理由是不能把"合语法"（grammatical）这个概念跟任何语义上的"有意义"（meaningful）或"有意味"（significant）这类概念等同起来。① 但在《句法理论的若干问题》里，他改变了看法，认为类似例⑤和例⑦不合语法，理由是这样的句子违反了动词的句法特征制约着的动词与名词之间的选择限制。认为"买"这个动词的句法搭配特征，要求主语是指人名词，宾语不能是抽象名词，而例⑦的主语不是指人名词，也就不合语法。据此还认为 The boy bought sincerity（这男孩买了真诚）也不合语法，因为这句中的宾语是个抽象名词。②

麦考莱不同意乔姆斯基关于词语搭配的选择限制属于语法的观点，他在《语义在语法中的作用》《关于转换语法的基础部分》《名词词组从何而来》等一系列论文中对选择限制提出质疑，认为词语搭配的选择限制是属于语义上的而不是语法上的，认为例⑤⑦这类句子是

---

① N. 乔姆斯基《句法结构》（1957）第8—9页，中国社会科学出版社，1979年。
② 参看徐烈炯《语义学》第149—155页，语文出版社，1990年。

违反语义上的选择限制,而并不违反语法。①

(三)国内学界的争议

在国内,邢公畹认为④⑥⑧这类句子是一种语法不正确、意义有错误的句子,理由是:"语法结构公式的正确性是和真实性相联系的,如果一个组合或句子缺乏真实性,也就是语法上不正确的。"②

文炼不赞同邢的观点,认为"小王吃拖拉机""小王修理三角形"是合语法的,只是词汇选择上有问题。他说:"不顾词汇上的选择关系,依据公式造出'小王吃拖拉机'之类的可笑的句子,那并不能证明公式的错误,只能说明造句的人忘掉了词汇上的选择这个重要条件。"③文炼这种看法跟吕叔湘的观点是一致的。吕叔湘曾指出:"必须区别语法上的选择和词汇上的选择",认为"看见们""又星"之类组合不合语法上的选择,"甜星""吃床"之类组合不合词汇上的选择。④

常敬宇认为"词语搭配的性质归根到底是语义(或称逻辑事理)问题","语言结构公式的正确性的基础是它的真实性","语义决定着语法结构"。这个观点跟邢相同。但是在对例⑥⑧一类句子的分析上却跟邢不相同:邢认为这类句子意义有错误(不真实),所以语法也不正确;而常认为这类句子毛病不在语法方面,而是违反了事理逻辑,在语义上是荒谬的。⑤常的这种观点跟麦考莱类似。

宋玉柱不同意邢和常关于正确性和真实性相联系的观点。他说:"应该把词语组合的正确性和真实性区别开来","正确性是指其结构合于语法上的选择,……真实性是指语言表达的内容合于事理,……前者是语

---

① 参看徐烈炯《语义学》第150—155页,语文出版社,1990年。
② 邢公畹《词语搭配问题是不是语法问题》,《安徽师范大学学报》1978年第6期。
③ 文炼《词语之间的搭配关系》,《中国语文》1982年第1期。
④ 吕叔湘《语言和语言学》,《语文学习》1958年第2号。
⑤ 常敬宇《语义在词语搭配中的作用》,《汉语学习》1990年第6期。

法问题,后者是逻辑问题"。但在分析例⑥⑧这类句子时,又跟常观点相同,即认为这类句子合语法,只是表达内容不合事理、不合逻辑。[1]

吕叔湘、朱德熙认为,"语法不是修辞学,它只管虚字的用法,一般有实在意义的词儿用得对不对,例如'喝饭'的'喝',它是不管的",言下之意是,"喝饭"之类说法不是语法问题,而是修辞问题。[2]上海语言学界曾经讨论过"我喝饭"的问题,也有些人认为这句话不通只能看作是修辞问题而不是语法问题。[3]

汤廷池在谈到句子的"合法"和"不合法"时,区别了句法上的"合法"与"不合法"和语义上的"有意义"和"无意义"以及语用上的"妥当"与"不妥当"。他认为,一个句子"句法上的不合法与句义上的无意义是两个不同的概念"。他以"胖的人都很瘦"和"太阳从西边出来"为例,认为这类句子在句义上是无意义的,但在句法上是完全合法的。[4]

(四)不同见解的小结

综上所述,对例⑤⑥⑦⑧一类句子是否合语法问题,共有两大类五小类不同意见。两大类是:一类认为这类句子合语法,另一类认为不合语法。五小类是:

(1)认为合语法,只是词汇选择上有问题;

(2)认为合语法,只是语义选择上有问题;

(3)认为合语法,只是修辞上有问题;

(4)认为不合语法,因为违反了词的句法特征制约着词语搭配的选择限制;

(5)认为不合语法,因为这类句子内容不真实决定了语法不正确。

---

[1] 宋玉柱《关于词语搭配的正确性和真实性》,《汉语学习》1991年第2期。
[2] 吕叔湘、朱德熙《语法修辞讲话》第4页,开明书店,1952年。
[3] 参看郭绍虞《汉语语法新探》上册第192页,商务印书馆,1979年。
[4] 汤廷池《从句子的"合法"与"不合法"说起》,《语文周刊》1978年第1515期。

笔者曾在《词语组合的选择性》和《谈谈词语的搭配》两篇文章里谈过词语组合或搭配的选择性问题，区别了"句法上的选择""语义上的选择"和"语用上的选择"，认为这类句子合语法，但语义上有问题。[①] 经过进一步研究，笔者现在的认识已有所发展，详见下面论述。

二、句子合语法的基本条件

（一）讨论句子的合格度应注意语法的三个平面

讨论一个句子的合语法或不合语法，应当注意到语法的三个平面，即句法的、语义的、语用的。教学语法里说到语法病句时，常用"用词不当"或"词语搭配不当"或"成分搭配不当"（包括"主谓搭配不当""动宾搭配不当""动补搭配不当""状心搭配不当""定心搭配不当"等）来解释句子的语法错误。其实这种说法是比较含糊的。如果从宽，似乎也可以，有些语法书就是这样分析的；如果从严，则嫌太粗疏、太笼统。如果能用三个平面的理论和方法来评判句子的合语法或不合语法，也许能分析得细密一些、准确一些，也就更实用一些。

（二）句法上要合句法规则（"合法"）

一个句子在句法平面合语法，必须做到合句法规则，这是指词语之间的结合要符合句法功能上的选择规则，即要合乎词类在句法配置中的分布规律。合句法规则可简称为"合法"，反之称为"不合法"。比如动词、形容词在句法上一般可以接受副词的修饰（如"不去、不高、很喜欢、很伟大"），而名词一般不能接受副词修饰（不能说成"不书、

---

① 参看范晓《词语组合的选择性》，《汉语学习》1985年第3期；《谈谈词语的搭配》，《中国语文天地》1986年第1期。

很桌子"之类）；动词、形容词常用来作谓语或谓语中心词，而名词一般不能作谓语，更不能带宾语；副词可以作状语，而不能作谓语；等等。有些句子的语法错误就是由于句法平面上违反了词语组合的句法规则而造成的，例如：

① 参加这次会议，我感到非常荣誉和高兴。
② 小王很智慧，很勇敢。
③ 我愿望我们间有更多的接触。

例①② 句法上状心搭配不当，因为"非常荣誉"和"很智慧"这样的组合违反了副词一般不能修饰名词的句法规则；例② 还可说主谓搭配不当，因为"智慧"这个名词是不能作句子的谓语的。例③ 句法上动宾搭配不当，因为"愿望"是个名词，后边带上了宾语，违反了名词不能带宾语的句法规则。所以例①②③ 这类句子都是不合法的不合格句。

（三）语义上要合语义规则（"合理"）

一个句子在语义平面合语法，必须做到合语义规则，这是指词语之间的搭配要符合语义上的选择，即要合乎词的语义特征类别在语义结构中的选择规律。合语义规则可简称"合理"，反之称为"不合理"。语义上的选择包括两个方面：一是"词汇上的选择"，这是指词语之间组合必须合乎词义上的搭配规律，即必须合乎逻辑、合乎事理，比如"大桌子"这个组合体能成立，是因为"桌子"有"大""小"之类的属性；"读书"这个组合体可成立，是因为"书"是可以供人"读"的。反之"酸桌子"不能成立，是因为"桌子"无"酸""甜"之类属性；"喝书"不能成立，是因为"书"不是液体，是不能像"水""酒"那样供人"喝"的。二是语义结构里词语的选择，如一价动词"死"要选择一个有生命的名词作施事动元（如"人死、牛死"）才能组成动核结构，如果选择无生命的名词作施事动元(如"电灯死、石头死")就是不合理的。有些句子的语法错误不在句法上,而是在语义上,即违反语义上的选择规则或选择限制而造成的,例如:

① 革命先烈的英雄事迹将永远活在我们的心中。
② 人们尽情地呼吸着海水、阳光和新鲜空气。
③ 一踏进大楼,最触目的感觉是又脏又乱。

例①是作主语和谓语的词语在语义上搭配不当,因为"活"这个动词要求有生命的名词作施事主语,而"事迹"不是有生命的名词,不可能有"死""活"这类动作行为的。例②是构成动宾结构的词语在语义上搭配不当,因为"呼吸"这个动作的受事要用表气体的名词表示,而"海水""阳光"都不是气体,在语义平面也就不能构成"动受"结构。例③是作定语和中心语的词语搭配不当,因为"感觉"这个词表示人脑的心理机能,表示"觉得""认为"之意,是一种心理上的行为,所以不能和表示视觉的"触目"搭配。这里的例①②③这类句子都是不合理的不合格句。上面谈到的"我喝饭""所有的石头都死了""小王吃拖拉机"等也属此类。至于"旧时儿子死父亲称为孤子"这样的病句,那是违反了一价动词"死"只能选择一个有生命的名词作施事动元的规则而引起的。①

(四)语用上要合语用规则("合用")

一个句子在语用平面合语法,必须做到合语用规则,这是指词语的搭配或句子的变化必须合乎语用的选择,也即必须合乎一定语境里表达的需要。合语用规则可简称"合用",反之称为"不合用"。"合用"

---

① 这个病句的病根是"死"带上了两个动元(儿子、父亲)。如果改成"旧时儿子的父亲死了称为孤子"或"旧时儿子死了父亲称为孤子",那就不是病句。

与"不合用",决定于能否清楚地、准确地、恰当地表达思想。语用上的"合用",一般的情况下是以语义选择和句法选择为基础的。一个词语组合体通常既合乎语义上的选择,也合乎句法上的选择,也合乎语用上的选择。但有时合乎语用上选择的组合,却不一定合乎语义上的选择或句法上的选择,尤其在运用积极修辞的时候,往往要超脱常规、突破语义或句法的组合规则,比如说"我也来'茅台'一下"这个句子:从句法上看不合法,因为"茅台"是名词,不能作谓语;从语义上看不合理;但从语用上看,是用了修辞手法,在特定语境里是"合用"的。有些句子的错误不在句法上,也不在语义上,而是在语用上,即违反语用的选择规则造成的。例如:

① 我们一定要反对批判唯心主义。
② 为了帮助这几个学生改正错误,王老师对他们进行了尖刻的批评。
③ 请您来讲一次,想来您也会觉得荣幸的。

例① 是一个歧义句,既可理解为"唯心主义"是"反对和批判"的宾语,也可理解为"批判唯心主义"是"反对"的宾语。这个句子易引起误解,传出错误的信息,所以是不合用的。例② 的"尖刻"一词,是说话尖酸刻薄之意,老师对学生批评帮助,说话可以尖锐,但不应尖刻。这句表达不准确,所以也不合用。例③ 的"觉得荣幸"用在请者对被请者的说话里,显然不恰当,也不合用。可见,这里的例①②③ 都是不合用的不合格句。

(五)句法规则跟语义规则有密切的联系

一般地说,词语句法功能上的选择是以语义上的选择作为基础的。比如名词之所以能跟形容词结合,是因为名词大都表示事物,事物一般具有性状特征,而形容词大都表示性状;语义上事物可跟性状搭配在一起,句法功能上便表现为名词可以跟形容词结合在一起。但句法功能上的选择和语义上的选择有时也会发生矛盾,表现在:句法上合法的,语义上却不合理,如"甜星""喝饭"之类;或者语义上合理的,句法上却不合法,如"问题主要""孩子男"之类。这是因为:前者涉及语义上更细的次范畴分类,比如"甜"这个形容词有味觉的语义特征,要求跟食物名词相配,而"星"不是食物,"甜星"这样的组合就不合理;后者涉及句法上的更细密的规则,任何语义上能搭配的词语,必须按照一定的句法规则组合,"主要问题""男孩子"合句法规则,倒过来则不合汉语句法规则。

(六)语用规则跟说话者的表达意图与语境有密切的联系

在一般情况下,合法合理的句子往往是合用的,而不合法不合理、合法不合理或合理不合法的句子则往往不合用。但也不是绝对的。在某种情况下,合法合理的也可能不合用,如"我们一定要反对批判唯心主义""王老师对学生进行尖刻的批评"之类便是。相反,在一定条件下,某些句子的某些组合存在着合法不合理或合理不合法,甚至不合法不合理的情形,但整个句子却是合用的,例如:

① 石头不会死,因为它没有生命。
② 我只有"杂感"而已。连"杂感"也被"放进了应该去的地方"时,我于是只有"而已"而已。
③ "又星"和"看见们"是不合语法的组合。

这里例①"石头死"不合理,但用于否定结构成了合用的句子。例②"而已"是个叹词,在句中作谓语中心词、带宾语,本来是不合法的,但在鲁迅《而已集·题辞》里作为一种修辞手法用"而已"代替动词

"叹气",就合用了。例③"又星""看见们"既不合法也不合理,但作判断句的主语时这样的句子还是合用的。

三、关于"词汇上的选择"和"语义上的选择"

(一)要准确、恰当地解释"词汇上的选择"和"语义上的选择"

"词汇上的选择"和"语义上的选择"这两种说法目前很流行,但人们有不同的理解。什么是词汇上的选择?什么是语义上的选择?它们跟语法的合法或不合法有什么关系?这些问题必须给以准确的、恰当的解释。如果不加限定,那就很可能把句子或词语搭配中的语言因素和非语言因素,或者把语法因素和非语法因素混淆起来,从而把一些语法上的病句说成非语法病句,或者把非语法上有问题的句子说成语法病句。

(二)关于"词汇上的选择"

关于"词汇上的选择",有几种解释。一种以吕叔湘为代表,他认为词汇上的选择是由"词汇意义的限制"而造成的,如"甜星""吃床"之类。并认为词汇上的选择属词汇问题而不是语法上的。[1] 叶圣陶也有类似的看法,认为"喝饭""打败巡逻"之类都是词汇上"搭不拢"。[2] 另一种以文炼为代表,他认为词汇上的选择除了"甜星""吃床"之类外,还有一类,例如"我们一定要克服骄傲","克服"和"骄傲"不能搭配也是词汇上的选择。他指出:"这里所说的词汇上的选择不同于……

---

[1] 吕叔湘《语言和语言学》,《语文学习》1958年第2号。
[2] 参看叶圣陶《类乎"喝饭"的说法》,《人民日报》1950年5月24日。

'吃床''甜星'之类。'吃床'的问题可以从指称意义上加以说明,而'克服骄傲'只能从语言习惯上加以解释。这种习惯,如果找出规律的话……已经是语法上的说明了。"[①]这样看来,文炼实际上把词汇的选择分为两类:"吃床"之类是纯属于词汇上的,"克服骄傲"之类是既属于词汇上的,也属于语法上的。笔者认为,倘若用三个平面的理论来分析上述两类,实际上都属于语法上的选择。"甜星""吃床"跟"喝饭""石头死"同类,都是语法上的语义平面不合理,是违反了语义上的选择限制;而"克服骄傲"和"打败巡逻"同类,是违反了非谓宾动词不能带谓词宾语的句法规则,都是语法上的句法平面不合法。

(三)应区别"词汇上的选择"和"语法上的选择"

词汇和语法属于语言的不同层面的范畴,所以应当把词汇上的选择和语法上的选择严格区别开来,也就是把词语组合的选择性中单纯词汇上的原因跟语法上的原因区别开来。这就要对"词汇上的选择"给以恰当的解释。先看实例:

① 凡高校本科毕业生或具有同等学力的都可报考。
② 明天咱们去公园白相好吗?
③ 他们正在开垦地。

这些句子语法上合法、合理,错误都出在词汇上。例①因误解词义而将"学力"误用为"学历"。例②的"白相"是方言词,用在普通话句子里显然不妥。例③"开垦地"一般不说(通常说"开垦荒地")。这样看来,词汇上的选择似可限定在非语法原因造成的词语搭配不当或用词不当上比较合适。

---

① 文炼《词语之间的搭配关系》,《中国语文》1982 年第 1 期。

（四）关于"语义上的选择"

关于"语义上的选择"，人们也有不同的看法。主要有两种：一种是狭义地理解的语义上的选择，把语义限制在语法范围内，即把语义上的选择看作词语搭配在语法的语义平面上的选择，如"我喝饭""石头死"之类便是违反了这种语义上的选择限制。主张区分语法三个平面的多持此观点。笔者也持有这种看法。另一种是广义地理解的语义上的选择，不仅把"喝饭""石头死"之类看作语义上的选择，而且还把词汇意义、逻辑意义甚至思想内容上的问题也看作语义上的选择。如麦考莱把"那个电子是绿色的"这样的句子不能成立也看作是违反语义上的选择限制。[①] 常敬宇、宋玉柱也持有这种观点，他们把"一个骆驼掉在茶杯里淹死了"之类句子内容上的荒谬也认为是语义搭配上的问题。[②]

（五）语法的语义跟事理意义、逻辑意义、词汇意义的关系

把词汇意义、逻辑意义甚至思想内容上的问题也看作语义上的选择，这是把语法上所说的语义和词汇意义、逻辑意义甚至思想内容混淆起来了。看不到它们的区别是不妥的，但如果认为它们之间没有任何的关系，同样是不妥的。事实上，它们之间既有联系，也有区别。表现在：一个句子的语法的语义平面有问题，往往跟事理意义、逻辑意义、词汇意义有一定的关联，比如"石头死了"这个句子违反语法上的语义选择限制，从根源上看，它是违反事理、违反逻辑的，因而在词汇意义上也不能搭配。这是因为事理意义、逻辑意义是词汇意义的基础，而词

[①] 参看徐烈炯《语义学》第150—155页，语文出版社，1990年。
[②] 常敬宇《语义在词语搭配中的作用》，《汉语学习》1990年第6期；宋玉柱《关于词语搭配的正确性和真实性》，《汉语学习》1991年第2期。

汇意义又是语法中语义的基础。但是语法中的语义跟词汇意义、逻辑意义、事理意义毕竟没有必然的联系。例如：

  ① 鲸鱼是鱼。
  ② 太阳从西边升起来了。
  ③ 大学生应该刻苦学习，我不是大学生，所以不必刻苦学习。
  ④ 儿子三岁了，明天是他的寿辰，我要送给他一件礼物。

这些句子是有问题的。但它们跟"我喝饭""石头死"之类性质不一样。这些句子并不是违反语法上的语义选择限制，而是语法意义以外的意义有问题。例①②都是事理意义有问题，因为句子反映的内容不符合客观实际。例③犯了结论超出前提范围的逻辑错误。例④"生日"误用为"寿辰"，是误解词汇意义而造成的错误。上述分析表明，语法中说的语义跟事理意义、逻辑意义、词汇意义虽有联系，但并不完全对当。因此，在语法上讲语义的选择限制，控制在语法的语义平面比较合适，而不宜扩大到广义的语义（或"意义"）。

（六）应区别"不合语法"和"不合事实"

  句子结构上的合不合语法和句子内容上的合不合事实是两码事，前者属于语法范围，后者属于百科知识范畴。因此，在评判句子合语法或不合语法时，应把句子语法结构的合法不合法或合理不合理跟句子内容的合实不合实（合不合客观事实）区别开来。有些句子命题是假的或内容是不真实的，但语法结构上却是合法合理的，如"鲸鱼是鱼""那个电子是绿色的""一加一小于一""太阳从西边升起来了"等句子便是。这类句子在句法上合法一般没有争议，可是它们在语义上合理却常不被人理解。"鲸鱼"和"鱼"在这句里作主语和宾语符合语义上起事和止事的类属关系，所以在语义上是合理的。"一加一小于一"也不合事实,但这句里动词"小于"的宾语是表数名词,这符合"小于"在语义上的选择规则,所以这句在语义上也是合理的。骗子说出的句子,内容往往不真实,但句子结构却不一定不合法不合理。神话童话及某些文艺作品里有些句子所反映的内容在现实中并不存在,可是句子结构却合法合理。人们由于受知识水平的局限而说出了一些不合事实的句子,这些句子也不一定不合法不合理。还有,科学上目前有些问题还在争论,不同的观点很难断定谁是谁非,表现不同观点的句子也都可以是合法合理的。相反,内容符合实际的句子,也可能在语法上有错误。

四、孤立句和语境句

(一)应区别孤立句和语境句

评判一个句子合语法或不合语法,总是着眼于具体的句子,即一个个句例。[①] 这种具体的句子有两种类型:一种是孤立句,一种是语境句。虽然这两种句子都是由具体的词语按照一定的语法格式组成的,但实际情形不完全一样,如果不加分别,笼而统之地讨论一个句子在语法上的合格或不合格,也许各说各的,很难有共同的语言。

孤立句是指脱离语境跟现实不相联系的孤立地存在的句子,它是以静态面貌出现的,也可称作静态句。例如:

① 今天是星期日。(老师在课堂上讲判断句时的举例)
② 他来吗?(老师在课堂上讲疑问句时的举例)

[①] 由具体词语构成的具体句(句例)跟由抽象的词类范畴构成的抽象句(如"名+动+语气"之类)是有区别的。

语境句是指跟一定语境或某种现实相联系的句子,它是以动态面貌出现的、在言语表达中实际使用着的,也可称作动态句。例如:

① 萧长春忘了吃饭,瞪着两只眼睛听着。领导讲的话一句一句都吃到他的心里了。
② 上面那石头有点儿不高兴。
③ 甲问:今天是星期几?乙答:今天是星期六。

例①引自文艺小说,例②引自童话作品,例③"今天是星期六"是1992年2月1日说的话(当天就是星期六)。这几句都是语境句,因为跟语境和现实联系着的。但如果从语境里把"领导同志讲的话一句一句都吃到他的心里了""上面那石头有点儿不高兴"等句子抽出来,那就脱离了语境,也就成了孤立句。

(二)孤立句语法上合格但语境句语法上不合格的句子

评判表面同一形式的孤立句和语境句合不合语法,结论不一定一致。有些句子从孤立句角度来看在语法上是合格的,但从语境句角度分析却是不合格的。例如:

① 你别明天来,我去找你。
② 北方能大量种水稻吗?(报纸上的标题句。该文旨在改变某些人认为北方不能大量种水稻的看法)
③ 小朋友为您服务!(一个儿童用品商店里面对顾客的墙壁上张贴着的标语)

例①中"你别明天来"抽出来作为孤立句,无疑是合语法的。但作为语境句,根据下文,这个句子否定的重点应在"来"上。[①] 如果说成"你

[①] 参看吕叔湘《疑问·否定·肯定》,《中国语文》1985年第4期。

明天别来"或"明天你别来",前后就连贯了。现在这个句子的否定重点却在"明天"上,和下文"我去找你"失却了照应。所以这是一个在语法的语用平面有问题的句子,即不合用的句子。例②如果抽去语境作为孤立句,是完全合语法的。但这里作为语境句就不合用。如果改为反问句"北方不能大量种水稻吗"就合用了。例③的"小朋友"本意是招呼语,应当用标点断开。而现在"小朋友"成了施事主语,给人的印象是该商店的营业员都是小孩儿,显然是不合用的。诸如"我们应当避免今后工作上不发生错误""这是五千年前出土的文物"之类句子,作为孤立句是合语法的,但作为语境句则不合用。

(三)孤立句语法上不合格但语境句语法上合格的句子

有些句子从孤立句角度看是不合格的,但从语境句角度分析却是合格的。例如:

① 一个被称为"钢牙"的法国人,迄今已吃掉了10辆自行车、7台电视机和数不清的刀片、玻璃瓶。……"钢牙"已被列入吉尼斯世界纪录大全。

② 鞋子听了老工人的话,觉得奇怪起来。

③ 小王小李今天都戴了帽子,小王是皮帽子,小李是呢帽子。

例①引自报纸报道的客观存在的事实。如果从这个语境句中抽出孤立句"一个人吃掉了10辆自行车"就跟"小王吃拖拉机""我喝饭"之类句子一样,在语义上不合理,也就不合用;但在上边这个语境句里,就成为合用的了。例②引自叶圣陶的童话作品,如果从童话里抽出来,作为脱离语境的孤立句,显然在语义上不合理,在语用上也就不合用;但在童话里却是合用的。例③如果把"小王是皮帽子""小李是呢帽子"抽出来作为孤立句,则违反了判断动词"是"前后两个动元应当是同一或类属的语义规则,成了不合理、不合用的句子;但作为语境句,借助于上文知道省略或隐含了一定的语义成分,所以不会误解,是合用的。文艺作品的修辞语境里作为孤立句不合用而作为语境句合用的实例是很多的。

(四)评判孤立句合格不合格的主要标准

就孤立句而言,由于它是静态的,所以句法上合法、语义上合理是评判它在语法上合格不合格的主要标准。孤立句合格不合格的情形,可概括为如下四类:

(1)合法合理的句子,是合格句,如"今天是星期六"。

(2)合理不合法的句子,是不合格句,如"这个问题主要"。

(3)合法不合理的句子,是不合格句,如"我喝了两碗饭"。

(4)不合法不合理的句子,是不合格句,如"所有的死都石头了"。

需要说明的是,在有的孤立句里,充当句子某个成分的组合体合法不合理,或合理不合法,或既不合法也不合理,但整个句子却是合法合理的合格句,是完全可以接受的。比如某些表面不合理的"是"字句(如当介绍生肖时说"我是牛、他是马")和某些错误的组合体(如"又星、喝饭、所有的死都石头了")以及麦考莱提到的某些内包结构的句子(如"我梦见牙刷怀孕了"之类)和某些否定结构的句子(如"石头不会得糖尿病"之类)都属这种情形。

(五)评判语境句合格不合格的主要标准

就语境句而言,由于它是动态的,是有一定表达目的而在现实生活中实际使用着的,所以,考察它合语法或不合语法时,除了看句法、语义外,还要看语用。是否合用是评判它在语法上合格或不合格的主要标准。语境句的情形,可概括为如下八类:

（1）合法合理合用的句子，是完全合语法的，是合格句。如"我躺在父亲的怀里，心里安静多了"。

（2）不合法不合理不合用的句子，是完全不合语法的句子，是不合格句。神经错乱者说出的由一些杂乱词语堆砌成的不合法不合理的谁也听不懂的所谓句子便是。

（3）合法合理但不合用的句子，是不合格句。如吕叔湘曾举过一例：今年游行，女同志一律不准穿裤子（游行筹备组开会时，一位女同志宣布的）。

（4）合法不合理不合用的句子，是不合格句，如"今天到会的人十分茂盛……没有到的请举手"（传说是军阀韩复榘说的）。

（5）合理不合法不合用的句子，是不合格句，如"我愿望我们间有更多的交往，以便增进友谊"。

（6）合法不合理但合用的句子，是合格句，如叶圣陶童话作品里的句子："鞋子听了老工人的话，觉得奇怪起来。

（7）合理不合法但合用的句子，是合格句，如鲁迅《社戏》里的句子："或者因为高等动物了的缘故罢，黄牛水牛都欺生，敢于欺侮我"。

（8）不合理不合法但合用的句子，是合格句，如杜甫《秋兴》的诗句："香稻啄余鹦鹉粒，碧梧栖老凤凰枝"。

在现实的话语里：（1）类句占绝大多数；（2）类句很难找到；语法病句主要是指（3）（4）（5）这几类；（6）（7）（8）类虽然合用，但用得相对比较少，主要出现在文艺作品里，它们离开了语境是不能成立的。

"小句中枢"问题讨论的思考
——兼论:构建汉语语法体系问题

一、汉语语法体系需要革新

(一)"小句中枢"问题的讨论很有必要

20世纪30年代末至40年代初,我国展开过一场"文法革新讨论"。当时讨论的重点是词类问题,但也涉及如何构建汉语语法体系的问题(如汉语语法采取"一线制"还是"双轨制"的问题,以"词论"为主还是以"句论"为主的问题,汉语语法学的对象问题,汉语和外语以及古汉语和现代汉语能否采用"同一间架"问题,等等)。[①] 虽然在讨论中对如何构建汉语语法体系存在着分歧,但大家认为汉语语法学应摆脱机械模仿、应根据汉语事实缔造汉语语法体系的观点是值得发扬的。这场讨论对此后的汉语语法研究和构建汉语语法体系产生了很大的影响。

现在,《汉语学报》开辟专栏准备成系列地对"小句中枢"问题进行时间较长的讨论。讨论这个问题很有必要,因为也涉及如何构建汉

---

① 这场讨论"涉及的范围相当广,举凡与文法体制有关的方面大体都已讨论到"。参看陈望道《中国文法革新论丛·序言》,《中国文法革新论丛》,商务印书馆,1987年。

语语法体系的问题。目前汉语语法学体系林立,各家提出的语法体系都有自己的理论和方法,用的术语也不完全相同。这给学习者带来不少困惑。经常有人提出这样的问题:究竟哪种语法体系更符合汉语语法的实际?哪种语法体系更有用?也有人认为学习语法没多大用处,以至中学的语法教学被"淡化",有些大学中文系的语法课受冷遇。这究竟是为什么?是语法本身不重要还是语法学家构建的汉语语法体系有问题?也许还有其他的原因。但不能不看到,某些语法教科书所代表的语法体系内容有问题也是一个重要的因素。如果语法体系有问题,那就需要革新。"词组本位""字本位""小句中枢"等理论的提出,实际上是对以往传统语法体系的某种程度的否定,也是旨在对汉语语法体系进行革新。

如果说20世纪的"文法革新讨论"是我国语法学史上第一次有关汉语语法革新的讨论,那么这一次《汉语学报》发动的"小句中枢"问题的讨论也有可能成为我国语法学史上的第二次汉语语法革新的讨论。当然这还得看这场讨论的规模、讨论所产生的实际成果和社会效果,以及在汉语语法学史上所产生的影响。

(二)语法体系和语法系统

人们常把"语法体系"和"语法系统"当作同义术语,而且把客观的事实和主观对客观的表述混在一起。实际是:在一种情况下,指的是语法事实中存在着的语法系统,这是客观的、不以人们的意志为转移的语法系统,它存在于使用说该语言的社会人群的头脑中,存在于他们说出或写出的话语之中;在另一种情况下,指的是语法学家根据自己的语法理论所构建的语法系统,这是一种对客观语法系统的主观的、理性的表述系统。为了避免歧义,本文把客观存在的语法系统称作"语法系统",把主观构建的语法系统称作"语法体系"。

（三）评判汉语语法体系高下的标准

各种语法体系在汉语语法史上都起过一定的作用，都有一定的贡献。但对各种汉语语法体系作一比较，平心而论，也还是有高下之别的。评判汉语语法体系高下的标准是什么呢？本文定为"两性"，即科学性、实用性。

科学性主要表现在人们主观构建的汉语语法体系要尽可能符合客观存在的汉语语法系统。任何一种理性的抽象如果能做到主观符合客观就是科学的，所以主观构建的汉语语法体系越是符合客观的汉语语法系统，就越是科学。在"文法革新讨论"时，陈望道提出"妥帖、简洁、完备"作为评判语法体系高下的标准。[1] 笔者认为这三条可以总结为一点，就是科学性，因为不妥帖、不简洁、不完备的语法体系一定不合理，也就不可能符合科学性。

再说实用性。一般说，构建一个语法体系总有一定的实用目的。当前，语法的实用目的主要有两个：一个是语言教学（包括对内汉语教学和对外汉语教学），另一个是自然语言的信息处理。这两个目的对汉语语法体系的要求不完全一样。"文法革新讨论"涉及的是语言教学，现在讨论构建汉语语法体系，就要考虑到上述两个方面的语言应用问题。但目前语法学界所提的一些汉语语法体系主要还是从语言教学角度着眼的。其实，为语言教学的目的而构建的汉语语法体系对语言的信息处理也是有参考价值的，这是因为语言信息处理构建的语法体系比教学语法体系虽然要细密得多，但科学的理论体系是可以互通的。

最近几十年来人们构建的一些汉语语法体系，以及我们现在正在进行的汉语语法体系如何革新的讨论，根本目的就是为了使汉语语法

---

[1] 参看陈望道《答复对于中国文法革新讨论的批评》，《中国文法革新论丛》，商务印书馆，1987年。

体系更科学、更实用。科学性是实用性的基础,不能想象一个不具有科学性的语法体系会有很大的实用性。但是从实用角度来看,仅仅科学性还不够,还要在"理论体系"的基础上针对某种实用目的构建相应的应用体系。所以应当把语法学的"理论体系"与针对具体的实践目的构建的"应用体系"区别开来。本文侧重讨论理论体系,附带谈到应用体系。

二、"小句中枢"说评议

(一)"小句中枢"说的优点

有比较才能看出高下。先看有代表性的各家的汉语语法体系:马建忠《马氏文通》的"词本位"以词类作为主要研究对象,该体系是以词为基点、为纲缔造起来的。尽管它对汉语语法学的建立作出了重大的贡献,但体系存在着严重的缺点,主要是机械模仿西洋语法而忽略了汉语语法的个性。[1] "词本位"的语法体系对于词形变化发达的语言来说,也许有一定的合理性;但汉语语法与西方语法比较,其最大的特点是缺乏西方语言那种词的形态变化,"词本位"的语法体系不符合汉语的实际。黎锦熙《新著国语文法》标榜为"句本位"语法体系,但实际上并不是真正的"句子本位",而是"句法成分本位"[2],该体系的核心内容是中心词分析法和"以句辨品"的词类区分法。尽管它对现代汉语语法学的建立和普及作出了很大的贡献,但体系也存在严重的缺点,主要是它的中心词分析法忽视了句法结构的层次性,它的"以句辨品"法脱离了汉语语法的实际,所以科学性也就打折扣了。朱德熙提

---

[1] 参看陈望道等著《中国文法革新论丛》第 14—18 页,商务印书馆,1987 年。
[2] 参看李宇明《汉语语法本位论评》,《世界汉语教学》1997 年第 1 期。

倡"词组本位"。[1] 这种理论的优点是科学地说明了汉语的词类和句法的关系问题（在"词组"层面根据词的句法分布划分词类），通过对"词组"结构的描写来说明复合词和句子的结构，打通了词组与复合词、句子在句法结构上的内在联系，较好地描写了汉语语法的句法系统。该语法体系在语法的句法结构平面的分析上比较科学；缺点是这种语法体系侧重于句法分析，而对句子的语义和语用分析还缺乏足够的重视（虽然也意识到句子还有语义和表达），而且也很难以"词组"为基点来说明句子中的语义、语用方面的全部内容（特别是语用表达方面的）。可见这种语法体系也还有一定的局限性。徐通锵提倡"字本位"，[2] 这种理论重视汉语语法特点的精神是好的，但把"词"取消而以"字"（方块字）作为语法结构的基本单位的"字本位"观点很难说在理论上是进步。"字本位"说跟"语素本位"说没有本质上的差别。如果以语素（或"字"）为出发点自下而上来构建汉语语法体系，也不是不可以。[3] 这可以回避汉语中词跟短语的划界，但付出的代价是否定了词是语法的或造句的基本单位这个语言的共性；更何况，语素本质上是词素，研究语素主要用来说明词法，用它说明句子结构就得绕几道弯，用它来说明语用表达那更是一种奢求。

再来看邢福义的"小句中枢"说。[4] 此理论认为：小句在各种实体中所包含的语法因素最为齐备；小句处于"联络中心"的位置，跟其他

---

[1] 参看朱德熙《语法分析和语法体系》，《中国语文》1982 年第 1 期；《语法讲义》，商务印书馆，1982 年；《语法答问》，商务印书馆，1985 年。

[2] 参看徐通锵《"字"和汉语的句法结构》，《世界汉语教学》1994 年第 2 期；《语言论》第 11 页，东北师范大学出版社，1997 年；《字和汉语义句法的基本结构原理》，《语言文字应用》2001 年第 1 期。另可参看潘文国《字本位与汉语研究》，华东师范大学出版社，2002 年。

[3] 结构主义学派的学者格里森说语法学是研究"语素和语素联结"的学科，这似可看作"语素本位"说。

[4] 参看邢福义《小句中枢说》，《中国语文》1995 年第 6 期。

语法实体都有直接联系;小句能够控制和约束其他语法实体,成为其他语法实体所从属所依托的核心;小句还有"三律"(成活律、包容律和联结律);所以小句处于汉语语法系统的"中枢"地位。与上述各种汉语语法体系比较,"小句中枢"说构成的汉语语法体系可以说是胜人一筹。理由是:

第一,"小句中枢"说构建的语法体系内容比较完备。语法是多侧面、多角度的,即任何一个句子都存在着"三维"(句法、语义和语用三个平面)或"三角"(语形、语里、语用)。以往的汉语语法体系或侧重于描述词类系统,或侧重于描述短语和句子内部的句法系统,而对语法中的语义和语用表达问题则不涉及或很少涉及。"小句中枢"体系不但要研究语形,还要研究语里,并比较重视语法中的语用问题。如提出"小句成活律"的观点,强调要揭示小句成型和生效的必要条件,要研究句子的语气和说话者意志的有效表达;在"小句包容律"中提出要研究其他句子特有因素(语用成分、成分逆置现象、成分共用现象等)。这样的语法体系比较符合语法的客观实际,比之其他"本位"说所构建的体系在内容上更完整、更丰富。

第二,"小句中枢"说做到了理论观点和表述内容的统一。过去有些语法体系的理论观点和实际的表述内容存在着脱节现象。比如《马氏文通》,该书《例言》中说:"是书本旨,专论句读,而句读集字所成者也。惟字之在句读也必有其所,而字字相配必从其类,类别而后进论夫句读焉。"[①] 从这段话里可以看出该书的观点:一是"句读"是其体系最重要的语法单位,是研究的直接对象,是体系追求的目标;二是通过字类(即词类)来说明句读。观其"是书本旨,专论句读"的立论,未尝不可说是"句读本位"。但从实际表述内容而言,该书以词为基点、为重

---

① 马建忠《马氏文通》,商务印书馆,1983年。

点（全书十卷，句读只有一卷，是全书的十分之一；字类有八卷，是全书的十分之八），说它"专论词类"也不为过，所以人们称该书的体系是"词本位"语法。可见该书的理论观点和表述内容是脱节的。再如《新著国语文法》，自称是用"句本位"理论建立起来的。该书说："'句本位'的文法，退而'分析'，便是词类的细目；进而'综合'，便成了段落篇章的大观。"又说："先理会综合的宏纲（句子），再从事于分析的细目（词类）。"从这些话里可看出"句本位"的理论是以句子为中心或中枢的。但从实际表述内容而言，该书的重点却放在句法成分上，是以句法成分为纲建立体系的（以词在句中的句法成分来确定词类，根据句法成分来划分实体词的"实位"，进而论述句法成分的复杂化以及复句等）。所以《新著》的语法体系实际上是"句法成分本位"。这表明该书表述内容跟它说的句子是"宏纲""中心"的理论也是脱节的。

"小句中枢"说强调"小句"是中枢，认为小句在汉语语法系统中居于"中枢的地位"，是各语法实体的"联络中心"："在说话方式上，小句同语气相联系；在内部构件上，小句同词和短语相联系；在外部组合上，小句同复句和句群相联系。"根据"小句中枢"说这样的理论观点著述的《汉语语法学》，其汉语语法体系的表述框架是："小句→小句构件（词和短语）→小句联结（复句）"。这个表述框架所反映的内容跟"小句中枢"的理论基本上是一致的。跟《文通》《新著》相比，"小句中枢"说做到了理论观点和表述内容的统一。

第三，"小句中枢"说中的"中枢"比"本位"说的"本位"所指更明确。"本位"的含义可以有各种理解：如"基本单位"、"基础"、"基点"、"标准"、"本体"、"坐标"、"观察点"、"出发点"（或"起始点"）、"纲"、"中枢"、"中心"（或"核心"）、"重点"、"研究对象"（或目标）等，都可以理解为"本位"。如果着眼于语法单位，可以依据上述的某一理解定位于某个单位，如说"词本位""词组本位""句本位"等。如果着眼于语法的某一方面定位,如说"句法本位""语义本位""语用本位"等。有些没有直说用何种"本位"的语法体系,究竟说它是什么"本位",人们很可能会莫衷一是。总之,"本位"是个很模糊的概念。不同的"本位"观构建的语法体系不可能相同,即使对"本位"的含义理解相同,构建的语法体系也未必相同(如都认为"基本单位"是"本位",但由于对何种语法单位是基本单位有不同的认识,构建的体系也不会一样)。在如此众多的"本位"观前面,人们很难取得共识,于是乎"复本位""多本位""移动本位"说都提出来了,无怪乎有的学者主张"无本位"说,[①]那也是对"本位"感到迷茫而发出的无可奈何的否定。事实是,提到"本位"这个术语也好,不提到也好,人们都可依据自己所理解的那个"本位"构建汉语语法体系。"小句中枢"说避开"本位"而用"中枢"命名,含义比较明确,是明智的。

(二)"小句中枢"说存在的问题

"小句中枢"说的优点应该肯定。但也还存在着一些问题。主要是:

第一,有的内容似不应纳入现代汉语语法体系。依据"小句中枢"说著述的《汉语语法学》提出要用"大三角"(普-方-古)方法来描述现代汉语语法,即在分析普通话语法现象时,要"以'普'为基角,撑开'方'角和'古'角",要"深入发掘方言事实的结论和有关材料","考察所研究的对象在方言里有什么样的表现,以方言印证普通话","看古代近代汉语里有什么样的表现,以古印证今"。[②]这些话如果泛论汉语语法的研究方法或对某语法现象进行专题研究时,讨论或论证"普、方、古"之间的关系是无可非议的;如果指在语法教科书里涉及现代汉语语法的某些现象(比如古汉语的遗迹或受方言语法的影响)时适

[①] 参看邵敬敏《80到90年代的现代汉语语法研究》,《世界汉语教学》1998年第4期。
[②] 邢福义《汉语语法学》第四章第二节,东北师范大学出版社,1996年。

当地用古汉语或方言进行印证性的解释，那也是可以的。但如果对普通话的每一种语法现象都要考察它们在方言里和古汉语里"有什么样的表现"，并全面地用"以方证普"和"以古证今"来构建以"普"为主兼及"方""古"的"普、方、古"汉语语法体系，那就不是单纯的现代汉语语法体系。可见，如果用"大三角"来构建现代汉语语法体系，把"方""古"的语法事实当作必备的内容而纳入普通话语法体系，乃至描写现代汉语语法并编成教材，似欠妥帖。

第二，在小句有没有"独立性"的问题上说法有矛盾之处。关于小句有没有独立性的问题，目前有三种看法：一种认为小句是指"不独立的句子"，认为"复句里的分句或做句子成分的主谓短语都是小句"，[①]那就是小句没有独立性。另一种认为小句有两种，即"独立小句"（即单句）和"非独立小句"（即分句）。那就是单句有独立性，分句无独立性，如吕叔湘的《汉语语法分析问题》就持此观点。[②]再有一种是"小句中枢"说的观点：一方面认为小句是具有"独立性的语法单位"，小句"具有独立性"（独立性"是指一个小句不包含在另一个小句之中"）；另一方面却又认为小句中的分句不独立（说"复句一旦形成，其中的小句便不再是独立的"）。[③]那就是小句中的分句既有独立性，又无独立性，这在理论上陷于自相矛盾。

一个语法结构体是否具有独立性，要看它在言语中是不是一个能单独成立的句子。凡是单独成立的都具有独立性，凡不是单独成立（尽管抽出来可以单独成立）而在一个统一的句子里作某个成分或分句的，就不具有独立性。说白一点就是：作为单句的小句具有独立性，不

[①] 参看吕叔湘主编《现代汉语八百词》第 6 页，商务印书馆，1980 年；王维贤主编《语法学词典》第 359 页，浙江教育出版社，1992 年。

[②] 参看吕叔湘《汉语语法分析问题》第 29 页，商务印书馆，1979 年。

[③] 参看邢福义《小句中枢说》，《中国语文》1995 年第 6 期；《汉语语法学》第 14、301 页，东北师范大学出版社，1996 年。

是单句的小句不具有独立性。这样在理论上就能圆说。

第三，说小句都能成活，似可再酌。要讨论小句能否成活的问题，首先要明确"成活"的条件。"小句中枢"说提出"成活"的条件是：有"可成句构件语法单位""句子语气""意旨的有效表达"等，这些都是正确的。可以更简明地用"独立性+表述性"来概括"成活"的最基本的要素。"独立性"是指它在言语交际中能独立进行表达，"表述性"是指能表述"一个完整的思想+一种有效的意图"。"独立性+表述性"的形式特征是：有一定的语气、语调（句调）或语气词，在口语中有较大的停顿，在书面上通常用句号、问号、叹号、分号等。人们说出话语表达思想，总是一句一句地说的，所以句子（包括单句和复句）都有"独立性+表述性"，它们都能独立表达一个完整的思想，也就是都能"成活"。

"小句中枢"说的小句有两类：一类是单句，它具有独立性和表述性，能成活没有问题；另一类是复句中的分句，分句是否都能成活就有疑问。"小句中枢"说认为"复句一旦形成，其中的小句便不再是独立的"，这话是对的。既然"不再独立"，书面上也就只能用逗号，不能用表示"独立性"的标点符号，分句似乎谈不上"成活"。但"小句中枢"说又认为分句"带有特定的句子语气"，因此能"成活"。[①]的确，陈述、疑问、祈使、感叹之类语气是独立性和表述性的重要标志，问题是分句是不是都有这类语气。在某些复句中，分句抽出来往往能够单独成立，并表达特定的语气，如"哥哥在唱歌，妹妹在跳舞""你是田家的媳妇，我就不是田家的媳妇吗"中的分句，抽出来能成为一个既有独立性又有表述性的单句，从这个意义上说，当然能够成活。但在另一些复句中，分句单独抽出来没有独立性语气和语调，如"他吃了饭，挥了挥手，就走了""因为下雨，所以我不去了""孩子越不听话，我就越生气"这

[①] 参看邢福义《小句中枢说》，《中国语文》1995年第6期；《汉语语法学》第15页，东北师范大学出版社，1996年。

几个复句,都表达了一个完整的意思,表述了一定的意旨,全句有统一的语气和语调。但如果把上面复句里的某个分句独立出来,则不能成立,也就不能成活,比较:

① a. ? 他吃了饭, ① b. 他吃了饭了。
② a. ? 孩子越不听话, ② b. 孩子不听话了。
③ a. ? 因为下雨, ③ b. 下雨了。

上述①②③a 都是复句中的分句,单独拿出来就缺少"完句"的语气成分,人家一听就觉得句子"意犹未尽",还没说完,就不能表述一个完整意旨或体现一个特定的意图,不能单独"成立""生效",也就不能"成活"。相反,①②③b 都是单句,都具有独立性和表述性,所以都能成立,都能"成活"。可见,把分句全都看成具有独立性和表述性的能"成活"的语法单位是可以再斟酌的。

"小句中枢"说所谓的"小句",实际上包含着单句和分句:前者是能单说、单用,即能单独成立或成活的独立小句(或称"自由小句");后者是不能单说、单用,即不能单独成立或成活的黏着小句(或称"不独立小句")。如果把"成活律"看作语法单位"中枢"地位的重要条件,那就得对"小句"进行必要的限制,即只有独立小句(自由小句)才能成活。所以笔者以为把"小句中枢"说改为"独立小句中枢"说可能准确一些,或者改为"单句中枢"说可能更好、更适切。

第四,小句跟句子、主谓短语的关系也还需要明确。"小句中枢"说认为"小句是'句',复句也是句。……通常提到'句子',往往只是指小句,特别是只指小句中的单句。……'句子'这个概念在实际语言运用中有广义和狭义两种用法。有时统指所有的句,这是广义的用法;有时只指小句,这是狭义的用法"。[①] 这涉及对句子的看法。一般认为:

---

① 邢福义《汉语语法学》第15—16页,东北师范大学出版社,1996年。

句子是指单句和复句,因为它们都表达一个相对完整的意思和特定的意图,即具有"独立性+表述性"。分句是不是句子?严格地说,它未"完句",只是句子的一个组成部分,就不能说是句子。赵元任说:"一个句子是一个自由形式。"① 吕叔湘说:"句子说出来必得有语调……书面上,句子终了的语调用句号、问号、叹号来代表,有时候也用分号。"② 朱德熙说:"我们说复句是由单句组成的,这只是一个方便的说法。从理论上说,组成复句的单句(即分句)既然只是句子的一部分,那么它们本身就不能再算句子了。"③ 上面几位学者所说是有道理的。"小句中枢"说把分句看作句子,可能是受到"句"这个字的影响("分句"中有个"句"字,"句"者,句子也,则分句当然成了句子了)。笔者认为尽管有的分句抽出来能单独成句,但大部分不能单独成句。由于它在复句里毕竟只是句子的组成部分,所以严格地说分句"不能算作句子"。

把包含单句和分句的单位都称作"小句",并把分句也看作句子,会产生两个问题:一是把单句(是"句子")和分句(不是句子)合在一起,混淆了句子和"非句子"的界限;二是把分句看作基本的或最重要的语法单位,就降低了真正的句子在语法体系中的地位。

笔者认为,单句是句子,而那种"作为句子还不完全够格"的、但具有一定的"完句成分"的、"可能成为句子"的结构体,不是句子,不妨称之为"准句"。用"准句"这个术语可以避免句子和非句子的纠缠。"准句"是"不独立"的,它可以是复句中的分句,也可以在单句里作某个句法成分。例如:

① 你知道[那首诗是谁做的]?

---

① 赵元任《汉语口语语法》(吕叔湘译本)第41页,商务印书馆,1979年。
② 吕叔湘《汉语语法分析问题》第28页,商务印书馆,1979年。
③ 朱德熙《语法讲义》第23页,商务印书馆,1982年。

② 他这一回才看见［窗子上边横着条长匾，黑地金字，外面罩着层玻璃］。

③ 我知道［你是伤心了，不愿意再跟宝康那号人打交道了］。

④ 高松年在昆明第一次见到他，觉得［这人诚恳安详，像个君子］。

⑤ 鸿渐不知道［这些话是出于她的天真直率，还是她表姐所谓的手段老辣］。

上述这些句子中［　］号里的那些结构体在单句中作宾语。如果按照《现代汉语八百词》的体系，这些都是小句。如果按照"小句中枢"说，这些都是短语。然而这些结构体抽出来都能单独成立：有的是单句形式，如①；有的是复句形式，如②③④⑤。抽出来后的这些结构体，在独立性和表述性（特别是带上了语气词的更是明显）上并不亚于分句，所以它们也可看作"准句"。"小句中枢"说把它们说成短语，干脆倒是干脆，但无法解释小句、句子和短语的界限。有些语法论著设立"包孕句"这个类型，认为小句可以作宾语，也不无道理。如赵元任就认为Clause（有的译为"小句"，有的译为"分句"）在汉语里是可以作宾语的。[①] 英语的Clause是由定式动词组成的主谓式结构体，它和Phrase（短语）不同，界限分明；而汉语的"小句"不一定是主谓结构，也没有定式动词，所以小句跟短语的界限也真不好一刀切，用"准句"说也许能解决这个矛盾。

[①] 赵元任认为"小句最常见的是在表示思维和感觉的动词之后"（原文为：Clause objects typically occur after verbs of thought and perception）。参看赵元任《汉语口语语法》（吕叔湘译）第64页，商务印书馆，1979年；赵元任《中国话的文法》（丁邦新译）第60页，香港中文大学出版社，1980年。黎锦熙《新著国语文法》（1924）称包孕句是"母句"包孕着"子句"的句子。王力《中国现代语法》（1943）称这种句子为"句子形式"用于"目的位"。

三、如何构建汉语语法体系

对"本位"的理解分歧很大,而且单纯用"某某本位"说也只能说明一个语法体系的局部内容,还不能说明它的全部内容。所以缔造一个语法体系单讲"本位"是不够的。要使构建的汉语语法体系具有科学性、实用性,就要注意以下几点:

(一)要树立正确的语法观

不同的语法观会影响语法体系的内容。比如:古希腊语言学家把语法看作正确书写和正确说话的艺术,他们就把语音、文字、修辞等都纳入语法体系。① 乔姆斯基认为语法就是人脑中固有的语言能力,不仅包括句法,还包括语义和音系,所以他的语法体系由句法、语音和语义三个部分组成。西方有些语言学家把词法看作语法,构建的语法体系必然以词为主,这就是所谓"词本位"的语法体系。② 不同的语法观会产生不同的语法体系,这表明在构建语法体系时树立正确的语法观是多么重要。在语法观问题上,重点要回答:语法学研究的对象是什么?语法系统的内容是什么?

关于语法学的对象,涉及语法研究的范围。把语音、词汇甚至文字、修辞都看作语法,会混淆语法学和其他学科的界限;把语法学定位于词法或句法,则不完整。语法学的对象涉及语法单位。定位在何处,关键是看该语法单位在语法体系中以及在言语交际中的地位和作

---

① 中国学者也有类似观点,慧先《语法讲话》(上海普文出版社,1952年)有词的用法、造句方法、修辞、文字、标点符号等。

② 西方语言学家的语法体系有"以词为主"的"词本位"传统,我国受"词本位"影响最重要的代表是马建忠的《马氏文通》。有些西方语言学家把词的形态变化看作语法的主要内容,甚至干脆把语法学称作"形态学"。

用。语法单位主要是词、短语、句子（包括单句和复句）。句子既是语言单位，又是言语交际的最小的单位。句子包含着词和短语，包含着句法、语义结构，还包含着各种语用因素。词和短语都是句子的建筑材料（词是造句的基本单位，短语是造句的构件单位），研究词或短语，目的也是更好地分析和说明句子。所以，语法单位中最重要的是句子。从本质上看，语法学是以句子为基点对象的，语法是句子的结构和功能的规律，语法研究的目的和任务就是要说明句子的结构和功能的规律。可见，如果着眼于语法单位，构建语法体系定位于句子也许最为合适，以句子为对象为纲、以单句为中枢为重点研究语法是抓住了语法的根本和关键。人们也许会说这是"句本位"（句子本位）或"句子语法学"。笔者以为可以称为"句本位、单句中枢"论，但这个"句本位"跟《新著国语文法》的"句本位"（句法成分本位）是不一样的。

语素和句群不是语法的基本单位。语素是词汇和语法的交叉单位，主要是为构词或组词服务的，实质上是词素，[①]但研究词类和某些词的用法会涉及语素。句群是篇章和语法的交叉单位，研究句子的功能和用法会涉及句群乃至段落、篇章。至于"准句"，它是句子中切分出来的，是介于短语和句子之间的语法单位。

关于语法系统的内容。一个完整的语法系统包含着三个支系统，即句法系统、语义系统、语用系统。语法体系应该包含这三者，并以句法、语义、语用中的某一方面为基础为纲构建三者结合的体系。一般语法著作中构建的汉语语法体系较重视句法，而对于语义语用虽也涉及一些，但大多是不自觉的、不系统的。"小句中枢"说的"小三角"论跟"三维"（三个平面）论比较接近，都主张多角度全方位研究语法。

[①] "语素"和"词素"实质上所指对象相同，只是观察点不同：着眼于"语言中的最小音义结合体"，可以称为语素；着眼于构词的要素，可以称作词素。词素是构词法（语法学和词汇学的交叉学科）的基本单位。

(二)要有比较好的语法分析的方法

不同的分析方法会影响到汉语的语法体系。在区分词类问题上,"以句辨品"的分析法在汉语中行不通,采取分布(词在"短语"或"词组"中的句法位置)分析法构建汉语词类体系比较科学。在句法结构分析上,单纯的"中心词分析法"或单纯的"层次分析法"都有缺点,采取"成分层次分析法"构建语法体系比较科学。至于语义上和语用上的分析的方法,过去一些语法体系很少触及,现在也有一些探讨,如动核结构分析法、配价分析法、语义指向分析法、主题分析法、焦点分析法等,这方面的不同方法也会影响语法体系。随着语义、语用研究的深入,在语义和语用上的体系差异也将逐渐显现出来。

(三)要恰当地处理共性和个性的关系

这涉及汉语与外语、现代汉语与古汉语、普通话与方言、书面语和口语等彼此之间是否可用同一语法体系的问题。

如何处理汉语和外语的共性和个性问题,无非是三种观点:第一种是过分强调共性。认为各国语法大致相似,汉语和外语可以采用同一语法体系,如《马氏文通》大体上是根据"西文已有之规矩"构建汉语语法体系的,《新著国语文法》基本上是根据"世界文法的通规"构建汉语法体系的。忽略个性的观点显然有问题,汉语语法体系当然要立足于汉语。近50多年来人们较重视探索汉语语法的特点,但对汉语语法特点究竟表现在哪里有不同看法。对汉语特点的认识,会影响到汉语语法体系的设计。第二种是过分强调个性(特点)。在近20年里,有的学者把汉语语法的特点强调到不适当的地位,认为汉语语法跟印欧语完全不同,主张构建汉语语法体系应另辟蹊径。如有的认为词类、结构形式和句子类型的研究是洋框框附于汉语语法研究的三条绳索;

有的认为西方语言是"法"治语言,汉语是"人"治语言,主张以"神摄"或"意合"来构建汉语语法体系;有的认为汉语的基本结构单位是"字",主张汉语语法中取消"词"。忽略共性的观点同样有问题。共性的东西,如果是科学的,应当吸收。那种让汉语语法体系和西洋语法体系距离得越远越好的见解是偏激的,也是"一种偏差"。[①]那种为了强调特点而把共性的东西一概斥之为"洋框框",把特点"特"到和其他语言的语法无法沟通的地步,是无助于汉语语法体系的科学化的。第三种是认为不同的族语既有共性,也有个性,所以反对把共性和个性完全对立起来,主张既要重视共性的一面,也要重视个性"特点"的一面,应构建既符合共性又切合汉语个性的汉语语法体系。这样的看法是比较科学的。汉语语法体系怎样体现汉语和外语的共性和怎样体现汉语语法的特点是一个有待于继续探讨的问题。

共性和个性问题还涉及如何处理现代汉语和古汉语、普通话和方言以及书面语和口语等的语法体系的构建。关于古今汉语是否用同一个语法构架问题,过去有过不同的观点,有的主张古今汉语语法可以用同一体系,如傅东华认为"语体文和文言文可用同一架格"。大多数学者认为古今汉语既有共性也有个性,不能使用同一语法构架。普通话和方言、书面语和口语是否使用同一语法构架问题,和古今汉语的情况类似。

总之,对语法的共性和个性认识不同,也必然会影响到语法体系的构架。所以处理好共性和个性的关系,有助于汉语语法体系的科学性和实用性。

(四)要选择比较合理的表述方法和表述框架

语法体系是学者研究语法事实的结果,把研究的结果表述出来,就

---

① 王力《语法体系和语法教学》,《语法和语法教学》,人民教育出版社,1956年。

是一个表述框架。表述框架和理论体系有密切联系,因为任何表述框架都受一定理论体系的支配,不管著述者是自觉的还是不自觉的。表述框架是一种叙述方法,它可以跟发现程序一致,也可以不一致。叙述方法会影响语法体系的构架,比如词语(包括词和短语)和句子有密切的关系,究竟先讲词语还是先讲句子?不同的处理都会影响语法的表述框架。人们既可以用"词→短语→句子"框架表述,也可以用"句子→短语→词"框架表述。在分析句子时,既可以从编码(生成)角度来叙述句子,也可以从解码(解剖)角度来叙述句子,不同的叙述方法也会形成不同的表述框架。又如,语法范畴都是语法形式和语法意义的统一,究竟如何来表述?无非是三种方案:一种是从形式到意义的表述法;一种是从意义到形式的表述法;还有一种是分两部分表述,先从形式到意义再从意义到形式,或先从意义到形式再从形式到意义,不同的表述方法形成不同的语法体系的构架。选择何种表述框架,既跟表述者思路有关,也跟语法体系的性质有关。

应用性的语法体系跟理论性的语法体系既有联系,也有一定的区别:理论体系重在理论的提高,追求体系的科学性;应用体系重在实际中应用,追求实用性。当然不应把理论体系和应用体系完全对立起来,因为科学性本身就蕴含着实用性,而实用性也要体现科学性。理论体系是应用体系的基础。同一个语法理论体系可以应用于各个不同的领域(如对内汉语语法教学、对外汉语语法教学、自然语言的信息处理等);但不同应用领域目的不一样,决定了为不同应用领域需要而写出的语法著作的表述体系或框架也会有所差别;即使同为汉语教学,由于教学的对象不一样,语法内容的多少、语法项目的编排以及表述方法或表述框架也不会完全一样。所以着重于应用的语法表述体系要尽可能适合所应用的领域。

第五部分　汉语句子的专题研究

VP 主语句
——兼论"N 的 V"作主语

本文把广义的动词性词语(谓语性词语)记作 VP,它包括一般语法书上所说的动词和动词短语以及形容词和形容词短语。VP 主语句就是指"VP+VP"构成的主谓句。例如:

① 打骂是一种不文明的行为。② 演出马上就要开始了。
③ 虚心使人进步。　　　　　④ 讲究卫生十分重要。

语法学界对 VP 主语或 VP 主语句有过不少论述,但过去大多着眼于从句法平面进行分析。本文走一条新路子,即用三个平面的理论和方法来对 VP 主语句进行研究。研究 VP 主语句,必然会涉及一系列有争议的问题,如"名物化"问题、"向心结构"问题、"动词跟名词的界限"问题以及"N 的 V"作主语的问题等,本文将结合具体的汉语语法事实提出一些看法。

一、VP 作主语是有条件的

(一) VP 一般不能作主语

有一种观点认为:VP"既能做谓语,又能做主宾语","几乎所有的动词和形容词都能作主语和宾语"①。这种把 VP 作主宾语和 VP 作谓语看成同样普遍、同等地位的观点值得商榷。学界一般认为：NP（名词性词语）的主要句法功能是作主语，VP 的主要句法功能是作谓语；凡是 NP 一定能作主语，凡是 VP 一定能作谓语。语言事实证明：VP 作谓语最普遍、最常用，主谓结构的谓语绝大多数是由 VP 充当；VP 作主语要具体情况作具体分析。在静态的主谓短语结构里 VP 根本不能作主语；在动态的句子里一般不作主语，特别是动作动词（占动词的多数）作谓语或谓语中心词所构成的主谓结构，几乎所有的 VP 都不能作它的主语，比如像"吃、喝、跑、飞"之类典型动作动词作谓语时，VP 作主语是绝对不可能的。诚然，汉语的 VP 在句子里有作主语的情形，这不是无条件的，而是有一定的条件限制的。

（二）VP 作句子主语的条件

VP 作主语的条件是：与它对待的作谓语 VP 有一定的限制。如果把这个有条件的性质看成了无条件的性质，就将推导出错误的结论。VP 主语句中作谓语或谓语中心词的 VP 主要有以下几类：

第一类，谓语是表示判断、诠释意义的 VP，谓语中心词有"是、属、等于、值、如、好比"等动词。例如：

① 打是疼，骂是爱。　　② 浪费时间等于浪费生命。
③ 一笑值千金。　　　　④ 等人是心焦的。

第二类，谓语是表示评议、估量意义的 VP，谓语中心词有"应、要、能、可以"等评议动词（也称"助动词"）以及"易（容易）、难（困难）、好、坏、合适、合理、有利、重要"等少数形容词。例如：

---

① 朱德熙《语法答问》第 5 页，商务印书馆，1985 年；朱德熙、卢甲文、马真《关于动词形容词"名物化"的问题》，《北京大学学报》1961 年第 4 期。

① 那样做可以吗？　　② 创作难，翻译也不容易。
③ 锻炼身体很重要。　④ 晚上少吃对身体有利。

第三类，谓语是表示存现、显示意义的VP，谓语中心词有"开始、停止、存在、有、充满、显示、说明、表明、标志着"等动词。例如：

① 演讲开始了。
② 争霸和称霸充满了那个时期的历史进程。
③ 整治交通还存在着一些困难。
④ 不懂这简单的常识说明他的悟性太低。

第四类，谓语是表示产生、使成意义的VP，谓语中心语有"变、成、改变、变成、产生、导致、引起"等动词，谓语也可能由"使字短语+VP"构成。例如：

① 这样做产生了不少问题。
② 整容改变了她的面貌。
③ 骄傲自满导致他落后。
④ 秦王不断扩张引起了其他六国的恐慌。

从上面的一些实例可以看出，VP作句子主语时，谓语或谓语中心词一般是非动作动词和少数形容词。根据笔者考察的语料来看，VP作主语尤以"是"字句（包括谓语是"是……的"构成的句子）为多。说"几乎所有的动词和形容词"都能作主语，在"是"字句里的确如此，但这种情况是特殊的；因为"是"字句是用于判断和解释的最典型的句式，而任何动词或形容词都可以作为判断和解释的对象。如果从"是"字句着眼，则可说所有VP都可作主语，甚至可说所有的词（包括虚词）都可作主语，如"'不'是一个表示否定的副词"和"'吗'是个疑问语气词"这样的句子里,副词和语气词也可以充当主语。因此,不能据此而把VP作主语看成为汉语语法的普遍规律。如果说VP主要用来作谓语而不能作句子的主语是现代汉语语法的一般规律,那么VP作主语可以说是一种比较特殊的规律。

(三)VP作主语跟VP作谓语不能同等看待

为什么VP作主语跟VP作谓语不能同等看待?这是因为名词、动词等词类是词的句法功能(一般语法书上所说的"语法功能",通常是指词的"句法功能")的类,区分词类时应分清主要功能和次要功能。[①]主要功能是指词在句法结构里最普遍的、最常用的、无条件的用法,次要功能则是指那种不太普遍的有条件的用法。经常用作谓语(或谓语中心词),能用副词"不"或"没"作状语进行否定,能作谓语是VP的主要功能;作主语或宾语是VP的次要功能。相反,经常作主语或宾语,能接受数量词语或指量词语作定语性的修饰,是NP(名词性词语)的主要功能;作谓语是NP的次要功能。[②] 所以VP和NP是功能上对立的两类。主要功能是区分词类的依据。一个词的词性的确定,也要看主要功能,而不能看次要功能。

汉语的词类跟句法成分之间没有那种严格的对应关系,就VP而言,它常作谓语,但有时也能作主宾语。这是由于汉语的词缺乏狭义形态变化,所以大多数词不能像印欧语言里的词那样因句法位置的不同而发生形变,从而使基本意义相同的词变成从属于不同词类的词。如果汉语不分主次地根据句法位置来分类或确定词性。那就是"依句辨品,离句无品",最后导致"词无定类",这是不可取的。但也不能由此

---

① 参看范晓《词的功能分类》,《烟台大学学报》1990年第2期。
② 名词在一定条件下也可以作谓语,所以汉语语法中有所谓"名谓句"(NP谓语句)。

否定某类词句法功能有主次的分别。一个词类的主要句法功能决定一个词类的分布形式特点(语法特征)，VP的形式特点是和它主要用作谓语这个功能相联系着的，NP的一些形式特点是和它主要用作主宾语相联系着的；所以就不应把VP作主宾语跟VP作谓语同等看待，犹如不应把NP作谓语跟NP作主宾语同等看待一样。当然也不应由此而轻视次要功能，次要功能在区分次类时也还是有一定价值的。

二、VP主语句的句法、语义和语用分析

(一)VP主语句主语VP的句法性质

从句法方面分析，20世纪60年代以前对VP出现在主语位置上曾有过种种说法。有"转成名词"说的，有"活用"说的，有"变性"说的，有"变位"说的，有"名词化"(或"名物化")说的。[①] 各种说法虽不同，但基本观点是一致的，即认为VP作主语时具有了名词的性质(即变成了名词)。

朱德熙、卢甲文、马真《关于动词形容词"名物化"的问题》的论文把上述各家的观点概括为"名物化"(按：此文所概括的"名物化"="名词化")。[②] 该论文全面地系统地批评了主宾语位置上的VP具

[①] "转成名词"说可参看黎锦熙《新著国语文法》第五章，商务印书馆，1992年；黎锦熙、刘世儒《语法再讨论——词类区分和名词问题》，《中国语文》1960年第2期。"活用"说可参看陈承泽《国文法草创》第三章，商务印书馆，1982年；吕叔湘《中国文法要略》第二章，商务印书馆，1982年。"变性"说可参看吕叔湘、朱德熙《语法修辞讲话》第二讲第一段，开明书店，1952年。"变位"说可参看曹伯韩《汉语的词类分别问题》，《中国语文》1954年第10期。"名词化"说可参看史振晔《试论汉语动词、形容词的名词化》，《中国语文》1962年第12期。

[②] 参看朱德熙、卢甲文、马真《关于动词形容词"名物化"的问题》，《北京大学学报》1961年第4期。

有名词性质的论点;认为 VP 既能作谓语,又能作主宾语,作主宾语时仍是 VP,并没有改变词类性质。朱德熙等的论文有相当的理论力量,澄清了一些似是而非的认识,提出了一些有关词类区分的有价值的看法,文章是有积极意义的。但该论文也存在一些问题。比如把作主宾语看作是 VP 的普遍的、无条件的语法性质显然不妥;另外,对"名物"或"事物"特点的批评缺乏辩证的分析,没能批判地吸收某些名物化论者思想中的合理内核,这就显得缺乏说服力。因此 20 世纪 80 年代以后,又有学者重提"名物化"[①],为"名物化"翻案,这不是没有原因的。

(二)VP 主语句主语 VP 的语义性质

1、重新评估"名物化"

语法研究应区别语义平面与句法平面。从句法平面分析,VP 作主语时,VP 性质不变,仍是 VP;如果把 VP 的"名物化"说成"名词化",即 VP"具有名词性",显然有问题的。但是从语义平面分析,从"VP+VP"构成的 VP 主语句中谓语 VP 的"价"着眼,作主语的 VP 实际上是谓语 VP 所联系的强制性的语义成分,而这语义成分一般表示"名物"(也称"事物")。从这个意义上说,句法平面作主语的 VP 在语义平面确实是"名物化"(或"事物化")了。

朱德熙等认为:VP 放在主语位置上,"可以把它看成一种事物(广义的'事物')";指出"这里所谓'事物'跟作为名词这个词类的语法意义的'事物'是不同的东西,二者不在同一平面上";并批评名词化论者把广义事物跟狭义事物"混为一谈,由此得出一系列错误的结论"[②]。

[①] 参看邢福义《现代汉语语法知识》第 59—63 页,湖北人民出版社,1980 年;陆丙甫《名物化问题异义种种》,《语文导报》1985 年第 7 期。

[②] 参看朱德熙《语法答问》第 5 页,商务印书馆,1985 年;朱德熙、卢甲文、马真《关于动词形容词"名物化"的问题》,《北京大学学报》1961 年第 4 期。

这是正确的。但该文却又把"广义事物"说成是一种非语法意义的意义,那就值得讨论了。所谓的"广义事物",跟本文所说的作为谓语VP的强制性语义成分的"事物"基本上是一致的,都是一种语法意义。所以从语义平面分析,可以说VP主语表示"名物"(或"事物"),是"名物化"(或"事物化")了。可见对"名物化"的提法应该重新评估。

当然,如果把"名物"或"事物"与NP所表示的意义联系在一起,并以此来证明VP"名词化"了,也就把"名物化"和"名词化"等同起来,那就混淆了语义平面与句法平面,也混淆了词的词汇意义和语法意义,是不妥的。名物化不等于名词化。印欧语言里"名物化"和"名词化"多数情况下是对应的,动词、形容词一旦"名物化",就会在形态上起变化转变成名词或动名词。汉语"名物化"不一定全是"名词化";只有动词形容词性词语在词汇意义上转化成名词性词语,如动词"代表"(动作)变为名词代表(指称人)时,或像"吃的、穿的都很好""红的火红、绿的碧绿"里的"吃的、穿的、红的、绿的"之类,才算名词化。

2、"名物化"的实质是"动元化"

笔者在《动词的"价"分类》一文中提出了"动元"这个术语[①],"动元"就是动词所联系的强制性语义成分,"动元"多数是"名物"(或"事物"),但也有非名物或事物(如"动作"或"性状"之类)。VP的配价决定于它在动核结构里所联系的"动元"的数目。主语与作谓语或谓语中心词的VP之间在语义上具有选择关系。在汉语的叙述句(叙述事件发生的过程、变化或结果的句子)里,主语通常是主谓结构中在谓语VP前作主题而不能移位到VP后的那个"动元"。可见,VP作主语,是作为后边的谓语VP的"动元"而存在的。所以严格地说,VP主语在语义平面的"名物化"实质上就是"动元化"。

---

① 参看范晓《动词的"价"分类》,《语法研究和探索》(五),语文出版社,1991年。

3、作动元的 VP 在语义上进一步分析

既然 VP 主语所表示的语义是后边谓语 VP 的 "动元",而作 "动元" 的动词或形容词按照它们在语义结构中所显示出的语义特征(即主语 VP 和谓语 VP 之间的语义关系)还可作进一步的分析。朱德熙等指出 " '什么' 指称事物,'怎么样' 指称行动或性状,在汉语里是非常清楚的"。[①] 从主语 VP 和谓语 VP 的语义关系来看,完全符合这种情形。VP 主语可有两种语义特征类型:一种是表示或指称 "名物" 或 "事物",其特点是回答 "什么" 的问题,如 "什么最重要?" → "读书最重要"。另一种是表示或指称 "动作" 或 "性状",其特点是回答 "怎么样" 的问题,如 "怎么样比较舒服?" → "站着比较舒服"。

(三)VP 主语句主语 VP 的语用性质

从语用平面分析,可以发现出现在主语位置上的 VP 都是句子的主题。主题是句子所述说的对象或话题,是句子陈述的起点,一般代表旧的、已知的信息。而 VP 主语句里作谓语的 VP,则是述题。它是对 VP 主题加以表述或说明的部分,是用来传达新信息的,是表达的重点所在。比如 "打骂是一种不文明的行为" 这个句子,从语用平面分析,"打骂" 是这个句子的主题,"是一种不文明的行为" 是这个句子的述题。

VP 主语句的述题主要有三种类型:

第一种是诠释性述题,是对 VP 主题进行判断或解释的。这类句子里作谓语中心词常见的有 "是、属、属于、等于、如、好比" 等表示关系的动词。例如:

① 诚实是一种美德。　　　② 一加上一等于二。

[①] 朱德熙、卢甲文、马真《关于动词形容词 "名物化" 的问题》,《北京大学学报》1961 年第 4 期。

③ 自我陶醉属于"阿Q精神"。④ 水流湍急,犹如万马奔腾。

第二种是评议性的述题,是对VP主题进行评议或估量的。这类句子里作谓语中心词常见的有"应该、可以"等评议动词和"容易、难、好、坏、合适、合理"等形容词。例如:

① 这样做很不应该。　　② 提前一天来就可以了。
③ 创作难,翻译也不容易。　　④ 资源资产分配不合理。

第三种是说明性述题,是对VP主题本身的情况或所引起的情况进行说明的。这类句子里作谓语中心词常见的有"开始、停止、产生、引起、显示、说明、表明"等动词。例如:

① 演讲开始了。　　② 打仗引起老百姓一片恐慌。
③ 争论停止了。　　④ 敢于直谏说明他对国家的忠心。

三、"N 的 V"作主语问题

"他的不来""这本书的出版""狐狸的狡猾"等,本书记作"NP 的 VP",为简化起见,本文记作"N 的 V"。"N 的 V"出现在主宾语位置上时,跟VP作主宾语既有类似处,又有不同处。过去学界比较注意它们的相似处,因为看到核心成分都是VP;加上过去许多学者采用中心词分析法,就认为都是VP作主宾语。正因为如此,在讨论VP作主宾语时,把"N 的 V"作主宾语也当作VP作主宾语来讨论了。现在研究VP主语句,也就不能不涉及这个问题。

(一)"N 的 V"的句法性质

在句法平面,"N 的 V"的句法功能类是VP(谓词性短语)还是NP

(名词性短语),语言学界历来存在着一些不同的看法。有的认为是"主谓词组"(也有称为"读"或"主谓短语")[①],有的认为是"谓词性向心结构"[②],大部分语法著作看作"名词性短语"[③],即看作"定心短语"或"名词性的偏正短语"。

本文认为,"N的V"只能作主宾语,不能作谓语,看作NP(名词性短语)是正确的。既然"N的V"是NP功能类,当它出现在主语位置上时,就应认为是"N的V"作主语,不应看作是其中心词V作主语。把"N的V"作主语说成是V作主语,是缺乏层次观念、不进行层次分析的必然结果。所以"N的V"作主语的句子应分析为NP主语句,而不应分析为VP主语句。

(二)"N的V"中V的句法性质

1、语言学界的不同看法

"N的V"中V的句法功能类如何分析,语言学界也存在着意见分歧。20世纪60年代以前,有"转成名词"论,有"活用"论,有"变性"论,有"变位"论,有"名物化"(或"名词化")论[④],等等。朱德熙等(1961)《关于动词形容词"名物化"的问题》一文,着重讨论的也是"N

---

① 马建忠称为"读",类似主谓短语(《马氏文通》,商务印书馆,1983年)。黎锦熙、刘世儒称为带"的"的"子句"(《汉语语法教材》,商务印书馆,1957年)。曾毅夫称为主谓词组(《"的"字底用法与分化》,河北人民出版社,1957年)。

② 董晓敏《"N的V"功能类别质疑》,《九江师专学报》1987年第3期。

③ 比较有代表性的可参看胡裕树主编《现代汉语》(增订本),上海教育出版社,1981年;朱德熙《语法讲义》,商务印书馆,1982年。

④ "转成名词"论参看黎锦熙《新著国语文法》第四章,商务印书馆,1992年。"活用"论参看吕叔湘《中国文法要略》第三章,商务印书馆,1982年。"变性"论参看吕叔湘、朱德熙《语法修辞讲话》第二讲第一段,开明书店,1952年。"变位"论参看曹伯韩《汉语的词类分别问题》,《中国语文》1954年第10期。"名物化"或"名词化"论参看人民教育出版社编《"暂拟汉语教学语法系统"简述》,人民教育出版社,1956年;史振晔《试论汉语动词、形容词的名词化》,《中国语文》1960年第12期。

的V"中V的功能性质问题。论文重点批判了"名词化"论认为"N的V"中的"V"具有名词性的论点,指出这个V"只能说是动词,不能说是名词"。① 这个结论无疑是正确的,在当时影响是很大的,一般高等学校的教材大多采用了这种观点。

20世纪70年代末以来,"名物化"论重新提出,关于"N的V"中的"V"又引起争论,有说是"动词名用"的,有说是"活用为名词"的,有说是"在性质上向名词临时转移"的,有说是"既是动词又是名词"或"动词类名词性"的,有说是"兼有名词功能"的,还有干脆说是"名词性"的。② 这种种说法,基本思想跟以前所说的"名物化"(即"名词化")的思想是一致的,就是认为V作主语时具有了名词的性质,或已经成了名词。

本文认为,"N的V"中的"V",句法功能性质不变,仍然是谓词性的,这方面的理由,朱德熙等1961年发表的《关于动词形容词"名物化"的问题》一文已说得相当透彻,这里不再赘述。但对于"N的V"中的"V"名词化论的理据,有必要作点评说。20世纪80年代以后的"名物化"论者主张"N的V"中的"V"是名词性(或"名词化")的文章里,提出了一些理论依据,其中最主要的有三种理论:一种是修辞上临时活用的理论,一种是"向心结构"的理论,一种是"动/名连续统模型"的理论。要维护"V"功能性质不变的论点,就不能不对上述几种理论作出回答。

---

① 朱德熙、卢甲文、马真《关于动词形容词"名物化"的问题》,《北京大学学报》1961年第4期。
② "动词名用"说参看吕叔湘《汉语语法分析问题》第47、51页,商务印书馆,1979年;"活用为名词"说参看张静《新编现代汉语》第二章第一节,上海教育出版社,1980年;"向名词临时转移"说参看邢福义《现代汉语语法知识》第59页,湖北人民出版社,1980年;"动词类名词性"说参看陆丙甫《名物化问题异义种种》,《语文导报》1985年第7期;"名词性"说参看陈宁萍《现代汉语名词类的扩大》,《中国语文》1987年第5期。

2、评修辞上临时活用的理论

修辞上临时活用的理论,是张静《新编现代汉语》提出的。他认为"N的V"中的"V"是动词、形容词"活用为名词",是"为了达到修辞目的,临时用作名词"。他认为,在"这种突然的进攻""他的不来"里,动词"进攻"和"来"活用为名词,"既保留了动词的意义,又增加了名词的意义"。① 这种看法是把一个词的修辞上的临时性用法和一类词的某种次要的功能混为一谈了。在动态语境里,为了某种特定的表达需要,甲类的词有时可以活用作乙类的词,但这只是临时的、偶然的用法,才是修辞上的临时活用。修辞上的临时活用是个别词在具体句子里的应境用法;但"N的V"作主语时,其中的"V"显然不是个别V的临时活用,而是V的语法功能之一;只不过这样的用法有条件限制,是V的次要的句法功能。

3、评"向心结构"的理论

用"向心结构"的理论来证明V的名词性,是施关淦《"这本书的出版"中的"出版"的词性》一文提出来的。施文根据布龙菲尔德"向心结构"的理论(即整体与其内部核心形类相同的理论)指出:"如果'这本书的出版'这整个儿的偏正结构是名词性的,而其中的'出版'又确是'核心',那么就此只能推出'出版'是名词性的结论。"② 施文的推导本身是合乎逻辑的。但问题是他进行推导的那个大前提本身有问题,推导出来的结论当然也就值得怀疑了。布龙菲尔德关于"向心结构"的理论,是根据印欧语的事实建立起来的,把这种理论应用于印欧语大体上还行得通(有些也有困难),但使用于缺乏狭义形态的汉语,就有点捉襟见肘了,用于"N的V"更是对不上号。③ 施文用布氏理论

---

① 张静《新编现代汉语》第二章第一节,上海教育出版社,1980年。
② 施关淦《"这本书的出版"中的"出版"的词性》,《中国语文通讯》1981年第4期。
③ 参看范晓《略论语法结构的核心成分》,《济宁师专学报》1986年第4期。

从名词性的"N的V"推出其中的核心V也是名词性的结论；人家也可以用布氏理论从谓词性的V（如"不出版是不应该的"中的"不出版"）推出由这个V作为核心组成的"N的V"（如"这本书的不出版是不应该的"中的"这本书的不出版"）也是谓词性的结论（也确有人这样推导过的①）。都根据布氏理论推导，而结论截然相反。可见用布龙菲尔德"向心结构"的理论来分析"N的V"，无异于南辕而北辙。朱德熙《关于向心结构的定义》一文通过修正布氏"向心结构"定义的办法试图来解释"N的V"，结果得出"N的V"是"双核心向心结构"，相当于"N和N"，这是很令人奇怪的。到头来他不得不承认，对"N的V"的分析"并不符合"他自己对向心结构所下的定义；因为"N的V"里的"中心语与整体语法功能不同"②。可见在汉语里，用整体跟其核心功能相同的理论来分析"N的V"是无能为力的。

4、评"动/名连续统模型"的理论

陈宁萍提出用"动/名连续统模型"的理论来证明"N的V"中"V"具有名词性，用"施事名词+的+动词"这种"N的V"作为分布框架来测试一个动词的"名词性行为"，认为这个框架是名词性的，所以进入这个框架的动词都有较强的名词性，从而得出"汉语的名词类正在扩大"的结论。③这也是可以讨论的。词类之所以能区分，就是因为不同词类之间功能上有对立或差别；V和N之所以能分成两类，也是以它们的功能对立为基础分出来的。这种区分的理据是基于它们之间具有"离散性"。诚然，不同词类之间的功能有交错的情形，有一些词甚至有界限不清的中间状态的情形，因此就存在着动名界限难以划清

---

① 董晓敏《"N的V"功能类别质疑》，《九江师专学报》1987年第3期，就是这样推导的。
② 参看朱德熙《关于向心结构的定义》，《中国语文》1984年第6期。
③ 陈宁萍《现代汉语名词类的扩大》，《中国语文》1987年第5期。

以及兼类或转类难以确定的情形,这是因为名词与动词之间具有"连续统"。可见"离散性"和"连续统"是辩证的统一:名词和动词之间能区分,可用"离散性"的理论来解释;名词和动词之间有界限模糊的情形,可用"连续统"的理论来解释。其实,"动/名连续统模型"的理论跟用布龙菲尔德"向心结构"的理论推导出"N 的 V"中的"V"是名词的观点实际上没有两样,只是理论渊源不同而已。

(三)作主语的"NP 的 VP"(即"N 的 V")中的 VP 跟作主语的单个儿 VP 的比较

1、句法功能的比较

有的语法著作把作主语的"NP 的 VP"(即"N 的 V")中的 VP 跟作主语的单个儿的 VP 说成"有显著的区别"。认为单个的 VP 作主语时,保留着动词或形容词的全部特点,因此 VP 仍是谓词性词语,只是动词、形容词的"特殊用法";而 NP 的 VP 作主语时,其中的 VP 失去了动词或形容词的一些特点,取得了名词的一些特点,因此是 VP 的名物化用法(实际上看作是名词化用法)[①]。本文认为作主语的"NP 的 VP"(即"N 的 V")和作主语的单个儿的 VP 句法功能的性质有本质的区别:前者是名词性的,后者是谓词性的。但是作主语的"NP 的 VP"中的 VP 和作主语的单个儿的 VP 在句法功能的性质上没有本质的区别,它们在句法平面本性不变,都是谓词性词语(动词性词语或形容词性词语)。比较:

① 笑有益于健康。/演说开始了。/诚实是一种美德。

② 人的笑有益于健康。/代表们的演说开始了。/他的诚实是一种美德。

[①] 人民教育出版社编《"暂拟汉语教学语法系统"简述》,人民教育出版社,1956 年;人民教育出版社编《汉语知识》第二章、第三章,人民教育出版社,1959 年。

例①②中的"笑""演说""诚实"理应统一处理。如果把例①中的"笑""演说""诚实"看成谓词("笑""演说"是动词,"诚实"是形容词),把例②中的"笑""演说""诚实"看作名词,这在理论上缺乏根据,也不符合汉语事实,而对于学习者来说,更难于理解和掌握。

2、语义功能的比较

无论是作主语的"NP的VP"(即"N的V")中的VP还是作主语的单个儿VP,在语义平面都有语义功能。从它们跟句子中谓语动词VP的语义关系来看,作句子主语的"N的V"或VP的语义功能有共性,它们都是作谓语动词VP的"动元";由于它们作为动元时都具有名物性或事物性,因此在语义平面说成"名物化"也未尝不可;但切不可把"名物化"和"名词化"等同起来。为了避免不必要的误解,把作主语的"NP的VP"(即"N的V")中的VP和作主语的单个儿VP在语义上都释为"动元化",可能更准确一些。

就"NP的VP"("N的V")结构而言,N与V之间也有一定的语义关系。这种语义关系大体上可分为五类:

第一类,N是V的施事,如:他的不来/你的批评。

第二类,N是V的受事,如:这本书的出版/中国的解放。

第三类,N是V的系事,如:他的幽默/狐狸的狡猾。

第四类,N是V的处所,如:台上的表演/南京路上的巧遇。

第五类,N是V的时间,如:晚上的演出/昨天的考试。

3、语用功能的比较

无论是作主语的"NP的VP"(即"N的V")中的VP还是作主语的单个儿VP在语用平面都有语用功能。它们的语用功能也有共性:它们都作句子的主题,代表已知的信息,是后边述题所表述或说明的对象。但是在表示指称的性质上还是有一定的差别:作主语的"NP的VP"一般是有具体所指的,如"这本书的出版是有意义的"中的"这本书的出版"在上下文中是明确的;作主语的单个儿VP有的是有具体所指(如"白居易敢于直谏正说明他对国家的忠心"中的"白居易敢于直谏"),有的不一定,只是泛指或通指(如"创作难,翻译也不容易"中的"创作"和"翻译")。

这里顺便要讨论一下"N的V"作主题跟某些主谓短语或谓宾短语作主题语义关系相同而在语用上有差别的现象。比较:

① 他的干涉是不应该的。　② 他干涉是不应该的。
③ 这本书的出版是有意义的。　④ 出版这本书是有意义的。

①和③都是"N的V"作主题,②是主谓短语作主题,④是谓宾短语作主题。①和②的N(他)都是V(干涉)的施事,语义关系一致。③和④的N(这本书)都是V(干涉)的受事,语义关系一致。①和②之间的差别是在语用上,③和④之间的差别也是在语用上,虽然这种差别非常细微。从语用上分析,"N的V"由于是个定心短语,"的"作为定语标志对后边的中心语有强调的作用,因此"N的V"的语义表达重心一般是在N上。相反,主谓短语或谓宾短语作句子的主题时,语义表达重心一般是在V上。

四、余论

(一)动名兼类问题

讨论 VP 主语句问题,必然会涉及动名兼类问题。主语位置上的某些表面形式相同的词,其句法功能类可能有差异。比较:

① 总结送上去了吗?　② 总结是必要的。

①和②里的"总结"属于不同的句法功能类：①中的"总结"是名词性的，是 NP 主语；②中的"总结"是谓词性的，是 VP 主语。主语位置上的某些表面形式相同的词甚至可能有歧义的情形，例如：

① 翻译很重要。　　② 代表发言也可以。

例①句子中的"翻译"有歧义：既可把"翻译"理解为"翻译者"（名词），也可理解为"翻译"是一种动作行为（动词）；例②句子中的"代表"有歧义：既可把"代表"理解为"代表者"（名词），也可理解为"代表"是一种动作行为（动词）。

上述的"总结""翻译""代表"就涉及动名兼类的问题（从词义差别和语法功能着眼，甚至也可看作为不同的词）。因此，对于这类词出现在主语位置上时，主语究竟是 VP 类还是 NP 类，就要对具体句子具体的词作具体的分析。

（二）动词或形容词转成名词的界限

怎样鉴别主语位置上的兼类词是 VP 类还是 NP 类呢？这就要解决动词或形容词转成名词的界限问题。情况相当复杂。一般地说，谓词能接受副词"不""没"等作状语性的修饰，有的还能带补语或宾语，有的甚至还可带上动态助词；而名词则没有谓词的这种能力。名词可接受数量词或指量词语作定语性的修饰，而谓词却无此能力。据此，大体上可以确定主语位置上兼类词的性质。如"总结"这个词，在"那份总结送上去了吗"里，显然是名词；在"总结一下是必要的"里，显然是动词。又如"翻译"这个词，在"那个翻译工作得很好"里，显然是名词；在"把这篇文章翻译为中文是必要的"里，显然是动词。

(三)VP 出现于句首不一定都是句子的主语

VP 主语作句子的主题总是出现在句首,但在句首作句子主题的 VP 不一定都是主语。这是需要补充说明的。例如:

① 蛮干我不赞成。　　② 学习外语我们是鼓励的。
③ 管理工厂他没有经验。　　④ 去不去我自己会做主。

这些句子很多语法书称之为主谓谓语句,其特点是句首作主题的 VP 后面的述题是个主谓结构。从语义平面分析,例① 和② 的句首 VP "蛮干"和"学习外语"是后边谓语动词所表动作的受事,例③ 和④ 的句首 VP "管理工厂"和"去不去"跟后边谓语动词没有直接的语义关系。从句法平面分析,现在一般语法书都把句首的 VP 分析为主语。笔者认为,语法研究应该区分"句法、语义、语用"三个平面,这些句子句首的 VP 是句子语用平面的主题,这些句子句法平面的主语应该是句首 VP 后主谓结构的主语(即句首 VP 后的名词性词语为主语)。正因为这样,本文不认为这种句子是 VP 主语句,即不认为这种句子是 VP 作主语的主谓谓语句。

复动"V得"句

谓语动词后附着"得"再带出补语(不包括表"可能"的补语)的句式,本文称为"V得"句。复动"V得"句是"V得"句的一种,是指谓语动词后带有宾语、在重复动词后加"得"、而后再引出补语的一种"V得"句。例如:

① 小张吃饭吃得饱极了。　② 这个人写字写得很小。
③ 他抓工作抓得挺紧。　　④ 她唱歌唱得很动听。

这种"V得"句是单句,里面有重复动词(如①中的"吃",②中的"写",③中的"抓",④中的"唱")。这种句式可记作SV_1OV_2得R,也可简化为SVOV得R(S代表主语,V代表动词,O代表宾语,R代表补语)。有些双宾动词也可构成复动"V得"句,例如"你送他礼物送得太多了",可记作$SV_1O_1O_2V_2$得R。有的句子很像复动"V得"句,但实际上不是,例如:

① 他在众人面前羞我,羞得我脸上直发烧。
② 老张头正在独自喝酒,喝得满脸通红。

这种句子表面上也有重复动词(如①中的"羞"和②中的"喝"),但却是一种复句,可记作SVO,[S]V得R([ ]表示省略),而复动"V得"句是单句。

本文不讨论有重复动词的复句,而是着重讨论单句句式SVOV得

R 句，并试图用"三个平面"的理论方法来分析这种句子。

一、复动"V 得"句的句法分析

（一）句法成分分析

1、SV0V 得 R 中的"S"

S 可分析为主语，由名词性词语（包括代名词）充当，如"小张吃饭吃得很饱""这个人写字写得很小"中，"小张""这个人"便是主语。但并不是出现在 V0V 得 R 前的名词性词语都是 S，例如"昨晚下雨下得很大"中，"昨晚"是主题而不是主语，所以这个句子不是 SV0V 得 R 句。

2、SV0V 得 R 中的"V_1"和"V_2"

V_1 和 V_2 是重复同一动词，如"他写字写得很累"中的"写"便是。现代汉语里，动词带宾语构成的"V 得"句一般不采用 SV0 得 R 式或 SV 得 OR 式[①]，如不能说"他写字得很累"或"他写得字很累"，而可采用重复同一动词的形式，即 SV_1OV_2 得 R 式。V_1 和 V_2 的特点：

（1）V_1 和 V_2 多数是单音节动词，但有少数双音节动词也可以出现在 SV_1OV_2 得 R 句中，例如："爸爸睡觉睡得很晚""她照顾那孩子照顾得挺周到"。

（2）V_1 和 V_2 一般是及物动词，但也发现有少数不及物动词，如"睡觉""跳舞""打仗""洗澡"等离合动词，能使后一语素宾语化，从而构成复动"V 得"句。另外，某些不能带受事宾语但能带处所宾语的不及物动词有时也可出现在复动"V 得"句里，例如："他来这里来得不是

[①] 偶尔也见到 SV0 得 R 式，如"你告诉我得太晚了""我感激你得了不得"（例句可参看李临定《现代汉语句型》第 244、245 页，商务印书馆，1986 年）。这种格式比较特殊，可能是近代汉语的遗留格式或受方言的影响。

时候""这孩子爬树爬得很快"。

（3）V_1和V_2多数是动作动词，少数心理动词有时也可出现于复动"V得"句里，例如："他爱她爱得简直要发狂""她恨他恨得眉毛倒竖"。

（4）V_1和V_2不能带表动态的附着成分"了、着、过"之类，如不能说"他写了字写得很好""他写着字写得很大"。

3、SVOV得R中的"O"

O是V_1的宾语，一般由名词性词语充当，如"他写文章写得很快""看电影看得入迷"中的"文章、电影"便是。但也有少数非名词性词语充当的情形。例如：

　　大哥挨骂挨得最多。/万青搞创作搞得不错。/他听演讲听得极认真。

上面句子里的"骂、创作、演讲"就不是名词性词语。

4、SVOV得R中的"R"

关于R的句法分析，语法学界曾有过一些不同的意见。有持"附加"说的，有持"谓语"说的，有持"谓语性补语"说的，有持"补语"说的（这是目前较普遍的看法）。[①] 本文从众说，认为R是补充说明"VO"的，所以分析为补语。

R回答"VO怎么样"的问题，充当R的词语大体有以下一些：

（1）单个的谓词（主要是形容词，也有动词）。例如：

[①] "附加"说，参看黎锦熙、刘世儒《汉语语法教材》第一编第409页，商务印书馆，1957年。"谓语"说，参看李人鉴《关于语法结构分析方法问题》，《中国语文》1981年第4期。"谓语性补语"说，参看赵元任《汉语口语语法》，商务印书馆，1979年。"补语"说，可参看丁声树等《现代口语语法》，商务印书馆，1961年；胡附、文炼《现代汉语语法探索》，新知识出版社，1951年；朱德熙《语法讲义》，商务印书馆，1982年；李临定《现代汉语句型》，商务印书馆，1986年。

救灾救得很及时。/干工作干得累。/看书看得着迷了。/想他想得发呆了。

（2）复杂形式的形容词。例如：

堆柴垛堆得高高的。/走路走得轻轻的。/说话说得清清楚楚。

（3）"副+形"构成的状心短语。例如：

烧菜烧得很熟。/鼓掌鼓得更响了。/等你等得好焦急。

（4）"动+名"构成的谓宾短语。例如：

说话说得有道理。/熬夜熬得生了病。/喘气喘得说不出话。

（5）"动+动"或"形+副"构成的谓补短语。例如：

吃饭吃得噎住了。/唱歌唱得好听得很。/喝咖啡喝得浓极了。

（6）谓词性的联合短语。例如：

吃苦吃得太久太久了。/煮汤煮得又酸又苦。/唱歌唱得响亮而动听。

（7）谓词性的固定短语（成语）。例如：

说话说得头头是道。/吃饭吃得津津有味。/摔跤摔得头破血流。

（8）主谓短语。例如：

唱歌唱得嗓子都哑了。/说话说得句句有理。/走路走得小楼都抖动了。

(9)代谓词"怎么样"。例如：

过年过得怎么样？/开会开得怎么样啦？

(10)副词性词语。例如：

想家想得很。/爱她爱得了不得。/恨他恨得要命。

(11)"一+(量)+名"构成的定心短语①。例如：

跑步跑得一身热汗。/淋雨淋得一身的水。/摊东西摊得一桌子。

5、SVOV得R中的"得"

对于"得"的性质，语法学界有不同的说法：有的称它为"引副介词"②，有的称它为"动词后缀"③，大多数语法论著称之为"结构助词"或笼统称之为"助词"。根据汉语语法缺乏狭义形态变化的特点，把"得"看作是附着在动词上的虚词，称它为"结构助词"或"助词"是比较合适的。

(二)句型分析

SVOV得R句属何种句型，语法学界有分歧。主要有以下几种意见：

(1)认为是"主状动"句。有人在分析"他唱歌唱得好"时说："动宾词组（唱歌）不是句中的主要成分，而是指示在哪方面'唱得好'"，所以是"动宾词组作状语用"，这种句子是"动宾词组作状语的动词谓

---

① 这类都可变换成主谓短语作R的复动"V得"句，如"淋雨淋得一身的水"可变换成淋雨淋得一身是水"。
② 黎锦熙、刘世儒《汉语语法教材》第一编第378页，商务印书馆，1957年。
③ 朱德熙《语法讲义》第32页，商务印书馆，1982年。

语句"。①

（2）认为是"主谓谓语句"。有人在分析"他唱歌唱得好""我买书买得贵"时，把 S 看作大主语，把 V_1O 看作小主语，认为这种句子是"S_1+S_2P（主谓作谓）"式。②

（3）认为是"连动句"（或称"连谓句"）。有人在分析"他说话说得不清楚""他怕你怕得厉害"这类句子时，说是两个动词共一个主语，是连动式。③

（4）认为是谓语"重说"，是"动（宾）+动（补）构成联合关系的谓语"。有人在分析"喜欢书喜欢得着了迷""追敌人追得太猛"时就是这样分析的。④

（5）认为是"主动宾补"句。有人在分析"他讲书讲得非常清楚"这类句子时就是持此主张的。⑤

（6）认为是"主动补"（或称"主谓补"）式。有人在分析"我抽烟抽得很多""他回家回得早"等句子时，说这种句子是"动宾结构加补语"，"是主动补句式"。⑥持这种见解的比较多。但同样主张"主动补"说的，在分析这种句子的主语时也有不同意见：大多数认为 S 是主语，少数人认为"SV_1O"是主语。⑦

笔者认为，复动"V 得"句是主谓句中的"主谓补"句（也可称"主

---

① 参看赵普荣《从动谓句中的动词重复谈起》，《中国语文》1958 年第 2 期。
② 参看邓剑文《关于主谓谓语句的分析问题》，《中国语文》1958 年第 6 期；赵元任《汉语口语语法》，商务印书馆，1979 年。
③ 参看王福庭《连动式还是连谓式》，《中国语文》1960 年第 10 期；陈建民《现代汉语句型论》，语文出版社，1986 年。
④ 参看洪心衡《关于动词谓语的重说》，《汉语语法问题研究》（续编），福建人民出版社，1963 年。
⑤ 参看胡附、文炼《现代汉语语法探索》第 128 页，新知识出版社，1957 年。
⑥ 参看丁声树等《现代汉语语法讲话》，商务印书馆，1961 年；李临定《动补格句式》，《中国语文》1980 年第 2 期。
⑦ 参看程克江《"他唱歌唱得好"的句式归属》，《新疆大学学报》1988 年第 3 期。

动补"句)。这种句式跟"小李走得飞快""小张唱得很好听""我休息得很好"等句同属"V得"式的"主谓补"句,所不同的是前者动词后有宾语,可构成复动"V得"句,后者动词后不带宾语。

(三)句法层次分析

把这种句子分析为"主谓补"句型,在层次分析时,应该符合词语搭配后形成的成分层次关系,这种关系可分析如下:

(1)S是主语,V是谓语,VOV得R是谓语部分,表明这是主谓句。

(2)V_1O和V_2得R间是谓补关系,表明V_2得R是补充说明V_1O"怎么样"的。

(3)V_1和O间是谓宾关系(动宾关系),表明V_1OV_2得R这个谓补短语中的谓语是动宾短语充当的。

(4)V_2得和R间也是谓补关系,表明V_1OV_2得R这个谓补短语中的补语是由另一个谓补短语充当的。

(5)V_2和"得"间是附着关系,助词"得"附着在动词上。

二、复动"V得"句的语义分析

(一)成分的语义性质

1、SVOV得R中的"S"

S一般是动作的施事,如"林云弹琴弹得非常好"中,作S的"林云"便是施事。但也发现有例外,例如:"这老人晒太阳晒得皮肤黝黑""她淋雨淋得满身是水",这两例中的S("这老人"和"她")便是受事,而V_1后的O("太阳"和"雨")才是施事,因为动作的发出者是"太阳"和"雨",这可以通过变换格式得到证明:

① 这老人晒太阳晒得皮肤黝黑→这老人被太阳晒得皮肤黝黑
② 她淋雨淋得满身是水→她被雨淋得满身是水

2、SVOV 得 R 中的 "V_1" 和 "V_2"

V_1 和 V_2 一般是施事所发出的动作或行为（个别情况下是受事所接受的动作或行为）。V_1 是原动词，V_2 是重复动词。V_1 在语义平面是不可缺少的，虽然在有些句子里从表面上看 V_1 似乎是失落了，例如："他写字写得很大"可以说成"他字写得很大"。其实这种句子失落的不是 V_1，而是 V_2。请看下面的句子：

① 他写字写得很累→*他字写得很累
② 他跑步跑得很快→*他步跑得很快

从①②可看出有些复动"V 得"句不能去掉 O 前的 V_1，去掉了就不通。可见复动"V 得"句"他写字写得很大"变为"他字写得很大"时，V_1 的失落只是一个假象，而是本来在 V_1 后的 O 前置于 V_1 之前，V_2 这个重复动词当然也就不需要了。这表明：V_2 在语义上并不是必要的成分，而是羡余成分。有人认为 V_2 "是主要动词"，说 V_1 的意义"非常空泛，仿佛只是一个陪衬……V_1 有些接近介引作用的'把''将'之类性质"。① 这显然是把结构中心跟表达重心未能区别开来，从而颠倒了 V_1 和 V_2 的语义身份，也就把 V_2 看作原动词而把 V_1 看作重复动词了。

3、SVOV 得 R 中的 "O"

O 跟动词组合在一起有一定的语义关系，充当一定的语义角色。有的论著认为 O 是受事，其实不只是受事，本文认为 O 主要是受事，但还有"施事、与事、处所、时间、工具"等其他语义角色。比较：

---

① 参看赵普荣《从动谓句中的动词重复谈起》，《中国语文》1958 年第 2 期；刘维群《论重动句的特点》，《南开大学学报》1986 年第 3 期。

① 踢足球踢得很好/干工作干得好（作为 O 的"足球、工作"为受事）
② 晒太阳晒得皮肤黝黑/淋雨淋得全身是水（作为 O 的"太阳、雨"为施事）
③ 给他给得很多很多（作为 O 的"他"为与事）
④ 睡板床睡得腰酸背痛（作为 O 的"板床"为处所）
⑤ 干五年干得太长（作为 O 的"五年"为时间）
⑥ 写毛笔写得手发酸（作为 O 的"毛笔"为工具）

4、SVOV 得 R 中的"R"

R 表示动作或行为所引起或显现的某种景相[①]，即情状（情景和状态）。不同的 R 表示着不同对象的情状，也就是 R 的语义指向不一样。R 的语义指向主要有以下三种：

（1）指向 O，即作 R 的词语表示 O 的某种情状。例如："他买书买得很多"（指"书"很多），"老孙头喂牲口喂得很肥"（指"牲口"很肥）。

（2）指向 S，即作 R 的词语表示 S 的某种情状。例如："他写字写得很累"（指"他"很累），"唐皇喝酒喝得大醉"（指"唐皇"大醉）。

（3）指向 V，即作 R 的词语显现动作或行为的某种情状。例如："他写字写得很快"（指"写字"很快），"我们救灾救得十分及时"（指"救灾"十分及时）。

以上 R 都由 VP（谓词性词语）充当，所以 R 的语义指向也就是 VP 的语义指向。当主谓短语充当 R 时，情形就比较复杂。如果把主谓短语记作"NP+VP"，则这里的 VP 是直接指向 NP 的。这种 NP 可分为三类：

---

① 参看陈望道《试论助词》，《国文月刊》1948 年第 65 期。

第一类，NP 是 S 的某个部分（NP 从属于 S）或指代 S。例如："她恨他恨得眉毛倒竖"里的 VP 指向"眉毛"，"这演员走钢丝走得步子不稳"里的 VP 指向"步子"，"他站岗站得腿发麻了"里的 VP 指向"腿"，"她唱歌唱得自己也不满意"里的 VP 指向"S 自己"。这种句子的 VP 表示"S 的 NP"或"S 自己"的情状，所以从整体上看，也可看成主谓短语（NP+VP）所作的 R 是指向 S 的。

第二类，NP 是 O 或 O 的全体（每一个 O）。例如："他摇头摇得头都酸了"里的 VP 指向"头"，"小李打球打得球也飞走了"里的 VP 指向"球"，"他写字写得字字有力"里的 VP 指向"字字"。这种句子的 VP 表示 O 或 O 的全体的情状，所以从整体上看，也可看成主谓短语（NP+VP）所作的 R 是指向 O 的。

第三类，NP 是 S 和 O 之外的第三者，包括相关的与事、工具、处所、时间等。例如："他写字写得人人都看不清楚"里的 VP 指向"人人"，"他说笑话说得大家都乐开了"里的 VP 指向"大家"，"小李写字写得铅笔都折断了"里的 VP 指向"铅笔"，"这孩子吃饭吃得地上都是米粒"里的 VP 指向"地上"。这种句子的 VP 表示 S 和 O 之外第三者的情状。从整体上看，这种句子里的主谓短语（NP+VP）所作的 R 所表示的，实是"SVO"这一事件显现或引起某种情状后又致使引发出另一事件或情状。因此在"V 得"后似应有一个直接的 R（VP），但隐含着，例如：

① 他写字写得（VP），（致使）人人都看不清楚。
② 他吃饭吃得（VP），（致使）腰都直不起来了。

这种句子里实际上隐含着一个 VP，如① 例隐含着的 VP 或是"很小"，或是"潦草"，或是"糊涂"，或是其他。这隐含着的 VP 是这类复动"V 得"句的直接 R，而显在的主谓短语所作的 R 是间接 R。如果把前者记

作 R_1，后者记作 R_2，这种句式的隐层结构可记作：SV_1OV_2 得 R_1，致使 R_2。在这种结构里，R_1 与 R_2 具有因果关系（R_1 是因，R_2 是果）。R_1 有指向 S 的，有指向 O 的，有指向 V 的；相应地 R_2 也有这三种指向。这是一种比较特殊的复动"V 得"句。

5、SVOV 得 R 中的"得"

"得"的语法意义有三：一是表示"连接"意义，连接动词和补语，所以它是动补结构的标志词；二是显示动作或行为的"已然"，一般表示既成事实，但也可以出现在虚拟性或评议性的句子里[①]；三是表示"肯定"的意义，在这种句子里，V 前不能加否定副词"不"，所以像"他写字不写得很好""他不写字写得很好"之类的句子是不能成立的。语义平面所研究的，是上述第二、第三种语法意义。

6、SVOV 得 R 中的基本语义成分和组成的动核结构

复动"V 得"句里，S、V、O、R 是不可缺少的语义成分，这四个基本语义成分构成两个动核结构。隐层的两个动核结构通过一定的句法手段套合在一起，形成显层的复动"V 得"句。以"他写字写得很大"为例，隐层的两个动核结构是：A. 他写字，B. 字大。B 以 A 为前提，没有 A，也就没有 B。特殊的复动"V 得"句有 S、V、O、R_1、R_2 等五个基本语义成分，构成三个动核结构。以"他写字写得铅笔折断了"为例，隐层的三个动核结构是：A. 他写字，B. 写字 VP（VP 隐含着，比如"很重"），C. 铅笔折断。B 以 A 为前提；而 C 又以 A、B 为前提。

7、SVOV 得 R 的歧义句

有的复动"V 得"句是多义的或者说是歧义的。这种句子里 R 的语义指向可此可彼。例如："她看他看得脸红了"，这个句子可理解为 S

[①] 参看施关淦《关于助词"得"的几个问题》，《语法研究和探索》（三），北京大学出版社，1985 年。

脸红,也可理解为 O 脸红。又如:"他追我追得直喘气",这个句子可理解为 S 直喘气,也可理解为 O 直喘气。歧义句的分化可用一定的变换式来检验。例如:

① 她看他看得脸红了 → 她把他看得脸红了(他脸红)
② 她看他看得脸红了 → 她看他看得自己脸红了(她脸红)

当 S 和 O 为同类事物而且 R 指向 S 时,一般不用复动"V 得"句表达,因为易引起歧义,除非借助于特定的语境。

三、复动"V 得"句的语用分析

(一)主题和述题

S 是复动"V 得"句的大主题(全句主题,也就是句子的第一主题)。S 是述说的对象,是已知的信息;在形式上,S 后边可以有停顿(如"他,写字写得很大"),S 后可加口气词(如"他嘛,写字写得很大")。VOV 得 R 是述说 S 的部分,它回答 S"怎么样"的问题,是新信息,所以它是述题。复动"V 得"句的主语和主题重合,谓语与述题重合。

SVOV 得 R 句的 VO 可分析为小主题(或称"次主题""第二主题")①,V 得 R 可分析为小述题(或称"次述题""第二述题")。理由是:

第一,VO 表现一件事,是述说的对象,V 得 R 是述说 VO"怎么样"的。VOV 得 R 与类似格式比较:

---

① 曹逢甫称 VO 为 secondary topic。参看曹逢甫:ON THE SO-CALLED 'VERB—COPYING' CONSTRUCTION IN CHINESE, JCLTA, VOL.XXII : NO.2, MAY 1987, PP.13—43;《从主题-评论的观点谈中文的句型》,《第二届世界华语文教学研讨会论文集》,台湾,1990 年。

① 字写得很大/房间打扫得很干净
② 写字写得很大/打扫房间打扫得很干净

①组中的"字""房间"一般都看作主题。比较之下,也就没有理由不把②组的VO看作主题。

第二,VO在变换式中也可置于句首,如"他写字写得很大"可变换成"写字他写得很大"。如果句首的VO可分析为主题,也就不能认为在V得R之前的VO没有资格作主题。

第三,VO后可以停顿,也可以加口气词,如:"写字(嘛),写得很大。"这跟A组的"O"一样,具有主题的形式特征。

(二)表达重心

表达重心和结构中心应该区别开来。[①] 结构中心是"句法-语义"平面分析的,表达重心是语用平面分析的。在主题和述题关系中,述题传达新信息,它通常是表达重心。复动"V得"句的大述题对大主题而言是表达重心,小述题对小主题而言是表达重心。由于小述题存在于大述题之中,可以说它是重心中的重心,所以从全句来说,复动"V得"句的表达重心一般是在小述题上,即在"V得R"上。正因为如此,当对这种句子要加上主观评议时,评议性的词语通常出现在"V得R"之前,如"他干这件事一定会干得很好",而不说"他一定会干这件事干得很好"。

(三)"V_2"在语用表达中的作用

V_2在语义结构中是羡余的,但在复动"V得"句的句法结构中却是不可缺少的,在语用表达中有其特定的作用:有强调动作的意味。比较下面的句子:

---

① 参看范晓《略论V-R》,《语法研究和探索》(三),北京大学出版社,1985年。

① 你告诉我得太晚了／我感激你得了不得

② 你告诉我告诉得太晚了／我感激你感激得了不得

①② 两组语义结构相同，但显层的句式不一样，语用表达上就有细微差别：① 组的"太晚了""了不得"是述说 VO 这件事的，而 ② 组的"太晚了""了不得"虽也述说 VO，却又强调和突出了 V 这个动作。

（四）"得"在语用表达中的作用

"得"在语用表达上也有特定的作用，比较下面两组句子：

① 吃玉米吃胖了／喝酒喝醉了／说故事说累了

② 吃玉米吃得胖了／喝酒喝得醉了／说故事说得累了

①② 两组显层都为复动句（重复动词），在句法上动词后成分都是补语，语义上语义结构相同；但两组有差别：① 组无"得"，② 组有"得"。"得"的有无，反映出它们的语用表达意义不一样，① 组旨在说明动作的结果，② 组旨在表现动作所引起或显现的景相。由于有这种差别，①② 两组作补语的词语也多有差异，这表现在：

第一，表结果的动词能作下面 ① 组动词的补语，而不能作下面 ② 组动词的补语。比较：

① 赌钱赌输了／找人找着了／摔跤摔伤了

② *赌钱赌得输了／*找人找得着了／*摔跤摔得伤了

第二，② 组的作补语的形容词可扩展成短语，而 ① 组作补语的形容词则不行。比较：

① *吃玉米吃很胖／*吃玉米吃胖极了／*吃玉米又白又胖

② 吃玉米吃得很胖／吃玉米吃得胖极了／玉米吃得又白又胖

第三,表示状态的短语能作②组的补语而不能作①组的补语。比较:

① *吃玉米吃津津有味/*跑步跑满头大汗/*说话说头头是道
② 吃玉米吃得津津有味/跑步跑得满头大汗/说话说得头头是道

可见,①②两组虽都是复动句,但传递的信息不同,可见"得"在语用上也不是可有可无的。

(五)"R"在语用表达中的作用

R处在全句的末尾,是全句是焦点,在句中起"点睛"的作用。正因为这样,肯定词"是"常可出现在R或V得R之前,以加强肯定这个焦点。例如:

① 我买菜买得总是太贵/他们盼水盼得是多么焦急啊
② 我买菜总是买得太贵/他们盼水是盼得多么焦急啊

另外,如果充当R的词语不同,V得R作为述题在述说的表达类型上有时也会显示出差别。比较下边两组:

① 写文章写得好/抓工作抓得紧/吃饭吃得饱
② 写文章写得非常好/抓工作抓得紧紧的/吃饭吃得饱得很

①组由简单形容词作R,②组由复杂形容词或形容词短语作R。①组的述题是对主题进行断定性评述,②组的述题是对主题进行状态性描述。正因为述说作用不一样,又引出另一点差别:①组的R有相应的否定式(写得不好/抓得不紧/吃得不饱),而②组的R无相应的否定式(*写得不非常好/*抓得不紧紧的/*吃得不饱得很)。

四、句式的变换和变化

复动"V 得"句有一定的变换式；在具体运用时，借助于语境，也可以有某种变化式。它可能有的变换式和变化式很多，不同的变换式和变化式有着不同的语用价值。并不是任何复动"V 得"句都有各种变换式和变化式，能否变换或变化成某种句式取决于各种因素，其中最主要的是受制于 R 的语义指向；是否要变换或变化成某种句式，则要根据表达要求的语境的实际。复动"V 得"句的变换式和变化式主要有以下一些：

（一）SVOV 得 R → VOSV 得 R

① 他写字写得很大→写字他写得很大
② 他写字写得很累→写字他写得很累
③ 他写字写得很快→写字他写得很快

SVOV 得 R 句是一种 S 作大主题、VO 作小主题的句子，而 VOSV 得 R 句是一种 VO 作大主题、S 作小主题的句子。当说话者比较关心"S"怎么样时，就可用 SVOV 得 R 句这种句式表达；当说话者比较关心"VO"怎么样时，就可用 VOSV 得 R 句这种句式表达。

（二）SVOV 得 R → SOV 得 R

① 他写字写得很大→他字写得很大
② 他写字写得很快→他字写得很快

① 为 S 作大主题、VO 作小主题、R 在语义上指向 O 的 SVOV 得 R 句，
② 为 S 作大主题、VO 作小主题、R 在语义上指向 V 的 SVOV 得 R 句，

这种句子可以变换成SOV得R句(变换时去掉了重复的动词)。SOV得R句在语用上起突出R的指向对象的作用。但S作大主题、VO作小主题、R在语义上指向S的SVOV得R句不能变换成SOV得R句，如"他写字写得很累"不能说成"他字写得很累"。

(三) SVOV 得 R → S (把 O) V 得 R

① 他写字写得很大→他把字写得很大
② 他摇头摇得拨浪鼓似的→他把头摇得拨浪鼓似的

S(把O)V得R句的主题是S，起变化的是去掉了重复动词，并用介词"把"将O提到动词之前。在这种句子里，"把"的作用是强调给某事处置以某种动作。当说话者要表达对有定的O加以某种处置时可使用这种句式。复动"V得"句变换成这种句式是有限制的：R在语义上指向S或O是无定的或V是不及物动词的复动"V得"句，都不能变换成这种句式。例如：

① 他写字写得很累→*他把字写得很累(R指向S)
② 他看电影看得很多→*他把电影看得很多(O是无定的)
③ 他睡觉睡得很香→*他把觉睡得很香("睡觉"是不及物动词)

有些跟复动"V得"句有着相同语义结构的某些S(把O)V得R句也不一定能变换成复动"V得"句。例如：

① 他把这件事忘得干干净净→*他忘这件事忘得干干净净
② 我们把敌人打得落花流水→*我们打敌人打得落花流水
③ 他们把江心中的那个小岛建设得非常美丽→*他们建设江心中的那个小岛建设得非常美丽

这类"把"字句不能变换成复动"V得"句的原因是:有的是动词本身不能构成复动"V得"句,如例①;有的是S和O都是有生名词,而R又是指向O的,构成复动"V得"句易引起歧义,如例②;有的是O由较长的多层次短语充当,一般不能构成复动"V得"句,如例③。

(四)SVOV得R→(S的O)V得R

① 你做菜做得不坏→你的菜做得不坏
② 他下棋下得很好→他的棋下得很好

(S的O)V得R句中的主题是"S的O"。"S的O"里隐含着S所发出的动作,所以"S的O"在语义上等于"SV的O"(你的菜=你做的菜)。当说话者关心"SV的O"怎么样时,可使用这种句式。复动"V得"句变换成这种句式的限制是:R在语义上指向S的,一般不能变换成这种句式。例如:他写字写得很累。→*他的字写得很累。

(五)SVOV得R→OSV得R

① 他写字写得很大→字他写得很大
② 他开汽车开得飞快→汽车他开得飞快

OSV得R这种句式里,O是大主题,S是小主题。当说话者比较关心"O"怎么样时,可使用这种句式。复动"V得"句变换成这种句式的限制是:R在语义上指向S的,不能变换成这种句式。例如:他写字写得很累。→*字他写得很累。

(六)SVOV得R→OV得SR

① 她吃玉米吃得越来越胖了→玉米吃得她越来越胖了

②许多人吃这种菜吃得拉肚子→这种菜吃得许多人拉肚子

OV得SR句是一种比较特殊的句式。这种句子里O是主题，S置于V后。这种句子的作用是：叙述O在S发出的动作的影响下反过来使S产生某种景相。这是一种表示致使性的句子。复动"V得"句变换成这种句式的限制是：R在语义上指向S，O一般是受事。这种句式有时也可变换成O(把S)V得R式，例如：玉米吃得她越来越胖了→玉米把她吃得越来越胖了。这种"把"字句式无处置作用，却具有强调致使的作用。

(七)SVOV得R→O(被S)V得R

①他写这个字写得特别大→这个字被他写得特别大
②她说他说得一无是处→他被她说得一无是处

O(被)SV得R句里，O是主题，"被"用来引出施事，在表达上表示"被动"。当说话者关心"O"被怎么样时，就可使用这种句式。复动"V得"句多数不能变换成这种句式，只有部分在语义上指向O而且O是有定的才有可能作这样的变换。

(八)SVOV得R→SV得OR

①我望你望得好苦啊→我望得你好苦啊
②他恨小芹恨得了不得→他恨得小芹了不得

SV得OR句的主题是S，不用重复动词，"得"置于VO之间。当说话者不需要突出VO或O时可使用这种句式。复动"V得"句变换成这种句式较少。相反，相当多的SV得OR句却不一定能变换成复动"V得"句。例如：灯光逼得他皱起眉头。→*灯光逼他逼得皱起眉头。

（九）SVOV 得 R →SV 是 V 得 R

① 他写文章写得很快→他写是写得很快（只是文章质量不高）
② 她唱歌唱得不错→她唱是唱得不错（但可惜缺乏表情）

SV 是 V 得 R 句是在一定语境中为表达需要而省略了"O"、增添了"是"的句式。如果说话者要强调肯定"V"，而"O"借助于语境可省略的，就可使用这种变化句式。

（十）SVOV 得 R →SV 得 R

① 他写字写得很大→他写得很大
② 他说话说得很快→他说得很快

SV 得 R 句是省去 O 的省略句，也就不必重复动词。如果借助语境可省去 O 的，或者 O 是同源宾语的，就可使用这种变化句式。

（十一）SVOV 得 R →（S 的 NP）V 得 R

① 我跑步跑得腿发软了→我的腿跑得发软了
② 她唱歌唱得嗓子发哑了→她的嗓子唱得发哑了

（S 的 NP）V 得 R 句的主题是"S 的 NP"，NP 从属于 S。某些主谓短语作 R 的复动"V 得"句有时可省略宾语 O，将 NP 提到句首构成这种变化句式。当说话者关心"S 的 NP"怎么样时，可使用这种句式。

（十二）SVOV 得 R →OV 得 R

复动"V 得"句在一定语境中根据表达需要可以省略主语 S，且动词也不必重复。例如:"他字写得很好,文章也写得很好"里,这"文章也写得很好"就是 OV 得 R 式。这是一种复动 V 得句在上下文里变化为省略主语 S 的形式。还有些 OV 得 R 句的 S 是隐含着的,如"房门关得紧紧的""窗玻璃擦得亮堂堂的"。这种句子并不是复动"V 得"句省略主语 S 的变化式,而是受事词语作主题和主语的描记句。隐含 S 的"OV 得 R"跟省略 S 的"OV 得 R"在句式上表面同一,而在语用表达上是有显著差别的。

"V 上"及其构成的句式

现代汉语里动词后边附加着"上"的格式,本文记作"V 上","V 上"作谓语或谓语中心的句子,称作"V 上"句。现代汉语里"V 上"句很多。例如:

① 他爬上墙头跳了过去。
② 登山队把红旗插上山顶。
③ 今将报告呈上,请批示。
④ 他在树上刻上了记号。
⑤ 白色的布染上了蓝色。
⑥ 经过努力,小宋考上了名牌大学。
⑦ 她闭上了眼睛,半天没动静。
⑧ 现在轮上张晓波上场了。
⑨ 外边又飘上雪花了。
⑩ 虎妞的嘴唇又哆嗦上了。

本文拟对现代汉语的"V 上"句进行深入的考察。

一、"V 上"句中"V 上"

(一)对"V 上"的不同看法

从表面上看,上面①至⑩的"V 上"句里的"V 上"在形式上似乎是同一的,都是"动词+上"。但是实际上这个"V 上"并不是同一的。

关于这个"V 上"是什么样的结构、动词 V 后面的"上"是什么样的性质,人们的认识并不一致。大多数语法论著认为"V 上"的"上"是动词,称之为"表示趋向的动词"或简称为"趋向动词"。同样把 V 后的"上"称作"趋向动词"的,也有不同的看法,多数认为"V 上"是个短语(或称"词组"),也有人称之为"短语式动词"[①]。在分析"V 上"的结构时,也有一些不同的说法:有分析为"动补"结构("上"作补语)的[②],有分析为"动趋式"("上"表示动作的"趋向")的[③],有分析为"合成谓语"("V 上"合起来成为"合成谓语")的[④]。但也有少数论著不把"V 上"的"上"看作动词:有看作副词的[⑤],有看作助词的[⑥],有看作词尾的[⑦]。

(二)"V 上"的"上"有不同的意义

虽然现在多数著作把"V 上"看作为动补短语,但在分析具体的"V 上"这个结构体时一般又认为"V 上"的"上"有不同的意义。

有的认为"上"作为趋向补语有两种意义:一种是"基本意义"(由低处到高处);另一种是"引申意义"(趋近立足点,由开而合等)[⑧]。

---

① 吕叔湘主编《现代汉语八百词》第 10 页,商务印书馆,1980 年。
② 丁声树等著《现代汉语语法讲话》、胡裕树主编《现代汉语》、黄伯荣、廖序东主编《现代汉语》、张静主编《新编现代汉语》都是这样分析的。
③ 孟琮等编《动词用法词典·说明书》是这样分析的。
④ 俞敏《汉语动词的形态》,《语文学习》1959 年第 4 期。
⑤ 刘月华、潘文娱等《实用现代汉语语法》第 34 页,外语教学与研究出版社,1983 年。
⑥ 房玉清《助词的语法特征及其分类》,《语言教学与研究》1981 年第 4 期。
⑦ 俞敏《汉语动词的形态》,《语文学习》1959 年第 4 期。
⑧ 刘月华、潘文娱等《实用现代汉语语法》第 34 页,外语教学与研究出版社,1983 年。

有的说趋向动词作补语,"意义分为三类:趋向意义、结果意义、状态意义"①。有的说,在不同的"V 上"格式里,"上"有不同的"义项",有"向上""附着""得到、到手""进入某种状态"等②。事实也确实如此,不同的"V 上"甚至同一个"V 上"出现在不同的句子里,"上"或"V 上"都可能会有不同的意义。问题是:怎样来确定和区别不同的意义?不同的意义会不会影响到"上"或"V 上"的同一性?会不会因此而影响到构成不同的句式?这些问题都是值得深入探索的。

(三)要从形式出发来探究"V 上"中"上"的不同意义

在分析"V 上"和动词 V 后的"上"的意义时,如果不注意表示不同意义的语法形式,单凭语感来区分不同的意义,就很可能见仁见智。比如"爱上",有的认为是"表示动作有结果"③,有的认为是"表示开始并继续"④。语法分析中所说的意义指的是语法意义,一定的语法意义是由一定的语法形式表示的,因此研究"V 上"结构和"上"的意义以及"V 上"的内部分类,必须贯彻形式和意义相结合的原则,并从形式出发去探求意义,去寻找形式和意义之间的对应关系,力求做到形式和意义的统一。

(四)"V 上"的内部分类

通过考察,笔者发现:"V 上"表面似乎同一,实质并不同一。根据不同的语法形式,"V 上"可以分为若干类。

---

① 刘月华《趋向补语的语法意义》,《语法研究和探索》(四),北京大学出版社,1988 年。
② 孟琮等编《动词用法词典·说明书》,上海辞书出版社,1987 年。
③ 吕叔湘主编《现代汉语八百词》,商务印书馆,1980 年。
④ 中国社会科学院语言研究所编《现代汉语词典》,商务印书馆,1980 年。

首先，可根据"V"和"上"中间能不能插入"得/不"表能否态（表可能或不可能）分为两大类：能插入"得/不"表能否态的为动补式，"上"是动词的补语，是补充说明动作的趋向或结果的，如①至⑦例中的"V上"便是；不能插入"得/不"表能否态的为动态式，"上"是附着在动词上表示动作的情态的，如⑧至⑩例中的"V上"便是。

其次，动补式"V上"数量较多，内部情况也复杂多样，还可分为三个小类：第一类，动趋式；第二类，准动趋式；第三类，动结式。下面分别叙述和分析各种"V上"，并对它们所构成的句式进行描写和说明。

为了简便起见，本文用了一些符号：动词记作V，名词记作N，宾语记作O，补语记作R，表施事的名词性词语记作$N_{施}$，表受事的名词性词语记作$N_{受}$，表与事的名词性词语记作$N_{与}$，表处所的名词性词语记作$N_{处}$。

二、动趋式（记作"V上$_1$"）

动趋式"V上"在句法上就是"动词+趋向动词（上）"构成的"动补短语"。这是一种典型的"动趋式"，趋向动词"V上"的"上"就是跟"下、进、出"一样的表示位移的典型趋向动词。实例可以分为五组。

A组：爬上树｜走上山岗｜飞上蓝天｜跳上汽车｜飘上屋顶｜漫上堤坝

B组：把红旗插上山顶｜把一桶水提上三楼｜把大娘扶上马背

C组：走上前线｜跑上前｜跨上前

D组:把弹药送上前方|把东西送上门|把弹药搬上前线

E组:把消息登上报纸|把欠款记上账簿

(一)动趋式"V上₁"的形式特征

动趋式"V上₁"构成的动补短语的形式特征主要有:

(1)中间一般能插入"得/不"表能否态,如"爬得上/爬不上""插得上/插不上"。

(2)一般能带处所宾语,上面实例中的宾语都是处所宾语。

(3)动趋式"V上₁+O"一般能变换成"V到+O",如"爬上树→爬到树上""走上前线→走到前线"。

(4)"上₁+O"一般能单说,如"上树""上前线"等。

(5)"V上₁"能跟"来""去"配合着用,如"爬上树→爬上树去→爬到树上去"。

(二)动趋式"V上₁"的语义特征

动趋式的语义特征是:在动作影响下,施事或受事趋向于某处所。一般的或者说典型的是由低处移向高处,但也有由此处移向彼处的情形。例如:

① 那几只猴子跳跃着爬上了大树。
② 他把大娘扶上了马背。

"猴子爬上大树"是施事由低向高,"他把大娘扶上马背"是受事由低向高。但是"他走上前线"是施事由此及彼,"他把弹药送上前线"是受事由此及彼。由此处移向彼处,多为趋向前边(如"前、前方、前线"等)。例如:

① 我尽一切法子,保证把儒春送上前线!
② 为了保卫祖国,他们把亲人送上前方。
③ 他走上前,向首长敬了一个礼。

(三)动趋式"V上₁"的内部分类

"V上₁"的内部可以分为五个小类:

第一类,"V上₁A",A组便是。其形式特点是:动词一般为不及物位移动词,如"走、跑、爬、跳、奔、飞、飘"等。其意义特点是:在动作影响下施事趋向于某处所(由低处向高处位移)。

第二类,"V上₁B",B组便是。其形式特点是:动词一般为及物位移动词,如"插、提、扶、挂、抬"等。其意义特点是:在动作影响下受事趋向于某处所(由低处向高处位移)。

第三类,"V上₁C",C组便是。其形式特点是:动词一般为不及物位移动词,如"走、跑"等。其意义特点是:在动作影响下施事由此处向彼处位移(多为趋向前边,如"前、前方、前线"等)。

第四类,"V上₁D",D组便是。其形式特点是:动词一般为及物位移动词,如"送、搬、推"等。其意义特点是:在动作影响下受事由此处向彼处位移(多为趋向前边,如"前、前方、前线"等)。

第五类,"V上₁E",E组便是。其形式特点是:动词一般为及物的行为方式动词,如"登、载、记"等。其意义特点是:在动作影响下受事由此处向彼处位移(多为事物性的处所,如"报纸、刊物、杂志、账簿"等)。

(四)动趋式"V上₁"构成的句式

"V上₁"构成的句式主要有三种:

（1）"N$_施$+V上$_1$+N$_处$"式。"V上$_1$A"和"V上$_1$C"常构成这样的句式，例如：

① 他爬上墙头，跳了过去。
② 他喘着粗气大踏步跨上车。
③ 战士们离别亲人，走上前线。

（2）"N$_施$+把N$_受$+V上$_1$+N$_处$"式。"V上$_1$B""V上$_1$D""V上$_1$E"常构成这样的句式，例如：

① 他小心地把大娘扶上马背。
② 他们冒着战火把粮食和弹药送上前方。
③ 记者把这件事登上了报纸。

（3）"N$_受$+被N$_施$+V上$_1$+N$_处$"式。"V上$_1$B""V上$_1$E"可构成这样的句式，例如：

① 那只皮箱被他提上三楼了。
② 这个广告终于被他登上报纸了。

三、准动趋式（记作"V上$_2$"）

准动趋式"V上"在句法上就是"动词+趋向动词（上）"构成的"动补短语"；不过这个"V上"的"上"的趋向不是处所，而是引申到趋向于某事物。它不是严格意义的动趋式，所以称为"准动趋式"。实例可以分为两组。

A组：献上礼物｜呈上报告｜寄上信｜交上考卷｜奉上薄礼｜递上申请书

B组：贴上邮票|涂上颜色|加上水|装上刺刀|镶上花边|填上名字|盖上被

（一）准动趋式"V上₂"的形式特征

准动趋式"V上₂"构成的动补短语的形式特征主要有：

（1）中间一般能插入"得/不"表能否态，如"贴得上/贴不上""涂得上/涂不上"。

（2）能带受事宾语而不能带处所宾语，上面A和B实例中的宾语都是受事宾语，这和"V上₁"区别开来。

（3）"V上₂"中的V都是及物动作动词，而"V上₁"可以有不及物动词，如"爬上树、飞上蓝天"之类。

（4）准动趋式"V上₂+O"一般能变换成"把O+V给+N"或"把O+V到/在+N处"，例如"献上礼物→把礼物献给亲人""贴上邮票→把邮票贴到/在信封上"。

（5）"V上₂"有的能跟"来"或"去"配合着用，例如："贴上邮票→把邮票贴到信封上去"。

（二）准动趋式"V上₂"的语义特征

准动趋式"V上₂"的语义特征是：在动作影响下，把受事移向（移给）某人或移到（移在）某处。

A组的"V上"一般表示把受事移向（移给）某人，例如：

① 何先生给我们大家献上了一个精彩的节目。
② 数十名身穿鲜艳戏装的张派弟子向老师献上束束鲜花。
③ 文艺工作者载歌载舞，为专家学者们奉上了一台精彩的节目。

A组的"V上"有时也可表示把受事移向（移给）"非人"的事物，例如：

① 千万朵纯洁向上的笑脸，为祖国献上了一曲悠扬真挚的童声合唱。
② 部队战士进京慰问演出，为春节的首都舞台奉献上一台"塞上风"文艺晚会。
③ 他用诗的语言给开放事业献上了一枝别致的花朵。

B组的"V上"一般表示把受事移向（移给）某处。例如：

① 他在居室的大门上贴上大红喜字。
② 施娅在宝宝身上盖上温暖的被子。
③ 画家在画布上涂上各种颜色。

（三）准动趋式"V上$_2$"的内部分类

准动趋式"V上$_2$"的内部可以分为两个小类：

第一类，"V上$_2$A"，A组便是。其形式特点是：动词为"呈献"类的及物动词，如"献、呈、奉、寄、送、交、递"等。"V上$_2$A+O"可变换成"把OV给N$_与$"或"向N$_与$V上O"。例如：

① 献上鲜花→把鲜花献给英雄→向英雄献上鲜花
② 呈上报告→把报告呈给首长→向首长呈上报告

其意义特点是：在动作影响下事物（受事）由下方移向上方（由卑及尊）[①]，即将事物移向身份或地位较高的与事。如"向英雄献上鲜花""向首长呈上报告"里，"英雄""首长"在"献者""呈者"心目中

[①] "下方移向上方（由卑及尊）"是"由低处移向高处"联想引申过来的，在认知上是处所域中的高低隐喻为身份域或地位域的高低。上级、长辈、尊者为"上"，下级、晚辈、卑者为"下"，所以可以说"献上、呈上"，但是绝不能说"献下、呈下"。

为"尊",所以用"上"。

第二类,"V 上 $_2$ B",B 组便是。其形式特点是:动词为"添附"类的及物动词,如"贴、涂、加、穿、装、镶、填、写、盖"等。"V 上 $_2$ B+O"可变换成"把 OV 在/到 N$_处$"或"(在)N$_处$V 上 O"。例如:

① 贴上邮票→把邮票贴在信封上→在信封上贴上邮票
② 贴上美丽的窗花→把美丽的窗花贴在窗上→在窗上贴上美丽的窗花

其意义特点是:在动作影响下把事物(受事)添加或附着于某处。如"在信封上贴上邮票""在窗上贴上美丽的窗花"中,"邮票""美丽的窗花"分别添加或附着于"信封上""窗上"。

(四)准动趋式"V 上 $_2$"构成的句式

准动趋式"V 上 $_2$"构成的句式主要有六种:

(1)"N$_施$+介词(给/为/向)N$_与$+V 上 $_2$+N$_受$"式。这个句式中的介词通常是"给、为、向","V 上 $_2$A"常构成这样的句式,例如:

① 我今天给你寄上一个包裹,大概后天你就能收到。
② 他向部长呈上了辞职报告。
③ 少年儿童为代表们献上鲜花。

(2)"N$_受$+N$_施$+给 N$_与$+V 上 $_2$"式。"V 上 $_2$A"常构成这样的句式,例如:

① 那东西我马上给你送上。
② 欠你的钱我过几天给你寄上。

(3)"N$_施$+在 N$_处$+V 上 $_2$+N$_受$"式。"V 上 $_2$B"都能构成这样的句

式,例如:

① 人家又在折子上画上了几个字,打上了个小印。
② 他在信封的右上角贴上了两张邮票。

(4)"N_施+[ ]+V上₂+N_受"式。这个句式在上下文或对话里省略了某些成分(省略N_与或N_施)。"V上₂A"和"V上₂B"都能构成这样的句式,例如:

① 我前日[ ]寄上一信,谅已收到。(N_与省略)
② 战士们[ ]装上刺刀,奋勇跃出战壕。(N_处省略)

(5)"N_施+把N_受+[ ]+V上₂"式。这个句式在上下文或对话里也省略了某些成分(省略N_与)。"V上₂A"和"V上₂B"都能构成这样的句式。例如:

① 我把这两天的车份儿+[ ]+交上。(N_与省略)
② 我把这份礼+[ ]+送上,请你笑纳。(N_与省略)

(6)"N_受+N_施+[ ]+V上₂"式。这个句式在上下文或对话里也省略了某些成分(一般省略N_处)。"V上₂B"都能构成这样的句式,例如:

① 不知怎的,这刺刀我[ ]+装不上。(N_处省略)
② 邮票我[ ]+贴上了,你寄出就行了。(N_处省略)

四、动结式(记作"V上₃")

动结式"V上"在句法上就是"动词+趋向动词(上)"构成的动结式(表示动作行为及其结果)的"动补短语"。"V上₃"里的"上"不是表示通常所说的"趋向",而是表示"结果",这是趋向动词"上"的引申义。动结式的实例可以分为四组。

A组:吃上好菜|染上恶习|娶上媳妇|挣上钱|买上好书

B组:追上马车|考上大学|嫁上好人家|看上她|爱上他

C组:关上门|闭上眼睛|皱上眉|合上书

D组:轮上他上场|派上他值班

(一)动结式"V上$_3$"的形式特征

动结式"V上$_3$"的形式特征主要有:

(1)中间一般能插入"得/不"表能否态,如"吃得上/吃不上""追得上/追不上"。

(2)能带受事宾语而不能带处所宾语,这跟"V上$_1$"是很不一样的。

(3)动结式"V上$_3$+O"能变换成"把O+V上$_3$",例如"关上大门→把大门关上"。

(4)"V上$_3$"不能变换成"把O+V到某处",这和"V上$_2$"区别开来。

(5)"V上$_3$"不能跟"来"或"去"配合着用,这跟"V上$_1$"和"V上$_2$"不一样。

(6)"V上$_3$"中的V一般是及物动作动词。

(二)动结式"V上$_3$"的语义特征

动结式"V上$_3$"的语义特征是:在动作影响下,施事或受事有了某种着落(达成某种结果或目的)。例如:

① 大家终于吃上了嫩绿的新鲜蔬菜。

② 他考上了名牌大学。

"大家终于吃上了嫩绿的新鲜蔬菜"是指施事发出动作有了着落,即"大家"(施事)"吃到了"新鲜蔬菜(受事);"他考上了名牌大学"是指施事发出动作后受事有了着落,即"他"(施事)"考中了"名牌大学(受事)。

(三)动结式"V 上₃"的内部分类

动结式"V 上₃"的内部可以分为四个小类:

第一类,"V 上₃A",A 组便是。其形式特点是:"V 上₃A"的动词为表示"得到""获取""着落"义的及物动词,如"吃、染、娶、挣、买"等;另外,"V 上₃+O"可变换成"V 到 O""V 得 O"或"V 着 O"。例如:

① 吃上好菜→吃到好菜

② 娶上一个贤惠的媳妇→娶着一个贤惠的媳妇

③ 找上一份好工作→找得一份好工作

其意义特点是:在动作影响下,施事得到受事,即"受及与施",如"大家都吃上了好菜""他娶上一个贤惠的媳妇"里,施事"大家"和"他"通过动作"吃""娶"分别使动作得到受事"好菜"和"贤惠的媳妇"。

第二类,"V 上₃B",B 组便是。其形式特点是:"V 上₃B"的动词为表示"达到"义的及物动词,如"追、赶、考、嫁、爱"等;另外,"V 上₃B+O"一般不能变换成"V 得 O",这有别于 A 组;但有些能变换成"V 到 O"。例如:

① 追上马车→追到马车

② 染上了不良作风→染到了不良作风

其意义特点是:在动作影响下,施事到达或达到(包括心理上)受事,即"施及与受",如"我追上了马车""他爱上了这个姑娘"里,施事"我"和"他"通过动作"追""爱"分使动作达到受事"马车""这个姑娘"。

第三类,"V 上$_3$C",C 组便是。其形式特点是:"V 上$_3$B"的动词为表示"闭合"义的及物动词,如"关、闭、皱、合"等。其意义特点是:受事所代表的事物有对称的两面(或两方),在动作影响下对称的两方互相闭合或合拢,如"闭上嘴"就是指"嘴"所含有的上下两片嘴唇闭起来(合拢起来)。例如:

① 她闭上了嘴。
② 他关上了大门。

另外,"V 上$_3$C+O"不能变换成"V 到 O"或"V 得 O",这有别于 A 组和 B 组,如"她闭上了嘴"不能说成"她闭到/得了嘴"。

第四类,"V 上$_3$D",D 组便是。其形式特点是:"V 上$_3$D"的动词为表示"轮到"义的及物动词,如"轮、派、排"等;另外,"V 上$_3$D+O"后面还可以出现动词而能构成"V 上$_3$D+O+V"式,例如:

① 轮上他→轮上他值班
② 派上他→派上他站岗

其意义特点是:宾语所代表的事物在动作影响下实现某动作行为;"V 上$_3$C+O"中的 O 既是前一动作的受事,又是后一动作的施事,如"轮上他值班"中的宾语"他"便是。

(四)动结式"V 上$_3$"构成的句式

动结式"V 上$_3$"构成的句式主要有四种:

(1)"N$_施$+V 上$_3$+N$_受$"式。"V 上$_3$A""V 上$_3$B""V 上$_3$C"常构

成这样的句式。例如：

① 晓明终于买上了新车。
② 他跑了几十步，便追上了那个人。
③ 祥子闭上了眼。

（2）"N$_施$+把N$_受$+V上$_3$"式。"V上$_3$A""V上$_3$B""V上$_3$C"都可构成这样的句式。例如：

① 长富不听父母劝告，终于把那恶习染上了。
② 他加快脚步，终于把她追上了。
③ 她一转身就把大门锁上。

（3）"N$_受$+被N$_施$+V上$_3$"式。"V上$_3$A""V上$_3$B""V上$_3$C"有时构成这样的句式。例如：

① 那本书终于被他买上了。
② 他绕道走，但还是被人追上了。
③ 院子的大门被老妈子关上了。

（4）"N$_受$+V上$_3$"式。这种句式是个受事主语句，施事不现，不因省略。"V上$_3$C""V上$_3$D"有时能构成这样的句式。例如：

① 窗户已经关上了。
② 老人的眼睛终于闭上了。
③ 场上缺了个后卫，于是他轮上了。

五、动态式（记作"V上$_4$"）

动态式"V上$_4$"的"上"既不是表示趋向，也不是表示结果，而是已经引申发展演变为表示动作状态的虚词，接近于动态助词，甚至可以把它视为动态助词。动态式"V上₄"的实例可以分为三组。

A组：养上鱼|唱上歌|说上话|站上人|带上孩子|飘上雪花|下上大雨|刮上北风

B组：看上几眼|赶上一阵子|说上半天|跑上三圈|住上几个月

C组：折腾上了|哆嗦上了|嚷嚷上了|骂上了|咳嗽上|干上（吵上）了

（一）动态式"V上₄"的形式特征

动态式"V上₄"的形式特征主要有：

（1）中间不能插入"得/不"表能否态，如"唱上"不能说成"唱得上/唱不上"，"哆嗦上"不能说成"哆嗦得上/哆嗦不上"[①]，这跟V上₁、V上₂、V上₃有根本的区别。

（2）动态式"V上₄"中的"上"大都可用动态助词"了""着"或"起来"替代而格式的基本意义不变，如："缸里又养上金鱼了"可说成"缸里又养了金鱼了"；"外面又飘上雪花了"可说成"外面又飘着雪花了"；"虎妞的嘴唇哆嗦上了"可说成"虎妞的嘴唇哆嗦起来了"。这表明这个"上"相当于"了""着""起来"之类动态助词。

（3）有些动态式"V上₄"中的"上"去掉也不影响意思，"昨天晚上又下上大雨了"可说成"昨天晚上又下大雨了"，"咱们干上一阵子再休息"，可说成"咱们干一阵子再休息"。

（4）"V上₄"中的V有的是及物动作动词（如"养、唱、说、看"等），但也有少数不及物动词（如"飘、跑、嚷嚷、哆嗦"等）。

[①] "说上""干上"有时可说成"说不上几句话""干不上一阵子"，但这不是表示能否态，而是指"没说上几句话""没干上一阵子"。

(二) 动态式"V 上$_4$"的语义特征

动态式的语义特征是：实际上是一种语用意义，在"V 上$_4$"中 V 表示动作，"上"表示动作的情态（动态），可以概括为"实现态"。例如：

① 昨晚<u>下上</u>大雨了。
② 她又<u>嚷嚷上</u>了。

"昨晚下上大雨了"是指"下"这个动作的实现，"她又嚷嚷上了"是指"嚷嚷"这个动作的实现。

(三) 动态式"V 上$_4$"的内部分类

动态式"V 上$_4$"内部可以分为三个小类：

第一类，"V 上$_4$A"，A 组便是。其形式特点是：动词 V 多为及物动作动词，如"养、唱、说、放、隔、搁、带、开展"等，但也有少量不及物动词，如"站、飘"等；另外，"V 上"后能带宾语：或带受事宾语，如"唱上歌""带上孩子"；或带施事宾语或系事宾语，如"站上人""飘上雪花"。有些还可与处所词语配合构成存现句，如"床底下放上一只箱子""楼梯下也站上许多人"，其动态意义是：表示某处所以某种状态存在或出现了某种事物（人或"物"）。

第二类，"V 上$_4$B"，B 组便是。其形式特点是：动词 V 多为及物动作动词，如"看、瞧、干、说、打、瞪"等，但也有少量不及物动词，如"跑、住"等；另外，"V 上"后能带上数量补语，如"瞧上一眼""打上几口井"，如果把"V 上$_4$A"称作"带宾动态式"，则"V 上$_4$B"不妨称之为"带补动态式"，其动态意义是：表示动作实现一定的量。

第三类，"V 上$_4$C"，C 组便是。其形式特点是：动词 V 多为不及物动作动词，如"哆嗦、嚷嚷、咳嗽、吵闹"等，但也有及物动词，如

"骂、干(吵)"等;另外,"V 上 $_4$C"里的动词不能带任何宾语或补语,这使它与"V 上 $_4$A""V 上 $_4$B"区别开来。其动态意义是:单纯表示动作的开始或实现。

(四)动态式"V 上 $_4$"构成的句式

动态式"V 上 $_4$"构成的句式主要有六种:

(1)"N$_施$+V 上 $_4$+N$_受$"式。"V 上 $_4$A"能构成这样的句式。例如:

① 老头子到老了还<u>开上</u>车厂了。
② 他们又<u>开展上</u>科技活动了。
③ 他也<u>出上</u>四十个铜子的份子。

(2)"N$_处$+ V 上 $_4$+N$_受$"式。"V 上 $_4$A"能构成这样的句式。一般说,存现句中的"V 上"可看作"V 上 $_4$A"。例如:

① 这里已<u>围上</u>一圈圈的人,里面打着锣鼓。
② 缸里<u>放上</u>半缸油,等待老鼠来偷油。
③ 龙梅把羊群<u>围上</u>了。

(3)"N$_施$+ 把N$_受$+V 上 $_4$"式。有些"V 上 $_4$A"能构成这样的句式。例如:

① 你来时把工具<u>带上</u>。
② 他把命都<u>豁上</u>了。
③ 龙梅把羊群<u>圈上</u>了。

(4)"N$_施$+V 上 $_4$+R"式。"V 上 $_4$B"能构成这样的句式。例如:

① 他<u>干上</u>两年,至多三年,就可以买辆车。

② 这孩子能<u>哭上</u>一个钟头。

③ 能不干这事,我就是<u>死上</u>一回,也甘心。

（5）"N$_施$+把N$_受$+V 上$_4$+R"式。有些"V 上$_4$B"有时能构成这样的句式。例如:

① 我把你<u>圈上</u>三个月,你受得了受不了。

② 他又把这些话<u>说上</u>一遍。

③ 她回过头来,又把她<u>看上</u>几眼。

（6）"N$_施$+V 上$_4$"式。"V 上$_4$C"能构成这样的句式。例如:

① 女人们又<u>嚷嚷上</u>了。

② 婴儿又<u>哭上</u>了。

③ 她又破口<u>骂上</u>了。

六、余论

（一）"V 上"中"上"的性质

以上四种"V 上"的"上"都源自动词"上",所以四个"上"有同源关系;但从语法上分析,四个"上"不是同一的,也就是说"V 上"的"上"并不是像过去有些语法论著所认为的都是趋向动词。笔者认为,根据各种"V 上"的形式和意义,可以把"V 上"里的"上"概括为三个"上":上$_1$、上$_2$、上$_3$。

（1）"上$_1$"是趋向动词,"V 上$_1$"和"V 上$_2$"中的"上"便是。形式特征是:"V 上"中间能插入"得/不"表能否态;"V 上N$_处$"能变换成"V到N_处上",如"跳上汽车→跳到汽车上";"V上N_受"能变换成"把N_受V到N_处",如"贴上邮票→把邮票贴到某处"。意义特征是:在动作影响下施事或受事移向某处(或由低处移向高处,或由此处移向彼处),即具有"趋向"义,所以可称之为"趋向动词"。"V上$_1$"中的"上"为典型趋向动词,"V上$_2$"中的"上"为准趋向动词。

(2)"上$_2$"是结果动词,"V上$_3$"中的"上"便是。形式特征是:"V上"中间能插入"得/不"表能否态;"V上N_受"不能变换成"V到N_处"或"把N_受V到N_处"。意义特征是:在动作影响下施事或受事有了某种结果(着落),即"V上$_3$"中的"上"已由趋向义(本义)引申为结果义,可称之为"结果动词"。

(3)"上$_3$"是动态助词,"V上$_4$"中的"上"便是。形式特征是:"V上"中间不能插入"得/不"表能否态;"上"大都可用其他动态助词替代,甚至去掉它也不影响意思。意义特征是:"上"表示动作的实现或呈现。这个"上"已经虚化(实词变为虚词),跟"了、着、起来"等动态助词类似,可称之为"动态助词"。

(二)"V上"的歧义现象

有的"V上"由同一动词构成的,如果不在句子里。没有上下文,孤立的一个"V上"可能是多义的或歧义的。在具体的句子里,同一形式的"V上"可能有着不同的意义,"上"也就可能是不同的"上"。以"骑上""穿上""拉上"为例。

骑上:

① 他一跃骑上了马背。

("骑上"属于"V上$_1$")

② 他一直想骑匹好马,今天终于骑上了。

("骑上"属于"V上$_3$")

穿上：

① 她把旧衣服脱下，把新衣服穿上。

（"穿上"属于"V 上$_2$"）

② 她一直盼着穿新衣服，今天终于穿上了。

（"穿上"属于"V 上$_3$"）

③ 她穿上新衣上学校。

（"穿上"属于"V 上$_4$"）

拉上：

① 他把车拉上那个高岗。

（"拉上"属于"V 上$_1$"）

② 他赎回了车。他算是又拉上了自己的车。

（"拉上"属于"V 上$_3$"）

③ 病还没有完全好，他就拉上车上街了。

（"拉上"属于"V 上$_4$"）

前面③中的"他骑上马儿进草原。"（"骑上"属于"V 上$_4$"）

（三）"V 上"后的非名词性词语

"V 上"后所带的宾语，一般是由名词性词语充当的，但我们发现也有非名词性词语充当宾语的情形。例如：

① 现在的年头，又搭上兵荒马乱，真不好办。

② 没了钱，再遇上他喝酒，犯了脾气，他一两天不管孩子们吃什么。

③ 他来得不巧，赶上宅里这么忙。

上面例句里的"兵荒马乱""他喝酒犯了脾气""宅里这么忙"都是非名词性词语。这种非名词性词语出现或是表示"时间"，或是表示"事件"，所以是一种"名物化"的用法。

（四）语法单位"V上"的性质

"V上"作为一个语法单位或语法结构体，究竟是词还是短语？这是一个有争议的问题。本文把"V上$_1$"和"V上$_2$"中的"上"看作趋向动词，把"V上$_3$"中的"上"看作结果动词，把"V上$_4$"中的"上"看作动态助词，这意味着并没有把"V上"看作为一个词儿。但有些"V上"，说得多了，或者其中的V现在单独已经不说了，久而久之，约定俗成，有了一个稳定的意义，似乎已经成为一个词儿了，如"献上、看上、犯上、加上"等，有的词典已经把它作为"单词"收入了。但究竟什么样的"V上"是词，什么样的"V上"是短语，标准很难掌握。有的词典把"赶得上"和"赶不上"收入词典，然而却没收"赶上"[①]，这也很难理解。总之，这是一个可以进一步探索和讨论的问题。

（五）某些特殊的"V上O"

（1）"形上O"。有些"V上O"中的V是形容词，如"大上两倍""好上一百倍""高上一个头"等，这类"V上O"经常用于比较句。例如：

① 我家乡比这里好上百倍。
② 她比我高上一个头。

[①] 中国社会科学院语言研究所编《现代汉语词典》，商务印书馆，1980年。

这类"V上",似也可以归入"V上$_4$"。

（2）"动上O"。有些"V上O"中的V是双音节的动宾式离合动词（简称"动宾离合词"），如"聊天、插嘴、拼命"等（一般"V上O"中的V大都是单音节动词，如"赶上、染上、说上、飘上"里的"赶、染、说、飘"之类）。双音节动宾式离合动词构成的"V上O"句子里，是"上"插入动宾离合词的动语素和宾语素之间构成"V上O"的，例如：

① 他俩又<u>聊上天</u>了。
② 她又<u>插上嘴</u>了。
③ 为了建设祖国,他是<u>拼上命</u>了。

这里的"聊天""插嘴""拼命"都是离合动词。由离合动词构成的"V上O"中的"上"也是动态助词。

值得注意的是：还有一个特别的"V上O"："喝上瘾""吃上瘾""吸上瘾"。"V上"带的宾语O都是一个"瘾"。这个"V上O"有两种可能的层次分析：一种是"V上/瘾",另一种是"V/上瘾"。前一种分析的结果与"V上$_3$A"相同,"上"是结果动词,形式上可以构成"V上了瘾"（"V上"后可以加上动态助词"了"）；后一种分析的结果不是"V上"格式,因为其中的"上瘾"是一个动宾式复合词（由爱好而成为癖好）,它可以构成"V得上瘾了"或"V得上了瘾",如"他吸烟吸得上了瘾"。

（六）处所词语"X上"与"V上"

在组词成句时,如果处所词语"X上"出现在句末（动词语后）或句首（动词语前）,一般情况下不用"V上"作谓语,而用"V到""V在""V了""V着"等。比较：

A1 他走得太慌,几乎碰在墙上。

A2 * 他走得太慌,几乎碰上墙上。

B1 他们飞快地跑到山顶上

B2 * 他们飞快地跑上山顶上。

C1 走廊上站了许多人。

C2 ? 走廊上站上许多人。

D1 身上穿着破大衣。

D2 ? 身上穿上破大衣。

比较起来,句末有处所词语"X 上"的句子绝对不可用"V 上"作谓语;而句首有处所词语"X 上"的句子里"V 上"能不能作谓语可能会有不同的看法。在我们收集到的语料里,也有个别这样的句子。例如:

① 头发上好像粘上了点什么。

② 他身上却又添上了说不出口的疾病。

③ 老松的枝干上染上了金红,飞鸟的翅儿闪起了金光。

上面句子作谓语的"粘上""添上""染上"是"V 上$_3$",其中的"上"是结果动词。如果把这两句句首的处所词语改为一般事物名词(头发、身体、老松的枝干),似乎更合理些。

关系动词及其构成的句式

一、关系动词的性质

在现代汉语里,"是""为"(wéi)"如""等于""姓""叫"(称呼)等一类词,联系着两个事物,表示两事物间的关系意义,在语法结构里具有独特的语法功能,这类词可称之为关系动词。这类词在现代汉语里不是很多,但用得相当普遍。例如底下两个句子:

① 我从他自家口里听得,知道她姓陈,名叫二妹,是苏州东乡人,从小系在上海乡下长大的。
② 刘家峧有两个神仙,邻近各村无人不晓:一个是前庄上的二诸葛,一个是后庄上的三仙姑,二诸葛原来叫刘修德……三仙姑是后庄于福的老婆。

这两句里的"是""系""叫""姓"四个词,便是关系动词。特别是"是"这个词,在口语里、文章里随处可以听到看到,用得极多,它是一个典型的关系动词。所以本文论及关系动词,举例大都是"是"。

(一)各家说法

这类词一向为语言学家所注意,但是看法很不一致。马建忠的《马氏文通》称它为"断辞",该书说:"凡以表决断口气,概以'是''非''为''即''乃'诸字,参与起表两词之间,故诸字名'断辞'。"黎锦熙《新著国语文法》称之为"同动词",该书把"是""为""乃"等称作"决定的同动词",把"像""等于"等称作"推较的同动词"。章士钊的《中等国文典》和陈承泽的《国文法草创》称之为"不完全自动词"或"不完全内动词"。刘复在《中国文法讲话》中称之为"内动词"。金兆梓的《国文法之研究》、王力的《中国现代语法》、高名凯的《汉语语法论》等书都称之为"系词"。赵元任的《北京口语语法》和丁声树等著的《现代汉语语法讲话》称之为"动词"。1956年公布的《暂拟汉语教学语法系统》把"是"放在"动词附类"里,称作"判断词"。1984年公布的《中学教学语法系统提要》把它列入动词的一个小类,简称"判断词",即判断动词。各种语法体系对这类词不仅名称各异,而且对这类词的本质特点的说明以及范围规定也不完全一样。比如,有的认为这类词是实词,有的认为是虚词,有的认为半虚半实。有的只讲一个"是",有的还讲跟"是"同类的一系列词。有的"是"内部还有区别,即分别动词和副词;有的则把"是"都看成动词,等等。

(二)关系动词和其他动词的比较

1、关系动词和其他动词的共性

关系动词是动词的一个小类,所以它有跟其他动词共同的句法功能。这表现在:

(1)能跟副词相结合,副词可置于关系动词前(副词+关系动词)起限饰作用。例如:

① 白杨不是平凡的树。　　② 这少年便是闰土。
③ 荔枝的确是世上最鲜最美的水果。④ 石油全身都是宝。

（2）能作谓语，作谓语时通常要带宾语。例如：

① 白求恩同志是个医生。　② 那两个孩子是我的儿女。
③ 姑娘的名字叫织女。　　④ 春天像小姑娘。

（3）能用肯定否定相叠的方式进行提问。由于关系动词能作谓语或谓语中心词，所以它跟其他动词一样，都能用肯定否定相叠的方式进行提问，即用"是不是""像不像""姓不姓"这样的形式进行提问。例如：

① 这是不是韩老六的院套？　② 她的长相像不像她的妈妈？

根据上边这三条句法功能的特点，可以看出"是""为""姓""像"等确是一种动词。有的语法著作认为"是""为"之类是系词，是只有联系作用而"没有意义"的虚词，这是可以商量的。实词和虚词的区别，主要是表现在能不能单独充当句法成分上。能够单独充当句法成分的是实词，不能单独充当句法成分的是虚词。"是""为"之类能和副词结合、能作谓语、能带宾语，能用肯定否定相叠进行提问，应该归入实词里的动词类。

2、关系动词有别于其他动词的个性

关系动词是动词中的一个小类，它与其他动词有共性的一面，但也有自己的个性。它跟一般动词，特别是动作动词比较，还是有差别的。这主要表现在：

（1）动作动词后边一般可以带动态助词"了""着""过"表动态，如"吃了饭""拿着书"之类；但关系动词不能带动态助词，如不能说"是了学生""是着学生""是过学生"。

（2）动作动词能带动量补语，如"吃一顿""走一趟"之类；但关系动词不能带动量补语。如不能说"是一次""像一趟"。

（3）动作动词可以重叠后表短时或尝试态，如"吃吃""走走""想想"之类；但关系动词不能重叠，如不能说"是是""像像"之类。

（4）动作动词后边带上结构助词"的"以后，可以作名词的定语，如"吃的饭""穿的衣服"；而关系动词则不能作名词的定语，如不能说"是的书""像的松树"。

二、关系动词的类别

根据各个关系动词在句子中的作用，关系动词主要可分为三类：表示"断定"的关系动词，表示比较的关系动词，表示称呼的关系动词。

（一）表示"断定"的关系动词

1、"是"类动词

"是"是典型的关系动词。"是"这个动词处在两个名词性成分之间时，是表示断定（判断和肯定）关系的解释的，这种断定性的解释，细分起来，大致有以下几种：

（1）表示等同。例如：

① 《红楼梦》的作者是曹雪芹，《西游记》的作者是吴承恩。
② 中华人民共和国的首都是北京，美国的首都是华盛顿。
③ 人是能思维、能制造并使用工具进行劳动、能进行语言交际的高等动物。
④ 食物是能够满足躯体正常生理和生化能量需求的物质。

"是"表等同的句子，前后两部分一般可以互换，而基本意思不变。比如"《红楼梦》的作者是曹雪芹"，可以变换成"曹雪芹是《红楼梦》的作者"。

（2）表示归类。例如：

① 她是一个温柔和美丽的女人。
② 蚕丝是一种高级纤维。
③ 梅雨潭是一个瀑布潭。
④ 老宋是个结实精干的壮年人。

"是"表归类的句子，"是"后边部分是"类"，前边部分是"类"的分子，所以前后两部分不能互换，如"梅雨潭是瀑布潭"，不能变换成"瀑布潭是梅雨潭"。

（3）表示存在。例如：

① 处处是急流，处处是险滩。　② 后面是一片荒山。
③ 村外是一片稻田。　　　　　④ 叶子底下是脉脉的流水。

在"是"表存在的句子中，"是"前边部分一般是表示处所的词语。这类句子前后两部分也不能互换。这类句子中的"是"可换成"有"，例如"村外是一片稻田"可以换成"村外有一片稻田"。它们虽都有表示存在的意义，但意思上还是有细微的差别的："是"字句偏重于表断定，"有"字句偏重于表具有。

（4）表示比喻。例如：

① 时间就是金钱，时间就是生命。
② 事实就是科学家的空气。
③ 这孩子，活是他爹。
④ 草地，真是一个又大又好的露天餐厅。

"是"表比喻的句子里，"是"一般可改为"像"，例如"事实就是科学家的空气"可换说成"事实就像科学家的空气"。"是"字句改为"像"字句后,意义基本相同,只是比喻的类型不同:"是"字句属于暗喻,"像"字句属于明喻。

(5)表示其他意义。例如:

① 我先是两个学生,一个读《诗经》,一个读《孟子》。
② 去年是水灾,收成不好。
③ 这藤野先生冬天是一件旧外套。

这类句子里"是"表示各种各样的意义,或表示"领有",如例①;或表示"发生",如例②;或表示某种动作行为,如例③表示"穿";等等。在这样的句子里,"是"实质上起代替某些动词的作用,因此这类句子的"是"往往可改用相应的其他动词,如例①的"是"可改成"有",例②中的"是"改成"发生",例③中的"是"改成"穿",等等。这样一来,句子基本意义还是一样的,但失去了判断的意味或肯定的口气。

2、"为、系、即"类关系动词

跟"是"意义基本相同用途类似而可归入"是"类动词的还有"为、系、即"等词。这类词多用于书面语。例如:

① 鲁迅系浙江绍兴人。
② 十寸为一尺,十尺为一丈。
③ 胡杨有的为披针形或线状披针形,有的为扁圆形、卵形。
④ 暹罗即今之泰国,锡兰即今之斯里兰卡。

3、"属于、等于"类关系动词

跟"是"意义和用途类似而可归入"是"类动词的还有"属、属于、归属、归属于、从属于、附属于、隶属于、等于、等同于、相等于"等词。例如:

① 这个人的智商属中等水平。
② 国际社会公认台湾属于中国的一部分。
③ 国有资产都归属于国家和人民的财富。
④ 三加二等于五,三减二等于一。

这类动词可下分为两种:"属于"类动词和"等同"类动词。"属于"类有"属、属于、归属、归属于、从属于、附属于、隶属于"等,这类跟"是"表示的"归类"义项意义相近、用途类似;"等于"类有"等于、同于、等同于、相等于"等,这类跟"是"表示的"等同"义项意义相近、用途类似;所以上述例句里的"属、属于、归属于、等于、等同"等换上"是",也是可以的。

(二)表示比较的关系动词

表示比较的关系动词,有"像、好像、似、好似、类似、如、如同、犹如、好比、小于、大于、高于、重于、轻于"等。这类动词是用来表示比较关系的,可下分为两种:"像"类动词和"形于"类动词。

1、"像"类动词

"像"类动词处在两个名词性成分之间时,说明前后两事物有较多的共同点。这类动词是用比喻或比拟来表示比较关系的,用来表示"同比"关系。例如:

① 红的像火,粉的像霞,白的像雪。
② 启明星好像一盏悬挂在高空的明灯。
③ 湖水明净如镜,倒映着满天的星光月光。
④ 汀江岸边盛开的菊花,如同遍地耀眼的碎金。

2、"形于"类动词

"形于"类动词是"形容词语素+于"构成的,如"大于、小于、高

于、重于"等。这类动词在两个名词性成分之间表示比较关系时,说明前后两事物的差距(差比)。例如:

① 集体利益大于个人利益。② 支出的费用小于工资的收入。
③ 艺术高于生活。④ 责任重于泰山。

(三)表示称呼的关系动词

表示称呼的动词,有"叫、称、名叫、叫作、称为、俗称、昵称、姓"等。这类动词是用来表示称呼关系的解释的,可下分为两种:"称叫"类动词和"姓名"类动词。

1、"称叫"类动词

"称叫"类动词处在两个名词之间时,表示人或物的称呼关系。例如:

① 她的名字叫阿河。② 这种云彩叫作霞。
③ 他名叫马玉祥。④ 午门俗称五凤楼。

这类动词还有"称X为"(X一般是表示名物的词语)和"称之为"的用法,前者如"李约瑟称《梦溪笔谈》为中国科学史上的坐标",后者如"数量多的生物种属所形成的化石称之为标准化石"。

2、"姓名"类动词

"姓名"类动词(如"姓、名、号"等)处在两个名词之间时,表示人的姓氏的称呼关系。例如:

① 孔子姓孔,名丘;墨子姓墨,名翟;庄子姓庄,名周。
② 苏轼,字子瞻,号东坡居士;王安石,字介甫,号半山。
③ 朱熹,字元晦,又字仲晦,号晦庵;曹雪芹,名霑,字梦阮,号雪芹。

④ 梁启超，名启超，字卓如，号任公；王国维，名国维，字静安，号观堂。

古代和近代汉语里，姓名类的词都是名词，但也活用为动词；到现代也还有这种用法，如"张大千，姓张，名正权，号大千""钱钟书，姓钱，名钟书，字哲良，号槐聚"。到当代，"姓"已经演变成为动词，"名"有时也作动词用，如说到一个人的姓名，常说某人"姓什么、名什么"（如"他姓欧阳，名光景"），而"字、号"一般不用了。

（四）关系动词组成的句子

关系动词组成的句子，可以从三个平面进行分析：

从句法上看，可分析为SVO（主谓宾）句型，谓语动词表示主语和宾语之间的关系。

从语义上看，关系动词"是"是一个二价动词，可组成一个动核和两个动元的动核结构。关系动词所表的关系动核是该动核结构的核心，它联系着起事（主事）动元和止事（客事）动元，以"张三是学生"为例，"是"是动核，"张三"是起事，"学生"是止事。关系动词构成的动核结构作为句子的语义结构的模式时，就是关系动词句的句模。

从语用表达上看，充当主语的词语表示主题（句子的表述对象），"是+宾语"是述题（对主题进行表述的内容）。在关系动词句里，典型的是字句的主题和主语、起事是对应的，如"三仙姑是于福的老婆"这个句子里，"三仙姑"在句法平面是主语，在语义平面是客事（起事），在语用平面是主题。关系动词组成的"主述句"里的述题是一种解释性的表述，所以关系动词组成的句子都属于解释句。由于关系动词可分为以上三类，关系动词组成的解释句相应地也可分为三类：

第一类，断定解释句，"断定"类关系动词作谓语的句子便是。

第二类，比较解释句，"比较"类关系动词作谓语的句子便是。

第三类，称呼解释句，"称呼"类关系动词作谓语的句子便是。

三、关系动词及其宾语隐现

（一）关系动词"是"隐现

关系动词"是"构成的断定性解释句里，"是"一般要"现"（出现），不能省去或空缺，去掉以后句子往往不能成立，如"他是数学老师、梅雨潭是一个瀑布潭"，单独说成"他数学老师、梅雨潭一个瀑布潭"就不能成立；但在动态的具体句子里，在一定的条件下，有时可"隐"（隐去）"是"，实质上是语用上省略或隐含"是"，主要有以下几种情形：

1、用来断定解释天气、节令、时间、籍贯等

这种情况下，语用表达上为了简洁省力，可以隐去"是"。例如：

① 今天[是]阴天。　② 后天[是]国庆节。
③ 明天[是]星期五。　④ 他[是]北京人。

2、"指人名词+的"作"是"的宾语

"的"字短语有替代名词性词语的作用，可以隐"是"。例如：

① 这本书[是]我的。　② 那支笔[是]小王的。
③ 这块手表[是]妈妈的。　④ 这些钱[是]老张的。

3、并列对举用法

并列对举用法时，语用表达上为了简洁省力，可以隐去"是"。例如：

① 你[是]老师，我[是]学生，咱们是师生关系。

② 这[是]苹果,那[是]香蕉,你要哪种自己挑。

4、表示贬义称呼语

在表达表示贬义的称呼时,语用表达上为了简洁省力,有时也可隐去"是"。例如:

① 他[是]个傻瓜,坐在墙角里干啥,怎么不说话。
② 你[是]个"狗头军师",尽出坏主意。

值得注意的是:在上面说到的省略或隐含"是"的句子只能是在肯定句的条件下,如果是否定句,则不能省略或隐含"是"。如"今天不是阴天、他不是北京人",就不能说"今天不阴天、他不北京人";"这本书不是我的、那支笔不是小王的",就不能说"这本书不我的、那支笔不小王的";"你不是老师,我不是学生,咱们不是师生关系",就不能说"你不老师,我不学生,咱们不师生关系";"你不是个狗头军师",就不能说"你不个狗头军师"。

(二)宾语的隐现

关系动词后边的成分,像其他动词后边的支配成分一样,都可看作宾语。关系动词后边一般要"现"(出现)宾语;但在动态的具体句子里有时"隐"(隐去)宾语,即空缺宾语。关系动词隐去或空缺宾语,有的是属于"省略",有的是属于宾语"前置"。

1、省略

因省略而隐去宾语有两种情形:

(1)承上省略。这是指作关系动词宾语的那个词语在前分句里已经出现,后分句关系动词后面的宾语就可隐去,即承上省略宾语。例如:

① 这叫无穷花,四十年前当地遍地都是。

② 这里盛产各色葡萄(有紫葡萄、白葡萄、红葡萄、黑葡萄),夏秋季节满街都是。

例①"是"后宾语"无穷花"出现于前分句动词"叫"后的宾语位置上,例②"是"后宾语"各色葡萄"出现于前分句动词"盛产"的宾语位置上。这都属于宾语承上(上分句)省略。

(2)对话省略。这是指在对话语境中,一般是问句里有关系动词的宾语,答句里相呼应的关系动词后的宾语可隐去,即省略宾语。例如:

① 贾政道:"这是爆竹吗?"宝玉答道:"是"。
② 敌人问他是不是八路,他说"不是"。

例①"是"后省略宾语"爆竹",例②"是"后省略宾语"八路"。

2、前置

这是指一个单句里宾语由于某种原因而置于关系动词之前,关系动词后宾语当然就可不出现(空缺或隐去)宾语。前置有三种情形:

(1)有些句子里作关系动词宾语的那个词语已经作了句子的主语,关系动词后就不出现宾语。例如:

① 河南西泰山上,杜鹃花满山遍野都是。
② 在高头山坡上,红叶到处都是。

例① 关系动词"是"后边的宾语应当是"杜鹃花",因为此句可以变换成"河南西泰山上,满山遍野都是杜鹃花";例② 关系动词"是"后边的宾语应当是"红叶",因为此句可以变换成"在高头山坡上,到处都是红叶"。可见这两句里"是"后的宾语跑到句子头上作了主语,"是"后就不出现宾语。

(2)疑问句里关系动词的宾语有时可置于关系动词的前边,则后边宾语当然可不再出现。例如:

① 明天劳动节是吗？　　② 他北京人是不是？

上面两句可以变换成"明天是劳动节吗？"和"他是不是北京人？"这就表明"是"后宾语因前置而不出现。

（3）作关系动词宾语的代词如果是"遍指"（表示周遍性），要置于关系动词之前，后边也就不再出现宾语。例如：

① 这是什么东西？——它什么都不是，只是给狗吃的食物。
② 他现在是工程院院士，又是企业家；我什么都不是，只是一个普通的教师。

这里"它什么都不是、我什么都不是"句中，"是"前有了"什么"，"是"后就不出现宾语。这类宾语前置带有句法强制性，所以"它什么都不是、我什么都不是"不能变换成"它都不是什么、我都不是什么"。

四、关系动词构成的句式

（一）关系动词构成的基本句式

关系动词构成的句式，是指关系动词所构成的句子的序列格式。下面以典型的关系动词"是"作谓语组成的关系动词句（是字句）为例来讨论关系动词构成的句式。根据充当主语和宾语的词语的句法性质来看，是字句有以下几种基本句式："名+是+名"式、"名+是+非名"式、"非名+是+名"式、"非名+是+非名"式。这里的"名"是指名词性词语（包括名词、代名词以及名词性短语等）；"非名"是指非名词性词语（包括动词性词语、形容词性词语、主谓短语等）。句式里的"名"或"非名"可以是词，也可以是短语。

1、"名+是+名"式

这是关系动词构成的基本句式里最典型的句式。"名+是+名"式中的"名",包括名词、代名词以及名词性短语。例如:

① 科学是老老实实的学问。
② 谁是张老三?张老三是谁?
③ 死海是一个咸水湖。
④ 祖冲之是我国南北朝时期南朝的杰出的科学家。
⑤ 我的故乡蓬莱是个倚山抱海的古城。

2、"名+是+非名"式

"是"后的"非名"(即非名词性词语,包括动词性词语、形容词性词语、主谓短语等)在这种句式里作宾语,词语的句法性质不变,但语义上是"名物化"了。例如:

① 抵御风沙袭击的好方法是培植防护林。
② 我的理想是当一名乡村女教师。
③ 它的特征是一株树上有几种不同形状的叶子。
④ 荔枝蜜的特点是成色纯、养分多。
⑤ 激光的速度是一秒钟跑三十万公里。

值得注意的是,有些"名+是+非名"式句子中的"是"不是关系动词。例如:

① 信是早收到了。　② 我是头一次坐飞机。
③ 我是好累啊!　　④ 茶花是美啊。
⑤ 他是头脑发昏了。⑥ 刚才是你泼了她一桶水。

上边例①②"是"后是动词性词语,例③④"是"后是形容词性词语,例⑤⑥"是"后是主谓短语。在这些句子里,"是"既不表等同也不表归类,而只是对谓语进行肯定或强调。对于这个"是",语言学界有不同的看法。有的采取一元论,即认为这个"是"像上边讲到的关系动词"是"是一样的,都是动词;有的采取二元论,即分为两种"是":一种是动词,一种是副词。本文采取二元论。动词"是"跟副词"是"的区别,主要表现在:

第一,关系动词"是"构成的句子"是"后面可以是名词性词语,如"我是学生""他是老师"之类;副词"是"构成的句子后面不能带名词性词语,而只能带非名词性词语(或者动词性词语,或者形容词性词语,或者主谓短语),如上面的①至⑥例。①

第二,关系动词"是"构成的句子里"是"一般不能省去,去掉以后有些虽然能成立,但有条件;很多情况下去掉"是"不能成立,如"他是工人、番茄是水果"不能说成"他工人、番茄水果"。但副词"是"常可省去而句子基本意义不变,结构也完整,如"我是好累啊"可说成"我好累啊"便是。

第三,关系动词"是"构成的句子一般可以有否定形式,即否定词"不"放在"是"之前,如"今天是星期六"的否定形式是"今天不是星期六";副词"是"构成的句子一般没有否定形式,如"我是很累啊"一般不能说成"我不是很累啊"。

第四,关系动词后的非名词性词语是"是"的宾语,副词"是"后边的非名词性词语则不是"是"的宾语,而是对"是"后面所表示的动作行为或性状加以强调、肯定。所以,关系动词"是"构成的句子是解释句;而副词"是"构成的句子一般仍是叙述句或描写句,不过这种叙述句和描写句有了个副词"是",带有强调的口气。

---

① "是"在句首、后面是主谓结构的句子(如"是我不好,我累了你")里,"是"也可看作副词。

3、"非名+是+名"式

"是"前的"非名"(即非名词性词语,包括动词性词语、形容词性词语、主谓短语等)在这种句式里作主语,词语的句法性质不变,但语义上是"名物化"了。例如:

① 自满是事故的导火索,慎重是安全的铺路石。
② 平易近人是这位伟大人物给人最初的印象。
③ 用种子繁殖是杨树育苗的一个好方法。
④ "花香鸟语、草长莺飞"是大自然的语言。
⑤ 第一次采到这么多新鲜蘑菇是一桩快乐的事。

4、"非名+是+非名"式

"非名"(即非名词性词语,包括动词性词语、形容词性词语、主谓短语等)在这种句式里作"是字句"的主语的词语句法性质不变,但语义上是"名物化"了。例如:

① 打是疼,骂是爱。
② 骄傲是确信自身在某个特殊方面具有卓越价值。
③ 求是,就是去追求、探索自然和社会的真理。
④ 有物,就是要有内容;有序,就是要有条理。
⑤ 读书是学习,使用也是学习,而且是更重要的学习。

关系动词作谓语动词构成的"主动宾"句型与动作行为动词作谓语动词构成的"主动宾"句型有相同处,也有不同点。这不同点主要表现在:动作行为动词作谓语动词的"主动宾"句型句子的句式里,作主语、宾语的通常是名词性词语,即构成"名+是+名"式,如"我读书""他看报""小王踢足球"等,非名词性词语不能在这种句子里作主语,作宾语也受到一定的限制(主要出现在谓宾动词或主谓宾动后）；但关系动词作谓语动词的"主动宾"句型句子的句式里，主语和宾语都可由非名词性词语充当。

（二）关系动词习惯用法形成的固定句式

关系动词在句子中有一些习惯的用法，构成了某种固定的句子格式。主要有以下几种：

1、"是+X"构成的句式

关系动词"是"习惯用法形成的固定句式主要是"是"与"的"配合构成"是+X的"格式，从而形成"名+是+X的"句式。例如：

① 这本书是我的。　② 这房子是木头的。
③ 他穿的是一件新的。④ 我喝的水是热的。
⑤ 我吃的是刚煮熟的。⑥ 马路两边都是看热闹的。

"是"后的X词语，有的是名词性词语，如例①②；有的是形容词性词语，如例③④；有的是动词性词语，如⑤⑥。这类句子"是"后部分可看作"的"字短语作宾语，从语义上分析也可以理解为"的"后隐含一个名物性的语义成分。如"这本书是我的［书］、他穿的是一件新的［衣服］"。这类句子一般表示归类，跟"名＋是＋名"（"他是学生"之类）基本相同。

值得注意的是，副词"是"也可构成"是+X的"格式。例如：

① 沙漠是可以征服的。　② 你的意见我是赞成的。
③ 他这话是正确的。　　④ 我心头是热辣辣的。

这四个句子中的"是"不是关系动词，而是副词。它不是表示"是"前后两成分的关系，而是着重对后面的X所表示的评议、动作、性状等进行肯定，并带有强调口气。关系动词构成的"是+X的"格式跟副词

构成的"是+X的"格式表面类似,但还是可以区别开来。区别方法是:

(1)关系动词构成的"是+X的"格式里的X可以是名词性的词语,也可以是谓词性词语(如"这本书是张三的、地球是圆的、我是教书的"),而副词构成的"是+X的"格式里的X都是谓词性词语。

(2)否定形式不一样。关系动词构成的"是+X的"格式里前边可以加上否定词。例如:

① 这本书是我的。→这本书不是我的。
② 地球是圆的。→地球不是圆的。

而副词"是"构成的"是+X的"格式里前边不能加否定词。例如:

① 沙漠是可以征服的。→*沙漠不是可以征服的。
② 我心头是热辣辣的。→*我心头不是热辣辣的。

也有些副词"是"构成的"是+X的"格式组成的句子里有否定词"不",但这个否定词通常在"是"和X之间,即对X进行否定。例如:

① 你的话我是赞成的。→你的话我是不赞成的。
② 你是应该去的。→你是不应该去的。

(3)关系动词构成的"是+X的"句式中,"是""的"一般不能同时隐去,隐去了往往不通。例如:

① 这本书是我的。→*这本书我。
② 马路两边都是看热闹的。→*马路两边都看热闹。

但副词"是"构成的句式里,"是""的"常可同时省去而基本意义不变,只失却了强调的口气。例如:

① 沙漠是可以征服的。→沙漠可以征服。
② 我心头是热辣辣的。→我心头热辣辣。

2、"像"类关系动词构成的句式

"像"类动词有"像+X+一样""像+X+似的""如+X+一般"等习惯用法的格式，都表示什么东西像什么东西。这类固定格式通常构成"名+像+X+一样""名+像+X+似的""名+如+X+一般"等句式。例如：

① 她的头发像冬天的枯草一样又荒又涩。
② 这个战士手脸乌黑，好像才从煤窑里钻出来似的。
③ 月光如流水一般，静静地泻在这一片叶子和花上。
④ 掌声如同暴风雨一般响彻云霄。

"像+X+一样"等构成的句式跟单纯的"像"字句式（即"像+名"构成的句式）比较，它们的共性都是表示比喻；但不同的是：这种句式一般在"像+X+一样"后面还要出现有谓词性词语，(表示"像+X"的情状)。比较：

① 她的头发像冬天的枯草。("像"字句式)
② 她的头发像冬天的枯草一样又荒又涩。("像+X+一样"构成的句式)

表示情状的谓词性词语也有出现在前面的情形，如上面例②。

3、"称呼"类动词构成的句式

"称呼"类动词习惯用法形成的固定格式主要有"称+X+为Y""叫+X+作+Y""叫+X+为+Y"等。这类固定格式通常构成"名+称+X+为Y""名+叫+X+作+Y""名+叫+X+为+Y"等句式。例如：

① 这些自然现象，我国古代劳动人民称它为物候。
② 我国人民称孙中山先生为革命的先行者。
③ 普通话称写作文章或创作文学作品的人为作家，而湖南人叫种地的为作家。
④ 有些人称他为"圣"，有些人叫他为"怪"。
⑤ 京师人口顺，不叫高二，却都叫他作高迷。

这类句式根据语用表达的需要有时或变换成"把"字句式或"被"字句式。例如："这些自然现象，我国古代劳动人民称它为物候。"可变换成"这些自然现象，我国古代劳动人民把它称为物候。"也可变换成"这些自然现象，被我国古代劳动人民称为物候。"

4、"X 是 X"格式构成的句式

有些关系动词"是"构成的是字句的主语和宾语是同一个词语，这种习惯用法形成的固定格式构成的句式记作"X 是 X"；这个"X 是 X"通常出现在复句中的前分句，所以它是一种固定性的分句句式。例如：

① 张三是张三，李四是李四，王五是王五，别把他们混在一起。
② 往年是往年，今年是今年，不会年年一样。
③ 他演得真好，眼神儿是眼神儿，身段是身段，做派是做派。
④ 事实就是事实，那是否认不了的。
⑤ 你是你，我是我，我们井水不犯河水。
⑥ 这东西啊，好是好，只是太贵，买不起。
⑦ 对于这件事，调查是调查了，只是还没调查出一个结果。
⑧ 至于意见嘛，有是有，但是我不想说。

"X 是 X"句式里的 X 词语的性质多种多样，有的是名词，如例①②③④；有的是代名词，如例⑤；有的是形容词，如例⑥；有的是动

词,如例⑦⑧。这种句式的"是"前后的X里的词语完全相同,"是"置于两个相同词语之间表示断定、肯定,强调事实的客观性。这种句式出现于复句时,有的是一个"X是X",如④⑥⑦⑧;有的连续出现两个或两个以上的"X是X"("X是X,X是X,……"),如例①②③⑤。如果是后者,通常有强调X和X的截然不同和不可相混之意。复句里的这种句式大多置于前分句,它与后分句的关系有的是因果关系,如例①②④⑤;有的是转折关系,如⑥⑦⑧。但也有的"X是X"置于后分句,它用来补充说明前分句,所以与前分句的关系是补充关系,如例③。

交接动词及其构成的句式

"交、给、送、教、告诉、接、收、欠"等动词,本文称为交接动词,也有语法论著称之为"给取动词"或"双宾动词"。由交接动词作谓语中心词构成的句子称作"交接动词句",简称"交接句"。此类句子在言语表达中的作用相当重要,前人也有不少研究。本文试图运用"三个平面"的理论,在前人研究的基础上对"交接"类动词及其构成的"交接句式"作进一步的探索。

一、交接句的语法分析

(一)交接句的句法分析

从句法结构上看,交接动词能带双宾语,所以也有些论著称交接动词构成的句子为"双宾语句"。例如"我送给他一件礼物"这句里,"我"是主语,"送"是交接动词,"他"和"一件礼物"是交接动词所带的两个宾语,一般语法著作按照传统的说法把靠近交接动词的那个宾语叫作"近宾语"或"间接宾语",把另一个宾语叫作"远宾语"或"直接宾语"。如果把主语记作S,交接动词记作V,近宾语记作O_1,远宾语记作O_2,则交接动词作谓语中心词所构成的典型句式可记作:$S+V+O_1+O_2$。

从句法结构的层次角度分析,上述句式可分析成$S+[(V+O_1)+$

O_2]。可见 O_1 和 O_2 不在一个层次上，其中 O_1 跟 V 构成直接关系，O_2 跟 V 构成间接关系。着眼于层次关系，似可把 O_1 看作 V 的直接宾语，O_2 看作 V 的间接宾语。这跟传统说法完全相反。

（二）交接句的语义分析

从语义结构上看，交接动词是一种表交接行为的三价动词（也称"三向动词"），在句子里需要有三个强制性的语义成分与它共现。这三个强制性的语义成分是：

（1）施事——交接动作的发出者。作施事的通常指人，如"张三给了李四一件礼物"中的"张三"就是；但也有不是指人的，如"这座城给了他一切"。

（2）与事——交接动作的对象。作与事的也通常指人，如"张三给了李四一件礼物"中的"李四"就是；但也有不是指人的，如"太阳给草叶的露珠一点儿金光"。

（3）受事——交接的物事。作受事的通常指具体事物，如"张三给了李四一件礼物"中的"礼物"就是；但有时也有指人的（广义地说，人也是事物），如"刘修德，(你)还我闺女!"中的"闺女"就是。

在 S+V+O_1+O_2 完整的句式里，S 是施事，O_1 是与事，O_2 是受事。但由于语用表达的需要，在一定的语境里，这三个强制性的语义成分有时可能空缺某一个。例如：

① 我很欣幸他的得释，[S]就赶紧付给[O_1]稿费。

② 二强子买回一大堆食物，[S]给他们俩[O_2]吃。

③ 老者！我求[O_1]一件事。

④ 祥子一把抓起那张钞票，摔在太太的胖脸上："[S]给我四天的工钱！"

上边例句有的空缺一个强制性的成分,有的空缺两个强制性的成分。例①②是由于上下文关系而空缺。例③④是由于对话环境而空缺。这些空缺的成分一般是交际双方都知晓的,所以是有定的。

(三)交接句的语用分析

交接句的句式意义是"交接"义,这种句式意义就是交接句的语用意义。

在S+V+O_1+O_2里,V是交接动词(发出"交接"动作行为),S和O_1是代表交接双方,其中S代表着动作的发出者即施事(动作的主体),O_2代表着移动着的事物即受事(动作的客体),O_1代表着与事(邻体)。所谓"交接"义,是指这种句子是表达交接行为态势的,表示着一个交接行为或事件:或是施事把受事交给(给予)邻体(与事);或是施事从邻体(与事)那里接纳到(接得)受事。

这种句式的交接意义在大多数情况下跟交接动词本身的有"向"(指动作交接的"方向":外向或内向)性质密切相关:交接动词句中的动词所发出的动作行为有一定的交接方向,因此它是一种有"向"动词。由有向的交接动词作谓语动词构成的句子,也就是有一定的交接方向的句子。

交接动词句中决定O_2转移方向(外向或内向)的,是V的性质。根据O_2的转移方向,可以替交接动词分为三类:"交"类动词(外向动词),"接"类动词(内向动词),"借"类动词(兼向动词);相应地也可以把交接动词句分为三类:

第一类,"交"类动词句,或称"外向"动词句,它表现为"外向"的"交"过程,即O_2由S转移至O_1。

第二类,"接"类动词句,或称"内向"动词句,它表现为"内向"的"接"过程,即由O_1转移至S。

第三类，"借"类动词句，或称"兼向"动词句，它表现为既可以是"外向"的"交"过程，即O_2由S转移至O_1；也可以是"内向"的"接"过程，即由O_1转移至S。以"他借我一本书"为例，在具体的有语境的句子里，它只能表现为"外向"或"内向"，但出现在孤立的句子里有时会产生歧义。

二、"交"类动词句

（一）"交"类动词句的特征和内部分类

"交"类动词作谓语动词构成的句子，称作"交"类动词句。

1. "交"类动词句的特征

（1）"交"类动词句的语义特征，主要表现在：

A. 行为过程（S→V→O_1→O_2）是：S发出某种动作行为使O_2由S向O_1转移。

B. 谓语动词V（"交"类动词）具有"给予"的意义（使O_1得到），所以"交"类动词是一种表"给与"行为的三价动词。

C. 谓语动词V（"交"类动词）联系着三个必有的、强制性的语义成分：S（施事）是O_2（受事）的"交者"（即"给予者"），即把O_2（受事）交给O_1（与事）；O_1（与事）是从S那里接受O_2（受事）的"接者"（即"得到者"）；O_2（受事）是从S那里转移到O_1那里的事物，一般属于S（施事）所有。

D. 由于谓语动词V（"交"类动词）是外向动词，所以交类动词句就是外向动词句。

（2）"交"类动词句在句法上的特征，主要表现在：

A. 谓语动词能带双宾语，如"送我书""还你笔""教他英语"等。

B. 谓语动词大都能带"给"构成"V给"式，如"送给""还给""交给""寄给""递给"等。

C. 谓语动词所联系的S与O_2多数能构成偏正式"S的O_2"（定心结构），如"我送他一本书"里，"我"与"一本书"可构成"我的一本书"。

2、"交"类动词句的内部分类

"交"类动词内部还可以分为六个小类："给"类动词，"送"类动词，"教"类动词，"写（给）"类动词，"唱（给）"类动词，"称"类动词。相应地，"交"类动词句也可以下分为六个小类：

（1）"给"类动词句。由"给"类动词构成，如"他给我一封信"之类；

（2）"送"类动词句。由"送"类动词构成，如"他送我一本书"之类；

（3）"教"类动词句。由"教"类动词构成，如"他教我英语"之类；

（4）"写（给）"类动词句。由"写（给）"类动词构成，如"他写给我一封信"之类；

（5）"唱（给）"类动词句。由"唱（给）"类动词构成，如"我唱给他听"之类；

（6）"称"类动词句。由"称"类动词构成，如"人们称他为'及时雨'"之类。

（二）"交"类动词构成的句式

1、"给"类动词构成的句式

"给"类动词句简称"给"类句，是指"给"类动词作谓语构成的句子。"给"类动词最常见的是"给"，它是"交"类动词中最典型、使用频率最高的一个词。它具有"给予"义，形式特征是不能构成"给给"式[①]。

---

① 普通话里没有"给给"式，但在方言里有"给给"式。参看朱德熙《包含动词"给"的复杂句式》，《中国语文》1983年第3期；邢福义《关于"给给"》，《中国语文》1984年第5期。

"给"类动词作谓语中心词构成的"给"类句主要有下几种句式：

(1) S+V+O$_1$+O$_2$ 式,例如：

① 我给她一件礼物。　　② 老师给了我一本宝书。

这种句式中的 O$_2$ 一般是名词；但有时也可能是动词为中心的名词性短语或谓词性词语,这时,谓词"事物化"(或称"名物化")了。例如：

① 他给了我莫大的支持。　　② 他给她个不辞而别。

(2) S+V+O$_1$+以+O$_2$ 式,例如：

① 大家给他以很高的评价。　　② 他们给了我们以武装。

这种句式多用于书面语, O$_2$ 一般是定心短语(如例①)；但动词有时也可作 O$_2$ (如例②),只是比较少见。

(3) S+把 O$_2$+V+O$_1$ 式,例如：

① 太太把四天的工钱给了他。
② 你把我前年在家穿的那身棉袄裤给了她吧。

在这样的句式里, O$_2$ 由"把"字引进,提到 V 之前,即成了"把"字句式。这种句式跟"给"类句(1)式常可互相变换,如：他给了我一封信。⟷他把一封信给了我。但把字句式不能跟(2)式互相变换。此外, O$_2$ 如果是表示人物的名词,一般也不能互相变换,如"他把我给了地主"不能说成"他给了地主我"。

(4) S+O$_2$+V+O$_1$ 式,例如：

① 你面子已经给他了,他也就不能不回心转意了。
② 不管他怎么求我,我一个子儿也不给她。

这种句式里，O_2 在 V 之前，却不用"把"字句式，而构成 $S+O_2+V+O_1$ 式。这类句式中的有的 O_2 具有周遍性，V 前一般有"都""也"之类的副词，如例②。这类句式也不能跟（1）式互相变换。

（5）$O_2+S+V+O_1$ 式，例如：

① 这块手表我给你吧！　　② 那支笔我已给小王了。

这样的句式里，O_2 在句首，必须是具体名词，而且是有定的、被当作主题（话题）来使用的。O_2 在句首，也可能构成 O_2+ 被 $S+V+O_1$ 式，即"被"字句式，如"那支笔已被我给了小王了"；但"给"类动词构成的被字句比较少。

（6）$S+$ 有 O_2+V+O_1 式，例如：

① 我有一本书给他。　　② 我有点东西给你。

这种句式里，O_2 必须是表示具体事物的名词，O_2 从属于 S，为 S 所有（如上例是"我的书""我的东西"）。

（7）$S+V_1+O_1+O_2+V_2$ 式，例如：

① 他便给他们茴香豆吃。　　② 村民给了我一杯水喝。

这种句式里，V_1 是"给"，V_2 是一般动作动词，O_2 既是 V_1 的受事，又是 V_2 的受事。在这种句式里的 V_2 有"让 O_1+V_2"的意思，如"他便给他们茴香豆吃"就是"他便给他们茴香豆让他们吃"的意思。

（8）$S+V_1+O_2+O_1+V_2$ 式，例如：

① 我给个东西你看看。　　② 奶奶给玩具我玩。

在这种句式里的 O_1+V_2 有"让 O_1+V_2"的意思，如"我给个东西你看看"就是"我给个东西让你看看"的意思。

"给"类句中的"给"类动词除"给"外,在现代汉语里还有"给予""授予""赋予"等动词,它们多用于书面语,例如:

① 学院给予每个学员一定的经济补贴。
② 虹口区授予安根娣劳动模范的称号。

2、"送"类动词构成的句式

"送"类动词句简称"送"类句,是指"送"类动词作谓语构成的句子。"送"类动词常见的有"送、赠、赠送、献、赐、赏、赏赐、交、塞、卖、退、还、归还、递、递交、退还、赔、寄、汇、补、贴、补贴、拨、发、付、托、托付、拜托、嫁、过继、推荐、介绍"等等。"送"类句中的"送"类动词最重要的特征是:它在语义上具有"给予"义;在句法形式上V后可以带上"给",构成"V给"格式,而后再带双宾语,如"送给你一本书"。"送"类句主要有以下句式:

(1) S+V+O_1+O_2式,例如:

① 我送她一块手表。　② 他赠送她一枚金戒指。

"送"类动词经常在后面加"给"(如"赠给、赠送给、卖给、献给、赐给、赏给、赏赐给、还给、递交给、退还给、寄给"等)构成S+V给+O_1+O_2式,例如:

① 热心肠的同志送给我两瓶荔枝蜜。
② 他卖给他们木材和平价小麦。

S+V+O_1+O_2式和S+V给+O_1+O_2式是同一种句式,只是一个用动词"送",另一个用"送给",如"我送她一块手表、他赠送她一枚金戒指"可以说成"我送给她一块手表、他赠送给她一枚金戒指"。

（2）S+把O_2+V给+O_1式。例如：

① 他把自己全部积蓄赠给了灾民。
② 二强子把女儿嫁给了一个军人。

"送"类动词构成这种句式时，动词后面一般要带上"给"，不带"给"有时不通，如例"二强子把女儿嫁给了一个军人"一般不能说成"二强子把女儿嫁了一个军人"。但在一定条件下也可以不带"给"。[①] S+把O_2+V给+O_1式有时候可与S+V+O_1+O_2式互相变换，但有条件：O_2必须是表示具体事物的名词，如"我送她一块手表"和"我把一块手表送给了她"可以互相变换。如果O_2是人物名词或抽象名词，就只能构成"把"字句式，而不能构成S+V+O_1+O_2式，如"太太把孩子们通通交给了仆人、他把苦恼交给了梦"便是。

（3）S+O_2+V给+O_1式。例如：

① 他一切都交给天了。　② 我袋里所有的钱都送给他了。

O_2在"V给"之前通常用"把"字句式，但如果O_2具有周遍性，在"V给"前通常要附加副词"都"或"也"，也可不用"把"而构成S+O_2+V给+O_1式。

（4）O_2+S+V给+O_1式，例如：

① 那辆车我已卖给人家了。　② 那本书我已经送给华宁了。

（5）O_2+被S+V给+O_1式（即"被"字句式，表示被动意义），O_2在句首，也可能构成"被"字句式。例如：

① 他已经被我推荐给广播台了。

[①] 也发现有个别不带"给"的，其条件是O_1是单音节的，如"你把这东西送人了吧"。

② 小福子不是被二强子卖给了人家,就是押在了白房子。

（6）S+有O₂+V(给)+O₁式,例如：

① 我有一件事拜托你。　　② 我有本书送给你。

这种句式包括S+有O₂+V+O₁式(如例①)和S+有O₂+V(给)+O₁式(如例②)。

（7）S+V+O₂+给+O₁式,例如：

① 他经常送书给他们。　　② 政府拨了一笔钱给困难户。

（8）S+V₁+O₂+给+O₁+V₂式,例如：

① 父亲寄了三十块钱给我用。② 我送一条鸡腿给他吃。

在这种句式里,V₁是"送"类动词,V₂是一般动作动词；O₂既是V₁的受事,也是V₂的受事。这种句式可变换成"把"字句式,例如："父亲寄了三十块钱给我用"可变换成"父亲把三十块钱寄给我用"。

"送"类句跟"给"类句比较,有相同的,也有不同的。"送"类V后常加"给",而"给"类则不能。

3、"教"类动词构成的句式

"教"类动词句简称"教"类句,是指"教"类动词作谓语构成的句子。"教"类动词常见的有"教、授、教授、讲、告、告诉、报告、通知、回答、答复"等等。有学者认为"教""告诉""回答"这类动词"不表示任何方向"[①]。笔者认为,这类动词还是表示一定的动作方向,这方向就是"外向"。理由有二:一是从语义上看,这类动词"暗含"给予的意义[②]。

---

① 李英哲《汉语语义单位的排列次序》,《国外语言学》1983年第3期。
② 参看汤廷池《直接宾语与间接宾语》,《国语语法研究论集》,台湾学生书局,1979年。

例如"我教他技术知识"里,"技术知识"是抽象的"事物","我"是交者,"他"是接者,是通过"教"使我的技术知识给予他;二是从形式上看,"教"类动词也能带"给"构成"V给"格式,然后再带宾语,如"教给他技术知识""教给我本领""讲给我们听"等,而"给"正是动词外向的标志。由此可知,"教"应该是外向的。

"教"类句跟"送"类句比较,有相同处,也有不同处。相同之处表现在"教"类句中的动词也能带"给"(虽然没有像"送"类那样普遍),也是外向动词;"教"类句与"送"类句比较,它虽然不能构成所有的"送"类句式,但有些句式是跟"送"类句式相同的,如都有"S+V+O_1+O_2式、S+把O_2+V+O_1式、O_2+S+V+O_1式、S+有O_2+V+O_1式"等句式。例如:

① 老向导又告诉我们一个故事。
② 母亲教给我许多生产知识。
③ 姑娘把自己的情形告诉了他。
④ 那个问题我已经答复他了。
⑤ 我有话告诉你。(鲁迅)

上面例①属于S+V+O_1+O_2式,例②属于S+V给+O_1+O_2式,例③属于S+把O_2+V+O_1式,例④属于O_2+S+V+O_1式,例⑤属于S+有O_2+V+O_1式。

"教"类句跟"送"类句的不同之处表现在:"送"类句中动词带的O_2大都是具体名词;而"教"类句中动词带的O_2大都是抽象名词(如"话""事""知识""消息""故事"等),有时一个主谓短语或小句也能作O_2,例如:

① 他告诉我这叫大玛瑙。

②老矿工告诉我们这儿是有名的圣金加教堂。

4、"写（给）"类动词构成的句式

"写（给）"类动词句是指"写"类动词必须带上"给"作谓语中心构成的句子，所以严格地说，"写"类动词句实际上是"写给"类句，简称为"写"类句。"写"类动词常见的有"写、带、踢、指、抛、丢、扔、下放"等。

"写"类句中的动词本身不是"交"类动词，因为它们自身不能单独带双宾语，如不能说"他写我一封信"；只有带上了"给"，构成"V给"式以后，才能带双宾语，并具有了三价性，如能说"他写给我一封信"。有人认为"写"类动词有时表示给予，有时不表示给予，"反映了语义的不确定性"。① 实际情况是："写"类动词本身无"给予"义，只有当它构成"写给"即"V给"时，才具有"给予"义，所以这种意义完全是由"给"给予的。也就是说，"写、带、踢、指、抛、丢、扔、下放"等动词本身不具有"给予"义，只有带上"给"出现在"交"类动词句这种句式里，才具有"给予"义。由此可见，"写"类动词不属于"交"类动词，"写给"类才具有"交"类动词的性质。

"写"类句与"送"类句比较，它虽然不能构成所有的"送"类句式，但有些句式是跟"送"类句式相同的，如都有"S+V给+O_1+O_2式、S+把O_2+V+O_1式、O_2+S+V+O_1式、S+V+O_2+给+O_1式"等句式，例如：

①虎姑娘指给他一把椅子。
②他的父亲带给我一包贝壳和几支很好看的羽毛。
③几个青年妇女把掉在水里又捞出来的小包裹丢给了他们。

---

① 朱德熙《与动词"给"相关的句法问题》，《方言》1979年第2期。

④ 企业自主权局里已经下放给我们了。

⑤ 他写了一封信给我。

上面例①②属于S+V给+O_1+O_2式,例③属于S+把O_2+V给+O_1式,例④属于O_2+S+V给+O_1式,例⑤属于S+V+O_2+给+O_1式。

"写(给)"类句跟"送"类句重要的区别是:"送"类句的"送"类动词本身有"给予"义,后边不加"给"就可带双宾语,就能构成"交"类动词句,如"我送他一本新书";而"写给"类句的动词由于本身无"给予"义,所以后边不加"给"就没法带双宾语,也就不能构成"交"类动词句,只有带上"给"才能构成"交"类动词句。

5、"唱(给)"类动词构成的句式

"唱(给)"类动词句是指"唱"类动词必须带上"给"作谓语构成的句子,所以"唱"类动词句实际上是"唱给"类句,简称为"唱"类句。"唱"类动词常见的有:唱、讲、说、烧、煮、做等等,可称作"唱"类动词。

"唱"类句中的谓语动词跟"写"类句中的谓语动词一样,本身也无"给予"义,不是"交"类动词,它们自身不能单独带双宾语,如不能说"他唱我一支歌听"。只有带上了"给",构成"V给"式以后,才能带双宾语,并具有了三价性,如能说"他唱给我一支歌听"。所以"唱"类和"写"类动词一样本身无"给予"义,只有当它构成"写给、唱给"即"V给"时,才具有"给予"义,这种意义完全是由动词后面的"给"字带来的,是由句式决定的。

"唱(给)"类句主要有"S+V_1+O_1+O_2+V_2式、S+V_1+O_1+V_2式、S+把O_2+V给+O_1+V_2式"等句式。例如:

① 祖母坐在榻边,讲给他有趣的故事听。

② 这个菜,你可以烧给你先生尝尝鲜。

③ 她又把两支小曲唱给他们听。

上面例①属于S+V₁+O₁+O₂+V₂式,例②属于S+V₁+O₁+V₂式,例③属于S+把O₂+V给+O₁+V₂式。"唱给"类句最大的特点是:第一,句式里都有V₁和V₂,第二不能构成S+V给+O₁+O₂式;这与其他"交"类动词很不一样,不妨看作"准交类"。

6、"称"类动词构成的句式

"称"类动词句简称"称"类句,是指"称"类动词作谓语构成的句子。"称"类动词常见的有"称、称呼、简称、俗称、叫('称呼'义)、封、评、说('称呼'义)、骂('贬称'义)"等。这类动词也常带双宾语,构成S+V+O₁+O₂式,例如:

① 人们当面称呼他六爷,背地叫他韩老六。
② 人们骂他草包。

"称"类句中的"称"类动词也可看作"交"类动词,也暗含有"给予"义,因为O₂是S给予O₁的。这类动词的特点是:它所联系的O₂是个表名称的词语;O₂跟O₁有同一关系,O₂是O₁的名称;它常带"为""是""作""做"等字组成"V为""V作""V做"等形式。

"称"类句中的"称"类动词跟"为""是""作""做"等配合时,可以组成"O₁+被S+V为+O₂式、S+V+O₁+为O₂式"。例如:

① 地中海沿岸被人们称为西方文明的摇篮。
② 北平早被人们称为大学城和文化城。
③ 郑佩华亲切地称杨怀远为启蒙老师。
④ 湖南人叫种地的为"作家"。

上面例①属于O₁+被S+V为+O₂式,例②属于S+V+O₁+为O₂式。

三、"接"类动词句

(一)"接"类动词句的特征和内部分类

1、"接"类动词句的特征

"接"类动词作谓语动词构成的句子,称作"接"类动词句。

(1)"接"类动词句在语义上的特征,主要表现在:

A. 行为过程($S \rightarrow V \rightarrow O_1 \rightarrow O_2$)是:V发出某种动作行为让$O_2$由$O_1$向S转移。

B. 谓语动词V("接"类动词)具有"得到"的意义(使S得到),所以"接"类动词是一种表"接得"行为的三价动词。

C. 谓语动词V("接"类动词)联系着三个必有的、强制性的语义成分,即:S(施事),O_1(与事),O_2(受事)。S(施事)是O_2(受事)的"接者"(即"得到者"),即从O_1(与事)得到O_2(受事);O_1(与事)是把O_2(受事)给予S的"交者"(即"给予者");O_2(受事)是从O_1那里转移到S那里的事物,一般属于O_1(与事)所有。

D. 由于谓语动词V("接"类动词)是内向动词,所以"接"类动词句就是内向动词句。

(2)"接"类动词句在句法上的特征,主要表现在:

A. 谓语动词能带双宾语,如"受他一份礼""欠你五元钱"。

B. 谓语动词不能构成"V给"式,但大都能加"到"或"得",如"接到他一封信""接得他一封信"。[①]

[①] "交"类动词后有的也有带上"到"的,如"我把书送到他手里",这"到"有"往"义,这样的"V到"后边不能带双宾语,所以跟"接到"的"到"是不一样的。

C. 谓语动词所联系的 O_1 与 O_2 多数能构成偏正式 "O_1 的 O_2"（定心结构），如"我收到他一封信"，"他"和"一封信"可构成"他的一封信"。

2、"接"类动词句的内部分类

"接"类动词内部还可以分为三个小类："收"类动词，"欠"类动词，"问"类动词。相应地，"接"类动词句也可以下分为三类：

（1）"收"类动词句。由"收"类动词构成，如"我收受了他一份礼"之类；

（2）"欠"类动词句。由"欠"类动词构成，如"我欠他十元钱"之类；

（3）"问"类动词句。由"问"类动词构成，如"我问他一件事"之类。

（二）"接"类动词构成的句式

1、"收"类动词句

"收"类动词句简称"收"类句，是指"收"类动词作谓语中心词构成的句子。"收"类动词常见的有：收、受、接、接收、接受、得、赊、要、讨、讨还、夺、抢、骗、缴、缴获、偷、窃、窃取、骗取、赚、赢、罚、占、娶、买等等。由于"收"类动词都具有"得到"义，所以它的形式特征是V后常可出现"得""到"组成"V得""V到"式（如"接到/得""赊到/得""骗到/得"之类），然后再带双宾语。"收"类句可以有以下一些句式：

（1）S+V+O_1+O_2 式，例如：

① 他偷了老百姓一只鸡。
② 那个骗子骗了我200元钱。

（2）S+介O_1+V+O_2 式，例如：

① 阿Q便向他要了两个饼。
② 他从顾客那里骗得十块钱。

这类句式的O_1常可以由介词("向"或"从")引进,提到V之前,形成S+向/从O_1+V+O_2式:"他向我讨还十块钱""我们从敌人那里缴获了一门大炮"。

(3)S+V+O_1的O_2式,例如:

① 王小二罚过他的款。

② 我收到了他的一封信。

(4)O_1的O_2+(被)S+V(到)式,例如:

① 你的信我收到了。

② 他的衣服鞋帽都被他们抢去了。

这种句式里,S前有的用"被",有的不用"被"。V后边要带上"到"或"得",或者带上其他表趋向的动词,如"来""去"等。

2、"欠"类动词句

"欠"类动词句简称"欠"类句,是指"欠"类动词作谓语构成的句子。常见的"欠"类动词有:欠、拖欠、短、少、花、费、浪费等等。

"欠"类句跟"收"类句一样,句中的谓语动词句法上能带双宾语,语义上具有内向性,即它能使O_2由O_1移向S,暗含有"得到"义,所以同属"接"类动词句。但是"欠"类句跟"收"类句又有区别:一是"收"类句中的谓语动词能带"到"或"得",而"欠"类句中的谓语动词则不能;二是"收"类句能用介词"向"或"从"等将O_1提到V之前,而"欠"类句则不能。"欠"类句的句式有两种。

(1)S+V+O_1+O_2式,例如:

① 咱欠东家一石五斗租子。

② 叫我做甚么?我又不少你酒钱。

（2）S+V+O₁ 的 O₂ 式，例如：

① 他病着的时候，花了她的钱。
② 公司老板拖欠了他们的工钱。

3、"问"类动词句

"问"类动词句简称"问"类句，是指"问"类动词作谓语构成的句子。"问"类动词常见的有"问、询问、打听、求、征求、请教、请示"等。有人把这类动词称作"准予取类双宾动词"，说："它同时表示给予和取得。"① 这不太准确。确定"问"类是内向还是外向，应看 O₂ 的转移方向。从"问"类动作的目的而言，是在于从 O₁ 处得到所问的答案或取得"消息""意见"以及其他什么，可见这类动词所构成的 S+V+O₁+O₂ 句式里，O₂ 也是由 O₁ 移向 S 的。比如"我问他这个问题的答案""我征求他意见""我向他打听小张的消息"里，"这个问题的答案""意见"和"小张的消息"都是 O₂，这 O₂ 都从属于或受制于 O₁。② 从语义上分析，"问""征求""打听""请示"之类动词暗含着"接受"或"取得"义，O₂ 是从 O₁ 转移到 S，不存在"同时表示给予和取得"，可见这类动词本质上是内向动词。

值得指出的是："我问他一个问题""我问他一件事"这样的句子，可以说"我有一个问题问他""我有一件事问他"，这给人的表面印象是"问题、一件事"是从属于"我"的，而不是从属于"他"的，似乎"问、询问"之类是属于外向的。但是，从深层次看，当施事询问与事

---

① 马庆株《现代汉语的双宾构造》，《语言学论丛》第 10 辑，商务印书馆，1983 年。
② 如"我问他这个问题的答案""我向他打听小张的消息"里，"这个问题答案"和"小张的消息"都在"他"那里，所以可以构成 S+V+O₁ 的 O₂ 式，如"我征求他意见"可以说成"我征求他的意见"；由此也可以证明"问"类动词是内向动词，即属于"接"类动词。

"一个问题"或"一件事"的时候,施事主观上就存在着"该问题或该事从属于与事"的预设:如上面句子中的"问题"是指"他所知道的(问题的)答案","事"是指"他所知道的事";"我问他一个问题",实质上是说"我问他所知的一个问题的答案","我问他一件事",实际上是"我问他所知的一件事";从这个角度看,"问、询问"之类分析为内向动词较为妥帖。

"问"类句可以有"S+V+O_1+O_2 式、O_2+S+V+O_1 式、S+ 有 O_2+V+O_1 式、S+ 向 +O_1+V+O_2 式、S+V+O_1 的 O_2 式"等句式。例如:

① 我问你一句话。
② 那个问题我已经问过老师了。
③ 我有话问他。
④ 我向你请教一个问题。
⑤ 你去问问他的意见。

上面例①是 S+V+O_1+O_2 式,例②是 O_2+S+V+O_1 式,例③是 S+ 有 O_2+V+O_1 式,例④是 S+ 向 +O_1+V+O_2 式,例⑤是 S+V+O_1 的 O_2 式。

"问"类句中的谓语动词能带双宾语,是内向的,这与"收"类句、"欠"类句中的谓语动词相同。"问"类句中的谓语动词联系的 O_2 通常是抽象名词("话""问题""意见""事"等),但有时表示"事"的也可能是谓词性词语、主谓短语(或句子形式),例如:

① 他问我何时出国。
② 我问他为什么代替收信的女士是这么一个怪名字。

这与"收"类句、"欠"类句有别。"问"类句中的谓语动词不能带"给",不能构成"V 给"格式,但能构成"S+ 向 O_1+V+O_2"式,如"他向我打听成功的秘诀""我向他征求意见",这和"收"类动词相同。构成

"S+向O_1+V+O_2"句式是内向动词的特征,外向动词不可能构成此种格式,也表明此类动词具有索取性、内向性。

四、"借"类动词句

"借"类动词句是指"借"类动词作谓语构成的句子。"借"类动词常见的有:借、租、赁、捐、拿、取、分、传、奖等。

"借"类动词句中谓语动词的特征是:孤立时有歧义,进入一定语境的具体的句子,动作的方向可能不一样,有时用作外向,有时用作内向。这类动词的动作作外向用法时,后边可以带"给",其性质属外向动词;作内向用法时后边不能带"给",但可以带"到",其性质属内向动词。一词兼两"向",可称作"兼向动词"。试比较:

一是,"借"类动词作外向用法举例:

① 你赁给我辆车!/亲人们分给她应得的一份父母遗产。
② 父亲把旧房租给了人家。/他把钱都捐给了希望工程。
③ 我拉的那辆车你租给别人吧。/他把房子分给了两个儿子。

上面①属于S+V+O_1+O_2式,②属于S+把O_2+V+O_1式,③属于O_2+S+V+O_1式。

二是,"借"类动词作内向用法举例:

① 他借得信用社一笔钱。/女的借到人家一张二十枚的破纸票。
② 胡适向他租了三间厢房。/我向他借了十几本教学参考书。
③ 他租了车行的一辆车。/我领到了银行的贷款。

上面①属于S+V+O_1+O_2式,②属于S+向O_2+V+O_1式,③属于S+V+O_1的O_2式。

"借"类动词作外向用法时,常在动词后带"给",一般可以构成"送"类动词的各种句式;作内向用法时,常在动词后带"到""得"或"了",一般可以构成"收"类动词的各种句式。

五、余论

(一)离合动词构成的交接动词句

有些动宾式的离合动词在作谓语时,内部的语素既可以"合",也可以"分"。离合动词在具体句子中合起来(语素间不插入其他成分)便是一个动词,如"放假""开玩笑""领情""上当""受气""占便宜"等等。离合动词在具体句子中分离时扩展成一个短语(本来的语素临时升格为词),能构成双宾结构($V+O_1+O_2$),如"放你两天假""开他一个玩笑""领你情""上她当""受他气""占我便宜"等等。这种结构里,V 跟 O_2 有固定的联系。离合动词的 V 语素当它带双宾语时,不妨看成"交接动词化",这样的结构可参照交接动词带双宾语的结构进行分析:

有的离合动词的 V 语素跟"交"类动词近似,就构成"交"类动词句,例如:

① 校长放了她两天假。　② 老爹又开了我一个玩笑。

上面例句中离合动词的语素"放"和"开"归属于"交"类,这两句就是"交"类动词句。

有的离合动词的 V 语素跟"接"类动词近似,就构成"接"类动词句,例如:

① 我还得领你情。　　② 他老是占我便宜。

上面例句中离合动词的语素"领"和"占"归属于"接"类,这两句就是"接"类动词句。由于接类动词句中 O_1 和 O_2 之间在语义上一般具有领属关系,在句法上可以构成定心结构"O_1 的 O_2",所以接类动词常可构成 S+V+O(O 为语义上具有领属关系的定心短语作宾语)句式,即上面说过的 S+V+O_1 的 O_2 式,如"你骗了我的钱、韩有福兔崽子偷了我的米"。某些离合动词也有类似的用法。例如:

① 你别再上了他的当!　　② 您小心吃了他们的亏。

(二)语用中的动词活用现象

由于语用表达的需要,在具体的话语中,有些动词原本不是交接动词,但在言语表达里有时也有活用为交接动词的用法,即在特定的句子里可以带上双宾语。如"泼、吐、洒、吃"等本是二价动词,但有时也能构成 S+V+O_1+O_2 句式,例如:

① 他先泼我这一桶水。　② 我吃了他一个面包。

这里例①属于"交"类动词句,其中的"泼"相当于"交"类动词的用法;例②属于"接"类动词句,其中的"吃"相当于"接"类动词的用法。这就是二价动词"三价化"、非交接动词"交接动词化"的活用现象。

相反,某些交接动词在特定的语境里也有不带双宾语的情形,如寄、嫁、娶、偷、骗等原本是三价动词,但有时也能构成 S+V+O 句式,例如:

① 你不要再骗我。　　② 我们互寄了全家照片,互诉了离情。

这两例不是"交"类动词句,其中的"骗""寄"本都是三价交接动词,但在这里都只带一个宾语。这是三价动词"二价化"、交接动词"非交接动词化"的活用现象。

(三)"兼类"和"兼向"引起的歧义现象

由于某些词存在着"兼类"和"兼向"问题,有些句子离开上下文会引起歧义。如"我借他十块钱"这个句子可以有两种理解:

① 我借他十块钱=我借给他十块钱("借"的外向用法)
② 我借他十块钱=我向他借了十块钱("借"的内向用法)

这是"借"的兼向而产生的歧义。又如"他租我一间房子"这个句子也可以有两种理解:

① 他租我一间房子=他租给我一间房子("租"外向用法)
② 他租我一间房子=他向我租了一间房子("租"内向用法)

这是"租"的兼向而产生的歧义。再如"你给我工作"这个句子也可以有两种理解:

① 你给我工作=你给我活儿("给"是动词)
② 你给我工作=你给我干活儿("给"是介词)

这是"给"的兼类和"工作"的兼类而引起的歧义。

"兼语句"评述

引言

(一)"兼语"和"兼语句"

现在一般语法书上都有"兼语句"这个术语(也称"兼语式")。先看实例:

① 我劝他回来。　　② 风吹着雪花满天乱飞。
③ 大家选老王当代表。　　④ 她喜欢小张老实忠厚。
⑤ 我有个朋友会唱戏。　　⑥ 村里养着几条狗帮助看家。

上述所谓兼语句,是由四个部分组成,自左至右排列的顺序为:(1)名词(记作N_1),如上面例句里的"我、风、大家"等;(2)动词(记作V_1),如上面例句里的"劝、吹、选"等;(3)名词(记作N_2),如上面例句里的"他、雪花、老王"等;(4)谓词性词语(记作V_2),如上面例句里的"回来、满天乱飞、当代表"等。兼语句的词类组合的线性序列基本式就可记作:"$N_1+V_1+N_2+V_2$"。这种句子里的N_2就是所谓"兼语";所谓"兼语句"就是由"兼语"构成的句子。

（二）"兼语""兼语句"的由来

"兼语"这个术语，最早是由赵元任（1948）提出来的，指在"动词+名词+动词"这样的组合里，那个名词性词语"可以是前头动词的宾语，同时又是后头谓语的主语"，这种"宾语兼主语"，称为"兼语"。该书举的实例是"我叫他来""我有个朋友会唱戏"[①]；中国科学院语言研究所语法小组《语法讲话》继承了赵元任的观点，说："兼语式的特点是两个主谓结构套在一起。"并举"风吹着雪花满天乱飞"为例加以说明："我们可以说'风吹着雪花'，也可以说'雪花满天乱飞'。'雪花'是'吹着'的宾语，同时又兼做'满天乱飞'的谓语。这种宾语兼主语叫做'兼语'。含有兼语的句法叫兼语式。"[②] 由于赵元任、语言研究所语法小组《语法讲话》等的影响，现在一般的语法教材都采用了"兼语"之说，称"兼语"构成的短语为"兼语短语"（也称"兼语词组"），把由兼语短语作谓语部分的句子称为"兼语句"。

（三）"兼语"之别名

其实，在赵元任（1948）提出"兼语"说之前，已经有人关注到"$N_1+V_1+N_2+V_2$"句式里的N_2，并提出"兼格"之说。刘复（1921）在解释"亲之欲其贵矣，爱之欲其富矣"时说："之"是单格代词，它只作"亲、爱"两字的受格；"其"是兼格代词，它一面作"欲"字的受格，一面又作"富、贵"两字的主格。[③] 黎锦熙（1924）在论及"工人请我报告""工人推举张同志作代表""我爱他们诚实"等句子的主要动词（请、推举、爱）后的宾语时说："这种宾语，一方面对于前面的述语，

[①] 赵元任《国语入门》（1948），李荣编译《北京口语语法》第19页，开明书店，1952年。
[②] 中国科学院语言研究所语法小组《语法讲话》（1952年起在《中国语文》杂志上连载，1961年结集为丁声树等著《现代汉语语法讲话》第112页，商务印书馆出版）。
[③] 刘复《中国文法通论》第11—12页，上海群益书店，1921年。

是在宾语的位置；一方面对于后面的补足语，他又是在主语的位置了：所以这类句子的宾语，可以说是兼宾主两种资格而有之，故亦名兼格。"①

刘、黎所说的"兼格"跟赵元任所说的"兼语"，都是句法分析的"术语"（他们的著作里，主语、宾语也称"主格、宾格"），可见此乃名异而实同。只是现在分析句法时命名句法成分都讲"某语"（如"主语、宾语"等），所以一般语法书就取"兼语"而舍"兼格"。

一、"兼语句"的句法、语义、语用分析

由于很多语法书使用"兼语句"这个术语，本文先借用这个术语来讨论。

（一）"兼语句"的句法分析

1、句法分析上的不同意见

"$N_1+V_1+N_2+V_2$"组成的兼语句里，N_1不仅是V_1动作的发出者，而且是整个句子的陈述对象，在句法上可以分析为句子的主语，V_1是主语事物发出的动作，可以分析为句子的谓语，N_2是动作V_1主支配的对象，可以分析为宾语。这是大家的共识。但是对于V_2怎么分析，意见就有分歧。主要有两派：

一派主张把N_2分析为"兼语"，把V_2分析为谓语，认为"$V_1+N_2+V_2$"的句法结构为"谓+兼语+谓"（即所谓"兼语结构""兼语短语"），这是现在比较流行的看法。

另一派反对"兼语"说，如笔者（1980）就指出："'兼语'之论，说不清这种短语的结构关系，也无法进行层次分析。所谓'兼语式'，实际

---

① 黎锦熙《新著国语文法》（1924）第27页，商务印书馆，1992年。

上是一个多层次的短语。分析这种短语并替它归类,应当找出它第一层的直接成分的结构关系,也就是要看它第一步切分出哪两个句法成分来决定它的类型。以'选他当代表'为例,第一步先分出'选他'与'当代表'两个成分,第二步再在'选他'和'当代表'里面分出两个成分。……'选他当代表'从整体来说是'补心短语'。"[①]朱德熙(1982)也认为"$V_1+N_2+V_2$"称作兼语式"不一定妥当",指出"N_2 只是 V_1 的宾语,不能看成 V_2 的主语"。[②] 李临定(1986)也不主张"兼语"之说,认为"动$_2$ 只是前边动$_1$ 的宾语,不是后边动$_2$ 的主语","动$_2$ 是动$_1$ 短语引起了什么结果或要达到什么目的,可以分析为一种谓语性的补语"。[③]

2、把"V_1"后面的"N_2"分析为"兼语"不合理的理由

本文不认为把"V_1"后面的 N_2 分析为"兼语"是合理的。理由是:

(1)一般所说的"兼语"是"主宾兼职"的意思。把"兼语"视为句法成分并跟主语、谓语、宾语、定语、状语、补语等句法成分并列起来,显然"兼语"之说不可取。

(2)从句法结构的表层线性上看,不能把"N_2"再分析为"V_2"的主语,因为既然已经把"N_2"分析为宾语,又何来主语?把这个"N_2"宾语称为"兼语"是不合逻辑的。虽然该"N_2"可以和后面的动词性词语单独拿出来构成一个主谓结构(如"我劝他回来"里的"他回来"),但那是脱离了句子的孤立的主谓短语,在单句里没有出现也不可能出现(不能说"我劝他他回来")。

(3)句法分析着眼于表层显性分析。说该 N_2 和后面的 V_2 有主谓关系,那是深层的、语义平面的、隐性的语法关系。N_2 充其量也只能说

[①] 范晓《关于结构和短语问题》,《中国语文》1980 年第 3 期。文中分析为"补心短语"即"谓补短语"。
[②] 朱德熙《语法讲义》第 162 页,商务印书馆,1982 年。
[③] 李临定《现代汉语句型》第 158 页、161 页,商务印书馆,1986 年。

是隐性主语或 V_2 前隐含着一个主语。吕叔湘在分析"他要求放他走"这个句子时说：动词"放"前边"隐含着"一个主语，并指出这隐含的主语实际上是"不可能出现"的。[①] 这个分析很有道理。"隐含"这个概念的确很有用，句法上隐含的成分在深层的语义平面，不应作为描写句法结构的句法成分。

（4）如果把" $N_1+V_1+N_2+V_2$ "里的 N_2 称为"双动内嵌名词"，把这种"双动内嵌名词"都称作"兼语"，那不仅有"宾语兼主语"，还有其他的"兼语"现象，如"我用刀切西瓜"里，"刀"岂不成了"状语兼宾语"？岂不是也得把"我用刀切西瓜"称作兼语句吗？假如推而广之，把句法上隐性的成分都当作句法成分来描写，那语法里的"兼语"现象还有更多的"某语兼某语"（"状语兼宾语、定语兼主语"等等）的情形；那句法分析岂不乱了套。

3. "兼语式"的成分层次分析

把" $N_1+V_1+N_2+V_2$ "称为"兼语式"，分析为"主语＋动词＋兼语＋谓语"。所谓"兼语式"，内部既有句法成分，句法成分之间又有层次关系，所以可以用成分层次分析法来分析这种句法结构。笔者把" V_1+N_2 "和 V_2 之间分析为谓补关系，把"（ V_1+N_2 ）$+V_2$ "分析为谓补短语。比如以"我劝他回来"里，"回来"就是补语，补充说明谓语"劝他"的目的。它的句法结构成分和层次关系可图示如下：

```
   我         劝        他       回来
  (N₁)       (V₁)     (N₂)      (V₂)
  |主语|     |_____谓语部分_____|----------- 主谓句
             |   谓语   |   补语  |----------- 谓补短语
             |谓语|宾语|----------   ---------- 谓宾短语
```

[①] 吕叔湘《汉语语法分析问题》第 68 页，商务印书馆，1979 年。

从上图可以看出,"我劝他回来"在句法上的"成分层次关系"构造的基本式为:$N_1+[(V_1+N_2)+V_2]$。这个基本式结构内部有着三个层次:第一个层次是N_1和"$V_1+N_2+V_2$"发生直接关系,这是主谓关系,决定它是主谓句;第二个层次是"V_1+N_2"和V_2发生直接关系,这是谓补关系(谓补短语"劝他"作谓语,"回来"作补语);第三个层次是V_1和N_2发生直接关系,这是谓宾关系("劝他"为谓宾短语作谓语)。至于N_2和V_2之间,在语义上隐含着主谓关系,但那是间接成分之间的深层的隐性的语法关系;从句法平面进行分析,N_2只是V_1的宾语,不应该看成V_2的主语。由于"V_1+N_2"和V_2之间的关系是谓补关系,所以"谓补短语"可以在句法上分析为一种比较特别的谓补短语,所谓"兼语句"实质上是特殊的谓补短语作谓语部分的主谓句。

4、"$N_1+V_1+N_2+V_2$"词类序列形式的不同句型

"$N_1+V_1+N_2+V_2$"只是一个词类序列形式,由这种句式形式所表示的句型不完全相同。应当把由这种词类序列形式表示的谓补短语作谓语部分的主谓句跟主谓短语作宾语的主谓句以及顺递短语作谓语部分的主谓句(通常称为"连动句"或"连谓句")区别开来。比较:

① 我劝张三回来。② 我主张张三回来。③ 我送别张三回来。

上面的句子表面都是"$N_1+V_1+N_2+V_2$"词类序列形式,表面上"N_2"("张三")都是"双动内嵌名词"。但这三种句子的句型还是有一定的差别。这表现在:上面①②③的成分层次关系不一样:①的层次格式为$N_1+[(V_1+N_2)+V_2]$式,句法成分的结构为"主语+'谓语+宾语'+补语"型,可分析为谓宾短语作谓语的"主谓补"句型;②的层次格式为"$N_1+[V_1+$ 'N_2+V_2' $]$"式,句法成分的结构为"主语+谓语+宾语(主谓短语作宾语)"型,即分析为主谓短语作宾语的"主谓宾"句型;③的层次格式为"$N_1+[V_1+V_2+V_3]$"式,句法成分的结构为"主语+

804 第五部分 汉语句子的专题研究

谓语$_1$+谓语$_2$……"型(谓语可以有两个或两个以上顺递连接),可分析为"连谓句"或"顺递句"句型。朱德熙反对"兼语"说是正确的,但他把①(如"我劝张三回来、请客人吃饭、派他当代表"之类)分析为连谓结构,[①] 这就把①类句和③类句混起来了,那是欠妥的。这是因为①类句的"N_2+V_2"是二分的、封闭型的,而③类句的"N_2+V_2"是多分的、开放型的。现在大多数语法书把③分析为连谓短语作谓语部分的主谓句。

(二)"兼语句"的语义分析

1、兼语句在语义上是"主客兼格"

"$N_1+V_1+N_2+V_2$"词类系列构成的所谓"兼语句"的句子里,两个动词之间嵌入的一个N_2名词,从语义平面分析,这个名词是个"兼格"[②]。它既是前一动词的客事(大都是受事,也有止事),又是后一动词的主事(大都是施事,也有起事),即客事兼作主事,可称为"主客兼格":如在"我劝他回来"里,"他"是"施受兼格"(既是前一动词的受事,又是后一动词的施事);在"她喜欢小张老实忠厚"里,"小张"是"系受兼格"(既是前一动词的受事,又是后一动词的系事);在"他有个妹妹在北大读书"里,"妹妹"是"施止兼格"(既是前一动词的止事,又是后一动词的施事);在"人们称他为'小诸葛'"里,"他"是"施起兼格"。可见,从语义平面分析,所谓"兼语句",实质上可概称为"主客兼格句"。[③] 这里所说的"兼格",跟刘复和黎锦熙所说的"兼格",表面上名

[①] 朱德熙《语法讲义》第162页,商务印书馆,1982年。

[②] 关于"兼格",可参看范晓《论名词在语义平面的"兼格"》,《语法研究和探索》(十一),商务印书馆,2002年。

[③] "主客兼格句"可概括"施受兼格"和"施领兼格"以及"施止兼格"和"施起兼格"等句子。关于主事和客事的下位区分以及施事、系事、受事、起事、止事等等语义成分的含义,可以参看范晓《说语义成分》,《汉语学习》2003年第1期。

称相同,但本质上是不同的:刘复和黎锦熙的"兼格"是句法分析的概念,本文所说的"兼格"是语义分析的概念。下面本文就用"主客兼格句"来进一步进行论述。

2、两种"主客兼格句"的不同分析

主客兼格句像其他句子一样,其语义结构都是由动核结构构成的。但"主客兼格句"里的V_1有两种情形:一种是V_1是三价动词,另一种是V_1是二价动词。

(1)V_1是三价动词的"兼格句"。这种"兼格句"由一个基干动核结构组成。句里的基干动核结构是由一个动核和三个动元(施事、受事、补事)组成,其中动核由V_1充当,V_1动核所联系的主事动元由N_1充当,所联系的客事动元由N_2充当,所联系的动元补事由V_2充当。以"我劝他回来"为例,V_1"劝"是动核,N_1"我"是动核"劝"联系的施事,N_2"他"是V_1"劝"联系的受事,V_2"回来"是动核"劝"联系的补事。这种V_1既然必须联系三个动元,所以应该把它看作是一个"三价动词"。三价动词构成的主客兼格句单说"$N_1+V_1+N_2$"还不是一个完整的动核结构,如单说"我劝他",听者不知"劝他"干什么,只有说成"我劝他回来",意思才完整。由此可以看出,这种主客兼格句里的语义成分动核、主事、客事、补事在语义平面都是不可或缺的,所以这种"兼格句"里的V_1是三价动词。

(2)V_1是二价动词的"兼格句"。这种"兼格句"由一个主要动核结构带上另一个带有补充性的隐含主事的动核结构组成,如"我有个朋友会唱戏"之类句子便是。主要动核结构"我有个朋友"里的V_1"有"联系着两个动元(主事动元和客事动元)。这种主客兼格句从语义的完整性而言,单说"$N_1+V_1+N_2$"(如单说"我有一个朋友"),就已经是完整的动核结构。可见,这种主客兼格句里的语义成分动核、主事、客事是不可或缺的,而补事在语义平面是可有可无的;所以这种

"兼格句"里的V_1(有)是二价动词。

值得注意的是：有些二价动词有三价的用法，如"我拉他上来""她喜欢小张老实忠厚"里，"拉、喜欢"是"二价动词"；但在上述句子里，是句式赋予它们三价的意义。

3、主客兼格句里N_2的语义身份的隐现问题

主客兼格句中的N_2的语义身份有点特殊，句中的N_2虽然是V_1动作的客事，但可以兼作V_2的主事。作为主事，在句法平面其句法身份为主语，但这种身份在表层不出现，可以分析为"隐含"，如"我劝他回来"不能说"我劝他他回来"；但倘若V_1为二价动词，则在一定条件下（作复句的时候）句法成分主语也可以显示出来。比较：

① 风吹着雪花满天乱飞。
② 风吹着雪花，雪花满天乱飞。

例①的"雪花"作为二价动词V_1"吹"的受事宾语是外显的，作为V_2施事主语是隐含的；例②的"雪花"作为二价动词V_1"吹"的受事宾语和V_2"满天乱飞"的施事主语都是外显的。这是因为②是个复句。

（三）"兼语句"的语用分析

所谓"兼语句"，本质上是"主客兼格句"；所以下面"主客兼格句"的语用分析，也就是对"兼语句"进行语用分析。

1、主客兼格句的语用结构和焦点

从语用上分析，主客兼格句也是一种"主题+述题"构成的句子，其中N_1为句子的主题（主题和主语重合），"$V_1+N_2+V_2$"为句子的述题。在一般的情况下，句子的表达重心或焦点是在V_2上，如"我请他吃饭"这个主客兼格句，"我"是句子的主题，"请他吃饭"是句子的述题，"吃饭"是句子的焦点。[①] 这种句子的特点是两个表述通过N_2搭桥套接在一起，以凸现后一表述，并着重表达V_2所表示的动作行为或情状（包括动作行为、断定关系、性质状态等）。

2、主客兼格句的语用意义

根据V_1与V_2之间的关系差异，主客兼格句主要可分为四种有区别性的语用意义。

（1）指"N_1（主事）发出V_1（某种动作行为）致使N_2实施V_2（某事）"，如"矿主逼迫工人下井"句里，表达的语用意义是：主事"矿主"发出动作"逼迫"，致使客事"工人"实施"下井"。如果把V_1与V_2之间的关系记作"使……为"，则可以把具有这种致使意义的主客兼格句称为"使为句"。

（2）指"N_1（主事）因N_2具有V_2（某种情状）而发生V_1（某种行为）"，如"她喜欢小张老实忠厚"句里，表达的语用意义是：主事"她"因"小张老实忠厚"而发生"喜欢"这种行为。如果把V_1与V_2之间的关系记作"因V_2而产生V_1"，可以把具有这种因果意义的主客兼格句称为"因为句"。

（3）指"N_1（主事）发出V_1（称呼行为）使N_2为V_2（为某名称）"，如"大家称他为'包青天'"句里，表达的语用意义是：主事"大家"发出行为"称"，使客事"他"为"包青天"）。如果把V_1与V_2之间的关系记作"称……为"，可以把这种具有称呼意义的主客兼格句概括称为"称为句"。

（4）指"N_1（主事）和N_2有V_1（'领有'或'存在'）的关系，然后补出N_2的情况V_2（'怎么样'或'在干什么'）"，如"我有个朋友会唱戏"句里，表达的语用意义是：主事"我"和客事"朋友"具有"领有"

[①] 这里说的是常规焦点或自然焦点。在特定语境里，焦点也不一定在V_1上，例如：如果在回答"你请不请我吃饭"时，说"我请你吃饭"，这时焦点在"请"上。

关系,并补充说明客事怎么样的情形(会唱戏)。又如"台上有个年轻人在唱歌"句里,表达的语用意义是:主事"台上"和客事"年轻人"具有"存在"关系,并补充说明客事"年轻人"在干什么(在唱歌)。如果把V_1与V_2之间的关系记作"有……为",可以把这种具有领有或存在意义的主客兼格句称为"有为句"。

二、"主客兼格句"的分类

主客兼格句可以根据V_1的语义性质不同来分类。有的语法著作在说到"兼语句"时认为V_1都是表示"使令"意义的动词,其实不一定,比如"我喜欢她聪明善良""我们都叫他'老法师'""他有个朋友在银行工作""门前有两个小孩儿在打架"这样的句子里,作为V_1的"喜欢、叫、有"却没有"使令"意义;相反,表示"使令"意义的词也不见得都是谓语中的主要动词,也不一定都能够组成主客兼格句。[1]

主客兼格句的内部分类,跟V_1的语义性质有密切关系。能作V_1的动词主要有以下10类:(1)"要求"类,(2)"派遣"类,(3)"选举"类,(4)"培养"类,(5)"陪同"类,(6)"交给"类,(7)"喜欢"类,(8)"称呼"类,(9)"有无"类,(10)"V着"(看作动词语)类。如果根据主客兼格句的V_1来给主客兼格句分类,主客兼格句也可相应地分为10类。

(一)"要求"类动词作V_1构成的主客兼格句

作V_1的"要求"类动词主要有"要求、求、请求、恳求、托、委托、拜托、嘱、嘱咐、叮嘱、吩咐、指示、指导、告诉、提醒、警告、命令、勒令、

---

[1] 有人把"虚心使人进步""这叫我心不安""你太让我寒心了""他的生活令人羡慕"中的"使、叫、让、令"也看作表示使令动词,而把此类句子称作"兼语句"。现代汉语里这些词已经开始虚化或半虚化,分析为谓语中的主要动词V_1并不合适。

通知、号召"等,都是三价动词。例如:

① 她求娘可怜可怜她!　　② 杜林命令部队迅速前进。
③ 我托桂生买豆浆去。　　④ 妻叮嘱张婶照顾好孩子。

这类动词组成的主客兼格句的特点是:

（1）这类动词表示"要求""嘱托""命令"等意义。由这类动词作 V_1 构成的主客兼格句语用意义是"施事发出'要求'类意义的行为而使 N_2 实施某事",属于"使为句"。

（2）这类动词里有一部分动词(如"求、托、叮嘱、告诉、提醒"等)有时可构成双宾语句,如"我求你一件事""我拜托你一件事""我告诉你一件事"等。

（二）"派遣"类动词作 V_1 构成的主客兼格句

作 V_1 的"派遣"类动词主要有"派、派遣、打发、指使、调、请、邀请、介绍、叫（'呼唤'义）、喊、招呼、劝、催、催促、逼、逼迫、强迫"等,都是三价动词(但也有二价动词作三价用法的[①])。例如:

① 母亲派亲信的老妈子去。　② 我们请老农讲话。
③ 你叫他回来。　　　　　　④ 陈老五劝我回屋子里去。

这类动词组成的主客兼格句的特点是:

（1）这类动词表示"派遣""招呼""催逼"等意义。由这类动词作 V_1 构成的主客兼格句语用意义是"施事发出'派遣'类意义的行为而使 N_2 实施某事",也属于"使为句"。

---

① 有些是二价动作动词,可构成"SVO"句,如"拉、推、找、逗、放"等,但它们有时也可构成主客兼格句,如"老兵拉他爬出雪坑"之类。在主客兼格句里,这类动词也带有"使令"义,这是句式意义赋予这些动词的。

（2）这类动词构成的主客兼格句在一定条件下（V2 若能跟 V1 构成动趋式或动结式）能变换成"把"字句或"被"字句，如"母亲派亲信的老妈子去"可变换成"母亲把亲信的老妈子派去""亲信的老妈子被母亲派去"。

（三）"选举"类动词作 V_1 构成的主客兼格句

作 V_1 的"选举"类动词主要有"提拔、选、选举、挑选、选拔、选聘、评选、荐、推荐、推举"等，都是三价动词。例如：

① 他们选我当会长。　② 大家推举我当了村妇女会主任。
③ 会议选举他当主席。　④ 工人们评选他为劳动模范。

这类动词组成的主客兼格句的特点是：

（1）这类动词表示"提拔""选举""推荐"等意义。由这类动词作 V_1 构成的主客兼格句语用意义是"施事发出'选举'类意义的行为而使 N_2 实施某事"，也属于"使为句"。

（2）这类动词构成的主客兼格句里，V_2 通常是"当"或"为"，所以这种句子通常构成"$N_1+V_1+N_2+$ 当/为 $+N_3$"式，如"我们选举他当代表""我们选举他为代表"。

（3）这类动词构成的主客兼格句有时能变换成"把"字句或"被"字句，如"我们选他为人民代表"可变换成"我们把他选为人民代表""他被我们选为人民代表"。

（四）"培养"类动词作 V_1 构成的主客兼格句

作 V_1 的"培养"类动词主要有"培养、培育、教导、辅导、训练、指导、指引、改造、指挥、启发、鼓舞、鼓励、动员、怂恿、支持、保护、鼓动、发动、组织、督促、吸引、吸收、发展"等，大多是三价动词。例如：

① 学校培养他成为业务尖子。
② 他鼓舞着我们奋勇前进。
③ 干部鼓励村民养鱼，种果树。
④ 肖队长动员大家参军。

这类动词组成的主客兼格句的特点是：

（1）这类动词表示"培养""启发""鼓动"等意义。由这类动词作 V_1 构成的主客兼格句语用意义是"施事发出'培养'类意义的行为而使 N_2 实施某事"，也属于"使为句"。

（2）这类动词构成的主客兼格句在一定条件下（条件是：句中的 V_2 动词是"成""为""成为""入""到"等）大都也能变换成"把"字句或"被"字句，如"学校培养他成为业务尖子"可变换成"学校把他培养成为业务尖子""他被学校培养成为业务尖子"。

（五）"陪同"类动词作 V_1 构成的主客兼格句

作 V_1 的"陪同"类动词主要有"带、领、带领、率领、引（'带领'义）、引导、领导、陪、陪同、送（'陪送'义）、护送、陪送、扶、搀、搀扶、帮、帮助、协助"等，大多是三价动词。例如：

① 师长率领队伍继续前进。　② 他带领我去串了几家门子。
③ 我陪你上天山去看看。　　④ 雷锋扶着老人上了车。

这类动词组成的主客兼格句的特点是：

（1）这类动词表示"带领""陪同"等意义。由这类动词作 V_1 构成的主客兼格句语用意义是"施事发出'带领''陪同'类意义的行为而使 N_2 实施某事"，也属于"使为句"。

（2）这类动词构成的主客兼格句一般能变换成"由"字句（N_2+由 N_1+V 着+V_2），如"雷锋扶着老人上了车"，可变换成"老人由雷锋扶着上了车","师长率领队伍继续前进",可变换成"队伍由师长率领继续前进"。

（3）这类动词构成的主客兼格句里，V_1 常可带"着""了"等动态助词。

（4）"陪同"意义的动词比较特别，它作 V_1 构成的主客兼格句里，N_1 和 N_2 在语义上往往同时是 V_2 的施事，因此，V_2 前有时会出现"同""一起""一块儿"等词语，如"我陪你上天山看看"可以说成"我陪你一块儿上天山看看"；又如"一个熟悉的茶房陪我同去"。有的语法著作认为这种句子既是主客兼语句，又是连谓句（即"连动句"），因此就称之为"兼语连谓融合式"[1]；也有语法著作称之为"黏合句"[2]。"陪同"意义类动词构成的 $N_1+V_1+N_2+V_2$ 式在许多情况下似乎是"兼格"和"连动"融合（或黏合）在一起。这种表层同形结构可能有三种情形：一种是主客兼格句，一种（少数）是连动句，还有一种是兼格连动融合句（或兼格连动黏合句）。究竟是哪一种，对具体句必须作具体分析。比较：

① 我扶你去躺一躺。　② 我来帮你拿吧。
③ 我扶着他上马。　　④ 我帮着他割麦子。

这里例①中的 V_2 "去躺一躺"的施事是"你"而不是"我"，显然是主客兼格句。例②中的 V_2 "拿"的施事是"我"，而不是"你"，显然是连动句。例③是孤立的同形结构，可能有歧义：a 是"他"上了马，"我"没上马，是主客兼格句（"我"为 V_1 的施事，"他"为 V_1 的受事、V_2 的施事）；b 是"我"上了马，"他"没上马，是连动句（"我"是 V_1、V_2 的施事，"他"是 V_1 的受事）；c 是"他"上了马，"我"也上了马，两个合骑一匹马，是兼格连动融合句，或称兼格连动黏合句（"我"是 V_1、V_2

---

[1] 邓福南《汉语语法专题十讲》第 97 页，湖南人民出版社，1980 年。
[2] 刘小南《语法修辞易混问题区分》第 43 页，吉林人民出版社，1982 年。

的施事,"他"是V_1的受事,又是V_2的施事);例④跟例③有类似的情形。可见,例"我扶着他上马""我帮着他割麦子"究竟分析为哪种? 需要凭借语境才能决定。上面有个例句"雷锋扶着老人上了车",如果这是孤立的一句话,也跟"我扶着他上马"一样是同形结构,有歧义;但此句出现在篇章里就没有歧义:

> 雷锋扶着老人上了车……他正想给老人找个座位,身边有个学生站起来让老人坐下了。雷锋就站在老人身边。

从这个篇章语境里,可以看出"雷峰"是V_1"扶"、V_2"上"的施事,"老人"是V_1"扶"的受事,又是V_2"上"的施事,所以此句可以分析为兼格连动融合句(或兼格连动黏合句)。①

(六)"交给"类动词作V_1构成的主客兼格句

作V_1的"交给"类动词主要有"给、交、送('赠送'义)、借、租、赏、赏赐、供给、递给"等,这类动词都是三价动词。② 例如:

① 我给你一件东西看看。　② 店员递给我一杯水喝。
③ 我送给碟片你看看。　　④ 祖母讲给他有趣的故事听。

这类动词组成的主客兼格句的特点是:

(1)这类动词大都能带双宾语。可构成双宾语句$S+V+O_1+O_2$,如"我送他一件东西"。构成一种有双宾语的主客兼格句,其中的N_2是O_1,所以表示O_1的那个名词体现为"兼格"。

---

① 关于这类句子的句法分析,还可以参看吴竞存、侯学超《现代汉语句法分析》第207—208页和第230—231页,北京大学出版社,1982年。
② 有的动词单独不是"交给"类,但后边加上"给"后便成"交给"类,如"唱给""讲给""煮给"等。

（2）这类动词构成的主客兼格句有两种：一种是：S+V₁+O₁+O₂+V₂（如"我送他件东西看"）；另一种是：S+V₁+O₂+O₁+V₂（我送件东西他看）。在这样的主客兼格句中，O₁是V₂的施事，O₂是V₂的受事。

（3）这类动词表示"给予"意义。由这类动词作V₁构成的主客兼格句语用意义是"施事发出'给予'类意义的行为把O₂给予O₁并让O₁实施某事"，属于"给予+使为"的混合句。

（4）这类动词构成的主客兼格句有时也能变换成"把"字句，如"我给你一件东西看看"可以变换成"我把一件东西给你看看"。

（七）"喜欢"类动词作V₁构成的主客兼格句

作V₁的"喜欢"类动词主要有"称赞、夸、喜欢、钦佩、佩服、爱、羡慕、表扬、感谢、祝、祝贺、心疼、恭喜、怨、埋怨、怪（'责怪'义）、责怪、责备、批评、斥责、控告、气、恨、痛恨、怕（'害怕'义）、害怕、嫌（'厌恶'义）、嫌弃、厌恶、原谅、怜悯、可怜（'怜悯'义）、讥笑、嘲笑"等，其中大多是三价动词（但也有二价动词三价用法的）。例如：

① 我称赞他勤奋好学。　　② 我妈夸你穿着不俗。
③ 你嫌人家穷。　　　　　④ 大家祝贺女排获得世界冠军。

这类动词组成的主客兼格句的特点是：

（1）这类动词表示"喜怒哀乐"或"褒贬"等心理行为意义。由这类动词作V₁构成的主客兼格句语用意义是"施事因某事而发出'喜怒哀乐'类意义的行为"，属于"施事因V₂而使N₁发生V₁"的"因为句"。

（2）这类动词构成的主客兼格句里，V₂通常表示V₁的原因，因此，N₁+V₁+N₂+V₂可变成为"(N₁+V₁+N₂)+因为(N₂+V₂)"式，或变换成"因为(N₂+V₂)+所以(N₁+V₁+N₂)"式，如"他喜欢我聪明勇敢"，可变换成"他喜欢我，因为我聪明勇敢"，或变换成"因为我聪明勇敢，所以他喜欢我"。

有的语法著作把"喜欢"类动词构成的$N_1+V_1+N_2+V_2$式看成双宾语句,认为N_2和V_2是双宾语。笔者以为不妥。一则,双宾语句中的宾语一般是名词性词语充当的,但这类句子的V_2是谓词性词语;二则,双宾句中的远宾语O_2一般表示事物,是句中动词的受事,而这类句子中的V_2很难说成受事,如"我感谢你们盖了这间小草房",这句中的V_2"盖了这间小草房"不好说成它是"事物"或是V_1"感谢"的受事。

有的语法著作认为这种$N_1+V_1+N_2+V_2$式是主谓短语作宾语的主谓句。笔者以为也有问题,因为这类句子的层次构造与主谓短语作宾语的主谓句是不一样的,这从语音停顿上可以看出:这类句子N_2后边可以停顿,而V_1后边不能停顿,所以是主客兼格句;反之,主谓短语作宾语的主谓句V_1后边可以停顿,N_2后边不必停顿,如"我称赞他/办事认真",是主客兼格句,"我知道/他办事认真",则是主谓短语作宾语的主谓句。当然,也得承认,其中有些词,由于语义上的多义性或差异性,可能在一种情况下构成主客兼格句,在另一种情况下构成主谓短语作宾语的主谓句,例如:

① 他们嫌我头发太脏。　② 我嫌那两件衣服太旧。

例①中的"嫌"是"厌恶"义,该句是主客兼格句;例②中的"嫌"是"不满意"义,该句是主谓短语作宾语的主谓句,这跟N_2的内容也有关,如果N_2是人,"嫌"一般含有"厌恶"义,构成的句子一般是主客兼格句;如果N_2是物,"嫌"一般是"不满意"义,就构成主谓短语作宾语的主谓句。

(八)"称呼"类动词作V_1构成的主客兼格句

作V_1的"称呼"类动词主要有"称、称呼、简称、俗称、叫('称呼'义)、认、追认、封"等,有的是三价动词,有的是二价动词的三价用法。例如：

① 人们称他为"及时雨"。　② 湖南人叫种地的为"作家"。
③ 她妈称呼她为书虫子。　④ 我明日就认姨妈做娘。

这类动词组成的主客兼格句的特点是：

（1）这类动词主要表示"称呼"意义。由这类动词作V_1构成的主客兼格句语用意义是"施事发出'称呼'类意义的行为而使N_2实施某事（为某名称）"，属于"称为句"。

（2）这类动词构成的主客兼格句中的V_2通常是"为""是""做""作"等表示断定称谓的关系动词。有的V_1V_2常可成为一个复合动词，如"称为""叫为""称作""叫作"等等。

（3）这类动词组成的主客兼格句通常可以变换成"把"字句或"被"字句，如"人们称他为'及时雨'"，可变换成"人们把他称为'及时雨'""他被人们称为'及时雨'"。

（4）这类主客兼格句有时可以变换成双宾语句，变换后基本意义不变，如"她妈称呼她为书虫子"，也可说成"她妈称呼她书虫子"。

由这类动词构成的句子是不是主客兼格句，也有不同的意见。有一种意见认为"大家叫他作肖队长"这样的句子是"紧缩复句"，理由是"这种材料实际上已不是现代汉语的材料，而是近代汉语的材料"[①]。明明是一个单句，只因为认为这种句式不是现代汉语的材料而看作紧缩复句没说服力；连主张者自己在同一篇文章也说："把它当作现代汉语材料来处理，不叫'兼语式'是困难的。"岂不是矛盾？退一步说，就是把这种句子当作近代汉语的材料，恐怕也很难说成是紧缩复句，更何况这类句子在现代汉语里也不是偶然出现的。

---

① 张静《连动式和兼语式应该取消》，《郑州大学学报》1977年第4期。

（九）"有无"类动词作 V_1 构成的主客兼格句

作 V_1 的"有无"类动词主要有"有、没有、无"，这类动词是二价动词。例如：

① 三仙姑有个女孩叫小芹。　② 他有个弟弟在省城当官。
③ 门外有个人在敲门。　　　④ 室内无人答应。

这类动词组成的主客兼格句的特点是：

（1）这类动词表示"领有"或"存在"意义。由这类动词作 V_1 构成的主客兼格句语用意义是"起事和止事具有领有或存在关系，并补充说明领有或存在着的止事怎么样的情形"。这种意义的主客兼格句属于"有为句"。

（2）这类动词构成的主客兼格句里的"$N_1+V_1+N_2$"本身能独立成句，如①里的"三仙姑有个女孩"，构成"领有句"；③里的"门外有个人"，构成"存在句"。而 V_2 是领有句或存在句的后续补充成分。相应地可分为两个小类：一类是"领有性"关系形成的主客兼格句，特点是 N_1 通常是表人的名词性词语，如例①②；另一类是"存在性"关系形成的主客兼格句，特点是 N_1 通常是表处所的名词性词语，如例③④。

（3）这类主客兼格句大都能变换成"N_1+V_1+'V_2 的 N_2'"式，如"三仙姑有个女孩叫小芹"，可变换成"三仙姑有个叫小芹的女孩"；又如"门外有个人在敲门"，可变换成"门外有个敲门的人"。

（4）这类主客兼格句的肯定句一般可用指代词语显示 V_2 的主事，从而变换成相应意义的复句，如"三仙姑有个女孩叫小芹"，可变换成"三仙姑有个女孩，这个女孩叫小芹"或"三仙姑有个女孩，她叫小芹"。

（十）"V 着"类动词语作 V_1 构成的主客兼格句

这种主客兼格句里，V_1 是由"动词+着"组成的动词语，N_1 是表示处所，N_2 一般是表示事物。例如：

① 村里养着几条狗帮助村民看家。
② 大树底下摆着几条长椅供人休息。
③ 墙头上插着几面红旗迎风飘扬。
④ 阳台栽着几盆花含苞欲放。

这类动词语组成的主客兼格句的特点是：

（1）这种主客兼格句里的"V着"表示事物的"存在及存在方式或状态"。由"V着"构成的主客兼格句语用意义是"某处以某种方式或状态存在着N_2，V_2补充说明存在着的N_2干什么或显现某种情状"。

（2）这类主客兼格句里的"$N_1+V_1+N_2$"本身能独立成句，如"村里养着几条狗""墙头上插着几面红旗"，都是"存在句"。

（3）这类主客兼格句大都能变换成"$N_1+V_1+(V_2$的$N_2)$"式，如"村里养着几条狗帮助村民看家"，可变换成"村里养着帮助村民看家的几条狗"。

（4）这类主客兼格句一般可用指代词语显示V_2的主事，从而变换成相应意义的复句，如"墙头上插着几面红旗迎风飘扬"，可变换成"墙头上插着几面红旗，那几面红旗迎风飘扬"或"墙头上插着几面红旗，它们迎风飘扬"。

三、主客兼格句的N_1、N_2、V_2和其他

（一）主客兼格句的N_1

1、句首N_1的句法身份

N_1是主客兼格句中的主语，通常由名词性词语充当，大都表示

"人"。但也有表示"物"的,如"这盏小桔灯照我上山"中的"小桔灯"便是。N_1通常是V_1的施事主语,但有的也不一定是施事主语,如"有无"类动词构成的主客兼格句里的N_1不是施事主语而是起事主语。至于V着构成的主客兼格句里的N_1(处所词语)是不是主语,学界也有争议(有的说是主语,有的说是状语)。

2、N_1的省略或隐含

N_1在语境里可以省略或隐含,例如:

① 这使天帝动了怒。[ ]命令他们一个住在天河东岸,一个住在天河西岸。

② [ ]等他醒来,屋里已漆黑了。

例①中V_1(命令)前边承上省略了N_1(天帝),这是属于上下文里的承上省略。例②带上一定语调直接成句,属非主谓句,句中V_1(等)之前无主语是属于隐含。

(二)主客兼格句的N_2

1、作N_2的词语

N_2是V_1的宾语,是由名词性词语充当的。N_2多数情况下表示"人",但也有表示"物"的,例如:

① 我国古代劳动人民称这些自然现象为物候。

② 风吹着雪花满天乱飞。

这两句里的N_2(自然现象、雪花)便是指"物"。N_2大多是V_1客事里的受事,但也有客事里的止事(如在V_1为"有无"的主客兼格句里)。N_2一般和句首N_1不是同物,但有时却有同指的情形。如"他警告自己头脑要冷静"里,N_1为施事,N_2是N_1的反身代词,所以这句里的"他"

和"自己"同指(指同一个人)。

2、N_2 的省略或隐含

N_2 多数情况下不能省略,但有时在一定的语境里,即在显然可知的情况下,也可以不出现,如"送上新作一篇,请[ ]批评指正"这句里 V_1(请)后边的 N_2(你)省略。有的 N_2 属于隐含,而不是省略,如"他要求[ ]放他走",可以说隐含着 N_2(某个人)。

(三)主客兼格句的 V_2

1、V_2 跟 V_1 有一定的联系

V_2 是谓词性词语,它可以是一个谓词,也可以是一个谓词性短语。V_2 是什么样的谓词,跟 V_1 有一定的联系,如"要求"类、"派遣"类、"培养"类、"陪同"类、"交给"类的 V_1,它们所要求的 V_2 必定是动词或动词性短语;"喜欢"类的 V_1,它所要求的可以是动词性词语,也可以是形容词短语;"称呼"类的 V_1,它所要求的是"为/是/作/做+称谓名词"构成的动词性短语。

2、V_2 作补语语义类型

V_2 在主客兼格句中是补充说明 V_1N_2 的,所以是补语。从语义上看,V_2 补充说明的意义有四种情形:(1)V_2 表示目的,如"连长命令他马上出发"中的"马上出发"是补充说明"命令他"的目的的;(2)V_2 表示原因,如"我责备他忘恩负义"中的"忘恩负义",是补充说明"责备他"的原因的;(3)V_2 表示称谓的断定,如"人们称她是铁女人"中的"铁女人"是对"她"的称谓的断定,是补充说明"她"的名称的;(4)V_2 表示领有或存在的人或物的情状,如"我有个妹妹在北京工作"中的"在北京工作"是补充说明"妹妹"的情形的。

(四)同形句式异义句

表面形式相同的 $N_1+V_1+N_2+V_2$ 词类序列句式,可能是属于不同的句子。这种同形句式异义句有如下几种情形：

（1）$N_1+V_1+N_2+V_2$结构的内部结构层次不同会影响句子的结构类型。如"我劝他回来"是动宾短语作谓语带补语的"主谓补"句型（语义上是"主客兼格句"），"我知道他回来"是主谓短语作宾语的"主谓宾"句型，"我送别他回来"是连动短语作谓语部分的"主谓谓"句型。

（2）V_1的多义影响句子的结构类型。如"使、让、叫、数、怕、扶、嫌、反对、提议"等词作V_1时，都有可能产生同形结构形式。比如"我使他到北京去"这个"使"可以理解为"派遣"，也可以理解为虚词；由不同的解释，句子就会作不同的分析。又比如"我扶着他走"，V_1"扶"可以理解为"用手搭在他身上使自己不倒"，也可以理解为"用手搀扶他"；若是前者，此句就是连动句，若是后者，此句就是主客兼格的"主谓补"句型。

（3）N_2的语义不同也会影响句子的结构类型。如"墙头上插着几面红旗迎风飘扬"里N_2既是V_1的受事，又是V_2的施事，就是主客兼格句；但在"河岸上坐着个老人在钓鱼"里N_2既是V_1的施事，又是V_2的施事，就是"主事和主事"隐性重合构成的"主主兼格句"。

（4）N_2的语音停顿不同也会影响句子的结构类型。如"他说你很聪明"，若说的是"他说你/很聪明"，是主客兼格句；若说的是"他说/你很聪明"，则是主谓短语作宾语的主谓句。

（5）V_2的动作方向的不同也会影响句子的结构类型。如"我请医生去了"，V_2"去"的动作若是N_1（我）发出的，是连动句，若是N_2（医生）发出的，则是主客兼格句。

（五）连串主客兼格句

有些主客兼格句的谓语由两个或两个以上的兼格短语套接串合在

一起组成,叫作"连串兼格句"。① 这样的句子有两个或两个以上的 V_1,有两个或两个以上的"主客兼格",例如:

① 我们请老向导领我们顺着南山坡上。
② 我来找个法文教授辅导你学习法文。
③ 大家用它当罐盛过水。
④ 他逼着儿子王铁蛋把他扶上架子车拉着他到山坡下转转。

这里例①② 各有两个 V_1、两个 N_2,例③④ 各有三个 V_1、三个 N_2。无论连串主客兼格句的谓语多么复杂,用成分层次分析法分析,它仍然是个谓宾短语作谓语带补语构成的"主谓补"句,只不过作 V_2 的谓词性词语内部层次比较多一些而已,可以按照层次分析法一层一层分析下去。

---

① 赵元任称之为"连串兼语句",参看赵元任《汉语口语语法》第 73 页,商务印书馆,1979 年。

受事主语句
——专论"NP$_受$+VP"

现代汉语里有多种受事主语句,本文只是论述受事主语句中的一种——"NP$_受$+VP"句。这种受事主语句词语配列的基本格式是:"表示受事的名词性词语+动词性词语",本文记作"NP$_受$+VP"。

"NP$_受$+VP"句中的"NP"表示名词性词语,"受"表示动作的受事,"NP$_受$"表示作受事的名词性词语(包括名词和名词性短语),VP表示动词性词语(包括动词和动词性短语)。这种句子在词类结合上属"名+动"(名词+动词)结构形式,在语义成分的搭配上属"受+动"(受事+动作)意义。例如:

① 大门紧紧地关着。 ② 奴隶解放了。
③ 饺子已经煮熟了。 ④ 那个任务终于完成了。

这种句子表层一般不出现施事,吕叔湘(1946)说这种句子是:"施事不现,不因省略"[①]。但我们发现这种句子的表层有时也出现施事名词却并不作主语,如"他的话说完了"中的施事"他"在这句中作定语。"NP$_受$+VP"句属于受事主语句,汉语里受事名词作主语的受事主语主谓句有各种类型,"NP$_受$+VP"句只是诸多受事主语句中的一种。本文

---

① 吕叔湘《从主语、宾语的分别谈国语句子的分析》,《开明书店二十周年纪念文集》,开明书店,1946年。

拟对这种句子的句法、语义和语用进行多角度的考察。

一、"NP受+VP"句中"NP受"的语法分析

（一）"NP受"位置上的词语

NP受位置上的词语一般是名词性词语。例如：

① 热水瓶打碎了。　② 坑儿挖浅了。
③ 这幅墨竹挂起来了。④ 他的思想问题解决了。

但有时也有非名词性词语的情形，如"庄稼还没收，管理不能丢"里"管理"便是非名词性词语。动词"管理"在这个句子里作主语是一种特殊的情形，可以说它在语义平面名物化了，[①]所以它在这个句子里的句法地位或者说起的句法作用相当于名词。

（二）"NP受"的句法分析

"NP受"在句法平面的身份可以分析为主语。20世纪50年代主宾语问题讨论时，曾经讨论"钱花完了，精力也绞尽了"这样的"NP受+VP"句，大家都认为这种句子里的"NP受"（"钱""精力"）是主语，认为这样的句子是"主动"句或主谓句。

有的学者在讨论"苹果我吃了"这个句子时，提出一个新观点，认为"苹果"这个"NP受"在句子里"既是主语，又是宾语"，并说这是主语的"二重性"。[②]据此推理，"苹果吃光了"这样的句子里"苹果"也可

---

① 名物化不等于名词化，参看范晓《VP主语句》，《语法研究和探索》（六），语文出版社，1992年。
② 李临定《以语义为基础的分析方法》，《语法研究和探索》（六），语文出版社，1992年。

以分析为"既是主语,又是宾语"。这是很难理解的。众所周知,主语和宾语是句法平面的概念,一个名词作了句子的主语,不可能同时又作该句子的宾语,犹如一个"父亲+母亲+儿子"组成的两代人三口之家,不能说这个家庭里的父亲既是父亲又是儿子一样。因此"NP受"既是主语又是宾语的说法不合逻辑,会引起句法分析上的混乱。

笔者注意到吕叔湘在《汉语语法分析问题》一书中提出过主语"二重性"的观点。他说:"主语的二重性:一方面是主和谓直接相对,是说明和被说明的关系,一方面是主和宾围绕动词相对,是施动和受动的关系。"[①] 这实际上涉及了两个不同的平面:句法平面和语义平面。但吕先生没有明确区分不同平面,而用主语"二重性"来表述,即主语是句法身份,但又可以表示某种语义身份。这不是主语有二重性,准确地说,充当主语的词语具有二重性:在句法平面作主语,在语义平面是施事或受事等。比如"苹果吃光了","苹果"这个词在句法平面可分析为主语,在语义平面可分析为受事。还应指出,吕先生虽然说主语有二重性,但在分析句子时并没有把"NP受+VP"句中的"NP受"看作"既是主语又是宾语",如他在分析"这个字写错了""一封信写完了"时,把"这个字""一封信"看作主语,而并没有看作为宾语。他说:"一个名词可以在入句之前做动词的宾语,入句之后成为句子的主语";[②] 而并没有说入句后既是主语又是宾语。把"NP受"分析为"既是主语又是宾语",是把主语"二重性"的观点推向极端,不仅混淆了入句前的静态短语分析和入句后的动态句子分析,而且混淆了语法的不同平面。从句子的三个平面的角度分析,句子的主语应是句法平面的概念;施事

(接上页)在文中,作者举的例子是"苹果我吃了",虽不是"N受+VP"式,但"N受"在句首是一致的,比较:"苹果吃完了"。

① 吕叔湘《汉语语法分析问题》第108页,商务印书馆,1979年。
② "这个字写错了"的分析见吕叔湘《语法学习》第26页,中国青年出版社,1955年;"一封信写完了"的分析见吕叔湘《汉语语法分析问题》第72—73页,商务印书馆,1979年。

或受事等应是语义平面的概念，主题应是语用平面的概念。有人认为"主语、施事（或受事）、主题"在句首时可以重合在一起，于是提出"主语三重性"的观点，①这同样是有问题的。这是因为就主语本身而言，它只是属于句法平面这一"重"，没有什么"三重性"。如果一定要说"三重性"，那只能说出现在"句首那个名词性词语"可能有"三重性"，即那个名词性词语在三个平面有三种身份：句法平面是主语，语义平面是施事，语用平面是主题。

（三）"NP$_{受}$"的语义分析

在"NP$_{受}$+VP"这样的句子中，VP前的NP在语义平面必须是受事，即和VP构成"受动"关系。"NP$_{受}$+VP"句是受事主语句的一种。如果不是这种关系，就不符合这种格式。比较下面两个句子：

① 奴隶解放了。　② 奴隶翻身了。

这两句都是单动谓语句（单个动词作谓语的主谓句），然而比较一下是有差别的：① 句中的"奴隶"是句子的主语，是该句谓语动词"解放"的受事，所以属于"NP$_{受}$+VP"句；而② 句中的"奴隶"虽然也是句子的主语，但却是该句中谓语动词"翻身"的施事，所以不是"NP$_{受}$+VP"句，而是"NP$_{施}$+VP"句。可见，"NP$_{受}$+VP"句是"受踞句首"的句子。

（四）"NP$_{受}$"的语用分析

1、"NP$_{受}$"在语用平面是主题

"NP$_{受}$+VP"句子中的"NP$_{受}$"一般是旧信息，是句子中的说明对象。"NP$_{受}$+VP"这种句子在语用平面由两部分构成：主题和述题。前

---

① 常理《汉语主语的三重性及相关问题》，《学术交流》1992年第1期。

段的"NP受"为主题,后段的"VP"是述题。比如,"那本书已经出版了"里"那本书"便是主题,而"已经出版了"是述题。所以"NP受+VP"句从语用平面上说是受事作主题的"受事主题句"。

2、"NP受"是定指或任指(也称"遍指")

"NP受+VP"句中,"NP受"有的是定指,有的是任指(也称"遍指"),有的是统指(也称"泛指")。例如:

① 那大桥终于造好了。
② 他的工作问题已经解决了。
③ 一切能吃的东西都吃光了。
④ 只要努力,什么事都好办。
⑤ 饭一口一口地吃,事一样一样地做。
⑥ 铁杵磨成针,就靠功夫深。

上例①②中的NP受"那大桥、他的工作"是定指,③④中的NP受"一切能吃的东西、什么事"是任指,⑤⑥中的NP受"饭、事、铁杵"是统指。

二、"NP受+VP"句中"VP"的语法分析

(一)"VP"位置上的词语

出现在"NP受+VP"句中的"VP"是动词或动词性短语。根据考察,"NP受+VP"句中"VP"大都由动词性短语充当的。例如:

① 客人看不见了。　② 车子在一边扔着。
③ 江山易改,本性难移。　④ 小区的树木已经修剪了。

上面四句是谓语动词前附加有状语。也有谓语动词后边带着补语构成

的动词性词语,例如:

① 这个任务完成得不好。 ② 顽民杀尽了,辫子早留定了。
③ 这篇文章写得好极了。 ④ 路旁的树木修剪得很有特色。

还有谓语动词前边附加有状语、谓语动词后边带有补语的动词性词语,例如:

① 这件衣服已经洗干净了。② 凤姐的血一口一口地吐个不停。

"VP"也有单个动词充当的,但动词后边通常带有动态助词或语气词。例如:

① 房子毁了,东西烧了。 ② 祥子的车卖了。
③ 家家的门都关着。   ④ 这盘棋输了。

动词前后不加任何句法成分、也不带任何虚词的光杆动词作"NP受+VP"句中的谓语很少,出现时是有条件的,通常用于一定语境里出现的对比句或并列句。例如:

① 这个卖,那个不卖。 ② 这个要,那个也要。

"VP"里的动词一般是及物动词,但不及物动词有时也能出现在这样的句子里,例如:"若要长得高,饭要吃得饱,觉要睡得好"句中,"睡觉"是不及物动词,在这句里由于语用的需要而将"睡觉"一分为二,使"觉"变成了"N受";又如"这个状告得好"里的"告状"也是不及物离合动词,在这句里由于语用的需要而将"告状""状"变成了"NP受"。

(二)"VP"的句法分析

"NP受+VP"句里VP的句法分析涉及整个"NP受+VP"句的句型。

从句法平面分析，"NP$_{受}$+VP"句第一层次可分析为"主语+谓语部分"的"主谓句"句型。这种句型还可进行下位区分，分为若干下位句型。例如：

① 她的长发剪了吗？　　② 大门关了吗？
③ 一桌的碗摔碎了。　　④ 衣服已经洗干净了。
⑤ 牲口圈应该打扫了。　⑥ 这些规章制度必须改革。

例①②的VP是单个动词（"剪、关"）在"NP$_{受}$+VP"里作谓语，这样的句子是属于第二层次的"主谓"句型；③④的VP"摔碎、洗干净"是"谓语+补语"（即构成"谓补短语"），构成第二层次的"主谓补"句型；⑤⑥的VP"应该打扫、必须改革"的句法分析，现在学界意见不一。主要有两种：一种认为"应该、必须"是动词，它们后面带的动词（"打扫、改革"）是宾语，就把"应该打扫、必须改革"分析为"谓宾短语"，"NP$_{受}$+VP"就分析为第二层次的"主谓宾"句型；另一种认为"应该、必须"是助动词在动词（"打扫、改革"）前作状语，就分析为"状心短语"，"NP$_{受}$+VP"就分析为第二层次的"主状谓"（或称"主状心"）句型。

（三）"VP"的语义分析

"NP$_{受}$+VP"句中的"VP"在语义平面的语义身份是作动核结构中的动核。"VP"与前面的名词性词语有密切关系，可以构成动核结构。这有两种情形：

一种是NP和VP构成一个动核结构。谓语动词VP里只有一个动词所表示的动作行为是动核，前边的名词性词语NP所表示的名物是VP所联系着的强制性语义成分受事动元。这种情形下的"NP$_{受}$+VP"或是隐含着施事的一个"受+动"语义结构，例如"奴隶解放了""大门关着呢"等便是；或是在句中表层存在着一个施事名词的"受+动"语义结构，例如"她的菜做好了""祥子的车卖了"中的"她""祥子"在语义上分别是"做"和"卖"的施事，但在句子表层的句法上不是句子的主语而是修饰其后面名词的定语。

另一种是构成两个动核结构。有的谓语动词后带有动词补语的就是这样的。比如"铁路修通啦"中就有两个动核结构（其中一个动核结构的施事隐含）："[施]+修+铁路"和"铁路+通"。"这篇文章写得很好"也有两个动核结构："[施]+写+文章"和"文章+很好"。

（四）"VP"的语用分析

"NP$_{受}$+VP"句中的"VP"在语用平面是句子的述题，用来表述句首的主题。根据述题表述主题时所表示的语用意义，"NP$_{受}$+VP"中的述题可以分为两类：描记性述题和评议性述题。

第一类，描记性述题。这种述题是说明"NP$_{受}$"这个主题事物在动作行为的影响下所起的变化或产生的情状。这样的"主题+述题"句是描记句，也可称为"表态句"，[①] 例如：

① 他家的大门紧紧地关着呢。
② 雷锋的先进事迹在全国传播着。
③ 她的歌唱得好极了。
④ 一个美满的家庭组织起来了。

"NP$_{受}$+VP"描记句的形式特点是：有些在动词后边带有虚词"着""了"之类，有些在谓语动词后带有表结果、趋向之类的补语。

第二类，评议性述题。这种述题是对"NP$_{受}$"加以主观评议的。这

[①] 吕叔湘称此类句子为"表态句"，说"动作完成就变成状态"，所举的例子有："房子呢，卖了；衣服呢，当了"等。另可参看吕叔湘《中国文法要略》第五章。

样的"主题+述题"句是评议句。例如：

① 便宜不应占尽。　② 这样的好风格值得发扬。
③ 这样的事做不得。　④ 我的任务完不成了。

"NP_受+VP"评议句的形式特点是：有的是在动词前有助动词（也称"评议动词"）表示评议，如①②；有的是动词后有表示可能或不可能的补语，或者动词后有表示能否性的"得"或"不得"表示评议，如例③④。

三、与"NP_受+VP"句有关的几个问题

（一）受事作主语的"NP_受+VP"句和施事作主语的"NP_受+VP"句的区别

1、施事隐含和施事省略问题

（1）受事作主语的"NP_受+VP"句和某些施事主语省略的"NP_受+VP"句有时候表面形式一样，都是"NP_受+VP"，但实质不一样：受事作主语的"NP_受+VP"句是受事作主语的主谓句，这种句子里空缺施事的原因，不是因为语用上的省略，而是由于语用上的隐含；施事主语的"NP_受+VP"句是施事作主语的主谓句，这种句子里空缺施事的原因，是由于省略施事主语造成的。所以应当把"NP_受+VP"受事主语句和省略施事主语的"NP_受+VP"施事主谓句区别开来。

（2）施事作主语的"NP_受+VP"句省略施事主语有两种格式：

一种是"[N_施]+N_受+VP"格式，这是句首省略施事主语的句式（通常是上下文里的"承上省略"）。如果把主语记作S，谓语动词记作VP，宾语记作O，省略施事主语记作[S]，则句首施事主语省略句"[N_施]+N_受+VP"可记作"[S]+O+VP"式。例如：

①祥子点了点头,[S]话已说完,他似乎不愿再张口了。
②他心事重重,[S]饭也吃不好,[S]觉也睡不着。

这两个句子里"N$_受$+VP"句的句首分别承上句主语省略了施事主语"祥子"和"他",如果把"话已说完""饭也吃不好""觉也睡不着"等"NP$_受$+VP"形式单独抽出来,离开了上下文语境,意思就不清楚,所以这几个"NP$_受$+VP"实际上是"[S]+O+VP"句。

另一种是"N$_受$+[N$_施$]+VP"格式,这是受事宾语后省略施事主语的句式(即省略了的施事主语在受事宾语和动词之间)。这种句子的"N$_受$+[N$_施$]+VP"省略句可记作"O+[S]+VP"式。例如:

①一切辛苦困难[S]都可一眨眼忘掉,可是祥子忘不了这辆车。
②问:这个任务你完成了吗? 答:这个任务[S]完成了。

这两个句子里"N$_受$+VP"句的施事不现显然是由于省略造成的:例①是蒙后省略了施事主语"祥子",例②是对话省略了施事主语"你"。如果把"一切辛苦困难都可一眨眼忘掉""任务完成了"单独抽出来,离开了上下文语境和对话就是一个完整的"NP$_受$+VP"式的受事主语句;但在语境里,实际上是"O+[S]+VP"句。

(3)受事作主语的"NP$_受$+VP"句和某些施事主语省略的"NP$_受$+VP"句的区别方法。吕叔湘曾经分别过"施事不见,不因省略"的句子(即"NP$_受$+VP"构成的受事主谓句)和"VP前省略施事"的施事主语句(即"[S]+O+VP"句和"O+[S]+VP"句),他认为"大多数的例句是不容易分别","是颇使分析的人为难的一个问题"。[①] 这确是一个难题,但是笔者认为大体上还是可以区别的。要加以区别,就得注意两点:

---

① 吕叔湘《从主语、宾语的分别谈国语句子的分析》,《开明书店二十周年纪念文集》,开明书店,1946年。

第一，理论上应该分别省略和隐含，因为"N_受+VP"这种受事主语句跟"[S]+O+VP""O+[S]+VP"这种施事主语句表面形式都是"NP_受+VP"，从语义的动核结构上说都是施事空缺；而空缺的性质不一样："N_受+VP"受事主语句施事空缺是强制性的，无需补出，即使勉强补出，或者补出的词语见仁见智，或者句子不通，或者意思有变。① 这种施事空缺属于隐含；"[S]+O+VP"和"O+[S]+VP"的施事空缺是非强制性的，不仅可以补出，而且补出的词语也是可以确定的。这种施事空缺属于省略。②

第二，如果孤立地分析表面同形的"N_受+VP"是受事作主语句还是省略施事的施事主语句，的确比较困难，容易发生歧解；但是如果把"N_受+VP"放在话语或篇章语境里来分析，那还是可以分得清楚的。所以对于有歧解的"N_受+VP"，一定要分清孤立句和语境句。例如：

　　① 文章写好了。　　② 任务完成了。

如果这两句是孤立句，似都可看作为"N_受+VP"式的受事主语句。但如果是出现在上下文或对话的语境句里，则要根据语境来推断。例如：

　　① 做任何事都不应马虎，作文也是如此。文章写好了，应该仔细推敲并加以修改。
　　② 甲问：你文章写好了吗？　　乙回答说：文章写好了。

这里的例① 有上下文里语境，可以看出句中的"文章写好了"是"N_受+VP"式受事主语句；例② 是对话语境，可以看出答句"文章写好了"是"[S]+O+VP"式的省略施事主语的句子。

---

① 如"他的菜烧得很好"如果补上施事，变成"他烧他的菜烧得很好"不通；"大门紧紧地关着"说成"他把大门紧紧地关着"意思有变，前者是描写句，是描记"大门"的情状，后者则是叙述句，叙述"他"如何处置"大门"的。

② 关于省略和隐含的区别，可参看吕叔湘《汉语语法分析问题》第67—68页，商务印书馆，1979年。

2、隐含施事的"S_受+VP"句

受事作主语的"NP_受+VP"主谓句也可记作"S_受+VP"句。从深层语义平面分析，这种句子的结构里应该有个施事主语，但却隐含着。这种句子隐含施事主要有以下几种情形：

（1）施事泛指。例如：

　① 江山易改，本性难移。　② 水土不下坡，谷子打得多。
　③ 千军易得，一将难求。　④ 往者不可谏，来者犹可追。

这类句子里的施事都是泛指某事物，成语格言中出现的"NP_受+VP"句，都属此类。

（2）施事不明。例如：

　① 羊肉正煮着呢。　② 标语贴在墙上。
　③ 小曲好唱口难开。　④ 这句话很难翻译。

上面句子的"煮、贴、唱、开、翻译"都是及物动作动词，但是发出动作的施事是什么无法确定。

（3）施事虽明，但是在句中作了主语之外的其他句法成分。例如：

　① 他的话讲完了。　② 她的菜烧得很好。
　③ 你的账记得很清楚。　④ 我的任务没完成。

这类句子里施事名词虽然出现，但它们作了受事名词的定语，施事也就不能再分析为句子的主语。

（4）"NP_受"受事主语句和其他非受事主语句并列作描记句时。例如：

　① 舞台大幕拉开了，跑龙套上场了，锣鼓敲起来了，主角就要登台了。
　② 顽民杀尽了，遗老寿终了，辫子早留定了，洪杨又闹起来了。

上面句子中的"舞台大幕、锣鼓、顽民、辫子"等受事词语无疑是主语，但它们与主事词语作主语的句子并列在一起，也就是受事主语句和非受事主语句并列出现。在这种情况下施事也是隐含着的。

（5）施事虽明，但"NP$_{受}$+VP"句以上文句子的宾语词语作主语。例如：

① 那次敌人占了斜柳村，就修岗楼。楼修起了，饭野小队长带着一群鬼子和伪军驻扎在那儿。

② 她端出茶杯，一不小心，茶杯打碎了。她涨红了脸向客人道歉。

例①这段话里的"NP$_{受}$+VP"句"楼修起了"的主语"楼"和上文句子的宾语"岗楼"同指，而且从上文里也知道动词"修"的施事是"敌人"，但是由于主题转换，就不能再添加施事；所以"楼修起了"显然是"NP$_{受}$+VP"句。例②句"茶杯打碎了"的主语"茶杯"和上文句子的宾语"茶杯"同指，而且从上文里也知道动词语"打碎"的施事是"她"，但是由于主题转换，也不能再添加施事；所以"茶杯打碎了"显然也是"NP$_{受}$+VP"句。

（6）某些疑问代词作宾语构成的特指问句里，句首为"NP$_{受}$"。例如：

① 谁调走了？　② 哪个队打败了？

这类句子里的施事也是隐含着的。

（二）"NP$_{受}$+VP"受事主语句与被动句的区别

1、不少论著认为"NP$_{受}$+VP"受事主语句也是被动句

被动句一般也是受事作主语的句子，[①] 也可以记作"NP$_{受}$+VP"式。

[①] 被动句不全是受事主语句，如"这把刀被他砍坏了"中主语"刀"是工具，不是受事。

这样一来，就涉及如何区别本文所说的"NP_受+VP"构成的受事主谓句和"NP_受+VP"形式的受事作主语的被动句的问题。

"NP_受+VP"构成的受事主谓句是不是被动句，学界是有争议的。不少语法论著认为它是被动句：有的称为"没有被字的被动式""借主动的形式来表示被动意义"的被动句[1]；有的说是"没有被动形式而有被动意义"的被动句[2]；有的称为"自然表明的被动句"[3]；有的称为有"被性动词"的"主-[被]-动"句，即无"被"的被动句；[4] 有的称为"无标志的被动句"[5]。

2、本文认为"NP_受+VP"受事主语句不等于被动句

被动句是相对于主动句而言的。印欧语言里有主动态和被动态的区别，这种区别是有形式标志的。汉语里也有主动句和被动句之别，究竟怎样来区别，很值得讨论。而"无被动形式的被动句"或"自然表明的被动句"等说法，都是从逻辑观念上来界定的。从逻辑观念出发的基本前提是认为"受事"不能发出动作，所以都属被动，因此受事主语句都是被动句。从逻辑概念来解释或确定被动句是有问题的。

首先，语法虽和逻辑有密切联系，但有区别，从逻辑观念出发来解释语法上的问题，前提就不能成立，比如"那黑漆大门关得严严实实"，"大门"自身不能发出"关"这个动作，当然只能界定为"被关"，但实际上这个句子是描记句，不能说它是被动句，因为被动句属于叙述句；又如"偷来的锣鼓打不得"，"锣鼓"自身不能发出"打"这个动作，当然只能被打，但实际上这个句子是评议句，也不能说它是被动句；再如

---

[1] 王力《中国现代语法》第十三节，商务印书馆，1985年。
[2] 吕叔湘、朱德熙《语法修辞讲话》第118页，开明书店，1952年。另可参看龚千炎《现代汉语里的受事主语句》，《中国语文》1980年第5期。
[3] 张志公《汉语语法常识》第88页，中国青年出版社，1954年。
[4] 黎锦熙《主宾小集》，《汉语的主语宾语问题》，中华书局，1956年。
[5] 王还《英语和汉语的被动句》，《中国语文》1983年第6期。

"江山易改,本性难移"更不能看作被动句。

其次从逻辑观念来说明主动被动,往往见仁见智,难以分清谁是谁非。王力曾经指出:"有时候,观念上的被动和观念上主动似乎分不清。"[①] 他曾经举"前儿的药丸都吃完了没有"为例,认为这种句子既可认为是被动句,也可认为是主动句。

再次,把"NP_受+VP"句说成意义上或观念上是被动的、形式上是主动的,这就把形式和意义割裂开来了。任何语法结构或语法范畴,都是语法形式和语法意义的结合体或统一体,因此,仅仅从意义上或观念上来断然判定"NP_受+VP"句是被动句,显然是欠妥的。[②]

语法研究应采取形式和意义相结合的原则,研究汉语的主动句、被动句也应当采用这个方法论原则。笔者认为,汉语的被动句不但要有被动的意义,而且要有被动的形式,这种被动意义不是概念意义,而是被动的语法形式控制着的意义,所以确定被动,首要的先应确定被动形式,就可以用形式来验证被动句。在现代汉语里,表示被动意义的形式标志主要是"被",其次是与"被"标志相当的"叫""让""为……所"等,其中"被"是最重要的语法标志,"被"字句是现代汉语里最典型、使用得最普遍的一种被动句。而"NP_受+VP"句里没有"被"等表被动意义的标志,就不该看作为被动句。有些句子有无"被"虽然基本意义相同,但是语用意义不同,如"这里的农奴都解放了"和"这里的农奴都被解放了"的语义结构是一样的,都是"受+动",因此两句所说的基本事实或基本意思相同;但是两句的语用意义不同:前句是描记句,述题描记主题"农奴"的情况,后句是被动句,述题叙述主题"农奴"被施事施加动作行为及其结果。

---

① 王力《中国语法理论》第 44 节,中华书局,1955 年。
② 参看方光焘《关于古汉语被动句基本形式的几个疑问》,《中国语文》1961 年第 10、11 期合刊。

主动句和被动句是属于叙述句的范围，[①] 主动句的句子主语、主题是施事词语充当的，谓语部分表示施事主动发出的动作或事件，或者说述题叙述施事发出某种动作行为或施加某种动作行为于某事物。被动句的句子主语、主题大都是受事词语充当的，被动句的谓语表示受事主语所受到的被动行为或事件，或者说述题叙述受事被施事施加某种动作行为或事件。从表达角度分析，本文所说的"NP$_{受}$+VP"受事主语句不是叙述句，而是描记句或评议句。[②] 这种句子里的谓语不是表示主语的施动或被动，而是表示受事主语所代表的事物的情状或对与受事主语相联系的某种动作行为进行评议的。所以"NP$_{受}$+VP"既不是被动句，也谈不上是主动句或主动形式。

总之，本文所说的"NP$_{受}$+VP"构成的受事主谓句和"NP$_{受}$+VP"形式的受事作主语的被动句应该区别开来，而且一定要借助于特定形式来区别，即看有没有表示"被动"的形式标志"被"（或与"被"标志相当的"叫""让""为……所"等），没有"被"标志的"NP$_{受}$+VP"，如"大门关着呢、这件事真难办、这个问题值得讨论"之类，是本文所说的受事主语句，属于描记句或是评议句；有被动标志"被"（或与"被"标志相当的"叫""让""为……所"等）表示的"NP$_{受}$+VP"（严格地说，应该是"NP$_{受}$+被+VP"或"NP$_{受}$+被NP$_{施}$+VP"），如"大门被关上了、大门被小王关上了、他让人讹诈了、她叫人欺负了、我为这假象所迷惑"之类才是表示被动的"被动句"，它们属于叙述句。

[①] 王力指出，主动句和被动句是叙述句。参看《中国现代语法》第87—88页，商务印书馆，1985年；王了一《主语的定义及其在汉语中的应用》，《汉语的主语宾语问题》，中华书局，1956年。

[②] "叙述句"、"描记句"（也称"描写句"）、"评议句"、"判断句"等是根据述题表述主题的表达用途角度分出来的。既然主动句和被动句是属于叙述句范畴，那么作为描记句或评议句的"NP$_{受}$+VP"这种受事主语句也就谈不上是主动句还是被动句的问题。

四、小结

"NP_受+VP"句是一种受事主语句。这种句子里施事通常是隐含不现。用"三个平面"的理论来分析,在"NP_受+VP"句中,出现在"NP_受"位置上的词语(一般是名词性词语)在句法平面可分析为主语,在语义平面可以分析为受事,在语用平面可以分析为主题,也就是说,在这种句子里,主语、受事、主题重合在一起。

由此可得到启发,主语虽是句法平面的,但也不是跟语义平面、语用平面毫无关系的,主语与语义成分、语用成分有密切的联系:在语义平面,作主语的词语表示句中谓语动词所联系着的强制性语义成分(受事动元);在语用平面,作主语的词语出现在述题所要表述的对象的位置上,所以是句子的主题。[①] "NP_受"在"NP_受+VP"句中是句子的主语,这是大家公认的。但是把"NP_受"分析为"既是主语,又是宾语"的所谓主语的"二重性"观点以及主语具有句法、语义、语用"三重性"的观点都是不妥的。

出现在"NP_受+VP"句中的"VP"是动词(或动词性短语),一般是及物性的动作动词。VP在句法上是谓语或谓语部分,在语义上表示动核结构中的动核,它与前面的名词性词语"NP_受"和隐含着的施事构成动核结构。

"NP_受+VP"句子是"主题+述题"构成的句子,句中的述题有两类:一类是描记性述题,一类是评议性述题。相应地,从表达用途上看,"NP_受+VP"句子也就有两种,即描记性"NP_受+VP"句和评议性

[①] 吕叔湘说主语是"放在主题位置上"的,"主语得像个主题"。这与本文所说是一致的。参看《汉语语法分析问题》第73页,商务印书馆,1979年。

"NP$_{受}$+VP"句。

在研究这种句式时,应当注意把它和省略施事主语的句子区别开来,还应当把它和受事主语的被动句区别开来。

本文对"NP$_{受}$+VP"受事主语句研究还是初步的,有些问题还研究得不够,特别是这种句子的语用价值以及在篇章中的适用范围和运用规律,这里只简单提及,还需要深入研究。

主事后现句

名词和谓词(包括动词和形容词)组合时有一定的语义关系。名词跟动作动词组合时可表示动作或行为的施事,例如"客人来了"和"来了客人"中的"客人"便是。名词跟状态动词或形容词组合时可表示性质或状态的系事,例如"头歪着"和"歪着头"中的"头"便是。施事和系事都是谓词所表示的动核所联系的主体,可以合起来称为主事。[①]

现代汉语里谓词和它的主事(这里指施事和系事)组配成句的一般语序是:施事和系事在前,谓词所表的谓核在后。在显层(表层)静态短语句法里构成"主在谓前"(语义上施事或系事在动词之前)的主谓短语,如"客人睡、客人醉";而不可能构成"主在谓后"(语义上施事或系事在谓词之后)的"谓主短语"。在句子里通常构成"主在谓前"(施事和系事在前)的主谓句,如"客人走了、客人醉了";但在一定的条件下,却存在着主事(施事、系事)出现在谓词之后的句子,即主事后现句。例如:

① 家里来了贵客了。　② 他歪着头,对人理也不理。
③ 床上醉着一个人。　④ 她黑着眼眶走了出来。

上面例句中的"贵客、头、人、眼眶"等都是表示主事的名词,后现于

---

① 主事也可以说是动词所表示的动作(包括"行为")、活动、变化、性质、状态、关系等的主体,它包括施事、经事(准施事)、系事、起事等。关于主事,可以参看范晓《试论语义结构中的主事》,《中国语言文学的现代思考》,复旦大学出版社,1991年;范晓《说语义成分》,《汉语学习》2003年第1期。

谓词。表示主事的名词性词语在谓词之后该看作什么句法成分,不同的语法体系意见不一:有的语法书称之为"主语后出现",但现在大多数语法书把谓词后出现的这个表达主事的名词性词语分析为宾语。这样,主事后现的句子似可称作"主事宾语句"。但是为了不纠缠于谓词后面表示主事的名词性词语在句法上是主语还是宾语的争论,本文把谓词后带有主事名词的句子统称为"主事后现句",只是在需要时提及它的句法身份——"主事宾语"。

如果把置于谓词后的主事名词看作宾语(主事宾语),则该宾语是动作的发出者或性状的系属者。主事后现句的形式特点是:表动作或性状的谓词和主事宾语的位置可以颠倒,"宾语变为主语而意思大体不变",例如:

① 来客人了。→客人来了。
② 床上醉着一个人。→一个人醉在床上。

现代汉语里有各色各样的主事后现句,本文着重考察一些主要的主事后现句。

一、"存现句"里的主事后现句

(一)"$N_{1处所}$+V+着/了+$N_{2名物}$"式存现句

这种句子的典型格式是:"处所名词+动词+着/了+事物名词"(动词后通常附有助词"着",有的附有助词"了"),可记作"$N_{1处所}$+V+着/了+$N_{2名物}$"式。表示某处所存在、出现、消失某物(包括有生命的和无生命的)的句子,一般称之为"存现句"(也有学者称为"存在句")。

存现句种类很多,[1]并不是所有存现句都是主事后现句,这里主要是指句中动词带有附着成分的存现句。[2]在这样的存现句里,如果动词是及物动词,则句中动词后的宾语一般分析为受事宾语,如"桌上放着一本书"中的"一本书"就是。如果动词是不及物动词或形容词,则动词后面的宾语分析为主事宾语,如"床上躺着一个人"。

存现句中不及物动词通常带主事名词,这种现象很多。例如:

① 台上坐着主席团。　　② 地上倒着一个人。
③ 树林里跑出来三个大汉。　④ 宾馆里晚上走了五个客人。

有的形容词在存现句中有时也可带主事名词,这种现象较少。例如:

① 村头上亮着一片红光。　　② 河面上横着一条小木桥。

曾经有人认为主事出现在动词之后的这类句子是"变式句"或"倒装句",事实上,这类句子里的主事在后"乃是通例"[3]。

(二)存现句构成的主事后现句的特点

存现句是现代汉语里的一种重要句子,它里面的主事后现句有以下几个特点:

(1)这类句子的语用特征是:"$N_{1\,处所}$"是主题,"$V+着/了+N_{2\,名物}$"是述题。语用意义是:述题表述句首主题所指称的某处(或某时)存现

---

[1] 参看范晓《汉语存在句的界定和分类问题》,《语言研究集刊》第四辑,上海辞书出版社,2006年。
[2] "有、是"类存现句(如"门口有个老人"之类)不包括在内,因为这种存现句的动核结构是"起事+动核+止事"。
[3] 吕叔湘《从主语、宾语的分别谈国语句子的分析》,《汉语语法论文集》,科学出版社,1955年。

着(存在、出现、消失)某种事物并以何种方式或状态存现着。

(2)"N_1"大多是表处所的名词性词语(少数是时间名词)。"$N_{1处所}$"前一般没有介词,但有时为了强调说明事物的存在处所或出现起点时,前面可出现介词"在"或"从"。例如:

① 从树林里跑出来三个大汉。
② 在我眼前出现了一个移动的黑影。

(3)"V"大多为动词(形容词性词语很少),是表示事物(包括有生命的或无生命的)的动作行为或活动状态。V后通常要附着动态助词"着、了"。出现在这里的动词通常是不及物动词,其中有的是不及物动作动词,如"走、跑、坐、爬、躺、站、蹲、跪、飞、跳、游、奔驰、飞奔"等;有的是不及物状态动词,如"病、醉、醒、死、瘫、瞎、倒、断、碎、丢、长、飘、出现、生长、漂浮、蠕动、瘫痪、倒塌、遗失"等;有的是不及物动词构成的动结式或动趋式结构体,如"坐满、跌倒、走过来、飞出去"等。中段V有时也出现有形容词,如"坏、亮、歪、斜"等;但有些形容词用在这类句子里带有形象性或隐喻性,代替了或省略了一个动词,如"卧榻上歪着一个老人"中的"歪"描写"卧"的姿势,"河面上横着一条小木桥"里的"横"描写小木桥"架"在河面上的形象。

(4)"$N_{2名物}$"为表示存现的事物(包括有生命的或无生命的)的名词性词语。这种名词性词语在句法上是宾语还是主语有争议;但在语义上是动核所联系的主事应该没有争议。其中有的主事是不及物动作动词所表动作的施事,有的主事是不及物状态动词或形容词所表性质或状态的系事。例如:

① 门口站着一个警卫员。　② 地上爬着一个小孩。
③ 山坡上倒塌了许多房屋。　④ 榻上歪着一位老婆婆。

上面例①②的N_2是不及物动作动词所表动作的施事,例③④的N_2是不及物状态动词或形容词所表性质或状态的系事。表示主事的N_2词语大都是无定的,但并不排斥有定的,如"沙发上坐着厂长李辉",这"李辉"是专有名词,当然是有定的。

（5）"$N_{1处所}$+V+着/了+$N_{2名物}$"式的主事后现句里,V 和N_2能构成"动核+主事"的语义关系,"动核+主事"变换成"主事+动核"在句法上可表现为主谓关系,如"躺着一个人"可以变换成"一个人躺着"。N_1和V能构成"处所+动核"的语义关系(即N_1和N_2之间是"存在关系"：N_2存在于N_1),"处所+动核"不能构成主谓关系。由于N_1和V有存在关系,所以"$N_{1处所}$+V"可以变换成"V在+$N_{1处所}$"和"在$N_{1处所}$+V",如"台上坐着主席团"可以说成"(主席团)坐在台上"或"(主席团)在台上坐着"。

二、"领主属宾句"里的主事后现句

（一）"$N_{1领事}$+V+了/着+$N_{2属事}$"式领主属宾句

这是一种"领有者名词+谓词(包括不及物动词和形容词)+了/着+隶属者名词"构成的主事后现句,可记作"$N_{1领}$+V+了/着+$N_{2属}$"(即"$N_{1领事}$+V+了/着+$N_{2属事}$")式,例如：

① 王冕七岁上死了父亲。　② 李文瘸着一条腿。
③ 他掉了一块心爱的手表。　④ 古树长了碧绿的嫩芽。
⑤ 爱芳涨红着脸,低着头。　⑥ 父母黑着脸,默不作声。

上面句子中句首的名词和动词后的名词之间在语义上有"领有-隶属"关系,即N_1是"领有者"（领事）,N_2为"隶属者"（属事）;现在一般把"V+了/着+N₂属事"分析为动宾短语或谓宾短语,"N₂属"为谓词所带的主事宾语。由于N₁和N₂具有"领属关系",所以称为"领主属宾句"①;这种句子的N₂在语义上是V的主事(施事或系事),所以分析为"主事后现句"。

需要注意的是:还有一种及物动词构成的"领有者名词+及物动作动词+了/着+隶属者名词"构成的"领主属宾句",表面也是"N₁领+V+了/着+N₂属"序列形式,如"他移动了一下身体""小王抚摸着自己的脸"之类。在这种句子里,句中动词和句首名词"N₁领"具有"施动关系",动词后的宾语(如"身体、脸")可分析为受事宾语,语义上动词联系着主事("N₁主事")和客事("N₂客事")。所以,及物动词构成的领主属宾句不属于"主事后现句"。

(二)领主属宾句构成的主事后现句的特点

(1)"N₁领+V+了/着+N₂属"主事后现句里的谓词。这种主事后现句里的谓词是不及物动词和形容词。例如:

① 祥林嫂死了当家人。　② 老孙头瞎了一只眼。
③ 她流着眼泪。　　　　④ 这张桌子断了一条腿。
⑤ 她动着嘴唇没作声。　⑥ 他跑了媳妇丢了娘。
⑦ 她硬着心肠把孩子送走了。⑧ 我红着脸,不敢说话。
⑨ 二小姐苦着脸。　　　⑩ 华大妈黑着眼眶走出来。

"N₁领+V+了/着+N₂属"主事后现句里不及物状态动词数量最多,如例①②③④里的"死、瞎、流、断"便是(还有"伤、聋、丢、掉、塌、倒、遗失、落掉、牺牲、倒闭、长、绽开"等);不及物动作动词较少,如例⑤⑥

---

① 参看郭继懋《领主属宾句》,《中国语文》1990年第1期。但笔者这里所说的"领主属宾句"的范围比郭继懋说的范围要大,因为还包括及物动词构成的领主属宾句。

里的"动、跑"便是(还有"来、走、逃跑、逃走"等);形容词也常出现,如例⑦⑧⑨⑩里的"硬、红、苦、黑"便是(还有"白、歪、斜、弯、直、饿、横"等)。V后一般要附着"了"或"着",V有时也构成"V出、V出来、V起"结构体,如"古树长出了嫩芽、枇杷树开起白花了"。

(2)"$N_{1领}$+V+了/着+$N_{2属}$"主事后现句里的"N_1"。"$N_{1领}$"大都是指人的名词语,但也有指物的名词和表示机构团体的名词。例如:

① 老梨树绽开了花蕾。　② 这支大楷笔掉了许多毛。
③ 北大来了三十个学生。　④ 学校倒塌了二十间房。

例①②"N_1"是指物名词,例③④是表机构团体的名词。

N_1和V之间不发生直接的句法关系或语义关系,N_1和V不能组合成主谓关系或施动关系,如"这张桌子断了一条腿"不能说"这张桌子断了","王冕死了父亲"不能说"王冕死了"("王冕死了"虽能构成主谓关系,但意义变了,不合原句意义)。

值得注意的是,有些意义类似的主事后现句里的N_1有"两可"的情形。例如:

① 动物园逃走了一只老虎。　② 监狱逃跑了一个犯人。
③ 图书馆遗失了许多善本书。　④ 旅店走了一批客人。

这种句子里作主题的N_1是个机构名词。机构名词在一种情况下跟具体事物名词相同,在另一种情况下跟处所名词相同。[①] 如果把上面句子里的"$N_{1领事}$"的机构名词加上一个方位词"里",变成"$N_{1处所}$",就构成下面的句子:

①'动物园里逃走了一只老虎。　②'监狱里逃跑了一个犯人。

[①] 参看范晓《现代汉语名词及其再分类》,《语文论丛》(7),上海教育出版社,2001年。

③'图书馆里遗失了许多善本书。④'旅店里走了一批客人。

①②③④和①'②'③'④'比较,基本意思差不多;但实际上是有区别的:前者属于领主属宾句的主事后现句,后者则属于存现句的主事后现句,所以语用意义不一样。

(3)"$N_{1领}$+V+了/着+$N_{2属}$"主事后现句里的"$N_{2属}$"。N_2是具体名词,表示有生命或无生命具体物。"$N_{2属}$"如果是"人",大都表示"$N_{1领}$"的亲属或具有一定社会关系的人(如"友人、客人"之类)以及身体或身体的某个部分("头、脸"之类);但也有"$N_{1领}$"所拥有的具体的"物件"(如"手表、书"之类)。"$N_{2属}$"如果是"物",大都表示"$N_{1领}$"的某个部分(如"这张桌子断了一条腿"的"腿")。

N_2具有双重的语义身份(兼格,即"属事兼主事"):对$N_{1领}$而言,它是属事;对V而言,它是主事。如"王冕死了父亲","N_2"(父亲)对"N_1"(王冕)而言是属事,对"V"(死)而言是主事。

(4)领主属宾句构成的主事后现句里的N_1和N_2有领属关系,形式上可构成"$N_{1领}$+的+$N_{2属}$"定心结构;所以"$N_{1领}$+V+了/着+$N_{2属}$"式可变换成"$N_{1领}$的$N_{2属}$+V+了/着"式。例如:

① 祥林嫂死了当家人。→祥林嫂的当家人死了。

② 二小姐苦着脸。→二小姐的脸苦着。

(5)"$N_{1领}$+V+了/着+$N_{2属}$"主事后现句的语用。这类句子的语用特征是:"$N_{1领}$"是主题,"V+了/着+$N_{2属}$"是述题。语用意义是:述题表述句首主题名物(人或物)呈显(发生、失却、显状)某种事物并以何种方式或状态呈显着。句子里作为领有者的主题一般是有定的,所以作为隶属者的主事宾语一般也是有定的,如"他跑了媳妇丢了娘"里,由于"他"是有定的,作为隶属者的"媳妇"和"娘"是指"他的媳妇"和"他的娘",显然是有定的。

三、"主宾同指句"构成的主事后现句

（一）"主宾同指句"的含义

这种句子中句首作主语或主题的名词和动词后的作宾语的名词所指称的事物相同，可以称为"主宾同指句"，可记作"$N_{1同后名}+V+N_{2同前名}$"。在这种句子里，如果动词是及物动词，则句中动词后的宾语分析为受事宾语，如"五个苹果吃了三个（苹果）"中的"三个（苹果）"就是。如果动词是不及物动词，则后面的名词在句法上可分析为主事宾语，在语义上就是主事后现，构成的句子都是主事后现句。例如：

① 四个客人来了三个。　　② 十个俘虏逃走了九个。
③ 十个指头伤了三个。　　④ 八只碗碎了三只。
⑤ 五筐苹果烂了一筐。　　⑥ 六间房倒塌了三间。

上面句子里的 N_1 和 N_2 指称同一事物，但有数量上多少或大小的差别：二者相比，N_1 大于（或多于）N_2，即 N_1 为多量（或"量大"），N_2 为少量（或"量小"）。如①里"四个客人"多于（或大于）"三个（客人）"，④里"八只碗"多于（或大于）"三只（碗）"。可见这种句子里 N_2 是 N_1 的一部分。从 N_2 是 N_1 的一部分角度看，似乎也有着从属关系；但是领主属宾句中 N_2 和 N_1 是不同的事物，而这种句子里 N_2 和 N_1 是相同的事物，所以本文把"$N_{1同后名}+V+N_{2同前名}$"构成的主事后现句独立成类，而不把这种句子归入领主属宾句。

归入"主宾同指句"的还可以有这样一些句子：

① 旅店十个客人走了三个。

② 他五间房塌了三间。
③ ［昨天毕业班开联欢会，］学生来了五十个，老师来了五个。
④ ［洗碗不小心，］碗碎了三只，碟子碎了五只。

上面①② 从表面上看，句子句首多出了一个名词（或代名词），但由于句首两个名词词语之间存在着领属关系（上例实际表示"旅店的十个客人""他的五间房"）；N_1 和 N_2 之间存在着"同指"关系：① 中的 N_1 和 N_2 都是指"客人"，② 中的 N_1 和 N_2 之都是指"房"，所以本质上还是属于"主宾同指句"。①② 这类句子假如删去"数量名"组合，动词后补出名词，就成为"旅店走了三个客人""他塌了三间房"，这就变成为领主属宾式的主事后现句。上面③④ 从表面上看，句子里作主题的 N_1 不是"数量名"组合，而是光杆名词；但由于 N_1 和 N_2 之间存在着"同指"关系：③ 里前一分句中的 N_1 和 N_2 都是指"学生"，后一分句中的 N_1 和 N_2 都是指"老师"；④ 里前一分句中的 N_1 和 N_2 之都是指"碗"，后一分句中的 N_1 和 N_2 都是指"碟子"；所以这种句子也是属于"主宾同指句"。

（二）"主宾同指句"的特点

这类句子的特点是：

（1）N_1 和 N_2 都是"数量名"组合，作宾语的"数量名"组合通常省略名词，如"四个客人来了三个"句里的"三个"指"三个客人"，"十个俘虏逃走了九个"里的"九个"是指"九个俘虏"。

（2）这类句子里的 V 一般是表示运动（位移）的不及物动作动词，如"来、去、走、跑、逃走、飞、到"等，后面带的是表示施事的名词语；也有些是表示活动状态的动词，如"碎、烂、断、倒、倒塌"等，后面带的是表示系事的名词语。

（3）这类句子里的 N_1 和 V 在句法上不能构成主谓关系，在语义上不能构成施动关系，如"四个客人来了三个"里，是"三个客人来了"，而不是"四个客人来了"（虽然"四个客人来"本身是主谓关系和施动关系，但放在句子里意义改变了）。

（4）这种类型的"N_1+V+N_2"句式可变换成"N_1+有N_2+V"句式，例如：

A．四个客人来了三个。→四个客人有三个来了。

B．五筐苹果烂了一筐。→五筐苹果有一筐烂了。

（5）这类句子的语用特征是：N_1是主题；V+N_2是述题。语用意义是：述题表述N_1所指称的一定数量的事物里有部分事物发生或遭遇的情况或状态。

四、"供动句"里的主事后现句

（一）"供动句"的含义

"供动句"的基本格式是："数量短语（或"指量短语"）+动词+数量短语"，可记作"$N_{1指(数)量名}$+V+$N_{2数量名}$"式。这类句子表述"特定量的物'供/让'一定量的人'使用某种动作'"的意义，"如"这桌菜吃了八个人"就是"这桌菜'供/让'八个人吃了"的意思；所以这种主事后现句可以称之为"供动句"（也称"供让句"）。这种主事后现句是汉语里一种很有特色的句子。有些及物动词能构成这样的句子，先看例句：

① 一锅饭吃了十个人。　② 这杯水喝了三个人。
③ 这一件衣服穿了三代人。　④ 一匹马骑了两个人。
⑤ 这一场电影看了二千人。　⑥ 这本书读了五个人。

这种句子里动词前后两端都是量词短语：N_1是"数+量+名"短语（如"一锅饭"），或"指+量+名"短语（如"这杯水"），或"指+数+量+名"短语（如"这一件衣服"），所以记作"$N_{1指(数)量名}$"；如果N_1是光杆名词，一般不能构成这样的句子（如"饭吃了十个人"不能成立）。N_2是"数+量+名"短语（如"十个人""三代人"），所以记作"$N_{2数量名}$"；如果N_2是光杆名词，一般也不能构成这样的句子（如"一锅饭吃人"不能成立）。供动句里的V一般是及物动作动词，N_1必定是受事，[①]N_2必定是施事，"$N_{1指(数)量名}$+V+$N_{2数量名}$"供动句就是"受事$_{指(数)量名}$+动作+施事$_{数量名}$"句，也就是主事（施事）后现句的一种。

虽然供动句里的动词一般是及物动作动词，但某些不及物动词在一定的条件下有时也能构成"$N_{1指(数)量名}$+V+$N_{2数量名}$"格式中的主事后现句，例如：

① 一辆车坐了五个人。　② 一张大床睡了四个人。
③ 这间屋子住了十个人。　④ 这台跑步机同时跑两个人。

这种句子也是具有"特定量的物'供/让'一定量的人'使用某种动作'"的意义；但那是"$N_{1指(数)量名}$+V+$N_{2数量名}$"供动句句式赋予不及物动词以及物化用法和及物性的意义。虽然这类不及物动词构成的供动句也是主事后现句，但句中的N_1的受事性比较弱，这是因为N_1处于事物名词和处所名词的交界，只要在"N_1名词"后加"上"或"里"，就成处所名词（如"出租车上、屋子里"）；所以这类句子可以变换成"$N_{1处所}$+V+了+$N_{2数量名}$+V"式的存在句和"$N_{1指(数)量名}$+V+在+$N_{2处所}$"式的定位叙述句。例如：

[①] 有些句子虽也是"数量名+动词+数量名"结构，但由于动词不是及物动作动词，语义上N_1不是受事，也就不属于这类句子，如"主宾同指句"中"十个俘虏逃走了九个"之类便是。

① 一辆车坐了五个人。→一辆车上坐了五个人。→五个人坐在一辆车上。

② 这间屋子住了十个人。→这间屋子里住了十个人。→十个人住在这间屋子里。

上述能相互变换的句子,它们的基本意思相同,可以说是"同义句"。但不同的句式语用意义不一样,它们各有特定的语用意义。可见构成供动句的动词主要是及物动词,不及物动词用于供动句是一种语用上的及物化用法,两者还是有一定区别的。

值得注意的是:有的句子可能会有歧义,如"那匹马骑了两个人",既可以理解为"那匹马供两个人骑了"(属于"供动句"),也可理解为"那匹马上骑着两个人"(属于"存在句"),也还可以理解为"两个人骑在那匹马上"(属于"定位句"),真实句意如何,当看语境里的上下文而定。

(二)"供动句"构成的主事后现句的特点

(1)这类句子里 V 是二价及物动作动词(如"吃、喝、穿、看、骑"等)。在语义平面,供动句是由一个动核结构构成的,其中二价及物动作动词 V 是动核,它联系着两个动元:一个是受事动元(由 N_1 充当),另一个是施事动元(由 N_2 充当)。至于一价不及物动词(如"坐、住、睡、躺、跑")构成的供动句,动核也联系受事动元和施事动元构成动核结构,那是属于一价不及物动词在特定句式里出现的"变价"用法。[①]

(2)"$N_{1指(数)量名}$+V+$N_{2数量名}$"式供动句构成的主事后现句可以变换成"$N_{2数量名}$+动作+$N_{1指(数)量名}$"式的施事主语叙述句和"$N_{1指(数)量名}$+供/让+$N_{2数量名}$+V"式的受事主语叙述句。例如:

① 一锅饭吃了十个人。→十个人吃了一锅饭。→一锅饭供/

[①] 参看范晓《动词的"价"分类》,《语法研究和探索》(五),语文出版社,1991年。

让十个人吃了。

② 一匹马骑了两个人。→两个人骑了一匹马。→一匹马供/让两个人骑了。

（3）这类句子的语用特征是：N₁是主题；VN₂是述题。语用意义是：述题表述主题N₁所指事物"供"（或"让"）多少人使用某种动作，即"特定量的物'供/让'一定量的人'使用某种动作'"的意义。句子的焦点是V后的数量名。

（4）这种供动句的V前常可加上"能、可以"之类助动词，表示评议，如"这锅饭能吃十个人""这匹马可以骑两个人"，就是"这锅饭能供十个人吃""这匹马可以供两个人骑"的意思。

（5）供动句里的N₁有时可以是"指词+数量名"形式，如"一锅饭吃了十个人"也可以说"这锅饭吃了十个人"（或"这一锅饭吃了十个人"），区别在于前者的N₁是无定的，后者的N₁是有定的。

（6）供动句里的N₂一般是"数量名"短语，光杆名词单独不能成立（如不能说"这锅饭吃人"）；但在一定条件下（如对称句里，否定句里以及在V前加上"能、可以"之类助动词的句子里）某些供动句里的N₂可以是光杆名词，例如：

① 这匹马骑人，那匹马驮东西。
② 这辆车坐人，那辆车放东西。
③ 这匹马不骑人。
④ 这间屋子能住人。

上面①② 光杆N₂名词出现在对称句里，③ 是光杆N₂名词出现在否定句里，④ 是光杆N₂名词出现在V前加上助动词"能"的句子里。供动句动词后一般要附着"了"，但N₂是光杆名词的供动句里不可以附加"了"。

五、"使动句"中的主事后现句

（一）"使动句"的含义

使动句是"形容词带宾语"作表示致使意义的句子，其格式是："名词+形容词+名词"，可以记作"$N_1+V_形+N_2$"式。这种句子是表示N_1致使N_2发生或出现$V_形$所表示的情状。一般称之为"使动句"或"致使句"。例如：

① 我辛苦你了。
② 是我不好，我累了你。
③ 泪水模糊了她的眼睛。
④ 那些日子真苦了这两个孩子。
⑤ 我们丰富了社区的文化生活。
⑥ 你太便宜他了。
⑦ 从此我不再仰眼看青天，不再低着头看白水，只谨慎着我双双的脚步。
⑧ 他们严格了制度，严肃了纪律，严密了管理。

上面①至⑧都是使动句里的主事后现句，这种句子里的V是形容词；但是并不是两个名词之间有形容词的都是使动句构成的主事后现句，如"她红着脸、华大妈黑着眼眶、我硬着头皮"之类的"领主属宾句"虽然也是"$N_1+V_形+N_2$"式，但其中的"$V_形$"并不表示"使动"意义。

（二）"使动句"构成的主事后现句的特点

（1）使动句的N_1在句法上可以分析为主语，在语用上可以分析为主题;形宾短语"V$_形$+N$_2$"在句法上是个句内的谓宾短语,在语用上是述题。N$_2$在句法上可分析为宾语,在语义上可分析为主事。[①]

(2)由于N$_2$是V$_形$的主事,整个句子的语用意义是:表述"N$_1$使N$_2$发生或出现V$_形$所表示的情状"的意义,所以这种句子可以变换成"使"字句。例如:

① 我累了你。→我使你累了。
② 我们丰富了社区的文化生活。→我们使社区的文化生活丰富了。

(3)在一定的语境里,为了表达说话简洁明快的需要,使动句有时可以省略N$_1$,如"辛苦你了!""便宜他了!""真急人!""麻烦你了!"等。

(4)使动句里的形容词跟宾语之间有时带有助词"了",但一般不用"着"。有时也有形容词带上补语以后再带宾语,即形容词短语带宾语的情形,例如:

① 这件事累坏了我,可急坏了她。
② 残酷的刑罚瘦得了我的肉,可瘦不了我的骨。

六、"两面性动词句"中的主事后现句

(一)"两面性动词句"的含义

现代汉语中有一类及物动词是"两面性的",如"夹、盖、晒、淋"之

[①] 也可以分析为"主事"和"使事"兼格。

类。所谓"两面性",是指这类动词的"主语跟宾语可以互换,意思上没有大的差别",如"一个大饼夹一根油条"也可以说成"一根油条夹一个大饼","三四个人盖一条被子"也可说成"一条被子盖三四个人"意思也差不多。[①] 这种动词可以称之为"两面性动词"。由"两面性"动词构成的句子,称为"两面性动词句";两面性动词句有两种句式:一种是"$N_{1施事}+V+N_{2受事}$"式(如"一条被子盖了三个人"),这种句式句法上是"主动宾"句,语义上是"施动受"句,这种两面性动词构成的句子属于施事主语句,不是主事后现句;另一种是"$N_{1受事}+V+N_{2施事}$"(如"三个人盖了一条被子"),这种句式句法上也是"主动宾"句,语义上则是"受动施"句,这种两面性动词构成的句子属于主事后现句,例如:

① 老人在晒太阳。　② 在海边种地的人终日吹着海风。
③ 他们淋着雨了。　④ 他盖着厚厚的被子。

(二)"两面性动词句"构成的主事后现句的特点

(1)这类句子中的V是及物动词,但能在这种句子里作谓语动词的不多,只有"晒、淋、吹、盖、夹"等有限的几个。说它具有两面性,只是因为:"及物动词+名词"一般都是"动作+受事",如"吃饭"不能说成"饭吃";但是这类动词后带名词可以很自然地构成"动作+施事",如"晒太阳""淋雨""吹风"等,似乎已经带有熟语性。另外,这类动词常常可以"主宾互换"(或说句子可以"互相变换")组成同义句。例如:

① 老人在晒太阳。→太阳在晒老人。
② 他们淋着雨了。→雨淋着他们了。

[①] 参看丁声树等著《现代汉语语法讲话》第37页,商务印书馆,1961年。

一般人如果不去追究，往往不知这类动词所联系的两个名词哪个是施事哪个是受事。但实际上这类动词所联系的施事和受事还是分得清楚的，[①]这可以用"被"字句检验，即"N₁+V+N₂"式主事主语句中的N₁可以在"被"字句的句首作主语，N₂可作"被"后宾语；这表明N₁是受事，N₂是施事，主事主语句可构成受事作主语的"被"字句（被动句）。例如：

① 老人被太阳晒得皮肤黝黑。/* 太阳被老人晒得……
② 他们被雨淋着了。/* 雨被他们淋着了。
③ 在海边种地的人终日被海风吹着。/* 海风被在海边种地的人终日吹着。

（2）这类主事主语句中的N₁大多是指人的名词性词语，但也有指物的，如"油条夹着大饼"中的"油条"。N₁在句法上可分析为主语，在语义上可分析为句中动词的受事，在语用上可分析为主题。句中的N₂一般是指物的名词性词语，是动词所联系的施事。

（3）"N₁受事+V+N₂施事"主事主语句的语用结构是："N₁受事"是主题，"V+N₂施事"是述题。语用意义：述题表述N₁（多数是指称人）发生或遭遇着某物所施加的行为活动。

七、动宾型非主谓句构成的主事后现句

（一）动宾型非主谓句构成的主事后现句的实例

有一些非主谓句的主事后现句，其格式是："动词+名词"，句法上是"动宾"短语非主谓句，语义上是"动词+主事（施事）"，可记作

[①] 从这个角度说，这类动词也很难说成严格意义的"两面性动词"。

"V+N_施"式。例如：

① 下雨了！　　　　　② 出太阳了。
③ 刮风啦！　　　　　④ 下大雪啦！
⑤ 他在门口喊着：来客人啦！　⑥ 来人哪！救命啊！

这种非主谓句形成的主事后现句可以分为两组：第一组是"下"类句，如①②③④；第二组是"来"类句，如⑤⑥。并不是任何动宾型非主谓句都能构成主事后现句的，如"来杯茶！""再来瓶啤酒！"这种句子很像主事后现句，虽然也是"V+N"式非主谓句，但是动词后的名词是客事（受事）。这是因为：第一，"人来"可说，但是"茶来""酒来"是不能成立的；第二，这种句子里的"来"是"拿来"的意思，如"来杯茶"和"拿杯茶来"基本意思相同，"再来瓶啤酒！"和"再拿瓶啤酒来"基本意思相同。

（二）动宾型非主谓句构成的主事后现句的特点

（1）"下"类句中的V主要有"下、出、刮"等有限的几个动词，动词后的名词表示大自然的事物（"雨、雪"之类），句末一般附着语气词（如"了"或"啦"等）。"下"类句主要用来说明或告示发生或出现了某种自然现象。"来"类句V只是一个"来"。这类句子有的用于简洁地直陈某件事情，如⑤；有的用于急促的祈使，如⑥。

（2）"V+N_施"式非主谓句构成的主事后现句大多可以变换成"N+V"式的主事作主语的主谓句。例如：

① 下雨了→雨下了。　② 来客人啦！→客人来啦！

（3）"下"类非主谓句如果在动词前加上表处所或时间的名词性词语，在结构上就跟"N_1处所+V+ N_2名物"式存现句一样，如"晚上下雨了""山里下大雪啦"等。但上边这类句子不能也不需补出 N_1，是一种隐含主题的"V+N"主事主语句。①

（4）"来"类非主谓句里的例⑤如果加上一个处所名词，可以变成存现句或领主属宾句，如"来客人啦！"可以说成"家里来客人啦！""我家来客人啦！""我来客人啦！"由于⑤这个主事后现句用于特定的语境，所以不能说它是省略N_1的省略句，可见它还是不同于存现句或领主属宾句的。例⑥这种"来"类句前面一般不能再加上名词，也不可以变成存现句或领主属宾句，如"来人哪！救命啊！"不能说成"这里来人哪！救命啊！""你们来人哪！救命啊！"

八、小结

现代汉语里主事后现句（或称"主事宾语句"）跟受事宾语句（谓语动词后带有客事宾语的句子）比较，在"谓词+名词"构成的谓宾型静态短语里，宾语一般是受事，主事后现的短语极少；在句子里，"主谓宾"句里的宾语通常是客事，然而主事后现的现象也还是存在的（常出现于某些特定的句子里），虽然比客事宾语在数量上少得多，但它在句子里并不是个别的，也有相当的数量，所以还是值得重视的。主事后现句有各种类型：

（1）如果根据主事后现句的句子类型来分类，可以分为用作"存现句"的主事后现句、用作表述"领主属宾句"的主事后现句、用作"主宾同指句"的主事后现句、用作"供动句"意义的主事后现句、用作"使动句"的主事后现句、用作"两面性动词句"的主事后现句、用作"动宾型非主谓句"的主事后现句。

---

① 这类句子要跟存现句里的省略句"V+N"式区别开来，如"1945年，村上发生水灾，死了十多个人"，这句的动词"死"前承上省略N_1，属存现句。

（2）如果根据主事的下位语义性质分类，可以分为两大类：施事后现句和系事后现句，前者是动作动词构成的主事后现句，后者是状态动词和形容词构成的主事后现句。

（3）如果根据谓词的句法性质分类，可以分为三类：不及物动词构成的主事后现句、及物动词构成的主事后现句、形容词构成的主事后现句。

（4）如果根据谓词的语义特征分类，可以分为动作谓词构成的主事后现句、状态谓词构成的主事后现句、性质谓词构成的主事后现句。

试论补充复句

从结构方式上看，现代汉语的偏正复句可分为两大类：一类是前偏后正的句式，即作从句的分句在作主句的分句之前，这类句子的从句是对主句所述说的事件加以限定性的说明。另一类是前正后偏的句式，即从句在主句之后，这类句式的从句是对主句所述说的事件进行补充性的说明。前一类不妨称之为状心式复句[①]；后一类不妨称之为补心式复句，可简称为"补充复句"，但有些语法著作把这种句子称为"等立复句"或"联合复句"[②]。笔者认为把补充复句归入"等立复句"或"联合复句"是不妥的，这是因为补充复句跟"等立复句"或"联合复句"有区别的。区别在于：联合复句或等立复句是非封闭性的，其第一层次直接组成成分可以是两个，也可以是两个以上，几个分句不分主次，析句时宜采取多分法；但是补充复句具有封闭性特点，其第一层次总是由主句（正句）和补充性从句（分句）两个直接成分组成的，所以是二

[①] 前偏后正的复句，主句是核心成分；从句是状语性的附加成分，所以可称作状语性从句。汉语的短语结构与句子结构的构造原则基本一致，从状心式也可看出。试比较：a. 飞机因天气关系而不能起飞。b. 天气不好时，飞机不能起飞。c. 天气不好，所以飞机不能起飞。a 句中"因……而……"是状心式短语，作谓语，构成"状心谓语句"，是单句；b 句是状心式单句；而 c 句则是状心式复句。

[②] 黎锦熙、刘世儒的《汉语语法教材》（第三篇）在等立复句下的承接复句中立了"解证式"一类，在语法事实上，其中一部分与本文的补充复句相当。黄伯荣、廖序东的《现代汉语》（修订本）第 431 页（甘肃人民出版社，1985 年）在联合复句下列有"解说关系"。张静的《新编现代汉语》第 184—185 页（上海教育出版社，1980 年）也有一类"解说"的联合复句，这两本书与本文的补充复句在语法事实上也有部分是类似的。但他们都分析为联合复句。

分的,宜采用二分法。即使有的补充复句里从句有两个或两个以上而且几个从句之间是联合关系,那是第二层次的多分,不影响补充复句和"等立复句"或"联合复句"的划界。

一般语法著作把偏正复句分为因果复句、转折复句、条件复句、让步复句;而且认为偏正复句的常见的结构形式是偏句在前,正句在后,假如出现前正后偏,那是特殊的、有条件的。[①] 但从汉语语法的具体事实来看,现代汉语里正句(主句)在前、偏句(从句)在后的句子(即补充复句)也相当多,而且也不是因果、转折、条件、让步等类所能概括得了的。本文试图从语言事实出发对现代汉语的补充复句作点儿探索。为了醒目,本文打横线标示补充性从句。

一、补充复句的性质特点

(一)从句补充说明主句的某个对象

补充复句有一个很重要的特点,就是从句补充说明主句的某个对象,也就是说,从句所补充说明的,只是主句中的某个部分或某个成分。具体地说,有以下一些:

(1)有些从句是补充说明主句的宾语的,例如:

① 我们接到命令:用两个团的兵力去吃掉这只"老虎"。
② 文艺批评有两个标准:一个是政治标准,一个是艺术标准。

这里例①的从句是补充说明主句中的宾语"命令"的,说明"命令"的

[①] 比如因果复句,一般是"因"句在前,"果"句在后,如"因为天气不好,她今天没上班";但由于语用上突出或强调"果"的需要,在特定的语境里也可出现"果"句在前、"因"句在后的特殊表达式,如"她今天没上班,因为天气不好"便是。

内容;例②的从句是补充说明主句中的宾语"两个标准"的,说明是哪两个标准。

(2)有些从句是补充说明主句的主语的,例如:

① 这个现象引起了我的注意:田野里的禾苗因一场夏雨刚过而变得生机盎然。
② 他的希望更大了,照这样下去,干上二年,他就可以买车,一辆,两辆……

这里例①的从句是补充说明主句中的主语"这个现象"的,说明怎么样的"现象";例②的从句是补充说明主句中的主语"他的希望"的,说明怎么样的"希望"。

(3)有些从句是补充说明主句的"谓语部分"的,例如:

① 文学大师们的创作,有时用简:惜墨如金,力求数字乃至一字传神。有时使繁:用墨如泼,汩汩滔滔,虽十、百、千字亦在所不惜。
② 杨树寿命不长,三十五到四十五年就成熟,以后开始衰老。

这里例①的从句是补充说明主句的谓语部分"有时用简""有时使繁"的,说明"用简""使繁"表现在哪里;例②的从句是补充说明主句的谓语部分"寿命不长"的,说明"寿命不长"表现在哪里。

(4)有些从句是补充说明主句里作谓语的谓词的,例如:

① 他常常窝火:摔碗、骂人、打人、跟大老婆子干仗。
② 会场上一片寂静,静得针落地的声音都能听见。

这里例①的从句补充说明主句里作谓语的谓词"窝火",说明"窝火"的情形;例②的从句补充说明主句里作谓语的谓词"寂静",说明寂静的情状。

（5）有些从句还可以补充说明主句中其他成分，例如：

① 你对孩子一般儿爱，<u>不问男的女的，大的小的</u>。
② 他的两个耳朵冻得通红，<u>红得像要落下来的果子</u>。

这里例①的从句是补充说明主句中的状语"一般儿"的，说明"一般儿"是怎么样的；例②的从句是补充说明主句中的补语"通红"的，说明"通红"的情状。

（二）补充复句和某些复句的区别

汉语里有些复句和补充复句有纠缠，要加以区别。

（1）要把补充复句跟"歇后语"组成的主述句（"主题+述题"）区别开来。汉语里有一种"歇后语"[①]构成的主述句，如"千里送鹅毛，礼轻情义重""泥菩萨过江，自身难保""八仙过海，各显神通"之类。这种句子里前一部分是"主题"，是陈述或表述的对象；后一部分是述说、说明前边部分的"述题"。歇后语主述句和补充复句表面上似乎都是后面部分补充说明前面部分，但它们是有区别的：第一，这种主述句两直接成分之间的关系是述说和被述说关系，而补充复句两直接成分之间的关系是补充和被补充的关系；第二，这种主述句一般可以在两直接成分之间加上"是、真是、叫作"等关系词（如"泥菩萨过江是自身难保""千里送鹅毛是礼轻情义重"），而补充复句一般是不可以的；第三，这种主述句说出前半截，"歇"去后半截，就可以领会或猜出它的本

[①] 歇后语由两部分组成，前半截是形象的比喻，像谜面，后半截是解释说明，像谜底，中间有较大的停顿。歇后语句子可以完整说出，但有时只说出前半截"歇"去后半截（就能领会或猜出"歇"去的意思）。这种歇后语句子有的（如"兔子尾巴，长不了"之类）明显是单句；有的（如"千里送鹅毛，礼轻情意重"之类）是单句还是复句，有不同看法。

意,而补充复句若只说出主句而不说补充从句就不是补充复句。

(2)要把补充复句跟特殊的状心复句区别开来。补充复句的一个重要特点是,从句在主句之后。但有一些状心复句有时从句也可能在主句之后的。例如:

① 我喜欢绚丽的秋色,<u>因为它表示昌盛和繁荣</u>。
② 今晚却很好,<u>虽然月光也还是淡淡的</u>。

以上的偏正复句也是从句在后,但不是补充复句,而是状心复句的一种变式。它们和补充复句有以下三点区别:第一,这种偏正复句一般可以变换成前偏后正式,如例② 可变换成"虽然月光还是淡淡的,但是今晚却很好";而补充复句是不能变换成前偏后正句式的。第二,这类偏正复句有特定的关联词语,如"因为、虽然、如果、即使"等;而补充复句不能用上述关联词语。第三,这类偏正复句的两直接成分之间表示因果、转折、条件、让步等关系;而补充复句的从句只是对主句的某个成分作补充说明。

二、补充复句的分类

补充复句的从句,是对主句所述说的事件或主句中某个事物或事件进行补充说明的。根据从句所起的作用,补充复句主要可分为以下五类:注释性的补充复句,分说性的补充复句,记叙性补充复句,表相性补充复句,表征性补充复句。

(一)注释性的补充复句

(1)从句对所补充说明的成分带有注释性的,就是注释性的补充复句。例如:

① 上级传下命令：部队全到以后，停止前进，休息半天。
② 一定要在全社会造成一种气氛：尊重知识，尊重人才。
③ 我就爱愫妹的脾气，不说话，待人好，心地宽厚，总是和和气气的。
④ 一个可怕的念头突然在脑中闪过：去死。

上面①的从句对主句的宾语"命令"作注释性补充说明；②的从句对主句的宾语"一种气氛"作注释性补充说明；③的从句对主句的宾语"愫妹的脾气"作注释性补充说明；④的从句对主句的主语"一个可怕的念头"作注释性补充说明。这类补充复句的特点是：第一，这类从句对主句中的某个成分的补充说明都是带有注释性的；第二，主句和从句之间通常用冒号隔开，也有用逗号的，如例③；第三，这种补充从句前有时用"即、就是、也就是"等关联词语。例如：

① 全面抗日的第六年，包含着这样的情况，即接近着胜利，但又有极端的困难。
② 杨树有一个显著的特点，就是容易繁殖。

（2）注释性补充复句的从句应跟名词性词语后边的复指性注释语（也有称作"同位""外位""补足语"[①]的）区别开来。底下句子里打横线的词语可看作名词性词语的复指性注释语：

① 我的理想却回到了刚才离开的地方：图书馆里一间小小的展览室。

---

① 张志公曾指出：汉语的名词后边也有补足语（参看张志公《汉语语法常识》第193—196页，中国青年出版社，1953年）。从补充说明前面的名词来说，称它为补足语也是有理由的。但由于这类单句里的复指性注释语跟前面的名词不能构成短语，所以还是把它看作名词性词语后边的复指性注释语为妥。

② 雪莲是稀世之宝——<u>一种很难求得的妇科良药</u>。
③ 前面有一个村庄,<u>很小的一个村庄</u>。

复指性注释语跟补充复句中的从句有共同性,二者都是对前边的名词性词语作注释性的补充说明。但是它们有区别:复指性注释语是单句里对宾语词语进行注释性说明的名词性词语(名词或名词性短语),是单句里的一种复指性注释语(不是分句);而补充复句中的从句是分句(即补语性从句)。有的语法著作把宾语后带复指性注释语和补语性从句混在一起,看作是一个东西,从而把补充复句也看作是一个单句[①];但很多语法著作还是注意把补充复句与带复指性注释语的单句区别开来的[②]。

(二)分说性的补充复句

(1)从句对所补充说明的成分带有分说性的,就是分说性的补充复句。分说性补充复句里往往有两个或两个以上的从句。例如:

① 两座大山挡住他家的出路,<u>一座叫作太行山,一座叫作王屋山</u>。
② 紫金城有四座城门:<u>南面有午门,北面有神武门,东西有东华门、西华门</u>。
③ 他一生有三怕:<u>一怕工作少,二怕麻烦人,三怕用钱多</u>。
④ 篝火四周围满了密密麻麻的人:<u>有的坐着,有的斜歪着,有的彼此靠着,有的把头放在别人的胳臂、腿上</u>。

[①] 洪心衡《现代汉语语法概要》第102页,广东人民出版社,1981年。
[②] 如胡裕树主编《现代汉语》(增订本)第377页,上海教育出版社,1981年;叶南薰《复说和插说》第30页,新知识出版社,1958年。

上面①的从句对主句的主语"两座大山"作分说性的补充说明；②的从句对主句的宾语"四座城门"作分说性的补充说明；③的从句对主句的宾语"三怕"作分说性的补充说明；④的从句对主句的主语"密密麻麻的人"作分说性的补充说明。这类补充复句的特点是：第一，前后两部分具有"总分"关系：从句对主句中的某个成分的补充说明都是带有分说性，而主句里被补充的成分是"总说"；第二，从句至少有两个，也可以两个以上，如例②③④；第三，被补充说明的主句中的名词性词语很多是"数+量+名"构成的定心短语（数词总是排斥"一"，即在"二"以上，如"两座大山""四座城门"等），有的虽不是"数量名"短语，但总是表示多数，如③里的"三怕"和④里的"密密麻麻的人"；第四，主句和从句之间，很多用冒号隔开，如②③④，但也有用逗号隔开的，如①；第五，这类补充复句总是一个多层次复句，因为作为从句的分句总是在两个以上。它层次切分的基本形式是：第一层次的主句和从句之间是补充被补充关系，而第二层次的从句是个并列型组合体，几个从句之间构成并列关系。

（2）分说性的补充复句的从句应跟名词性词语后边的两个或两个以上的复指性注释语区别开来。有些复指性注释语两个或两个以上并列在一起，这跟分说性补充复句里的两个或两个以上的从句并列有点类似。底下句子里打横线的词语可看作名词性词语的几个并列型的复指性注释语：

① 这学期我有五门必须课——语文、外语、数学、物理、化学。
② 他拣了几件东西：两条长桌，四把椅子，一副香炉和烛台，一杆台秤。

并列型的分说性的补充从句跟并列型的复指性注释语还是可以区别开来的：第一，前者是从句并列，后者是名词性词语并列；第二，前者是分说性的,后者是注释性的。

(三)记叙性补充复句

(1)从句对所补充说明的成分带有记叙性的,就是记叙性的补充复句。例如:

① 荷塘四面,长着许多树,<u>蓊蓊郁郁的</u>。
② 跌倒的是一个女人,<u>头发花白,衣服都很破烂</u>。
③ 这人就是李玉婷:<u>中等身材,尖下巴,戴着程度很深的近视眼镜</u>。
④ 我偶然向外看看,见一个面生的女佣人,<u>两手提着把白铁壶,正往厨房里走</u>。

上面①的从句对主句的宾语"许多树"作记叙性的补充说明;②的从句对主句的宾语"一个女人"作记叙性的补充说明;③的从句对主句的宾语"李玉婷"作记叙性的补充说明;④的从句对主句的宾语"女佣人"作记叙性的补充说明。这类补充复句的特点是:第一,从句对主句中宾语所代表的事物进行记叙性的补充说明:或描记其情状,或记叙其行动;第二,从句的主语通常承前省略,必要时可补出,如例①可补上"这些树"作主语,例②③④可补上"她"作主语;第三,从句往往可移位至所补充的名词之前作定语,从而使复句单句化,如例①可说成"荷塘四面长着许多蓊蓊郁郁的树",但有的由于从句过长因而移位后表达不太自然和顺畅。①

---

① 不是说绝对不能移位,只是移位后句子欠通顺。例如:"我偶然向外看看,见一个面生的女佣人,/两手提着把白铁壶,正往厨房里走。→我偶然向外看看,见一个面生的两手提着把白铁壶、正往厨房里走的女佣人"。这移位了的句子虽然也能成立,但在表达上显然没有原来的句子得当。

（2）某些记叙性补充复句的从句应跟某些定语后置的句子区别开来。例如：

① 她到年底就生了一个孩子，男的。
② 房后河边上有许多好看的石子儿，红的，黄的，粉的。

这里例①的"男的"、例③的"红的，黄的，粉的"，都是后置定语，它们表面上跟前边所说的补充复句的从句"蓊蓊郁郁的"很类似：都在句子宾语的后边，而且都是"形+的"构成的组合。但实际上它们是不一样的：第一，作后置定语的"形+的"组合是体词性的，作谓语时，前边必须有动词"是"，例如"孩子是男的"；作从句的"形+的"组合是谓词性的，可以不需要动词直接作谓语，例如"这些树蓊蓊郁郁的"；第二，后置定语主要说明被限定的事物的属性或类别，补充复句的从句主要是描记事物的状态。

（3）应把记叙性补充复句跟承接的或连贯的联合复句区别开来。承接或连贯的复句是非封闭性的，所以是联合式的结构，分析时用多分法，例如：

① 他诊过脉，在脸上端详一回，又翻开衣服看了胸部，便从从容容地告辞。
② 有翼的床头有个谷仓，仓前边有几口缸，缸上面有几口箱，箱上面有几只筐。

这两个复句都是由四个分句联合组成的，这些分句都是在同一层次上。但补充复句不一样，是封闭性的。如果有三个或三个以上的分句不是并列或联合关系，就有可能是多重复句（多层次），如记叙性补充复句"跌倒的是一个女人，头发花白，衣服都很破烂"这个句子，有三个分句，就是一个简单的多重复句。可分析如下：第一层次是"跌倒的是一个女人"和"头发花白,衣服都很破烂"之间是补充关系,表明此句是补充复句;第二层次"花白头发"和"衣服都很破烂"之间是并列关系。

另外顺接关系复句的分句之间还有一些常用的关联词语,如"又、就、便、接着、然后"等,而补充复句的分句之间没这类关联词语。连贯关系的复句常采取"顶针"的格式,前句最后的一个词常是后句最前的一个词,前后句对称地排列着,后句主语不能省略;而补充复句不一定采取"顶针"式,而且后句主语可以省略。

(四)表相性补充复句

(1)从句对所补充说明的成分带有表相(性状或动作行为的景相)性的,就是表相性的补充复句。例如:

① 海水碧蓝碧蓝的,<u>蓝得使人心醉</u>。
② 漓江的水真绿啊,<u>绿得仿佛是一块无瑕的翡翠</u>。
③ 他便张开没牙的嘴咯咯地笑,<u>笑得像一朵正开的花</u>。
④ 她不住地哭,<u>直哭得天愁地惨,积雪变色</u>。

上面①的从句对主句的谓语"碧蓝碧蓝"作表相性的补充说明;②的从句对主句的谓语"绿"作表相性的补充说明;③的从句对主句的谓语"笑"作表相性的补充说明;④的从句对主句的谓语"哭"作表相性的补充说明。这类补充复句的特点是:第一,从句是对主句的谓语或谓语中的某些词(形容词或动词)进行补充说明,着重表现性状或动作行为的景相,如例①从句"蓝得使人心醉"便是表现主句中谓语"碧蓝碧蓝"的景相的。第二,从句的主语通常不出现,如果加上主语反而显得累赘,句子也就不顺畅,如①的"海水碧蓝碧蓝的,蓝得使人心醉"说成"海水碧蓝碧蓝的,海水蓝得使人心醉",这样的表达就有问题。第三,从句的谓词跟主句中被补充说明的词语全部重复,如例②的"绿"

便是；或部分重复，如例①的"蓝"是"碧蓝碧蓝"的部分便是。第四，从句通常用"得"字句，即谓语与补语间有个助词"得"，有的也写作"到"，如"未庄在黑暗里显得寂静，寂静到像羲皇时代一样太平"。

（2）跟表相性补充复句相同的还有这样的句子：

① 我家几辈受大穷，房无一间，地没半弓。
② 我非常激动，拿着酒杯的手都发抖了。

这些都是复句。洪心衡认为，上边复句里的从句"都是对'我家''我'等进行表说的，但看作是复合句的一个补充分句，似乎也还可以，只是意思有些割裂"。[①] 本文把这类也看作补充复句。这类补充复句的从句是补充说明主句中的谓语部分或作谓语的谓词的，它并不是直接对"我家""我"等进行表说，而是通过表现"穷""激动"等的景相再来说明主语，所以意思上并没有"割裂"。这种句子的从句能变换成"得"字句，如"我家几辈受大穷，房无一间，地没半弓"可以说成"我家几辈受大穷，穷得房无一间，地没半弓"，所以这类句子是可以看作表相补充复句的。

（3）跟表相性补充复句类似的还有这样的一些句子：

① 她的头发乱蓬蓬的，像冬天的枯草一样。
② 这个战士脸乌黑，好像才从煤窑里钻出来似的。

这种复句的从句是对主句中充当谓语或谓语中心词的形容词进行补充说明的；从句的主语一般不出现；从句句首是用动词"像、好像、就像"等表达比喻性的景相。这种复句也可变换成"得"字句，如①的"她的头发乱蓬蓬的，像冬天的枯草一样"，可变换成"她的头发乱蓬蓬的，乱

[①] 洪心衡《汉语语法问题研究》第107页，新知识出版社，1957年。

得像冬天的枯草一样"。所以这种复句也是表相性的补充复句。

（五）表征性补充复句

（1）从句对所补充说明的成分带有表征性的，就是表征（显露于外的征象）性的补充复句。例如：

① 鲁镇酒店的格局是和别处不同的：都是当街一个曲尺形的大柜台，柜台里面预备着热水，可以随时温酒。
② 她的问题真多：看电影便问电影里的是人不是人？是不是真人？怎么不说话？
③ 这株桂树真怪：别的树开花，年年开一色的花，唯独它，如果今年开的是红花，明年就开白花，后年呢，开的又是黄花。
④ 杨树生长速度很快，一年生杨树苗每日能长高四厘米。

上面①的从句对主句里的"和别处不同"作表征性的补充说明；②的从句对主句里的谓语"真多"作表征性的补充说明；③的从句对主句里的谓语"真怪"作表征性的补充说明；④的从句对主句的谓语"很快"作表征性的补充说明。这类补充复句的特点是：第一，从句对主句里的谓语部分或作谓语的谓词作表征性的补充说明，也就是表示补充说明主句里谓词性词语情状或行为的征象。如③的主句"这株桂树真怪"，"怪"在哪里？有什么征象呢？从句便是说明这个"怪"的征象的。第二，从句跟主句之间书面上常用冒号隔开，有的作者也有用逗号的，如④，这逗号倘若改用冒号也是可以的。

（2）还有一种表征性复句，例如：

①"滥竽充数"这四个字说得好，好就好在点出了南郭先生的要害在于一个"充"字。

② 太湖美呀太湖美,<u>美就美在太湖的水</u>。

这种复句的从句更能显示出是对主句谓语部分的谓词进行表征性补充说明的:①②的从句"好就好在……""美就美在……"就是表达了主句中谓词"好""美"的征状的。从句"形就形在……"这样的格式①,可看作表征性复句的一种固定格式。有些表征性从句虽不用这格式,但也可以变换成这样的格式,如"这株桂树真怪:别的树开花,年年开一色的花,唯独它,如果今年开的是红花,明年就开白花,后年呢,开的又是黄花",这个表征性复句可变换成:"这株桂树真怪,怪就怪在……"。并不是所有的表征性补充复句都能这样变换,能变换的主要是补充复句主句谓语部分的中心词是形容词的表征性复句。

三、涉及补充复句的其他问题

(一)补充复句的从句数量的多样性

(1)有的补充复句的从句只有一个分句。例如:

① 他们违背了马克思主义的一条根本原则:<u>理论和实践统一</u>。
② 老宋微微一笑,<u>笑得十分自信</u>。

这类补充复句里,被补充说明的那个词语,较多的是"数量名"短语或"一+动"短语,其中数词是"一",如例①②;有了这个"一",就限制了分句的数量;如果被补充的词语不是由数词"一"构成的短语,分句的数量相对比较自由,比如"她咯咯地笑了起来,笑得眼泪都掉下来了,笑得腰都直不起来了",试与例②作一比较即可明白。

---

① "形就形在……"格式是"(形容词+就+形容词+在)+……"的概括形式,如"好就好在……""美就美在……""灵就灵在……"等。

（2）有些补充复句的从句不止一个分句。例如：

① 你的心里会涌上这样的感想，多么庄严，多么妩媚呀！
② 你从来没对我发过脾气，一句怨言也没有——别说怨我，就是怨命也没有过。
③ 辩证唯物论有两个最显著的特点：一个是它的阶级性，公然申明辩证唯物论是为无产阶级服务的；再一个是它的实践性，强调理论对于实践的依赖关系，理论的基础是实践，又转过来为实践服务。

上面这些补充复句的从句部分有两个或两个以上的分句。在这些分句之间，也存在着各种结构关系，有的是并列关系，如①；有的是让步关系，如②；有的补充从句里还有更多的而且关系错综复杂的分句，如③是个多层次、多重关系的补充复句：这里用单横线表示第一层次的补充从句（也是第二层次的主句），用双横线标示第二层次的补充从句（也是第三层次的主句），用浪线标示第三层次的补充从句；此句还有第四层次，即"理论的基础是实践，又转过来为实践服务"这个句子，是属于转折关系。

（二）补充复句也可以作句子的一个组成部分

补充复句在语言运用中有时也可以作句子的一个组成部分（下面打横线部分是补充复句）。这有两种情况，一是作多重复句的某个部分，一是作单句的某个部分。

（1）补充复句作多重复句的某个部分。例如：

① 我绝对不需要像老太爷今天那样的过度刺激，我需要的是另一种，是狂风暴雨，是火山爆发，是大地震，是宇宙混沌那样的大刺激，大变动。

② 如果把这种玄妙莫测的话译成普通人讲的话,就可以得出如下的结论:一是他认为思维同语言没有任何联系;二是他认为人们的交际只用思维不用语言。

例①第一层次是个并列复句,补充复句只是并列复句结构的一部分;例②第一层次是个假设复句,补充复句是假设性偏正结构的"正句"(主句)里的部分。

(2)补充复句也可作单句的某个部分。例如:

① 他有一个坏脾气,/怕听人生病,也是真的。
② 通过实验我们才知道这个标记必须满足两个条件:/一要容易辨认,二要不改变原子的化学性质。

上面例①的补充复句跟"也是真的"构成主述结构的句子,其中补充复句是这个单句的主题,"也是真的"是该句子的述题;例②的补充复句是单句谓语动词"知道"的宾语。

(三)补充复句的语用表达问题

补充复句在语用表达上有自己的特点,主要表现在:

(1)补充复句一般都突出强调补充的部分,即句子的表达重心往往落在从句上。例如:

① 他们没有了解到我们的战士:他们的品质是那样地纯洁和高尚,他们的意志是那样地坚韧和刚强,他们的气质是那样地淳厚和朴实,他们的胸怀是那样地爽朗和宽广。
② 我的脑里忽然闪出一幅神异的图画来:深蓝的天空中挂着一轮金黄的圆月,下面是海边的沙地,都种着一望无际的碧绿的西瓜,其间有一个十二岁的少年,手捏一柄钢叉,向

<u>一匹猛尽力刺去,那猛将身一扭,反从他的胯下逃走了。</u>

这里例①的从句部分是对主句中的"我们的战士"作补充说明的,例②的从句部分是对主句中的"一幅神异的图画"作补充说明的,这两个句子的表达重心显然都在从句部分。

(2)有些复句能变换成单句。与同样内容的单句比较,补充复句虽然增加了分句,但语句口语化,短小精炼,容易使人理解;突出从句,也容易明白句子的表达重心。比较:

① 跌倒的是一个女人,头发花白,衣服都很破烂。(补充复句)
② 跌倒的是一个头发花白衣服都很破烂的女人。(单句)

①和②意思相同,但②是长单句、长定语;①是一个补充复句,由三个分句组成,相比之下①比②语句口语化,容易理解;表达重心凸显从句,也比较清楚。

(3)有些补充复句能起到"纲举目张"的作用。特别是分说性的补充复句,主句先"总说",从句再"分说"。"总说"起"举纲"的作用,"分说"起"张目"的作用。例如:

① 在任何工作中,都要记住两句话:<u>谦虚使人进步,骄傲使人落后。</u>
② 我们的理论研究存在一些问题:<u>第一,研究方法简单,逻辑不够严密;第二,研究问题不系统、不深入;第三,只重视断代的研究,忽视了历史的研究;第四,研究规模不大,进展不快。</u>

例①里的"两句话"和例②里的"一些问题"就像"纲"一样,而它们的从句则像"目"。纲举目张,就显得层次分明,条理清楚。即使从句的分句更多,包含的信息量更丰富,也还是清晰明白的。

初版后记

本书采用"三个平面"的理论和方法来研究语法上的一系列问题，既有对这个理论的论述，也有对理论的运用。在国内，"三个平面"的理论是胡裕树、张斌、朱德熙等先生倡导的，我在这方面也做了一些理论研究和事实分析的工作，但只能说是初步的。由于水平有限，一定会存在不少问题，虔诚地希望读者批评指正。

这本书的面世，我要感谢我师胡裕树先生，没有他的关怀和鼓励，我是没有勇气出版这本书的，我还要感谢他热情地为本书写作了长序。同时，我要深深地感谢北京语言学院出版社的领导、编辑和其他有关同志，在这学术著作出版形势严峻的情况下，没有他们的大力支持和辛勤劳动，这本书是不可能这样顺利地出现在读者面前的。

范　晓

一九九三年十一月八日

增订本后记

1996年1月《三个平面的语法观》在北京语言文化大学出版社出版,受到读者们的厚爱,很快在市场上脱销了。由于广大读者的需要,1998年10月,北京语言文化大学出版社出版了重印本。可喜的是,这本著作在韩国也受到"中国语"学术界的关注和欢迎:2003年我受邀去韩国讲学时,就发现韩国一些大学的资料室里有《三个平面的语法观》复印本;2007年10月,翻译为韩文版的《三个平面的语法观》在韩国正式出版(韩国首尔:CHINA HOUSE)。去年,商务印书馆约我进行修订,拟出版新版(增订本)的《三个平面的语法观》,收入"中华当代学术著作辑要"。这使我感到非常荣幸。

语法本身有三个平面,即句法(syntactic)、语义(semantical)、语用(pragmatical)。既然语法本身有三个平面,那么研究语法不仅应该而且必须讲三个平面。三个平面的理论既是语法观也是方法论。既然语法有三个平面,那么语法系统就有三个子系统:句法系统、语义系统、语用系统。三个平面不是简单的三条平行线,准确地说应该理解为"三维",好比一个立体物有长、宽、高三个维度。由于语法本身是三维的,所以用三个平面的理论构建起来的语法学说,笔者称之为"三维语法"。用三个平面的理论来研究语法,就是从三个角度或三个侧面或三个方面来研究语法,也就是现在大家所说的多角度、多侧面、全方位地研究语法。用三个平面的理论来研究语法,要求把句法、语义、语用三个不同的平面既分开来又结合和综合起来加以研究;所以三个平面的语法观不仅拓宽了语法研究的领域,而且深化了语法研究。这种语法观在20世纪80—90年代可以说是语法研究的一种新思路新理论。那时学界对这理论思路有较高的评价,略举代表性的评说:1990年有学者评说:"这一理论的提出,标志着中国语法学步入了一个新的阶段"(陆俭明《90年代现代汉语语法研究的发展趋势》,《语文研究》1990年第4期);1991年3月,《世界汉语教学》和《语言教学与研究》两个杂志编辑部在北京联合主办"语法研究座谈会",会后发表的《语法研究座谈会纪要》说:"把句法、语义、语用三个不同的平面加以区别并结合起来进行研究的思路……不仅拓宽了语法研究的领域,而且为深化语法研究指出了一条新路,可能给整个语法研究带来新的突破"(《语言教学与研究》1991年第3期);1995年有学者评说:"三个平面的观念来源于西方现代符号学和语言学理论,经国内一些学者的发展,形成汉语语法学的新模式,它对汉语语法学的直接影响超过了结构主义以后的任何西方语法流派的影响,使汉语语法学进入了一个新时期和新高度"(刘丹青《语义优先还是语用优先》,《语文研究》1995年第2期);1999年有学者评说:"现在绝大多数的学者已经接受了三个平面的概念"(史有为《现代汉语语法研究百年回顾》,《语文建设通讯》(香港)第59期,1999年12月)。三个平面的理论在汉语语言学界引起普遍的重视,对汉语语法研究产生很大的影响。所以在汉语语法史上,三个平面的语法理论,可以说为我国语法学的发展作出了一定的贡献。现在不少学者已经把这个理论运用于汉语语法研究的实际,这方面的研究文章越来越多,有的语法教材已经吸收了"三个平面"理论的部分研究成果。我国的"三个平面"理论的形成、发展进而构建成一个比较系统的理论,是语法学界共同努力的结果,《三个平面的语法观》一书,可以说是在"三个平面"理论的倡导和发展过程中起了"添砖加瓦"的作用。

趁着《三个平面的语法观》纳入商务印书馆"中华当代学术著作辑要"的机会，我对此书作了一些增补和修正，作为"增订本"来出版。这次"增修"有几点说明：第一，增补了几篇涉及三个平面的重要文章。第二，对原有的某些文章，有的充实了一些内容，有的删除了一些内容。第三，在全书的体例规范（包括篇章结构、文献注释以及其他）方面，这次作了较大的技术性修改，尽可能做到规范和统一：比如对于某些文章，在题目、段落以及文字上有所调整和修改；又比如论文里的语法例句本来大都有出处，为节约篇幅，现在都删除了；再比如原来文章里的参考文献和尾注，为便于阅读，现在都改为脚注。第四，在术语方面，由于本书选收的文章发表于不同的历史时期，加上自己学术思想的发展演变，原本存在着同实异名的情形，现在尽可能做到统一。总之，通过这次比较重大的增补和修正，旨在使新版本内容更完整充实、观点更准确鲜明、体例更合乎规范，期盼此书比原版在质量上有所提高。

在收录文章方面，《三个平面的语法观》的初版和重印版全书分为五个部分，收录文章39篇。今新版增订本重新整合，虽然仍分为五个部分，但收录文章数量有所增加，共45篇：第一部分论述"理论与方法"，主要收录了涉及"三个平面"语法观和方法论的文章；第二部分论述"语法里的词类问题"，主要收录了有关词类区分问题的理论和研究某些词类的文章；第三部分是论述"三个平面"的有关问题，主要收录了关于结构和结构成分以及语序里如何进行三个平面分析的文章；第四部分论述"短语和句子的有关问题"，主要收录了关于短语和句子理论研究的一些文章；第五部分论述"汉语句子的专题研究"，收录了运用"三个平面"的理论来专门研究汉语句子事实的文章。

需要说明的是，尽管这次修改时语法术语尽可能统一，但有个别术语，由于涉及文章内容不易变动，还是没能完全统一。比如，汉语的动词和形容词，它们是有区别的，然而它们在句法功能上有共性，即都能直接作谓语，所以可以合为一个大类，这个问题语言学界有共识。但对这个大类有不同的命名，流行最广的有两种：有称为"广义动词"的（赵元任、吕叔湘），有称为"谓词"的（朱德熙）。由于我的文章是在不同时期写的，有的采用"广义动词"（如《动词的"价"分类》《有关语法研究三个平面的几个问题》）这个术语，有的采用"谓词"这个术语（如《汉语的词类研究》《关于宾语问题》）。好在我在修改文章时都有所说明，不会影响大局，所以术语未统一。这样一来，此书里谈及动词时就出现两种情形：有的文章指的是"广义动词"（相当于谓词）；有的文章指的是"狭义动词"（与形容词并列的动词）。这一点还请读者注意并鉴谅。

《三个平面的语法观》增订本虽然比初版和重印版有所丰富，但还是存在着诸多局限与不足。在此，我诚挚地欢迎同行和广大读者不吝赐教，多多批评指正。探索真理，永无止境。虽然我现在年老体衰，但智力尚可，渴望在有生之年，不断学习和汲取国内外语法新知，继续"上下而求索"，以努力完善三个平面的理论的精进与圆满，让这理论之树更加枝繁叶茂，为我国语言学事业的繁荣发展献上我的一份绵薄之力。

范　晓

2024 年 7 月 18 日